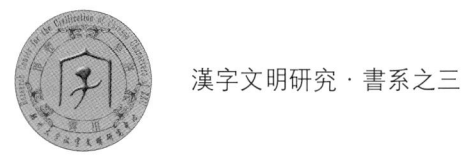 漢字文明研究·書系之三

日本漢字資料研究
——日本佛經音義

梁曉虹 ◎ 著

中國社會科學出版社

圖書在版編目（CIP）數據

日本漢字資料研究：日本佛經音義 / 梁曉虹著. —北京：中國社會科學出版社，2018.11
　ISBN 978 - 7 - 5203 - 1726 - 9

Ⅰ.①日… Ⅱ.①梁… Ⅲ.①佛經－漢字－日本 Ⅳ.① H131.6

中國版本圖書館 CIP 數據核字（2017）第 306515 號

出 版 人	趙劍英
責任編輯	任　明
責任校對	朱妍潔
責任印制	李寡寡

出　　版	中國社會科學出版社
社　　址	北京鼓樓西大街甲 158 號
郵　　編	100720
網　　址	http：// www.csspw.cn
發 行 部	010－84083685
門 市 部	010－84029450
經　　銷	新華書店及其他書店

印刷裝訂	北京君昇印刷有限公司
版　　次	2018 年 11 月第 1 版
印　　次	2018 年 11 月第 1 次印刷

開　　本	710×1000　1/16
印　　張	52.5
插　　頁	2
字　　數	860 千字
定　　價	195.00 圓

凡購買中國社會科學出版社圖書，如有質量問題請與本社營銷中心聯系調換
電話：010－84083683
版權所有　侵權必究

"漢字文明研究"成果系列
編輯委員會

顧　問　黃德寬　李宇明　吴振武

主　編　李運富

編　委　黨懷興　何華珍　黄天樹　黄　行　蔣冀騁　李國英
　　　　劉　釗　王貴元　王立軍　王　平　王藴智　楊寶忠
　　　　楊榮祥　臧克和　趙平安　趙世舉　張素鳳　張涌泉

"漢字文明研究"成果系列出版前言

　　東漢時河南人許慎説："蓋文字者，經藝之本，王政之始，前人所以垂後，後人所以識古。"這裏的"文字"後來稱"漢字"。漢字是傳承發展到當代的中華優秀文化之一。作爲内涵豐富的符號系統，漢字承載着數千年的歷史文化、民族智慧；作爲交流思想信息的重要工具，漢字也是國家管理和社會生活必不可少的。中央號召發揚傳統優秀文化，實施文化强國戰略，漢字舉足輕重。

　　河南是漢字的發源地，有着豐富的原始材料和悠久的研究傳統。可以説，第一批漢字材料，第一部漢字學著作，第一本漢字教科書，第一位漢字學家，第一位書法家，第一位漢字教育家，第一位漢字規範專家，都出自河南。漢字作爲中華文明的重要標志，極具創造性和影響力，應該成爲河南得天獨厚的優勢品牌。"漢字文明"的傳承發揚需要"許慎文化園""中國文字博物館"之類的物質工程，也需要學術研究及學術成果，還需要漢字教育和傳播。鄭州大學作爲河南的最高學府，責無旁貸應該承擔起傳承和發展漢字文明的歷史使命。該校領導眼光宏大，志向高遠，批準成立了"漢字文明研究中心"，并在規劃和實施"中原歷史文化"世界一流學科建設中，把"漢字文明"定爲研究方向之一。

　　漢字文明研究中心自2016年9月成立以來，在學校領導和學界同人的支持鼓勵下發展順利。現已由專職和兼職（客座）人員共同組建起研究團隊，并已陸續産生成果。爲了及時推出中心成員取得的研究成果，本中心擬陸續編輯出版"漢字文明研究"成果系列。"漢字文明研究"範圍極廣，包括而不限於漢字本體（形體、結構、職用）的理論研究，漢字史研究，漢字學術史研究，漢字與漢語的關係研究，漢字與民族國家的關係研究，漢字與泛文化關係研究，跨文化漢字研究（漢字傳播、域外漢字、外來文化對漢字系統的影響、漢字與异文字比較等），漢字教學與漢字規範研究等。這麽多五花八門的成果如果按照内容分類編輯出版，命名將十分繁雜，且不易各自延續。因此，擬采用最簡單的形式分類法，論文集編爲一個系列，包括本中心主辦的會議論文集、本中心成員（含兼職）個人或集體論文集、本中心組編的專題論文集等，統一按照"漢字文明研究·文集之N＋本集專名"順序出版；著作和書册編爲一個系列，包括本中心成員（含兼職）的專著、合著、資料整理、工具書、主題叢書、教材等，統一按照"漢字文明研究·書系之N＋本書專名"順序出版。

"漢字文明研究"成果系列由中心主任李運富教授主編，編輯委員會負責推薦和審定。各文集和書系的作者或編者皆獨立署名，封面出現"漢字文明研究·文集之N"或"漢字文明研究·書系之N"字樣，扉頁印編輯委員會名單。"文集"與"書系"設計風格大體一致。

希望本中心"漢字文明研究"碩果累累。

汉字文明研究中心　李运富

序言 一

池田証壽

　この度、南山大学の梁曉虹教授が日本に伝存する佛經音義を主要な資料とし、漢字資料研究としての価値を体系的に描き出す大著を刊行された。その目次を一覧しただけでも明らかなように、収録の佛經音義の範囲は、華嚴・般若・法華・浄土・密教・律部・論部・他部と広大である。それらの作者と年代、体例と内容、学術価値等を細大漏らさずに論述し、附録として俗字・異体字の一覧表、書目一覧、参考文献を収める。まさに日本佛經音義総合辞典とでも言うべき成果である。今後、この分野の研究者にとって必須の参照文献となるのは間違いない。佛經音義の研究は、近年、活発化している分野であり、本書の刊行は、その最新の成果を知ることを容易にし、関連する研究領域に大きな影響を及ぼすことが期待される。学術研究は、国際化・グローバル化の度合いを一段と強めており、研究の競争も激化しているが、目先の成果にとらわれず先を見通した研究が何よりも求められている。そのような中で、梁教授の大著は、羅針盤の役割を果たすことは疑いない。
　近年、俗字研究・漢語史研究の観点から、日本の佛經音義を取り上げることが多くなっているが、いうまでもなく、梁教授はその分野の研究を強力に牽引するリーダーである。2015年8月に北海道大学を会場として開催された第三屆佛經音義研究国際学術研討会は、上海師範大学の徐時儀教授と梁教授が中心となり、当番校の松江崇教授の絶妙な差配の元に進行したが、私は、国際的な学術交流の場における最先端の成果の発表の連続に感嘆した。
　さてここで、日本における佛經音義の研究を少し振り返ってみよう。佛經音義の内容が一般の研究者に知られるようになったのは、佐賀東周「松室釋文と信瑞音義」（1920）が早いであろう。「松室釋文」とは仲算撰『妙法蓮華經釋文』、「信瑞音義」とは信瑞撰『淨土三部經音義集』である。この論考は、引用の漢籍と仏典を精緻に分析し、小学書の利用が顕著であること、とりわけ引用の『切韻』諸家は菅原是善撰『東宮切韻』（860年頃）に依拠することを立証している。この二つの佛經音義は大正新脩大蔵経（1924—1934）の第56〜61巻續経疏部に収録されて、その存在が広く知られることとなった。大正新脩大蔵経の續経疏部には喜海撰の『新譯華嚴經音義』と『貞元華嚴經音義』も収録されている。大正新脩大蔵経に未収の佛經音義も少なくないが、それは俗字・難字が多く、印刷に困難があったためと推測される。貴重圖書影本刊行會（1932—1941）の複製本はそれを補うもので、佛經音義としては『法華經單字』（1933）と『新訳華厳経音義私記』（1939）の二書が収録されている。直後に出た岡田希雄「新訳華厳経音義私記倭訓攷」（1941）は、収録の和訓についての考証であり、佛經音義が日本語研究資料として学術価値が高いことを知らしめた。大戦後、水谷真成「仏典音義書目」（1949）は中国語音韻史研究の基礎作業として編纂された書目だが、これによって佛經音義の規模と範囲を把握することが可能となった。1950年代以降は、日本語学研究における漢文訓読語と訓点資料の研究の進展に伴って、多くの成果が現れたが、築島裕「中古辞書史小考」（1964）による概観、築島裕・小林芳規・吉田金彦編『古辞書音義集成』全20巻（1978—1985）による複製刊行を通して、音義書の日本語語彙を取り上げることが容易となった。また、佛經音義に収録の反切の典拠は、梁・顧野王『玉篇』（543）や隋・陸法言『切韻』等の中国撰述の小学書であるが、これらは散逸して部分的に伝存するに過ぎないため、それら本文を知る上で貴重であり、貞苅伊徳や上田正の成果が出た。

　『古辞書音義集成』の第1巻には『新訳華厳経音義私記』が収録され、解題を小林芳規博士、索引を石塚晴通教授が担当されている。私は、北海道大学の学生であったころ、石塚教授が担当された索引の作成をお手伝いすることがあって、佛經音義の研究に入るきっかけとなった。『新訳華厳経音義私記』とその元になった撰者未詳の『新華厳経音義』と石山寺本『大般若経音義』とを取り上げた卒業論文を作成した。拙い内容であるが学術雑誌に掲載され、おそらくそれがきっかけで、主編の築島博士から依頼があり『古辞書音義集成』の第19巻に収録の『一切経音義索引』の担当者の一人となった。拙論の内容には玄応撰『大般若経音義』の存否をめぐって、築島博士の所説に対する異論を述べた部分があるのに、依頼されたものであった。築島博士はご自身の所説を変更されることはなかったが、若輩の意見に公正に対応された点には感銘を受けたことを思い出す。

　およそ四十年前の『古辞書音義集成』の複製刊行が契機となり、日本の学界では古辞書音義の研究が盛んとなった。その特色は、佛經音義だけを論じるのではなく、佛經音義を主要な編纂材料とした日本古辞書にも及ぶものである。とりわけ『類聚名義抄』の研究は大きな進展を遂げた。ただ、日本側の研究は、和訓とその声調、漢字音（呉音と漢音）の語形・声調、漢文訓読語の収録に偏っており、小学書を中心に散逸した典籍の探索には課題が残っている。漢字の字体の研究に関しても、中国側の資料との対照作業は不十分である。佛經音義に関心を持つ日本と中国の研究者が、それぞれの研究の特色を発揮し、切磋琢磨して研究を行えば、これまでにない新たな研究方法や新知見が続々と現れることが期待される。梁教授の大著は、その呼び水となることを信じて疑わないことを述べて、序文を締めくくることとしたい。

2017年9月26日
池田証壽
北海道大学教授

序言一（譯文）

池田証壽

　　此次，南山大學梁曉虹教授出版了以東傳日本的佛經音義爲主要資料，系統描畫出其作爲漢字資料研究的價值的大作。僅閱覽目錄即可知本書所收錄佛經音義的範圍之廣：包括華嚴、般若、法華、淨土、密教、律部、論部、他部。而對於上述所涉及佛經音義的作者及年代、體例和内容、學術價值等都做了詳盡的論述。更於附錄中收錄了俗字·異體字一覽表、書目一覽及參考文獻等内容。是一部可以稱得上日本佛經音義綜合辭典的研究成果。今後，一定會成爲此領域的研究者所必需的參考文獻。佛經音義的研究，是近年非常活躍的領域。本書的刊行，將更利於該領域最新成果的普及，以至於對相關研究領域也將會產生巨大的影響。學術研究領域，隨著國際化·全球化程度的進一步加強，競爭日益激烈，能不拘泥於目前的成果而更著眼於未來的研究更被期待。在這樣的環境下，梁教授的大作，無疑會起到指南針的作用。

　　近年，從俗字研究、漢語史研究的觀點，選取日本佛經音義的研究日漸增多。毋庸贅述，梁教授是引領這一領域研究的先驅。2015年8月第三屆佛經音義國際學術研討會，以上海師範大學的徐時儀教授及梁教授爲中心，在舉辦方松江崇教授盡心盡力的組織安排下，在北海道大學成功舉辦。而我本人，在這樣國際性的學術交流的平臺，接連聆聽最前沿的研究成果發表，不由發出由衷的感嘆。

　　於此，對日本的佛經音義的研究做一番簡要的回顧。將佛經音義的内容最早介紹給一般研究者知曉的研究應該是佐賀東周的《松室釋文と信瑞音義》（1920）。所謂"松室釋文"，即指仲算所撰《妙法蓮華經釋文》，而所謂"信瑞音義"，即指信瑞所撰《淨土三部經音義》。此論考對所引漢籍及佛典進行了細緻的分析，對小學書的利用也引人注目。特別是對所引《切韻》諸家是依據菅原是善所撰《東宫切韻》（約860）的這一點進行了論證。這兩部佛經音義均收錄於大正新脩大藏經（1924—1934）的第56—61卷續經疏部，並由此廣為所知。大正新脩大藏經的續經疏部中也收錄了喜海撰《新譯華嚴經音義》及《貞元華嚴經音義》。同時，也有一部分佛經音義未收錄於大正新脩大藏經，大體是由於俗字・難字頗多，印刷上也有困難所致。貴重圖書影本刊行會（1932—1941）的複製本則作為對其的補充，佛經音義方面，收錄了《法華經單字》（1933）及《新譯華嚴經音義私記》（1939）等兩部。而其後所出，岡田希雄《新譯華嚴經音義私記倭訓攷》（1941），則對書中所收錄和訓進行了考證，從而使佛經音義作為日語研究資料具有極高的學術價值這一點為世人所知。戰後，水谷真成《佛典音義書目》（1949）雖然是作為漢語語音史研究的基礎工作而編纂的書目，但藉此亦可把握佛經音義的規模及範圍。20世紀50年代以後，隨著日語研究中對漢文訓讀語及訓點資料研究的發展，很多研究成果隨之出現，於築島裕《中古辭書史小考》（1964）中可概觀全貌。此外，築島裕、小林芳規、吉田金彥編《古辭書音義集成》全20卷（1978—1985）的複製刊行，使得對於音義書中的日語語彙的利用變得容易。並且，收錄於佛經音義的反切，基本依於梁顧野王《玉篇》（543）及隋陸法言《切韻》等中國小學書，但這些經典早已散逸，只有部分尚存。反過來作為可以一窺其本文的材料，這些佛經音義，研究價值珍貴，可參考貞苅伊德及上田正的成果。

　　《古辭書音義集成》的第1卷中收錄了《新譯華嚴經音義私記》，小林芳規博士解題，索引編製由石塚晴通教授負責。是時，適逢我本人就讀於北海道大學，參加了石塚教授所負責的索引編製工作，這進一步成為我開始佛經音義研究的緣起。以《新譯華嚴經音義私記》及作為其出典且撰者未詳的《新華嚴經音義》，並石山寺本《大般若經音義》等三書作為對象，撰寫並提交了畢業論文。雖然內容尚淺但得以登載於學術雜誌，大概又以此為契機，得到主編築島博士的委託，成為《古辭書音義集成》第19卷所收錄《一切經音義索引》的編輯者之一。拙論中，圍繞玄應撰《大般若經音義》的存否，雖然對於築島博士的觀點持有異議，但仍然得到上述委託。築島博士雖並未因此而改變自身的觀點，但公正地對待青年學者的意見這一點，至今憶起，仍銘感於懷。

　　以四十年前《古辭書音義集成》的複製刊行為契機，日本學界對古辭書音義的研究逐漸隆盛。其特色在於，不局限於對佛經音義本身，更涉及作爲佛經音義的主要編纂材料的日本古辭書。特別是對《類聚名義抄》的研究有了巨大進展。但是，在日本所進行的研究，難免側重於和訓及其聲調，漢字音（吳音及漢音）的語形・聲調和對漢文訓讀語的收錄等方面，尚留有對於以小學書爲中心的散逸典籍進行探索的課題。關於漢字字體的研究，在與中國資料進行對比方面也存在不足。對於同時注目於佛經音義的日本及中國研究者，若能發揮各自的研究特色，切磋琢磨共同研究，必能發掘出迄今未出現的新研究方法及新見解，值得期待，而梁教授的大作作爲先驅必將引起熱烈反響。是爲序。

2017年9月26日
池田証壽
北海道大学教授
京都大學人文科學研究所
日本學術振興會外國人特別研究員
李媛譯

序 言 二

徐時儀

　　漢字曾是東亞地區的通用文字，形成漢字文化圈，《爾雅》《説文》《玉篇》《字林》《切韻》《一切經音義》《正字通》和《康熙字典》等漢語辭書也在漢字文化圈流傳。如《爾雅》在日本有很多版本，有"神宫文庫本""古逸叢書本""影宗本"《爾雅》等。日本學人還模仿編撰而有《倭爾雅》《和玉篇》，《倭玉篇》甚至成了漢和辭書的代名詞。中日交流在隋唐時期達到鼎盛，其中遣唐使的貢獻巨大。他們將中國書籍帶回日本，對日本的社會、文化、語言諸方面産生了深遠影響。其中如梁釋遠年的《兼名苑》和唐釋慧琳的《一切經音義》等在中國問世後不久便傳入日本，而在中國卻漸漸失傳。尤其是日本還存有模仿《一切經音義》所撰佛經音義等，如《新譯華嚴經音義私記》《大般若經音義》（石山寺本和無窮會本）《法華經單字》《法華經音訓》和《孔雀經單字》等皆是爲信衆誦經服務極爲實用的"單經字書"，反映了日本中世漢字的使用實貌。

　　這些漢文古字書皆爲漢字研究和中日文化交流研究的珍貴資料。如築島裕主編的《古辭書音義集成》載録有奈良時代（710—784）寫本《新譯華嚴經音義私記》、平安時代（784—1192）初期寫本《四分律音義》、平安時代初期寫本《大般若經音義》（中卷）、院政時期（1086—1205）寫本《大般若經音義》（中卷）、石山寺藏本《大般若經字抄》、平安時代中期寫本《妙法蓮華經釋文》、南北朝時期（1336—1392）寫本《法華經音義》、室町時代（1333—1603）寫本《法華經音義》、室町時代（1520）寫本《法華經音義》、鎌倉時代（1192—1333）寫本《字鏡》（世尊寺本）、大治三年（1128）寫本《一切經音義》、天永二年（1111）寫本《孔雀經音義》、承曆三年（1079）寫本《金光明最勝王經音義》、平安時代末期寫本《香藥字抄》、學習院大學藏本《伊吕波字類抄》、室町時代寫本《音訓篇立》、東急文庫藏本《孔雀經單字》等。水谷真成《佛典音義書目》也收錄有234種漢文古字書。木村晟編《古辭書研究資料叢刊》收錄《文鳳抄》（含古寫本二種）、《假名文字遣》（含天正六年寫本和無刊記本）、《聚分韻略》《平他字類抄》《色葉字平它》《色葉集》《伊露葩字》《新韻集》《和訓押韻》《韻字記》《漢和三五韻》《和漢新撰下學集》《法花文句難字書》《法華經文字聲韻音訓篇集》《新撰類聚往來》《延命字學集》《節用殘簡》《快言抄》《（雅言俗語）俳諧翌檜》《運步色葉集》《日本一鑒》《方言類釋》《幼學指南抄》《類字源語抄》《續源語類字抄》《古節用篇（和名集）》《北野天滿宮藏佚名古辭書》《萬葉類葉抄》《連歌至寶抄》《要略字類抄》《略韻》《童蒙頌韻》《伊呂波韻》《和語韻略》《和歌初學抄》《八雲禦抄》《藻鹽草》《國籍類書本字書》《字書（名匯）》《詞葉新雅》等。吉川幸次郎、小島憲之、戶川芳郎編《漢語文典叢書》收錄荻生徂徠《訓譯示蒙》《譯文筌蹄初編》《譯文筌蹄後編》和《譯文筌蹄寫本》，伊藤東涯《助字考》《操觚字訣》和《用字格》，岡白駒《助辭譯通》，釋大典《詩語解》《文語解》和《詩家推敲》，皆川淇園《助字詳解》《實字解》和《虛字詳解刊寫本》，河北景楨《助字鵠》，三宅橘園《助語審象》，東條一堂《助辭新譯》，北條霞亭《助字辨》，釋介石《助字䪖》，青山居士《譯文筌蹄字引》，太宰春臺《倭讀要領》，三好似山《廣益助語辭》，松井河樂《語助譯辭》等。杉本つとむ編《異體字研究資料集成》收錄新井白石《同文通考》，中根元圭《異體字弁》，雲石堂寂本《異字篇》，洛東隱士《正俗字例》，一心院響譽《刊繆正俗字辨》，太宰春臺《倭楷正訛》，田中道齋《道齋隨筆》，岩倉家具《楷林》，湖東布山《俗書正譌》，松元愚山《省文纂考》，宇田有齋《正楷字覽》，松元弎山《古今字樣考》，水井勝山《疑字貫雙》，萩原秋巖《別體字類》，小此木觀海《楷法辨體》，長梅外《古今異字叢》，竹內某《異體字彙》，近藤西涯《正楷錄》，石野恒山《拔萃正俗字弁》，岡本況齋《古今文字》和《古今字樣》，中山竹之進《古字便覽》，山本格安的《和字正俗通》，伴直方《國字考》，岡本況齋《倭字考》，比丘円一《琄玉集》，恋川春町《廓費字盡》，式亭三馬《小野謔字盡》，狩谷棭齋《（和名類聚抄箋注）異體字弁》，黑柳勛《俗字略字》，市河米庵《楷行荟編》，關子德《行書類纂》，源孺皮《漢篆千字文》，木村正辭《語匯書類》，亀田鵬齋《国字考》，伴直方《以呂波考》，伴信友

《假字の本末》，狩谷棭齋等《古京遺文》等。《高山寺資料叢書》第6册載有高山寺典籍文書綜合調查團所編《高山寺古辭書資料第一》收入的《篆隸萬象名義》與《金剛頂經一字頂輪王儀軌音義》，《高山寺資料叢書》第12册載有高山寺典籍文書綜合調查團所編《高山寺古辭書資料第二》收入的喜海撰《新譯華嚴經音義》《貞元華嚴經音義》和作者不詳的《華嚴傳音義》。日本静嘉堂文庫也藏有豐富的漢語古字書寫本和刊本，共有361種。其中既有平安時期的《新撰字鏡》《和名類聚抄》《倭名類聚抄》《類聚名義抄》《色葉字類抄》，中世的《下學集》《運步色葉集》《節用集》，近世的《東雅》《和訓類林》《鸚鵡抄》《訓蒙圖匯》《和漢三才圖匯》，明治初期的《文藝類纂》等集大成之作，還有《倭玉篇》《大広益會玉篇》《韻會玉篇大全》《虛字諺訳》《合類節用集》《鼇頭節用集大全》《頭書大益節用綱目》《頭書大成節用集》《頭書增補節用集大全》《三才全書誹林節用集》《和漢音釈書言字考節用集》《温故搜》《真淵雜録》《続色葉鈔》《倭訓類林》《雅言集覽》《詞葉新雅》《俗辭林》《語林類葉》《和訓栞》《語彙》《山彦草子》《古言栞》《古語箋》《道乃枝折》《雅言通載抄》《撮壤集》《類集文字抄》《多識編》《広益字盡重寶記綱目》《雅言俗語翌檜》《和訓部類》《名言通》《和訓六帖》《公家故実名目》《虎賁辭例集》《邇言便蒙抄》《漢語字類》《漢語字林大成》《熟語便覽》《授幼難字訓》《常語藪》《事物類字》《広益熟字典》《書言俗解》《藻語箋》《侯鯖一臠》《弁紫録》《訳語編補遺別記》《漢字和訓》《名物六帖》《名物訳録》《應氏六帖》《韻略》《活套》《增補枝葉訓解》《疊辭訓解》《言元梯》《草庵書》《平他字類抄》《倭楷正訛》《省文纂考》《雜字類編》《漢和三五韻》《雅俗幼學新書》《仮名字例》《菅家和訓名乘字》《明治字典》《塵添》《嚢鈔》《國字分類雜記》《簾中抄》《二中曆》《名目鈔》《武家名目抄》《塩尻》《昔伝拾葉》《倭漢名數》《和漢名數大全》《管蠡抄》《難字訓蒙図匯》《人倫訓蒙図匯》《和漢類聚一覽》《壺中抄》《倭漢三才図會》《名物類聚》《以呂波字類》《雪香園書鈔》《事物異名類編》《童子通》《日本釈名》《和爾雅》《倭漢事始》《漢語大和故事》《齊東俗談》《刊謬正俗》等。此外還有落合俊典編《日本古寫經善本叢刊》第一輯載有金剛寺、七寺、西方寺、東京大學史料編纂所、京都大學文學部所藏玄應《一切經音義》寫卷，日本禪文化研究所保存和影印出版有江户時代臨濟宗妙心寺派學僧無著道忠所撰《葛藤語箋》《五家正宗贊助桀》《虛堂録犁耕》《金鞭指街》《長汀布囊》《盎雲靈雨》《風流袋》《禪録用語》《禪林方語》《禪林句集弁苗》《禪林象器箋》《禪苑藻言》《禪林句集辨苗》《句聚引證》《臨濟録疏瀹》《大慧書栲栳珠》等多種俗語詞辭書。

　　據我們初步統計，現存日藏漢文古字書有三百餘種，其中既有《説文解字》木部殘卷和原本《玉篇》殘卷等僅存於日本的古字書，也有流傳於民間未載史志書録的俗字書，不僅可與今傳本比勘考釋，而且可探中日辭書的淵源和傳承。如據日本複製原本《玉篇》卷第九末所載"乾元二年"（759），可探知原本《玉篇》傳入日本抄寫的時間約在唐肅宗時。又如《篆隸萬象名義》中有200多字不見於宋本《玉篇》，與原本《玉篇》殘卷相應的部分有28字爲原本《玉篇》所無。在義訓方面，所收義項也遠比宋本《玉篇》豐富，有不少義項甚至連原本《玉篇》也沒有。由此可見《篆隸萬象名義》不僅保存了原本《玉篇》的基本面貌，而且在收字方面多存漢魏齊梁間流行的俗字，在釋義方面則存有大量中古以前字書的義項以及舊注。再如釋源順編《倭名類聚抄》，濫吹子編《語録字義》，岡島冠山編《唐話纂要》《唐音雅俗語類》，岡崎元軌編《中夏俗語叢》，秋水園主人編《小説字彙》，柴彥輔、柴貞毅編《雜字類編》，島津重豪編《南山俗語考》等所載口語俗詞多爲漢唐語言的實録。

　　值得一提的是日藏漢文古字書尚多未作深入的系統研究。如《玉篇》研究尚未把握原本《玉篇》《篆隸萬象名義》、宋本《玉篇》、元明刻本《大廣益會玉篇》之間的系統關係。又如《新撰字鏡》和《淨土三部經音義》等與《玄應音義》等佛經音義密切相關，日藏漢文古字書研究理應溯源探流涵蓋《玄應音義》與《慧苑音義》等日藏寫卷佛經音義的研究。令人欣慰的是，梁曉虹博士在其所撰《佛教詞語的構造與漢語詞彙的發展》《佛教與漢語詞彙研究》《佛教與漢語史研究——以日本資料爲中心》《〈新譯華嚴經音義私記〉俗字研究》《日本古寫本單經音義與漢字研究》等論著基礎上，撰成《日本漢字資料研究——日本佛經音義》。全書分八章，集中日研究佛經音義的專家多年研究所得之大成，爬羅剔抉，張惶幽眇，點面結合，既有日本佛經音義的綜述考論，又有重要佛經音義的專題研究，著重考察了日本佛經音義的發展歷史、内容體式、概貌特點等，梳理了日本古籍中所記録的但已散佚的音義，旨在較爲清晰地梳理出日本佛經音義的發展脈絡，從而首次就日藏佛經音義作了全面的論述，在日藏佛經音義和日藏漢文古字書研究諸方面皆具有重要學術價值。

　　近年來佛經音義研究已成爲國際漢學研究中的一個新的熱點，而學界魚龍混雜，良莠難分，有些急功近利之徒或附庸風雅恬不知義，或曲意鑽營混迹學界。如2014年出版的《玄應音義及相關韻書研究》和《玄應音義詞彙論稿》，前者整體内容屬抄襲和剽竊，寧夏人民出版社已在《中國新聞出版廣電報》和《中華讀書報》刊發聲明註銷其ISBN號；後者雖也算交河北大學出版社公開出版且藉以混評教授職稱，卻難覓蹤影，内中蹊蹺不言自明。又如禪儒語録詞語研究歷來也是漢學研究的熱點，而2016年語文出版社出版的《朱子語類語彙研究》則是一本粗製濫造之作。略覽該書，不僅實際上未通讀《朱子語類》全書，也未好好閱讀已有研究成果，且敝陋浮淺，多爲羅列《朱子語類》原文，堆砌拼湊成文，没有自己的考釋或論證。這種"學術垃圾"不僅浪費資源，而且混淆視聽，敗壞學風，而天道酬勤，人做天看，褒好貶劣，以學術良心爲準繩，學人心中還是自有一桿秤。古今凡有所建樹的真學問都建立在實證基礎上，迄今爲止一切有價值的人文學術，無論是理論的闡發還是文本的解析，幾乎在所有的層面上都必須也必定是以實學實證研究作爲基礎的，佛經音義的研究更是甘坐冷板凳者才能做的真學問，只有扎扎實實，不畏艱辛勞苦，才會真有創獲。曉虹博士多年來黄卷青燈，藉身在東瀛之便，傾心力于日藏佛經音義研究，尤其在俗字的研究方面用力甚勤，鍥而不捨，收穫亦豐，本書既是其研究日藏佛經音義的功夫之作，也是其一步一個脚印攀登學術高峰的又一豐碩成果，所論所述皆有實證的研究，拓展了日藏佛經音義與日藏漢文古字書的研究，誠爲可喜可賀。承其眷顧囑託，引爲知音，是以不揣譾陋而忝爲序，以賀其新著問世。

序 言 三

李運富

　　漢字是中華文明的重要標誌，也是跨文化交流的重要津梁。漢字在黄河流域的中原地區產生成熟後，就不斷向周邊少數民族地區和境外不同國家傳播，特別是東亞、東北亞、東南亞的地區和國家，曾長期以漢字作爲官方文字，從而接受和產生了大量的漢字文獻，形成以儒家思想爲核心、以漢字爲紐帶的"漢字文化圈"。中國的漢字研究在經歷了依據傳世文獻爲主，擴展到出土文獻的"二重證據"後，近年來又發展到注重域外文獻的"三重證據"。域外的漢字文獻及其漢字材料是跨文化存在或跨文化產生的，可以説漢字研究已經突破本土材料的局限，正在走向視域更加廣闊的跨文化領域，從而開闢了"跨文化漢字研究"新方向。

　　跨文化漢字研究的實踐活動應該是伴隨著漢字的傳播就開始了的，但作爲一種學術意識，作爲一個研究方向，作爲一派漢字理論，被關注的時間其實並不長，許多問題還需要從具體材料的研究中提煉和概括。我們認爲跨文化漢字研究是指用跨文化的方法來研究漢字以及對跨文化環境中的漢字進行研究。[①]這樣的跨文化漢字研究方興未艾，大有可爲。跨文化漢字研究的内容非常豐富，至少應該包括如下幾個方面：（一）跨文化漢字文本研究；（二）跨文化漢字傳播研究；（三）跨文化漢字比較研究；（四）跨文化漢字的歷史研究；（五）跨文化的漢字教學研究；（六）外來文化對漢字系統的影響研究；（七）"跨文化漢字"學術史研究。

　　曉虹教授很早就開始跨文化的漢語和漢字研究，成果豐碩。屬於跨文化漢語研究方面的主要成果有《佛教詞語的構造與漢語詞彙的發展》（北京語言學院出版社1994年版）、《禪宗史話》（江西人民出版社1995年

[①] 李運富：《簡論跨文化漢字研究》，《中國文字學會第九屆學術年會論文集》，2017年8月，第356頁。

版）、《華化佛教》（北京語言學院出版社1996年版）、《日本禪》（浙江人民出版社1997年初版；臺灣圓明出版社2000年再版）、《佛教與漢語辭彙研究》（臺灣佛光文化出版社2001年版）、《佛經音義與漢語辭彙研究》（與徐時儀、陳五雲合作，商務印書館2006年版）、《佛教與漢語史研究——以日本資料爲中心》（上海古籍出版社2008年版）、《佛經音義研究通論》（與徐時儀、陳五雲合作，鳳凰出版社2009年版）等。近年來，曉虹教授注意到日本的佛教音義文獻除了漢語史研究價值外，也是研究漢字傳播很重要的材料，所以把眼光轉向了佛教音義的文字研究，相繼取得了《〈新譯華嚴經音義私記〉俗字研究》（與陳五雲、苗昱合作，臺灣花木蘭文化出版社2014年版）、《佛經音義與漢字研究》（與陳五雲、徐時儀合作，鳳凰出版社2010年版）、《日本古寫本單經音義與漢字研究》（中華書局2015版）等成果。即將出版的這部專著《日本漢字資料研究——日本佛經音義》也是跨文化漢字研究系列成果的姊妹篇。

"音義"本爲傳統訓詁體式方面的術語，辨音之謂"音"，釋義之謂"義"，合稱即爲"音義"。它以注明文字讀音、校勘文字異同、辨正文字形體爲基礎，主要内容在辨音明義。唐代陸德明《經典釋文》是較有代表性的音義類注釋書，其中對十二部經書（十三經除《孟子》外）和《老子》《莊子》兩部子書的被注字詞作了"音義"。佛經音義則是專門解釋漢譯佛經字詞的注釋書，唐玄應撰《一切經音義》二十五卷和唐慧琳撰《一切經音義》一百卷可以視爲佛經音義的代表作。遼希麟所撰《續一切經音義》十卷則是對慧琳音義的續作和補充。這三部《一切經音義》是中古時期佛經音義材料的集大成者，收集漢譯佛經中的詞語非常廣泛（其中普通詞語占絶大多數），有析字，有辨音，有釋義，所引古代文獻及字書韻書甚多，頗具輯佚和校勘價值。

"日本佛經音義"有廣義與狹義之分。廣義可泛指日本所存佛經音義，包括兩部分：一是從中國隨佛教東傳而流動到日本的中國人撰寫的佛經音義；二是日本學僧在漢傳佛經音義的影響下，爲佐助僧俗研讀漢文佛經而爲佛經中的漢字或語詞標注讀音並加以訓釋的音義著作。狹義專指第二部分，即日本人撰寫的佛經音義書。曉虹教授所研究的日本佛經音義屬於狹義部分。狹義的日本佛經音義書籍具有多方面的研究價值，語言方面的，文字方面的，字典詞書方面的，訓詁方面的，文化傳播方面的，等等。曉虹教授的這本專著《日本漢字資料研究——日本佛經音義》，從書名上看是把"日本佛經音義"作爲跨文化的"漢字資料"來研究的，那就是説，本書是以文字研究爲中心的，主要體現的是日本佛經音義在文字方面的價值。

　　全書共八章。第一章是緒論，對日本佛經音義進行綜述。作者從四個方面闡述日本佛經音義對漢字研究的重要性：（一）日本佛經音義具有異國特色。（二）日本佛經音義可以作爲漢字俗字的研究資料。（三）日本佛經音義可以作爲漢字異體字的研究資料。（四）日本佛經音義可以作爲考察漢字在日本流傳發展的研究資料。作者認爲，日本佛經音義之所以值得從漢字的角度來研究，"首先是因爲現存的日本佛經音義，大多是古寫本和古刊本，非常真實地保留著其當時漢字的使用狀貌，很生動地展現出當時所傳播的佛經中'俗字'的實際形狀。其次，因爲佛經音義並不是一般的寫本佛經或刊本佛經，出於音義體制的需要，有編纂者對漢字的詮釋和剖析，也就是有撰者對漢字的理解和認識。所以作爲漢字研究資料，音義的價值比一般寫本或刊本要高"。這是很有見地的觀點。

　　書的後七章，根據佛經的分類安排音義材料：第二章"華嚴部音義"，第三章"般若部音義"，第四章"法華部音義"，第五章"淨土部音義"，第六章"密教部音義"，第七章"律部、論部佛經音義"，第八章"他部佛經音義"。每一章又分爲"時代與作者""體例與內容""版本流傳""學術價值"四個方面展開論述。作者認識到日本佛經音義是域外漢字研究的重要資料，所以特別重視對日本佛經音義材料本身的考證及其在漢字研究方面學術價值的挖掘，許多地方超越前人。例如日本學者水谷真成曾撰《佛典音義書目》，因爲該書目發表較早，當時有些音義尚未刊佈，所以不僅沒有內容方面的考證，書目收錄也不完整。曉虹教授在水谷真成的基礎上，參考日中學界相關的研究成果，不僅盡可能地進行了字詞方面的考證，而且補充了一些散佚的材料。全書共考論日本佛經音義203種。這不僅是中國，也是日本第一次對日本佛經音義資料進行全面的考察研究。

　　爲了突出漢字研究的主旨，本書最後還附有三個漢字整理表。第一是《新譯華嚴經音義私記》（奈良時代末寫本）的俗字總表。此表收錄《私記》的所有俗字，包括辭目字頭和釋文中的俗字。第二是《法華經單字》（平安時代保延本）中的辭目字俗字表。第三是無窮會本《大般若經音義》（鐮倉初期寫本）異體字表。這三種字表對應的三部音義書是標準的單經音義字書，且時代久遠，整理和描述其中的文字現象，既能體現漢文佛經從中國到日本後在用字方面的特色，也能呈現漢字在日本的發展變化，更能爲大家提供檢索瀏覽的方便，所以雖爲附録而同樣具有很高的學術價值。

  我對域外的漢字材料不太熟悉，没有做過專門研究。但我們意識到漢字研究必然走向跨文化，所以在鄭州大學漢字文明研究中心成立之初，就確定了"漢字傳播與域外漢字"作爲研究方向之一，並正式提出了"跨文化漢字研究"理念，希望有更多人投入這個領域的研究。曉虹教授是漢字文明研究中心的客座研究員，她很贊同我們的理念，並願意爲中心的學術作貢獻，所以商定請她對日本佛經音義中的漢字現象作比較系統的研究，納入中心的成果系列。曉虹教授在自己原有研究基礎上，經過一年多的辛苦，終於完成了這部以漢字爲中心的日本佛經音義研究著作，可喜可賀。這本專著的出版，不僅能爲學術界提供佛經研究的新視角，也爲漢字文明研究中心的"跨文化漢字研究"開啟了航程，未來的漢字研究必將在"跨文化"領域取得更多更輝煌的成就。

目　錄

序言一（池田証壽）…………………………………… 1
序言一（譯文）………………………………………… 4
序言二（徐時儀）……………………………………… 7
序言三（李運富）……………………………………… 12

第一章　緒論………………………………………… 1
　第一節　關於日本佛經音義………………………… 1
　　一、日本佛經音義的定義………………………… 1
　　二、日本佛經音義的歷史………………………… 3
　　三、日本佛經音義的類別與特色………………… 22
　第二節　日本佛經音義的學術價值
　　　　　——以漢字研究爲中心………………… 30
　　上部：作爲日本語言文字研究的資料………… 33
　　下部：作爲漢語言文字的研究資料
　　　　　——以漢字研究爲中心………………… 37
　　最後：關於本書………………………………… 64

第二章　華嚴部音義……………………………… 67
　第一節　《華嚴經》和《華嚴經》音義在日本… 67
　　一、《華嚴經》在日本…………………………… 67
　　二、《華嚴經》音義在日本……………………… 72
　第二節　日僧撰華嚴部音義考論
　　　　　——《新華嚴經音義》…………………… 83
　　一、時代與作者………………………………… 83
　　二、體例與内容………………………………… 84
　　三、版本流傳…………………………………… 87
　　四、學術價值
　　　　　——以漢字研究爲中心………………… 88

第三節　日僧撰華嚴部音義考論
　　　　——《新譯華嚴經音義私記》………………… 100
　　一、時代與作者 ………………………………… 100
　　二、體例與內容 ………………………………… 102
　　三、版本流傳 …………………………………… 107
　　四、學術價值
　　　　——以漢字研究爲中心 ………………………… 110
第四節　日本存華嚴部音義考論
　　　　——《華嚴傳音義》 ………………………… 149
　　一、時代與作者 ………………………………… 149
　　二、體例與內容 ………………………………… 152
　　三、版本流傳 …………………………………… 154
　　四、學術價值
　　　　——以漢字研究爲中心 ………………………… 156
第五節　日僧撰華嚴部音義考論
　　　　——《新譯華嚴經音義》與《貞元華嚴經音義》……… 161
　　一、時代與作者 ………………………………… 161
　　二、體例與內容 ………………………………… 163
　　三、版本流傳 …………………………………… 168
　　四、學術價值 …………………………………… 168
　簡短的結論 ……………………………………… 169

第三章　般若部音義 ……………………………… 177
　第一節　《大般若經》和《大般若經》音義在日本 ……… 177
　　一、《大般若經》在日本 ………………………… 177
　　二、《大般若經》音義在日本 …………………… 180
　第二節　日僧撰般若部音義考論
　　　　——石山寺本《大般若經音義》（中卷）……… 203
　　一、時代與作者 ………………………………… 203
　　二、體例與內容 ………………………………… 205
　　三、版本流傳 …………………………………… 208
　　四、學術價值
　　　　——以漢字研究爲中心 ………………………… 209

第三節　日僧撰般若部音義考論
　　　　——真興撰《大般若經音訓》（佚） …………… 218
第四節　日僧撰般若部音義考論
　　　　——藤原公任撰《大般若經字抄》 …………… 223
　一、時代與作者 …………………………………… 223
　二、內容與體例 …………………………………… 224
　三、版本流傳 ……………………………………… 227
　四、學術價值
　　　——以漢字研究爲中心 ……………………… 228
第五節　日僧撰般若部音義考論
　　　　——無窮會本系《大般若經音義》 …………… 236
　一、無窮會圖書館藏本 …………………………… 236
　二、天理大學圖書館藏本 ………………………… 243
　三、藥師寺藏本 …………………………………… 246
　四、學術價值
　　　——以漢字研究爲中心 ……………………… 249
第六節　日僧撰般若部音義考論
　　　　——祖芳撰《大般若經校異、并附錄》 ……… 284
　一、體例與內容 …………………………………… 284
　二、根據"校異"研究《大般若經》經本文 ……… 289
　簡短的結論 ………………………………………… 298

第四章　法華部音義 …………………………………… 304
第一節　《法華經》與《法華經》音義在日本 …… 304
　一、《法華經》在日本 …………………………… 304
　二、《法華經》音義在日本——中國僧人撰述 … 307
　三、《法華經》音義在日本——日本僧人撰述 … 314
第二節　日僧撰法華部音義考論
　　　　——《妙法蓮華經釋文》 ………………………… 333
　一、時代與作者 …………………………………… 333
　二、體例與內容 …………………………………… 336
　三、版本流傳 ……………………………………… 342
　四、學術價值
　　　——以漢字研究爲中心 ……………………… 343

第三節　日僧撰法華部音義考論
——保延本《法華經單字》 ………………… 357
一、時代與作者 ………………… 357
二、體例與內容 ………………… 358
三、學術價值
　　——以漢字研究爲中心 ………………… 359

第四節　日僧撰法華部音義考論
——心空撰《法華經音訓》 ………………… 368
一、時代與作者 ………………… 368
二、體例與內容 ………………… 370
三、版本流傳 ………………… 372
四、學術價值
　　——以漢字研究爲中心 ………………… 373

簡短的結論 ………………… 384

第五章　淨土部音義 ………………… 391

第一節　"淨土經"與淨土部音義在日本 ………………… 391
一、"淨土經"在日本 ………………… 391
二、"淨土三經一論"音義在日本 ………………… 395

第二節　日僧撰淨土部音義考論
——信瑞《淨土三部經音義集》 ………………… 412
一、時代與作者 ………………… 412
二、體例與內容 ………………… 413
三、版本流傳 ………………… 418
四、學術價值
　　——以漢字研究爲中心 ………………… 419

第三節　日僧撰淨土部音義考論
——珠光《淨土三部經音義》 ………………… 445
一、時代與作者 ………………… 446
二、體例與內容 ………………… 446
三、版本流傳 ………………… 450
四、學術價值
　　——以漢字研究爲中心 ………………… 451

第四節　日僧撰淨土部音義考論
——乘恩《淨土三部經音義》 ………………… 467

一、時代與作者 …………………………………………… 467
　　二、體例與内容 …………………………………………… 468
　　三、特色與價值 …………………………………………… 474
 第五節　日僧撰淨土部音義考論
　　　　　——湛奕《淨土論注音釋》 ……………………… 480
　　一、時代與作者 …………………………………………… 480
　　二、體例與内容 …………………………………………… 481
　　三、學術價值
　　　　　——以漢字研究爲中心 …………………………… 485
 簡短的結論 …………………………………………………… 493

第六章　密教部音義 ………………………………………… 498
 第一節　密教經典與密教部音義在日本 ………………… 498
　　一、密教經典在日本 ……………………………………… 498
　　二、密教部音義在日本 …………………………………… 502
 第二節　日僧撰密教部音義考論
　　　　　——醍醐寺藏《孔雀經音義》（觀靜撰） ………… 508
　　一、時代與作者 …………………………………………… 509
　　二、體例與内容 …………………………………………… 510
　　三、版本流傳 ……………………………………………… 514
　　四、學術價值
　　　　　——以漢字研究爲中心 …………………………… 518
 第三節　日僧撰密教部音義考論
　　　　　——醍醐寺藏《孔雀經音義》（平安中期寫本） … 520
　　一、時代與作者 …………………………………………… 520
　　二、體例與内容 …………………………………………… 521
　　三、學術價值
　　　　　——以漢字研究爲中心 …………………………… 523
 第四節　日僧撰密教部音義考論
　　　　　——《孔雀經單字》 ……………………………… 529
　　一、時代與作者 …………………………………………… 529
　　二、體例與内容 …………………………………………… 530
　　三、學術價值
　　　　　——以漢字研究爲中心 …………………………… 534

簡短的結論 …………………………………………………… 541
第七章　律部、論部佛經音義 …………………………………… 546
　　第一節　律部音義
　　　　　　——以《四分律音義》爲中心 ……………………… 546
　　　一、《四分律》與《四分律音義》在日本 ……………………… 546
　　　二、一卷本《四分律音義》考論
　　　　　　——以漢字研究爲中心 ………………………………… 553
　　第二節　論部音義
　　　　　　——以《俱舍論音義》爲中心 ………………………… 571
　　　一、論部音義在日本 ……………………………………………… 571
　　　二、《俱舍論音義》考論
　　　　　　——以漢字研究爲中心 ………………………………… 577
　　　簡短的結論 …………………………………………………… 596
第八章　他部佛經音義 …………………………………………… 602
　　第一節　《金光明經》與《金光明經音義》在日本 ……………… 602
　　　一、《金光明經》在日本 ………………………………………… 602
　　　二、《金光明經音義》在日本 …………………………………… 604
　　　三、承曆三年本《金光明最勝王經音義》考論
　　　　　　——以漢字研究爲中心 ………………………………… 609
　　第二節　涅槃部音義 …………………………………………… 622
　　　一、《涅槃經》在日本 …………………………………………… 622
　　　二、日本曾傳涅槃部音義 ………………………………………… 624
　　第三節　天台三大部音義 ……………………………………… 629
　　　一、"天台三大部"在日本 ……………………………………… 629
　　　二、"法華三大部"音義在日本 ………………………………… 631
　　第四節　雜部音義 ……………………………………………… 639
附錄一：《新譯華嚴經音義私記》俗字總表 …………………… 646
附錄二：《法華經單字》辭目字俗字表 ………………………… 726
附錄三：無窮會本《大般若經音義》異體字表 ………………… 762
附錄四：佛經音義書名索引 ……………………………………… 779
附錄五：主要參考文獻 …………………………………………… 788
後　　記 …………………………………………………………… 811

第一章　緒論

第一節　關於日本佛經音義

一、日本佛經音義的定義

實際上，學界并無"中國佛經音義"和"日本佛經音義"這樣的術語名稱。佛經音義作爲在漢語傳統訓詁學基礎上發展而成的特殊體式，即作爲古代辭書的一種，專爲漢文佛典中之難字與難詞標音釋義，其故鄉在中國，毋庸置疑，故不必再冠之以"中國"。然近年來，隨著佛經音義研究領域的不斷擴展和研究課題的逐漸深入，學界對日本所存的大量佛經音義愈來愈重視，故"日本佛經音義"一語頻頻出現。但應該說，大多數人對其概念實際上并不十分清晰，本書專門研究日本佛經音義，故筆者認爲首先還是需要對其加以明確定義。

我們可以從廣義和狹義兩方面來對其定義。廣義可泛指日本所存佛經音義，包括兩部分：一是從中國隨佛教東傳至日本的傳統佛經音義；二是日本學僧在漢傳佛經音義的影響下，爲佐助僧俗研讀漢文佛經而爲佛經中的漢字或語詞標注讀音并加以訓釋的音義著作。

第一部分數量龐大，内容豐富。可以說，隨著漢字文化東傳的進程，特別是佛教典籍源源不斷輸入的步伐，中國古代僧人所撰各種佛經音義基本上都傳到了東瀛，并作爲學問的代表，受到古代以僧侶爲代表的日本知識階層的尊崇。其中既有如唐代釋玄應《衆經音義》、釋慧琳《一切經音義》這樣集大成的音義著作，也有如唐僧釋慧苑《大方廣佛華嚴經音義》、釋窺基《法華經音訓》之類的單經音義。從隋代沙門智騫所作《衆經音》、釋曇捷爲解讀《妙法蓮華經》而撰述的《法華經字釋》到五代後周僧人行瑫所撰《大藏經音疏》（五百卷）、宋代僧人惟淨等人著《新譯經音義》（七十卷）以及明代"直音"類著作等。從佛教興起的奈良朝，到幕府掌權的室町、江户時代。可以説，中國僧人所撰述的重要的佛經音義差不多都傳到了日本，并得以抄寫刊印，收藏保存，廣爲流傳，影響巨大。有時我們甚至可以認爲：較之於佛經音義的故鄉——中國大陸，日本現存的佛經音義，尤其是古寫本資料更爲豐富。這是因爲日本首先全部接受并精心保存了來自中國的佛經音義，因而也就產生了某些音義在其本土已佚，但在日本卻尚存的現象。最著名的事例莫過於《慧琳音義》。有集唐代佛經音義大成之稱的慧琳的《一切經音義》一百卷，元和二年（807）書成後不久雖即獻上入藏，並貯存於西明寺中，然因唐末五代兵燹不斷，以及其他諸種因素，此書走過了一段極爲曲折不幸、令人心碎的歷史路程。《慧琳音義》從在本土中國不見蹤影，亡佚失傳，到由契丹刻本輾轉到朝鮮，又由海印寺本再輾轉到日本，被印成獅谷白蓮社本，最後又從日本回到中國，失而復得，真可謂歷盡坎坷。這已成爲學術界人皆共曉的一段佳話，並被多位學者記録在籍。[①]隨著研究的深入，更多早已在中國大陸逸失的音義，在日本被發現蹤影。它們或有殘存抄本，或因被引用而保留於其他古籍中。[②]

第二部分則是日本歷史上僧人及學人長期學習與研究、模仿與創新的成果。數量也非常龐大，内容也頗爲豐富。佛經音義，本作爲一種佐助僧俗閲讀佛典的工具書而隨佛教輸入東瀛，其"辨音釋義"的特性使其被奉爲學問的代表而深受廣大僧俗的尊崇。寺廟的僧侣們不僅充滿激情地大量抄録來自中國大陸的佛經音義，與此同時，部分學問僧也開始嘗試模仿撰寫。他們或添筆加注，或改寫，或重撰。另外，伴隨著佛教在日本發展的進程，特別是日本文字的產生及其發展，佛經音義作爲"治經"的工具，也必須適應此趨勢，由此產生了一大批由日本僧人撰寫的爲己所用的佛經音義。這些爲幫助僧俗信衆研讀漢文佛典而編撰的音義著作，堪稱新創造。這是漢字佛教文化圈特定文化背景下的歷史產物。本書所謂的"狹義"實際就專指這一部分。這也是本書的主要研究對象。當然在研究過程中筆者也會從廣義的角度對日本所存佛經音義展開較爲綜合性的論述。

---

① 可參考徐時儀《慧琳音義研究》第二章（上海社會科學院出版社1997年版）以及姚永銘《慧琳〈一切經音義〉研究》（江蘇古籍出版社2003年版）之《緒論》部分。
② 梁曉虹：《日本古寫本單經音義與漢字研究》，中華書局2015年版，第7—9頁。

二、日本佛經音義的歷史

日本佛經之"源"當然在中國，因其是在漢傳佛經音義的基礎上發展而來的。而漢土佛經音義又承自古代傳統訓詁學中的"音義"。儘管淵源有自，但發展線索卻各有不同。爲能使讀者對日本佛經音義有較爲全面的了解，以下我們首先從"史"的角度加以爬疏，以厘清其歷史脈絡。

（一）從"外典"音義到"内典"音義

漢土"内典"①音義是在古代"外典"音義的基礎上發展而產生的。而古代音義原本是傳統訓詁學中的一支，興起於魏晉之際。這是爲適應當時語言的發展，在音韻學和文字學發展的影響下，作爲傳統訓詁學中重要體式之一的傳注之學發展而有的結果。音義書的特點是辨音釋義，即以注音爲主，通過字音考辨字義和詞義。魏晉以後，音義書可謂"蜂涌""簇出"，甚爲流行，史書多有記録。然而，大多數音義書後或已散佚不傳，或僅存一鱗片爪，難窺全豹，或僅存書名，具體内容大多不明難詳。稍後，幸有歷經陳、隋、唐三朝的著名經學家、訓詁學家陸德明（約550—630）撰著《經典釋文》（三十卷），採用漢魏六朝二百三十餘家學者著作，爲《周易》《尚書》《毛詩》《周禮》《儀禮》《禮記》《左傳》《公羊》《穀梁》《孝經》《論語》《老子》《莊子》《爾雅》等先秦諸書注音，成爲總匯魏晉南北朝儒家經典音義的集大成之作。因爲陸氏所引漢魏注家著作，大多已佚，故全賴此書得以考見古音古義，在漢語史研究中具有極爲重要的價值。不僅如此，作爲魏晉以來"音義"類集大成的著作，《經典釋文》還對其後的"内典"音義，即佛經音義的產生具有極大影響。

兩漢之際，佛教東傳進入震旦，并在華夏大地得以廣爲流傳，迅速發展。至隋唐之際，佛教作爲外來文化的形態之一，已獲得了創造性的發展。中國佛教從思想與組織體系上完成了其自身的建設，且日益發展，逐步臻於鼎盛。佛教作爲一種文化現象已然融入華夏，滲透進中國傳統文化

---

① 佛教徒稱佛經爲"内典"，儒家經典爲"外典"。北齊顏之推《顏氏家訓·歸心》："内典初門，設五種禁；外典仁義禮智信，皆與之符。"宋王禹偁《左街僧録通惠大師文集序》："釋子謂佛書爲内典，謂儒書爲外學。"（參考《漢語大詞典》"内典"條）。

的各個深層。所謂"佛教中國化","中國佛教化"①正是這種發展趨向與結果的最佳歸納。在傳統音義體式的影響下,佛經音義,作爲重要的"治經"工具,應佛教在中國傳播、發展之需而產生且逐漸興盛。因其具有直接佐助僧俗閱讀佛典的作用,故在爲促進佛教在中國的傳播、發展的過程中做出了巨大的貢獻。

衆所周知,佛教傳入東土的一個突出標志,就是從東漢起,印度佛教史上經過四次"結集"而形成的卷帙浩繁的佛教經典被翻譯成漢語。這個過程持續了近千年②,其結果是形成了龐大的"漢文大藏經",從而產生了以中國爲中心、漢字爲載體的漢傳佛教。

毋庸置疑,要讓廣大僧俗信衆讀懂這本屬由一個完全不同質素的語言系統翻譯而成的漢文佛典是佛法能在華夏大地弘傳廣播的最基本且是最重要的一步。所以,從南北朝起,爲溝通梵漢雙語,爲釋讀佛經中難字難詞,爲理解傳統文獻中出現的越來越多的"佛家語",佛門中一批有志之士,"借儒術以自釋"③,開始編撰佛經音義。這裏所謂"儒術"正是以陸德明《經典釋文》爲代表的"外典音義"。應該說,魏晉音義著作的盛行,給佛家著述音義著作爲解讀經典之用帶來極大影響,特別是《經典釋文》,陸德明的學術思想以及他在撰著《經典釋文》中所用體例、方法等,都爲"佛經音義"的產生及興盛奠定了基礎。④

佛經音義的編撰隨著佛教在中國的發展而發展。最初人們在註釋佛典中難字、難詞時,往往采用夾注音義之法,即在佛典正文中,將字音與釋義用小字直接注在該字、詞下面。⑤夾注音義,自然是受訓詁學的影響,所以自從佛典有翻譯以來,歷代都有延續。但此法檢索不甚方便。爲了便於查檢,人們就將這些字音與釋義匯聚抄集在一起,於是就有了所謂佛經

---

① 這本是筆者早年在博士學位論文《佛教詞語的構造與漢語詞彙的發展》"前言"中提出來的。即使目前來看,這個歸納也仍是準確的。(梁曉虹:《佛教詞語的構造與漢語詞彙的發展》,北京語言學院出版社1994年版,第3頁)

② 2—11世紀(東漢至北宋)。

③ 黃子高在《一切經音義跋》指出:"顧西域有音聲而無文字,必藉華言以傳,隨義立名,故不得不借儒術以自釋。唐代浮屠多通經史,又去古未遠,授受皆有師承。"(《學海堂初集》卷七)莊炘《一切經音義序》也說:"釋氏有音無字,非借吾儒詁訓,無以闡揚其教,故有唐沙門類多通曉儒術。"(《叢書集成版序》)

④ 徐時儀、梁曉虹、陳五雲:《佛經音義研究通論》,鳳凰出版社2009年版,第10頁。

⑤ 方廣錩:《佛教典籍概論》,中國邏輯與語言函授大學宗教系教材1993年版,第258—259頁。

音義書。據記載，早在南北朝，已經出現了專門匯集佛經音義的著作。如道宣《大唐內典錄》卷五《皇朝傳譯佛經錄》記有北齊道慧撰《一切經音》若干卷，"不顯名目，但名字類。及至臨機，搜訪多惑"①。《續高僧傳》卷三十《隋東都慧日道場釋智果傳》附《智騫傳》記載隋代智騫撰有《衆經音》，"宏敘周贍，達者高之，家藏一本，以爲珍璧"②。然而，早期所撰音義，多已不存，後人祇能根據史書記載而略知其一二，或需通過輯佚而窺知其中部分內容，難以瀏覽全貌。

佛經音義編撰的過程與佛教發展同步，皆在有唐一代臻以頂峰。從現存最早的釋玄應的《大唐衆經音義》（二十五卷）到集佛經音義之大成，代表佛經音義最高水平的釋慧琳的《一切經音義》（一百卷），他如釋慧苑專爲八十卷本《新譯華嚴經》撰著《新譯大方廣佛華嚴經音義》（上下兩卷）、窺基法師撰《法華經音訓》（一卷）③、太原處士郭迻《新定一切經類音》④、沙門雲公於開元二十一年（733）撰《涅槃經音義》二卷、唐高宗時僧人善遇撰《一切經音》、桂輪撰《大藏經音》八卷、天臺宗僧人湛然所撰《止觀輔行傳弘決》十卷以及江西謙大德經音、西川厚大師經音等，皆爲唐代佛經音義的成果。儘管有的或後已不存，如郭迻《新定一切經類音》等，或輾轉異國他鄉，歷盡坎坷才失而復得，如慧琳《一切經音義》，但無論如何，它們都產生於唐代，見證了中國佛教發展的頂峰。

有唐一代以降，佛教進一步中國化與世俗化，進入持續發展的階段，但也失去了往日的輝煌。宋代佛經翻譯可謂中國佛經翻譯史上最後的高潮，此後則日漸式微。佛經音義編纂也同此步伐，進入後期階段。這一階段出現的佛經音義有：後晉天福五年（940），漢中沙門可洪所撰《新集藏經音義隨函錄》（習稱《可洪音義》）三十卷。遼代僧人希麟承繼慧琳步伐，爲《一切經音義》編撰《續一切經音義》十卷。另一位遼代僧人行均則編纂了《龍龕手鏡》，專門訓釋佛典中常用漢語單字⑤形音義，分爲二百四十二個部首，并將其部首單字按平、上、去、入四聲發音分類詮次，勒成四卷。另外，還有北宋精嚴寺沙門處觀編撰的屬"字書類"的

---

① 《大正藏》第五十五卷《目錄部》，第283頁。
② 《續高僧傳》卷三十。
③ 後由慧琳詳定收入其《一切經音義》卷第二十七。
④ 已佚。
⑤ 共收二萬六千四百三十餘字。

《紹興重雕大藏音》上中下三卷，詮釋單字形體與讀音。以上音義皆流傳至今，各有不同影響。除此，還有五代後周僧人行瑫所撰《大藏經音》五百卷，惜遺，後人只能在古書逸文中得其片甲一鱗。又有全璞撰《大藏隨函廣釋經音》，但僅有敦煌殘本。而宋代三藏惟淨等編纂《新譯經音義》七十卷，也已佚不存。儘管也出現了像上所述及的《可洪音義》《龍龕手鏡》這樣收釋俗字和異體字的集大成字書性的音義，但總體來看，其内容不如唐代玄應與慧琳等人音義書那麼豐富，已經失去了有唐一代的輝煌。

（二）佛經音義從中國到日本

日本古代在本民族文字的重要組成部分假名系統產生之前，曾長期處於有語言而無文字的歷史階段。但是人們照樣讀書識字，接受教育。這是因為漢字很早就東傳進入日本，漢字被借用，作為書面符號系統服務於日本社會。而當時的社會發展形態主要就是向當時先進的中國文化學習，從中國輸入了大量文化，如文字、典籍、佛教、儒家、官僚制度、建築技術等。其最直接的成果體現就是從中國輸入了大量的文獻典籍，經史子集，無所不包，以儒家典籍、佛門藏經最為突出。而其中佛教的影響尤為巨大。不僅源遠流長，傳承至今，而且可以說隨著佛教在日本的普及傳播，佛教對日本文化產生了全方位的影響，從政治思想到語言文字，從文學藝術到民風習俗。從某種意義上來說，在某些方面或某個時段，佛教的影響力甚至超過漢傳佛教的本土——中國。而在此過程中，屬於佛教文獻内容之一的佛經音義起過巨大的作用。

"音義"，無論是在儒家，還是在佛門，都屬於"治經"工具，非常重要，所以隨著漢文典籍的東傳幾乎皆傳入日本。較早的"外典音義"，如日本正倉院文書中還能見到《文選音義》之名。而成書於日本寬平九年（897）的《日本國見在書目錄》中也記有如《毛詩音義》《春秋左氏音》《開元文字音義》《史記音義》《漢書音義》《楚辭音義》《文選音義》[①]等多種音義書目。儘管大多已散佚不存，屬於逸書，但它們曾是日本知識階層最早學習漢語的重要工具書，這是不可否認的。而稍後隨佛教東傳而輸入東瀛的中國僧人所撰述的各種佛經音義，在當時漢字、漢文通

---

① 沖森卓也等：《日本辭書辭典》，おうふう1996年版，第48頁。

行的日本，作爲中華佛教文化東傳的重要媒介，得到了更多的重視。正如岡田希雄早在20世紀30年代初所指出：音義，多少受其性質的限制，不如一般字書或韻書使用方便，但從某某音義是基於某部經的注疏書這一點來說，又要比一般字書韻書更爲方便，所以隨漢學東傳而進入日本的音義類數量很多。[1]而且當時很多日本學人也似乎并未受讀某部經一定使用某部音義的局限，而在某種程度上是把這些佛經音義當作學習漢語和接受、傳承漢文化時的一種工具來使用的，而且這種使用範圍得到了極大限度的擴展。所以從中國大陸所傳來的這些佛經音義曾屢屢被抄寫，廣爲流傳。而且隨著彫版印刷術的發展，後來還被不斷刻寫刊印，其中有不少爲各大寺廟及貴族大家所收藏，從而留下了各種不同寫本和版本，成爲日本現存古辭書音義中的重要組成部分。

水谷真成有《佛典音義書目》[2]（以下簡稱"水谷《書目》"）一文，共列出二百三十四種佛經音義書目，歸爲十二大部。著者盡可能地根據歷代書籍目錄等原典加以收錄并分類，至今仍爲日本收錄佛經音義書目最全者。其中有從中國傳入日本的，也有日僧自己撰寫的。我們現在簡單論述前者。

隨佛教經典東傳輸入日本的各種佛經音義，經過歷史長河的沉澱，現在主要呈現以下三種狀態。

1. 歷史上曾廣爲流傳，至今現存

我們以水谷《書目》"第一衆經部"爲例。根據其記載，可知以下中國僧人所撰音義皆曾傳入日本。

001 唐玄應撰《一切經音義》十九卷、二十五卷、二十六卷等[3]
002 唐慧琳撰《一切經音義》一百卷
003 遼希麟撰《續一切經音義》十卷
004 後晉可洪撰《新集藏經音義隨函錄》三十卷
005《新集藏經音義隨函錄前序音義》一卷

---

[1] 參考岡田希雄《至德三年版心空〈法華經音訓〉解說》，貴重圖書影本刊行會昭和六年（1931）5月版。
[2] 最初發表於《大谷學報》第二十八卷第二號，昭和二十四年（1949）3月版，第61—74頁。後收入水谷真成《中國語史研究》，三省堂1994年7月版，第12—41頁。
[3] 其中還包括"卷數不明"者。

006 高齊釋道惠撰《一切經音》

007 郭逐撰《新定一切經類音》

008 後周行瑫撰《大藏經音疏》五百卷

009 行瑫撰《内典隨函音疏》一卷

010《隨函音疏》九十九卷

011 惟淨三藏等學士夏竦《新譯經音義》七十卷

012《一切經音義》

013《大藏經音》四卷

014 宋處觀《紹興重雕大藏經音》三卷

015 宗怡庵《大藏直音》三卷

016《新編大藏經直音部》二卷

017《新編大藏經直音》三卷

018 唐道宣撰《趣要讚經音義》一卷（注：法華、維摩、金剛、藥師、遺教之五部）

019《五大部直音二卷》（内題《重刊北京五大部直音會韻》、明萬曆乙巳（1605）夏真實居士馮夢禎虛楞嚴般若堂印行）

020 明釋久隱撰《五大部諸經直音》二卷

以上二十種，時代最早的是北齊（也稱"高齊"）道慧的《一切經音》，而最晚的要算明代的幾部"直音"類著作，時間跨越達近千年。當然，其中有些早已逸失，僅有書名見存。但是還是有不少流傳至今，而且有的還有多種寫本與刻本。如：

《玄應音義》一般被認爲是現存最早的"衆經音義"[1]，奈良時代以來就多被抄寫，後還廣爲刊印。水谷《書目》中就收錄不同寫本與刻本[2]共十三種。其中寫本就有六種，有些古寫本可追溯至距今約一千三百年的奈良時代。奈良東大寺正倉院所藏古文書《正倉院文書》中就多處有關於奈良時代人們屢屢書寫、讀誦、鑽研《玄應音義》的記載。水谷《書目》中所記"天平[3]九年寫""天平十二年寫"或"寫年不詳"的三種是根據

---

[1] 玄應的《一切經音義》原名《大唐衆經音義》，學界也簡稱"玄應音義"。
[2] 其中"入藏"，被收入進各種大藏經的我們祇算一種。
[3] "天平年間"指729—749年。

《大日本古文書》和《奈良朝現在一切經疏目錄》，應該是祇有記載而并無實物。然而經過學界考察，發現正倉院聖語藏所收錄的卷六之殘簡正是天平年間寫本。即使以後的平安時代，諸寺亦多書寫收藏，如收於《古辭書音義集成》第七、第八、第九册[①]的主要就是以平安時代《玄應音義》古寫本——"法隆寺一切經"的大治三年（1128）書寫本、"石山寺一切經"的安元年間（1175—1177）書寫本爲中心而組成。[②]正倉院聖語藏還收有寫於平安朝時期的《玄應音義》的卷四、十七、十八、十九、二十、二十一、二十二，共七卷。而根據寫於建長二年（1250）的《高山寺聖教目錄》，可知進入鎌倉時代，《玄應音義》的抄寫仍在繼續，如現存於天理圖書館的卷十八即爲鎌倉後期寫本。[③]特別值得注意的是，隨著研究的深入，新的成果又有呈現。以落合俊典教授爲中心的研究團隊在經過了長期調研考察之後，於2006年3月正式複製刊印出版了以名古屋七寺本、大阪河内金剛寺本爲主，京都大學文學部所藏石山寺本、東京大學史料編纂所所藏七寺本、西方寺本等關於《玄應音義》的寫本資料。[④]這是日本學界在已有《玄應音義》古寫本整理的基礎上發表的最新研究成果。這些寫本資料與敦煌吐魯番寫本一樣，相對後世刊本藏經，可以說更多地保存了《玄應音義》唐代寫本的原貌，據此可以訂正後世刊本藏經中的錯誤。特別是這些寫本資料又多幾乎是全卷，不似敦煌寫本多爲斷片，故其價值極爲重大。[⑤]各種單刻印行的《玄應音義》就更多，有中國刻本，也有日本刻本。而收《玄應音義》的不同"漢文大藏經"有：麗藏、宋藏、金藏、元藏、明藏、檗藏、縮藏、卍藏。其中在日本刊刻的就有黄檗版的"鉄眼一切經""天海僧正木活字版一切經"以及明治年間（1868—1911）完

[①] 古典研究會編：《古辭書音義集成》第七、第八、第九册。汲古書院，昭和五十六年（1981）版。其中第七、第八兩册收錄宫内廳書陵部所藏"法隆寺一切經"大治三年書寫本玄應《一切經音義》。第九册收錄廣島大學所藏"石山寺一切經"玄應《一切經音義》現存本之卷第二、卷第三、卷第四、卷第五，共四卷以及天理圖書館所藏卷第九。並附載高麗藏本卷第三至卷第八，因爲大治本缺少此六卷。

[②] 昭和七年（1932）山田孝雄就曾經匯集聖語藏和大治寫本一起編印，而以大治本爲主，所缺各卷則以高麗藏本補足。

[③] 參考小林芳規《一切經音義解題》，古典研究會編《古辭書音義集成》第九册。

[④] 見國際佛教大學院大學學術フロンティア實行委員會《日本古寫經善本叢刊第一輯》。平成十八年（2006）3月2日發行。

[⑤] 參考高田時雄《玄應音義について》，見載於國際佛教大學院大學學術フロンティア實行委員會《日本古寫經善本叢刊第一輯》，第7頁。

成的"縮刷藏經""卍字藏經"等。另外，從日本人所編撰的古辭書，如《篆隷万象名義》《新撰字鏡》《類聚名義抄》等古字書、詞書中也可見《玄應音義》屢被引用，頻爲出典。吉田金彦就指出：毋庸置疑，《玄應音義》也能在正倉院古文書中見到，自古以來作爲大藏經論，受到了極大尊重并得以誦讀。僧昌住所撰《新撰字鏡》也是以此爲基礎而成立的。①《新撰字鏡》是由僧人昌住於昌泰年間（898—901）用漢語寫成的第一本漢和字典，其引用參考最多的資料就是《玄應音義》。這充分證明《玄應音義》在日本列島廣爲流傳的史實及其在日本語言文字史上所起的巨大作用。

我們再以水谷《書目》"第二華嚴部"中的《慧苑音義》爲例。

日本奈良時代，華嚴宗成立并興盛。《華嚴經》作爲華嚴宗所依據之宗經，自然受到很大重視。當時以東大寺爲首的華嚴教學非常隆盛，因此，不但新譯、舊譯②《華嚴經》得以廣傳，與《華嚴經》有密切關係的各種書寫和解讀之風自也興起，故相關的《華嚴經》音義也多有流行。水谷《書目》中就記載"華嚴部"音義共29種。其中，有爲"舊譯六十卷本""四十卷本"《華嚴經》撰著的音義，也有爲《華嚴傳》撰著的音義，還有其他"華嚴"類經典的音義，但是最多的還是唐僧釋慧苑爲"新譯八十卷本"《大方廣佛華嚴經》所撰寫的《慧苑音義》。據《大日本古文書》七卷以及《奈良朝現在一切經疏目録》等文獻記載，日本天平十一年（739）就有《慧苑音義》之流佈。而天平十一年（739）距慧苑撰述此書的唐開元十年（722）③僅隔17年。可見《慧苑音義》寫出不久即被傳入日本。收入水谷《書目·華嚴部》中各種版本的《慧苑音義》就有多達十　種，有的雖"撰者不記"，但内容卻爲《慧苑音義》；有的撰者名爲"慧遠"，實乃"慧苑"之誤；還有如《新譯華嚴音義》二卷，雖撰者

---

① 吉田金彦：《古辞書と国語》，臨川書店2013年版，第19—20頁。
② 《華嚴經》有不同譯本。"新譯"指由實叉難陀於唐則天武后時期譯出的八十卷本《華嚴經》；"舊譯"則指由佛駄跋陀羅於晋義熙十四年（418）譯出的六十卷本《華嚴經》。除此，還有如四十卷本等不同譯本。
③ 因《慧苑音義》未署撰時，故其成書之年學界尚無確切之説。陳士强在其《佛典精解》第1008頁指出：約在武則天神功元年（697）至睿宗太極元年（712）之間；苗昱博士在其博士學位論文《〈華嚴音義〉研究》（蘇州大學，2005）第9頁認爲慧苑當在其師法藏過世（712）之後始撰此書，因最早記録該書的《開元釋教録》的作者智昇於開元十八年（730）將其所撰進獻朝廷，故《慧苑音義》當完書於730年之前；日本學者（小林芳規等）則認爲《慧苑音義》之撰述時間應爲唐開元十年（日本養老六年，722）之際。

不詳、寫年不確，但内容亦實爲《慧苑音義》，而且在《奈良朝現在一切經疏目録》第1875有記載，蓋亦爲奈良朝寫本。小林芳規還指出：石山寺舊藏《新譯華嚴經音義》卷上有安元元年（1175）寫本，卷下有應保二年（1162）寫本。二本皆屬平安後期寫本，儘管多有訛誤，卻能由此推定其底本之狀貌。①而且，通過此二本，我們也可了解從以學習吸收唐朝佛教文化爲特徵的天平文化②最盛時期至日本佛教已邁向"成熟期"③的平安時代《慧苑音義》在日本盛傳之歷史面貌。

2. 歷史上已散佚，但或發現有殘卷，或可從典籍中輯録一二

如上述及，中國的佛經音義幾乎都傳到了日本，經千餘年的歷史長河，有不少已經散佚。但是，近年來隨著研究的不斷深入，人們或發現有珍貴殘卷零本存在，或從典籍中得以輯録珍貴的部分。如：

以上水谷《書目》記有"008後周行瑫撰《大藏經音疏》五百卷"。關於此書，一般認爲早佚不傳，今人難知其貌。但經學界考察，認爲日本尚有殘卷。吕澂先生曾指出："行瑫（895—956）也以訂正郭逡音義的用意，撰述《大藏經音疏》五百餘卷，幾乎等於疏解一部大藏音義。其書曾風行兩浙，全部已佚，最近僅在日本發現其第三百零七卷寫本一卷。"④這正是以上水谷《書目》"009行瑫撰《内典隨函音疏》一卷"所記載的内容："守屋孝藏氏藏支那寫本、小乘律之一、舊海鹽金粟山廣惠禪院大藏經之一"。這由守屋孝藏氏苦心蒐集並精心保存的金粟寺藏經本的零卷，曾被認爲是海内孤本。近年在日本又新發現還存在兩種不同的零本：其一爲附載於過去曾經傳到日本的高麗版大藏經之中，是卷第四百八十一及卷第四百九十；其二是以附於奈良市西大寺所存磧砂版《大般若經》卷第一到卷第四、卷第八到卷第十一各卷末的形式而留存下來的。高田先生在考證其文本組織、語彙編排方式後認爲，行瑫音疏作爲"隨函音疏"是"一種爲添加在特定藏經後面的音義"，並非獨立成書，而是以逐卷附於

---

① 小林芳規：《小川廣巳氏藏〈新譯華嚴經音義私記〉解題》，古典研究會編《古辭書音義集成》第一卷，汲古書院昭和六十三年（1988）第二版。
② 奈良時代的文化，於聖武天皇的天平年間（729—749）達到最高峰，故這個時期被稱爲"天平文化"。
③ 梁曉虹：《日本禪》，浙江人民出版社1997年版，第27頁。
④ 中國佛教協會編：《中國佛教》第一輯，《中國佛教史大略》中"五代佛教"部分，http://blog.sina.com.cn/s/blog_45ddc2280100nkfc.html。

藏經各帙之後這樣一種較普遍的形式而流行於世的。[1]另外，行瑫的音疏還涉及了《開元錄》未收的經卷，即包含了開元以後的譯經，即貞元的續入部分。[2]而隨著研究的深入，更多的殘卷被陸續發現。東京大學東洋文化研究所所藏《琉璃王經》和《五苦章句經》音義殘卷，改卷音義部分計七頁，以手抄音義專書殘卷的形式單獨流傳，此前一直被認爲是唐抄本，實質爲《隨函音疏》零卷。[3]除此，還有國際佛教徒協會東京事務所的網頁上所列的待售零卷，網上祇公佈了最後的部分，也就是《中阿含經》音義一頁的殘卷。[4]在此研究的推動下，學界也在行瑫《隨函音疏》的故土中國發現逸卷。[5]這正是研究不斷深入的成果。

除了殘存的零卷以外，日本古辭書佛經音義出典中尚有"行瑫音疏"的內容，如平安中期法相宗學僧仲算所撰《法華經釋文》就多有引用。高田時雄先生曾根據大正藏第五十六卷所收錄的《法華經釋文》對其所引行瑫音義加以輯錄，共輯得佚文78條。[6]陳源源也統計指出[7]，《釋文》中引用《大藏經音疏》（文中稱"行瑫"）[8]74處。這些條目分別對字詞的形、音、義進行分析說明，有時還提出自己的看法。不難看出，《法華經釋文》等類古佛經音義對學界考察研究中國所失逸的古音義辭書，具有極大參考價值。

又如：唐太原處士郭迻的《一切經類音》八卷，專爲幫助僧俗閱讀佛經中的疑難字而編撰，然早已亡逸。此書名以及卷數之根據是日僧圓珍《智證大師將來目錄》。中國古籍中有《經音類決》（《義楚六帖》）、《衆經音》（《紹興重雕大藏音》）、《郭迻音決》（《通志藝文略》第五釋家一），以及以"郭迻""郭氏"（《龍龕手鑒》等）作者名代

---

[1] 參考高田時雄《可洪〈隨函錄〉與行瑫〈隨函音疏〉》，《敦煌·民族·語言》，中華書局2005年版，第407—415頁。

[2] 同上書，第425—430頁。

[3] 譚翠：《〈磧砂藏〉中所見〈內典隨函音疏〉逸卷考》，《中國典籍與文化》2011年第4期（總第79期）。

[4] 同上。

[5] 同上。

[6] 高田時雄：《敦煌·民族·語言》，第417—419頁。

[7] 陳源源：《〈妙法蓮華經釋文〉所引佛典"音義書"考——以慧苑〈華嚴經音義〉與行瑫〈大藏經音疏〉爲例》；徐時儀、陳五雲、梁曉虹編：《佛經音義研究——首屆佛經音義研究國際學術研討會論文集》，上海古籍出版社2006年版。

[8] 《釋文》引書，除引書名外，還常引人名。

替者。高田時雄認爲應該根據最古之典據將《新定一切經類音》作爲書名。①而《法華經釋文》中就有《一切經類音》書名之引用，即指此。可見，此書確實傳到了日本。不僅如此，仲算在《法華經釋文》訓釋文字時還有引用，共11條。鄭賢章著有《〈郭迻經音〉研究》②一書，即根據文獻中散見的《郭迻經音》進行的輯佚整理研究，其中《法華經釋文》就是重要材料之一。

又如《續高僧傳》卷三十《隋東都慧日道場釋智果傳》附《智騫傳》有如下記載：

> 時慧日（道場）沙門智騫者，江表人也。偏洞字源，精閑通俗（指漢字的通體和俗體），晚以所學追入道場。自祕書正字、讎校著作，言義不通，皆咨騫決。即爲定其今古，出其人跡，變體詁訓，明若面焉③。每曰：余字學頗周，而不識字者多矣。無人通決，以爲恨耳。造《眾經音》及《蒼雅字苑》，宏敘周贍，達者高之，家藏一本，以爲珍璧。④

可惜的是，這麼一本在當時頗受僧俗歡迎的音義書，卻未能流傳下來。後人只能根據這點記錄了解此書的價值，其體式則無從知曉。而高田時雄先生考證《法華經釋文》卷下引有一條疑爲智騫《眾經音》的佚文。《法華經釋文》釋《法華經》卷七《普賢菩薩勸發品》第二十八"手腳繚戾"之"繚"字時有"騫師云：宜爲了字，謂子無兩臂，不任統於事務，家業畢了，無所付委也"之引文。⑤如果此確爲智騫之言，那麼可以此而窺其《眾經音》之一斑。

如此之類，所發現的殘卷，篇幅大小不一，或所輯錄的內容多少有異，有的甚至真是片光零羽，隻甲片鱗，但作爲研究資料卻極爲寶貴，學

---

① 參考高田時雄《可洪隨函錄と行瑫隨函音疏》，《中國語史の資料と方法》，京都大學人文科學研究所1994年版。
② 湖南師範大學出版社2010年版。
③ 此語是指智騫對於寫法跟他當日不同的古時候變體文字，能一眼辨認出來，一若他曾在古時候生活過，曾面對流行這種寫法的時代。
④ 《續高僧傳》卷三十。
⑤ 參考高田時雄《可洪隨函錄と行瑫隨函音疏》，《中國語史の資料と方法》，京都大學人文科學研究所1994年版。

界已經意識到此點，并付諸行動，進行研究。

3. 僅見於書籍目錄，確已完全不存

水谷《書目》中所記，有一部分屬於僅見於古代書籍目錄，其他了無蹤影者。如"衆經部"中的"006高齊釋道惠撰《一切經音》""010《隨函音疏》九十九卷"以及"018唐道宣撰《趣要讚經音義》一卷"。上記"006高齊釋道惠撰《一切經音》"見於道宣《大唐内典錄》卷五《皇朝傳譯佛經錄》，作"北齊釋道慧"，而上記"010《隨函音疏》九十九卷"，水谷之根據來自興福寺沙門永超的《東域傳燈目錄》上：

　　隨函音疏九十九卷　法成寺ノ藏　遼代皈日記云　隨函音義丹[①]云云。
　　　　　　諸經難字等釋之。云云[②]

關於此音義，筆者所見僅此文字記錄，所以祇能根據以上文字加以判斷。大概能有兩個結論。其一，此不爲後周行瑫所撰《大藏經音疏》。學界多將行瑫此書也簡稱《隨函音疏》[③]，但行瑫的《隨函音疏》"五百許卷"，曾"行於江浙左右僧坊"，在南方傳播。而此書九十九卷，且根據"遼代皈日記"，出於北方。其二，"遼代皈日記"中有"諸經難字等釋之"，據此，可知其體例。而根據學界現在對行瑫《隨函音疏》殘卷的研究，與其體例内容不符。但根據以上《東域傳燈目錄》上所記，此書曾藏於法成寺。

上記"018唐道宣撰《趣要讚經音義》一卷"（注：法華、維摩、金剛、藥師、遺教之五部），則似祇見水谷《書目》。而水谷之根據也是來自興福寺沙門永超的《東域傳燈目錄》上：

　　趣要讚經音義一卷　終南山釋道宣斯載法花、維摩、金剛、藥師、遺教。五部ノ要經。云云[④]

---

① 此字旁有小注：コノ字疑シ。意爲此字有疑。大正藏作"册"字。
② 《大日本全書·佛教書籍目錄第一》，佛刊行會大正二年（1913）版，第57頁。
③ 參考譚翠《〈磧砂藏〉中所見〈内典隨函音疏〉逸卷考》，《中國典籍與文化》2011年第4期（總第79期）。
④ 《大日本全書·佛教書籍目錄第一》，第57頁。

以上所記音義，不見他處。道宣的各種傳記，也不見有此書名。

此類音義，在水谷《書目》中還有不少。儘管僅有書名，並無原物。但即使這樣，也至少可以証明在日本歷史上它們曾經存在並流傳過。

以上所述，足以説明有衆多古佛經音義曾從漢土傳到東瀛，並得以廣泛流傳的史實。它們在日本文化發展的各個歷史階段，起到了應有的作用。而且伴隨著日本文化的發展，其本身也得到了較好的保存。所以從某種意義上甚至可以説，日本所存的中國佛經音義更多於其本土。

（三）日僧撰寫新佛經音義

潘鈞《日本辭書研究》之《日本的古辭書》指出："'音義'是中國辭書的一種類型，是對佛經漢文典籍裏的難解的字詞的注音和訓釋。日本最早學習漢語漢文就是靠這種音義書來進行的。"[1]確實如此，佛經音義，作爲中國佛教纂集中專門解釋佛經中字詞音義的訓詁學著作，具有直接佐助學人閱讀佛典的作用，[2]隨漢文佛典一併"輸出"後，因其"辨音釋義"的特殊性而成爲中華佛教文化東傳的重要媒介。所以，佛經音義在海外也曾被大批書寫、刊印，并由此得以廣泛流傳。而這也成爲近年漢文古辭書音義研究的重要內容。特別是在日本，以上我們所述及的內容，可以證明這一點。

不僅如此，實際上，就像佛教在朝鮮、日本等國經過發展，又形成各自另具特色的朝鮮佛教和日本佛教一樣，佛經音義作爲"治經"的工具，要適應佛教在當時、當地發展的趨勢，起到爲僧侶信衆解讀佛書之功用，就會與當地的語言文字發生密不可分的關係，佛經音義也必定會有新的發展，這也就爲佛經音義研究提出了新課題。

實際上，水谷《書目》中十二大部，二百三十四種佛經音義書目中有相當一部分正是在佛教興盛和廣傳的歷史時代背景下，日本學僧應廣大僧俗信衆研讀佛典之需而編撰的一批新佛經音義。這也是本書研究的主要對象。以下我們主要從歷史的發展綫索上加以爬疏整理。

總體來看，日僧新撰佛經音義的發展過程基本上是：和風化→日式；漢式與其并行。

---

[1] 潘鈞：《日本辭書研究》，上海人民出版社2008年版，第94—102頁。
[2] 參考陳士强《佛典精解》五《纂集部·總敍》，上海古籍出版社1993年版。

1. "和風化"佛經音義

應該説，日僧撰著音義起源於抄寫音義。古代日本人熱心於寫經。既有大規模的官方組織行動，也有民間諸士自發的寫經功德；既書寫一切經，也書寫單部佛經。而佛經音義隨大批佛典一起傳入日本，當然也屬於書寫對象。有些學問僧在熱心抄寫從中國傳來的佛經音義的時候，或添加注解，或標出某字音讀，甚至寫出自己的見解，這些在中國所傳來音義基礎上或多或少的加工，就成爲日本佛經音義的起源。當然，因爲當時日本文字尚未正式產生，這些"和訓"內容都是用漢字表示的，即萬葉假名。而這實際上就意味著日本僧人已經開始編撰爲自己所用的佛經音義了。所以日本人撰著佛經音義時代較早，始自奈良時代末期。

如此，所謂"和風化"佛經音義，主要指古代奈良時代至平安初期，日本僧人模仿漢傳佛經音義所編撰的一批佛經音義書，一般爲單經音義。而更狹義一些的定義，也可以認爲是指其中具有"和訓"內容的佛經音義。現存代表作如：小川家藏本《新譯華嚴經音義私記》、大治本/金剛寺本《新華嚴經音義》、信行撰《大般若經音義》（中卷，石山寺藏）、宮内廳書陵部圖書寮文庫藏《四分律音義》（一卷本）等。

"和風化"佛經音義具有以下特色。

（1）用漢文書寫，"彰顯古漢風"。從時代上來看，我們將奈良末至平安初期日僧所撰的一些佛經音義稱爲"和風化"類，這當然是因爲當時的日本還處於全盤接受大唐文化的歷史階段，而日語文字重要組成部分的"假名"書寫系統尚未正式產生，故而這些佛經音義皆用漢文書寫。儘管從形式上如此，但出自日僧之筆。而即使有和訓，也是用漢字的万葉假名表示。無論是標音還是釋義，也多參考傳統佛經音義。所錄辭目字形多爲當時所傳寫本（有很多是唐寫本）佛經中之俗字異體。而所注音切，所施釋文，也多引當時漢文古籍爲證。因此，其特點非常明顯，就是"彰顯古漢風"。

（2）包含"和訓"內容。所謂"和訓"，如前述及，即指用萬葉假名標注音訓和義訓。古奈良時代所產生的多種佛經音義，大多不同程度含有和訓內容。這説明日本僧人除了標記漢字字音以外，已經開始用自己的筆記錄下了他們對這些文字和語詞的理解。和訓內容多少不一，如《四分律音義》僅有四例和訓，但《新譯華嚴經音義私記》中卻多達約一百七十條。石山寺本《大般若經音義》（中卷）中共有和訓十二項十三語。築島裕指出這些和訓皆以"倭言"引出，可推定爲"倭ニハ……ト言フ"之體式。而"倭言"之語，除此本外，尚見於善珠①《成唯識論述記序釋》《日本感應錄》《將門記》等奈良末平安初之文獻。②由此可見，石山寺本《大般若經音義》之祖本應與這些文獻之年代相同。

日本奈良朝佛教文化呈現出接受與創新的特點。在全面學習大唐文化、全盤接受中國佛教的風潮下，"和風化"已漸露端倪。從宏觀考察，南都六宗之創立與發展，正是一大批滿載隋唐佛教思想陸續歸國的學問僧促進推動的結果，然也呈現出當時日本律令政府仿效隋唐王朝並在追隨中國佛教足迹的同時自身發展的新趨勢、新水平。而微觀具體剖析，如佛經音義，這種中國的傳統訓詁體式在日本也得到了很大的發展。部分學問僧開始嘗試模仿漢傳音義而加以撰述，當然不僅只有内典音義，還包括外典音義。岡田希雄指出：寬平年中③藤原佐世所撰的《見在書目錄》④就記載有很多，⑤或添筆加注，或改寫，或重撰。於是，一批爲己所用，具有不同程度"和風化"的古佛經音義由此產生。

如宫内廳書陵部圖書寮文庫藏有一卷本《四分律音義》，作者不詳，學界或認爲其寫於奈良末期，或推斷抄於平安初期，屬早期珍貴古寫本音義。一卷本《四分律音義》之内容與《玄應音義》卷十四一致，⑥故可認爲是《玄應音義》中《四分律音義》的部分。築島裕曾將此本音義與《玄應音義》《慧琳音義》中所收錄的《四分律音義》⑦從内容上加以比較，

---

① 善珠［養老七年（723）至延曆十六年（797）］日本奈良時期至平安初期法相宗僧人，曾師事玄昉，通法相與因明，多有撰述，有《唯識義燈增明記》《唯識分量決》等十餘部著作留存於世。

② 平安朝中期以後，多用"和名"形式，或全無冠稱，僅標和訓。參考築島裕《大般若經音義解題》（石山寺一切經藏本），古典研究會編《古辭書音義集成》第三卷《大般若經音義·大般若經字抄》，汲古書院昭和五十三年（1978）版。

③ 日本年號之一，時間自889年至898年。這一段時間天皇爲宇多天皇、醍醐天皇。

④ 藤原佐世撰：《日本國見在書目錄》，一卷，寬平三年（891）完成，乃日本最古漢籍目錄。爲當時日本現存漢籍目錄，也含有一部分日本撰述，記載近1580部1万7000卷書籍，分成"易家""尚書家""詩家"等40餘家。

⑤ 岡田希雄：《至德三年版心空〈法華經音義〉解説》，貴重圖書影本刊行會昭和六年（1931）5月版。

⑥ 玄應專爲六十卷佛教戒律書《四分律》編撰《四分律音義》，並編入其所撰《衆經音義》之卷十四。

⑦ 因慧琳於建中之末（780—784）至元和二年（807）之間撰著《一切經音義》一百卷時，轉錄《玄應音義》，又將《四分律音義》收入卷第五十九。故而，一般意義上的《四分律音義》有玄應本和慧琳本。

指出本體部分兩者近似，應爲同一書，只是相互之間有相當程度的誤寫存在。[①]川瀨一馬認爲《四分律音義》應寫於奈良朝時期，因其中有用真假名（万葉假名）標明和訓的部分。[②]儘管從整體部分看，此本內容與《玄應音義》卷十四基本相同，但根據築島裕與川瀨一馬兩位大家的考證：此本尚有《玄應音義》卷十四等所無之內容，如第六十卷之"值蹶"釋文終了之後，緊接有"遣羯磨"之條目及其註釋。而且至卷尾共三十五大行，六十六個辭目[③]及其釋文，亦僅見於本書。如此之類的"添筆"與"加注"，可以視之爲撰者參考《玄應音義》卷十四，並在此基礎上的一種再創作。故川瀨一馬認爲此音義出自日本人之手，是現存日僧所撰最古之音義書。[④]

儘管一卷本《四分律音義》中万葉假名並不多，僅四例，然卻可視爲日僧所撰佛經音義濫觴之標誌。這種標誌也體現於其他早期日僧所撰音義書。

如果說一卷本《四分律音義》主要基於玄應的《四分律》，"添筆加注"的內容並不算多，那麼還有部分音義書則是在漢傳佛經音義的基礎上，或吸收採納，或增添減削，或改寫重構，總之，爲了適應日本僧俗讀經需要而對原音義有了較大幅度的"加工作業"，而"和訓"也自然仍爲其重要部分。

如《新譯華嚴經音義私記》[⑤]上、下兩卷，就被認爲是在《慧苑音義》二卷以及《新華嚴經音義》之基礎上加工而成者。小林芳規等學者通過對此書書誌的考證，以及對此書字體以及和訓形式、上代特殊假名之使用方法的研究，認爲此書應是奈良時代的天平勝寶年間，[⑥]或自此之後的半個世紀之間，於華嚴教學盛行的東大寺或屬於其系統的寺院中撰述而成者。根據小林芳規考察，《私記》之基本材料依據爲《慧苑音義》和大治本《新音義》[⑦]。基本順序爲：先根據《慧苑音義》，但省略書證出典

---

① 築島裕：《〈四分律音義〉解題》，古典研究會編《古辭書音義集成》第二卷，汲古書院昭和五十四年（1979）版。
② 川瀨一馬：《增訂古辭書の研究》，雄松堂出版昭和六十一年（1986）版，第14頁。
③ 川瀨一馬言其爲"八行十六語"。蓋川瀨先生所言爲緊接"亦有種種"之後的一頁。
④ 同上。
⑤ 以下簡稱《私記》。
⑥ 天平勝寶元年爲749年版。
⑦ 《新華嚴經音義》現存大治年間寫本和金剛寺本。因大治本公刊較早，故學界一般多稱其爲"大治本"。我們在此簡稱"大治本《新音義》"。

之名；接著根據大治本《新音義》之祖本。當然，這種引用順序並不一定，也有先取大治本《新音義》，後用《慧苑音義》之例。而且只依據其中一部音義之例亦多見。其中有時還用"唐音義"指稱《慧苑音義》，用"一音義"指大治本《新音義》祖本。另外，還有既不根據《慧苑音義》，也不根據大治本《新音義》祖本的加筆注文，如冠之以"音……訓……""倭言""倭云"等内容。這些加筆注文，全書隨處可見，大多爲和訓。根據岡田希雄統計，共有162例。[①]

雖然《新譯華嚴經私記》的兩大基礎是《慧苑音義》和大治本《新音義》，但其作者還參考引用了其他古文獻材料。根據池田証壽的統計，《私記》所引用的資料，《慧苑音義》佔49%，大治本《新音義》佔19%，《玄應音義》佔3%，《玉篇》佔9%，其他佔20%。所以，《慧苑音義》和大治本《新音義》被認爲是《私記》的"中心資料"，而《玄應音義》和《玉篇》則被視作"二次資料"。[②]實際上，所謂"中心資料"，二者比例亦有一定的差距，《慧苑音義》可謂"中心"之"中心"。川瀨一馬則認爲：《新譯華嚴經私記》乃基於《慧苑音義》所加以"私記"者。[③]而所謂"私記"，可以理解爲個人筆記，也可以理解爲在日本所作的註釋之書[④]。所以我們可以認爲《私記》確是在漢土所傳《慧苑音義》基礎上又經日本人之手加工而成立者。

而被視爲《新譯華嚴經音義私記》基礎之一的"大治本《新音義》"實際上亦屬此類。此本只是大治年間的一個寫本，其祖本《新華嚴經音義》之撰著時間，根據三保忠夫等學者考證，也應是天平勝寶年間，蓋爲當時華嚴教學頗爲隆盛的東大寺，或者是屬於東大寺系統的寺院之華嚴學僧所撰。[⑤]此音義雖是專爲八十卷《新譯華嚴經》所編撰，但其所參考對

---

① 岡田希雄有《新譯華嚴經音義倭訓攷》（京都帝國大學國文學會《國語·國文》第十一卷第三號，昭和十六年（1941））長文，對《私記》以及大治本《新音義》中的和訓進行了細緻綿密的攷辨。

② 池田證壽：《〈新譯華嚴經音義私記〉について—先行音義との関係—》，北海道大學文學部國語學講座編《辭書·音義》（北大國語學講座二十周年記念論輯），汲古書院昭和六十三年（1988）版。

③ 川瀨一馬：《增訂古辞書の研究》，雄松堂出版昭和六十一年（1986）再版，第41頁。

④ 參考高橋忠彦·高橋久子（序文·跋文を読む）《日本の古辞書》第2頁對《新撰字鏡》的簡介，大修館書店2006年版。

⑤ 三保忠夫：《大治本新華嚴経音義の撰述と背景》，南都佛教研究會編《南都佛教》第33號，昭和四十九年（1974）12月25日。

象卻不是《慧苑音義》，而是玄應的舊經音義，即玄應專爲六十卷本舊譯《華嚴經》所作的音義，被編於其《衆經音義》卷一。而且《新華嚴經音義》的撰者似並不僅僅拘泥於卷一的《華嚴經音義》，甚至從全二十五卷（或二十六卷）的《玄應音義》總體部分選出合適的内容並加以利用。此音義的另一特色即爲：除漢文註釋外，還保留有作爲"倭言"万葉假名的和訓十四項二十語。故而，雖然撰述者不詳，但亦被認爲是借日本人或日籍漢人之手而成者。①

一般認爲自天平年間後半起，於感寶、勝寶、寶字、神護之間②，學僧們曾極爲熱衷於抄寫和撰述佛書音義，從而産生了多種爲詮釋某部經典難字難詞的"單經音義"。儘管傳承至今者甚少，但根據史籍記載，專家考證，確實是"存在過"。三保忠夫指出：古代佛經音義之撰述如此集中地出現，且其中多含有和訓，又大多爲對《華嚴經》《大般若經》《最勝王經》《法華經》等重要經典之音義，此應爲奈良佛教文化特色之一。③

隨著時代的發展，日本經歷了文字産生並逐步完善，最後形成系統的歷史過程。而在此過程中，佛經音義也自然會産生變化和發展。正如築島裕所指出：此類佛經音義，在本依據中國大陸撰述同時，加以"和風"，再進一步就是逐漸趨於日本化。④如石山寺本《大般若經音義》（中卷）中"倭言"標記，大部分並不在釋語行内，或者並未直接綴於釋文後，而是在其下隔開一些空間。故而被認爲倭訓部分有可能是原本之後追加的部分。然而到了《私記》，一百六十餘條和訓内容與其釋文部分已渾然一體，皆被收納於釋文之内。另外，早期石山寺本《大般若經音義》（中卷）等中"倭言"體式，到《私記》已變成多用"川（訓）"的形式，故而可被認爲是"和風化"更爲濃郁。

2. "日本化（日式）"佛經音義

佛經音義"和風化"逐漸濃郁的結果就是"日本化"，或簡稱"日式"佛經音義。

---

① 參考小林芳規《新譯華嚴經音義私記解題》；三保忠夫《大治本新華嚴經音義の撰述と背景》。
② 日本天平感寶元年，又爲天平勝寶元年，即749年；天平寶字元年爲757年；天平神護元年爲765年。
③ 參考三保忠夫《元興寺信行撰述の音義》。
④ 參考築島裕《大般若經音義解題》（石山寺一切經藏本）。

所謂"日式佛經音義"指平安時代中後期以降（假名產生以後），日本僧人專爲僧俗誦讀佛經而編寫的一批音義，基本也是單經音義。其最大特色就是多用日語假名標註音訓或義訓。

從"和風化"到"日本化"，有一定的發展過程。從時間上來看，"和風化"佛經音義產生於日本古代，即奈良朝至平安初期。其時日本文字尚未產生，人們完全借用漢字作爲書寫工具。而"日本化"佛經音義則主要產生於日本中世①以降，當時日本文字中的假名系統已經產生。從內容形式上看，"和風化"佛經音義主要是古代日本僧人模仿漢傳佛經音義而加工編撰的一批佛經音義書，一般爲單經音義。而"日本化"佛經音義，則指專爲日本僧俗誦讀佛經而編寫的音義，基本也是單經音義。辭目以單字爲主，而且多用日語假名標註音訓或義訓。如果說，"和風化"帶有模仿改編的性質，那麼，"日本化"則是全新的創作。故所謂日式佛經音義，更準確地說是指相對古奈良朝日僧多模仿漢傳佛經音義而作，平安時代以後至中世，學僧們已經可以自如地運用本民族的語言文字，繼續使用"音義"這一古老的訓詁工具，而專爲日本僧俗誦讀佛經編撰的一批單經音義。

音義書在日本，起初自是傳自中國，多爲漢籍與佛典音義。其後日本人開始仿此爲範，編纂日本的音義書。其濫觴即起於用萬葉假名書寫所附的漢文注文，這就是以上我們所論述的"和風化"佛經音義。而隨著日本文字中假名的出現，其後和訓內容又開始用片假名標示。而且隨著時代遞進，假名的比重逐漸增加，遂致漢文注消失，只用假名標註音訓、義訓的體式之產生。但是因爲在假名形成以後的千餘年中，日本文字系統一直包括漢字與假名兩部分，故真正純用假名標音釋義的實際也並不多，相當一部分還是漢字與假名混合使用的。現存代表作如：藤原公任的《大般若經字抄》、無窮會圖書館系《大般若經音義》及《法華經單字》《金光明最勝王經音義》等。特別是藤原公任的《大般若經字抄》被認爲是以片假名標明和訓類音義之嚆矢，在日本佛經音義史上具有從"和風化"向"日本化"過渡的承前啓後的作用。鎌倉時代以降大量出現的《法華經》諸音義，不僅皆用片假名注音訓與義訓，而且編纂體式也出現變化，除了傳

---

① 日本史上，將鎌倉時代·室町時代這一段歷史稱爲"中世"。"中世"之前稱"古代"，一般多指奈良·平安時代。"中世"之後稱"近世"，指安土桃山時代·江户時代。

統的卷音義以外，還有韻分類音義和篇立音義等形式。從內容到形式都爲了適應日語的發展而有了質的改變，真正日本式的音義出現了。

需要指出的是：儘管我們大致可以從時間上把日本佛經音義劃分爲"和風化"與"日本化"兩種，但是必須指出，純漢文，即不包括和訓（無論是萬葉假名還是片假名）的漢式佛經音義實際也一直存在，而且其時代可以說是從古代至近代。現存代表作有平安時代中期法相宗學僧仲算所撰的《法華經釋文》以及觀靜的《孔雀經音義》。醍醐寺本《孔雀經音義》雖載有最古的五十音圖，卻爲別本，應爲後人所添加，其正文并無和訓内容。而仲算弟子真興的《大般若經音訓》，雖然已經散佚，但築島裕先生通過考證指出真興的音義應該沒有和訓，出於學術嚴謹用"＊"號，注爲"推測"。① 又如鎌倉時期信瑞的《淨土三部經音義集》（四卷），也純用漢文寫成。即使到了後期，如江户中期乘恩所撰《淨土三部經音義》（五卷）也幾乎全用漢文書寫。

三、日本佛經音義的類別與特色

（一）日本佛經音義類別

所謂佛經音義的"類別"，可從不同方面加以論述。我們主要是從"體式"上來進行考察的。而所謂"體式"，又可以根據不同的標準，有不同的分類。

佛經音義從大的分類來看，可歸屬於"辭書"，日本學界也常將"辭書"與"音義"相連用。但佛經音義畢竟是專爲佛經，特別是爲某部佛經編纂的音義，故其體例，或謂之"體式"自有其不同。中國傳統的佛經音義有"衆經音義"，如玄應的《衆經音義》、慧琳的《一切經音義》等，也有"單經音義"，如慧苑的《新譯大方廣佛華嚴經音義》、雲公的《涅槃經音義》等，還有"隨函音義"，即附於藏經，隨函逐經注解，如宋元私刻的《磧砂藏》，就被認爲附載了大量的《隨函音義》，② 但大部分單獨成書，如《玄應音義》《慧琳音義》。從編排體式看，有根據經典卷帙順序編排的"卷音義"，大部分傳統音義皆如此。也有統一衆經分韻編

---

① 參考築島裕《大般若經音義諸本小考》，東京大學教養部《人文科學科紀要》昭和三十五年（1960）3月第21輯。
② 參考譚翠《〈磧砂藏〉隨函音義研究》，中國社會科學出版社2013年版，第8頁。

類，如行均的《龍龕手鏡》。還有的統一衆經依文字部首編類，如處觀的《紹興重雕大藏經音》，但此類音義相對較少。

日本佛經音義源自中國，其體式與類別自然有不少相同之處。然而，這些音義書畢竟是爲日本人閱讀研究佛經而用的，漢語和日語又畢竟屬於兩個質素不同的語言，無論是"和風化"音義，還是"日式"音義，都有很多地方與中國傳統音義有本質性的區別。即使"彰顯漢風"的，純用漢文撰寫的那部分音義，在"漢風"的背後實際還是會顯示出與中國僧人所撰音義有些許區別。

1. 卷音義與帙音義

（1）卷音義

所謂"卷音義"，即按照卷次順序排列之音義。日僧所撰佛經音義，從體裁上考察，最初模仿漢傳佛經音義，故基本爲"卷音義"，即根據經典卷帙順序收釋辭目。如奈良末期信行的《大般若經音義》（石山寺本、中卷）、小川家藏本《新譯華嚴經音義私記》、《新華嚴經音義》（大治年間寫本）以及平安初期《四分律音義》、平安中期仲算的《法華經釋文》等。例多，不贅舉。

（2）帙音義

所謂"帙音義"，即以帙而編成。這種體式起源於《大般若經字抄》。《大般若經字抄》並非如其前信行的《大般若經音義》以及慧琳爲《大般若經》所作之音義，逐卷收錄辭目並加以解釋，而是將《大般若經》六百卷，各以十卷爲一帙。這是因爲佛教藏經是采取中國傳統圖書合帙之法收藏的，正所謂"從行有卷，從卷有帙，從帙有部，從部有藏，從藏有種種分別，是道種智本"。[①]而從古之《正倉院文書》等，尚可見日本古代《大般若經》經本文也是如此，以帙而編成，十卷爲一帙，共六十帙。而"帙音義"亦爲其後的無窮會本、天理本、藥師寺本《大般若經音義》所仿範。[②]

實際上，無論是"卷音義"還是"帙音義"，基本性質是相同的，即根據傳統佛經的卷或帙而編纂。但傳統意義上的"卷音義"，極爲明顯的是多有檢索不便之欠。這種不便，在當時的情況下自然是不可避免的。特

---

① 智者大師智顗：《妙法蓮華經玄義》卷八，CBETA/T33/0777。
② 參考築島裕《大般若經音義諸本小考》。

別是玄應、慧琳等音義大家爲"衆經""一切經"所纂之音義,這種現象就更爲突出,所以《慧琳音義》中經常會有"前××卷中已具訓釋"類的標注,就是爲避免重複。但儘管如此,仍是有相當的重複條目。這當然會給讀者帶來不便。

卷音義除了檢索不便外,還更多地體現出其訓詁書的性質,正如川瀨一馬所指出:按卷帙摘錄語詞并加以注釋之類,應該視其爲"注釋書",難以認作辭書。① 隨著辭書在日本的發展,也爲僧俗閱讀佛典時查檢便利之需,從鎌倉時代開始"篇立音義"開始出現。

2. 篇立音義

所謂"篇立音義"即所收釋辭目(基本爲單字)以漢字部首分類編排。這本是東漢許慎因編撰《說文解字》而創,爲中國傳統字書的基本編排體式。此體式千百年來一直爲編纂字書者所採用,只是分部的多寡不同而已。而隨著漢字的發展,漢字由篆書變爲隸書,又由隸書變爲楷書,字形筆畫的結構變化很大,對字書的分類歸部自然有著直接的影響。故而,根據篆書寫法制定部首的《說文解字》與按照楷書寫法來分部的《康熙字典》,自然有很大區別。這種區別正體現了中國字書"部首"法編纂從以文字學爲原則向以檢字法爲原則的發展。"部首法"自然也影響到佛經音義的編纂,中國也有"篇立音義",祇是出現稍晚,如北宋處觀的《紹興重雕大藏音》、遼代釋行均所撰《龍龕手鏡》等。《龍龕手鏡》將所收釋的"二萬六千四百三十餘字"②分爲二百四十二個部首。又將這些部首單字按平、上、去、入四聲的發音分類詮次,勒成四卷。③而《紹興重雕大藏音》全書則共收字五千,分一百七十四個部首。

日本中世,"篇立音義"開始陸續出現,且多有流佈。如現存《大般若經音義》就有如弘安九年(1286)書寫,人吉願成寺舊藏的殘本等;而《法華經音義》則更是多見,現存古寫本就有如西大寺本、平等心王院本、大通寺舊藏本、九原文庫本等多種,築島裕先生統計共有十三種;④《淨土三部經音義》也有龍谷大學藏寫字臺本(一卷本)、珠光天正十八

---

① 川瀨一馬:《增訂古辭書の研究》,雄松堂出版昭和六十三年(1988)版,第450頁。
② 根據沙門智光《新修龍龕手鏡序》。
③ 以下主要參考陳士強《佛典精解》,上海古籍出版社1992年版,第1028—1029頁。
④ 築島裕:《法華經音義について》,山田忠雄編《山田孝雄追憶・本邦辭書史論叢》,三省堂昭和四十二年(1967)版,第918—933頁。

年（1590）所撰《淨土三部經音義》（上下二卷本）；①還有（正平本）《最勝王經音義》②等。當然，更多的還有未見留存，散佚已久的古本。

而"篇立音義"中，所存寫本、種類最多的，當數《法華經音義》。築島裕將其分爲三類：（A）部首順序從"女、水、草、糸"開始的。有如永和本《法華經音義》卷下③等七種。（B）部首順序從"木、火、土、金、水"開始的。有如應永三十三年（1426）寫本，寶壽院藏《法華經音義》等三種。（C）部首順序從"水、人、草、口"開始的。有如貞治四年（1365）寫本，西教寺正教藏《法華經音義》等三種。④

從"卷音義"到"篇立音義"，體現了日本佛經音義發展的進程。日僧極爲重視佛經音義幫助信衆閱讀佛典的工具書作用，而此前傳統的"卷音義"⑤，從性質和體裁上已難以達到要求，故而，中世以降一批"篇立音義"的相繼出現，正體現了本傳自中國的傳統的佛經音義在日本的新發展。

3. 音別音義

所謂"音別音義"，指按照發音順序排列之音義。當然，此音指日本漢字音。其中又分根據韻分類排列的"韻音義"、按伊吕波歌的順序排列的"伊吕波音義"以及根據五十音順排列的"三内音義"三種。築島裕曾以諸種《法華經音義》爲例，指出"韻音義"有被認爲寫於平安末期的九條家本《法華經音》以及書寫年代未詳、東京大學國語研究室藏本《法華經音義》兩種。而"伊吕波音義"則有寫於嘉吉二年（1442）高野山正智院所藏《法華經音義》，以及東京大學國語研究室所藏、永正十七年（1520）本《法華經音義》兩種。"三内音義"則有大永二年（1522）寫本，金剛三昧院所藏《法華經音義》、貞治四年（1365）寫本，東北大學圖書館狩野文庫所藏《法華經音義》、永和四年（1378）寫本，山田忠雄藏《法華經音義》上下以及慶安二年（1649）寫本，收於《日本古典全

---

① 《珠光編淨土三部經音義》（中田祝夫解説・土屋博映索引），勉誠社昭和五十三年（1978）版。
② 參考川瀬一馬《增訂古辞書の研究》，雄松堂出版昭和六十三年（1988）版，第371頁。
③ 永和四年（1378）寫本，山田忠雄藏《法華經音義》上下。
④ 參考筑島裕《〈法華經音義〉について》，山田忠雄編《本邦辭書史論叢》，三省堂昭和四十二年（1967）初版。
⑤ 當然包括傳自中國的音義書以及日本古代（奈良時代、平安時代）日僧所撰的佛經音義。

集》的《法華經音義》等。①

　　"音別音義"與"篇立音義"是在卷音義的基礎上改進而成的，故其成立時期較"卷音義"爲晚。而且，"音別"完全根據日語發音，"篇立"中雖有部分參考中國字書（如《玉篇》等），但因主要是以便利信衆讀經爲目的，故具有較强的實用性，當然也具有一定的隨意性。其體例與内容會因爲著者的編撰目的以及學識程度而各有不同，差異較大。所以"音別音義"與"篇立音義"從體式與内容上也屬於真正的"日式"佛經音義。

　　除此，還可根據其他標準進行分類：如水谷真成在其《佛典音義書目》中又根據佛經目録，分成十二大部：①衆經部；②華嚴部；③方等部；④般若部；⑤法華部；⑥涅槃部；⑦律部；⑧印度論部；⑨秘密部；⑩諸宗部；⑪雜部；⑫音義書目部。這是按照佛經内容所分之類别。

（二）日本佛經音義之特色

　　日本佛經音義雖然承自漢土音義，但經長達千餘年，特别是日本文字産生以後的發展演變，已從漢土音義脱胎而出，具有其本身自有的特色。比較明顯的具有以下四點。

　1. 皆爲單經音義

　　中國僧人所撰佛經音義，儘管也有單經音義，最爲著名的就是唐代釋慧苑爲八十卷《新譯華嚴經》所撰的《新譯大方廣佛華嚴經音義》，其他還有如玄奘大弟子窺基所撰《法華經音訓》、唐代終南山智炬寺沙門雲公所撰《大涅槃經音義》等。但是，總的來説，中國僧人所撰多爲"衆經音義"或"一切經音義"。如道慧（北齊）《一切經音》、智騫（隋）《衆經音》、玄應（唐）《衆經音義》、慧琳（唐）《一切經音義》、可洪（五代）《新集藏經音義隨函録》、行瑫（五代）《大藏經音疏》、處觀（北宋）《紹興重雕大藏經音》、希麟（遼）《續一切經音義》、行均（遼）《龍龕手鏡》等。而從佛經音義的傳承來看，單經音義大多或遺失，或被慧琳等音義大家詳訂後收入"一切經音義"，如窺基的《法華經音訓》、雲公的《大涅槃經音義》以及慧苑的《華嚴經音義》。單經音義中唯有慧苑的《華嚴經音義》以單刻本而入藏，因此得以流傳至今。其他

―――――――――

　　① 參考築島裕《〈法華經音義〉について》，山田忠雄編《本邦辭書史論叢》，三省堂昭和四十二年（1967）初版。

皆未能流傳下來。如華嚴宗三祖法藏賢首大師曾先後爲新舊《華嚴經》以及《華嚴傳》做過音義，然惜皆僅存書名，不見流傳。

與此相對應的是，日本僧人所撰基本爲單經音義，特別是對日本佛教影響較大的佛經，如《法華經》《大般若經》《淨土三部經》《華嚴經》等就成爲日本學僧競相爲其編撰音義的對象，數量龐大。岡田希雄指出：日本佛經音義史可以説是以大般若經音義史、淨土三部經音義史、法華經音義史爲代表的。①我們至今尚未發現日本人所撰的類似玄應與慧琳的"衆經音義"或"一切經音義"。本書提到的二百餘部音義，皆爲單經音義。

日本佛經音義皆爲單經音義的理由或原因主要有兩點。其一，因爲已有中國僧人，如玄應等人"一切經音義"的"珠玉"在前，要重新編撰，實難以超越。更何況，玄應與慧琳等作爲唐代著名學僧，精於文字聲韻訓詁之學，而且皆曾親自參加譯場，有"捃拾藏經"的經歷。如玄應作爲玄奘法師的學生，就曾直接參與了玄奘組織的規模浩大的譯經活動。而慧琳則曾師事中國"四大譯師"的不空達二十餘年之久，也參與了不空的譯經事業。這些日積月纍的學習鑽研，爲他們各自撰著《一切經音義》奠定了深厚的根基。這是一般僧人，即使是學僧也難以達到的程度與境界。其二，體現出日本僧人編寫佛經音義的實用目的性很强。如前所述，儘管日本佛經音義數量很多，但主要是那些所謂的"宗經"，如華嚴宗宗經《華嚴經》、律宗宗經《四分律經》、淨土宗宗經的"三經"或者是對日本佛教産生較大影響的，如《大般若經》和《法華經》等。

2. 數量多

日本佛經音義數量之多，令人驚訝。前已述及，水谷真成先生在其《佛典音義書目》中共列出十二大部二百三十四種。有的一種實際包括多個版本。如"第一、衆經部"之第四種，玄應的《一切經音義》就有"麗藏""宋藏""金藏""元藏""明藏""櫱藏""縮藏""卍藏"等。而"第二、華嚴部"，第四十九種，慧苑的《新譯大方廣佛華嚴經音義》二卷，入藏的則有"麗藏""宋藏""元藏""明藏""櫱藏""縮藏"等。而根據水谷先生自己的説明，在其所列舉的音義書目中，實際上還並不包括内容無法判明者，而且也没有收録類似《龍龕手鑒》《類聚名義

---

① 岡田希雄：《淨土三経音義攷》，《龍谷学報》第324號，昭和十四年（1939）版。

抄》等一般佛教辭書和字書，而有關"悉曇"和"聲明"之類，亦只收録了少數可稱之爲"音義"者。又如水谷《書目》蒐集各種文獻屬於"法華部"的音義書目共有七十二種，而築島裕則在《法華經音義について》一文中指出東西古今的"《法華經》音義"有八十三種[①]。儘管是"存佚"共記，有很多實際是僅有書名，並無原物。但即使這樣，也至少可以証明在日本歷史上它們曾經存在並流傳過。由此，我們可以了解到有衆多古佛經音義曾從漢土傳到東瀛，並得以廣泛流傳，而日本僧人又在此基礎上編撰了不少爲已所用的新佛經音義之史實。本書於此後各章節皆有論述，應該能充分展示此點。

3. 收釋辭目以單字爲中心

中國傳統佛經音義所收釋的辭目，有字，也有詞，因音義的本質就是爲漢譯佛經中的難字和難詞辨音釋義。實際上，收釋語詞的特性更爲明顯。這是因爲漢譯佛經中既有大量的漢語古詞，也有當時的方俗語詞，更有大量複音節的外來詞，所以無論是《玄應音義》還是《慧琳音義》，都能呈現這一特色。筆者曾與徐時儀、陳五雲兩位教授合作撰著了《佛經音義與漢語詞彙研究》一書，[②]正是基於這一特點。

日本古代佛經音義承襲唐土傳統，收釋複合詞的辭目較多，如信行的《大般若經音義》（石山寺本）、《新譯華嚴經音義私記》等，但平安中期以降日僧所撰佛經音義多以單字爲中心。此特色最初突出體現於藤原公任《大般若經字抄》。

從選辭立目角度看，《大般若經字抄》中雖然也有若干以《大般若經》中複合詞作爲辭目者，但主要仍是將《大般若經》中的單字作爲辭目而加以詮釋。而中世以降，大批日僧所撰《大般若經音義》之最大特色即辭目多爲單字。以單字爲中心，不僅是《大般若經》音義書，也是平安中期以降日僧所撰佛經音義之特色。故《大般若經字抄》的這一特色被認爲是承曆本《金光明最勝王經音義》、九條本《法華經音》、保延本《法華經單字》等或同時期或後續日本僧人撰述以解釋單字爲主之音義之濫觴。[③]

[①] 參考築島裕《〈法華經音義〉について》，山田忠雄編《本邦辭書史論叢》，三省堂昭和四十二年（1967）初版。

[②] 商務印書館2005年版。

[③] 參考築島裕《大般若經音義諸本小考》。

4. 漢文註釋大幅度減少

一般來説，早期彰顯漢風的佛經音義，多援引漢文典籍標音釋義，漢文注釋內容相對來説較爲豐富，如《新譯華嚴經音義私記》和大治本《新華嚴經音義》等。特別是有的音義還廣引古典文獻作爲書證，其中大部分自然是傳統漢籍，也有部分爲日本僧人和新羅僧人的著作。但這些也都是用漢文所寫。如《妙法蓮華經釋文》中除了主要作爲基本材料採用的慈恩的《音訓》以及曇捷的《字釋》以外，還引用了大量的文字音韻訓詁類著作，大約共有二百五十種。又如醍醐寺所藏《孔雀經音義》中所引用的文獻也達百餘種。除了佛典的經論章疏之類以外，還廣泛涉及外典文獻。其中既有中國本土已失傳之逸書，也有日僧所撰之古書，有的亦已逸失。但日本中世以降出現的佛經音義，漢文注釋（包括音注與義釋）開始減少。這當然是日語文字的產生和發展的結果。古代即使有"和訓"，也是用漢字書寫的萬葉假名。假名文字出現後，用片假名標注"和訓"（包括音注與義釋）就成一般現象，且隨著時代的遞進，假名比重逐漸增加，最後結果就是漢文注消失，只用假名標音[①]釋義的純日式佛經音義的產生。這一點也是從藤原公任《大般若經字抄》爲轉折點的。其後的一些純"日式"佛經音義，除了辭目爲漢字，基本以片假名和訓爲主體，漢文註釋大幅度減少。另外，儘管日僧也多有引經據典的書證，但相對來説，還是占少數。大部分引證較爲簡單，且大多省略出典。

伴隨著日本佛經音義的發展，日本還經歷了文字產生并逐步完善，最後形成系統的歷史過程。所以，我們認爲，在考察日僧佛經音義編撰歷史的同時也能對日本語言文字的歷史發展有較爲感觀的認識，而且這一切又與中國語言文字有著千絲萬縷的關係。所以日本佛經音義也是中國語言文字研究的重要資料，特別是漢字研究。這也就是以下我們要論述的內容。

---

① 當然所標是日文讀音。

第二節　日本佛經音義的學術價值
——以漢字研究爲中心

　　關於日本佛經音義研究的價值，本應接上節。上一節我們論述了"日本佛經音義"的定義、歷史、類別與特色，那麼學術價值就應該成爲最後，也應該是最重要的內容。也正因爲如此，我們專闢一節，以示強調。

　　日本佛經音義的學術價值體現於多個研究領域。本書以漢字研究爲中心。但是在論述之前，我們還是要整體強調一下其作爲日本語言文字和漢語言文字研究的資料價值。

上部：作爲日本語言文字研究的資料

　　作爲學問代表而被尊奉的音義書，無論是內典音義還是外典音義，自古就深受日本學界的重視。長期以來，許多學者曾潛心稽考，孜孜不倦，且樂此不疲，持之以恒。多年來，日本學術界從古籍保護整理的角度做了大量工作，例如，古典研究會近年來整理刊印出版的《古辭書音義集成》二十冊即爲其成果代表，有解題，也有原本影印，還有語詞索引等，爲研究者提供了極大便利。另外，學者們還在訓點資料、漢文訓讀、漢字學史、古辭書史、音韻學史以及國語學史等諸領域展開深入研究，並取得了豐碩的成果。儘管難以全面論述，我們還是從以下方面加以簡述。

一、作爲日本古辭書研究的資料

　　日本學界常將"辭書"與"音義"相連用，而日本古辭書確實與佛經音義之關係密不可分。爲了學習漢文的需要，古代日本在積極引進漢文典籍的同時，對中國的辭書也格外關注。隨著時代的進程，中國的《説文》《玉篇》《爾雅》《切韻》等古代字書和韻書，其中當然也包括佛經音義，如玄應的《衆經音義》、慧琳的《一切經音義》等大量辭書音義陸續紛紛傳入東瀛。而受漢字文化之觸發，日本人也開始仿效，自己編纂辭書。據《日本書紀》記載，天武天皇十一年（682），境部連石積等奉敕命完成《新字》四十四卷，被認爲是日本最早的辭書，然詳細不明，只是根據書名推測蓋屬漢字字書。此後又有《楊氏漢語抄》《弁色立成》等，用"萬葉假名"加"和訓"，記錄了當時的一些漢字音。然此亦不存，僅有"逸文"被其後辭書，如《和名類聚抄》等所引用。所以實際上，上古奈良時代以前的古辭書只是有記載，但並無實物流傳下來。而值得注意的是：奈良時代集中出現了一批由僧侶編纂的佛經音義，而且有如《四分律音義》、石山寺本《大般若經音義》（中卷）、《新華嚴經音義》（大治本·金剛寺本）、《新譯華嚴經音義私記》等流傳至今。儘管有的只是在漢土所傳音義基礎上"添筆加工"而成者，如《四分律音義》，然大部分是經日本學僧之手，重新編撰而產生的。其中《私記》應該是現存最爲完整的一部，堪爲代表之作。儘管一般認爲日本現存最古辭書是空海所著的《篆隸萬象名義》，但時已屬平安時代，而且一般被認爲是《原本玉篇》之簡約本，且無和訓。由此，不難看出《私記》等早期佛經音義在日本古辭書史上的重要地位。

　　日本的佛經音義源自中國。作爲從所釋佛經中擇取單字、語詞、詞組短語等，標以音注，施以義訓的佛經音義書，嚴格地說，其性質與體式與現今一般概念上的辭書並不相等。然而在古代，無論是中國還是日本，"音義"與"辭書"之關係極爲密切，難以絕然分開。特別是在日本，奈良朝時代的漢文化實施者，是以僧侶爲代表的。故而，類似信行的《大般若經音義》以及《私記》爲代表的佛經音義，也就可以認爲是日本古辭書的早期代表。"辭書音義"，也就成爲日本辭書學與音義研究的常用術語。如川瀬一馬《增訂古辭書の研究》第一篇第一章中就將寫於奈良朝的《四分律音義》以及石山寺藏《大般若經音義》（中卷）和其他古寫本音義，作爲日本辭書編纂初期的內容重點提出。[①]在第二章《平安朝に於ける辭書の概觀》中有專門介紹此時期"佛經音義書"的內容，其中就包括現存的《新譯華嚴經音義私記》以及《新華嚴經音義》（大治本）、仲算所撰《法華經釋文》及《孔雀經音義》《金光明最勝王經音注》《大般若

---

① 該書第14、15頁。

經字抄》《法華經單字》等。在此後的第二篇《鎌倉時代‧南北朝に於ける辭書》的章節中，也都專闢"佛經の音義書"，論述日本中世所出現的各種佛經音義書。可見佛經音義與日本辭書關係極爲密切。

吉田金彦有《国語学における古辞書研究の立場―音義と辞書史―》[①]一文，專門論述音義與辭書的性質、二者之間的同異，指出包含音義在内的古辭書研究在日本國語研究上所具有的意義以及古辭書研究上所應注意的各種問題。其中特別指出：孕育日本古辭書、古音義產生之母胎正是中國的《玉篇》《切韻》《一切經音義》三書。仲算的《法華經釋文》從内容上看是以中國的慈恩大師所撰《法華經音訓》爲主軸而併用各種切韻而成；而從編纂體式上看則是受了外典音義集大成之作——陸德明《經典釋文》的啓示。這是從音義到音義的例子。而從音義到辭書之實例則不暇枚舉，《圖書寮本名義抄》堪爲之最。其形式具有獨創性，而内容則是以玄應的《一切經音義》和仲算的《法華經釋文》爲主軸構成。空海的《篆隷萬象名義》可認爲是原本《玉篇》的節略而成，然其編纂動機卻來自唐玄宗的《開元文字音義》等。這充分説明音義與辭書之間關係極爲密切，從内容到體式構成皆互有影響。而這也一直是日本學界對佛經音義所展開研究的重要方面。吉田金彦先生有專著《古辞書と国語》[②]，其中第Ⅰ部"關於《類聚名義抄》的研究"；第Ⅱ部"關於佛典音義與反切"；第Ⅳ部"關於国語與古辞書"，就是有關佛經音義與日本古辭書史研究的力作。池田証寿先生有《図書寮本類聚名義抄出典略注》[③]一文，經詳密考證後指出，《図書寮本類聚名義抄》中直接引用的音義就有如：《玄應音義》、《慧苑音義》、藤原公任《大般若經字抄》、空海《金剛頂經一字頂輪王儀軌音義》、慈恩大師窺基《法華音訓》、信行音義[④]、真興《大般若經音訓》、《宋本法華經奥注音釋》、仲算《法華經釋文》、郭逐《一切經類音決》等。還有從《玄應音義》《法華經釋文》等音義書中間接引用的内容。《圖書寮本名義抄》引用《玄應音義》、仲算《法華經釋文》與真興《大般若經音訓》頻率較高，故池田証寿還

---

① 國語學會編輯：《國語學》第23號，武藏野書院刊行1955年9月版。
② 臨川書店2013年5月出版。
③ 《古辞書とJIS漢字》第3號，2000年3月版。
④ 因信行撰有多種音義，古代日本辭書音義引用出典時除書名外，還常用人名。

有《図書寮本類聚名義抄と玄応音義との関係について》[①]、《図書寮本類聚名義抄所引玄応音義対照表》（上）[②]、《図書寮本類聚名義抄所引玄応音義対照表》（下）[③]等論文專門論述《図書寮本類聚名義抄》與《玄應音義》之間的關係。而宮澤俊雅則有《図書寮本類聚名義抄と法華音訓》[④]、《図書寮本類聚名義抄と妙法蓮華経釈文》[⑤]，山本秀人則有《図書寮本類聚名義抄における真興大般若経音訓の引用法について—叡山文庫蔵息心抄所引の真興大般若経音訓との比較より—》[⑥]等論文專門論述《図書寮本類聚名義抄》與《法華音訓》《法華經釋文》的關係。還有其他相關文章，恕不繁舉。

二、作爲日本國語史研究的資料

（一）以萬葉假名標注的"和訓"爲中心

日本學界對佛經音義所展開的研究是多方面的，然重點還是從國語史的角度。而國語史所涵蓋的内容也很豐富，以下我們以和訓爲中心，且主要以《新譯華嚴經音義私記》（以下簡稱"《私記》"）爲中心舉例説明。

早期佛經音義產生的年代（如信行撰《大般若經音義》，作者不詳的《私記》《新華嚴經音義》等），日本文字中的假名儘管尚未產生，但在漢字文化的觸發下，日語發展的歷史已經拉開序幕。最爲明顯的就是以漢字爲音符的"萬葉假名"已經產生，故而對"萬葉假名"之研究也就成爲日本語言文字研究的最初階段。

用萬葉假名標註和訓内容，是早期日僧撰寫佛經音義的重要標誌。如一卷本《四分律音義》儘管内容基本與《玄應音義》中《四分律音義》相同，然因有用萬葉假名標明和訓的部分，深受學界注目。川瀨一馬甚至認爲：日本人佛經音義撰述之萌芽即由此開始。[⑦]當時平備所撰《法華經音義》二卷，或許就包含和訓；[⑧]行信與法進各自所撰《最勝王經音義》亦

---

① 《国語国文研究》第88號，北海道大學国語国文學會1991年3月版。
② 《人文科学論集》第25號，信州大学人文学部1990年10月版。
③ 《人文科学論集》第26號，信州大学人文学部1991年3月版。
④ 《北大国語学講座二十周年記念論輯辞書・音義》，汲古書院1988年版。
⑤ 《松村明教授還暦記念国語学と国語史》，明治書院1977年版。
⑥ 《訓点語と訓点資料》85號，訓点語学会，平成二年（1990）版。
⑦ 川瀨一馬：《增訂古辭書の研究》，第14頁。
⑧ 參考三保忠夫《元興寺信行撰述の音義》。

存有和訓；①而石山寺本《大般若經音義》（中卷），其注文之後，亦間有萬葉假名之注；②大治本《新音義》中也有作爲"倭言"萬葉假名的和訓十四項二十語。三保忠夫曾經指出，奈良朝時期，佛經音義集中出現，其中存在和訓内容，這不僅是佛教文化史，也是與佛書訓讀密切相關的國語史上值得注目的現象。③而在這些佛經音義中，《私記》不僅是現存卷帙最爲完整的一部，也是和訓内容最爲豐富的一部，故被日本國語學界奉爲珍寶。

《私記》中所存和訓，根據岡田希雄《新譯華嚴經音義私記倭訓考》④，共有一百六十三條，數量上遠多於以上所舉同時期其他佛經音義。日語史上，可信賴的和訓資料，至今尚存者甚少，有一些只能從《私記》中尋及其蹤迹。白藤禮幸也指出：和訓有一百六十餘項，加之以不同語詞，共一百七十有餘。其中不見古代其他例子的有九十一。這對日本漢字字音史和語彙史研究是極爲貴重的資料。⑤實際上，我們在整理中⑥就發現，日本《国語大辞典》中有些字詞之書證資料就出自《私記》。《私記》不僅和訓内容量多，大部分還有其獨自的表示方法，小林芳規在其《解題》中已有論述。由此不難看出《私記》在日本國語史研究中所具有的重要地位。

以上，我們祇是舉了《私記》一例。實際上，正如三保忠夫所指出，古代佛經音義之撰述如此集中地出現，其中多含有和訓，且大多爲對《華嚴經》《大般若經》《最勝王經》《法華經》等重要經典之音義，此應爲奈良佛教文化特色之一。⑦而這些音義書也就成爲研究日本國語史中以萬葉假名標注的"和訓"的重要歷史資料。

（二）以漢字音爲中心

日本漢字音的發展與漢語語音的變化有著十分密切的關係，有的同

---

① 參考三保忠夫《大治本新華嚴經音義の撰述と背景》。
② 共十二項十三語。
③ 三保忠夫：《元興寺信行撰述の音義》。
④ 京都帝國大學國文學會：《國語・國文》第十一卷第三號，昭和十六年（1941）版。
⑤ 国語学会編：《国語史資料集—図録と解説—》NO.10《新譯華嚴經音義私記》（白藤禮幸），武藏野書院昭和五十一年（1976）版。
⑥ 筆者曾與苗昱博士合作整理出版了《〈新譯華嚴經音義私記〉整理研究》一書，其中和訓部分由筆者負責完成，鳳凰出版社2014年版。
⑦ 參考三保忠夫《元興寺信行撰述の音義》。

步，有的並不同步，需要我們不斷加以深入認識。日本漢字音研究與漢語音韻學研究相結合，會豐富漢語音韻學的內涵，使其進一步深入。

早期奈良時代佛經音義中大量的和訓與音注，代表了當時學者對漢字音研究的直接成果，爲後人考訂日本漢字音系統提供了第一手資料，故而成爲研究日本漢字音的珍貴資料，此點已得到日本學者的極大重視。

如：吉田金彥先生《古辞書と国語》[①]集中收錄了作者多年來研究日本古辭書音義與國語學關係的力作。其中第Ⅱ部就專門論述佛典音義中的漢字音問題，并對多種佛經音義的反切與字音作了研究。這些音義是：《妙法蓮華經釋文》《法華經音義》（高野山金剛三昧院藏本《妙法蓮華經篇立音義》、近江西教寺藏本《法華經音義》）、《成唯識論音義》《俱舍論音義》《新譯華嚴經音義私記》《法華經單字》。其成果不但對日本國語史，對漢語史中的音韻研究也具有參考作用。

又如：藤原公任的《大般若經字抄》的特色之一是用漢音吳音相同的同音字注音，這被認爲古代日本誦讀《大般若經》主要是用吳音。這種"吳音注"也對後世具有較大影響，如《類聚名義抄》就多引其音注。渡邊修有《類聚名義抄の吳音の性格》[②]《類聚名義抄の吳音の体系》[③]等數篇論文，以《類聚名義抄》爲資料對吳音展開研究。然而，《大般若經字抄》則是其不可忽略的最基本的資料。

再如：《新譯華嚴經音義私記》中注音方式有反切與直音注。而對《私記》音注展開研究的就有如吉田金彥、鈴木真喜男、白藤禮幸、小倉肇、清水史等多位學者，先後對其反切、直音注、字音注等進行過整理分析，考證研究，指出《私記》在古代日語音韻研究，漢語音韻研究上具有重要價值。其音注的實際狀態在日本漢字音史上所起到的作用，將是今後研究的重大課題，其中還有很多個別問值得討論。[④]有部分内容還可以作爲考察中國漢字音和國語（日語）漢字音的接觸點，[⑤]有助於對日本漢字音和漢語音韻展開進一步深入研究。這些成果都對漢、日兩種歷史語言研

---

① 臨川書店2013年版。
② 《大妻女子大学文学部紀要》第1號，1969年3月版。
③ 東京大学国語国文学会編：《国語と国文学》第47卷第10號，1970年10月版。
④ 清水史：《小川本新譯華嚴經音義私記音注攷—その資料的分析と整理》。
⑤ 白藤禮幸：《上代文獻に見える字音注について（四）—〈新譯華嚴經音義私記〉の場合》。

究具有極大的參考作用。①

　　日本學者對佛經音義中的注音方式的研究都頗爲嚴謹，主要是考證性的。如白藤禮幸先生曾先後有《上代文献に見える字音注について》（一）②（二）③（三）④（四）⑤連載。其（一）（二）的資料有三種，而第三種爲"上代佛典註釋書"。信行的《大般若經音義》⑥、《瑜伽論音義》、《涅槃經音義》、《大智度論音義》與《法華經音義》等中，當然應該含有字音注，但惜皆散佚不詳。所以論文所引除十餘種不是音義的佛典註釋書，還有《玄應音義》與《慧苑音義》四種。而《上代文献に見える字音注について》（三）尚有副標題〈—信行《大般若經音義》の場合—〉，此文專門對信行《大般若經音義》中約290個音注進行了考證研究。而《上代文献に見える字音注について》（四）也有副標題〈—《新訳華厳経音義私記》の場合—〉，此文則專門對《私記》中約1100個字音加以考證，並與《慧苑音義》《篆隸萬象名義》《切韻》及大治本《新華嚴經音義》等中日音義書、字書、韻書加以比較研究。這種方式，既能爲日本漢字音研究提供第一手資料，也能對漢語音韻研究者給以直接或間接的啓發與幫助，從而豐富漢語音韻學研究的内涵。

　　除以上兩大方面以外，日本學者還在古籍整理、訓點資料、漢文訓讀、日本漢字學史等諸領域也都有深入研究，並取得了可喜成果。限於本書内容以及篇幅，我們不再詳述。有些内容，則會在此後相關章節的具體音義的考論中有所涉及。另外，也敬請讀者參考本書附錄"主要參考文獻"。

---

①　具體敬請參閲本書附錄五"主要參考文獻"。
②　茨城大学人文学部《紀要・学科論集》第2號，1968年1月版。
③　茨城大学人文学部《紀要・学科論集》第3號，1969年12月版。
④　茨城大学人文学部《紀要・学科論集》第4號，1970年12月版。
⑤　茨城大学人文学部《紀要・学科論集》第5號，1972年2月版。
⑥　白藤禮幸在《上代文献に見える字音注について》（三）專門研究信行《大般若經音義》中的字音注。

下部：作爲漢語言文字的研究資料
——以漢字研究爲中心

日本佛經音義的學術價值體現於多個研究領域。因本書主要目的是向中國學者介紹這些以往并不太熟悉的資料，故以漢語言文字研究，特別是以漢字研究爲中心展開。所以以下我們將以此爲中心，從四個方面展開考察論述。因爲日本佛經音義數量甚夥，其所涉及的面也甚廣，難以全部述及，面面俱到，所以我們一般會以一兩部佛經音義爲重點來論述某一方面的內容。

一、日本佛經音義與古代漢語言文字工具書整理研究

古籍整理研究包括對古代典籍加以審定、校勘、注釋等加工整理諸方面，其所涉及的領域實際非常廣泛，其可運用的資料也非常多。我們在此將其範圍限定於古代漢語言文字工具書，也就是傳統的文字、聲韻、訓詁等漢字研究資料。而傳統佛經音義在古籍整理研究方面的價值已爲學界所公認，因其中"引用了大量唐代尚存的文獻典籍來闡釋佛典詞語，其中有的可與現有傳本互補對勘，有的則今已失傳而爲其所獨有，更顯珍貴，在古籍整理研究方面具有不可言喻的重要學術價值"[①]。日本佛經音義，特別是奈良、平安時代日僧所撰音義書，大多秉承中國古代佛經音義之特色，廣泛援引各類古籍，尤其是文字、聲韻、訓詁等工具書，進行注釋和訓解，故而在古籍整理，特別是古代漢語言文字工具書方面具有很大價值。我們從以下方面加以論述。

（一）作爲漢語古字書整理研究的資料——以《說文》《玉篇》爲中心

日本有著漢字書寫與辭書編撰的悠久歷史。而隨漢文典籍一起輸入東瀛的各類辭書，對人們準確使用漢字以及漢字字書的編撰起了極大的

---

① 徐時儀、陳五雲、梁曉虹：《佛經音義研究通論》，鳳凰出版社2009年版，第251頁。

作用。

　　重在據字形分部，説明字的音義的漢字字書，歷史悠久，體式多樣。如有"中國第一部字典"之稱的東漢許慎所編著的《説文解字》，很早就傳入日本，對日本的辭書音義有著直接的影響。所以日本的佛經音義中引用《説文》的内容很多，其中有很多就成爲今天《説文》研究的重要資料。筆者有《日本信瑞〈淨土三部經音義集〉引〈説文〉考》[①]一文，專門考察《淨土三部經音義集》引用《説文》的情况。根據筆者所調查，信瑞在其書中共引《説文》170餘次，用"説文""説文云""説文曰"及"説文作"等形式表示，爲淨土三部經中的字詞辨音釋義。然其實際引用情况卻頗爲複雜，有直接引用許慎《説文解字》，基本是"小徐本"與"大徐本"的内容；還有"二次引用"，即引用他書中所引《説文》，如有《廣韻》中的"説文曰"，還有唐代玄應《衆經音義》（多作"經音義"）、慧苑《新譯華嚴經音義》，宋代《翻譯名義集》等中所引"説文"，甚至還有現已爲逸書的日本平安時期菅原是善（794—1192）所撰《東宫切韻》中所引用的《説文》，内容非常豐富。筆者在對這些引用進行研究後得出的結論之一是：無論是直接引用還是間接引用，其原本都應該較爲接近原本。這個"原本"指大小徐本，特别是小徐本《説文》。因爲徐鍇之書在宋代已殘缺不全。今所傳全本，系爲後人據其兄徐鉉校定本（即《大徐本》）補入。因信瑞的年代是南宋時期，距"二徐"的時代并不遥遠，其所用爲徐鍇原書很有可能是原本。即使是"間接引用"，也有值得注意的地方。如此書中通過《玄應音義》和《慧苑音義》間接引用《説文》的内容很多，因爲《玄應音義》早於李陽冰《説文》改本刊行前問世，其所引《説文》當爲唐時流傳的原本《説文》，而《慧苑音義》所引《説文》亦當爲唐時流傳《説文》。

　　作爲漢字字書"鼻祖"的《説文》對日本辭書音義的影響，毋庸贅言。但是，因爲《説文》字體以篆體爲主，而漢文典籍大批東傳日本，漢字已進入隸楷階段，楷書的正字地位已經通過不斷的演變而得到確立，故而《玉篇》得到了更大範圍的流通，對日本中世辭書音義的影響更大，堪

---

① 第三届許慎文化國際研討會發言稿，2015年10月31日—11月2日，中國河南漯河。此文後被收入王藴智、史鳳民主編《許慎文化研究——第三届許慎文化國際研討會論文集》（叁），江西人民出版社2017年版，第278—292頁。

爲日本字書音義編撰的直接楷範。日本古代學僧所撰佛經音義多處參考並利用了顧野王的原本《玉篇》，因此，反過來日本早期音義也就成爲研究原本《玉篇》的重要資料。

南朝梁顧野王所撰《玉篇》乃訓詁學字書，共三十卷，收字凡一萬六千九百一十七字。每字下先注反切，再釋字義，廣徵博引。舉凡群經子史、訓詁音義的典籍文獻，均詳贍引證，且每有"野王案"，[①]是爲精華。誠如顧氏《玉篇序》所言"總會眾篇，校讎群籍，以成一家之製，文字之訓備矣！"《玉篇》被認爲是《説文解字》與後世字書之間的橋梁，故而是漢字研究的重要工具書。

《玉篇》在唐宋間多次修訂、增補，流傳至今的《大廣益會玉篇》早已失其"本來面目"。孔中溫指出：野王原本於音義的訓釋，徵引廣博，引證文獻極爲豐富且精善，甚至胡吉宣氏以爲"所引群書，皆出自梁宫善本"，遠較宋重修《玉篇》詳贍……楊守敬於《跋日本發現古本玉篇零卷》一文中，即説到其目睹《原本玉片零卷》內容詳贍，遠超過宋重修大廣益本。[②]遺憾的是，如此卷帙浩繁的顧氏原本《玉篇》今卻只存殘卷，且庋藏日本。自清末年間，黎庶昌、罗振玉在日本先後发现部分《玉篇》殘卷，日本所存相關《玉篇》資料，就愈來愈爲學界所關注。其中，又以平安時代由空海大師根據《玉篇》所編撰之《篆隸萬象名義》爲最。《篆隸萬象名義》之分部列字與《玉篇》殘卷相合，所收字數亦與顧野王《玉篇》相當，注文中除僅取訓釋，不引經傳，與宋重修本相近外，其餘皆依仿原本《玉篇》。此書作爲日本最早的漢字字典，爲我們窺見顧氏《玉篇》原貌提供了極爲重要的依據與參考，也成爲學界研究《玉篇》原本的重要資料。

然而，在日本，除了《篆隸萬象名義》這樣幾乎可作爲《玉篇》原本使用的珍貴資料外，還應該引起注意的是：古代日僧所撰佛經音義中，如《新華嚴經音義》與其後的《新譯華嚴經音義私記》等也多有原本《玉篇》之蹤迹，通過爬梳抉剔，亦可成爲原本《玉篇》研究以及漢字研究的重要資料。

井野口孝《大治本〈新華嚴経音義〉所引〈玉篇〉佚文（資料）・其

[①] 孔仲温：《〈玉篇〉俗字研究》，臺灣學生書局2000年版，第14頁。
[②] 同上。

一》《大治本〈新華厳経音義〉所引〈玉篇〉佚文（資料）・其二》兩篇大作，收集考證大治本《新音義》中所見原本系《玉篇》佚文共166條，資料豐富，考證詳密。這對《玉篇》的深入研究有很大幫助。[1]另外，井野口孝還有《新譯華嚴經音義私記所引〈玉篇〉佚文（資料）》一文[2]，調查《私記》中所見原本系《玉篇》佚文，以資料的形式公佈發表，共有一百條。[3]這就更進一步以更多的實例說明從《私記》中發掘出的佚文對《玉篇》的深入研究有很大幫助。這些都是通過早期佛經音義考察原本系《玉篇》的重要成果。

除此，井野口孝還有《新譯華嚴經音義私記の訓詁—原本系〈玉篇〉の利用—》一文，通過豐富的舉例考證，指出《私記》中除去倭訓和倭音注等，具有"形、音、義"，且屬《私記》獨自的釋文共有一二四條，其中可據《玉篇》認定的有九三條，據《玄應音義》認定的有八條，據《玉篇》或《玄音音義》認定的有十一條，另外，還有十二條出處不明。由此可知，《私記》之注文，在難以從"先行音義"[4]找到依據的情況下，將近有九成可根據《玉篇》得以認定。當然，此特色並非爲《私記》所獨有，作爲同一時代的大治本《新音義》（祖本）之作者也同樣利用了作爲訓詁名著的原本《玉篇》。而與《私記》、大治本《新音義》差不多同一時期成立的信行的《大般若經音義》[5]也有此特色。所以，或者我們可以說：早期佛經音義中大量對《玉篇》的利用，對空海撰著《篆隸萬象名義》是一種啓發和促進，具有"導夫先路"的作用。

井野口孝的研究成果爲學界進一步深入研究原本系《玉篇》給出了啓示。因爲早期佛經音義中多有參考並利用原本《玉篇》的內容，因此，反過來日本早期音義也就成爲研究原本《玉篇》的重要資料。《玉篇》作爲可承繼《說文》的重要字書，在漢字研究上的價值自不可忽視，而從日本早期音義中發掘有價值的資料，也應是《玉篇》研究內容之一。

（二）作爲漢語古韻書整理研究的資料——以古《切韻》爲中心

一般來說，韻書主要是爲分辨、規定文字的正確讀音而作，屬於音

---

[1] 愛知大學《國文學》第32號，平成三年（1991）版；第33號，平成五年（1993）版。
[2] 愛知大學《國文學》第24、25號，昭和六十年（1985）3月版。
[3] 其中實際共87例，加之13例"存疑"，共100例。
[4] 如《慧苑音義》等。
[5] 現存石山寺本，中卷。

第一章　緒論

韻學材料的範圍。但同時因爲它有字義的解釋和字體的記載，也能起辭書、字典的作用，當然也是漢字研究的重要材料。張民權與田迪合作的論文《宋代韻書中的俗字標識與文字觀念研究》一文[①]就指出：在唐本韻書中就有大量的俗寫字，除韻頭字外，更多的是在注釋中使用俗字。除此之外，還有一些是以附注形式出現的俗字。這些都是我們研究唐代漢字學的重要歷史文獻。在俗字的使用上，傳世的王仁煦《刊謬補缺切韻》和蔣斧本《唐韻》等以及唐五代刻本韻書殘卷等，都有不同程度的存在。這些韻書均見於周祖謨先生編寫的《唐五代韻書集存》中。此語甚恰。

　　現今可考的最早的韻書，是由隋代陸法言著於隋文帝仁壽元年（601）的《切韻》。此書共五卷，收1.15萬字。從音韻學的角度看，《切韻》開創了韻書修撰的體例，堪稱中國音韻學經典。從漢字研究，如俗字研究，如上述及，自然也是重要資料。但是因爲《切韻》原書久佚，現在可以看到的只是敦煌出土的唐人抄本《切韻》原書（傳寫本）的片斷和一些增訂本。儘管其系統保留在其增訂本《廣韻》中流傳至今，但進一步考探挖掘新材料，將會使"古切韻"研究更加深入。而所謂"新材料"的重要部分，就是日本早期佛經音義中的引證資料。我們以平安時代法相宗學僧仲算的《法華經釋文》爲例加以簡論。

　　《法華經釋文》的重要特點之一，就是仲算在《自序》中所說的"載諸家之切韻"，即多引以《切韻》爲中心的韻書、字書類逸書。佐賀東周《松室釋文と信瑞音義》[②]對此有考察。以下筆者主要參考此文加以歸納。

　　《法華經釋文》中可見《韻略》《唐韻》《古切韻》《新切韻》《唐切韻》等韻書名。人名則有陸法言、曹憲、郭知玄、釋氏、長孫訥言、韓知十、武玄之、薛峋、麻杲、王仁煦、祝尚丘、孫愐、孫伷、清澈、蔣魴十五家。其中隋唐志載有《韻略》一卷（楊修之）、《四聲韻略》十三卷（夏侯詠）。《宗叡請來錄》[③]記有《唐韻》五卷，《日本國見在

---

　　① 《南昌大學學報》（人文社會科學版）2013年第44卷第3期。
　　② 真宗大谷大學佛教研究會編《佛教研究》第一卷第叁號，1920年10月版。
　　③ 宗叡（809—884）爲平安初期真言宗之僧人，也稱"禪林寺僧正"。先在比叡山，後又至南都（今奈良）興福寺學習法相宗。此後又在東寺師從實慧，學習真言密教。862年（貞觀四年）與真如法親王入唐，於卞州玄慶受金剛界大法、青竜寺法全受胎藏界大法，更拜訪善無畏三藏古迹。865年，携帶大量密教典籍以及法具等返日，並撰其目錄《新書寫請来法門等目錄》。879年（元慶三年）任東寺第5代長者。

書目録》記有《唐韻正義》五卷。《唐韻》由孫愐撰於唐天寶十年，然多有異本，故有孫愐撰定後多次經後人之手之説。《新唐韻》或爲後人在孫愐原本基礎上加筆之作，或乃針對隋之古《切韻》而稱《新唐韻》，尚難定論。隋開皇初年至仁壽元年，陸法言與其徒八人共著《切韻》五卷。唐儀鳳二年長孫訥言爲其作箋注，郭知玄拾遺緒正，更以朱箋三百字，薛峋增加字，王仁煦增加字，祝尚丘增加字，孫愐增加字等。《四庫》中就知道有十五家。《日本國見在書目録·小學部》録陸法言《切韻》、王仁煦《切韻》（五卷）、釋弘演同十卷、麻杲五卷、孫愐五卷、孫佺五卷、長孫訥言五卷、祝丘尚五卷、王作藝五卷、斐務齊五卷、陳道固五卷、沙門清徹五卷、盧自始五卷、蔣魴五卷、郭知玄五卷、韓知十五卷等。仲算序文中所言"載諸家之切韻"，即指這些切韻家。這些已經失佚的諸家《切韻》平安朝時期曾傳到日本，故被日本學者紛紛引用。如仲算的弟子真興撰《大般若經音訓》，成書於《釋文》之後七年的《倭名類聚抄》（永觀元年；983）、《其外醫心方》（永觀二年；984）、《弘決外典抄》（正曆二年；991）等，皆與《法華經釋文》同時期左右，多引用諸家《切韻》，然引用最多的莫過於《法華經釋文》，故而稱《法華經釋文》爲東西古今《切韻》研究的權威資料，實不爲過也。以上張民權先生論文中提到的周祖謨先生著有《唐五代韻書集存》①一書，其附録中輯録的《唐代各家韻書逸文輯録》②輯録唐代十二家韻書（①郭知玄、②韓知十、③蔣魴、④薛峋、⑤裴務齊、⑥麻杲、⑦武玄之《韻詮》、⑧祝尚丘、⑨孫愐、⑩孫佺、⑪弘演寺釋氏、⑫沙門清澈）之逸文，所依據的材料主要出自日本人所著的四種書，而其中兩種是日僧所撰佛經音義，其中之一即仲算的《妙法蓮華經釋文》。

湯用彤先生早在20世紀60年代在《談一點佛書的〈音義〉——讀書札記》③一文中就曾經指出《法華經釋文》中關於字書與韻書的引用情況："非佛教的書籍，書中引用的更多，有時並引用了原書的注。……至於唐以前的韻書、字書，引用者更多，用書名的如：《説文》、《玉篇》、《爾雅》、《廣雅》、《新切韻》、《新唐韻》、《字林》、《字苑》

---

① 中華書局1983年版。
② 第963—1022頁。
③ 1961年10月19日《光明日報》。

多種。用人名的如：陸法言、嬴果、孫愐、王仁煦、郭知玄、曹憲、釋氏、祝尚丘、薩峋（應是薛峋，亦作蔭峋，亦誤）、長孫訥言、李巡等多人。"強調了日本佛經音義在漢語古字書、古韻書整理研究中的重要性，對我們今天的研究也有指導作用。

（三）作爲其他漢字工具書整理研究的資料——以古代日韓學僧所撰爲中心

我們在研究日本佛經音義時還需特別注意的一點就是：其引證資料并不祇限於傳統漢文古籍。因爲中國歷史學界所謂古籍一般依舊滿足於"汗牛充棟"的中國歷代古文獻，但實際上，漢字文化圈（日本、朝鮮半島、越南）所存有的大量文獻典籍，已經成爲"東亞世界學術文化新的轉向"[1]，愈來愈得到學術界的重視。

日本人所撰音義，或在所傳來之古音義基礎上添注加釋的部分，其所援引自然就不僅是中國古籍，也會有日本人，甚至古代高麗人撰寫的各種古典書籍，這些資料大多不爲中國學者所熟悉，特別是那些在日本或在韓國亦已失逸者，則更顯珍貴。如被認爲寫於平安中期的醍醐寺所藏《孔雀經音義》不僅在日本國語學研究上具有重要地位，[2]而且其中所引用文獻亦達百種以上。除了佛典的經論章疏之類以外，還廣泛涉及外典俗書。其中既有中國本土已失傳之逸書，也有日僧所撰之古書，有的亦已失逸。特別是其中的字書音義類也多見，尤爲可貴。築島裕在爲此經"解題"中略引若干，其中個別以著者名代書名，皆頗爲珍貴。[3]而平安朝中期藤原公任（966—1041）所撰《大般若經字抄》的注文中除有"切韻"（蔣魴、王仁昫、薛峋）、"玉篇""廣益玉篇""行瑫""疏·經疏·大日經疏""信行""音義·或音義"等書名或人名等，還有"玄應""弘決""字書""惠沼""聲類""慈恩"等，雖不能明確一定是作者的直接引用，但其中有些內容值得研討。特別是藤原公任引用了與其同時期的真興（935—1004）所撰《大般若經音訓》中的內容，因爲真興之書已爲佚書，故尤爲珍貴。

---

[1] 劉迪：《東亞文獻有待於進一步研究》，中國社會科學網，http://www.cssn.cn/sjs/sjs_xsdt/201512/t20151211_2778874.shtml。

[2] 卷末附有最古的五十音圖。

[3] 築島裕：《孔雀經音義二種解題》（醍醐寺藏），古典研究會編《古辭書音義集成》第十一卷，汲古書院昭和五十八年（1983）版。

又如：《法華經釋文》所引古書中，不僅有大量漢傳"内典"與"外典"，相當一部分因爲早已散佚而顯珍貴，而且有一部分日本人、"新羅"人所撰寫的書籍，也已散佚不見。湯用彤先生早就注意到了這一點：

> 書中引用了日本僧人善珠僧正數人的話。可注意的是信行《涅槃經音義》，引文中有"倭"字，當是日本人，非中國之三階教祖也。又：書中引有《新羅順憬師音義》（亦應是《法華音義》）。據此，在佛教傳入"高麗"、日本以後，此兩國的僧人，就著有音義這一類的書了。①

信行是日本古奈良時代法相宗著名學僧，精通漢學與佛書，在日本音義史、學問史上影響很大。本書第三章有專門論述。根據日本典籍記載，信行撰有多部音義書（其中就有《大涅槃經音義》六卷），然除《大般若經音義》現有石山寺藏本（中卷殘卷）外，其他實際皆僅見書目，散佚不存。然而在《釋文》中，有如湯用彤先生所指出的"涅槃經音義"，還有多處用人名"信行"標出，究竟出自信行的哪部著作，正是今後可以研究的輯佚課題。

又如：《東宫切韻》爲日本平安中期公卿，著名學者、漢詩詩人菅原道真之父菅原是善（812—880）所撰的一部韻書，其中引徵13種中國古代韻書，深爲古代日本儒家學者所重視。此書不僅對中國古代音韻，而且對日本吸收中國文字、音韻、漢字文化以及日本的辭典如何受中國辭典的影響等方面的研究都有重要的價值。②遺憾的是，此書散佚不傳，其逸文則散見於諸書。所以學界對其所展開的研究，最基礎的也是最重要的方面，就是通過考察諸書所引逸文，進行梳理研究，以求盡可能地窺見其原貌。而日本佛經音義中引用《東宫切韻》最多的音義就是信瑞的《淨土三部經音義集》，多達151處③，這些資料對《東宫切韻》這部重要的古逸書的輯佚研究，正體現了其語料的重要價值。

---

① 湯用彤：《談一點佛書的〈音義〉——讀書札記》。
② 李無未：《日本漢語音韻學》，"外語愛好者"，http://www.ryedu.net/ry/riyuyuedu/201006/18580_2.html。
③ 橋本進吉：《信瑞の淨土三部經音義集に就いて》。

又有前面我們多次述及的《法華經釋文》中引用資料多達二百五十餘種，其中有"順璟音義"32處。順璟是新羅僧人，主要活動於7世紀中葉到8世紀初。他是赴唐師從玄奘留學的高僧。曾從玄奘學習唯識學，在唐國馳名，回新羅後弘教法相、因明、俱舍論等佛教理論，從而成爲新羅法相宗的始祖。關於順璟的著述，根據文獻所記，多爲"因明"類著述，而對其佛經音義的撰述，卻很少有記載。但是我們根據《法華經釋文》卻可以知道順璟還曾爲《妙法蓮華經》做過"音義"。南豊鉉雖明確指出順璟有《法華經音義》，但其資料來源，也是根據《法華經釋文》。順璟之《法華經音義》原本已不存，此已爲學界公認。儘管如此，《法華經釋文》中32次的引用，可謂其殘存內容。而我們通過對其整理，可以了解其原本面目的概貌。筆者曾經將《法華經釋文》32處引用"順璟音義"的內容全部輯錄，并對其展開考察，認爲應是音釋《法華經》的卷音義，即以經爲依托，順次作注。訓釋基本上以字爲單位，故被認爲是"《法華經》的單字字書"[①]。釋語簡潔。或辨音，或析形，或解釋字義，基本不援引其他字書或韻書解字，也不引用諸書幫助説解字義。而隨著今後關於"順璟音義"更多出現，此音義的研究將會有更新的成果。

　　由此，我們認爲：輯佚考訂古籍古史的資料，學界一般多將注意力集中於漢文資料，但實際上，古代漢字佛教文化的特性促使我們還應該將視野擴展到古代日本學僧和古代高麗、新羅僧人等撰寫的典籍，而這些內容有時可從日僧所撰佛經音義中獲取，或得到某些信息，可引起重視。正如韓國學者南豊鉉所指出：《釋文》是參考了中、韓、日的註釋書和韻書而寫成的，其中順璟和憬興的著作也不少。從此中我們可以見到完全被遺忘的7世紀之注釋書之片鱗。[②]

　　以上我們從三個方面考察論述了佛經音義與漢語言文字工具書整理研究的學術價值。所謂漢語言文字工具書，用傳統的説法，就是文字、音韻、訓詁的"小學類"文獻。佛經音義的本質是爲經本文中的難字難詞辨音釋義，其所引多爲古代字書、韻書、訓詁書，對小學鈎沉輯佚甚有價值。而此鈎沉輯佚的過程及其成果也正與漢語史中漢字史的研究步伐一

---

　　① 吉田金彦：《妙法蓮華經釋文解題》。
　　② 南豊鉉：《新羅僧順憬과憬興의法華經註釋書에대하여（Remarks on the Silla monks Sungyeong（順憬）·Gyeongheung(憬興) and their annotations of Saddharma-pundarika sutra(法華經)》，《口訣研究》第10輯，2003年2月版。

致。如我們曾述及周祖謨先生對唐代各家韻書逸文、井野口孝先生對原本《玉篇》逸文的輯錄與考證，正與漢語史之音韻、漢字、訓詁研究密切相關。日本佛經音義作爲一大寶庫，值得引起漢語言文字學界的重視。

二、日本佛經音義與漢字研究

日本漢字界很早就注意到佛經音義在漢字研究中的重要作用。早年岡井慎吾先生所著《日本漢字學史》①中所列舉的相關的資料中就有《八十卷華嚴經音義私記》《四分律音義》《法華經釋文》《法華經單字》《金光明最勝王經音注》《淨土經三部經音義集》《大般若經音義》《法華經音訓》《淨土三部經音義·六時禮偈音義》《法華經文字聲韻音訓篇集》《玄應音義》《慧琳音義》和《希麟音義》等日中學僧所撰佛經音義，而且日僧所撰音義書佔多數。《漢字百科大事典》②有《漢字研究文獻目錄》一欄，記有《倉頡篇》《史籀篇》《爾雅》《說文解字》《玉篇》等共九十種文獻，其中佛經音義資料就有：《大般若經音義》《新譯華嚴經音義私記》《金剛頂經一字頂輪王儀軌音義》《四分律音義》《金光明最勝王經音義》《大般若經字抄》《法華經單字》《法華經音義》《法華經音訓》等九種，占十分之一。這其中還不包括中國僧人所撰佛經音義，如《龍龕手鑒》等。可見學界對佛經音義作爲漢字研究資料的重要性的認識。而以敦煌學家、漢字學家、日本學家石塚晴通先生爲中心的"HNG漢字字体規範數據庫"團隊長年以來做了大量的工作，積累了大量的漢字研究資料。其資料來源，有來自中國、日本、韓國、越南等國家和地區的刻本、印本、寫本等內外典古籍文獻，近年來又特別增加了字書、音義類以及日本寫本·古活字版類的對比參考資料。數據庫的編纂委員會（石塚晴通（委員長）·池田証壽·伊藤智ゆき·岡墻裕剛·白井純·高田智和·山口慶太·豊島正之）都在漢字字體研究上作出了貢獻。如池田証壽先生就長年研究古辭書音義並結合漢字研究，取得了驕人的業績。有如《上代仏典音義と玄応一切経音義—大治本新華厳経音義と信行大般若経音義の場合—》③《新

---

① 東京明治書院初版於昭和九年（1934）9月，昭和十年（1935）10月再版。
② 佐藤喜代治等編集：《漢字百科大事典》，明治書院平成八年（1996）版。
③ 北海道大學国語国文学会編：《国語国文研究》第64號，1980年版。

訳華厳経音義私記について—先行音義との関係—》①《新訳華厳経音義私記の性格》②等大量論文③。一些年輕學者也有志於此領域，辛勤耕耘，多有成果。本書後附有"主要參考文獻"，應該能反映出日本學者研究的成果。敬請參考。

中國國內對日本佛經音義在漢字研究上的重要性的認識應該說從清末就開始了。當年羅振玉將小川本《新譯華嚴經音義私記》借回中國在墨緣堂影印時就曾作跋語，指出此書"書迹古健"而判斷其爲"千年前物"。另外還指出"中多引古字書而間載倭名"。清末文士金邠也作跋道：

> 梵（𦦥）夾筆法絕肖歐陽蘭臺道因碑。字體結構又頗似北朝，多從北魏所造（所）之別體，與公所藏魏陶仵虎《菩薩處胎經》宛然大同。又有武后所製字，必出於唐寫本也。披覽之下，但覺字裏行間，古氣道上，清跋無前。海邦寫經生能用力如是，想見其篤學攻苦，研成臼，筆成冢，池水盡黑，神哉書乎！④

金邠主要從《新譯華嚴經音義私記》與碑別字，與"則天文字"，與書法字體等方面指出其價值。然而長期以來因資料難以搜尋入手，故對其所展開的實質性研究很少。近年來，隨著國內佛經音義研究高潮的興起，很多學人將視野轉向海外（主要是日本）。其中除中國傳統音義在日本的部分外，日僧所撰佛經音義也成爲重要的考察對象。研究角度也從多角度展開，其中漢字爲重要方面。如徐時儀教授及其佛經音義團隊、⑤鄭賢章教授⑥等以及史光輝⑦、苗昱⑧、陳源源⑨等年輕學者都有相關研究成果

---

① 《北大国語学講座二十周年記念論輯辞書音義》，汲古書院1988年版。
② 北海道大學国語国文学会編：《国語国文研究》第75號，1984年版。
③ 具體敬請參考本書附錄五"主要參考文獻"。
④ 本書所引音義例證，原大多無句讀，爲便利讀者，大部分引文筆者添加了句讀，若有訛誤，由筆者負責，下不再另出注。
⑤ 徐時儀教授長年潛心於佛經音義研究，爲此研究領域的帶頭人，研究成果豐碩。而徐教授所指導的學生也多以佛經音義爲題，各有鑽研。
⑥ 鄭賢章教授多年以佛經音義爲材料研究漢字，成果豐碩。其研究就多用日本資料。
⑦ 史光輝：《信瑞〈淨土三部經音義集〉在語言研究方面的價值》，《中國社會科學院研究生院學報》2012年第4期。
⑧ 苗昱：《〈華嚴音義〉研究》（博士學位論文，蘇州大學，2005）第四章"古寫本的俗字"。
⑨ 陳源源：《〈大正藏〉本〈妙法蓮華經釋文〉校勘十例》，《合肥師範學院學報》2012年第1期。

問世。①筆者近年來也與陳五雲教授合作，以日僧所撰單經音義爲資料，從漢字在海外流傳發展的角度，展開了相關研究，陸續發表了如《〈四分律音義〉俗字拾碎》②、《石山寺本〈大般若經音義〉（中卷）俗字研究》③、《新譯華嚴經音義私記俗字研究》（上·中·下）④等論文，並與陳五雲教授、苗昱博士合作完成了《〈新譯華嚴經音義私記〉俗字研究》⑤一書。而筆者還撰寫了《日本古寫本單經音義與漢字研究》⑥一書，對十部日僧撰寫的古寫本單經音義中的漢字進行了探討。但是因爲日本佛經音義内容非常豐富，對其價值，特別是作爲漢字研究資料的學術價值，中國漢字界對其認識還有局限。所以，以下我們想再次強調日本佛經音義與漢字研究的重要性。

（一）從日本佛經音義特色考察

1. "單經單字音義"

筆者在前論述日本佛經音義特色時，曾經指出其特色之一就是皆爲"單經音義"，而且大部分是佛經"宗經"，如《華嚴經》《四分律》及"淨土三經"等，或者是對日本佛教影響很大的佛經，如《法華經》《大般若經》等，體現了其編撰目的具有很強的實用性。

除了"單經音義"，日本佛經音義還具有"單字音義"的特色。漢字寫法複雜，佛經在傳抄中頗多訛誤，故收錄經本文中疑難俗字，辨音釋義，剖析字形，辨正究誤也就成爲傳統佛經音義註釋内容中的重要特色。日本早期"和風化"佛經音義多承此傳統，即使收錄的辭目不是單字而是複合詞，也多采取分字爲釋的方法，故關於漢字研究的内容極爲豐富。而"日式"佛經音義，雖然從體式上看是多以假名標音釋義，但其辭目字皆爲漢字，且皆摘錄自當時流傳的寫本或刊本佛經，能體現出當時佛經用字特色，另外實際上也有不少辨析漢字的内容，如《大般若經字抄》、《法華經單字》和無窮會系《大般若經音義》等。所以更可以認爲是以單

---

① 具體請參考本書附錄五"主要參考文獻"。
② 南山大學《アカデミア·文學語學編》第83號，2008年1月版。
③ 中國語言學集刊（Bulletin of Chinese Linguistics）》（紀念李方桂先生中國語言學研究會、香港科技大學中國語言學研究中心）第三卷第一期，2008年12月版。
④ 韓國忠州大學《東亞文獻研究》第四輯（2009年6月）、第五輯（2009年12月）、第六輯（2010年8月）。
⑤ 臺灣花木蘭文化出版社2014年版。
⑥ 中華書局2015年版。

字爲中心，具有"單經單字字書"特色，當然也就與漢字研究有著密切的關係。

以單字爲中心的單經音義，古有空海的《金剛頂經一字頂輪王儀軌音義》可覓其蹤迹，平安中期仲算的《妙法蓮華經釋文》中也多有其例。特別是藤原公任的《大般若經字抄》出現後，單字音義更是占據日本佛經音義的主要位置，本書中所考論的承曆本《金光明最勝王經音義》、《法華經單字》、無窮會本系《大般若經音義》、醍醐寺本《孔雀經音義》（平安中期寫本）等相繼問世，就是明證。

有些"單經單字音義"，從某種意義上可稱其爲"單經字書"或"專書字典"。如《法華經釋文》因爲收釋《法華經》中的單字，被定義爲"《法華經》的漢字字書"[1]。而且，因其豐富的内容，詳密的引證，加之仲算精審扎實的訓詁，甚至使其已超出《法華經》專書字典的功用，從而成爲研究中古漢字訓詁，乃至漢字在海外流傳發展的重要資料之一。又如珠光所撰《淨土三部經音義》，就可以認爲是爲淨土宗僧衆閲讀"淨土三部經"（《無量壽經》《觀無量壽經》《阿彌陀經》）而用的專書字典。從這個角度看，日本佛經音義作爲漢字研究資料，自有其重要價值。

2."篇立音義"

"篇立音義"在日本中世開始陸續出現，且多有流佈。這既是受中世"篇立字書"之影響，也是爲便利信衆，適應楷體檢字之需而變化發展的結果。

"篇立音義"因所收釋辭目以漢字部首分類編排，仿照中國傳統字書的基本體式，所以與漢字研究更是有著直接的關係。儘管日本的"篇立音義"與中國的傳統字書以及北宋處觀的《紹興重雕大藏音》、遼代釋行均所撰《龍龕手鏡》等中國僧人撰述的"篇立音義"相比較，還是有很大不同，但是從其所呈現出的特色看，也都與漢字研究有關。我們從以下三點看。

（1）"篇立音義"作爲日本中世以降出現的一種佛經音義體式，體現了佛經音義在日本的發展。從開始較多展現中國傳統訓詁體式特點的卷音義到更多體現辭書性質的"篇立音義"的發展過程，我們可以看到這種體式既傳承自中國傳統字書，也受到漢字在日本發展以及日本早期字書編

---

[1] 吉田金彦：《醍醐寺藏妙法蓮華經釋文解題》。

纂的影響，當然更主要的是爲便利各派信衆閱讀宗經，編者們（基本是各宗學僧）所做的不同程度的努力。

（2）"篇立音義"基本以單經爲對象，故屬單經字書。我們已在前述及此内容。而且，其對象基本是佛經中重要宗經，如《法華經》，因經中宣講内容至高無上，明示不分貧富貴賤、人人皆可成佛，所以也被譽爲"經中之王"；而《般若經》則是大乘佛教空宗的主要經典，玄奘法師在晚年以極大毅力編譯的六百卷巨著《大般若波羅蜜多經》，又是《般若經》的集大成之作；《淨土三部經》是有關阿彌陀佛及其極樂淨土的三部佛教經典，爲中國和日本淨土宗的宗經，無論在中國還是日本，淨土宗簡便的修行方法使其擁有衆多信徒。因此，我們可以把這些"篇立音義"視爲"專經字書"（或"單經字書"）的《法華經字書》《大般若經字書》以及《淨土三部經字書》。在佛教興盛的日本歷史上，這些"專經字書"（或"單經字書"）因爲信衆的積極性和主動性，得到了較大範圍的傳播，是一批重要的歷史資料。

因祇爲某部佛經，或幾部佛經（如"淨土三部經"）而編纂，内容自然受限制，故篇幅短小爲其基本特色。當然也是大小不等，長短不一，主要根據經本文篇幅，所收釋内容多寡而定。如《大般若經》就有惶惶六百卷，而"淨土三部經"中之任何一部皆只能算是袖珍經書。儘管總的來說，因服務對象不同，"篇立音義"的"篇目（部首）"也多少不一。但是，我們若將其限定在某部佛經這一有定範圍内，實際上"篇立音義"所給出的漢字信息量會更大。因爲"篇立音義"主要目的是在認字，收羅當時該經中難字、異體字、俗字等，並加以簡單標音，也有的施以簡單詮釋。所以，作爲搜羅該經（或《法華經》，或《大般若經》，或"淨土三部經"等）難字集大成式字書，無論是篇目編次還是標音釋義，都實際堪爲當時漢字使用的代表，較爲真實地展示了當時該經的用字特色。從一部經擴展至當時流傳的佛經，從而自然成爲考察日本中世佛經用字的重要資料。

作爲日本僧人爲日本信衆誦經而服務的實用性"單經字書"，能最直接地反映出日本中世漢字的使用實貌。無論是否有"和訓"，"篇立音義"以釋字爲主，大多數音訓、義訓併記，爲其共同的特色。其具體内容，當然會因作者、經本文、時代等諸多因素而多有不同，但都真實地展現了當時流傳的經本文的用字實貌,故而是漢字研究的極好資料。①

(3)日本平安中期以降,假名已經產生並急速普及,日語表記亦應之趨向自由且簡單,而漢字在東瀛的流播過程中也出現了一些變異或創新,有了不同程度的發展。反應在佛經抄寫上,書經者不再有早期那種極爲尊從底本(唐鈔本)的心態以及爲保持祖本風貌,完全按照原本的樣式、字體進行謄寫的風氣,而是根據當時漢字的實際使用狀況來書寫經典。如爲書寫方便,爲能加快抄寫速度,隨著中國書法的傳入,日本寫經生也多用漢魏六朝的略體字,尤其是草書和行書,並將其"和風化",如此,大量爲"便利"而用的"略字"開始出現,有相當的部分已成爲日本常用漢字。又如因對漢字的認知不同,故而各種訛寫誤用也層出不窮,此也應爲日後日本學者所指出的"倭俗字"的重要內容。②日本的"篇立"音義,較爲真實地記錄了漢字在日本發展的某些現象。而且"篇立音義"因其使用對象(某派信眾)的廣泛性以及"篇目"設置(依據漢字字形結構)的特殊性,使其成爲日本漢字史研究上不可忽視的材料之一。

"篇立音義"大多編撰目的非常明確,就是爲信眾誦讀某部經文而用,故所選材料(寫本或刊本)一定是一般信眾中廣爲通行流傳的,某些字體,包括部首字,即使是有錯、有俗,也已被廣大信眾接受並流傳。而佛教信眾又是一個特殊的傳播團體,與被動地接受學校教育、學習漢字相比較的話,這種因爲信仰而主動傳播,其範圍和影響或許會更大更廣。所以儘管"篇目"或有不妥,甚至多有訛誤,卻是日本中世漢字使用的真實寫照,這從一個側面反映了漢字在日本的變化發展,值得引起重視。

鑒於以上特色,我們認爲日本中世所出現的"篇立音義"在一定程度上能反映出當時日本漢字使用的實況。故而,此類音義也應該是研究漢字在海外流傳發展的重要材料。而這也正是本章的研究目的。

當然,除了"篇立音義"以外,其他類型的,如"卷音義"等也有很多漢字研究的內容。我們在以後的章節有專門考論。

(二)作爲俗字研究資料

俗字研究是多年來中國文字學界的熱點,從敦煌俗字到碑刻別字,內

---

① 因爲"篇立音義"多用假名標音和釋義,所以日本學者的關注點更多是從"國語學"的角度。而我們的研究角度是漢字在日本中世的變化與發展,著眼點不同而已。

② 近藤西涯:《正楷錄》之"凡例",杉本つとむ《異體字研究資料集成》第七卷第一期,雄山閣出版社昭和四十九年(1974)版,第183頁。

容非常豐富，成果也頗爲豐碩。而且，隨著研究的不斷深入，許多學者也開始關注海外資料，特別是日本資料。而日本所藏的文獻中，作爲漢字研究的資料，非常豐富，其中尤爲值得矚目的正是日本佛經音義。這首先是因爲現存的日本佛經音義，大多是古寫本和古刊本，非常真實地保留著其當時漢字的使用狀貌，很生動地展現出當時所傳播的佛經中"俗字"的實際形狀。其次，因爲佛經音義並不是一般的寫本佛經或刊本佛經，因其音義的特色，有編纂者對漢字的詮釋和剖析，也就是有撰者對漢字的理解和認識。所以作爲漢字研究資料，音義的價值比一般寫本或刊本要高。

以下我們就以古奈良時代日僧所撰的《新譯華嚴經音義私記》爲例，簡述日本佛經音義在俗字研究中作爲資料的價值。

1. 所收釋的辭目字多爲當時所傳佛典中的疑難俗字

日本學僧撰述佛經音義的目的主要是幫助讀者辨析正俗字，識解疑難字，從而閱讀經文，理解經文，故而作爲辭目而摘錄的大多是當時流傳的相關佛經（如《華嚴經》《大般若經》《法華經》等）中的疑難俗字。我們舉《新譯華嚴經音義私記》中的例子如下。

001 洰：法字。（經卷第一）

002 囧：月。（同上）

003 衂：女鞠反。鼻出血也。（經第十五卷）

004 淫：五靳反。澱澤也。湛，寂也。經本爲湮字，云泥土也。（經第八卷）

005 辛酸醶淡：酸，素丸反。酢也。（經第廿五卷）

006 裹：又爲窠。（經第卅三卷）

007 羸：力爲反。正爲贏字。（經第廿一卷）

008 莆：扶禹反。助也。（經第廿六卷）

009 歷：正爲歷。（經第廿六卷）

010 沐：染字。（經第七十卷）

以上爲單字辭目，還有合成詞和短語辭目，也含有俗字內容。如：

011 𡉉空：上古文正。正字。（經第六）

012 水瓜：下古文天字耳。（經第十卷）

013 罥䋦：上古泫反。《珠叢》曰：罥謂以繩繫取鳥也。字又爲羂字。（經第十五卷）

014 徒振：下又爲㩣。力舉反。眾也。又侶伴也。（經卷第十五）

015 暎徹：上，正爲映字。照也。下，音鐵，訓通也。（經第廿二卷）

016 如卍字之形：卍①是萬字，吉祥萬德之所集也。（經第八卷）

017 暑退涼飈……下初字。（經第十四卷）

018 或馳上高山：与馳、驅字同，去虞反。疾也，馬馳也。古文爲敺字。（經第六十六卷）

2. 釋文所舉俗字

釋文是佛經音義的重要部分，內容頗爲豐富，然並無固定格式。除了辨音釋義外，玄應、慧苑、慧琳等音義大家還經常用傳統語言學上"六書"之法，進行辨形析字的分析。若字體有正俗、正訛者，則一一指出，正所謂"正字辨形，標明六書""明於通假，標明正字"。②日本古代佛經音義大多參考《玄應音義》《慧琳音義》和《慧苑音義》等唐代傳統音義，還有《玉篇》、"古切韻"等字書和古韻書，甚至還有一些類似字樣字書，如《文字辨嫌》等的蹤跡，因此其釋文中多有對俗字的辨析。以上"辭目所錄"所舉例文中，已經有所體現。我們再簡舉十例。

019 秊：秊年（經序）

案：辭目爲則天文字。作爲釋語的兩個"年"字，前"秊"爲本字。《說文·禾部》："秊：穀孰也。从禾千聲。《春秋傳》曰：大有秊。奴顚切。"《新加九經字樣·禾部》："秊年：上《說文》從禾從千聲，下經典相承隸變。"《集韻·平聲·先韻》："秊年䄭，寧顚切。《說文》：穀熟也。引《春秋傳》大有秊。或作年。唐武后作䄭。亦書作

---

① 《私記》"卍"字原作大字，然實爲辭目"卍"字於釋文重出，故改。
② 參考徐時儀《慧琳音義研究》第六章，上海社會科學院出版社1997年版。

秆。""年"爲經典相承隸變而成，故一般被視爲正字。《敦煌俗字典》"年"字下有"秊秊"二字形，引S.388《正名要錄》："右字形雖別，音義是同。古而典者居上，今而要者居下。""右依顔監《字樣》甄錄要用者，考定折衷，刊削紕繆。"[正字]

020夹变：冇閙（經序）

案：此條亦參考大治本《新音義》，然大治本分作兩條，爲"夾：内"與"変：閙"。將其與《私記》對應字形對應，即爲夫【夾】①→冇【内】，夫【夾】→閙【閙】。二本解釋字皆同爲"閙"字俗體，只是"閙【閙】"較易辨識。而"冇【内】"則與《敦煌俗字典》"閙"下所收"冇"字相似。黄征認爲：乃"市下著人，所謂'市人爲閙'之訛"。②"市下著人"作"変"。《干禄字書》："閙変，上通下正。"然作爲被識字的"夫変"卻字例少見。《可洪音義》有"憒変"，釋曰："上右對反，下女孝反。"又《楷法辨體・サ行》："夾"字下收有"冇南変"等俗體。③其中"変"與"变"皆可與《私記》辭目第二個字形呼應。然"夫"尚未見他例。

021窓：窓牎（經序）

案：以上三形皆爲"窗"字俗體。《説文・穴部》："囪，通孔也。从穴怱聲。楚江切。""囪"字後隸變省作"怱"。《五經文字・穴部》："窗窓，上《説文》，下經典相承隸省。"釋文中的兩個俗體"窓（窓）"、"牎（牎）"，前者應爲"窓"字簡化而成。《玉篇・穴部》"窓"下有"窓"，釋曰："同上，俗。"《廣韻・平聲》"窓"下也有"窓，俗。"後者亦爲"牎"字俗字。《玉篇・片字部》："牎，楚江切。牎牖，與窗同。"《康熙字典・片字部》："按《説文》本作囪。在牆曰牖。在屋曰囪。或作窗。《玉篇》始書作牎，亦作窓。《廣韻》俗

---

① 【　】中爲大治本字形。
② 《敦煌俗字典》，第287頁。
③ 《異體字研究資料集成》第一期，第六册，第175頁。

作窻。"

以上三例皆出自《經序音義》，此類例甚夥，不繁舉。其釋義方法都是采用"以俗正俗"的方法，實際就是用當時較爲常見的字體對《華嚴經》中的難認俗字加以辯證詮釋。用作解釋字的實際也仍屬於俗字類。這當然是用我們今人眼光來看的。這些字，或可認爲屬《干禄字書》中的所謂"通者"，或就是俗字，然在當時，至少在《私記》作者的眼中，是可識，能認者，故將其作爲解釋字。所以，我們所定義之《私記》"正字"是以編撰者爲標準的，①具有一定的任意性。

漢字發展過程中，特別是刻本成立以前的紙本抄寫時代，因爲書寫之便利，特別是應大批量寫經的實際需要，文字運用的範圍不斷擴大。而手書寫字，並無定體可循，加之手寫之體，亦難出一致，故而現存寫本文獻中，字形紛雜，訛俗別體，頗爲多見。然而即使這樣，很多字在實際流傳過程中，會相襲形成一些"約定俗成"的共識，即一些俗字已經得到相對高的認讀程度，即所謂"通體"。這正體現了漢字的發展，以上《私記》中例，亦可證明此點。

022漁師：上言居反。捕魚也。字又作瀺歔鮫三形。（經第六十六卷）

案：查檢《華嚴經》卷六十六有"又如漁師持正法網，入生死海，於愛水中，漉諸衆生"之句，而《慧苑音義》作"如漁"，從辭書立目看，似不如《私記》恰當，但二者實際均只釋"漁"字。慧苑曰："漁，御居、疑據二反。《説文》曰：漁，捕魚也。字又作瀺歔鮫三形者也。"②可見《私記》參考慧苑説。而此釋語中之"瀺歔鮫"三字與高麗藏相似，然又稍有異。"瀺"即"瀺"，《説文·鱟部》："瀺，捕魚也。從鱟從水。瀺，篆文瀺從魚。"只是俗字將"瀺"右下寫成"魚"（"魚"俗字）。"歔"即"歔"，傳承自《周禮·天官·歔人》："掌以時歔爲梁。"但訛變得很厲害。"鮫"即"鮫"，《玉篇》"歔"同"鮫"。

---

① 當然編撰者也就代表了當時的日本僧人，至少華嚴學僧的"正字"概念。
② 高麗藏本。獅谷白蓮社本爲"又作瀺歔二形"。

023 没溺：又爲溺字。奴的反。《說文》以沈溺之溺爲休字。休，奴①的反。《說文》：没水中也，漬也。此古文溺也。（經序）

案：《說文·水部》："溺，没也。从水从人。奴歷切。"段玉裁注："没也。此沈溺之本字也，今人多用溺水水名字爲之，古今異字耳。《玉篇》引孔子曰：君子休於口，小人休於水。顧希馮所見《禮記》尚作休，从水人，讀與溺同。奴歷切。古音蓋在二部。"又"溺"字下，段注曰："按今人用爲休没字，溺行而休廢矣。"《玉篇·零卷》："休，奴的反。《礼記》孔子曰：君子休於曰②，小人休於水。鄭玄曰：休謂覆没不能自理出者也。又曰：死而不弔者三休也。鄭玄曰：不乘船橋者也。《説文》没水中也。野王案：《家語》子路休，溺是也。《廣雅》休，漬也。《聲類》此古文溺也。野王案：今皆爲溺字。"

"休"與"溺"在水淹、水没字義上屬於古今字關係。顧野王《玉篇》闡述其中關係，甚爲清晰。《私記》對此二字的辨析，是參考了《玉篇》，我們從以上所引部分，可以清楚看出其脈絡。

儘管與前期的《玄應音義》《慧苑音義》等相比較，《私記》不如玄應、慧苑等人廣徵博引，詳詮細釋，然而，作爲一本出自日僧之手而成的"單經音義"，實際上還是參考了當時所流傳的音義書、字書和韻書等相關資料，只是多省略出典而已。《私記》作者參考利用這些資料，當然不僅爲漢字標出"音注"，還常根據這些文字音韻資料，舉其所見文字、音韻、訓詁等資料，解釋漢字，辨析字形。以上我們雖只舉了兩例，但應該能説明問題。

除了以上"以俗正俗"和"援引古書所出俗字"外，《私記》釋文關於俗字辨析還有直接指出字形爲俗字。如：

024 戲𥬇：上字虐邊作弋，弋，音餘力反。下從𥬇聲也。有作𥬇者，俗字也。（經第十三卷）

025 遭：又爲遭字，又遭，俗。會也。（經第六十八卷）

026 或駞上高山：与駞、驅字同，去虞反。疾也，馬馳也。古文

---

① 《私記》"奴"寫作"𢪏"，爲"收"之俗字。"收"與"溺"聲類不合，疑此爲"奴"字之訛，《慧苑音義》作"奴的反"。

② 《玉篇·零卷》原本，此字似"曰"，蓋爲"口"字訛。

爲👁字。（經第六十六卷）

027 🈳🈳：古文初字。（經第十一卷）

028 🈳🈳：二古文，同今載字耳。（經第六十五卷）

以上五例，指出字形爲"俗字"或"古文"。一般所謂"古文"，指小篆以前的各種古文字。也特指戰國時通行於六國的文字。但此概念也很複雜。除孔氏壁中書外，還有所謂"巫醫卜筮种樹之書"也會把先秦古文保留到現代以後，還有實物上如璽印上的文字等。漢魏以後，因道教的興起，又有假借道書名義而出現的古文。故而《私記》之所謂"古文"，其概念也比較模糊。有源於《説文》等的説法，但大多爲《私記》作者主觀認爲較前出現難以認讀之字就歸爲"古文"，故多指"俗字"。如027和028就是將則天文字稱爲"古文"。

除此，《私記》還用"又爲""又作""或爲""或作""亦爲""亦作""今爲""今作"等術語來表示俗字。這從另一個角度來説，屬於異體字範圍。我們不再舉例，留待後述。

3. 一般行文所出俗字

翻開《私記》及其他寫本佛經音義，若用我們今天的眼光審視，俗字比比皆是，實非過言。《私記》不僅用辭目錄出大量俗字字形，直接呈現出當時所傳《華嚴經》用字特色，而且在釋文中，通過對俗字的辨析，舉出大量俗字字形，更進一步折射出漢字發展的過程。甚至在一般的行文中，也出現了很多我們所認爲的俗字。這就充分説明，當時這些字形已經常見，且頗爲流行，屬彼時通行體。前已言及，正俗的界限隨著時代的進程而不斷變化。某些字形書寫或較原正字簡便而流行，或因爲經書中常見而爲信衆認可及採用，[1]或因"經典相承"[2]而得以約定俗成。總之，這些字在當時，至少在《私記》的編撰者看來，這些已是可認讀文字，不必辨析。故在行文中，信筆寫出，給後人留下當時用字最真實的記録。我們舉一例以作説明：

029 超𡳾：上音召，訓越也。（經第廿六卷）

---

[1] 比如《私記》的音義對象是八十卷本《華嚴經》，其中常見俗字自爲華嚴宗僧人所熟知。

[2] 張參：《五經文字》中之説法。

案：此條釋文僅爲上字"超"標音釋義，辭目下字"㱎"儘管爲"步"字俗體，但並不作辨析。又經冊八卷有"將步"條，"步"亦爲同樣俗體，釋語亦不辨析字形。又：

030 圓光一尋：何承《纂要》曰：八寸曰咫，三尺曰武，五尺曰墨，六尺曰㱎，……（經第卅一卷）

031 一俱盧舍：……准計一里三百六十㱎，則一俱盧舍有一千四百卅㱎也。（同上）

案：以上三個"步"字俗體皆出現於釋文中。而且查檢《私記》，經第六十六卷有"雉堞崇峻"條，釋義引"何休注曰：二万尺也。周十一里卅三步二尺"，其"步"字亦作此俗形。有意思的是經第七十五卷"車步進"條，其"步"字爲一般通行體，然在釋文中，"步"字又作"㱎"。

《私記》中共出現"步"八次，其中七次爲俗，僅經第七十五卷辭目"車步進"爲通行體，這是因爲受《慧苑音義》之影響，[①]然而經生書寫時在寫到釋文小字時又不自覺地用"步"之俗形。甚至因爲此俗形已頗爲流行，故而"步"爲構件之字亦如此作，如：

032 砧上：上又爲碪字，䩞林反。或云砧与店、沾同，都念反。城邑之居也，斫刾之机地也。（經第廿六卷）

033 㳽險：上，往也。（同上）

以上，我們從三大方面用實例展示了《私記》中所出俗字。儘管實際只是其中一小部分，難以呈其全貌，但應能説明《私記》用字，特別是俗字的基本情況。無論是辭目所收録，還是釋文所詮釋，也不管是一般行文任筆所寫出，都是我們以下所研究的基本對象。

（三）作爲異體字研究的資料

以上我們述及《私記》還用"又爲""又作""或爲""或作""亦爲""亦作""今爲""今作"等術語來表示俗字，並指出若從另一個角

---

① 因《私記》自經第七十二卷至八十卷實皆抄自《慧苑音義》。

度來説，應該屬於異體字範圍。當然，這樣做，會顯得概念模糊不清。所以我們有必要將異體字和俗字的概念再稍加梳理並確認。

關於"俗字"和"異體字"的關係，學界意見并不統一，特別是日韓學者和中國學者。何華珍在其《俗字在日本的傳播研究》[①]一文中指出：對"正字"和"俗字"的理解，中日學界有所不同。日本《類聚名義抄》等古辭書，多承用《干禄字書》"俗""通""正"之説。而當今日本漢字學界稱"俗字"[②]者較少，多名之爲"異體字"。[③]這是因江户時期中根元圭著《異體字辨》，首創"異體字"術語後，廣而用之的結果。杉本つとむ所編《異體字研究資料集成》第一、第二兩期，共二十册，集日中俗字研究資料之大成，[④]堪爲代表。何華珍還指出日本"異體字"的範圍，既包括顔元孫所指"俗體字""通體字"，也包括了"假名""省文""訛字""借字""國字"等，與中國漢字學界所稱"俗字"範圍大致相當。當今韓國漢字學界大家李奎甲匯集高麗大藏經諸字字體所成巨作，亦名之《高麗大藏經異體字典》，[⑤]而他認爲異體字是指那些作爲已經約定俗成的，與正字一起使用的字形不同的字。[⑥]而中國學界則可以漢字研究大家張湧泉的歸納爲代表：

> 凡是區别於正字的異體字，都可以認爲是俗字。俗字可以是簡化字，也可以是繁體字；可以是後起字，也可以是古體字。正俗的界限隨著時代的變化而不斷變化。[⑦]

這樣的話，我們可以認爲日韓漢字學界的"異體字"包含了中國漢字

---

① 《寧波大學學報》（人文科學版）第24卷第6期，2011年11月版。
② 而且一部分日本學者所謂"俗字"的概念與簡化字相當。如2012年剛出版的《日本難字異體字大字典·文字編》（井上辰雄監修）解釋曰："俗字是指相對於正式場合使用的正字而被廣泛使用通俗文字。其中多數爲簡省部分筆畫而成，如與'幾'相對的'几'等，還有替換使用同音簡體字，如與'糧'相對的'粮'等。亦即所謂簡化字。"
③ 韓國漢字學界也同樣有此現象。
④ 何華珍：《俗字在日本的傳播研究》，《寧波大學學報》（人文科學版）第24卷第6期，2011年11月版。
⑤ 高麗大藏經研究所（The Reserch Institute of Tripitaka Korea）2000年版。
⑥ 李圭甲：《根據日本金剛寺本〈玄應音義〉的字形分析考察誤字與異體字的界限》，第七届漢文佛典語言學國際學術研討會論文，2013年8月。
⑦ 參考張湧泉《漢語俗字研究》，岳麓書社1995年版，第5頁。

學界的"俗字"。相反,中國的"俗字"則包含了日韓的"異體字"。這當然祇是做的大概歸納,實際上關於"異體字"的定義,中國漢字學界也并未統一,而日韓漢字界也同樣如此。以下,我們想説一説自己的看法。

我們認爲:實際上,嚴格地説"俗字"与"異體字"是兩個概念,有一"動"一"静"的區别,或言之特色。這是因爲俗字是在使用中呈現的,而異體字的概念則是在編字彙的時候顯示的。在字彙中,字形与意義是分開的,只是因爲漢字每個字形都表示了一定的音和義,於是同音義而形不同就成了"異體字"。這是屬於"静態"的。而俗字是在使用中呈現的,是使用者的"急就章",所以俗字可以包括狹義的"異體字"和所有的假借字、通假字、方言字、特造字、訛字,甚至包括錯字而被確認了的。這樣,俗字比異體字就來得廣泛得多,是動態的。這種"静"與"動"的區别,是異體字與俗字的分野。① 俗字有時代的差别,可以作歷時的分析。而若從音義撰者對某個漢字的局部或共時的描寫,如以上《私記》中所出現的辨析漢字用"又爲""又作""或爲""或作""亦爲""亦作""今爲""今作"等術語時,我們可以將其歸入異體字範疇。共時與歷時的研究緊密相關。當然,就我們目前所做的來説,還多爲局部與共時的描寫,而歷時的研究,自然是要在積累了大量共時描寫資料的基礎上進行的更深一步的研究。

儘管"異體字"這個術語是由日本學者中根元圭提出來的,但日本古代佛經音義以及其他古辭書中的異體字内容卻當然是受中國傳統漢字學的影響。

異體字是一種特殊的文字現象。自漢字産生,異體字現象也就同時出現。中國古人對這種文字現象早有注意,並進行過多次整理研究,無論是秦代的"書同文",還是漢代的《説文解字》、熹平石經,以及唐代的正字之學都涉及對異體字的研究與整理。儘管古代並無明確的"異體字"一詞,然古注或古代字書、韻書中一般多使用"古作某""今作某""亦作某""通用某""或作某""同某""與某同""本作某""又作某""某書作某""俗作某""本又作某""本或作某"等多種表述方式;字書除了使用上述表述方式外,有時出於分析、説解字形的需要,也使用"或從某""篆作某""古文某""古文作某""古文從某""某或

---

① 以上是筆者與陳五雲教授討論後吸收的陳教授的意見。

從某省"等表述方式。① 而佛經音義作爲傳承魏晉南北朝音義書的特別類別，在辨析漢字，表述異體現象時，自然也會像《經典釋文》等早期音義書一樣，採用如上所舉術語。如《玄應音義》中常見的異體字標示術語，"亦作某""又作某""或作某""今作某"等就頻頻出現。陳定民在其《慧琳一切經音義中之異體字》一文②指出慧琳在《一切經音義》中臚列許多每個不同的文字，並一一指出其源流，就屢言"俗作某""或作某""又作某""亦作某""古作某""古文作某""略作某""隸作某""小篆作某""誤作某""某書作某"（如"文字集略作某""考聲作某"）。日本學僧從開始模仿中國所傳佛經音義進而到完全自己撰寫時，這些異體字的標示術語自也爲其所採用。鳩野惠介就指出③：奈良朝時期的石山本《大般若經音義》也有"又作某④（字）""或作某（字）""正字作某（字）""古文作某（字）""今作某（字）""應作某（字）"等七種辨析字體的標示術語。而各種標示下還有一些變種，如"古文作某（字）"類，還有如"古文某""舊作某""舊用某字""舊經作某"等。而無窮會本系《大般若經音義》中異體字的標示術語就更加多樣，研究內容也更爲豐富。異體字的內容在日本佛經音義中多見，甚至有的可稱之爲"專經異體字字書"，如前所提及的無窮會系《大般若經音義》，藤原公任的《大般若經字抄》，撰者不詳、成立於平安時代的《金光明最勝王經音義》以及鎌倉時代心空所撰《法華經音訓》等。本書在相關章節皆有專論，故不再另行展開。我們祇是想說，儘管有許多問題學術界尚在爭論，難有結論，但無論如何，學界對異體字研究的重視，卻是有目共睹。而從不同的角度對古代字書中所收集的異體字進行分析探討，整理歸納，則是近年來研究的重點。這些古代字書，自然也應該包括古代漢字文化圈，如朝鮮半島，如東瀛日本的材料。而日本佛經音義作爲日本古辭書中重要的部分當然是值得引起注意的材料。

---

① 章瓊：《漢字異體字論》，張書岩主編《漢字異體字研究》，商務印書館2004年版，第18頁。
② 刊載於《中法大學月刊》1933年3卷1期、2—3期合刊、4—5期合刊；1934年4卷4期。
③ 鳩野惠介：《無窮会図書館藏本〈大般若經音義〉における異体字表示の術語について》。
④ 鳩野惠介論文中用"×"表示，本書改成"某"。

（四）作爲考察漢字在日本流傳發展的研究資料

漢字早在公元三四世紀就傳到日本，並在此落户安家。與其他漢字文化圈國家不同，雖經一千六百年以上的風雨歷程，歷數度改革與變遷，然結果卻是漢字在東瀛這片土地上深深植根，並與日本歷史、文化渾然一體，成爲日本文化的象徵之一。所以，考察漢字在日本的流傳和發展也就成爲漢字發展史的重要內容之一。

1. 抄録使用階段

古代日本佛經音義，或者説早期佛經音義（我們以《新譯華嚴經音義私記》爲代表），日本文字雖未正式産生，但經過推古朝的傳播，漢字作爲全面學習和接受大唐文化的工具已廣爲傳之。奈良時代，大批的遣唐使和留學生被派往中國，學習傳統文化知識；也有很多中土高僧，如道璿律師、鑒真和尚等到東瀛傳教，無論是"日生"還是"唐僧"，都是傳播大唐文化的使者。當時，有大批的儒家經書、佛門"內典"被帶到日本，從而掀起興盛一時的抄寫傳統經典[①]的高潮。隨著隋唐文化源源不斷地輸入，漢字逐步深入社會，從政治制度到文化教育，從文學藝苑到佛門禪林，奈良時代的日本，正如陸錫興所指出"漢字作爲書面符號系統服務於日本社會，又作爲文學藝術的創作手段深入日本社會，日本民族已與漢字緊密結合而須臾不可離開了"。[②]而當時漢字的使用情况，基本就是"唐俗字"的照録，"唐寫本"的翻版。因爲當時"寫本在傳抄的過程中，抄寫者爲保持祖本的風貌，就要按照原本的字樣、樣式進行謄寫，這就會對原本中已有的歷代俗字原封不動地抄録"[③]。太田次男也十分強調日本寫本對底本的忠實。他指出："當時，日本人盡量忠實地保持唐鈔本原狀的心理作用很強，但有意識地改變本文的事情是絕對没有的。"[④]正因爲如此，所造成的結果就有兩大方面：其一，中古漢語俗字隨唐抄本典籍大量成批地進入東瀛；其二，正是人們尊崇漢籍、偏愛原本的心態，使得很多訛誤未能得到及時糾正，一誤再誤，譌上加譌，所以出現了很多訛誤字現象。這種現象在我們考察的佛經音義中就有。如我們在第二章中論述到的

[①] 此經典當然包括儒家與佛家經書。
[②] 陸錫興：《漢字傳播史》，語文出版社2002年版，第375頁。
[③] 方國平：《漢語俗字在日本的傳播》，《漢字文化》2007年第5期。
[④] 轉引自王曉平《日本漢籍古寫本俗字研究與敦煌俗字研究的一致性——以日本國寶〈毛詩鄭箋殘卷〉爲中心》，《藝術百家》2010年第1期。

唐人"日曰同書"現象、"則天文字"現象以及避諱字,如北朝"別體"等。當然最多的還是大量的俗字。如果説敦煌俗字可作爲中古俗字代表的話,那麽,我們通過仔細爬疏《私記》中的俗字,可以發現其中大部分俗字都與敦煌俗字相同,均能找到對應資料。此類例證甚夥,舉不勝舉。這就足以説明當時繁盛的中原傳統文化,通過佛教的傳播而擴展,向西通過古代絲綢之路而產生了敦煌寫本和俗字,向東則由渡海航行的船舶而將這些用當時字體書寫的儒佛經典傳入東瀛。無論是西去敦煌的絲綢之路上,還是泛海東來的船舶中,可以肯定其文獻主要來源是以長安、洛陽爲主的中原。所以,敦煌文獻中的俗字與流向東國(高麗和日本)文獻中的俗字竟然相似到極點,正可以説明兩者都是受了中原文化之賜。學界曾對敦煌俗字給予了極大關注。黄征通過考察吴越國王錢俶所造、杭州雷峰塔出土的《一切如來心秘密全身舍利寶篋印陀羅尼經》,發現其用字與敦煌寫本用字基本一致。一個是西北沙漠中出土的,一個是東南塼塔中出土的,二者在政治、地域上的限隔不啻萬里之遥,它們的高度近似,證明敦煌俗字與國内其他地區的俗字時代共性大於地域個性。①不僅如此,我們完全可以將敦煌俗字看作一種跨越國際的俗字現象,大量日本古寫經中的俗字研究成果已經證明了這一點。正如王繼如指出:敦煌俗字不是一時一地的產物,而是跨越敦煌一地,且跨越寫卷時代(3—11世紀)的現象。②我們看到屬於相近時代的漢字文化,雖一西一東,兩國兩地,卻以俗字爲代表,碰撞出火花。王曉平《日本漢籍古寫本俗字研究與敦煌俗字研究的一致性》,正是基於這一基礎提出來的。③王文舉大念寺本俗字,指出"它們既可以與我國國内所保存的《詩經》異文相比較,也可以與敦煌等地保存的俗字相對照,以搞清楚俗字的流佈情况,特別是作爲圍繞文字的文化交流的一部分,更有必要深入探討"④。我們贊同這種觀點。我們同以日本又一"國寶"《私記》爲例,而且《私記》的時代更早於大念寺本《毛詩鄭箋》,且出自日僧之手,故更有其代表性,作爲資料應引起進一步的重視。

---

① 黄征:《敦煌俗字典·前言》,第17頁。
② 引自苗昱《〈華嚴音義〉研究》。
③ 見王曉平《日本漢籍古寫本俗字研究與敦煌俗字研究的一致性——以日本國寶〈毛詩鄭箋〉爲中心》。
④ 同上。

2. 改造發展階段

日本在經過了全面性接受漢字的過程以後，在漢字的使用進程中，自覺或不自覺地開始對漢字加以改造，漢字的發展也就開始了。

現在的日語文字由漢字和假名兩套符號組成，混合使用。假名的形成實際也是受漢字的影響，平假名假借漢字的草書造成，片假名則假借漢字楷書的偏旁冠蓋造成。我們要說的當然是漢字部分。

日本漢字，也稱日文漢字，是指書寫現代日文時所使用的漢字。日本漢字的寫法基本上傳承古代漢文。古代日本完全使用文言文，故古日語典籍與古漢語典籍，若僅從文字上看，區別不大。自近代以來，出現一部分由日本人獨創的漢字，稱爲"日製漢字"或"和製漢字"，日本一般稱爲"國字"。也有一部分是出現於日本寫經生之筆的"倭俗字"，或稱之"和俗字"，即多見於日本文獻的俗字，其中有的原本自中國傳統文獻，但日本書手多用，從而被認爲是"倭俗字"，也有一部分確實是經日本書手之筆而成者。我們也在有關章節有專門論述，故不再繁舉。

以上我們從四個方面論述了日本佛經音義作爲漢字研究資料的學術價值。當然，漢字研究領域頗爲廣泛，內容也非常豐富，以上四方面當然無法涵蓋包容。我們祇是想舉例說明。至少我們可以說日本佛經音義是探討漢字在日本的使用狀貌，研究漢字在海外流傳和發展的重要資料。

最後：關於本書

（一）撰著目的

本書的撰著的目的主要有兩點。

其一，是爲了向中國國內學術界較爲全面、較爲詳細地介紹日本佛經音義。正如本章開頭所述及，因爲日本學界以外的學者，對日本佛經音義這部分了解不夠全面，對其所展開的研究也遠遠不夠，由此造成一些年輕學者往往"以偏概全"，以一部或兩部音義就得出"日本佛經音義特色"這樣的結論。當然，因爲不了解，所以在研究中也就未能充分利用這部分資料，結果會造成所展開的研究不夠深入或不夠全面的結果。

其二，如果說以上第一個目的所涵蓋的範疇較寬的話，本書的第二個目的則是希望專門向中國的漢字學界介紹這部分資料。這是由日本佛經音義的體式、內容、特色所決定的。但是，國內的漢字研究者顯然對這部分資料并不太了解，所以很少利用。筆者希望此書的出版，能補充這一缺漏，幫助漢字研究開拓新領域，更深進一層。

（二）基本內容和體例

本書旨在對日本佛經音義加以較爲全面的論述。全書共八章：第一章對日本佛經音義進行綜述，希望能對讀者有引導性的作用。其後的七章，主要根據音義内容爲中心而進行分類，如第二章是"華嚴部音義"，第三章"般若部音義"，第四章"法華部音義"，等等。最後難以歸類的歸爲"他部佛經音義"。

本書每章首先論述各部佛經音義產生的背景，從中國到日本的歷程。這對進一步理解日本佛經音義的歷史具有一定的參考意義。其次，主要根據水谷真成《佛典音義書目》（以下簡稱"書目"），對其一一加以考述。

水谷先生《書目》，[①]共分十二部：第一，衆經部；第二，華嚴部；第三，方等部；第四，般若部；第五，法華部；第六，涅槃部；第七，律部；第八，印度論部；第九，秘密部；第十，諸宗部；第十一，雜部；第十二，音義書目部。十二部共收錄音義書目二百三十四種。根據水谷自己的說明，這二百三十四種"書目"中，實際上還並不包括內容無法判明者，而且也沒有收錄類似《龍龕手鑒》《類聚名義抄》等一般佛教辭書和字書，而有關"悉曇"和"聲明"之類，亦只收錄了少數可稱之爲"音義"者。所以，二百三十四種皆爲佛經音義。主要是摘錄日本史籍目錄中所記載的音義名。正如其說明，是盡可能按照原典的記載樣式而輯錄其音義名，不做進一步的考證。但是，能說明藏書地點、時代、刊本和抄本等，非常精審。[②]

筆者主要是在此基礎上，參考日中學界相關的研究成果，進一步盡可能地進行了相關考證。因爲水谷先生大作發表較早，當時有些音義尚未見刊佈，筆者也盡可能參考後來的研究成果，加以考論，其中有現存也有散佚的。另外，每章還專有一節，對各部佛經音義中的名篇加以詳細論考，基本爲現存者。體例基本分爲"時代與作者""體例與内容""版本

---

① 《大谷學報》第二十八卷第二號，昭和二十四年（1949）3月版。
② 李無未、于冬梅：《日本學者的梵漢對譯音研究》，《延邊大學學報》（社會科學版）第39卷第3期。

流傳""學術價值"四大方面展開。而"學術價值"則基本以作爲漢字研究資料的學術價值爲中心展開考論。但有些如作者、版本等不詳者，則會略去。

全書一共簡考、詳論日本佛經音義共203種。其中有一部分爲中國僧人所撰，但大多數是日僧著作，即本書所定義的"日本佛經音義"。當然，其中也會有一部分屬"同書異名"。這不僅是中國，也是日本第一次對這部分資料進行的較爲全面的考察研究，希望能達到筆者撰著此書的目的。

因爲時間關係，還因爲某些資料難以入手，所以本書并不能算"全"，一定還會有不少"遺珍"，有待今後的進一步調查發現[①]。而關於漢字研究的部分，自己則有詳略不當之感。一些做過專門考察的音義，內容較爲豐富，但有些音義尚未來得及詳考，內容則顯單薄，還有不少可以深入，值得擴展的空間。筆者今後還會繼續努力，也希望更多的學者同人，特別是年輕學者能共同在此領域耕耘，期待更多的學術成果，以享學林。

另外，還需說明的是，中華書局於2015年出版了筆者的《日本古寫本單經音義與漢字研究》一書，本書有部分內容與其有重複，因爲考慮到書的體例與內容，有些難以避免，敬請諒解。

[①] 實際上，筆者在爲書稿進行初校期間，曾去九州大學圖書館調查資料（2018年3月），又發現了新資料，但因書稿已成，祇能有待於今後補充。

第二章　華嚴部音義

第一節　《華嚴經》和《華嚴經》音義在日本

一、《華嚴經》在日本

（一）華嚴宗與《華嚴經》

華嚴宗是漢傳佛教之重要流派，因奉《華嚴經》爲最高經典而得名。華嚴宗創於初唐。受賜"帝心尊者"的杜順和尚（557—640）被尊爲始祖。雲華智儼法師（602—668）爲二祖。三祖賢首法藏法師（643—712）傳承師説，弘傳華嚴，成爲華嚴宗的實際開創者。法藏不僅廣事講説，一生曾宣講華嚴三十餘遍，據説其嘗爲武后講華嚴十玄緣起之深義，而指殿隅金獅子爲喻，武后遂豁然領解，還奉命參與譯場，與實叉難陀、義淨、菩提流支等高僧翻譯《華嚴經》《大乘入楞伽經》《金光明最勝王經》《大寶積經》等，并潛心註釋、撰述，共有著述一百餘卷，詳盡闡述發揮其師智儼之教規學説，正式創立華嚴宗。法藏深受則天武后崇敬，賜號"賢首"，奉爲國師，故華嚴宗亦被稱"賢首宗"。法藏門下，弟子衆多，其中清凉澄觀法師（738—839）[1]承法藏宗旨，是爲四祖。其上首弟子圭峰宗密禪師（780—841），主張華嚴宗與禪宗融合，提倡禪教一致，是爲五祖。宋朝又加馬鳴、龍樹而成爲七祖。

華嚴宗在判教上尊《華嚴經》爲最高經典，并從《華嚴經》之思想發展出"十玄""四法界""六相圓融"之學説，創立"法界緣起""事事無礙"之核心理論。華嚴宗"圓融無礙"的思想在中國唐代頗受帝王歡迎，因其從某種程度上實乃唐代大一統局面之反映，故華嚴宗在當時的中

---

[1] 澄觀之生卒年史料記載不一。現學界一般採取此説。

國政治地位頗高。華嚴宗歷代祖師多受皇帝尊崇，尤其是三祖法藏能集華嚴之大成，最後完成從華嚴經學到華嚴宗學的轉變，實際也是得力於武則天的支持。可以説，華嚴宗誕生於武則天執政時期，而這一時期也正是華嚴宗的鼎盛期。

《華嚴經》全名爲《大方廣佛華嚴經》（Buddhāvataṃsakamahāvaipulya sūtra）。作爲華嚴宗據以立宗之重要經典，自東漢末年佛教傳入中國，就得到極大關注。起初主要是將西域所傳華嚴類單行本，如《十地品》《入法界品》等譯成漢文。南北朝時期，或有新譯，或有重譯，但仍爲單行經本。它們輸入了當時華嚴經學的新内容，是研究華嚴經學、華嚴思想發展的重要資料。而真正產生巨大影響，促進其廣傳弘播，應是佛教史上三次對《華嚴經》整體的大規模翻譯。

第一次譯出六十卷本。其梵文原本有三萬六千偈。全經按如來和普賢菩薩在七處八會（七個地方的八次集會）上説法的内容組織，下分三十四品。此梵文原本由廬山東林寺慧遠弟子支法領從于闐（今新疆和田一帶）得來，以晉義熙十四年（418）三月十日於建康（今南京）道場寺請北天竺三藏佛馱跋陀羅譯出。六十卷本一般又稱"舊譯華嚴""晉經"。

第二次譯出八十卷本。其梵文原本有四萬五千偈。全經分七處九會（較舊譯原本多《三重會普光法堂》一會），共三十九品。唐高宗垂拱元年（685），印度僧地婆訶羅（日照）齎梵本至，"賢首國師"法藏以之與舊經讎校，補譯脱文。武則天弘揚佛教，因華嚴舊經不全，又聞于闐國有此梵本，即遣使求訪經書與譯人。有此因緣，"實叉與經，同臻帝闕"[①]。實叉難陀携此梵本抵達洛陽後，"天后證聖元年（695）乙未，於東都大内遍空寺，譯《華嚴經》"[②]。八十卷本一般又稱"新譯華嚴""唐經"。

第三次譯出四十卷本。其梵文原本有一萬六千七百偈，[③]系南天竺烏荼國王親手書寫，并遣使于貞元十一年（795）十一月送贈來唐。翌年六月，唐德宗囑罽賓三藏般若於長安崇福寺進行翻譯。其時廣濟譯語，圓照筆受，智柔、智通回綴，道弘、鑒靈潤文，道章、大通證義，澄觀、靈邃

---

① 見法藏《華嚴經傳記》卷一，《大正藏》第51册，第155頁。
② 同上。
③ 據圓照《貞元釋教録》卷十七，《大正藏》第55册，第894—895頁。

等詳定，至十四年（798）二月譯畢，成四十卷。四十卷本全稱"大方廣佛華嚴經入不思議解脱境界普賢行願品"，略稱"普賢行願品"，又稱"貞元經"。

三次翻譯，可謂三次《華嚴經》之集大成過程。而三大譯本中，又尤以實叉難陀所譯八十卷本文義最爲暢達，品目也較完備，加之語言華美流暢，故而在漢地廣爲流傳。華嚴宗之宗經，一般即指八十卷新譯《大方廣佛華嚴經》。

（二）日本華嚴宗與《華嚴經》

《華嚴經》很早就傳到日本，而且同樣深受皇室歡迎。初傳時之講本，應以六十卷本爲中心。然據《續日本紀》，元正天皇養老六年（722）十一月有爲供奉前一年駕崩之母帝元明天皇而抄寫《華嚴經》八十卷、《大集經》六十卷、《涅槃經》四十卷及其他經卷之記事，此距八十卷《新譯華嚴經》之譯出僅相隔23年，故岡田希雄認爲儘管凝然的《三國佛法傳通緣起》"華嚴宗"條，記有天平八年（736，應爲"七年"之誤，即735）玄昉[1]携一切經來時，八十卷《新華嚴經》也同時傳來之説，然正史之明確記載應在此之前。[2]

聖武天皇天平八年（736），天竺婆羅門菩提僊那、林邑國佛哲和大唐道璿律師皆來到奈良。據《婆羅門僧正傳》，菩提僊那（Bodhisena，704—760）[3]在此後的24年中，直到天平寶字四年（760）五十七歲示寂，皆以諷誦《華嚴經》爲心要。而道璿律師（702—760）[4]則來自唐東都大福先寺。他曾師從禪宗北宗禪神秀大弟子普寂（651—739）。普寂雖爲禪僧，卻亦精通華嚴之學。故道璿不僅從普寂習禪，也同時學習華嚴宗教義，且還精通律宗以及天臺宗經典。應日本學僧榮睿、普照至唐之邀，道璿於唐開元二十四年、日本天平八年（736）赴日傳律，住奈良大安寺西

---

[1] 玄昉（？—746），奈良時代法相宗僧人。俗姓阿刀氏，大和（今奈良縣）人。出家後從龍門寺義淵習唯識學説。養老元年（717）奉敕入唐，從智周學法相宗。留學18年，受唐玄宗賜紫袈裟。天平七年（735）歸國，帶回經論5000餘卷及佛像等，以興福寺爲弘法中心。後受任僧正，入宮中内道場。與橘諸兄、吉備真備一起活躍於當時政界。被尊爲法相宗"第四傳"。

[2] 岡田希雄有《〈新譯華嚴經音義私記〉解説》之文，貴重圖書影本刊行會復製本付載昭和十四年（1939）版。

[3] 菩提僊那爲南天竺人，曾因慕五臺山文殊菩薩之靈應而到中國，唐玄宗開元二十三年（735，一説十八年）又與道璿及林邑國佛哲東渡日本。

[4] 河南許州人，俗姓衛。

唐院，并於此講經傳法。大安寺當時與興福寺、東大寺齊名，爲奈良七大官寺之一。道璿東渡時曾携帶諸多佛教經典，其中就有《華嚴宗章疏》。據凝然《三國佛法傳通緣起》卷中"華嚴宗"條載："璿公隨普寂習傳華嚴及以①禪法，亦明律宗，亦善天臺宗，達菩薩戒。璿公齎華嚴宗章疏，始傳日本。……當知此宗最初傳者，天平八年大唐道璿律師，乃其人也。"②可知最初將華嚴宗傳入日本的，應是道璿，故其後被尊爲日本華嚴宗初祖。此後，鑒真和尚（687—763）於天平勝寶六年（754）歷經千險萬難，終于東渡成功，所携奉送給朝廷的佛教典籍中，就有八十卷《新譯華嚴經》。

天平十二年（740）金鐘寺之良辨（689—773）邀請新羅學僧審祥（？—742）於金鐘道場講《六十華嚴經》，達三年之久。審祥雖是新羅僧，但曾入唐師從賢首大師學習華嚴學説，精通華嚴教義。因其從法藏學習，後到日本傳播華嚴學説，故日本也有將其尊爲"華嚴初祖"之説，并將勸請其講《華嚴經》的良辨尊爲二祖。③天平十三年（741），聖武天皇依照《華嚴經》與《金光明最勝王經》思想下詔於日本全國建立官立寺院，此後於各諸侯國之國府所在地建立國分寺。翌年天平十四年（742），金鐘寺被定爲大和國的國分寺，更寺名爲金光明寺。因位於平城京（奈良舊稱）之東，天平十九年（747）正式名爲東大寺。東大寺與各國國分寺在組織上雖無從屬關係，但因位於中央，且由天皇主持修建，而國分寺則在地方，由地方政府的國司監造和監管，故東大寺事實上就成爲總國分寺，擔負起日本全國官立寺院總本山之職能。④天平十九年（747）東大寺開始興工修建金堂大佛殿。金堂之本尊盧舍那大佛，約高達16.2米（53英尺），於天平勝寶四年（752）開眼，此即依《華嚴經》及其系統經典所鑄。盧舍那大佛作爲《華嚴經》中至尊，法度無邊，光芒普照，正合聖武天皇以佛法爲本治理國家之心願。據説東大寺大佛乃模仿龍門石窟奉先寺盧舍那佛而造。而奉先寺盧舍大佛則以對華嚴宗護持甚力

---

① 蓋爲"以及"之訛。
② 《大日本佛教全書》第101册，名著普及會昭和六十二年（1987）版，第115頁。
③ 此與前"道璿爲日本華嚴宗初祖"之説法不一。此處蓋因審祥是日本正式開講《華嚴經》的第一人，故尊其爲初祖。楊曾文《日本佛教史》（新版）指出："日本華嚴宗雖以唐僧道璿爲最早傳入者，但以最早講《華嚴經》的新羅僧審祥爲初祖，以勸請審祥講經的良辨爲二祖。"（人民出版社2008年版，第69頁）
④ 儘管"總國分寺"一詞最早見於鎌倉時代，奈良時代尚無此説。

的女皇武則天爲原形。天平勝寶八年（749），聖武天皇敕令各寺講解諸經論，昭示"以華嚴經爲本"，可見頗受重視。[①]良辨是日本華嚴宗創建與興盛的里程碑式人物。他不僅勸請新羅學僧審祥在日本正式開講《華嚴經》，而且於大佛之建立，盡力甚巨，後又入東大寺立華嚴學，講《華嚴經》，辦華嚴會，華嚴宗自此在日本大興，[②]東大寺由此也就成爲華嚴宗之中心道場。東大寺以外，元興寺、藥師寺皆講華嚴，西大寺亦兼講華嚴，華嚴教學於南都[③]具有重要地位，華嚴宗也就成爲"南都六宗"[④]中影響最大的宗派。

伴隨華嚴宗的成立與興盛，《華嚴經》作爲華嚴宗所依據之宗經，自然也頗受重視。奈良朝時期，寫經事業頗爲隆盛。作爲華嚴宗"聖典"之《華嚴經》，自然成爲古寫經之重要內容。如《正倉院文書》除天平三年（731）寫經目錄上有"《大方廣佛花嚴經》八十卷"之名[⑤]外，還有天平十一年（739）書寫八十卷《華嚴經》之記事。又如富岡文庫舊藏有《大方廣佛華嚴經》卷第四十二，被確認爲寫於奈良朝。此本內題之下有"新譯"，故知爲八十卷本，背面有"法隆寺一切經"黑印。而能滿院所藏的《大方廣佛華嚴經》卷第四十三，也有"法隆寺一切經"黑印，直綫文字，頗能彰顯唐風。[⑥]天平十三年（741）聖武天皇詔勅建金字經所，選用質量上乘麻紙，用紫草根染色，並選拔優秀的寫經生，於金字經所敬書佛經。其筆鋒銳利峻拔，字體端莊渾厚。其中有紫紙金字的八十卷《大方廣佛華嚴經》，現有小林一三氏藏經卷第七十；[⑦]又有藏於東京五島美術館的紫紙金字《華嚴經》卷第六十四，被認爲還留有天平餘韻。後雖無

---

① 龍谷大學編：《印度·中國·日本三國佛教史略》（吳華譯），中國佛教協會1994年版，第119頁。
② 《三國佛法傳通緣起》卷中"華嚴宗"條曰："良辨本隨義淵僧正學法相宗，彼七人上足之一也。今正發願初興華嚴。金剛道場執金剛神者，良辨僧正之本尊也。"（《大日本佛教全書》第101册，第115—116頁。）
③ 奈良作爲日本古都，史稱"平城京"。延曆三年（784），皇室開始遷都，後定至"平安京"——京都，改稱奈良爲"南都"。而以上宣講華嚴的東大寺、元興寺、藥師寺以及西大寺皆屬當時奈良"七大官寺"（或稱"南都七大寺"）。
④ 亦稱"奈良六宗"，指創立於奈良時代的六個佛教宗派：三論宗、成實宗、法相宗、俱舍宗、華嚴宗、律宗。
⑤ 大坪併治：《石山寺本大方廣佛華嚴經古點的國語學的研究》，風間書房平成四年（1993）版，第2頁。
⑥ 參考田中塊堂《古寫經綜鑑》，三明社昭和二十八年（1953）版，第211—215頁。
⑦ 同上書，第215頁。

識語，其所成時期不詳，然據筆致與體裁，與國寶紫紙金字《金光明最勝王經》酷似，故書寫時期也在"天平二十年"（748）前後。① 珍藏於東大寺圖書館，因"二月堂燒經"而聞名的紺紙銀字《大方廣佛華嚴經》（二卷），也寫於金字經所。寬文七年（1667）二月十四日東大寺二月堂失火，所藏佛經多散佚民間，東大寺僅存紺紙銀字《大方廣佛華嚴經》二卷。此被認爲是奈良朝唯一現存的紺紙經。② 而藏於京都国立博物館之唐寫本八十卷《華嚴經》第八卷中使用了則天文字，説明此本書寫年代應爲中國唐朝初期（八世紀），很早就傳到了日本。

二、《華嚴經》音義在日本

因朝廷之庇護，僧侶之努力，天平年間，華嚴思想盛行，華嚴宗派擴大，由此華嚴教學研究也隨之展開。除了體現於經生熱情書寫③《華嚴》類經典外，《華嚴》類經典之註疏著作也傳到日本並被抄寫，現在正倉院文書中還能見到劉謙之《華嚴論》（六百卷）④等名稱，共有58種。⑤ 這些論著主要爲解讀與研習《華嚴經》而作。值得引起注意的是，根據正倉院文書等，天平年間含有六十卷舊譯《華嚴經音義》的《玄應音義》⑥以及專爲八十卷新譯《華嚴經》編撰的《慧苑音義》⑦也皆已傳入日本，⑧

---

① 因國分寺經被認爲書寫於天平二十年前後。參考每日新聞社"重要文化財"委員會事務局所編《重要文化財18書迹・典籍・古文書Ⅰ》（每日新聞社1976年版）此條解説（山本信吾）。
② 參考植村和堂《日本の写経》，理工學社1981年版，第19頁。
③ 實際上，除新舊《華嚴》之傳抄外，還有很多"華嚴"類別的譯經也傳到東瀛，並被經生熱情書寫。可參考石田茂作《写経より見たる奈良仏教の研究》第二章"奈良朝の六宗"第一節"花嚴宗"，東洋書林1982年版。
④ 劉謙之，魏孝文帝時中官。根據法藏《華嚴經傳記》卷一："華嚴論六百卷，昔北齊大和初年，第三王子於清涼山，求文殊師利菩薩，燒身供養。其王子有閹官劉謙之，既自慨形餘，又覩王子焚軀之事，乃奏乞入山修道。有勅許焉，遂齎此經一部，晝夜精懇，禮懺讀誦并心祈妙德，以希冥祐，絶粒飲水。垂三七日，形氣雖微而丹抱彌著，忽感鬢鬚盡生復丈夫相，神彩超悟，洞斯幽指。於是覃思研精，爰造前論。始終綸綜，還以奏聞。高祖信敬由來，更增常日，華嚴一經於斯轉盛。"（CBETA/T51/0156）
⑤ 《写経より見たる奈良仏教の研究》，第79—83頁。
⑥ 玄應爲六十卷《華嚴經》所撰音義，收於其《一切經音義》（二十五卷）第一卷。
⑦ 以上58種"註疏"著作中，就有慧苑的《新譯大方廣佛華嚴經音義》，不過記爲"四卷"。
⑧ 參考三保忠夫《大治本新華嚴経音義の撰述と背景》，南都佛教研究會・東大寺《南都佛教》第33號，昭和四十九年（1974）12月版，第25頁。

第二章　華嚴部音義

在華嚴宗興起、華嚴教學隆盛的奈良朝時期，曾被作爲研讀《華嚴經》的重要工具書，廣爲流傳，得以充分利用。

不僅如此，因爲華嚴宗的弘傳隆盛，在玄應六十卷"舊經"音義，特別是慧苑八十卷"新經"音義的影響下，日本華嚴學僧早在奈良時代就已經開始自己爲《華嚴經》編撰音義了。因此，在日本歷史上，有關華嚴部佛經音義的編纂很早，而且内容也非常豐富。以下我們從兩方面加以梳理考察。

（一）日本所見《華嚴經》音義—書目總覽

根據水谷真成《佛典音義書目》（以下簡稱"水谷《書目》"）所記，日本有以下"華嚴部"[①]音義曾經存在或現今尚存：

001新譯花嚴音義二卷　撰者不記（但内容爲《慧苑音義》）天平十一年寫

002華嚴經音義二卷　慧遠（但爲"慧苑"）　勝寶五年寫

003新華嚴音義二卷　撰者不記但内容爲《慧苑音義》　寫年不詳

004新譯大方廣佛華嚴經音義二卷　唐慧苑撰（收六種入藏本）

005華嚴經音義　唐釋慧苑撰（天海藏本）

006華嚴經音義四卷　二本　唐慧苑撰　元禄年間刊本　真言宗智積院第十世覺眼元禄九年自跋附訓點本

007華嚴經音義四卷　唐釋慧苑撰　粤雅堂叢書二編所收

008大方廣佛華嚴經音義四卷　唐釋慧苑撰　守山閣叢書子部所收

009新譯大方廣佛華嚴經音義二卷　唐慧苑撰　覆釋藏本、獨抱盧叢刻所收

010新譯大方廣佛華嚴經音義二卷　坿敍録一卷　唐慧苑撰　清臧庸併輯敍録、拜經堂叢書所收

011新譯大方廣佛華嚴經音義二卷　坿敍録一卷　唐慧苑撰　清臧庸併輯敍録、景印拜經堂叢書所收

012補訂新譯大方廣佛華嚴經音義二卷刻華嚴經音義校勘記一卷

---

① 《大谷學報》第28卷第2號，昭和二十四年（1949）3月版，後被收入水谷真誠《中國語史研究》，三省堂1994年版，第18—21頁。

013大華嚴經音義一卷　唐法藏撰

014新舊華嚴經音義二卷　賢首大師（唐法藏）撰

015古華嚴經音義一卷新華嚴經音義一卷　撰者不記

016華嚴傳音義　唐法藏撰

017華嚴傳音義一卷　撰者不記

018華嚴梵語及音義二卷　唐法藏撰

019華嚴翻梵語　唐法藏撰

020華嚴傳音義一卷　宋慧叡撰

021華嚴傳音義一卷　道濬（—天平寶字四—）撰　又云慧濬撰

022華嚴傳音義　道濬撰

023華嚴經決疑論音義一卷　唐李通玄（635—730）撰

024大華嚴經合論音義十二卷　恒遂集

025新華嚴經音義一卷　喜海撰

026貞元華嚴經音義一卷　撰者不記

027新譯大方廣佛華嚴經音義私記二卷　小川睦之助氏藏　延曆十三年（794）寫本

028新譯大方廣佛華嚴經音義私記二卷　大正中羅振玉氏墨緣堂景印小川氏本

029新譯大方廣佛華嚴經音義私記二卷　貴重圖書影本刊行會影印小川氏本

030華嚴經音義疏二卷

以上共有三十種之多，這從一個側面足以反映出華嚴宗在日本曾經的興盛以及華嚴部經典，特別是八十卷本《新譯華嚴經》廣爲傳播的歷史現象。

（二）日本所見《華嚴經》音義—內容概述

三十種音義中，有來自中國的華嚴部佛經音義，當然也有日本僧人所撰。我們先概述如下。

1. 慧苑撰《新譯大方廣佛華嚴經音義》，存

上記水谷《書目》前十二種實際皆爲唐慧苑專爲八十卷本《新譯華嚴經》所撰音義（《新譯大方廣佛華嚴經音義》以下簡稱《慧苑音義》）

第二章　華嚴部音義

的各種不同版本，有寫本，也有刻本。諸種"華嚴音義"中，最著名的自當應屬《慧苑音義》。唐僧慧苑"作爲賢首國師"法藏之門下"六哲"[①]之一，其所著《慧苑音義》流傳頗廣，影響深遠。中國國内除因隨《大藏經》刊刻而入藏并流傳至今的八種單刻本外，尚有因慧琳撰《一切經音義》（以下稱《慧琳音義》）時被收録而有的《慧琳音義》本，還有清朝學者翻刻的藏外單行本。[②]而根據水谷先生《書目》所記，我們可以了解《慧苑音義》在日本傳播的史迹。

上記水谷《書目》001—003雖或"撰者不記"，或寫作"慧遠"，但實際皆爲《慧苑音義》，且寫於日本，出自日本經生之手。祇是這些古寫本我們現今難以見其原貌，祇能根據《大日本古文書》以及《奈良朝現在一切經書目録》等所記，知道它們確實存在過。

值得引起我們注意的是：日本現存古寫本《慧苑音義》，尚有石山寺所藏，收於《石山寺一切經》的上、下二卷本。卷上寫於安元元年（1175）；卷下寫於應保二年（1162）。沼本克明認爲此應屬"原撰二卷本系"[③]。二本皆屬平安後期寫本，儘管多有訛誤，但能由此推定其底本之狀貌。[④]而且，通過此二本，我們也可了解從以學習吸收唐朝佛教文化爲特徵的天平文化[⑤]最盛時期的日本佛教邁向"成熟期"[⑥]的平安時代，《慧苑音義》在日本盛傳的歷史面貌。

[①] 法藏門下"從學如雲"，其中知名弟子，有宏觀、文超、智光、宗一、慧苑、慧英六人，故稱"六哲"。法藏在八十卷本《華嚴經》譯成後曾作《略疏》，但僅完成四分之一即謝世，慧苑與同門宗一分別續寫。宗一續滿二十卷，其文現已逸失；慧苑所續名爲《續華嚴經略疏刊定記》。慧苑本爲承師之遺志而作此刊定記，然因書中有與師說相左之處，故四祖清凉大師澄觀作《華嚴大疏鈔》以破斥其異轍。此後正統之華嚴宗人亦皆以其爲异系。但是我們也可認爲這或許正是慧苑研究《華嚴經》，深明奥義，能突破舊說，提出自己獨到見解之處。《宋高僧傳》卷六贊其"少而秀异，蔚有茂才"。《開元釋教録》卷九也稱其爲法藏法師之"上首門人"。慧苑對華嚴宗的一大貢獻即爲其博覽經書，考核詁訓，撰著《新譯大方廣佛華嚴經音義》二卷，"俾初學之流，不遠求師，覽無滯句，旋曉字源"。（《宋高僧傳》卷六）

[②] 參考苗昱《〈華嚴音義〉版本考》，徐時儀、陳五雲、梁曉虹編《佛經音義研究—首届佛經音義研究國際學術研討會論文集》，上海古籍出版社2006年版，第246—248頁。

[③] 參考沼本克明《石山寺藏の辞書・音義について》，《石山寺の研究——切經篇》，法藏舘昭和五十三年（1978）版。

[④] 小林芳規：《小川廣巳氏藏〈新譯華嚴經音義私記〉解題》，古典研究會編《古辭書音義集成》第一卷，汲古書院昭和六十三年（1988）第二版。

[⑤] 奈良時代的文化，於聖武天皇的天平年間（729—749）達到最高峰，故這個時期被稱爲"天平文化"。

[⑥] 梁曉虹：《日本禪》，浙江人民出版社1997年版，第27頁。

上記水谷《書目》004—012則是《慧苑音義》的各種刻本，有歷代從中國流傳至東瀛的各種藏內單刻本和藏外單行本，有二卷本，也有四卷本①。水谷先生皆各在其下標出版本名稱，甚爲清晰。

值得注意的是，除了來自中國以外，還有古代高麗藏以及日本的刻本。如上記004藏內單刻本中除有中國的宋藏、元藏、明藏以及韓國的麗藏外，還有日本的檗藏及縮藏。前者即日本黃檗山寶藏院所藏《黃檗版大藏經》。鐵眼道光（1630—1682）作爲黃檗宗開祖隱元②的日本弟子，發大弘願，以京都宇治黃檗山萬福寺爲根據地，自寬文九年（1669）至天和元年（1681），將隱元從明朝攜帶而來的明版《一切經》複刻成功，并加訓點及日本鐵眼及寶洲語錄，被稱爲《鐵眼版一切經》或《黃檗版大藏經》。"縮藏"則是"大日本校訂縮刻大藏經"之略稱，又稱"縮刻藏""弘教本""弘教藏"等，是日本最早使用活字印刷之大藏經，成於明治十三年（1880）至十八年（1885）。根據水谷先生所記，"縮藏"中的《慧苑音義》四卷本與二卷本并存。而上記005標明的則是"天海藏本"。此即著名的天海"木活字藏經"，是日本自己出版的第一部完整的大藏經，由曾侍服江户幕府三代將軍（德川家康、德川秀忠和德川家光）的"黑衣宰相"③天臺宗學僧天海僧正（1536—1643）企劃刊行，自寬永十四年至慶安元年（1637—1648），經12年而完成，名"天海版"或"寬永寺版"④。此版更早於"鐵眼版"，而且以南宋版思溪本大藏經爲定本，以元版之大普寧寺本爲補充。其印刷乃使用木活字版，因發行部數量極少，傳至今日者，僅限於日本之名山古刹，⑤故極爲珍貴。這些在日本或復刻，或重新刊刻付梓的藏經中皆收入了《慧苑音義》，由此也能說明日本僧人對此音義的重視程度。

水谷先生以上所記，并不包括"慧琳本《慧苑音義》"。慧琳在編

---

① 《慧苑音義》的藏內單刻本基本爲兩卷本，但《永樂北藏》爲四卷本，將上、下兩卷分別爲二（參考苗昱《〈華嚴音義〉版本考》）。

② 隱元隆琦（1592—1673），俗姓林，名隆琦，福州福清縣人。明泰昌元年（1620）從福清黃檗山鑒源禪師剃度出家，後周游各地，歷訪名師，崇禎三年（1630），重返黃檗山。崇禎十年（1637）任黃檗山住持，大振臨濟宗風。順治十一年（1654）五月十日，63歲的隱元率弟子20餘人東渡日本，同年七月五日抵達長崎，自此在日本傳播黃檗禪法，創立日本黃檗宗。

③ 因其參與幕府宗教行政改革，極有權勢，而僧人穿黑衣，故有此稱。

④ 因企劃刊行於該寺。

⑤ 參考河村孝照著，釋惠慕譯，釋惠敏譯註《〈新卍字續藏〉編後語》，http://greatbook.josephchen.org/GREATBOOK/T00/about_xbook.htm#_ftn1。

纂《一切經音義》①時，將《慧苑音義》收錄於卷二十一、卷二十二、卷二十三。《慧琳音義》於唐末五代就多有散失，元代以後則全部失傳。而日本則於室町時代的應永三十年（1422）由朝鮮求得《慧琳音義》，江户元文二年（1737）忍澂謀刻此書，越八年而告竣，此即今所見獅谷白蓮社本。故而，日本所傳之《惠苑音義》，還應加上"慧琳本《慧苑音義》"。

2. 法藏撰"新舊華嚴"音義，佚

上記水谷《書目》013—019，應是法藏爲"新舊華嚴"所撰音義。

法藏作爲華嚴宗的實際創始人、集大成者，對新舊《華嚴經》皆有研究。據《唐大薦福寺故寺主翻經大德法藏和尚傳》載："讀誦者竹葦聲訓爲簿檄，而況天語土音，燕肝越膽。苟非會釋，焉可辨通，遂別鈔解晉經中梵語爲一編，新經梵語華言共成音義一卷。自敘云：讀經之士實所要焉。"②由此可認爲，法藏曾著《華嚴音義》，且分爲兩部分，一部分是舊譯《華嚴》中之梵語，另一部分爲新譯《華嚴》之梵語華言。③另外，新羅崔致遠曾作《法藏傳》，言及："新經音義不見東流，唯有弟子慧苑音義兩卷。或者向秀之註《南華》，後傳郭象之名乎？或應潤色耳。"④岡田希雄⑤認爲，據此可以想象在崔致遠之時，⑥賢首大師的音義中，舊譯《華嚴經》之梵語音義一卷曾傳到朝鮮，卻未見八十卷新譯音義。然而宋元祐五年，日本寬治四年（1090），高麗僧人義天所撰《義天錄》⑦中卻記有賢首大師的"梵語一卷，音義一卷"。儘管難以判斷"梵語一卷"究竟爲舊譯還是新譯，然義天之時，賢首之新經音義曾於朝鮮半島流傳，應爲史實。⑧此後日本寬治八年（1094）興福寺沙門永超所撰《東

---

① 以下簡稱《慧琳音義》。
② 《大正藏》第50冊，第282頁。
③ 參考苗昱《〈華嚴音義〉版本考》，徐時儀、陳五雲、梁曉虹編《佛經音義研究——首屆佛經音義研究國際學術研討會論文集》，第245頁。
④ 《大正藏》第50冊，第282頁。
⑤ 岡田希雄有《新譯華嚴經音義私記解説》之文，貴重圖書影本刊行會復製本付載，昭和十四年（1939）12月版。
⑥ 崔致遠於新羅天復四年，日本延喜四年（904），賢首大師歿後192年作《賢首大師傳》。
⑦ 《義天錄》内題爲《海東有本見行錄》。
⑧ 而劉春生則引湯用彤《唐賢首國師墨寶跋》"書中謂別來二十餘年，是致書應在則天長壽歲之後。別幅中之《華嚴梵語》當系八十卷本時作"之語而判斷：由此看來，《華嚴梵語》就是新經音義。並指出："崔氏不察，以致謬説流傳。"（劉春生：《慧苑及〈華嚴經音義〉的幾點考證》，《貴州大學學報》1992年第2期）此説可供參考。

域傳燈目錄》卷上記載賢首之著作《華嚴經探玄記》以下共有二十部。其中：

翻梵記[①]一卷　古經
梵語及音義二卷　新經　序註一卷

其下有註曰："已上二部出傳云，右新舊二經所有梵語，及新經難字悉具翻，及音釋記經之士，實所要焉。云云"[②]此處所謂"出傳"乃賢首大師法藏所著《華嚴經傳記》五卷，其卷尾有"雜述"條，記載賢首著述，正有如此記載。由此，我們可以判斷法藏確實曾爲新經撰述過音義。然惜皆僅存書名，不見流傳。

水谷先生根據日本《新編諸宗教藏總錄》[③]《華嚴宗經論章疏目錄》[④]《東域傳燈目錄》[⑤]等記錄，標出寫有法藏或賢首大師之名的《華嚴音義》共有五種：上記013《大華嚴經音義》（一卷）、014《新舊華嚴經音義》（二卷）、016《華嚴傳音義》、018《華嚴梵語及音義》（二卷）以及019《華嚴翻梵語》。此正可與前相照應，可見法藏確爲新舊《華嚴經》編纂過音義。而根據凝然注，法藏的這些音義"或在唐土，或行高麗及新羅等，不傳日本。或傳此國，而逸不行"[⑥]。

3. 撰者不詳《古花嚴經音義》一卷、《新華嚴經音義》一卷，佚

上記水谷《書目》015實際是兩種：《古花嚴經音義》一卷、《新華嚴經音義》一卷，"撰者不記"，此出自凝然《花嚴宗經論章疏目錄》。[⑦]儘管撰者不詳，但根據現有資料可知爲新舊《華嚴經》皆編纂過音義的唯有法藏，故015有可能就是法藏的《新舊華嚴經音義》（二卷）。當然，此結論是否正確，還有待於進一步考察。

---

① "記"字右旁有小字注"語イ"。
② 《大日本佛教全書》第1冊，《佛教書籍目錄第一》，佛書刊行會大正二年（1913）版，第36頁。
③ 義天撰，收於佛書刊行會編《大日本佛教全書》第1冊，《佛教書籍目錄第一》。
④ 凝然撰，收於佛書刊行會編《大日本佛教全書》第1冊，《佛教書籍目錄第一》。
⑤ 永超撰，收於佛書刊行會編《大日本佛教全書》第1冊，《佛教書籍目錄第一》。
⑥ 凝然：《花嚴宗經論章疏目錄》，《大日本佛教全書》第1冊，《佛教書籍目錄第一》，第255頁。
⑦ 《大日本佛教全書》第1冊，《佛教書籍目錄第一》，第255頁。

第二章　華嚴部音義

4. 法藏撰《華嚴傳音義》，佚

上記水谷《書目》016《華嚴傳音義》，撰者爲法藏，017則"撰者不記"，出自《花嚴宗經論章疏目録》，①確實未記撰者名，但筆者同樣認爲在現有資料下，祇能認爲仍出自賢首大師法藏。前已述及，不贅。

5. 道璿撰《華嚴傳音義》，存

上記水谷《書目》020—022是《華嚴傳音義》，出現了兩個名字："慧叡"和"道濬"。慧叡（355—439）是南朝劉宋僧人，初曾師事道安，後憩廬山。不久又與道生、慧嚴等入長安，從鳩摩羅什受學。後往建業，住烏衣寺講經。宋陳舜俞《廬山記》卷三《釋慧叡法師》言其"音譯詁訓，殊方異義，無不洞曉。……謝靈運篤好佛理，殊俗之音多所達解，乃以經中諸字并衆音證於叡，著十四音訓。敘條例，梵漢昭然可了，使文字有據"②。將述卓認爲《十四音訓叙》不是慧叡所撰，作者應是謝靈運，是其運用反切法標記梵文十四音以便學習梵文的入門書。③筆者同意此觀點，但"以經中諸字并衆音證於叡"一句足以說明慧叡在文字音韻訓詁方面很有造詣。《祖庭事苑》卷四贊其"博學執節。晉有四聖，叡其一也"④。儘管如此，但是我們若稍加考證，就可發現《華嚴傳音義》應該不是這位博學的宋慧叡，因爲《華嚴傳》，或稱《華嚴經纂靈記》《華嚴傳之記》《華嚴傳記》《華嚴經傳》，其作者是唐代賢首大師法藏，慧叡的時代早於法藏，與時代不符。而且在圓超《華嚴宗章疏并因明録》"華嚴傳音義一卷慧叡述"，"述"下有注："按東域云道璿"⑤。水谷先生引《諸宗章疏目録》第一，後加括號"細注：按東域云道慧"。筆者認爲：這與上記022應是同一音義的不同傳本而已。

根據《東域傳燈目録》，前亦述及，一般認爲賢首大師法藏撰有《華嚴傳音義》，今不存。又根據《華嚴宗經論疏目録》《諸宗章疏録》⑥等，宋慧叡（細注"《東域》云道慧"）著有《華嚴傳音義》一卷，今亦不存。水谷先生《書目》根據《第二十二回大藏會目録》，記載東大寺

---

① 《大日本佛教全書》第1册，《佛教書籍目録第一》，第251頁。
② CBETA/T51/1041。又《高僧傳》卷七《慧叡傳》也有記載。
③ 蔣述卓：《慧叡未著〈十四音訓〉》，《讀書》1988年第1期。
④ CBETA/X64/0371。
⑤ CBETA/T55/1134。
⑥ 《大日本佛教全書》第1册，同上。

圖書館藏有道璿（又云慧璿撰）於天平寶字四年（760）所撰《華嚴傳音義》一卷。高山寺藏道璿著《華嚴傳音義》一卷。而道璿應爲東渡扶桑傳播華嚴教義，被尊爲日本華嚴宗首傳之道璿[①]律師。故此音義當於日本撰成。我們將於下節詳加考述。

6. 李通玄撰《華嚴經決疑論音義》一卷，佚

上記水谷《書目》023 "華嚴經決疑論音義一卷"，此爲唐代華嚴學者李通玄所撰。

李通玄（645—730），世稱李長者，又稱棗柏大士，是唐代著名的華嚴學者。他本出身於李唐皇室，然卻對爲官問政了無興趣，而潛心於學問。他先鑽研易理，後又專攻佛典，尤精心參究《新譯華嚴經》，著有《新華嚴經論》四十卷、《華嚴經會釋論》十四卷、《略釋新華嚴經修行次第決疑論》四卷等多部著作。邱高興指出："李通玄以《易》及儒家傳統的觀點詮釋《華嚴經》，開創了理解華嚴的新途徑。"[②]故其雖未出家，祇是在家居士，卻能於賢首、清涼等華嚴宗師的著述外別樹一幟。正因其居士身份，後人尊稱他爲"李長者"，被譽爲"中華第一大居士"[③]。

《華嚴經決疑論》是李通玄參究《華嚴經》成果中的重要一部。蓋因其重要，《華嚴經經論章疏目錄》記其又曾專爲此書撰音義一卷，然惜未見留存。

7. 恒遂撰《大華嚴經合論音義》十二卷，殘存

上記水谷《書目》024 "大華嚴經合論音義十二卷"亦與唐代華嚴學者李通玄有關。李通玄撰《新華嚴經論》，共四十卷。唐宣宗大中年間（847—859），福州開元寺沙門志寧將《新華嚴經論》的注疏部分附於經文之下，厘經合論，成《華嚴經合論》，凡一百二十卷。高麗沙門義天

[①] 這裏可能有字形產生的問題。"璿"字異體字爲"璇"，佛教史上的"道璿"也可作"道璇"，中國學者即多作"道璇"，但日本則基本作"道璿"。"璿"爲本字，見於《說文·王部》："美玉也。从玉睿聲。〈春秋傳〉曰：璿弁玉纓。璿，古文璿。叡，籀文璿。似沿切〖注〗琁、璇，古文。瓊，籀文。"而"濬"則是另一個字，與"浚"互爲異體，但因"璿"與"濬"，聲旁字相同，故會出現書寫錯誤。

[②] 邱高興：《以〈易〉解〈華嚴經〉——李通玄對〈華嚴經〉的新詮釋》，中國宗教學術網，2011年6月17日，http://iwr.cass.cn/zjyzx/201106/t20110617_7140.htm。

[③] 《李通玄墓在山西盂縣被稱"中華第一大居士"》，中國新聞網，2010年5月10日，http://news.sohu.com/20100510/n272026541.shtml。

録《新編諸宗教藏總録》卷第一於"合論一百二十卷"下注："志寧將通玄論注於經下。"緊接其後記有"合論音義十二卷，恒遂集"①，可見"合論音義"即恒遂爲《華嚴經合論》所撰音義。之所以稱其爲"大華嚴經合論音義"，因義天於前所標爲"大華嚴經"，即"新譯大方廣佛華嚴經"。

關於恒遂所集《大華嚴經合論音義》十二卷，尚見於興隆所撰《佛典疏鈔目録》卷上和卷下，祇是卷下作十三卷。②山田健三《福州版一切經附載音釋の形成過程》一文調查日本宮内廳書陵部所藏"福州版一切經"指出，其中583會函—595頗函有"華嚴經合論釋音"存在，且在583會函有"雪川釋恒遂集"，故認爲此即可以看作"大華嚴經合論音義"。這應是有可能的，因爲所謂"福州版一切經"有東禪院本和開元寺本，而將李通玄《新華嚴經論》注於經下，最後合成一百二十卷《華嚴經合論》的志寧即爲開元寺沙門。另外，東禪院本和開元寺本兩版大藏經儘管獨自開版刊行，但因地點與時間皆頗爲接近，兩者共通之處又不少，故實際很難辨別。日本宮内廳書陵部所藏"福州版一切經"亦爲二者混合之物。③

上記水谷《書目》前24種應該是中國僧人爲新舊《華嚴經》以及華嚴部其他經典所撰音義，但其中并不包括《玄應音義》卷一的六十卷《華嚴經音義》。《玄應音義》早就流傳日本，六十卷《華嚴經音義》也就隨著《玄應音義》的廣傳而保存至今。特別值得一提的是：除了因藏經刊刻以及另外單刻本以外，日本還保留有大量的古寫本的《玄應音義》，其中自然也包含卷一的《華嚴經音義》。水谷《書目·衆經部》所舉出奈良時代的三種《玄應音義》，雖皆僅爲書名，然卻可證明奈良時代確實存在過。

8. 喜海撰《新華嚴經音義》一卷，存

上記水谷《書目》025"新華嚴經音義一卷"，爲鎌倉時代中期高山寺華嚴宗僧人喜海所撰，是專爲八十卷《新譯華嚴經》所撰之音義。作爲日僧所撰現存《華嚴經》音義的代表作，我們將於下節考論部分詳述，故此略過。

---

① 《大日本佛教全書》第1册，《佛教書籍目録第一》，第3頁。
② 同上，第195、219頁。
③ 山田健三：《福州版一切経附載音釈の形成過程》，信州大學人文學部《人文科学論集文化コミュニケーション学科編》第43卷，2009年3月版。

9. 撰者不詳《貞元華嚴經音義》一卷，存

上記水谷《書目》026"貞元華嚴經音義一卷"，儘管撰者不記，但學術界經過考察，認爲其作者與以上《新華嚴經音義》爲同一人，即喜海。有關此音義，我們也將於下節考論部分詳述，故此略過。

10. 撰者不詳《新譯華嚴經音義私記》二卷，存

上記水谷《書目》027、028、029"新譯大方廣佛華嚴經音義私記二卷"，實際是同一種音義。其底本爲027"小川睦之助氏藏延曆十三年（794）寫本"，學術界多稱其爲"小川家藏本"或"小川本"。而028、029實際是根據小川家藏本複寫刊行的不同文本而已。此爲古代日本佛經音義之名著，我們將於下節考論部分詳述，故此略過。

11. 《華嚴經音義疏》二卷，佚

上記水谷《書目》030"華嚴經音義疏二卷"，水谷先生注：岡田希雄著《類聚名義抄之研究》所見。筆者經過查考，岡田希雄在其所著《類聚名義抄之研究》第一篇第一章開始部分，論述日本原始辭書概觀時提及"内典音義類"内容，而内典音義中的古物應是奈良朝之際的《華嚴經音義疏》二卷和平安中期的《大般若經音義》一卷（石山寺藏）。[①]然并無詳細論述。因此書筆者尚未見到其他研究，故此暫引岡田先生此説，有待於進一步考察。

12. 撰者不詳《新譯華嚴經音義》一卷，存

此音義不見水谷《書目》，可能因爲是附於古寫本大治本、金剛寺本《玄應音義》卷一之末。但這實際上是奈良時代華嚴學僧所撰《新華嚴經音義》，頗爲重要，也是古代"華嚴部"音義中之名篇。筆者將於下節考論部分詳述，故此略過。

---

① 岡田希雄著：《類聚名義抄の研究》，一條書房昭和十九年（1944）版，第2頁。

第二節　日僧撰華嚴部音義考論
——《新華嚴經音義》①

　　此即筆者以上簡述部分的最後一部。水谷《書目》未曾提及此音義，但這是極爲重要的一部音義，不僅因其是日僧最早爲《新譯華嚴經》所撰音義，②而且作爲日本早期留存至今的佛經音義，其文獻資料價值頗爲珍貴。

一、時代與作者

　　《新華嚴經音義》，作者不詳，現存宮内廳書陵部所藏大治三年寫本與金剛寺寫本。因金剛寺本公刊較晚，學界論述此音義一直以"大治本"爲代表，本書亦同。

　　大治三年（1128）四月至六月，法隆寺僧人覺嚴、隆暹等人書寫玄應《一切經音義》，共二十五卷七帖。後第二、第三帖亡逸，現存五帖十九卷，被稱爲"大治本《一切經音義》"。昭和七年（1932）由山田孝雄博士翻印公刊，後又被古典研究會收於《古辭書音義集成》第七、第八册。③山田博士對此本評價甚高，指出是位居北宋版和南宋、高麗版之間，而且是最能呈現有唐一代之實貌者。加之其他皆爲雕版刻本，大治本卻實實在在爲八百年前④筆寫之物，對于想了解其書風書體的人來說，寫本具有刻本所没有的可貴特色。⑤此語甚恰。《玄應音義》被公認爲現存最早的佛經音義辭書，流傳甚廣，影響頗巨，現有多種刻本流傳，而刻本之前的古寫本卻所存甚少。根據學界考察可知，中國大陸敦煌遺書殘卷中尚有數種傳抄的寫本，然總體來看，較爲零散。因此，大治本被認爲是目前所發現的《玄應音義》現存較爲完整，且年代較早的寫本。長期以來，

---

① 此節有部分内容見於筆者《日本古寫本單經音義與漢字研究》第四章。
② 在我們尚未發現比此更早的《新譯華嚴經音義》時，可以稱之爲"最早"。
③ 汲古書院昭和五十一年（1976）版。
④ 山田孝雄博士1932年言此，今日我們再提，則已近乎九百年矣。
⑤ 參考山田孝雄《一切經音義刊行の顛末》。

其學術價值深受日本學界所矚目。

　　大治本受學界重視的另一重要理由即其卷第一之末所附《新華嚴經音義》。此乃對八十卷本《新譯華嚴經》加以訓釋之"卷音義",學界多稱其爲"大治本《新華嚴經音義》"（以下簡稱"大治本《新音義》"）。玄應《一切經音義》卷一雖有對舊譯六十卷《華嚴經》所作之音義,然卻不載新譯八十卷《華嚴經音義》。這有可能是經生書寫大治本《一切經音義》之際,爲方便起見而將八十卷經音義添加於卷一之末。但此八十卷經音義或於大治本之前即被添加,大治本書寫者又以該《玄應音義》爲底本寫成大治本亦未可知。①

　　現存大治本《新音義》只是大治年間的一個寫本。其祖本之時代與作者皆不詳。山田孝雄曾指出,此音義或許是賢首大師,即法藏所撰。若果爲賢首所撰,則當屬稀世珍寶。即使不是賢首著作,但於他處無可尋覓之際,此處得以幸存,亦當爲學界之大幸。②然其此說並無證據。岡田希雄、小林芳規等學者皆認爲此音義乃經日本人或日籍漢人之手而成者。三保忠夫在《大治本新華嚴経音義の撰述と背景》一文中對大治本《新音義》有詳密考證,認爲其祖本之撰述年代應爲天平勝寶③年間,撰述者蓋爲中間階層學僧,而且撰述者及其撰述場所亦可考慮爲當時華嚴教學頗爲隆盛的東大寺,或者是屬於東大寺系統的寺院。

二、體例與內容

　　大治本《新音義》是專爲八十卷本《新譯大方廣佛華嚴經》所作之卷音義。

　　大治本《玄應音義》卷一後所附此音義識記有"新華嚴經音義"之書名,而《玄應音義》之體例卻是皆只舉經名,不言"音義"。書名下有細注"八十卷、序字及🙻等文者並集後紙"。"🙻"乃則天文字之"天"字。此乃標明經序中文字與武后新字之音義,置於八十卷經文音義之末尾。故此音義實際可分爲兩部分：前爲八十卷經文所作音義；後爲"則天序"等所作音義。

---

① 參考岡田希雄《新譯華嚴經音義私記解說》。
② 山田孝雄：《一切經音義刊行の顛末》。
③ 天平勝寶元年（749）至天平勝寶九年（757）。

（一）前半正文音義

前半部分八十卷正文音義，亦可稱之爲正文部分，根據岡田希雄統計，共收録字詞辭目307條。[①]其中又以雙音語詞占絶大多數，計233條，單字計7條，三音語詞計12條，四音語詞計33條，四音以上短語計19條。[②]有個别辭目有卷數混錯的現象，如第五卷之音義末尾兩條"樹岐"與"庇暎"置於第六卷，而第八卷所出六條實際爲第九卷之内容。相反，第九卷之"帀"（"卍"）字應在第八卷。也有註釋中混入别的辭目的現象，[③]如"帀"字注中又混進了"慣習"辭目及釋義。[④]

大治本《新音義》用漢文標音釋義。音注用反切。除爲辭目字注音外，有時還爲音注字注音。義注部分則不僅詮釋漢字字義，還辨析字形，并多引有出典。如：

擢榦：上達卓反，拔也，出也。卓音知草反。下或作幹[⑤]，工旦反。枝主也。廣雅：幹，本也。三蒼：枝，榦也。（第一卷）[⑥]

案："卓音知草反"是爲反切下字"卓"注音。

大治本《新音義》所録辭目字形應出自當時在日本流傳的八十卷《華嚴經》，故多有異體俗形。此音義作者在詮釋中還有意標出其所見經本文中字形，并加以辨析。如：

旋澓：本經作迴復。又作洄澓，並同。胡瓌、扶福[⑦]反。洄，水轉也。澓亦迴水也，深也。（第一卷）

---

① 筆者也曾統計過，爲305條。又三保忠夫亦統計爲305條。池田証寿統計爲304條，俞莉嫺亦統計爲304條（俞莉嫺：《慧苑音義研究》，碩士學位論文，上海師範大學，2009年）。
② 參考俞莉嫺統計。
③ 此蓋統計不一之由。
④ 此亦蓋爲統計數字稍有差異之因。岡田希雄做過詳細調查，本文遵其説。
⑤ 按：寫本辭目字作"榦"，此處作"幹"，字形相同。此處蓋書寫者誤，或爲"幹"字異體"榦"。金剛寺本同此。同誤。
⑥ 本書所引大治本《新音義》之例皆出自古典研究會編《古辭書音義集成》第七卷，汲古書院昭和五十五年（1980）版，第59—100頁。下同，不另注。
⑦ 大治本此字有殘，僅剩右半下小"田"字，應爲"福"字。金剛寺本作"福"字。《玄應音義》第25卷："洄澓：胡瓌反，下扶福反。三蒼：洄，水轉也。澓亦迴水深也。"

案：查找《華嚴經》，不論新舊，確實多作"迴復"或"洄澓"，然《慧苑音義》辭目字作"漩澓"。澄觀《大方廣佛華嚴經疏鈔會本》卷一："漩音旋，澓音伏，漩澓，水廻流也。"①

作爲經日本僧人之手所成的古代佛經音義，其重要特色之一即爲有用萬葉假名表示的和訓內容。如：

階砌：上古諧反。導也。上進也。説文：階也。下且計反。砌，限也云云。倭言石太太美。（第一卷）

案："倭言石太太美"爲"砌"字和訓。據岡田希雄《新譯華嚴經音義倭訓攷》，其假名應作"イシダタミ"。②

被視爲《玄應音義》系統的大治本《新音義》，釋文皆用漢文，注音釋義，析字辨形，盡呈古風，而且保留有作爲"倭言"萬葉假名的和訓十四項二十語。儘管不多，卻體現了早期日本學僧所撰音義之特色。

（二）後半"則天序"等音義

後半部分③又包含：①"序字天册"以下爲則天序中部分字詞之音義。②三十五個正字辭目，其中包括十六個則天文字，十八個俗字。④③正字辭目後有《大方廣佛華嚴經》之經名，其下爲舊經與新經之品名卷數等的對比説明。④解釋在品名中出現的如"十住・十行・十無盡藏・十迴向・十地・十定・十通・十忍・十身相海"等術語。此後作爲《玄應音義》第一卷卷尾所題"一切經音義第一"之下還有"注水""虹""煌煜""程"四個字詞的音義。岡田希雄指出：此四條是否爲《華嚴經》中之字詞，尚不明，至少不見於《慧苑音義》。何故有此四條？爲何置於此處，難以判斷。⑤

---

① CBETA電子佛典2016/L130/75。
② 《國語國文》第十一卷三號，昭和十六年（1941）3月版，昭和三十七年（1962）8月再刊。
③ 賈智在《〈新訳華厳経音義私記〉と〈新華厳経音義〉との関係について》（見載於《訓点語と訓点資料》第130輯，2013年10月28日）將此部分稱爲《新音義》的"後紙"，其中又分五個部分，與我們所基本相同。又：賈智一文有對二音義"後紙"內容的詳密攷辨，可以參考。
④ 實際上應是34個正字條目，其中俗字條目17個。但因此音義將"閙"之不同俗體分開立目，故總體爲35條。
⑤ 參考岡田希雄《新譯華嚴經音義私記解説》。

與《慧苑音義》相同，《新音義》亦爲八十卷《新譯華嚴經》之音義，但兩種音義不僅在辭目數量的收錄上有較大出入，而且即使辭目相同，或有關聯，但音注和義注不同之處亦甚夥。①三保忠夫在對兩種音義進行考證後得出大治本《新音義》與《慧苑音義》並無關係的結論。相反，大治本《新音義》祖本撰者卻參考了玄應的舊經音義，即玄應爲六十卷本舊譯《華嚴經》所作的音義，②而且並不僅僅拘泥於卷一的《華嚴經音義》，甚至從全二十五卷（或二十六卷）的《玄應音義》總體部分選出合適的内容並加以利用。③筆者曾撰文專門比較研究《慧苑音義》與《新譯華嚴經音義私記》的詞彙問題，④爲此也曾將大治本《新音義》與《玄應音義》進行過比較，發現確實有此現象。小林芳規《解題》指出：大治本《新音義》雖爲《新譯華嚴經》之音義，卻未見引用《慧苑音義》，應屬《玄應音義》系統。另外，《玄應音義》以詮釋複合詞爲主，並兼備單字音義的性質，從大治本《新音義》，我們正可認識到此點，故而可以認爲大治本《新音義》屬於《玄應音義》系統。⑤

三、版本流傳

《新音義》過去一般被認爲僅見於大治本。然隨著近年來天野山金剛寺所藏一切經調查研究的展開，⑥人們在2006年出版的《日本古寫經善本叢刊第一輯‧玄應撰〈一切經音義〉二十五卷》⑦中，見到金剛寺本卷一

---

① 當然，相同之處並非不見。三保忠夫調查後指出，音注方面就有二十例與《慧苑音義》一致。然從兩種音義的整體構成考察，不同之處居多，二者無關之結論應該是穩妥的。參見三保忠夫《大治本新華厳経音義の撰述と背景》。

② 根據三保忠夫的研究，大治本《新音義》共305條，而玄應爲六十舊經所作音義共有102條，其中有24條二本相同。因二音義所音釋對象不同，所以儘管數量看似不多，但綜合考察，可以看出大治本《新音義》撰者參考了玄應之舊經《音義》之總體部分。

③ 三保忠夫：《大治本新華厳経音義の撰述と背景》。

④ 梁曉虹：《〈新譯大方廣佛華嚴經音義〉與〈新譯華嚴經音義私記〉之詞彙比較研究》，南山大學《アカデミア文學‧語學編》第七九號，2006年1月版。

⑤ 參考小林芳規《新譯華嚴經音義私記解題》；三保忠夫《大治本新華厳経音義の撰述と背景》。

⑥ 天野山金剛寺位於大阪府河内長野市，爲真言宗御室派大本山，著名古刹。寺内藏有多達四千卷的寫經資料，稱"金剛寺一切經"。學界認爲其主要由平安末期至鎌倉時代後期斷續書寫的佛經爲主體而構成。

⑦ 2006年3月由落合俊典爲首的國際佛教學大學院大學學術フロンティア實行委員會整理出版了《日本古寫經善本叢刊第一輯‧玄應撰〈一切經音義〉二十五卷》，其中包括"金剛寺一切經本""七寺一切經本""東京大學史料編纂所藏本""西方寺一切經本""京都大學文學部藏本"五種古寫本。

之卷末也附有《新音義》。

　　金剛寺本《玄應音義》爲卷子本，寫於鐮倉（1185—1333）中期。全二十五卷中，除卷五、卷八、卷二十二、卷二十三缺失外，現存二十一卷。根據卷末題記，此本之書寫年代應爲嘉禎年（1236，1237）前後，晚大治本一百餘年。此當爲金剛寺一切經書寫之最盛期。①

　　金剛寺本卷一首尾齊全，然卻無大治本卷一卷頭所有的全卷目錄。另外，從書寫格式上看，金剛寺本基本爲辭目換行並擡頭，但辭目與音釋空格，辭目用大字，音釋爲雙行的行間小注。②而大治本卻辭目不換行，用大字標出，音釋用行間小注。經學界考證，金剛寺本《玄應音義》可認爲屬大治本系統。從善本的角度看，金剛寺本有優於大治本之處。③作爲付梓公刊不久的新資料，金剛寺本《玄應音義》愈來愈爲學界所矚目。④然而因其仍屬於大治本系統，公刊時間也稍晚，⑤故學界對《新音義》的研究，一般仍以大治本《新音義》爲代表。

四、學術價值
——以漢字研究爲中心

　　《新音義》應是現存日僧最早爲八十卷《新譯華嚴經》所撰之音義，而且還是奈良時代日本學僧所撰另一種"八十《華嚴》音義"——《新譯華嚴經音義私記》（以下簡稱"《私記》"）的主要參考資料，⑥而後者已被定爲日本國寶。儘管從篇幅數量來看，《新音義》不如《慧苑音義》與《私記》，然作爲早期日僧所撰佛經音義，對研究古代奈良朝華嚴宗、

---

　　①　參考箕浦尚美《玄應撰〈一切經音義〉書誌——金剛寺・七寺・東京大學史料編纂所・西方寺藏玄應撰〈一切經音義〉について》。
　　②　也間有字頭不換行的，字頭用大字。
　　③　參考箕浦尚美《玄應撰〈一切經音義〉書誌——金剛寺・七寺・東京大學史料編纂所・西方寺藏玄應撰〈一切經音義〉について》。
　　④　近年筆者所參加的漢文佛典語言學國際學術研討會上，就有學者所提交的論文是專門研究金剛寺本的。如：2012年10月第六屆漢文佛典語言學國際學術研討會（韓國忠州）上韓國延世大學人文學研究員明惠晶的論文題目是《中國敦煌寫本۹俄藏本۹韓國初雕本高麗大藏經，日本金剛寺筆寫本의玄應音義比較研究》；2013年8月第七屆漢文佛典語言學國際學術研討會（貴州貴陽）上韓國延世大學李奎甲的論文題目是《根據日本金剛寺本〈玄應音義〉的字形考察誤字與異體字的界限》。
　　⑤　然韓國學者似乎對大治本了解不多，而將金剛寺本認爲是流傳到日本的《玄應音義》版本中現存最久的版本。（參考以上二位韓國學者的論文）
　　⑥　一般認爲《私記》的主要參考資料爲《慧苑音義》與大治本《新音義》之祖本。

寫本《華嚴經》以及日本古代音義辭書同樣具有重要的參考意義。我們僅從語言文字方面考察，其學術價值主要體現於以下几個方面。

（一）十四項二十語的"倭言"萬葉假名和訓是日本國語史研究的重要資料

岡田希雄在其《新譯華嚴經音義私記倭訓攷》[①]一文中對此音義中的"倭言"萬葉假名和訓有專門考證。[②]川瀨一馬則舉出其中十一例和訓，認爲其形式與被推定爲信行所撰的《大般若經音義》（中卷，石山寺藏）相似，[③]此爲奈良時代音義和訓常用表現方式之一。這既證明《新華嚴經音義》原本應與信行《大般若經音義》爲同時期所撰，也對日語本古語研究具有重要參考價值。三保忠夫也指出：自天平年間後半起，於感寶、勝寶、寶字、神護之間，[④]學僧們曾極爲熱衷於抄寫和撰述佛書音義，從而產生了多種爲詮釋某部經典難字難詞的"單經音義"。佛經音義之撰述不僅集中出現，而且具有一個共同特徵就是多含有和訓，其中就提到大治本《新華嚴經音義》。[⑤]特別是因爲其他音義，如行信所撰《最勝王經音義》（一卷）、信行的《法華經玄贊音義》（一卷）、法進的《最勝王經音義》（三卷）等，後皆已散佚不存，而《新華嚴經音義》卻不但有大治年間寫本，還有稍後晚約一百年的金剛寺本，對於研究者而言，此乃極爲寶貴的資料。《新華嚴經音義》中的和訓儘管只有十四項二十語，但因從七十五卷以下的十一語，不見以下我們要論述的《新譯華嚴經音義私記》，故自有其價值。

（二）具有較高的輯佚校勘等文獻學價值

儘管《新華嚴經音義》基本不明確標注出典，但豐富的文獻學價值早已爲學界所矚目。池田証壽在《上代仏典音義と玄応一切経音義—大治

[①]《國語國文》第十一卷三號，昭和十六年（1941）3月版，昭和三十七年（1962）8月再刊。

[②] 其中六十八卷爲止的9條結合《私記》和訓一起考釋，七十五卷以下的11條單另作考證。

[③] 川瀨一馬：《增訂古辭書の研究》，雄松堂昭和六十一年（1986）再版，第42頁。

[④] 日本天平感寶元年，又爲天平勝寶元年，即749年；天平寶字元年爲757年；天平神護元年爲765年。

[⑤] 三保忠夫：《元興寺信行撰述の音義》，東京大學國語國文學會《國語と國文學》至文堂1974年第6期。

本新華嚴経音義と信行大般若経音義の場合—》①根據其中所出現的書名或人名統計，此本直接引用的資料就有説文13②、廣雅5、字書3、傳3、爾雅2、方言2、囯令2、左氏傳2、三蒼1、郭璞1、易1、經1、周禮1、字林1、釋名1、詩1、尚書1、論語1、聲類1、桂苑1、相傳、涅槃1、涅槃經1、野王案1。然其中關係最爲密切、引用最多的《玄應音義》和《玉篇》，却因作者將其視爲基本材料，隨時引用，頗顯繁雜，故未逐一加以嚴密標記。儘管未標明"玄應"、"野王"或"玉篇"等名，然实際上作爲"第一資料"和"第二資料"頻被引用，值得引起重視。尤其是"第二資料"《玉篇》，成爲學界考察研究原本《玉篇》的重要材料。近年來，日本所存相關《玉篇》資料，愈來愈爲學界所關注。而除了《篆隸萬象名義》這樣幾乎可作爲《玉篇》原本使用的珍貴資料外，人們已經注意到奈良時代日僧所撰佛經音義中尚有原本《玉篇》之蹤迹，通過爬梳扶剔，可成爲原本《玉篇》研究的新資料。井野口孝就專門對大治本《新音義》的注文進行過調查，確認屬被湮没的原本系《玉篇》的佚文有160例以上，其調查結果刊載於《大治本〈新華嚴經音義〉所引〈玉篇〉佚文（資料）其一・其二》兩篇論文③，爲原本《玉篇》研究提供了新材料，開闢了新視野。

（三）是漢字研究，尤其是俗字研究的寶貴資料

《新音義》作爲奈良時代華嚴學僧撰寫的佛經音義，是漢字研究，尤其是俗字研究的重要資料，其價值主要體現於以下兩點。

1. 是則天文字研究的寶貴資料

關於"則天文字"研究，近年來頗受關注，研究成果也很多。隨著出土文獻的大量湧現，學界多依據各類實物資料對武周新字進行多角度的梳理，其中石刻與敦煌寫卷成爲最主要的載體。筆者認爲：日本資料中，特別是與《華嚴經》及《華嚴經》音義有關的古寫本，尤其值得我們注意。

前已述及，武則天對華嚴宗有著特殊的情感。她不僅親自組織了由實

---

① 北海道大學國文學會《國語國文研究》第64號，昭和五十五年（1980）9月版。
② 數字表示引用次數。
③ 《大治本〈新華嚴経音義〉所引〈玉篇〉佚文（資料）・其一》；愛知大學《國文學》32號，1991年11月版。《大治本〈新華嚴経音義〉所引〈玉篇〉佚文（資料）・其二》；愛知大學《國文學》33號，1993年12月版。

叉難陀主持的八十卷本《華嚴經》的翻譯，還爲之作《大周新譯大方廣佛華嚴經序》，故而《新譯華嚴經》以及《則天序》中一定會有則天文字。儘管我們在現傳刻本中已不見有其蹤迹，但在古寫本中，如日本石山寺本《華嚴經》以及韓國"新羅白紙墨書"《大方廣佛花嚴經》[①]中皆能見到則天文字。[②]

此音義後半部分主要是爲《則天序》所作音義，其中重要内容之一，是有35個正字辭目。這不見《慧苑音義》，爲此音義作者獨創。而這部分内容卻被另一部奈良學僧撰寫的《新譯華嚴經音義私記》（以下簡稱"私記"，即現存的"小川本"）全部收入，可見《私記》作者也同樣意識到其重要性。[③]35個正字辭目中，有16個則天文字，19個俗字。[④]這35個正字辭目並非全部出自《則天序》，有些來自《華嚴經》經本文，故而藏中進將其歸納爲"《新譯花嚴經》所用異體字一覽"，[⑤]由此可窺見當時所傳《華嚴經》用字一斑。特別是集中收釋的16個則天文字，更是被認爲是第一次集中收録了《華嚴經》中的則天文字，對則天文字本身以及在海外的傳播都具有較高的研究價值。藏中進在《則天文字の研究》第四章"奈良・平安初頭の則天文字"中就將大治本《新華嚴經音義》與小川本《新譯華嚴經音義私記》中的這些正字辭目全部列出，并指出過去的研究不夠，而其則進行了一些較爲深入的對比研究。[⑥]筆者也曾撰《奈良時代日僧所撰"華嚴音義"與則天文字研究》[⑦]一文，對《新音義》與《私記》中的則天文字做過探討。儘管從數量上來看，《私記》中出現的則天文字超過大治本《新音義》，但最重要的部分，即《則天序音義》中的16個則天文字的内容，則明顯地可以看出《私記》是受《新音義》的影響，就是全部接受。所以説最早將則天文字作爲辭目，集中收釋《華嚴經》中則天文字的正是《新音義》。祇是《新音義》將《經序音義》置於經文音義

---

① 《新羅白紙墨書・大方廣佛花嚴經》，韓國文化財廳2001年版。
② 梁曉虹：《奈良時代日僧所撰"華嚴音義"與則天文字研究》，中國社會科學院語言研究所歷史語言研究編輯部編《歷史語言研究》第四輯，商務印書館2011年版，第287—301頁。
③ 只是大治本《新音義》將《經序音義》置於後半，而《私記》卻放在卷首。
④ 實際是34個正字條目，因將"閶"之不同俗體分開立目，故成爲35條。
⑤ 藏中進：《則天文字の研究》，翰林書房1995年版，第98頁。
⑥ 同上書，第94—101頁。
⑦ 中國社會科學院語言研究所歷史語言研究編輯部編：《歷史語言研究》第四輯，商務印書館2011年版。

末,而《私記》則按照原經順序,放在起首部分。

筆者在《日本古寫本單經音義與漢字研究》第四章中曾將《新音義》大治本與金剛寺本中的"則天文字"列於一表①而展示,頗爲清晰。爲能使讀者一目瞭然,現將其再列於下。

正字	大治本1	大治本2	金剛寺1	金剛寺2	備註
天					
君					
初					
聖					金剛寺本缺此"新字"
人					
證					
地					
日					
月					
星					
國					二本正字皆爲"國囯"
年					二本正字尚有"秊"
正					二本正字尚有
臣					二本辭目皆爲"大臣"
授					二本辭目皆爲"授記"
載					

筆者曾據此表分析了二本《新音義》中"則天文字"的特色,共有七條。②現在我們若加以再歸納,也仍可簡爲以下五點。

(1) 學界一般認爲武氏共造新字17個,以上二本,除了用作則天名

---

① 梁曉虹:《日本古寫本單經音義與漢字研究》,第230—231頁。
② 同上書,第231—233頁。

字的"瞾"字外，另外16個全部被收錄。這是因避諱的需要。一般文獻典籍中"瞾"字很少見，因這是武則天爲自署而創製的字，《華嚴經》中並未出現則天自稱的用法，此爲二本不見"瞾"字之因由。

（2）儘管除"瞾"字外，其他16個"則天文字"全被收入，但經筆者調查，實際上武則天爲八十卷《新譯華嚴經》所作的"大周新譯華嚴經序"中所出現的則天文字是12個，另外還有"臣""授""載""星"四字，並未見。而這四個字應該是出現在《華嚴經》的正文中。①之所以出現這種情況，是由此音義的體例特色而決定的。如前述及，此音義作者在爲"則天序"作音義時，采用"一覽表"的形式，集中收錄"序"中的12個字，並將四個序文中沒有的"新字"以及其他18個經文中較常見的，作者認爲有代表性的俗字②也一併收羅，藏中進名其爲"《新譯華嚴經》所用異體字一覽"，③甚爲恰切。而這種集中收錄俗字的做法實際上也在某種程度上打破了傳統"卷音義"的體式，體現出《新音義》作者更爲注重實用性的指導思想。池田証壽在其《新訳華厳経私記の性格》④一文中指出《私記》在某些方面已經具有辭書的性質。筆者認爲，《新音義》作者所采用的這種方式，也正能體現這種性質。

當然，短短幾百字的《則天序》中則天新字已經有12個，有的甚至還多次出現，應該屬於"多見"了。這也從一個側面證明："則天文字"在武則天的時代曾頗爲流行。武則天與華嚴宗，與八十卷《新譯華嚴經》有著極爲密切的關係，當時流傳的《華嚴經》文本中"則天文字"一定多見。遺憾的是，真正的奈良古寫經、唐寫本《華嚴經》現在實已爲片鱗半爪，我們很難見其原本實貌，所以《則天序音義》中所出現的這16個"則天文字"就顯得極爲珍貴，除了作爲漢字史研究的資料，也折射出"武周時代"的文化特質。

（3）二本楷書化痕迹明顯。如"天"字。則天文字之"天"，實際祇是將楷書改爲篆書。這反映了封建社會的天命觀，也與武氏改號爲周

---

① 我們在一些日韓古寫本《華嚴經》中仍能見到（見筆者《奈良時代日僧所撰"華嚴音義"與則天文字研究》一文）。
② 二本《經序音義》共收錄34組正字條目，因"照"字不爲新字，故則天文字共16個。另外18個爲一般俗字條目。
③ 藏中進：《則天文字の研究》，第98頁。
④ 北海道大學國文學會《國語國文研究》第75號，昭和六十一年（1986）3月版。

相合拍。篆書"页",手寫成"而"。大治本前之"瓶"即屬此類,然金剛寺本之"瓨",則筆鋒稍顯堅挺,楷體折筆明顯。後之大治本"而"與金剛寺本之"而"則已經完全與楷書之"而"相同,其末筆不僅內收,而且已經如"而"字有了特意的豎勾。而造字本旨爲"天大吉"之"君"字,大治本之"君"以及金剛寺本之"君",外部"天"正是楷書後"而"之外部。

（4）"星"字"別有異體"。儘管"則天文字"多有別體異形,但一般認爲"星"字卻祇有一個從古文而來的標準的象形體,即寫成圓形,各書與石刻同爲一圓圈,別無異體。①《私記》也作"〇",且僅有一處。然而我們注意到大治本作"冂",金剛寺本作"冂",二本同屬一類。根據《新音義》二本字形,可知當時所傳《華嚴經》中應有此寫法,這就打破了"別無異體"之說。此形尚未見於他處,其訛變理據,並不清晰,但很難解釋成是圓畫得不圓,而且"冂"與"冂",且已有了明顯的楷化痕跡。

（5）字形多有訛變。武則天改字主要爲武氏政權,爲政治服務,故其字本身之構造違背了文字"約定俗成"的原則。則天所造字字形多奇特,真篆相雜,自唐代以來就字形不確,②寫本文獻中訛誤比比皆是。從以上表中,我們可以發現,除幾個較爲簡單的字形,如"人",如"正"外,其他幾乎皆爲訛變字體。但若是從漢字研究的角度來看,字形出現訛變,正體現出漢字的發展變化。特別是這些訛變出現在日本寫本中,也就說明"則天文字"在海外也有了發展變化。

以上二本是筆者所見收錄"則天文字"最早的日本佛經音義。儘管作爲寫本,大治本是平安末期,金剛寺本也屬鎌倉中期,已值中國的有宋一代,相對來說,已經稍後。這些"則天文字"當然不屬於武周新字通行時期（689—704）,當爲武周以後,而且出於日本寫經生之筆,所以其字體不規範,同一字寫法不一,多有錯訛,這並不奇怪,恰恰反映出則天文字在流傳過程中的實際面貌。而且從這些字形我們也可以找到"大治本"與"金剛寺本"屬於同一系統的佐證。當然,進一步深入研究還必須

---

① 何漢南：《武則天改製新字考》,《文博》1987年第4期。
② 參考陸錫興《論武則天製字的幾個問題》,《中國文字研究》第十四輯,大象出版社2011年版。

第二章　華嚴部音義　　95

結合同爲奈良時期的《私記》。《私記》參照并收入了《新音義》中《經序音義》的內容，故而也有16個則天文字，但是字形並不完全相同。這有書手的原因，也可能是《私記》作者當時所見到《華嚴經》中的"則天文字"有所不同。另外，《私記》除了在《經序音義》中有相同內容外，還在音義正文中或有專門收釋，或隨文信筆寫出，"則天文字"的內容更爲豐富，這更能反映出當時則天文字在日本不僅流傳，甚至有發展的歷史印迹。

2. 是古寫本《華嚴經》俗字研究的重要資料

大治本《新音義》的特色之一就是在其《經序音義》中有35個（組）正字辭目，也就是藏中進所言之"《新譯華嚴經》所用異體字一覽"。其中有16個則天文字，前已述及。另外，還有19個可以認爲是一般俗字。這一內容非常重要，其後《私記》的撰者也將此內容完全照搬收入，①而且將其置於全書之首，更可見對此十分重視。因爲《私記》作者也同樣意識到這些字需要辨正。筆者在《日本古寫本單經音義與漢字研究》第四章中曾將《新音義》大治本與金剛寺本中的18個俗字列於一表②而展示，頗爲清晰。爲能使讀者一目了然，現將其再列於下。

正字	大治本1	大治本2	大治本3	金剛寺本1	金剛寺本2	金剛寺本3
万③	巾	小		角	乱	
真	真			真		
華	蕐			蕐		
照	昭			昭		
喪	䘮䘮	㐫䘮④		䘮䘮	䘮䘮	
慶	慶慶	慶慶⑤		慶慶	慶慶	

① 《新音義》"闇"字分兩條，故爲35個（組）；而《私記》"闇"爲一條，故34個（組）。
② 第237—238頁。
③ "万"字排則天文字"正"後。
④ 此二爲解釋字。
⑤ 此二爲解釋字。

正字	大治本1	大治本2	大治本3	金剛寺本1	金剛寺本2	金剛寺本3
彌①		②	彌彌			彌彌
繼屬	繼繼③	屬屬④		繼继	屬屬	
閫	⑤	⑥				
窗	窓	⑦		窓	窓	
牆	墻	⑧牆	牆牆	牆	牆	牆牆
驅	駆	⑨		駈	駈	
撓⑩	抗	橈⑪		抗	抗	
步	歩	⑫		步	歩	
法	浩	洦		洦	泫	
遭	遭	遭	遭⑬	遭	遭	遭
遷	遷	遷⑭		遷	遷	
逆	迸	迸⑮		迸	迸	

筆者曾據此表，得出五點結論，現簡略如下，以作說明。

（1）《經序音義》最後俗字一覽的排列順序，是"則天文字"在前，一般俗字於後，然"万"字卻位於則天文字"正"字與"臣"字之

---

① 辭目爲"須彌"。
② 此後三爲解釋字。
③ 此爲解釋字。
④ 此爲解釋字。
⑤ 《新音義》"夾"字分爲兩條。其解釋字爲別爲："內"與"閫"。《私記》合併爲一條。
⑥ 此爲解釋字。
⑦ 此後二爲解釋字。
⑧ 此後二爲解釋字。
⑨ 此爲解釋字。
⑩ 辭目爲"馬撓"。
⑪ 此爲解釋字。
⑫ 此爲解釋字。
⑬ 此爲解釋字。
⑭ 此爲解釋字。
⑮ 此爲解釋字。

第二章　華嚴部音義　　　　　　　　　　　　　　　　　　97

間。筆者認爲這應是作者將"万"的兩個俗體"巾"與"小"也視爲則天文字之故。關於"万"字是否有"則天文字",即大家一般熟悉的作爲佛教標識的"卍"①是否屬則天文字,學界意見并不統一。因《翻譯名義集》卷六《唐梵字體篇第五十五》言及:"《華嚴音義》云:案卍字,本非是字。大周長壽二年,主上權制此文,著於天樞,音之爲萬。謂吉祥萬德之所集也。……"據此,有學者認爲"卍"是則天文字。《新音義》的作者應同此觀點。苗昱博士在其博士學位論文②中,也持此觀點。但實際上,慧苑此説,并不見於《慧苑音義》。儘管有可能《翻譯名義集》的作者法雲所見《慧苑音義》之版本與今不同,但即使有此言,亦衹是"孤證"。則天文字研究專家施安昌指出:"万"並無新字,因爲:第一,"卍"隨梵文佛經傳入我國,早有流佈。言武周時所製,不妥。第二,從長壽三年以後的碑誌和卷子看,"万"字並未改寫。③

（2）以上表中有相當一部分實際是解釋字。按照《新音義》體例,"異體字一覽表"共收録35個（組）辭目,實際是爲正字而用,故辭目字下既不標音,也不釋義,只是於其下簡單標出"正字"。當然,這裡所謂正字,並不能用現今的觀念來判斷,準確地説,只能是當時日本的所謂"正字",或者説是通行字。因爲很多用於解釋字的字形,於今而言,仍屬俗字,有些甚至可以説是"疑難俗字"。所以我們也將其收入以上表中。作爲解釋字,説明這些字形在當時皆爲通行體。故此"異體字一覽表"可以看作漢字在當時日本流傳概貌的一個縮影。

（3）通過"一覽表"之比勘,如前論述"則天文字"所述及,我們可以得出二本屬同一系統的結論。因以上所列無論是被釋字還是解釋字,儘管抄寫者風格不同,筆鋒字形明顯有異,然結構筆畫等基本相同,④即使訛誤之處,兩本亦多同。如大治本"旅""兩",本從"弓"卻已譌變成"方",金剛寺本亦同。而此類俗寫在日本寫本中常見,不贅舉。

（4）以上18個俗字中,有一部分屬於疑難俗字,或是訛俗字。如:大治本的被釋字"猪",金剛寺本作"猪",後者雖有漫漶,但可看得出

———————

① 日本的地圖中,"卍"就作爲寺廟的標識。
② 苗昱:《〈華嚴音義〉研究》,博士學位論文,蘇州大學,2005年。
③ 施安昌:《關於武則天造字的誤識與結構》,《故宫博物院院刊》1984年第四期。
④ 當然也有不同之處,如金剛寺本之"憂""憂",已完全不見"从心从夂"之造字義,蓋爲書手訛誤。

來左半譌似"丬"，應爲"爿"之譌，右半爲"嗇"，故即"牆"字。然大治本"牆"之左半也譌似"丬"，右半則已成上似"求"，下爲"目"之組合結構。此字形爲筆者首見，其譌變理據不明。

又如："駈"之俗字"駈"（大治本）、"駈"（私記），字形相同，可見奈良時期《新譯華嚴經》中"駈"確有此俗形。但是金剛寺本此處作"駈"，卷六十六作"駈"，字形並不與大治本同。前字形右半似爲"共"，而後者右半似"区"。

又如：大治本《新音義》"步"的被釋字作"步"，應是隸譌之再譌，而金剛寺本則乾脆作"步"，但明晰可見中豎之筆是抄者有所猶豫而成連筆，故爲一譌之再譌。

又如："法"字，大治本《新音義》作"洓洓"，金剛寺本作"洓洓"。兩本的第一個字形明顯不同。竺徹定曾例舉《私記》中"法作洓"，證明是"音義與宋元諸本不同"。查檢《敦煌俗字典》，"法"之俗體不見此形。《高麗大藏經異體字典》亦不見此字形。然《佛教難字大字典·水部》"法"字下卻收有"洓洓"，前字"洓"應可與大治本《新音義》以及《私記》中之"法"之俗體相聯。且《佛教難字大字典》此字右腳下有⑭標號，根據編者"凡例"說明，標有⑭的字體爲"寫經體"，即從古寫經中取出的字體。漢字中有"洓"字，根據《玉篇》等中古以後字書，此應爲"户式切，露光也。"而根據《新音義》《私記》等日本資料，可知"洓"字曾被用作"法"之異體。此並非只見日本資料，永昌元年《法如禪師行狀》，"法"字亦寫作"洓"。有學者將"洓"歸爲則天改字，但施安昌認爲《封祀壇碑》、《潘尊師碑》以及敦煌卷子《妙法蓮花經卷三》（斯5176）、《藥師經》（斯5005）等，"法"均不改寫，故"法"有異體而無改字。①筆者同意此結論。至於金剛寺本中的"洓"字，則應是書手將右半"缶"譌寫爲似"垂"形所致。

《佛教難字大字典·水部》"法"字下的第二個字形"洓"標明與二本《新音義》相同，《佛教難字大字典》標明出自"碑別字"。②《金石文字辨異·入聲·洽韻》"法"字引《隋鄧州舍利塔下銘》："歸依正

---

① 施安昌：《關於武則天造字的誤識與結構》，《故宮博物院院刊》1984年第4期。
② 根據編者凡例，"碑別字"取自羅振鋆、羅振玉《增訂碑別字》，羅振玉《碑別字拾遺》，羅福保《碑別字續拾》三書。

泫。按：泫即法字。"

由此可以看出：以上"泫""泫"均爲"法"字之異體，宋元以後已不見，但還保留在日本古寫本佛經音義中。

《新音義》作者首創用"一覽表"的形式，在《經序音義》中收録35個（組）正字辭目。我們將其分爲16個"則天文字"和19個一般俗字。實際上，則天文字也仍屬俗字研究範疇。

當然，"一覽表"祇收釋了35個（組）正字辭目，我們可以視其爲當時寫本《華嚴經》用字特色的一個縮影，但實際上還不足以反映其真正特色。有關大治本《新華嚴經音義》俗字研究，筆者在《日本古寫本單經音義》第四章"《新華嚴經音義》（大治本·金剛寺本）與《私記》漢字比較研究——以辭目爲中心"[①]中還列舉了音義正文中的65組俗字，對《新音義》兩種寫本中的俗字進行了比較研究，指出《新華嚴經音義》儘管收辭數量，篇幅内容不如《慧苑音義》與《私記》般多而豐，各種訛誤亦夥，但直接反映了早期日本華嚴學僧對《華嚴經》、對漢字的樸素認識與認真思考。另外，《新音義》祖本的撰著時間應早於《私記》，現存二本雖已是平安、鎌倉時代寫本，但作爲古寫本已是十分珍貴。從漢字研究的角度，有兩點值得引起注意。

①從辭目字形看，當時所流傳的八十卷《新譯華嚴經》應是唐寫本。即使是日本人所抄，也是在十分遵從底本的心態下，完全按照原本字樣、樣式進行的謄寫，因爲《新音義》中既有則天文字，也有原封不動地被抄録的歷代俗字。

②《新音義》中的俗字大部分皆可與中國出土的敦煌遺書以及石碑碣文等中古俗字資料相呼應，並可利用《說文》《玉篇》《廣韻》《集韻》等傳統字書、韻書以及《干祿字書》《五經文字》等唐代字樣之書，用漢字俗字理論加以分析歸納，也可從玄應、慧琳、可洪等大家的佛經音義中發現綫索，找到共同點。這說明這些俗字大多爲唐代佛經東傳日本，輾轉抄寫而產生，故能從一個側面折射出唐代寫經用字，特别是武周與唐玄宗時代文字使用之史貌，有助於對佛經文本語言文字的研究。

《新音義》儘管篇幅不長，卻包含豐富的俗字内容，無論是《經序音義》中除16個則天文字以外的1組俗字，抑或是辭目所收釋，引用《玉

---

① 中華書局2015年版，第222—274頁。

篇》《玄應音義》等辨析字形的内容，乃至於釋文中隨文信筆寫出的俗字，都生動地呈現出中古俗字在海外的流傳與發展的實況。

第三節　日僧撰華嚴部音義考論
——《新譯華嚴經音義私記》[①]

筆者在以上部分已有簡述，此即上記水谷先生《書目》中所列出的027、028、029三種。三種實際皆為小川家藏本之不同複寫本而已。

一、時代與作者

《新譯華嚴經音義私記》作者不詳，現存小川睦之輔氏[②]家藏本。此本被認為雖非《私記》原本，卻是現存唯一傳本，故可視之為"孤本"。此本已於昭和六年（1931）被指定為日本國寶。

儘管小川家藏本之抄寫年代以及原本作者尚不能確定，然據學界考證，可視其為奈良朝（710—784）末期之寫本。其原本作者為日本人，然應是在慧苑《新譯華嚴經音義》以及《新華嚴經音義》[③]的基礎上，有所補删，並添加少許和訓而成者。川瀨一馬、小林芳規等通過對此本書誌的考證，以及對此本字體以及和訓形式、上代特殊假名之使用方法的研究，[④]認為應是從天平勝寶（749—757）年間之後半個世紀之間，於華嚴

[①] 筆者與陳五雲教授、苗昱博士曾經合作撰寫出版了《〈新譯華嚴經音義私記〉俗字研究》（臺灣花木蘭文化出版社2014年版）一書。但此書未在書店流通，故中國大陸與日本等地皆難見此書。另外，筆者的《日本古寫本單經音義與俗字研究》的第三章的資料也是《私記》，所以此節中的有些内容見於以上二書，但筆者根據本書體例做了相關修整。

[②] 小川睦之輔（1885—1951）日本大正至昭和時代的解剖學者。曾留學歐美。大正十年（1921）任京都帝國大學教授。從事肺部解剖與眼之再生等實驗發生學研究。小川家屬於日本近代名士家系。小川睦之輔之父小川爲次郎曾任百三十銀行副行長、阪神電鐵董事長。

[③] 即前所介紹大治本《新華嚴經音義》之祖本。

[④] 小林芳規引三保忠夫的研究以證早期撰著含有和訓之音義在東大寺。唐僧法進天平四年（754）赴日，其所撰《最勝王經音義》（佚）中就包含和訓。而法進所撰《沙彌十戒并威儀經疏》也有一例和訓。由此判定當時含有和訓的音義，應撰於法進所在之東大寺。（法進乃鑒真和尚之弟子，跟隨鑒真歷盡千難萬險赴日弘法，並助鑒真於東大寺創立戒壇院。歷任該寺律師、少僧都、大僧都等僧職，天平寶字七年（763）就任該寺戒壇院之初代戒和尚。——筆者注）川瀨一馬：《增訂古辭書の研究》，第41—42頁。

教學盛行的東大寺或屬於其系統的寺院中撰述而成者。[①]小林芳規編著的《図説日本の漢字》第九章有關於日本古辭書的内容，在"作爲漢和字書材料的音義"部分就以《新譯華嚴經音義私記》爲例，並定義爲乃八世紀經日本人之手所作，奈良時代書寫（小川家藏本）。[②]據岡田希雄介紹，其所見小川家藏本《私記》爲雙層箱裝。其外箱頗爲粗糙，箱蓋表題有：

　　　　神龜天平年間之古寫經
　　　　華嚴經音義私記上下　　二卷

字樣。書爲卷軸裝式卷子本。

此本上卷卷首有另加的附頁，記有"永延"之跋語[③]：

　　　　新譯大方廣佛華嚴經音義二卷　　馬道手箱
　　　　右一部二卷其本見在
　　　　沙門釋慧苑，京兆人，華嚴藏法師上首門人也。勤學無惰内外兼通，華嚴一宗尤所精達。苑以新譯之經未有音義，披讀之者取決無從，遂博覽字書，撰成二卷。使尋覓之者不遠求師而曉書字義也。以此久言留于彼土，云何此土不披習歟？

此跋語末句之前採錄《開元釋教錄》卷九之言，而最後一句似爲永延之語。而"馬道手箱"四字與"永延"跋語字迹不同。小林芳規《解題》考證"馬道"當爲人名，而東大寺所藏奈良時代如《華嚴略疏刊定記》卷十三等寫經封面附頁也有"馬道"之名，故由此也可推測蓋與東大寺有關。另外，岡田希雄也根據此書兩卷卷尾均有"信"之陽刻朱印而判斷此本可能曾藏於東大寺一段時期，[④]并指出此印與同爲竺徹定所藏的東大寺

---

① 參考小林芳規《解題》。又岡田希雄曾親睹小川家藏本實物，發現卷下尾題與元禄六年（1693）僧人英秀修裱此本所記"識語"之行間（不足一寸之距）隱有"延暦十三年甲戌之春寫之了"之識語字樣，因被人擦消，故模糊不清。"延暦十三年"爲794年（岡田希雄《解說》）。此亦可作爲將《私記》定爲奈良末期寫本之佐證。然小林芳規認爲識語中"甲戌"二字斜排書寫乃近世（江户）書式（小林芳規《解題》）。
② 小林芳規：《図説日本の漢字》，大修館書店1998年版。
③ 墨緣堂影印此本時將永延此"識語"置於全書末尾。
④ 岡田希雄：《解說》。

舊藏之書《華嚴文義要訣》（國寶）卷尾上方所押之印相同。根據山田孝雄博士之說，東大寺所藏華嚴關係之古書，皆有此印。蓋東大寺曾整理過一次華嚴關係的古書，皆蓋上此印。

二、體例與内容

《私記》是對八十卷本《新譯華嚴經》加以訓釋的"卷音義"，分爲上下兩卷。其構成爲：卷上以爲則天武后"經序"所作音義開頭，《新譯華嚴經》卷第一《世主妙嚴品第一》至卷第二十五《回向品第二十五之三》之音義緊接其次，共514行。卷下乃卷第二十六《回向品第二十五之四》至卷第八十《入法界品之二十一》之音義，共631行。然從《私記》對《新譯華嚴經》正文的立目解釋來看，全書實際又可分爲兩部分：第一部分是經卷一至經卷七十一，第二部分則爲經卷七十二至經卷八十。兩部分從書法筆意上看，雖爲同一人所寫，但内容上有明顯的區别：第二部分與《慧苑音義》基本相同，可以認作《慧苑音義》最後九卷的又一抄本。只有一條"阿閦如來"爲《私記》獨自所録辭目，但無注。[①]

與《慧苑音義》等中國傳統音義體式相同，《私記》作爲卷音義，按照《新譯華嚴經》卷數的順序，摘録經文中的單字、語詞、詞組、短語及經句爲辭目，再根據中國辭書的體裁對所釋漢字的形、音、義加以解説。主要内容包括以下三方面。

（一）《私記》共收録辭目約1700[②]，有以下類别

1. 單字辭目

這一部分主要包括：單音節詞辭目與正字辭目。前者如《經序音義》中收録了"挹、隘、爰、胄、式、繕、匪、歟、囊、笙、俄"等文言單音節詞，還有如"譯、序、製、朕、纔、添"等一些單音常用詞。後者正字辭目實際是參考前所述及《新音義》中"《新譯華嚴經》所用異體字一覽"，基本是全盤照抄，祇是有些前後順序或字形不同之處。除此，《私記》經文正文之音義中也多有正字辭目出現。《私記》作者或示其古文爲某，或揭示俗體爲何，正字如何書寫，或闡述某字從某旁、爲某部等，從

[①] 池田証壽：《〈新譯華嚴經音義私記〉について—先行音義との關係—》，《北大國語學講座二十周年記念—論緝・辭書・音義》，汲古書院昭和六十三年（1988）版，第3—36頁。

[②] 根據小林芳規統計。

第二章　華嚴部音義　　　　　　　　　　　　　　　　103

字形上加以辨析。這些成爲漢字俗字研究的极好資料，爲學界所珍視。①

2. 複音辭目

《私記》所收錄辭目，以雙音節以上的複音詞居多，其中有單詞、複合詞、詞組等。小林芳規舉出"平坦""圖書""卻敵""聚落""遊行"等，并認爲這些都反映了漢語合成詞的狀態，在日本漢語史研究上也受到注目。②筆者曾對《私記》複音辭目做過統計，《私記》上、下兩卷，共收錄雙音節辭目約842個，占其總辭目的將近50%。其中有個別重複者，如經卷第四和第十中"祁倪"，經卷第一和第六中的"階砌"等。也有一部分並非詞而是詞組類的，如"正定""難辦""共美""諸有"等；還有只是爲正字而收，如經卷第六的"興興、覺學、舉與"等；甚至有衹能算是破詞，如"示已""爲幹""昔於"等。但大部分可視之爲雙音詞或正在凝固過程中的詞組，如"慣習""慰安"等，可以説從一個側面體現了漢語雙音化的特色。

3. 短語與經句辭目

除雙音詞以及詞組外，《私記》也收錄了一些短語和經句作爲辭目。短語詞組，如：經卷第八之"無央數""一切切""澄躍其下""香水澄停""如𠘫字之形"等。另外，《經序音義》部分所收錄的"四念處""四正斷""四神足"等佛教名詞以及對《新譯華嚴經》中品名的説明，皆可歸於此類。另外，《私記》增加了部分《新譯華嚴經》中的經句，有的甚至可以説是長句，如：

　　　　此積集寶香藏香水海右旋次有香水海（經卷第九）③

以上之句就是截自《新譯華嚴經》第九卷《華藏世界品第五之二》，編撰者將此作爲辭目，實際是爲版本校勘而作的筆記。

有的句子卻稍有改動，如：

────────

① 有關《私記》之俗字研究，請參考筆者與陳五雲、苗昱二位合作的《〈新譯華嚴經音義私記〉俗字研究》一書，臺灣花木蘭文化出版社2014年版。
② 參考小林芳規《解題》。
③ 本書所引《私記》例，出自古典研究會編《古辭書音義集成》第一卷，汲古書院昭和六十三年（1988）第二版。下同，不另注。

五熱隨日轉牛狗鹿戒：可具百論並疎耳。（經卷第十四）

　　以上辭目乃《新譯華嚴經》第十四卷《賢首品第十二之一》本爲兩句偈語"或受五熱隨日轉，或持牛狗及鹿戒"之合併。
　　這些或許更能體現《私記》之特色，其選辭立目相對自由，帶有更多的個人筆記色彩。①
　　另外，還應注意的是：《私記》中有一部分辭目屬於只立目而無釋文或釋文不完整的情況。苗昱博士已經指出并舉例如："生貴天子""曲躬""阿脩羅手""閻浮提樹""侍側""疲倦"等四十餘條都只有辭目，而無釋文。而"與""不可轉法""門闑"等條釋文又僅有開頭，但無結尾，並不完整。
　　此外，《私記》在每一經卷卷首還增加了每一會的説明和新、舊譯《華嚴》卷、品内容的對比。新譯《華嚴》共九會三十九品，於《慧苑音義》中並無特別的説明，而《私記》卻在大治本《新音義》的基礎上，將《新譯華嚴經》中的每一會和品名亦作爲條目加以説明，只是大治本《新音義》統置於音義正文之後，而《私記》將其置於每一經卷卷首，或該品之下。而《私記》中於每一會前均有説明，或是内容的概括，或是與舊譯《華嚴》的對比。

（二）注音釋義，釋文體例

　　①《私記》被認爲主要是在《慧苑音義》與大治本《新音義》（祖本）之基礎上撰著而成者，故其中有些釋文内容基本就是照抄二書。如與《慧苑音義》相比較：

　　　瑩燭：瑩，烏乏反。《廣雅》曰：瑩，摩也。謂摩拭珠玉使發光明也。《蒼頡》曰：燭，照也。言相照發光也。（《私記》經卷第一）

　　　瑩燭：瑩，烏定切。《廣雅》曰：瑩，摩也。謂摩拭珠玉使發光明也。《蒼頡篇》曰：燭，照也。言相照發光。（《慧苑音義》卷一）

---

　　① 梁曉虹：《〈新譯大方廣佛華嚴經音義〉與〈新譯華嚴經音義私記〉之詞彙比較研究》，南山大学《アカデミア文学・語学編》第七九號，2006年1月版。

第二章　華嚴部音義　　　　　　　　　　　　　　　105

特別是《私記》從經卷七十二至經卷八十，與《慧苑音義》基本相同，可以看作《慧苑音義》的又一抄本，不贅舉。

還有相當一部分釋文爲《慧苑音義》之縮寫，只是省略了出典。如：

嚴麗：上，莊也。下，著也。（《私記》經第一卷）
嚴麗：王逸注《楚辭》曰：嚴，莊也。《小雅》曰：麗，著也。（《慧苑音義》卷一）

②《私記》也有基本抄自大治本《新音義》的情況，如：

或馳上高山：与馳驅字同。去虞反。疾也。馬馳也。古文爲歐。（《私記》經第六十六卷）

或駈上高山：上驅字同。去虞反。疾也。馬馳也。摯也。古文爲歐字。（大治本第六十六卷）

③兩種音義皆參考。一般先根據《慧苑音義》，但省略書證出典之名；接著根據大治本《新音義》，其中的"一音義云"即與大治本《新音義》祖本相當。如：

廛：音義作㕓字，除連反，謂市物邸舍也，謂停估客坊邪（邸）①也。《尚書大傳》曰：八家爲鄰，三鄰爲明（朋）②，三明爲里，五里爲邑，此虞憂（夏）③之制也。又一音義作㕓店。上除連反，謂城邑之居也。店又與帖④同，都念反。（《私記》經第六十七卷）

㕓店鄰里：㕓，除連反。鄭注《禮》曰：㕓謂市物舍也，謂停估客坊邸也。《尚書大傳》曰：八家爲鄰，三鄰爲朋，三朋爲里，五里爲邑，此虞夏之制也。廛字經本從厂作者謬也。（《慧苑音義》卷下）

---

① 《私記》"邪"寫作"邪"，當爲"邸"字之訛，此條"邸舍"之"邸"寫作"邸"，《慧苑音義》作"邸"。
② 旁有訂正小字"朋"。字形漫漶，但可看得出，爲"朋"字。
③ 旁有訂正小字"夏"。
④ "帖"應爲"坫"字之誤。

廛店：上除東①反。居也，謂城邑之居也。下又坫同，都念反。（大治本第六十七卷）

案：《私記》此條以單音節"廛"爲辭目，釋文參考慧苑説。而後半部參考的"又一音義"，即大治本《新音義》，釋"廛""店"二字。這種引用順序並無定規，也有先取大治本《新音義》，後用《慧苑音義》之例。如：

接我唇吻：接正可作唼字，與师喉字同。子盍反。入口曰哂。倭言須布，唇口也。吻②，無粉反，謂唇兩角頭邊也。口左岐良。（《私記》經第六十八卷）

接我唇吻：上應作唼字，與师噢字同。子盍反，入口曰哂，倭言須布。（大治本第六十八卷）

案：大治本無"吻"字之註。故《私記》作者根據《慧苑音義》添加"吻，無粉反。《蒼頡篇》曰：吻謂唇兩角頭邊也"之釋。

（三）附和訓與和名

與玄應、慧苑等人所撰音義相較，其最大差別，或者説最能體現《私記》内容特色的，就是此書中的"和訓與和名鈔"。竺徹定曾經指出，《私記》因爲"注腳中往往附和訓與和名"，"所以名《私記》也"③。用萬葉假名標註和訓内容，是日本人早期撰寫佛經音義的重要標誌。儘管《私記》中有一部分和訓内容來自大治本《新音義》，然其數量卻遠比後者要多。④主要有以下形式：

①參考大治本《新音義》，用"倭言……"，如：

階墀軒檻：墀，除尼反。（略）又云塗地也。倭言尔波弥

---

① "東"應爲"連"字之誤。
② "吻"字大寫，另外標出。《私記》常有如此大小寫混淆之處。岡田希雄在其《解説》中早就指出。
③ 見小川本竺徹定之"跋"。
④ 大治本《新音義》共有和訓"十四項二十語"。《私記》有一百六十三條。岡田希雄有《新譯華嚴經音義私記倭訓攷》長文，詳密考證二書之和訓內容，可參考。

多。……（《私記》經第六十卷）

案：此即參考大治本《新音義》"墀"之和訓"倭言尔波弥知"。
《私記》作者也多將"倭言……"形式改成"倭云"或簡爲"言"等。如：

皆砌：上，古諧反。道也。上，進也，陛也。下，千計反。限也。倭云石太太美。（經第一卷）

案：此例我們在考述大治本《新音義》時已述及。此處《私記》參考大治本《新音義》，只是將其"倭言"改成"倭云"。
②除參考《新音義》用奈良時代常見的"倭言"體式外，小林芳規指出：《私記》中還存在著獨自纔有的"註釋之文"，如用"音……（川）訓……"形式的注文來標示和訓等。①

筆削：下音刪去也。刪，音讚，訓②波夫久。筆謂增益也。（經序）
摧殄：音最，川久太久。下徒典反，病也，盡也，威也。（經第一卷）
雨滴：下，音歒，川水粒也。（經第十三卷）

此類例甚夥。"訓"字後所標多爲日語之音或義。而且《私記》中"訓"多作"川"，小川本作"爪"。岡田希雄指出：《私記》用"川"作"訓"，是"略字"，即簡化字。而小川本多有後於"川"補"言"旁者。③

三、版本流傳

（一）小川家藏本

小川家藏本《私記》，雖非原本，卻是現存唯一傳本。此本最初應

---

① 參考小林芳規《解題》。《私記》中的"訓"皆作"川"，故也可寫作"音……川"。
② 此字原寫作"川"，後有人在"川"字左加一"言"旁，與原字組成"訓"字。
③ 岡田希雄：《解説》。

藏於東大寺。前已述及，上卷卷首有另加的附頁，記有"永延"之跋語，上有"馬道手箱"四字。小林芳規《解題》考證"馬道"當爲人名，而東大寺所藏奈良時代如《華嚴略疏刊定記》卷十三等寫經封面附頁也有"馬道"之名，故由此也可推測蓋與東大寺有關。另外，此書兩卷卷尾均有"信"之陽刻朱印。岡田希雄指出東大寺所藏與《華嚴經》有關的古書上亦可見"信"之印章，然此印章加蓋於何時，卻難以判明。[①]

根據此本藏者之一，江户末明治初學僧竺徹定之跋語，此本曾爲"南京一乘院開祖定昭僧正[②]舊藏"，而卷上末尾左下也有墨書"僧之昭之本也"。"之昭"即"定昭"。由此可表明此書曾經僧人定昭[③]之手被收藏。定昭是平安時代中期真言宗僧人，住興福寺，天禄元年（970）於興福寺創一乘院，天元二年（979）昇任大僧都。當時日本首都已從長岡遷至平安新京。長岡、平安的二次遷都，並未將號稱"南都七大寺"的東大寺、法隆寺、興福寺、元興寺、大安寺、西大寺、藥師寺遷往新京，故奈良寫經生所寫的古經應還保存在舊都平城京（南京）的各大寺院中。此蓋爲"僧之昭之本也"之較爲合理的解釋，亦可作爲判別此本應早於平安時代之佐證之一。

（二）貴重圖書影本刊行會複製本

小川家藏本《私記》於昭和六年（1931）被指定爲日本國寶。[④]昭和十四年（1939）十二月十五日，由貴重圖書影本刊行會複製刊行，岡田希雄[⑤]爲其撰寫《新譯華嚴經音義私記解說》（以下簡稱《解說》）。此即以上水谷《書目》所記"029"。

（三）墨緣堂複製本

日本大正年間，中國民國時期羅振玉在日本發現此本，"以爲驚人

---

① 岡田希雄：《解說》。
② 僧正：日本僧官名。
③ 定昭（906—983），也寫作"定照"，或稱"嵯峨僧都""一乘院僧都"等。其父爲左大臣藤原師尹。定昭出家後曾於興福寺隨忍敎修習法相宗，受灌頂後，任大覺寺別當。966年昇任權律師、979年昇任大僧都。另外還曾歷任東寺長者、興福寺別當、金剛峯寺座主等。970年創建興福寺一乘院。
④ 文部省編：《日本國寶全集》第五十五輯［日本國寶全集刊行會，昭和七年（1932）5月］有極爲簡短（僅40字）之解說。
⑤ 岡田希雄（1898—1942），日本著名國文學者、國語學者。昭和十六年（1941）任立命館大學文學部教授，翌年（昭和十七年），46歲即英年早逝。自大正十年（1921）至昭和十七年（1942），共發表國文學、國語學研究相關論著多達一百六十餘種。

祕笈"，①故經其手借回中國，民國二十九年（1940）②由墨緣堂影印出版，題名爲《古寫本華嚴音義》。③該書正文前有羅振玉親筆書寫之序，詳述影印刊行此書之始末。此即爲以上水谷《書目》所記"028"。

2011年1月美國密西根大學圖書館④曾將墨緣堂複製本在網絡公刊，⑤然誤其作者爲中國唐代僧人慧苑。⑥

（四）古典研究會整理本

日本古典研究會整理收録於《古辭書音義集成》第一册，昭和五十三年（1978）由汲古書院出版，昭和六十三年（1988）第二次印刷。汲古書院版除有全書影印外，尚有小林芳規所撰《新譯花嚴經音義私記解題》（以下簡稱《解題》）、石塚晴通所作索引，使用非常方便。此兩次刊行已在水谷《書目》之後，故未曾提及。

（五）鳳凰出版社整理本

2014年5月，鳳凰出版社出版了苗昱、梁曉虹的《〈新譯大方廣佛華嚴經音義私記〉整理研究》一書。此本第一次將《私記》全文録入，并加以校注整理。爲方便研究者使用，還將墨緣堂影印《古寫本華嚴音義》重新翻印，并增添了1939年貴重圖書影本刊行會複製的五篇序跋，目的就是希望有更多的中國學者能充分利用這一珍貴資料，亦爲實現羅振玉先生遺願，能更廣地使其"傳之藝林""流傳人間"。⑦

---

① 見羅振玉《序》。
② 根據羅《序》，可知20世紀初，羅振玉曾由内藤湖南（1866—1934，日本歷史學家）博士陪同造訪小川家，得見此本，"與湖南皆以爲驚人祕笈，因與商寫影以傳之藝林"，並得到小川簡齋先生"慨然允諾"。但後由"歐戰後疫癘起"等因回國而未果。二十年後經羽田大學校長介紹，又至小川家，"重申前約，再得請"，從而有在中國影印出版之機緣。
③ 水谷先生在括號中標出"記憶中題簽似爲《唐鈔本華嚴經音義》"。
④ the University of Michigan Library。
⑤ Reprints from the collection of the University of Michigan Library。
⑥ 其作者名爲"Huiyuan"，即"慧苑"之拼音。而且需要指出的是，現所通行的《佛學大辭典》皆將此本誤認爲是《慧苑音義》的另一古寫本，如《佛光大辭典》"新譯大方廣佛華嚴經音義"條即如此説。此説有誤。此非《慧苑音義》的另一古寫本，而系日僧爲《新譯大方廣佛華嚴經音義》新編的音義。
⑦ 參考墨緣堂本羅振玉序。

四、學術價值

——以漢字研究爲中心

小川家藏本《私記》早在昭和六年（1931）就被指定爲日本國寶。不僅因爲其撰著與抄寫時間久遠，且爲舉世"孤本"，還因爲其具有很高的資料價值，早就引起學術界的關注，日本學者對其非常重視，從各個不同角度對其進行研究，所得成果頗豐。主要體現於以下方面。

（一）作爲日本國語史研究的重要資料

小川本《私記》收藏者之一笠徹定[①]曾撰跋語指出"註腳中往往附和訓與和名鈔，稍有異同，所以名私記也"。這既說明了稱其爲《私記》之因，也指出《私記》的重要特色，多有"和訓與和名鈔"。而這正是其作爲日本語言文字歷史研究的所具有的價值所在。

《私記》產生的年代，日本文字儘管尚未產生，但在漢字文化的觸發下，日語發展的歷史已經拉開序幕。最爲明顯的就是以漢字爲音符的"萬葉假名"已經產生，故而對"萬葉假名"之研究也就成爲日本語言文字史研究的最初階段。

用萬葉假名標註和訓內容，是早期日僧撰寫佛經音義的重要標志。如一卷本《四分律音義》儘管內容基本與《玄應音義》中《四分律音義》相同，然因有用萬葉假名標明和訓的部分，故被認爲屬於出自日僧之手的"和風化"音義而受學界注目。川瀨一馬甚至認爲：日本人佛經音義撰述之萌芽即由此開始。[②]三保忠夫也指出奈良時代平備所撰《法華經音義》二卷，或許就包含和訓；[③]行信與法進各自所撰《最勝王經音義》亦存有和訓；[④]而石山寺本《大般若經音義》（中卷），其注文之後，亦間有萬葉假名之注；[⑤]大治本《新音義》中也有作爲"倭言"萬葉假名的和訓

[①] 笠徹定（1814—1891），又號松翁、古溪、杞憂道人、古經堂主等，江戶末明治初學僧，本書收藏者之一。徹定甚愛古經，所藏古經甚夥，撰述亦豐，有《古經題跋》二卷、《續古經題跋》一卷、《譯場列位》一卷、《增補蓮門經籍錄》二卷（文雄原撰，笠徹定增補）等著作。（參考岡田希雄《解說》）

[②] 川瀨一馬：《增訂古辭書の研究》，第14頁。

[③] 三保忠夫：《元興寺信行撰述の音義》，東京大學國語國文學會《國語と國文學》1974年第六期。

[④] 參考三保忠夫《大治本新華嚴經音義の撰述と背景》，《南都佛教》第三十三號，昭和四十九年（1974）版。

[⑤] 共十二項十三語。

第二章　華嚴部音義

十四項二十語。三保忠夫還指出，奈良朝時期，佛經音義集中出現，其中存在和訓內容，這不僅是佛教文化史，也是與佛書訓讀密切相關的國語史上值得注目的現象。①而在這些日本早期，或者説古代佛經音義中，《私記》不僅是現存卷帙最爲完整的一部，也是和訓內容最爲豐富的一部，故被日本國語學界奉爲珍寶。我們簡舉以下二例。

例一：《經序音義》中有"苞括"條，不見《慧苑音義》與大治本《新音義》。《私記》主要參考《玉篇》等資料釋"苞"字，然"裹又裏同，倭言都都牟"之和訓，卻應爲《私記》作者所加。"倭言都都牟"，根據岡田《倭訓攷》，假名作"ツツム"。"裹"與"裏"皆當爲"裹"之俗字。"裹"字訓"ツツム"，《萬葉集》中並不少見。②

例二：《私記・經第十七卷》中有"喉吻"條釋曰："下，无粉反。口邊也，脣兩邊也。上音吳③，訓乃美土。""乃美土"即爲和訓，據岡田《倭訓攷》，假名作"ノミド"。"ノミド"爲"のど"（喉）之古語。《国語大辞典》《広辞苑》等辭書"のみ－ど"（喉・咽）條下書證資料，正用《私記》此例。實際上，我們在整理《私記》時，已經發現其和訓內容多被《国語大辞典》等大型辭書作爲書證資料，有一部分還是作爲最早出典而使用，可見其在日語國語史研究中的地位。

《私記》中所存和訓，儘管有一部分來自大治本《新音義》祖本，但《私記》之和訓內容遠多於《新音義》。根據岡田希雄《新譯華嚴經音義私記倭訓攷》④，共有一百六十三條，數量上遠多於以上所舉同時期其他佛經音義。日語史上，可信賴的和訓資料，至今尚確存在者甚少，有一些只能從《私記》中尋及其蹤迹。白藤禮幸也指出：和訓有一百六十餘項，加之以不同語詞，共一百七十有餘。其中不見古代他處之語共有九十一。這對日本漢字字音史和語彙史研究是極爲貴重的資料。⑤實際上，筆者在整理這些內容時就發現，日本《國語大辭典》中有些字詞之書證資料就出自《私記》。《私記》不僅和訓內容遠多於大治本《新音義》，大部分還有其獨自的表示

---

① 三保忠夫：《元興寺信行撰述の音義》。
② 參考岡田希雄《倭訓攷》。
③ "吳"是"喉"字日語音讀，二字吳音同爲"グ"。
④ 《國語國文》第十一卷三號，昭和十六年（1941）3月版，昭和三十七年（1962）8月再刊。
⑤ 國語學會編：《国語史資料集―図録と解説―》NO.10《新譯華嚴經音義私記》（白藤禮幸），武藏野書院昭和五十一年（1976）版。

方法，小林芳規在其《解題》中已有論述。由此不難看出《私記》在日本國語史研究，特別是奈良時期語言研究中所具有的重要價值。

（二）作爲漢語音韻研究的珍貴資料

李無未指出：日本漢語音韻學研究，經1200年左右的時間已經形成了獨有的學術傳統。其重要特點是從訓釋漢字讀音入手，從而展開一系列學術研究，賦予了漢語音韻學以日本"漢字音"的豐富内涵，"漢字音"成爲漢語音韻學研究的重心所在。日本漢字發展與漢語語音變化有著十分密切的關係，有的是同步的，有的不是同步的，這就需要人們不斷加以深入認識。日本漢字音研究與中國漢語音韻學研究的結合，使得日本漢語音韻學研究具有了無限的生命力，反過來説，又豐富了漢語音韻學的内涵。[①]而日本漢語音韻學的研究資料也非常豐富，異彩紛呈，其中音義書是極爲重要的一種，特別是日本僧人所撰述的音義以及具有"和風化"，即早期日本僧人在中國傳來音義基礎上加工而成者。現存多種奈良、平安時代古寫本音義書，是古代日本學者對漢字音研究的直接成果，爲後人考訂日本漢字音系統提供了第一手資料。

《私記》作爲現存最早的音義書，又出自日僧之手，除參考《慧苑音義》、大治本《新音義》祖本以及梁顧野王《玉篇》、唐釋玄應的《衆經音義》外，其中還有相當部分屬於撰者自己的注文。這些注文標有和訓與和音，且爲數不少。這些和訓内容以及音注資料，已引起日本學者的極大關注，多有研究，成果豐碩。例如《私記》的注音方式有反切形式以及直音注。日本學者對這些注音方式有嚴格的考證，而我們利用這些資料，可以進一步深入地研究漢語音韻。因爲《私記》能間接提供漢語音韻研究的寶貴資料，豐富漢語音韻學的内涵。而有關這一方面的研究，日本有如吉田金彦《新譯華嚴經音義私記の反切について》[②]、鈴木真喜男《新譯華嚴經音義私記の直音注》[③]、白藤禮幸《上代文獻に見える字音注について（四）—新譯華嚴經音義私記の場合—》[④]、小倉肇《新譯華嚴經音義私記の同音注（上）—聲母について—》[⑤]和《新譯華嚴經音義私記の同

[①] 李無未：《日本傳統漢語音韻學研究的特點》，《廈門大學學報》2007年11月第六期。
[②] 《靜岡女子短期大學紀要》第三號，昭和三十一年（1956）12月版。
[③] 《文藝と思想》第十八號，昭和三十四年（1959）11月版。
[④] 《茨城大學人文學部紀要文學科論集》第五號，昭和四十七年（1972）2月版。
[⑤] 《弘前大學教育部紀要》第三八號，昭和五十二年（1977）9月版。

第二章　華嚴部音義　　　　　　　　　　　113

音字注（下）—韻母・声調について—》①、清水史《小川本新譯華嚴經音義私記音注攷—その資料的分析と整理（一）・（二）—》②等研究成果。中國也有李無未、苗昱等學者對此有所關注。前者在其論著中多有指出《私記》在日本漢語音韻學史研究中的價值，後者則有《日寫本〈新譯華嚴經音義私記〉注音研究》等文。③這些對《私記》的反切、直音注、字音注等進行整理分析，考證研究、結論則是《私記》在古代日語音韻研究、漢語音韻研究上具有重要價值。其音注的實際狀態在日本漢字音史所上起到的作用，將是今後研究的重大課題，其中還有很多個別問題值得討論。④有部分內容還可以作爲考察中國漢字音和國語（日語）漢字音的接觸點，⑤有助於對日本漢字音和漢語音韻展開進一步深入研究。所以我們可以認爲：以《私記》爲代表的早期佛經音義書代表了當時學者對漢字音研究的直接成果，爲後人考訂日本漢字音系統提供了第一手資料，而這些對漢語音韻研究也有著較大的參考作用。

（三）作爲古籍整理的研究資料

作爲古籍整理的研究資料，我們主要從以下兩方面考察。

1. 《私記》是古寫本《華嚴經》經本文研究的珍貴資料

《私記》撰於奈良朝，小川本又寫於同時代，故而成爲研究當時佛經文本的極好資料。《私記》並非如同一般佛經音義，主要對字詞加以辨音釋義，還有許多自己的特色，如其中收錄經句，還添加了與舊譯六十卷《華嚴經》的文字、譯語、本文、品名等的比較。其中在每品前皆有新、舊譯《華嚴》之品名解說與對比就是顯著特色。⑥

　　經第八卷花藏世界品第五之一：第八、九、十亦如前品，文有名无。經云"尒時普賢菩薩，乃至此花藏世界海，是毗盧舍那如來往

---

　①　《弘前大學教育部紀要》第三九號，昭和五十三年（1978）2月版。
　②　《野州國文學》二一、二三號，昭和五十三年（1978）3月版、五十四年（1979）2月版。
　③　徐時儀、陳五雲、梁曉虹編：《佛經音義研究——第二屆佛經音義研究國際學術研討會論文集》，鳳凰出版社2011年版，第30—44頁（又此文還作爲"附錄"被收於苗昱、梁曉虹《〈新譯華嚴經音義私記〉整理研究》一書的第497—518頁）。
　④　見清水史《小川本新譯華嚴經音義私記注音攷—その資料的分析と整理》。
　⑤　白藤禮幸有《上代文獻に見える字音注について（四）—〈新譯華嚴經音義私記〉の場合》，《茨城大學人文學部紀要・文學科論集・通號4號》1970年12月版。
　⑥　只是大治本《新音義》集中於經文音義後，而且內容也有所不同。

昔淨修大願之所嚴淨"等。舊本第四卷初云"佛子當知此蓮花藏世界海金對（剛）圍山，依蓮花日寶王地住之"。①（經卷第八）

又如：《私記》釋文中常添加經句，有些與今本所傳《華嚴經》有異：

埊：地。世界種名"妙間錯因陁羅網"，普賢地所生音聲為體。（卷第九）

案：此句爲"埊"字所出現的經文，表明經文中的"地"字寫作則天新字"埊"。此句經文與今傳本略有出入，《大正藏》本此句作"世界種名妙寶間錯因陀羅網，普賢智所生音聲爲體"。

再如：《私記》釋文中多次出現"古經云"。所謂"古經"即指舊譯《華嚴》：

邊咒語〈咒〉②：古經云"鬼神邊地語"。佐比豆利③。
直語者：古經云"正語"也。
天密語：古云"天語"也。

諸如此類，對考探當時古寫本新、舊譯《華嚴經》之原貌，具有較大的參考作用。

又如，《私記》中多處出現"則天文字"，這已成爲此書用字特色之一。而我們現今一般所見通行版八十卷《華嚴經》與《慧苑音義》卻已不見"則天文字"蹤影。但是武則天與華嚴宗關係密切，她親自參與並組織了由實叉難陀主持的八十卷本《華嚴經》的翻譯，並爲之作《大周新譯大方廣佛華嚴經序》。故而，唐寫本《華嚴經》一定會有則天文字。日本所存古寫本《華嚴經》中還能見到則天文字。大坪併治就指出：石山寺本《華嚴經》的本文中，有一個應該值得注意的地方，即爲多用則

---

① 大治本《新音義》"花藏世界品"條："第八、九、十亦如前品，文有名无。世尊往昔修諸淨業，獲得花藏莊嚴世界等。"
② 此辭目出自經卷十四"或邊咒語說四諦"，故末一"咒"字衍。
③ 此爲"邊咒語"之和訓。

天文字。①他還以卷七十五爲例，指出所出現的則天文字有：人（𤯔）、國（圀）、地（埊）、證（𧱟）、初（𡔈）、正（𣥔）、臣（𢘑）、月（𠀅）、日（☉）、授（𢰝）、聖（𦕩）、星（○）。②另外，藏於京都国立博物館的唐寫本八十卷《華嚴經》第八卷中也使用了則天文字。③而《私記》用字特色之一，即出現了五十餘處的"則天文字"。根據大坪併治的研究，石山寺本《華嚴經》中所用則天文字字數、字形與大治本《新音義》及《私記》基本相同。儘管我們並不能確認石山寺本即爲兩位音義作者所用底本，但可見當時流通版之一斑。

小川本《私記》之書寫，被認爲應在奈良朝末期，距《慧苑音義》傳入日本並不久遠。儘管其中脫字、衍字、訛字等錯誤很多，但作爲唯一傳本，是考探其原本，甚而至於《慧苑音義》的貴重資料。小林芳規指出：日本現存古寫本《慧苑音義》，有石山寺舊藏的安元元年（1175）寫本（卷上）與應保二年（1162）寫本（卷下），其中也有很多誤寫，像是一種不考慮文義的摹寫，私自修改處很少，如此反倒更能呈現其底本之實態。④

2.《私記》是發掘原本《玉篇》等古代字書籍佚文的新資料

佛經音義本身就屬於傳統訓詁體式——傳注之學發展的結果。作爲解釋佛經中字詞音義的訓詁學著作，是中國傳統文獻中的瑰寶，內容包含甚廣，保存了當時所傳古代典籍的原貌，長期以來深受訓詁學界的重視。儘管《私記》爲日僧所撰，而且引用《慧苑音義》時還多省略出典，然仍多秉承中國古代佛經音義特色，廣引古籍，尤其是文字、聲韻之書，對所錄字詞進行辨音釋義。根據清水史《小川本新譯華嚴經音義私記音注攷——その資料的分析と整理（一）》之文，可知《私記》實際所用資料範圍也很廣，直接引用的資料就有《慧苑音義》、大治本《新音義》、《玄應音

---

① 《石山寺〈大方廣佛華嚴經〉古點の國語學的研究》，風間書房平成四年（1992）版，第5頁。

② 石山寺藏有新譯八十卷本《大方廣佛華嚴經》中的七十八卷。築島裕先生也指出：石山寺經文中多見則天文字，是應該引起注意的文獻。七十八卷中，有五十五卷爲奈良時代所寫，二卷寫於平安初期，另有二十一卷是室町時代的寫經［參考築島裕《石山寺經藏の古訓點本について》，載石山寺文化財綜合調查團《石山寺經の研究——一切經篇—》，法藏館昭和五十三年（1978）版］。

③ 此本被認爲是唐寫本，寫於8世紀初期，很早就傳到日本，其中有則天文字。其字筆鋒端正，頗顯唐風。

④ 小林芳規：《解題》。

義》《玉篇》和《切韻》五種，還有其他一些未舉出典之名的資料。

《玉篇》爲南朝梁顧野王所撰的專門訓詁學字書，共三十卷。每字下先注反切，再引群書訓詁，解說頗爲詳細。其引證説解，具有極高的訓詁價值。《玉篇》在唐宋間多次修訂、增補，流傳至今的《大廣益會玉篇》已遠失其"本來面目"。野王原本今只存殘卷，皮藏日本。自清末年間，黎庶昌、罗振玉在日本先後发现部分《玉篇》残卷，日本所存相關《玉篇》資料，就愈來愈爲學界所關注。其中，又以平安時代由空海大師根據《玉篇》所編撰之《篆隸萬象名義》爲最。《篆隸萬象名義》之分部列字與《玉篇》殘卷相合，所收字數亦與顧野王《玉篇》相當，注文中訓釋文字之義項也基本相同，只是删去了原書所引經傳及顧野王按語。此書爲我們窺見顧氏《玉篇》原貌提供了極爲重要的依據與參考，也成爲學界研究《玉篇》原本的重要資料。

然而，在日本，除了《篆隸萬象名義》這樣幾乎可作爲《玉篇》原本使用的珍貴資料外，值得注意的是：奈良時代日僧所撰佛經音義中尚有原本《玉篇》之蹤迹，通過爬梳扶剔，可成爲原本《玉篇》研究的新資料。如《私記》卷八：

　　岸　魚韓反。視漼浚而水浧（深）①者，爲岸也。崖，牛佳反。高邊也。岸𣲖，牛割二反。高也。

以上釋文中"岸𣲖，牛割二反"一句中𣲖字頗難。井野口孝在其《新譯華嚴經音義私記の訓詁—原本系《玉篇》の利用—》一文中根據《玉篇》殘卷二二"屵"部起初連續記有"屵""崖""岸"三字而推定《私記》之注文應爲其逆"岸""崖""屵"之結果。故而，"岸𣲖，牛割二反"應爲（屵），牛築（桀）、牛割二反。"岸"字是"屵"與"牛"字誤寫一字所致。②井野口孝通過豐富的舉例考證，指出《私記》中除去倭訓和倭音注等，具有"形、音、義"，且屬《私記》獨自的釋文共有一二四條，其中可據《玉篇》認定的有九三條，據《玄應音義》認定

---

① "浧"當爲"没"，《私記》經卷二三"没溺"條之"没"作"浧"，可參。"没"字於意不通，當爲"深"字之訛，故改。

② 大阪市立大學《文學史研究》第15號，昭和四十九年（1974）7月版。

的有八條，據《玉篇》或《玄音音義》認定的有十一條，另外，還有十二條出處不明。由此可知，《私記》之注文，在難以從"先行音義"①找到依據的情況下，將近有九成可根據《玉篇》得以認定。

除此，井野口孝還有《新譯華嚴經音義私記所引〈玉篇〉佚文（資料）》一文，②調查《私記》中所見原本系《玉篇》佚文，並以資料的形式公佈發表，共有一百條。③這就更進一步以實例說明從《私記》中發掘出的佚文對《玉篇》的深入研究有很大幫助。當然，此特色並非《私記》所獨有，作爲同一時代的大治本《新音義》（祖本）之作者也同樣利用了作爲訓詁名著的原本《玉篇》。④而與《私記》、大治本《新音義》差不多同一時期成立的石山寺本《大般若經音義》（中卷）亦有此特色。如此，早期佛經音義中大量對《玉篇》的利用，促進了空海所撰《篆隸萬象名義》的成立，具有"導佚先路"的作用。

井野口孝的研究成果爲學界進一步深入研究原本系《玉篇》給出了啓示。而他還在《新譯華嚴經音義私記所引〈玉篇〉佚文（資料）》中指出：《玉篇》佚文之蒐集，其對象不能僅限於《玉篇》或明記有"顧野王"的資料，當然還應參考比較如《玉篇》殘卷，以及可稱之爲《玉篇》簡約版的《篆隸萬象名義》、岡井慎吾的《玉篇の研究》、馬渕和夫《玉篇佚文補正》等資料及研究成果，另外《玉篇》文體所具有的特徵，如書名與其本文以及註文列舉（"亦爲某字，某字在某部"等）也應重視。

當然，不僅是對《玉篇》，對考訂其他古籍佚文也是重要資料。小川本《私記》後附清朝文人金邠之跋⑤指出：

----

① 如《慧苑音義》等。
② 愛知大學《國文學》二四、二五號，昭和六十年（1985）3月版。
③ 其中實際共87例，加之13例"存疑"，共100例。
④ 井野口孝曾撰《大治本〈新華嚴經音義〉所引〈玉篇〉佚文（資料）》一文，認爲大治本《新音義》在注釋漢字形音義之際，利用並參照了玄應的《一切經音義》、原本系《玉篇》以及《桂苑珠叢》等工具書。作者先後發表了兩篇文章，連續將調查大治本中所見的原本系《玉篇》的佚文，以資料的形式公佈發表，共有166個字。愛知大學《國文學》第32號、第33號，平成四年、五年（1992、1993）。
⑤ 小川本《私記》除有收藏者竺徹定之《跋》外，其後尚有三位中國清朝文人士夫之"跋語"。三人爲金邠、何如璋、張斯桂。其中何如璋（1838—1891）爲清代首任駐日公使、欽差大臣；張斯桂（1816—1888）爲首任副使。光緒三年十一月（1877年10月），正使何如璋與副使張斯桂率從官十餘人一行乘船東渡日本，成爲晚清國人真正赴日本調查、學習之濫觴。另一位金邠（字望橋，號瘦山。室名觀澗閣。江蘇金山人）則爲清末名士，善詩書亦工書，曾遊歷東瀛，爲竺徹定所藏書，如《古經題跋》等撰寫過序跋。小川本《私記》這三篇跋語對《私記》皆贊嘆有餘。

> 此書與玄應《衆經音義》，近世極重之。以其不僅解釋經，而中所引多古書之亡佚。並世傳刻本之誤謬，皆可資博覽考証。惜其沉薶釋藏，讀者無人，而多聞者不知，未嘗不嘅歎也。

此語甚恰，可作參考。

（四）作爲漢字研究的寶貴資料

小川本《私記》儘管非原本，卻是唯一"孤本"，且其書寫年代據原本並不久遠，故而其用字應爲當時寫本文字實貌之縮影。《私記》作爲日本現存最古之寫本佛經音義之一，在漢字研究方面具有重要價值，深受學界矚目。早年岡井慎吾博士的《日本漢字學》[①]就將《私記》與《四分律音義》列爲"上世篇"的重要材料之一。本書將日本佛經音義作爲漢字資料來研究，所以對其漢字展開研討是我們考論的重點。而《私記》從書寫方面來看，文字結體緊湊而峻秀，富於美感；字體端正，筆力遒勁，確實是可以作爲楷書標準的研究文本。羅振玉先生在將小川本《私記》借回中國在墨緣堂影印出版時所寫跋語中贊嘆：

> 古寫本《華嚴經音義》二卷，書迹古健，千年前物也。中多引古字書，而間載倭名，知爲彼土學者所作，非慧菀箸也。與湖南[②]皆以爲驚人祕笈。

清末文人金邠也曾爲小川本撰寫二跋，指出：

> 字體結構又頗似北朝，多從北魏所造（所）之別體。與公所藏魏陶仵虎《菩薩處胎經》宛然大同。又有武后所製字，必出於唐寫本也。披覽之下，但覺字裏行間，古氣遒上，清跋無前。

小川本的收藏者竺徹定也有跋語：

[①] 東京明治書院昭和九年（1934）9月初版，昭和十年（1935）10月再版。
[②] 内藤湖南（1866—1934），日本著名歷史學家。深受中國乾嘉樸學影響，一生致力於歷史學研究，並旁及其他學科，學問淵博。

音義與宋元諸本不同，有則天新字廿五，又法作泫，染作㴩，寂作寍，徍作㣲可以證古文字矣。金石文字考云：唐人日曰二字同一書法，宋以後始以方爲曰、長者爲日，而古意失矣。此本亦有此類。①

三位大家對《私記》之評價，可歸納爲以下三點：第一，書風書體彰顯古風，呈千年前（中國唐朝，日本神龜、天平）寫本古貌；第二，其中所含則天文字、"日曰同書"等內容，可證其與宋元本有明顯不同，確爲千年之物；第三，其中含有豐富的別體俗字，是研究中國唐以前文字的珍貴資料。這些特色，已爲學界所矚目，筆者也曾做過專門考察，②但在此還是想從以下三方面加以強調。

1. 小川本《私記》彰顯唐風，能呈現唐代用字的某些實貌

《私記》撰於奈良朝，小川本的書寫時間也被認爲在奈良朝末，相當於唐朝開寶年間前後，作爲寫本保留至今，實在是極爲珍貴的資料。儘管出於日本寫經生之筆，卻彰顯唐風，能呈現唐代用字的某些實貌。我們可以從以下三方面考察。

（1）以"日曰同書"爲例考察唐代用字現象

《私記》藏者之一竺徹定指出："《金石文考》云：唐人日曰二字同一書法，宋以後始以方爲曰，長者爲日，而古意失矣。此本亦有此類。"③徹定所舉《金石文考》爲清代金石學家李光暎（？—1736）《金石文考略》。其卷十二指出："唐人日曰二字同一書法。惟曰字左角稍缺。石經日字皆作日，此碑④及玄奘塔銘亦然。故陸氏《釋文》於九經中遇二字可疑者即加音切。宋以後始以方者爲曰，長者爲日，而古意失矣。"而其中所言"唐人日曰二字同一書法"實際出自明末清初大儒顧炎武（1613—1682）之《金石文字記》卷四。兩位清代金石大家是通過考證金石文字材料《內侍李輔光墓誌》和《玄奘塔銘》以及石經等而提出"唐

---

① 見此本藏者之一竺徹定所作之跋。
② 梁曉虹、陳五雲、苗昱合作出版有：《〈新譯華嚴經音義私記〉俗字研究》（臺灣花木蘭文化出版社2014年版）。又梁曉虹《日本古寫本單經音義與漢字研究》（中華書局2015年版）第三章與第四章也有相關內容。
③ 見此本藏者之一竺徹定所作之跋。
④ 《內侍李輔光墓誌》。

人曰曰二字同一書法"之現象的。① 而在作爲紙本手寫資料的《私記》中，我們不僅也見到，而且是大量的。如：

①天道：言②曰月星辰、陰陽變化謂之天道。《易》曰"軋（乾）道變易"是也。（經序）

②昱：二字誤作一處。曰，曰字。下出字耳。（經第十一卷）

③煢獨嬴頓：煢，又作嫈字。下經文爲㥻，㥻字並同。渠營反。无父曰孫（孤）③也，无子曰獨也，无兄弟爲煢。煢，單也。煢煢，无所依也。（經第廿一卷）

④印璽：璽，斯尒反。印也，或曰書也，信也。國今曰即位曰神進（進神）④璽，是也。（經第卅六卷）

⑤譬如曰月⑤男子女人⑥舍宅山林河泉等物，舊經曰云譬如電或曰或月山樹男女室宅宅墻壁大地流水等，皆悉能照令明淨故……（經卷第四十四）

以上，例①前"曰"爲"日"，後"曰"爲"曰"；例②"曰"爲"日"；例③二"曰"爲"曰"；例④前"曰"爲"日"，中"曰"爲"日"，後"曰"爲"曰"；例⑤前"曰"爲"日"，中"曰"爲"曰"⑦；而後"曰"又爲"日"。

從這些例子可以看出，《私記》中"日""曰"同書現象，頗爲明顯。這種現今已多於出土墓誌或碑碣石刻才能窺見的現象，通過小川本《私記》再次生動地呈現於我們面前，由此不難判斷出《私記》祖本或小川本確出於奈良古朝。此可爲《私記》用字呈現唐風例證之一。

關於唐人"日曰同書"現象，前人只是發現並指出，然並未詮釋其因。我們認爲這一現象應該有其合理演變之過程。應該注意兩個方面。其一，唐代楷書（包括碑上文字）沿襲漢碑，隸書呈扁方形，其"日曰"二

---

① 筆者也調查過唐代墓誌，發現確有此現象。
② "言"與下文"謂之"意義重複，《慧苑音義》無"言"字。
③ 疑"孫"爲"孤"字之訛，《說文・子部》："孤，無父也。"
④ 《私記》"神進"二字右側行間貼有小字"進神"。
⑤ 原爲則天文字，此處改爲正字。
⑥ 同上。
⑦ 此處"曰""云"義同，有衍文。

字應不分，唐代楷書因之，故亦不分，加之碑字都是先書後刻，帶有一定的個人習慣，很難作统一的區分。其二，五代以後，刻書流行，因刻書而發生"日曰"形同而義淆的問題，尤其是後世出現活字及"洪武體"等，以字形的寬窄作爲區別成爲有效而易行的手段成爲約定。於是才將"日""曰"的分別固定下來。所以顧炎武是從研究金石文字才發現"唐人日曰同書"的；而"日曰分書"則應是新的傳播技術對文字的影響。唐代以後，大量"日曰分書"現象儘管體現了時代在文字上的進步，然對於漢字史研究，對於考證古文字的學者來説，卻希望見到歷史的真實面貌，而《私記》中"日曰"同書就爲我們還原了唐代這一用字現象，值得引起後人珍視。

（2）以"則天文字"爲例考察唐代造字實況

俗字是在長期的漢字使用過程中產生的，具有動態特性。人們雖很難爲某個漢字打上"唐代俗字"的烙印，但是我們卻可以肯定地説"則天文字"確是產生於有唐一代的俗字。

"則天文字"雖由朝廷正式頒佈通行，但通行時間並不長，可謂起於唐，亦滅於唐。[①]這既因爲跟政治有關，也因爲武則天所造字大多不合漢字自身發展規律，故難以久長。但無論如何，則天文字在武則天稱帝的十五年間（690—705）曾得以廣泛使用，現存很多當時的石刻、碑帖、墓誌銘中都有其蹤影，甚至敦煌文書中也多見。[②]而且儘管後由唐王朝頒佈，詔書通告天下廢除，但實際並未很快禁止，在一些地區仍流傳了一段時間。

則天文字很早就隨唐代大批典籍而漂洋過海到了日本。被認爲寫於武則天稱帝期間（690—705）的《王勃集》的唐朝原本，就於天雲四年（707）三月由遣唐副使巨勢朝臣邑治一行回國時攜回日本。現正倉院還藏有《王勃詩序》，已被定爲日本國寶，其中就多見則天文字。而筆者也曾對《私記》中的則天文字做過專門考察。[③]《私記》成立和抄寫的時間

---

① 儘管還偶有"則天文字"蹤迹，如"囝"字等，但已非造字之初本意。
② 可參考王三慶《敦煌寫卷中武后新字之調查研究》，《漢學研究》1986年12月第4卷第2期。其共録得武后新體字寫卷近三百號。
③ 梁曉虹：《奈良時代日僧所撰"華嚴音義"與則天文字研究》，中國社會科學院語言研究所歷史語言研究編輯部編《歷史語言研究》第四輯。又見筆者《日本古寫本單經音義與漢字研究》第三章《〈新譯華嚴經音義私記〉漢字研究篇——以則天文字爲中心》。

在武則天稱帝之後，但其中16個"則天新字"共出現五十餘處的實例，足可證明當因政權變換，江山交替而在中國大陸已經不見或少見的則天文字，在日本卻還存在，有些甚至甚至流傳了較長的時間。杉本つとむ所編日本異體字資料集大成著作《異體字研究資料集成》第一期和第二期以及最近才出版的井上辰雄所編的《日本難字異體字大字典》中皆有收錄。然多採集日本歷代所流傳的字書、韻書（其中包括如《可洪音義》等中國材料）等，屬於間接性材料。而《私記》中的則天文字，卻直接來自當時流傳的《華嚴經》或其他寫本材料，可以作爲我們反窺唐代造字實況的一個最生動的實例。

　　《私記》中的則天文字非常豐富。它們首先出現於《則天序音義》中，主要作爲正字資料；其次經文正文音義中也有收釋，實際也仍是作爲正字資料；最後還在行文中出現，或於辭目，或在釋文，然並非音義對象。以下，我們將其全部錄出，以概全貌。①

① 天—𠀑（經序）；𠀑（經第一卷）；水𠀑（經第十卷）；𠀑（經第六十卷）；婆樓那𠀑所（經第六十四卷）
② 君—𠁰（經序）
③ 初—𠁰（經序）；𠁰（經第十一卷）；暑退涼𠁰（經第十四卷）
④ 聖—𡈽（經序）；𡈽（經第十一卷）
⑤ 人—𤯔（經序）；斯𤯔（經第六卷）；𤯔（經第八卷）；木生久マ都（經第十三卷）；勸諸菩薩說与𤯔（經第十六卷）；譬如日月②男子女𤯔舍宅山林河泉等物（經第四十四卷）
⑥ 證—𡔷（經序）；𡔷（經第十一卷）
⑦ 地—𡊑（經序）；𡊑（經第一卷）；𡊑（經第九卷）；
⑧ 日—☉（經序）；☉（經第十一卷）
⑨ 月—𠁁（經序）；𠁁（經第一卷）；譬如日𠁁男子女人③舍宅山林河泉等物（經第四十四卷）

---

① 我們根據《私記·經序音義》中所出則天文字爲序。
② 此也本爲則天文字。參看下"月"字。
③ 此也本爲則天文字。請參看上"人"字。

第二章　華嚴部音義　　　　　　　　　　　　　　　123

⑩　　星—〇（經序）

⑪　　國—囗（經序）；謂臍聚囗也（經第五十八卷）

⑫　　年—𠆢（經序）；𠆢（經第十一卷）；𠆢方（經第廿一卷）

⑬　　正—𠩌（經序）；𠩌定（經第六卷）

⑭　　臣—大惡（經序）；惡（經第十一卷）；惡僕（經第廿一卷）；惡佐（經第六十九卷）

⑮　　授—𥙷記（經序）；𥙷記（經第十四卷）

⑯　　載—𢧵闌①（經序）；𢧵闌（經第六十五卷）

以上《私記》中共有則天文字16個，共出現43處，有的一處出現兩個字形，故實際出現有51處。②

此爲現今所傳單經音義中保存則天文字最多的資料。實際上，現今所存玄應的《衆經音義》、慧琳的《一切經音義》我們也未見有如此多的則天文字資料。這是值得引起重視的。作爲則天文字研究的資料，十分珍貴。我們主要可從以下兩點來考察。

第一，於《則天序音義》集中收錄則天文字，並以"一覽表"而呈現。

關於此點，筆者在前所述大治本《新音義》時已經涉及，這部分內容，實際是《私記》參考大治本《新音義》祖本，但有些字形有不同之處。③最初是《新音義》作者將這些則天文字與其他俗字集中收錄，作爲正字對象，並置於《經序音義》的。不過，大治本《新音義》將《經序音義》置於經文音義末，而《私記》則按照原經順序，放在起首部分。

第二，第一次以則天文字作爲音義對象

如果說《經序音義》中"一覽表"中16個"則天文字"是《新音義》的轉錄，那麼在《私記》正文中，出現了三十餘處則天文字內容，這卻是《私記》本身的特色與價值。又可以分成以下形式。

---

①　二字中間還有"二"。

②　有關《私記》中則天文字字數，初有竺徹定在其《跋》中指出"有則天新字廿五"；後苗昱博士在其博士學位論文中指出其中"有31處涉及到武則天造的字"。現經過我們重新統計認爲共有16個，51處涉及則天文字。當然也還可能有誤差，但50餘處應該可以肯定。

③　筆者已將字形全部摘出，讀者可以參考。

① 屬正字辭目，即不標出"音義"內容，大部分祇在辭目字下標出正體。如：

　　𠀾：天。（經第一卷）
　　𠀎：月。（同上）
　　王：人。（經第八卷）
　　坔：地。（經第九卷）
　　悪：臣字。（經第十一卷）
　　聖：聖字。（同上）
　　穚記：上授字。（經第十四卷）
　　暑退涼颷：……下初字。（同上）
　　勸諸菩薩説與王：マ（重字符），人字。（經第十六卷）

這種形式與《經序音義》"異體字一覽表"相同。如果説《經序音義》這一内容是參考《新音義》，那麽不難看出，這種形式對《私記》作者是有影響的，其已將這種體例運用於《私記》正文中，而且對象還是則天文字。

　　䄵：年字同。（同上）
　　莖塞：二同證字（同上）

以上二例用"某字同"或"同某字"的形式。也有一部分雖不出"音義"，但有簡單字體辨析内容，多指出爲"古文""古某字"或有極爲簡單的釋義與辨析。如：

　　鳳卣：古文初字。（經第十一卷）
　　禼定：上古文正正字。（經第六卷）
　　斯王，下古文人字。（同上）
　　水𠀾：下古文天字耳。（經第十卷）
　　𠦝𠦝，二古文，同今載字耳。（經第六十五卷）
　　𠀾：古天字。（經第六十卷）
　　悪僕：悪，臣字，云大臣。（經第二十一卷）

第二章　華嚴部音義　　　　　　　　　　　　　　　　　　125

　　以上并非全部内容，但也足以説明則天文字的豐富。這些字實際上已經在《經序音義》"異體字一覽表"中集中出現過，現作者在經文音義中再次收釋，這衹能説明其所見經文中又出現了則天文字，作者認爲這些字有一定難度，需要辨識，所以參考《新音義》之法，將其收録并加以辨正。

　　② 辭目中出現，然非音義對象。如：

　　婆樓那𰯼佛所：婆樓那者，此云水也。（經第六十四卷）

　　譬如日㔾男子女𡉵舍宅山林河泉等物：舊經曰云：譬如電，或日，或月，山樹，男女，室宅宅，①墻壁，大地，流水等，皆悉能照令明淨故...②（經卷第四十四）

　　以上兩條是多音節詞組、短語性辭目。上條參考《慧苑音義》，只是現今我們所見《慧苑音義》之各本"婆樓那天佛所"中"天"字皆作正字。《私記》雖不解釋"𰯼"，卻特意録出，或因此字前已多次有釋，但至少可證當時作者所見《華嚴經》六十四卷中，此字確爲則天文字。

　　下條解釋《新譯華嚴經》中之經句，故辭目長，字數多。這是《私記》收詞立目的特色之一。查檢《新譯華嚴經》卷四十四有"譬如日月、男子、女人、舍宅、山林、河泉等物，於油、於水、於身、於寶、於明鏡等清淨物中而現其影"③之句，實際上《私記》作者還對其後部分也一併作了解釋，因釋義過長，我們未將釋義引全。可能也因爲經句太長，《私記》也僅以"譬如日月、男子、女人、舍宅、山林、河泉等物"爲辭目。《私記》作者於此並非辨識字詞音義，而是引"舊經""新經"與"古經"等，詮釋經義。所以並未特意解釋句中所出現的則天文字"㔾"和"𡉵"以及其他俗字。

　　機關：木𡉵久▽都。（經第十三卷）

---

① 或有衍字"宅"。
② 此句乃《私記》新增之《新譯華嚴經》中之經句。其後尚有長釋，本處省略。
③ 《大正藏》第10册，233b。

此條"𡈼（人）"出現在釋義中。這屬於寫經生書寫之誤。岡田希雄在《解說》中指出："木𡈼"應是大小字相混而誤之例。即此條應爲四字辭目"機關木𡈼"。①"𡈼"爲"人"之則天文字。《華嚴經》經文中有"機關木人"，《慧苑音義》也是四字辭目"機關木人"，《私記》誤將辭目字置入註文。"機關木人"四字訓讀應爲"クグツ"②，即指木偶。

儘管《私記》與《新音義》兩種音義之《經序音義》中則天文字內容大致相同，可以視爲《私記》參考大治本《新音義》祖本，但經文音義中，《私記》還有三十餘處則天文字的內容，甚至在辭目或釋義中還不經意地出現了如"人""天"等"新字"，這既說明《華嚴經》經本文中則天文字多見之現象，另外也傳達出有些字已爲時人所熟悉並接受的信息。

當然，大治本《新音義》的音義正文中也有兩處則天文字的內容：

大𢙣（臣）（第十一卷）
𥡴（授）記（第十四卷）

此二字在《經序音義》"異體字一覽表"已經出現，只是"授"作"𥡴"，右下半部有異。"𥡴"右下半部爲"風"，"𥡴"右下半部之內實際爲"王"出頭而致。"𥡴""𥡴"皆爲通行則天文字。兩處則天文字皆屬於正字條目，既不注音也不釋義，只是在則天文字下注出通行字。藏中進認爲：大治三年（1128）年書寫大治本時，不少則天文字可能已經被改寫成通行字。由此更可見《私記》的價值。

武則天時代所撰述的佛經音義中收釋則天文字，本很正常。武則天護持佛教，武周時期寫經頗豐，後人撰寫音義時，將那些字形繁複，且多有訛變的則天文字作爲收釋對象，這是理所當然的。但遺憾的是，武周以後成立的《慧苑音義》《慧琳音義》以及《希麟音義》等佛經音義代表作，

---

① 《國語國文》，昭和三十七年（1962）9月刊之再刊本。
② 即"久マ都"。

皆少見，或可謂罕見此内容。①當然以收釋佛典難字爲本的《可洪音義》和《龍龕手鏡》中有一些關於則天文字的内容，但也頗爲零散，且因其本身是以"一切經"，抑或稱之"衆經"爲對象，卷帙遠超於《私記》，無法加以比較。我們只能説，《私記》這部中型的單經音義，且編撰於8世紀，經日僧之手而成，其中出現如此多的則天文字，應該是值得注意的現象。

（3）以兩個避諱字爲例考察唐代漢字文化

因爲避諱而改變相關文字部件形狀所形成的俗字，應該只有漢字才具有。這是中國封建社會對漢字所産生的直接影響。有意思的是，在日本的古寫經中，也能見到避諱字的蹤迹。例如在《孔雀經單字》中，我們還能見到"鏡"字、"朗"字缺末筆。②經過考查，我們發現《私記》中也有兩個避諱字：

貞：真（經序）
茟：華（同上）

以上二字出自《經序音義》中的34個正字辭目。這兩個明顯是避諱字，而非一般意義上的訛誤字。

我們先看"貞"，這是避武則天母親之諱，因武則天母楊氏號"太真夫人"。《歷代避諱字典》"真"字下指出典籍中避"真"的方法是或"改稱"，或避同音字"貞"。以上《私記》的方法則是闕筆避"真"字者，這是常見的避諱之法。有意思的是，此條大治本《新音義》中"真"之解釋字卻不缺末筆，爲正字。其原因我們或許可以認爲是大治本書寫之際，已經把如則天文字，避諱字等改寫成了通行字。儘管從原本來看，《新音義》在前，但大治本的書寫時間卻是平安後期，而作爲孤本的《私記》小川本，書寫時間早於大治本，故還能見到則天時代的避諱字。

---

① 常盤大定曾經指出在高麗本《玄應音義》中有十六個則天文字（《武周新字の一研究》）。然此應有誤。我們未在高麗本《玄應音義》發現有則天文字。另外，一般認爲《玄應音義》成立於武周前，其音義中不會出現後代的則天新字。這實際可能就是我們多次提到的大治本《新音義》的祖本，因其附於《玄應音義》卷一後，故被誤爲屬《玄應音義》内容。

② 見本書第六章。

第二個"莖"字，大治本作"蘂"。這有兩種可能：一是書者在書寫過程中將"華"字按正字書寫而發覺當避諱而把中豎戛然中止，並于其下添橫（書作四點"灬"），以示區別；另一可能是將避諱的"華"字誤認作"蘂"，故有此形。無論如何，二音義的"華"字皆欠末筆。蔵中進《則天文字の研究》曾根據内藤湖南博士"凡寫華字欠末筆，乃避則天祖諱"之説，認爲音義原本，進而經本原本應是則天武后在位之時所寫，蓋或此系統的寫本被帶到了日本。① 此論甚確。"華"字缺筆，確爲"避則天祖諱"，因武則天祖追尊顯祖文穆皇帝名"華"。《歷代避諱字典》"華"字下指出，古籍中爲避正諱"華"，有用改稱的，如改華州曰大州，華陰縣爲仙掌，華原縣爲永安，華容縣曰容城，江華縣爲雲溪，華亭縣爲亭川等。也有避"華"旁字"曄"者。如《舊唐書·崔玄暐傳》："崔玄暐……本名曄，以字下體有則天祖諱，乃改爲玄暐。"而日本的這兩種早期音義著作中，是用欠末筆的形式來避諱。這就爲内藤湖南之説提供了證明。

　　避諱字歷來已久，不同時代的避諱字特色自也不同，折射出不同的歷史文化背景。以上《私記》中二字，皆缺末筆，屬於字形改變而成。竇懷永指出唐代避諱以形體的改變爲重點。② 以上二字與此特點正相吻合。學界通過對唐代俗字的字形範圍加以總結而發現，其避諱對象主要集中在唐太宗李世民、唐睿宗李旦身上。③ 通過史書記載，我們可以知道武氏時代有通過改稱或避同音字等法避則天母諱、則天祖諱的現象，然卻少見或罕見這種用"缺筆"（即所謂"爲字不成"）之法所改而成的字形。這應該與武則天在中國歷史上的特殊身份有關。無論如何，武則天稱帝也就15年，有唐一代，總屬李氏王朝。此蓋爲與則天相關的避諱字後代未能流行的主要原因。而《私記》中這兩個鮮活的避諱字，則既能説明武則天時代的寫經，特別是《華嚴經》中一定有類此的避諱字，也可據此考證確認日本有此二字形的經本文確爲則天時代所傳來。儘管只有兩個字，但顯示出《私記》在某種程度上反映了初唐，特別是武氏時代漢字文化特有的歷史背景。

---

① 《則天文字の研究》，第101頁。
② 竇懷永：《唐代俗字避諱試論》，《浙江大學學報》（人文社會科學版）2009年5月第39卷第3期。
③ 同上。

2. 小川本《私記》是探討漢語俗字的重要資料

實際上，以上有關唐代用字三方面的内容，當然也可歸並於此類。之所以單獨列出，是因爲我們特別想強調《私記》作爲奈良末寫本，從中所折射出的唐寫本乃至大唐文化的某些時代特徵。

《私記》產生的年代，應爲初唐向盛唐發展之際，日本仍處於全面向中國學習、全盤接受中國文化的時期。大批的遣唐使和留學生被派往中國，學習傳統文化知識；也有很多中土高僧，如道璿律師、鑒真和尚等到東瀛傳教，無論是"日生"還是"唐僧"，都是傳播大唐文化的使者。當時，有大批的儒家經書、佛門"内典"被帶到日本，從而掀起興盛一時的抄寫傳統經典①的高潮。而當時"寫本在傳抄的過程中，抄寫者爲保持祖本的風貌，就要按照原本的字樣、樣式進行謄寫，這就會對原本中已有的歷代俗字原封不動地抄録"②。其結果就是中古漢語俗字隨唐抄本典籍大量成批地進入東瀛。這種現象在《私記》中也表現得非常突出，《私記》中存在著大量俗字，而且大部分都可以認爲是漢語俗字的日本翻版。筆者經過考察，認爲《私記》中的俗字可從"辭目所録""釋文所舉""一般行文所出"三個方面考察。③

"辭目所録"即指《私記》作者以"照録原文"之法，收録了大量其所見當時出現在《華嚴經》中的俗字，并參考中國古代傳統字書、韻書以及其他文獻資料加以專門考辨。這當然是爲解決當時信徒讀經而用的。而辭目則有單字辭目，有組字辭目，也有詞組甚至複合詞辭目。儘管辭目長短不一，但作者實際祇解釋辨析其中的俗字内容。這是《私記》中俗字最重要的部分，量多例夥，以上我們述及的内容，就能呈現這一特色，如"則天文字"部分。

"釋文所舉"則指有一部分俗字是在《私記》的釋語中出現的，即爲詮釋某個俗字而舉出，又可分爲以下四種情況：①以俗正俗。②援引古書所出俗字。③指出俗字。④舉出《華嚴經》中俗字。我們各舉一二例以作説明。

---

① 此經典當然包括儒家與佛家經書。
② 方國平：《漢語俗字在日本的傳播》，《漢字文化》2007年第5期。
③ 《〈新譯華嚴經音義私記〉俗字研究》第三章，第66—123頁。

① 以俗正俗

　　喪喪：亶裹。（經序）
　　喪喪：上亶字，古文。亶，滅也。下裹字。古文裹，失也。
（經第廿三卷）
　　喪法：上亶字，滅也。（經第卅五卷）

以上三例，辭目中的兩個"喪"字"喪喪"（以《經序音義》爲代表），亦見大治本《新音義》，作"喪""喪"。《私記》還在經第廿三卷、經第卅五卷再次錄此二形加以辨析，說明其作者所見《華嚴經》文本，此二形多見，然確爲難解俗字。而第二個例子釋文用"上亶字，古文。亶，滅也"來解釋"喪"形。"亶"實際是受隸變影響而成的俗體，多見於碑刻資料和敦煌文獻。而《私記》釋文又用"下裹字。古文裹，失也"辨析"喪"形。"裹"與"裹"之共同特徵是，其下部從"衣"。此也受隸變影響。類此，作者在俗字辨析中舉出另一個俗體，可謂"以俗正俗"。

② 援引古書所出俗字

根據白藤禮幸、清水史等日本學者對《私記》"音注"出典的考察，①此音義的主要參考書，有約成於720年的《慧苑音義》、成於749—757年的大治本《新音義》祖本、顧野王所撰《玉篇》（543）、唐初玄應的《一切經音義》以及隋陸法言所撰的《切韻》等。除此，還有一些出典不詳之例。《私記》作者參考利用這些資料，當然不僅爲漢字標出"音注"，還常根據這些文字音韻資料，舉其所見俗字、音韻、訓詁等內容，解釋漢字，辨析字形。我們僅以一例簡作說明：

　　壂：音義作㢝字。除連反。謂停估客坊邪（邸）②也。《尚書

---

①　《上代文獻に見える字音注について（四）—新譯華嚴經音義私記の場合—》，《茨城大學人文學部紀要文學科論集》第五號，昭和47年（1972）2月。清水史《小川本新譯華嚴經音義私記音注攷—その資料の分析と整理（一）—》，《野州國文學》二一、二三號，昭和五十三年（1978）3月版、五十四年（1979）2月版。

②　《私記》"邪"寫作"邪"，當爲"邸"字之訛，此條"邸舍"之"邸"寫作"邪"，《慧苑音義》作"邸"。

大傳》曰：八家爲隣，三隣爲朋（朋）①，三明（朋）爲里，五里爲邑，此虞憂（夏）②之制也。上，除連反。謂城邑之居也。店又与帖（坫）③同，都念反。又一音義作廛店：上除連反。謂城邑之居也。店又与帖同。都念反。（經卷第六十七）

此條釋語中兩稱"音義"，即《私記》的兩本重要參考書：《慧苑音義》和大治本《新音義》的祖本。前"音義"應指《慧苑音義》。不過，慧苑此條以四字爲辭目"廛店鄰里"，《私記》作者所見本"廛"作"㕓"。案："廛"字俗有"㕓"形者，如《經典文字辨證書·广部》。又《正字通·广部》中"廛"字有"㕓"形，省下"土"即成"㕓"。《可洪音義》中也有"㕓"，④與此相類。

"又一音義"乃指大治本《新音義》。其辭目爲"廛店"，但大治本的"廛"與《私記》所舉"㕓"稍有不同。這有可能是大治本書寫的結果。但"廛"與《私記》所出的"㕓"爲"廛"字的兩個常見俗體。《可洪音義》中有"廛""㕓"即同此或類此。至於大治本《新音義》作"廛"，此形尚未見字書，當是將"㕓"下之"主"因豎畫傾斜並加點譌作"去"。

③ 指出俗字

《私記》釋文關於俗字辨析的內容，除前所舉，還有直接指出字形爲俗字者，此類內容也很多。如：

戲芺：上字虍邊作弋，弋，音餘力反。下從芺聲也。有作咲者，俗字也。（經第十三卷）

或駈上高山：与駈、驅字同，去虞反。疾也，馬馳也。古文爲敺字。（經第六十六卷）

以上稱"俗"或稱"古文"。另外還用用"又爲""又作""或

---

① 《私記》"明"字右側行間寫有小字"朋"，"朋"是。
② 《私記》"憂"字右側行間寫有小字"夏"。虞夏，指有虞氏之世和夏代。
③ "又一音義"後源自大治本《新音義》，大治本《新音義》"帖"作"坫"。《說文解字·土部》："坫，屏也。"段玉裁注："其字俗作店。"
④ 參韓小荊《〈可洪音義〉研究——以文字爲中心》，巴蜀書社2009年版，第376頁。

爲""或作""亦爲""亦作""今爲""今作"等。如：

　　包納：上宜爲󰀀字。補穀反。裏也。任子也。今爲󰀁字，在肉部。（經第七卷）
　　徒󰀂：下又爲󰀃。力舉反，衆也。又侶伴也。（經第十五卷）
　　我曹：下或爲󰀄字。輩也。（經第七卷）
　　吾曹：曹又爲󰀅字也。輩也（經第廿一卷）

此類例不勝舉。《私記》用這些術語所舉出的俗字，或從慧苑說，或參考大治本《新音義》等其他資料，也有《私記》自己的判斷。其中保存了很多俗字字形，對俗字研究有重要參考價值。

④ 舉出《華嚴經》中俗字

作爲《華嚴經》的單經音義，《私記》除了將俗字立爲辭目，加以辨析詮釋外，還常在釋文中指出經文中的一些俗字訛體。如：

　　　　涇：五靳反。澱澤也。湛，寂也。經本爲󰀆字，云泥土也。（經第八卷）

案：《私記》上條四字辭目同《慧苑音義》。大治本《新音義》辭目爲雙音節"澄涇"。《私記》緊接四字辭目後，又出單字"涇"。而《私記》上條對"澄"，下條對"涇"的詮釋參考大治本。然而後半"湛，寂也。經本爲󰀆字，云泥土也"卻爲《私記》所加。蓋因經中有將"涇"字訛作"涅"者，故特意重復再出單字，目的爲析四字辭目中"涇"字。

　　諸訛爲󰀇勒：……󰀇，經爲󰀈字，鄙媚反。……󰀇，又鄙愧反。馬縻也。所以制牧車馬也。……（經第六十二卷）

案：以上參考大治本《新音義》，以經句爲辭目，大治本"󰀇"字作"󰀉"，與《私記》稍有不同，但大治本僅釋"󰀇"音義，《私記》卻特意指出："……󰀇，經爲󰀈字。""󰀈"當爲簡省而成之俗字。

"一般行文所出"則指一部分俗字或見於辭目，或見於釋文，然皆爲作者（或抄者）信筆寫出，并不是解釋辨析對象，說明其已爲當時流行

第二章　華嚴部音義　　　　　　　　　　　　　　　　　　　133

字體，時人皆識。從俗字的時代性考察，這並不奇怪。相反，對於今天我們的俗字研究，這卻非常重要，因爲我們可從這些俗字本身考探時代所留下的印迹。苗昱在其博士學位論文中指出："《古寫本》不僅記載了大量的俗字條目，就是在行文中也有許多是與今通行體不同的字形。"[①]其言甚恰。

　　俗字研究近年來深受中國漢字學界的關注，隨著敦煌俗字研究的興盛，俗字研究更是成爲漢字研究的熱點。而《私記》作爲由日僧寫於奈良時代的音義，其中豐富的俗字，使其成爲漢字俗字研究的極好資料。筆者與陳五雲、苗昱合作出版的《〈新譯華嚴經音義私記〉俗字研究》[②]的第七章"《新譯華嚴經音義私記》與中古俗字研究"[③]就從"敦煌俗字、碑刻俗字、唐代字樣字書、中古草書"四個方面展開了較爲全面的研究，故我們不再展開，祇是將結論簡列如下。

　　結論一：《私記》用字在最大程度上是與敦煌文字一致的。我們從《私記》中檢出近一千種不同的俗字字形，[④]絕大多數能在敦煌文獻中找到相似之處，只有個别的書寫譌變顯出《私記》文字的獨特風格。

　　結論二：《私記》文字在一定程度上保持着石刻文字的風貌，當然，這種聯繫可能並不直接由石刻文字傳往日本，而是通過大量文字典籍如佛經等一起輸往海島，從而間接地從文獻中繼承了石刻文字的一些特點。

　　結論三：通過《私記》與唐代字樣書的比較，我們知道，儘管字樣書起着規範文字的作用，但由於佛典非儒家經典，又加上佛經音義本身具有俗字淵藪的特點，所以《私記》的作者及抄錄者不可避免地會寫出與字樣不同的俗字來，尤其是釋語中用字，也自覺不自覺地出現俗字，這是一種無法避免的現象。

　　結論四：《私記》俗字群中，有一部分字形是受到草書影響而產生的。這是因爲草書屬於"俗書"，尤其是受草書影響而產生的一些新字形，從來都被視爲俗字、俗寫。特別是由於草書難認難記，書寫時隨意性大，因而草書也是製造俗字的淵藪。

---

① 苗昱：《〈華嚴音義〉研究》，博士學位論文，蘇州大學，2005年。
② 臺灣花木蘭文化出版社2014年版。
③ 第237—321頁。此章原由陳五雲教授撰寫。
④ 敬請參考本書附錄一。

3. 從小川本《私記》，可探尋漢字早期在海外發展演變的軌迹

《私記》作爲集釋八十卷《華嚴經》難字難詞之"單經音義"，其編撰目的自然是要幫助解决日本僧人與信徒研讀《華嚴經》時所遇到的疑難問題。而這些"疑難問題"有很多就是字的問題。如上述及，大部分源自渡海而來的唐寫本，原本就是漢語中的難字。但我們還應該看到，人們尊崇漢籍，偏愛原本的心態，使得很多訛誤字得不到及時糾正，一誤再誤，譌上加譌，這樣就會因譌變而産生新的"譌俗字"。

而且，從另一方面來看，按照傳播學的規律，一種文化現象在傳播中絕不會一成不變地停留在某個地方，而總是會發生變易。當時的日本，在經歷了全面學習漢文化，原封不動地接受漢字的"全盤漢化"過程後，寫經之風盛行不衰，書經者在亦步亦趨進行抄録，刻意模仿漢籍原貌的同時，爲提高書寫效率，也會有意無意採用社會普遍使用的簡省之法簡略筆畫，符號代替，同音替代等對漢字加以改造，在此過程中就又産生了很多新的字形。這種在漢字使用過程中出現的創制和變化，極大地豐富了漢字的内涵。①這種現象在《私記》中也有所表現。八十卷本《華嚴經》從中國傳到日本，經過多次輾轉抄寫，加之經生書手漢文水平參差不齊，所以也有一些俗字出自日本寫經生。這樣就意味著漢字在日本的發展變化已經開始。從《私記》中，我們可以看到漢字的"和風化"已初露端倪，日本俗字已經出現。

日本江户以來學界還提出"倭俗字"名稱者。如近藤西涯《正楷録·凡例》指出："倭俗訛字，作俑者如衫作衤，勢作势，甚多。所無於華人也。……收此以使好古君子知文字有爲倭俗所訛者焉。"太宰春台在其《倭楷正訛·前言》中指出："夫字有正俗焉。……至於我國俗，全不知楷法。及其作楷字，往往爲華人所不爲。……"故要正"倭俗之訛"，"俗習既除，然後可以學華人楷法"。不難看出，其所指"倭俗"主要是指因"不知楷法"而所成之訛字。

何華珍有《日本漢字和漢字詞研究》一書，其中第三章"日本俗字研究"就專門詮釋"日本俗字"，並對"日本俗字"加以歸類和考釋，可爲重要參考資料。②何書"日本俗字"的主要依據爲新井白石《同文通

---

① 方國平：《漢語俗字在日本的傳播》，《漢字文化》2007年第5期。
② 第179—203頁。

考》，認爲其研究"甚爲明確"，並指出新井從廣義上將"本朝俗書"或"本朝俗字"分爲"借用""誤用""訛字""省文"四類，基本代表了日本俗字的基本面貌。①

我們認爲既然漢語俗字是在漢字的長期使用中産生的，那麼漢字在海外的廣爲傳播，悠久傳承的過程中，一定也會産生帶有其不同文化背景的俗字。從這個意義上説，"日本俗字"，即前江戶學者所稱的所謂"倭俗"一名，可以成立。我們通過對《私記》中俗字的梳理與考辨，認爲雖然《私記》中尚未有如"衫作枚，勢作勢"類"日本俗字"，但其早期變化，或者説漢字的"和風化"已經開始，早期日本俗字已經開始。我們從以下三方面加以考察。

（1）源出漢土，東瀛多用而成日本俗字

所謂"源出漢土"是指那些隨漢文典籍東傳而進入日本的漢字。奈良時代，俗字大批量，成系統地傳到日本。其中有很多俗字進入日本後，因其簡便易寫而被人們廣泛接受，並逐漸擴散開來。甚至有一些俗字在中國的使用面並不廣，有的甚至偶爾用之，在字形更替的過程中，逐漸被人們遺忘，但是傳入日本後，卻受到了足夠的重視，地位由俗轉正，成爲日常使用的規範漢字。②而我們從《私記》中，確實能看到這樣的例子。如：

辨、辯→弁

001具如下阿僧祇品處弁也。（經卷第十一）

案：《慧苑音義》此處作"釋"字。《私記》借"弁"表"辨"義。"辨"與"釋"皆有分辨解釋之義。

002……世智弁聰③……（經卷第五十八）

案：此當爲"辯"義，《大智度論·初品中般羅密》："見人中多聞、世智辯聰，不得道故，還墮豬羊畜獸中，無所別知。"

---

① 第180頁。
② 方國平：《漢語俗字在日本的傳播》，《漢字文化》2007年第5期。
③ 案：此字應爲"聰"之訛。"聰"字右側行間寫有小字"聰"。

003善知識中，此第十記波若波羅蜜普莊嚴門，又弁百十八呪。（經卷第六十五）

004弁普德淨光夜神事第卅，舊經第五十二卷初，品名同。（經卷第六十九）

005弁普救衆生妙德夜神事，舊經第五十二卷品名同……（經卷第七十）

006弁寂靜音海神事，舊經第五十三卷中半在品同。（經卷第七十一）

以上例中皆有"弁"字。漢字"弁"，本指古代的帽子，一般貴族子弟行加冠禮時用"弁"束住頭髮。《說文・皃部》中本作"覍"："覍，冕也。周曰覍，殷曰吁，夏曰收。从皃，象形。……弁，或覍字。"《玉篇・皃部》："覍，弁也；攀也，所以攀持髪也。……弁，同覍。"《同文通考》四卷"弁"字下釋曰："弁音便，冕也。"此爲"弁"字本意。然其上又指出："弁辨音相近，借作辨辯等字。"松本愚山編《省文纂攷・五畫》："弁，辨。此間俗借作弁。官名左大辨等。儀注譜系，省作弁。"①《大漢和辭典》也指出"弁"字"在日本用作辨、瓣、辯之略字"。

日語中"弁"可用作"辨""辯""瓣"等，即使初學日語，也有此概念，甚至於一般日本國語辭書，如《國語大辭典》就是借字和本字同作爲字頭的。所以一般人們多將其認作日本產生的借用俗字，即所謂"倭俗字"。《大漢和辭典》就指出："本邦用作辨、瓣、辯之略字。"也有的學者甚至認其爲日本"國語字"②。現代日語中，"辯""辨""瓣"三字合併的"弁"已爲常用漢字。

然根據張湧泉考證，古代漢語中，"辯""辨"就與"弁"字通用。敦煌變文中，多有"辯""辨"作"弁"者，"幾已成通例"。而《慧琳音義》卷一百《安樂集》上卷音義也指出《安樂集》寫本"辯"字寫作"弁"，也可見這種用法在當時流行之一斑。這樣看來，日本漢字中"辨""辯"寫作"弁"，很可能也是沿襲了中國人的傳統用法，而非

---

① 《異體字研究資料集成》第一期，第五冊，第137頁。
② 請參考張湧泉《韓、日漢字探源二題》，《中國語文》2003年第4期（總第295期）。

他們所創。①曾良也指出敦煌文獻中"弁"可借用作"辨",如斯4413V《求法文》:"峻弁清辞,遐迩推挹。"斯3702《文樣》:"仰惟法師,有淨名之詞弁,蹈龍樹之神蹤。"②《敦煌俗字典》有:"弁雲24《八相變》:眼暗都緣不弁(辨)色,耳聾高語不聞聲。欲行三里二里時,雖(須)是四廻五廻歇。"黄征按:"日語中至今'辨'寫作'弁',日本學者多以爲'辨'寫作'弁'乃日本獨有。"③

幾位敦煌學者皆已指出"弁"作爲俗字的用法,起初出現於中土,多見於敦煌寫卷類俗文獻。但是,我們還是要指出,儘管如此,"弁"作爲俗字得以廣泛採用並因而流通卻是在日本。

我們還應該思考的是:同爲假借之用而爲俗字,爲何唐代前後漢語中"弁"字有此之用,後來卻少見甚至不見,然而在日本,"弁"字此用卻自古(奈良)就多見,並傳承至今甚至發展爲常用漢字?

從根本上來説,漢語"弁"字可借用而表"辨、辯、瓣"義,其實就是"六書"中"假借"的使用。只是中國古代文獻中的假借往往會因作者的理解,在字形上選擇那些意義相關的字來記録,這就是傳統訓詁學者會從假借字中分出"古今字""區別文""後出本字""先造字"等門類來的原因。而日本學者,作爲他民族使用漢字,實際上只是一種"外語寫作",故而在表達時對第二語言詞彙系統認識會有一定程度上的偏差,所以在利用假借字時,不講究追求字形與意義的密切關係,只是采用相對簡單的同音字去代替,以"弁"代"辨、辯、瓣",就是一個極好的例子。也就是説,在中國古代文獻中,以"弁"字可借用而表"辨、辯"等義,是一種"權"(臨時應急)的做法,④而在日本文獻中則已成爲"常"(固定合法)的形式了。這是根本性質的變化。這一觀點也可適用於以後日本"國字"的形式及其與中古俗字的關係上。

另外一點就是,漢語中假借,以音同或音近爲原則,通假字與本字同時並存,兩個字的意義没有關聯,兩個字的字形亦並非一定有繁簡的關

---

① 請參考張湧泉《韓、日漢字探源二題》,《中國語文》2003年第4期(總第295期)。
② 此二例引自曾良《俗字及古籍文字通例研究》,百花洲文藝出版社2006年版,第16—17頁。
③ 黄征:《敦煌俗字典》,第24頁。
④ 這應是唐代前後俗文獻"弁"如此多用的緣由。

係。即使因假借而產生的俗字也同樣如此，①孔仲温在其《〈玉篇〉俗字研究》中指出：

  有些俗字的生成並非由形音義的直接演化，而是來自假借的關係，例如萬俗作万，万原是丏字，二者形異而音近，於先秦假借万爲數名萬字。又如飾俗作餝，餝原爲飭的俗字，但飭與飾形近而古音同，因此漢時相假混用不別，於是餝遂變成飾的俗字。又如豚俗作启，其中除了豚應是豚之訛誤，启正作屍之外，豚所以俗作启，則在於豚爲屍的假借，二者聲音完全相同，而屍義指髀，與臀同，因此，屍訛變作启，而爲豚的俗字。由這些例字，我們可以知道假借也是俗字生成的緣由之一。②

  然而，日本式的"借用"，除了音同或音近的原則外，還有就是"簡便"。江户時代政治家、詩人、儒學學者新井白石著有《同文通考》四卷。其卷四專門論述日本漢字使用時所產生的"國字""國訓""借用""誤用""訛字""省字"等現象。關於"借用"，有以下定義：

  本朝俗書，務要簡便。凡字畫多者，或有借方音相近而字畫極少者以爲用其義。盖取假借而已。世儒槩以爲訛亦非通論。今定以爲借用。③

  由此可見，其借用的標準就是在音近④的基礎上，用筆畫少的漢字代替筆畫多者。如"竜"借作"龍"字、"六"字借爲"録"字等。⑤而《私記》中"弁"多次用作"辨""辯"，正能體現出"日本借用俗字"爲書寫簡便而音近借用的特點。正如江户中後期儒者近藤西涯也在其《正楷録》卷中所指出："弁卞，倭俗以此二字與辨音相近，有假此二字爲辨

---

 ① 當然漢語中"弁"字如此用法倒確是因爲簡捷的緣故。
 ② 臺灣學生書局2000年版，第171頁。
 ③ 杉本つとむび編：《異體字研究資料集成》第一期，第一册，雄山閣昭和四十八年（1973）版，第275頁。
 ④ 當然這種所謂"音近"，新井所指"方音"，包括日語的音讀和訓讀。可參何書第180—182頁。
 ⑤ 何華珍《日本漢字和漢字詞研究》第180—182頁有具體闡述，可參考。

省文。"①

　　《私記》的時代，正是寫經大批量產生的時期。"弁"簡省易寫的特點，正適應了當時社會的需求。張湧泉也指出，"弁"字，唐代前後常借用作"辨"或"辯"，除了讀音相近的因素以外，恐怕還與"弁"字字形簡省有關。②所以無論中日，最初"弁"字如此用，都應該是書手受當時民間用字的影響，採用的簡便寫法。只是中國宋代以降，隨著雕版印刷術的盛行，此類民間用字現象就逐漸少見了。③然而在日本，這種用字現象卻流傳至今，④以"同音替代"的方法甚至成爲後世其"略字"（即"簡化字"。我們認爲這種簡化字也屬於俗字）的一個重要來源。何華珍就指出，日本《常用漢字表》中的簡體字有"同音代替"而成之類，其中常見的就是"以筆畫少的字代替筆畫多的字"⑤。

　　日語中"弁"字此用，當爲自古至今的例子，何華珍指出《古事記》中卷"登許能辨尓"，其"辨"字，真福寺本、鈴鹿登本、前田本、曼殊院本、豬熊本、寬永版本均作"弁"⑥，皆可爲此例證。然而，與以上《古事記》諸寫本相較⑦，小川本《私記》的時代更早。而且根據以上六例，"弁"皆出現於一般行文，作者並未加以任何詮釋，可見當時已經通行，衆人皆識，也更可證明"弁"字如此使用之歷史已非常悠久。

　　"弁"在現代日語中已爲常用漢字，不能算是俗字。但在《私記》的時代，日本仍屬於學習和使用漢字的階段，故"弁"字如此用法，一如其在敦煌寫卷文獻中，應該是俗字。"弁"字從俗字轉而成爲日本常用漢字，正體現了俗字在日本的發展。

　　等→㝉、寸

　　《私記》中有"㝉""寸"作爲"等"的省寫。如：

　　　　八聖道支者，一、正見；二、正思惟；三、正語；四、正業；

---

① 《異體字研究資料集成》第一期，第七冊，第268頁。
② 張湧泉：《韓、日漢字探源二題》。
③ 當然不會消失，只能說少見。
④ 在現代日語中"弁"還可借用作"辦"字。
⑤ 何華珍：《日本漢字和漢字詞研究》，第115頁。
⑥ 同上書，第192頁。
⑦ 《古事記》之寫本有四十餘種，其中以真福寺本爲最古，寫於應安四年至五年（1371—1372）。

五、正命；六、正精進；七、正念；八、正寸持。（經序）

首冠十力寸冠：上冠，古乱反。曰著冠為冠也。下冠，音古鶯反。（經第廿六卷）

案：以上"等"字作似"寸"，形式上看是截去上部，但實際上是草書楷化的結果。唐人書法中即有此書。《草韻》"等"作"才""才"，字形則與《私記》相同。字書中也收錄類似俗寫字，如《四聲篇海·寸字部》有"寸"，釋曰："音等，俗用字。"《字彙補·寸字部》："寸，俗等字。見《篇韻》。"《漢語大字典·寸部》收有"寸"字，釋："同等"。

張湧泉指出：魏晉以來的草書中就每見"等"字寫作"寸"形甚而徑寫同"寸"字的。金韓道昭《五音集韻·等韻》："寸，同"等"，俗用。又韓氏的《改并五音類聚四聲篇海·寸部》："寸，音等，俗用字。"[1] 可見韓國也有如此用的。張湧泉還指出敦煌伯3532載慧超《往五天竺國傳》中"等"字原卷分別作"才""才""才""木"，皆即"等"的簡省俗字。由於"等"的簡省俗字與"寸"字字形至近，確有與"寸"字混同的趨勢。張文還特別指出，慧超乃新羅（古朝鮮）僧人，在他的書裏"等"一再寫作"寸"形的簡俗字，這是否意味著這種俗寫在當時的朝鮮非常流行呢？[2] 慧超（704—783）的生活年代正與《私記》大致相當，同為8世紀。《私記》中的"等"寫作"才"與"寸"，完全可與以上慧超書中寫為"寸"形的簡俗字形遙相呼應，說明這個因簡省而有的俗字，的確可謂"淵源有自，源遠流長"了。何華珍也指出：考《大日本古文書》，"等"寫作"才"或"寸"，不勝枚舉；而真福寺本《古事記》中亦見，然皆為中土既有之簡體字。[3]

但是，我們要指出的是，"等"字此俗用儘管早就從魏晉以來草書中可探其蹤影，甚至還有曾流行朝鮮半島的史迹可尋。然不難看出"等"省寫而似"寸"的字形，傳入日本後，得到更廣泛的使用。近藤西涯《正楷錄》中"等"字下有"等，省。寸，倭。"[4] 松本愚山《省文纂攷·四

---

[1] 張湧泉：《韓、日漢字探源二題》，《中國語文》2003年第4期（總第295期）。
[2] 同上。
[3] 何華珍：《日本漢字和漢字詞研究》，第113頁。
[4] 《異體字研究資料集成》第一期，第七冊，第276頁。

書》:"卝,等。俗作卄,見《字典備考·寸部》引《篇海》、《類篇》、《五音集韻》作卄。盖因草書體。此間俗作朩,愈訛。"[1]新井白石《同文通考·省文》也有:"朩,等也。"[2]幾位江户時代學者已將"寸"認作"倭",把"朩"視爲"此間俗"。這就説明此類寫法日本文獻一定多見。新井白石在《同文書考》中釋其所定"省文":"本朝俗字一從簡省,遂致乖謬者亦多。今録其一二,註本字於下以發例,如華俗所用省字不與焉。"故其所録"朩",亦被認爲是日本省文俗字。出版不久的《日本難字異體字大字典·文字編》"等"字下收有"寸""寸""卄""朩"等字形,井上辰雄於每字形下皆注"俗",説明此俗字形在日本確實多見。相較而言,"等"字如此俗用中國本土後來確實少見,故纔有學者要專門考釋其來源,證其本出漢土。

此類字自然不多。但即使少見,也透露出它們早已進入日本,且已爲日本書經生所熟並多用的信息。以上"弁"與似"寸"之"寸"等,皆並非《私記》所收録辨識的疑難字,而是一般行文中經生信手寫出的字體。這些字是否也見於《私記》祖本,我們不得而知,但因小川本也寫於奈良末期,故也能成爲那個時代用字的明證。

我們認爲,儘管此類俗字確實本出漢土,但在日本卻更多被使用,更積極承擔起漢字作爲記録語言的功能,所以我們可認其爲日本俗字。日本奈良時期正倉院古文書中就有"辨"等字寫作"弁",[3] "等"寫作"寸"的;另外《万葉集》(桂本·西本願寺本)中"等"作"寸"[4]。而"寸""寸"與《私記》中的"寸"儘管筆勢稍有差異,但結構一樣,可謂同出一轍。此類字之所以會受東瀛書手歡迎而屢屢採用,歸根結底還是因爲較之所謂"正字",筆畫簡單,容易書寫,適應奈良朝大批量手寫經書時代之需。

此類被日本學者稱其爲"倭俗",然中國學者卻認爲是在中土行用已久的俗體字還有不少,如日語"處"作"処"、"歸"作"帰"、"發"作"発"、"變"作"変"、"勸"作"勧"、"豐"作"豊"、"鹽"作"塩"、"輕"作"軽"、"雜"作"雑"、"總"作"総"、"繼"

---

① 《異體字研究資料集成》第一期,第五册,第134頁。
② 《異體字研究資料集成》第一期,第一册,第302頁。
③ 《漢字百科大事典》,第277頁。
④ 同上書,第290頁。

作"継"等。①其中有一部分《私記》中亦見，如"豐"作"豐"，漢字構件"卒"多作作"卆"，從"巠"之字或改從"至"，或簡省成"亚""圣"等。

這些字當然源出中土，且本爲俗字。在《私記》中，它們一如原在漢文典籍，或因簡省借用，或因草書楷化，或因形近混用等諸因而被用作俗字，然而於此後的日本漢字發展中，逐漸脱去俗字外衣而成爲日本常用漢字，現在儘管已經不能認爲它們還是日本俗字，但是我們卻由此可追溯漢字在日本發展演變之蹤迹。

（2）産自東瀛，改造漢字而成日本俗字

所謂産自東瀛，多指古代日本人抄寫漢文典籍時，在長期使用漢字的過程中，自覺或不自覺地用一些方法對某些漢字加以改造。這樣產生的字就應該是真正的"日本製"俗字②了。我們舉以下二例：

訓→爪

《私記》中俗字書寫時有一個特點，即偶有用一字之聲旁來指稱整個漢字的現象。最常見的就是用"爪"③代替"訓"字。這種現象非常突出，可分兩類。

①似"川"之"爪"，第三筆多作彎曲狀乃受隸書影響，此類最爲多見。如：

匨思：上音波，爪非也。（經第七卷）
廣博：下，波惡反。爪廣也。（同上）

以上皆見於經第七卷，僅小川本第25頁就有共五個"訓"字俗形，皆基本同"川"之俗體。④《敦煌俗字典》"川"下收有"爪""爪""爪"形。"爪"類俗體應爲省略部首而成俗字。"訓"本就"从言川聲"，故其俗形與"川"俗體相混，亦有理據。

②類似"川"字篆體。如：

---

① 參考張涌泉《漢語俗字研究》，第38頁。
② 但這與所謂"國字"的概念並不一樣。"國字"是日本人仿造漢字爲表示新事物而自製的新字。俗字應與正字相對。
③ 當然此形也有用作其本字之時。
④ 實際上《私記》中"川"與"訓"之俗體相混。

三維：維音唯，[圖]角也。（經第七卷①）

與此相類似的還有"[圖]""[圖]"。（經第十八卷②）
《私記》釋文體例有"音……訓"之體式。小林芳規認爲此乃《私記》獨特的注文方式。以下"[圖]"皆爲"訓"，用以釋義，有的釋漢文，有的爲和訓。

摧殄：音最，[圖]久太久③。下，徒典反。（經第二卷）
雨滴：下，音敵，[圖]水粒也。（經第十三卷）

案：此類例甚夥。不難看出，小川本《私記》的抄寫者起先是一律寫作"[圖]"的，後經覆核方將其中的一部分"[圖]"字左邊補書"言"旁，因而諸"[圖]"字"言"旁皆弱而細小，且偏左下；有的則是"[圖]"字左有兩點表示删去，右側行間補寫小字"訓"；也有相當一部分徑只作"[圖]"，不改亦不另標正字。岡田希雄指出：《私記》用"川"作"訓"，是"略字"，即簡化字。而小川本多有後於"川"補"言"旁者。④我們因無《私記》原本可勘覈，只能就小川本而論。但我們完全可以說，小川本中"[圖]"是"[圖]"之省文略字。後人或補"言"，或於旁側行間另補出"訓"，實乃不識俗字所爲。川澄勳編《佛教古文書字典·異體字文集》⑤"訓"字下就收有"[圖]"⑥。而2012年出版的井上辰雄監修的《日本難字異體字大字典·文字編》"訓"字下也收有"[圖]"，並注爲"俗"，儘管沒有出典，但既已爲今人辭書所收錄，應該表示還見於其他古籍。因爲此書參考文獻中並未列《私記》等古辭書音義之名，故可證"訓"字省去"言"，寫成似"川"之形並非《私記》獨有。然此種用法，我們在一般漢地所傳文獻中尚未見。將"訓"截爲

---

① 與以上五個"[圖]"字同在一頁。
② 二字皆在小川本第60頁。
③ 此爲"摧"字和訓。據岡田《倭訓攷》，假名作"クダク"。
④ 岡田希雄：《解説》。
⑤ 山喜房佛書林昭和五十七年（1983）版。
⑥ 第561頁。

"川"，或許可以視爲片假名形成的先聲。

漢語俗字中有因"符號代替"①而成的俗字。曾良指出："符號化簡省往往先出現於草書字體中，流行開來，然後再將草體楷化。"②何華珍也總結日本的簡體漢字類型，指出其中有"符號代替"一類，將繁體字的複雜部分，改爲簡單的符號，以化繁爲簡。這種符號，既不表音，也不表義，約定俗成而已。③這當然是在已經有意識地要"化繁爲簡"的主觀意識指導下的漢字使用方法。《私記》的時代，應該説書手們爲便捷抄寫，"化繁爲簡"的主觀意識已經具有，只是並未有意識地作爲一種方法手段而規定使用。故而《私記》中此類字自然不多，還只是屬於個別的、零星的現象。除"爪"可代替"訓"外，《私記》中還有如：

部→マ
脩：長也，脯也。脯，助也，在肉マ。（經第卅三卷）

案："マ"旁有後補寫之"部"。"マ"爲"部"之省略。《同文通考·省文》有"ア"，釋曰："部也。"《正楷録》也中有"ア"，釋曰："倭俗訛字。蓋以'部'右旁之'阝'變體爲'ア'。"④又《省文纂攷·二畫》："ア，部。此間俗省作'ア'。因草書體。見上野國群馬郡神龜三年碑。"⑤神龜三年爲726年，故此碑與《私記》實屬同一時代。《佛教古文書字典·異體字文集》"部"字下也有"ア"⑥，與前同出一轍。"マ"與"ア""ア""ア""ア"儘管看似有異，但所成同理，皆爲草書體"阝"之略，只是收筆不同而已。《日本難字異體字大字典·文字編》"部"字下收有"ア"與"マ"兩俗體，"マ"正與《私記》"マ"相應，屬一類。

日本俗字的產生，"符號代替"是途徑之一。將漢字中重雜或重複的部分以簡單的符號來代替，以達到簡化字形的目的。⑦《私記》中的

---

① 張湧泉：《漢語俗字研究》，第71—73頁。
② 曾良：《俗字及古籍文字通例研究》，百花洲文藝出版社2006年版，第10頁。
③ 何華珍：《日本漢字和漢字詞研究》，第116頁。
④ 《異體字研究資料集成》第一期，第七册，第262頁。
⑤ 《異體字研究資料集成》第一期，第五册，第124頁。
⑥ 第574頁。
⑦ 方國平：《漢語俗字在日本的傳播》。

"部"寫作"㇑"形,正是極好例證。儘管只有一例,但可由此溯探此類俗字形成之源。

以上我們僅舉兩例,此類俗字並不很多,但我們可發現其所具有的共同特點是:在原字形的基礎上,或省或截,經過改造後所成字比正體簡單得多。這也應該是寫經過程中爲了書寫快捷而採取的方法,可以說是日本俗字或是簡體字的源頭。

此類俗字應該屬於真正的日本俗字,因爲它們是日本人在漢字使用過程中的一種再創造,猶如以後的"國字"。儘管有些似乎難以理喻,但我們應該認識到因爲日本人學習和使用漢字並非從頭開始,其掌握的字形不是從篆文開始講究理據的,而是更注重於實用和記音。故而像《私記》中將"訓"字寫成似"川","部"只留下一部分,儘管記寫的還是漢語詞,但已是日本人的特殊用法,屬於真正的日本俗字。

而且,我們還應該注意到,如"訓"截爲"川","部"省筆成"ア"等,體現了早期日本人對漢字的認識、理解和改造。而這又是受漢字使用中用漢字聲旁代替整字(形聲字)、古今字假借等法的影響。其結果,我們認爲不僅產生了俗字,也可視爲片假名形成的先聲。何華珍指出:"日本直接利用隸變後的'近代漢字'表記本國語言,甚至利用俗字原理創造'平假名'、'片假名',將'俗字'推向極致。"[1]其論甚恰。儘管"平假名""片假名"與《私記》中的這兩個俗字並無直接關係,但是從"訓"到"川",從"部"到"ア",卻至少顯示出產生假名的方法已初見端倪。這或許能給學界研究日本文字帶來一點啓發。[2]

如果說以上"川"與"㇑"是改造漢字,主要體現在簡省,具有很强的實用性,甚至可以認爲似乎破壞了漢字的某些特性。那麼我們也可以"步"字爲例,來考察當時俗字的產生的某些理據。

(3)改造字形構件而成新俗字

《私記》中"步"之俗字作"歨",在《經序音義》中集中所出34個

---

[1] 《俗字在日本的傳播研究》。
[2] 《漢字百科大事典》中有"片假名之字體及字源"內容,其中"ヘ"下字體同"ヘ",而"字源"下卻無字,出注"無明確證據"。而其注則曰:"現在認爲是'部'字偏旁乃一般之說。"(第1140—1141頁)而有賀要延編的《難字・異體字典》後有"假名文字一覽",其中"ヘ"下字即爲"阝",而草書體作"⌒"與"ら",我們並不認爲《私記》中的"㇑"一定與其有關,但也不能否認没有關係。這正是值得進一步探討之處。

俗字，即藏中進所曰"新譯華嚴經所用異體字一覽"中就出現。此後作者就不再辨析，此本所出現"步"字時，無論辭目還是釋語，皆作"步"形。《私記》中"步"共出現八次，七次作此形，唯一一次作通行體的是在經第七十五卷辭目"車步進"，這還應該是受《慧苑音義》原抄本的影響。而"步"此俗形，除了《私記》外，我們在"正倉院古文書"中也發現"步"之俗字可作"步"形。① 另外，《佛教古文書字典・異體文字集》"步"字下也收有"步"。② 《日本難字異體字大字典・文字編》"步"字下收有"步"，並標註"俗"。《佛教難字大字典・止部》"步"字下也收有"步"。而根據後者《凡例》，可知"步"字形資料來自法隆寺傳來《細字法華經》。而作爲國寶的《細字法華經》③ 實際是唐寫本，爲694年唐人李元惠所寫④，故"步"實際應爲來自漢土俗字。但是我們發現，這個字形似乎更多地見於日本文獻，不僅流通於佛家内典寫經生中，一般書手也寫此形。

不僅如此，甚至還因爲此俗形的流行，小川本《私記》將以"步"爲構件之字亦加以改造⑤。如"陟"字：

砧上：上又爲磋字，陟林反。或云砧与店、沽同，都念反。城邑之居也，斫剉之机地也。（經第廿六卷）

"陟"字共出現五次，皆作此俗形。又如"涉"字：

涉險：上，往也。（經第七十八卷）
捕：取魚也。獵，力涉反。（經第六十卷）

案：以上兩個以"步"爲構件之字，在《私記》皆用俗字，可以證明當時"步"字作"步"已非常普通，故寫經生甚至已經習慣見到"步"就

---

① 佐藤喜代治等編：《漢字百科大事典》，明治書院1996年版，第267頁。
② 第507頁。
③ 現藏於東京國立博物館。
④ 其卷末"識語"記曰："長壽三年六月一日訖__寫經人雍州__長安縣人李元惠於楊州敬告此經。"
⑤ 本書附錄一中已經指出這一點。

筆下自然地寫出俗形，已有舉一反三的效應。

從"尖"到"泆""𧘂"，可能屬於個別人，或者說是小範圍內的改字行爲①，但是我們不難看出，因爲日本寫經生對某些俗字的特殊認知，從而筆下連帶又出新俗字。《私記》中"泆""𧘂"二字，正是小川本書手對"尖"字形產生了強烈的認同感後所創造出的新俗字。當然，也可能原祖本即如此作，我們不得而知。但《私記》中此例，或許能說明日本俗字產生的一些現象。

以上我們從三個方面對《私記》在漢字，特別是俗字方面的研究價值再次進行了强調。目的是想說明：在當時歷史文化背景下產生的《私記》，其所反映的俗字現象不僅與《華嚴經》《慧苑音義》相關，還折射出當時漢字在日本發展演變的過程。加之，如前所述，《私記》還具有一定的"辭書特性"，②而這種特性，實際更多地就體現於收釋俗字上。故而《私記》中所呈現出的俗字現象也就反映出奈良時代漢字使用的實態，並折射出漢字走出漢土後生存並發展的歷史過程。

小川本《私記》作爲早期日本僧人撰寫并書寫的音義著作，在漢字研究方面的價值非常高。近年來有一些學者已經注意到這方面，并對其展開研究。苗昱曾在其博士學位論文《〈華嚴音義〉研究》③中專闢一章"《古寫本》之俗字"④，對《私記》中的俗字以字表的形式加以概述，又以"俗字舉隅"的形式考證了30組俗字，最後還列出了53組待考俗字。曾任北海道大學研究員的賈智博士也曾連續撰文，有系列成果，主要從字體和字樣的角度對《私記》展開研究。⑤另外，他還從2010年開始，花費三年時間，做成了電子版"《新譯華嚴經音義私記》索引"。隨著該數

---

① 因爲"泆""𧘂"二形，我們尚未在其他文獻中找到例證，但在《私記》中卻皆如此作。
② 参考池田証壽《新譯華嚴經音義私記の性格》。
③ 博士学位論文，蘇州大學，2005年。
④ 墨緣堂影印本名：《古寫本華嚴音義》。
⑤ 如：《字体からみた〈新訳華厳経音義私記〉の撰述手法》，九州大學文學部國語學・國文學研究室《語文研究》第112號，2011年12月版；《〈新訳華厳経音義私記〉所引の字樣について（一）—用例の採集と考察—》，訓点語學會《訓点語と訓点資料》第128輯，2013年3月版；《〈新訳華厳経音義私記〉所引の字樣について（二）—用例の考察と考分析—》；訓点語學會《訓点語と訓点資料》第129輯，2013年10月版；《〈新訳華厳経音義私記〉における字樣の利用について》，石塚晴通編《漢字字體史研究》，勉誠出版2012年版。

據庫的完成，《私記》中的用字狀況首次爲世人所知。①筆者近年來也對《私記》頗爲關注，主要從漢字俗字研究的角度展開。除了專門撰文研究《私記》中的則天文字外，②還與陳五雲合作，連續撰寫了《新譯華嚴經音義私記俗字研究》（上・中・下）三篇論文，專門探討《私記》與漢字俗字研究的關係。③另外，筆者還與陳五雲、苗昱合作出版了《〈新譯華嚴經音義私記〉俗字研究》④一書，這應該是對《私記》中俗字所作的較爲全面的研究。但即使如此，還有很多值得探究的內容，還有很多難題尚未解決。我們在《〈新譯華嚴經音義私記〉俗字研究》的第五章專門對《私記》中的56個（組）感覺認讀有一定難度的字形進行了考釋，得出了四點結論，在此我們還想強調以下兩點。

　　第一，《私記》中不僅俗字豐富，而且疑難字不少。即使我們做了相當努力，但仍有一部分未能解決，只能作爲存疑，留待大方之家共同探考。另外，有些字，即使我們已加以考釋，並自覺已"認"，但亦很可能是"自圓己說"，實爲"誤"解。

　　第二，這些所謂疑難俗字中有：①此音義首見者。其中有的可以考證，得出可詮釋的理據；有的則無從考探，真正"不明"。②較爲多見的是因誤寫而產生的訛變字。在書寫中，因訛變而成的俗字不爲少數，從俗字研究的角度來看待這些現象，即使是錯字，也可以看出漢字在"認知"方面的某些特點。《私記》作爲日本奈良時代（中國隋唐之際）寫本所出現的這些訛俗字，正體現了漢字文化圈對漢字的"認知"共同性。③還有少數音義不合者，似乎成爲"死字"。這並不奇怪。《私記》作爲相當於初唐時期的日本古寫本，產生這些問題字的語境又與我們一般意義上的古書會有不同，所以"死字"現象會更突出，各種問題也更複雜。而對其展開考辨研究，找到令人滿意的解釋，也同樣具有"把它們從貯存狀態激

---

① 賈智：《關於〈新譯華嚴經音義私記〉中的漢字字體—漢字字體規範數據庫應用事例》，第九屆漢文佛典語言學國際學術研討會暨第三屆佛經音義國際學術研討會（北海道大學，2015年8月25—26日）發言稿。此文後被收入徐時儀、梁曉虹、松江崇編《佛經音義研究——第三屆佛經音義研究國際學術研討會論文集》（上海辭書出版社2015年版），第43—52頁。
② 見梁曉虹《奈良時代日僧所撰"華嚴音義"與則天文字研究》，中國社會科學院語言研究所《歷史語言學研究》第四輯，2011年11月版。
③ 韓國忠州大學《東亞文獻研究》第四輯，2009年6月版；第五輯，2009年12月版；第六輯，2010年8月版。
④ 臺灣花木蘭文化出版社2014年版。

活，成爲確實存在於古籍文獻使用領域的活字"①的意義。而且，因其資料的特殊性，甚至可以幫助我們能追尋到一些漢字在海外發展某些不爲人知的蹊徑。

以上我們主要從三個方面考論了《私記》作爲漢字資料的重要價值。從小川本《私記》中，我們既能看到書寫者的傳承，故能見"唐風"；也可窺見書寫者筆下的變化，故能覓"倭俗"蹤迹。總之，《私記》作爲奈良時代華嚴學僧所撰音義，而小川本也寫於奈良末期，且爲舉世之"孤本"，故作爲研究資料，特別是作爲漢字研究資料，甚爲珍貴。

第四節　日本存華嚴部音義考論
——《華嚴傳音義》

此節標題與其他不一樣，因此音義非日僧所撰，而是由奈良時代東渡唐僧道璿所撰。一般認爲此音義撰於其東渡之後，故我們也歸之餘"日本佛經音義"部分。

一、時代與作者

關於《華嚴傳音義》，史籍多有記載，但著者不一。我們在第一節引用的水谷《書目》所記，就有五種，即016、017、020、021、022。"016"，水谷《書目》根據《東域傳燈錄》卷上②以及《華嚴宗經論疏目錄》③所記，明確標爲"唐法藏撰"。而"017"，儘管"撰者不記"，但筆者認爲有可能也是法藏的著作，卻流傳到了朝鮮。因爲《華嚴宗經論疏目錄》此條④的前後大多爲新羅高麗僧人的撰著，而且法藏的著作曾多數傳到新羅，所以認爲其著者爲法藏，也并非沒有可能。但這祇是筆者的一個推斷，還需要進一步深入考察。

---

① 韓小荊：《〈可洪音義〉研究——以文字爲中心》，第137頁。
② 《大日本佛教全書·佛教書籍目錄第一》，第36頁。
③ 同上書，第255頁。
④ 同上。

根據現有資料，學界一般認爲法藏的確親自爲《華嚴經傳記》撰寫過音義，然而，法藏所撰已不存。我們所考證論述的是020、021、022，并認爲其撰者爲唐僧道璿。

上記"020"的撰者標爲"宋慧叡"。前已考述，南朝劉宋僧人慧叡（355—439），與時代不合，不可能撰此音義。而且謙順的《諸宗章疏錄》卷一在"慧叡述"下有按語"《東域》云道瑢"①，而圓超《華嚴宗章疏并因明錄》"華嚴傳音義一卷慧叡述"下也有注："按東域云道瑢"②。"瑢"是"璿"的異體字，"道瑢"即"道璿"，即赴日傳戒的唐洛陽大福先寺道璿律師。③

上記"021《華嚴傳音義》"一卷，水谷是根據《第二十二回大藏會目錄》，記載東大寺圖書館藏有道濬（又云慧濬撰）於天平寶字四年（760）撰有《華嚴傳音義》一卷。筆者認爲這也應是道璿所撰，是從以下所要述及的高山寺所傳出的另一版。"天平寶字四年"是760年，這與道璿在日本的活動期間也相吻合

上記"022"記爲"道濬撰"，"高山寺藏"，水谷是根據常盤大定的《大藏經概説》。筆者認爲021、022兩個"濬"字都應該都是"璿"之誤寫，因爲若查看高山寺原寫本，可發現"濬"字雖然確實很像"濬"，但左半部首實際應是"玉（王）"的草書寫法，而非"水（氵）"。所以筆者認爲上記020、021、022實際是同一音義的不同寫本，其作者爲道璿。

建長二年（1250）的《高山寺聖教目錄》中共出現"華嚴傳音義一卷"字樣有兩處。高山寺典籍文書綜合調查團所編"目錄第一"之"重書類④15"目錄記載有"紙本墨書《華嚴傳音義》一帖"。高山寺藏此音義下，寫有"沙門道璿撰"字樣。此應即前所記於聖武天皇天平八年（736）携《華嚴章疏》來日初傳華嚴之道璿。儘管道璿的傳記類中，並未見記載此音義之名，然白藤理幸等根據引書以及音注，從内容上判斷，

---

① 《大日本佛教全書‧佛教書籍目錄第一》，第97頁。
② CBETA/T55/1134。
③ 以上東大寺圖書館所藏的道濬（又云慧濬撰）於天平寶字四年（760）所撰《華嚴傳音義》一卷與此是否祖本同一，因筆者未曾見到原件，故難以判定。但因道璿於天平寶字四年（760）遷化，故作者爲同一人似有可能。
④ 被認定爲國寶與重要文物的典籍與文書。

似難以否定此音義非道璿之作。然是在日本所撰，抑或其來日前已著成，尚不得而知。①

道璿律師（702—760）②於聖武天皇天平八年（736）來到奈良。作爲普寂的弟子，道璿不僅學禪，亦精通華嚴之學，此爲學界所公認。另外，道璿應日本學僧榮睿、普照至唐之邀赴日時，隨身携帶《華嚴章疏》一卷，此亦有歷史記錄。但學界對其是否可稱是日本華嚴宗初祖這一點意見并不統一。楊曾文先生認爲他并没有弘傳華嚴宗。③由龍谷大學編的《印度·中國·日本三國佛教史略》也指出：道璿對天臺宗、律宗和華嚴宗都有很深造詣，并把這些宗派的章疏帶到日本，但當時尚未弘傳開來。④此前我們論述日本華嚴宗的成立時候曾述及道璿被尊稱爲日本華嚴宗初祖，但一般又認爲新羅僧人審祥是初祖，似乎有矛盾，不統一。但筆者認爲，實際上并無不一致。因爲道璿携帶而來的《華嚴經章疏》，對此後日本華嚴僧人解讀《華嚴經》，理解華嚴宗帶來很大幫助。而且，根據藏中進⑤、白藤理幸⑥等學者考察，認爲新羅僧人審祥到日本是740年，晚於道璿來日，故而可以認爲道璿是在日本初傳華嚴之人。正如凝然在其《三國佛法傳通緣起》卷中"華嚴宗"條所指出："當知此宗最初傳者，天平八年大唐道璿律師，乃其人也。丙子之後，經五個年，天平十二年庚辰審祥禪師，乃厥匠也。"⑦如果道璿是《華嚴傳音義》的作者，那麼其發展綫索即爲：

《華嚴經傳記》（法藏）→《華嚴傳音義》（法藏）→《華嚴傳音義》（道璿）

而且白藤理幸也通過考察《華嚴傳音義》中引書以及音注等內容，認

---

① 以上主要參考白藤理幸《解説》，《高山寺古辭書資料第二》（高山寺資料叢書第十二冊）。
② 河南許州人，俗姓衛。
③ 楊曾文：《日本佛教史》（新版），人民出版社2008年版，第69頁。
④ 吳華譯，楊曾文、張大柘、高洪校，中國佛教協會經書印贈處1994年版，第118頁。
⑤ 藏中進：《鑒真渡海前後—渡來僧道璿と〈東征傳〉》，《神戶外大論叢》第30卷4號，昭和五十四年（1979）10月版。
⑥ 白藤禮幸：《華嚴傳音義解説》，第461—462頁。
⑦ 《大日本佛教全書》第101冊，第115頁。

爲此書爲道璿所撰的可能性較大。筆者亦同此觀點。祇是因爲法藏的《華嚴傳音義》現不存，所以我們無法了解道璿的《華嚴傳音義》與其有何關係。

二、體例與内容

高山寺藏本《華嚴傳音義》是專爲法藏的《華嚴經傳記》所撰音義，屬"卷音義"體式。尾末有"識記"。音義正文收錄法藏《華嚴經傳記》中詞語共360個（漢字766個），[①]對其施以音注、義注，並加以詮釋，辨析詳密，並伴有出典，而且不見和訓與假名。

儘管《華嚴傳音義》的作者尚未有定論，但如上述及，根據時間以及體例、内容等來看，此音義應爲唐僧道璿所撰。而其撰著時間應該是其在日本之際。所以本書將其置於日本所成音義。

從體例與内容上來看，本書辭目用大字標出，音注與義注用行間小注的形式置於其下。注音用反切或同音注，共380餘條。如：

京兆：居呈反，大也，帝都也。直小反，域也，封者堺也，大厚也。又十億曰兆，意言多衆共居也。（第一卷）[②]

案：以上音義内容有音注，有釋義，同於一般傳統音義書。但"京兆"並非《華嚴經傳記》正文之詞，而是因法藏曾爲唐京兆西崇福寺沙門。法藏著作，一般皆標以"唐京兆西崇福寺沙門法藏述"，故作者摘出"京兆"置於音義開頭。有意思的是，查檢《玄應音義》、《慧琳音義》以及《慧苑音義》等，皆不見收釋此詞。筆者認爲：此蓋因"京兆"一詞對中國信衆來説，頗爲普通，非難詞，不需詮釋。因此詞作爲地名，指陝西西安及其附近所屬地區，又泛指京師所在地區，自古至今（唐代），世人皆知。然而在日本，卻非如此，所以要特別錄出，作爲音義對象。可見，這是道璿專門針對日本僧俗而摘錄的辭目。

闕如：如猶奈也，若也。奈者，如也，那也，謂其所不知則如不

[①] 此處參考白藤理幸之統計，《大日本佛教全書》第101冊，第454頁。
[②] 本書所引《華嚴傳音義》皆出自高山寺典籍文書綜合調查團編《高山寺古辭書資料第二》（高山寺資料叢書第十二冊，東京大學出版會1983年版），第189—211頁。下同，不另注。

第二章　華嚴部音義

知，不知而闕也。終不妄傳也。（第一卷/傳譯第三）

案：以上祇是釋義，并不標音。蓋因其非難字。也有祇注音，不釋義者。如：

支識：楚除①反，去聲呼。轟道：而涉反。（第一卷/支流第四）②

也有的詮釋內容，還兼辨字形。如：

于闐：都見反。西胡國也。亦作寊字。（第一卷/隱顯第二）

案："寊"同"填"，典籍多見。但"寊"字還可同"闐"，述及者不多。《集韻·霰韻》："闐，于闐，國名，在西域。通作寊。"可見古代作"于寊國"者，并不少見。

總的來看，此書的標音釋義相對自由，并無定規，似根據作者的判斷，故詮釋內容也長短不一。有的極爲簡短，只注字音；有的又頗爲繁長。如：

海會：海者，喻也。以喻名會，故云海會。此經凡云海者，皆以衆若塵笁會等，虛空無以顯之，故借爲名。世間皆知，海深無涯，水難知量，多積奇珎，大衆生所居，衆不思議事，廣如經說上云海卯③三昧者以天與脩羅共戰之時，於上空中所有影像皆於海現如卯卯物，文道分明，住茲定者，如定舍衆物水，現象了了分明而不雜亂，故以爲名也。（第一卷/部類第一）

案：此條頗長，共183個字，但并未辨識辭目上下字之音義，而是詳

---

① 此處應有訛誤。"識"字在《說文》爲"楚薩切"；在《廣韻》爲"楚譜切"；《韻會》作"楚禁切"。
② 以上兩條相連，故一并引出。
③ 原字難認，此根據《〈華嚴傳音義〉校勘》，《高山寺古辭書資料第二》而錄字，第212頁。

細解釋佛經中因比喻而造的"海會"一詞。①

"海會"爲佛經比喻所成詞，謂諸尊聖衆之會聚。以海比喻其德高、數衆，故稱海會。此詞佛經中多見，尤其是華嚴部經，但不見玄應與慧苑等詮釋此詞。

白藤禮幸指出此書注釋部分似并未根據固定之書，其音注有與玄應《一切經音義》一致的内容，也有與《切韻》一致之處。一般地說，除去誤寫以外，大多數音注即使用後來的《廣韻》來參照，也可以認爲是正確地標示了其音。②

白藤禮幸還指出：本書義注形式，有的與辭書注釋形式一致，有的注釋中用"故……者""謂……（也）"的形式。而"謂……（也）"形在本書中頗爲多見，而這也多見於《玄應音義》等。除此，還有"……故云也"此類注釋終止的形式，類似的"所以云之"亦見。注文文末多用"也"，屬於"整齊清楚的注釋形式"。③

日僧所撰音義大多省略出典名，道璿此書引證文獻雖有出處，但不甚統一，如或以"孔子曰""子曰"引出《論語》，或以"郭注"表示郭璞《爾雅注》，也有用準確典籍名者，如《漢書地理志》《漢書儒林傳》《後漢書》等。所引書多爲初唐法藏以前漢文典籍，尤其多援用《漢書》《後漢書》等史書，並加以詮釋，辨析詳密，這與玄應等唐代音義大家頗爲相同。從豐富的引書資料可以看出，道璿漢籍學識淵博，精通文字音韻之學，這一點無可否認。

最後要指出的是，此音義在音義開始部分詮釋"傳"字時，有"若以述義名傳者即當法藏大德論述"一句，其中用"法藏大德"作敬稱，故此音義當非法藏之作，其爲明晰。

三、版本流傳

高山寺藏本《華嚴傳音義》被認爲寫於鎌倉初期，用行書體書寫，但從第110行開始，書風有所變化，所以難以認爲是全篇一筆。

此書末尾有"識記"：

---

① 因寫本殘缺，多有漫漶，故録漢字可能有錯。
② 白藤禮幸：《高山寺古辭書資料第二・解説》，第458—461頁。
③ 同上書，第454—455頁。

第二章　華嚴部音義

元本卷本今爲折本（元禄十六年六月十五日修補。①）

（釋 雲昇誌②）

③昭和九年七月廿九日修補

　　栂尾　高山寺

　　　　土宜覺了④

　　根據以上，可知此寫本於元禄十六年（1703）、昭和九年（1934）有過兩次修補。而且原來是卷子本，江户時代已被改裝成一般摺本。⑤高山寺藏本《華嚴傳音義》於昭和十三年（1938）7月4日被指定爲"重要文化財"（重要文物）。而東大寺圖書館藏有《華嚴傳音義》一卷本，則被認爲是高山寺本的江户時期寫本。又丁鋒先生在其新作《東渡唐僧道璿及其〈華嚴傳音義〉研究》⑥中指出其檢索到位於名古屋市區的東海學園大學圖書館哲誠文庫藏《華嚴傳音義》一種。"哲誠文庫"通稱"關山文庫"，收藏日本淨土宗龜足山正覺寺哲誠大和尚的舊藏書約三千册。但此本現已不知所蹤，或已失佚。

　　日本於昭和四十八年（1973）成立了高山寺典籍文書綜合調查團，經過十餘年的努力，編纂完成了高山寺典籍文書總目錄，共四册。繼而又選出學術研究資料較高的一部分資料加以複寫，并添加研究論文等，由東京大學出版社陸續出版了《高山寺資料叢書》，共24册。其中特別編纂古辭書内容，《高山寺古辭書資料第一》（高山寺資料叢書第六册）收入兩部辭書音義：第一部《篆隸萬象名義》，第二部《金剛頂經一字頂輪王儀軌音義》。《高山寺古辭書資料第二》（高山寺資料叢書第十二册）收入高山寺藏三部與《華嚴經》有關的音義：第一部《新譯華嚴經音義》（作者：喜海）；第二部《貞元華嚴經音義》（作者：喜海）；第三部《華嚴傳音義》。此三部音義由白藤禮幸作總"解説"，另外，還附有"校勘

---

① 此本爲小字寫於前文字右下，現用括號標出。標點爲筆者所加。
② 此亦爲小字，現用括號標出。
③ 此下字形與上不同。當爲不同修補時期所寫。
④ 字形不甚清晰，較爲難辨，現尊白藤禮幸《高山寺古辭書資料第二·解説》。
⑤ 以上參考白藤禮幸《華嚴傳音義解説》，高山寺典籍文書綜合調查團編《高山寺古辭書資料第二》，東京大學出版會1983年版，第453—454頁。
⑥ 大東文化大學語學教育研究所《語學教育フォーラム》第32號，2017年3月版。

記"。沖森卓也和白藤禮幸還專門編纂了《華嚴傳音義》辭目字索引，使用頗爲方便。

四、學術價值
——以漢字研究爲中心

《華嚴傳音義》全用漢文寫成。儘管其作者尚難以確認，但根據此音義的體例與內容等考察，基本可以認爲是唐僧道璿所撰音義著作。對此音義所展開的研究，有白藤禮幸在《高山寺古辭書資料第二》（高山寺資料叢書第十二册）中的"解説"中所作的考探，是爲《華嚴傳音義》研究之開山之作，深入研究之津梁。而丁鋒先生新作《東渡唐僧道璿及其〈華嚴傳音義〉研究》一文則是近年來對此音義展開的最爲全面的研究。既有在前賢基礎上所作的進一步深入的考察，也有詳密的文本考證。此研究成果雖以論文的成果出版，但實際已可謂專著。筆者主要從以下兩方面加以考論。

（一）《華嚴傳音義》引書多爲初唐法藏以前漢文典籍，故作爲古籍整理研究資料，具有一定價值。關於此點，白藤禮幸在《解題》中有所涉及。此音義引書既有文字音韻訓詁類的"小學"書，如《爾雅》《集韻》《玄應音義》等，也有《周易》《儀禮》《論語》等經部書，但引用較多的是史部書，如《漢書》《後漢書》等。值得注意的是：有些引用，并未注出典籍之名，如音注部分，有31條與《玄應音義》相同，12條與《切韻》相同，[1]皆並未注明出典。也有的雖通過查證可知出典，但情況頗爲複雜，需要特別注意。如：

九流：一🗌[2]（儒）流，[3]助人君，順陰陽，明政[4]（教）化也；二道流，歷記成敗、存🗌（亡）、🗌（禍）福、古今之道。然後知（秉[5]）要；三陰陽流，🗌（敬）順🗌（昊）天，曆（曆）象日月、

---

[1] 參考白藤禮幸《解説》，高山寺典籍文書綜合調查團編《高山寺古辭書資料第二》，第458—461頁。
[2] 應爲"儒"字俗。以下圖像文字內容皆同此，不贅。
[3] 原無句讀，此爲筆者所加。
[4] 高山寺本作"政"。
[5] 高山寺本無"秉"字。

第二章　華嚴部音義　　　　　　　　　　　　　　157

星辰，敠（敬）授民時；四法流，信賞（賞）必罰，以輔礼制；五名流，古者名位不同，礼亦異數。孔子曰：必也正名。不正則言（マ）不順，（マ①）言不順（マ）則事不成；六墨流，茅（屋②）采椽；七③横流，孔子曰誦持（詩）三百，使於四方，不能顚④（專）對（對），雖（雖）多亦奚以為；八雜流，兼儒墨，合名法，知國躰之有此，見王治之无不貫；九農流，横⑤（播）百穀，勸耕桑，以足衣食；十又加小説流，街談巷語，道聽塗說者之所造也。孔子曰：雖小道，必有可觀者焉，致遠恐泥，是以君子亦使綴，然亦弗滅也。閒（間）里小知者之所及，亦使綴而不忘。如或一言可采，此亦芻蕘狂夫之議也。（卷第二/講解第六上）

"九流"用於稱先秦的九個學術流派，見於《漢書·敘傳下》："劉向司籍，九流以別。"顏師古注引應劭曰："儒、道、陰陽、法、名、墨、縱橫、雜、農，凡九家。"以上"九流"條釋義⑥，實際正是引班固《漢書·藝文志·諸子略》中內容。但如果我們查考勘核，會發現其引用多有刪減，甚至還有不同之處。

如詮釋"九流"之"各流"時，前語皆省，如"儒家者流蓋出於司徒之官""道家者流蓋出於史官"等。另外，如"七橫流"明顯爲缺漏，應爲"縱橫流"。而"六墨流"，僅有三個字"茅"字後漏"屋"字。《漢書·藝文志·諸子略》爲"茅屋采椽，是以貴儉。"顏師古注："采，柞木也，字作採。本從木，以茅覆屋，以採爲椽，言其質素也。采音千在反。"又"五名流"後引"孔子曰：必也正名不正則言マ不順マ言不順マ則事不成"一句，則明顯有誤，原本爲："孔子曰：必也正名乎！名不正則言不順，言不順則事不成。師古曰：論語載孔子之言也，言欲爲政必先正其名。"此語出於《論語·子路》，已爲名句。

以上我們認爲是或刪略或訛誤之處，是根據現今所傳《漢書》得出來

---

① 原本有三個重字號"マ"，似爲衍文。
② 高山寺本無"屋"字。
③ "横"前似漏"縱"字。
④ 高山寺本作"顓"字。
⑤ 高山寺本作"横"字。
⑥ 實際爲"十流"。

的。如上所述，此音義所引用的是初唐以前的文獻，與我們現在所能見到的資料有不少地方有不同之處，這是值得注意的。從古籍整理的角度看，今本文獻文通語順，但這很有可能並非其原貌，而是經過了後人多次校訂、版本修補而有的結果。我們需要得到的是最接近原本面貌的文獻。以上《華嚴傳音義》所引《漢書》內容，正提出了這一問題。儘管其中有些錯誤是明顯的，但這正是有待於進一步深入展開的課題。

（二）高山寺本《華嚴傳音義》用行書體抄寫，儘管全篇并非出自一人之筆，但寫於鎌倉初期，作爲古寫本資料，對考察當時《華嚴經》和《華嚴經傳記》的漢字使用狀況，具有一定的價值。

以上"九流"條釋義中，我們標出了幾個圖像文字，這些都是當時寫本文獻中常見的俗字或訛字，可見當時用字一斑。而作爲音釋對象的辭目字，也是"俗""訛"現象比比皆是。

沖森卓也與白藤禮幸編纂的《華嚴傳音義》辭目字索引[①]的最前部分是"異體字一覽"，列出辭目中的異體字共39組。其後辭目字"索引"則根據《康熙字典》部首，以筆畫爲順（也有部分是釋文中的漢字）。這對我們考察研究《華嚴傳音義》漢字使用情況，具有參考價值。另外，高山寺典籍文書綜合調查團在影印高山寺藏《華嚴傳音義》時還附有《〈華嚴傳音義〉校勘》[②]。整理者對高山寺本中蟲損之處以及難以判讀的異體字，參看東大寺進行了整理。但因爲東大寺本被認爲是高山寺本的江戶時期寫本，故整理者也標注：并不敢認爲是與東大寺本進行了對校。但無論如何，這是整理者所進行的第一步基礎工作，爲以後進一步研究提供了很多值得參考的內容。

筆者認爲，高山寺典籍文書綜合調查團爲公刊出版此音義，已經做了很好的基礎性的整理研究工作，這對今後進一步的深入研究，有很大的幫助。如從漢字研究方面來看，沖森卓也與白藤禮幸編纂的《華嚴傳音義》辭目字索引中有"異體字一覽"，列出辭目中40組異體字。我們轉錄於下，并簡作考述。

[①] 《高山寺古辭書資料第二》，第418—439頁。
[②] 同上書，第212—215頁。

第二章　華嚴部音義

兆→兆（7①）　京→京（7）　敵→敵（23）　罰→罰（24）
率→率（33）　蒸→蒸（46）　悋→指（51）　芰→芰（52）
涼→涼（53）　絹→絹（61）　疊→疊（62）　簪→簪（67）
杭→抗（68）　揖→揖（70）　構→構（70）　逆→逆（70）
馴→馴（71）　溧→溧（73）　函→函（78）　蹟→蹟（79）
懿→懿（93）　由→由（94）　瘳→瘳（96）　僵→僵（116）
冥→冥（131）　圖→圖（131）　贖→贖（139）　俛→俛（143）
堀→堀（146）　蚵→蚵（147）　簡→簡（152）　鄒→鄒（159）
亨→亨（160）　喙→喙（161）　裨→裨（163）　斯→斯（163）
雙→雙（163）　感→感（165）　藻→藻（171）　藻→藻（177）

案：以上40組字，是沖森卓也與白藤禮幸二位先生作爲異體字之用特意列出的。這對此本的漢字研究具有一定參考價值。筆者想説明以下幾點。

①以上二位學者所揭示的"一覽"，祇是此本漢字辭目的一部分。因此本作爲古寫本，其中俗字訛寫現象比比皆是，從這個角度看的話，若要研究異體字，還需要更全面地對此本文字現象進行考察。如：

雄亮：良仗反。明也。（卷二/93②）

案：查考《華嚴經傳記》卷二有"釋曇衍……造華嚴經疏七卷。講事相仍毘贊玄理，聲辨雄亮，言會時機"③之句，"雄亮"即"雄亮"，此本用俗字。

"雄"爲"雄"之俗字。《說文解字·隹部》："雄，鳥父也。從隹厷聲。羽弓切。"《隸辨·平聲·東韻》"雄"字《武榮碑》作"雄"，並有按語云："《說文》雄從厷，碑變從右。《干祿字書》云：雄，俗雄字。"《四聲篇海·隹部》："雄，音雄，義同。"此蓋"雄"之聲符與"右"形近，故碑文及後世俗字常寫作"雄"。

---

① 此爲原寫本的行數。我們照抄。下同，不另注。
② 數字仍參考前，是行數。
③ CBETA/T51/0159。

"亮"爲"亮"俗字。《説文解字·儿部》："亮，明也，从儿高省。"隸定作"亮"。《玉篇·儿部》作"亮"，碑別字中作"亮"多見。

②從以上"一覽"可以看出，此本所出"異體"，基本爲俗字字形，有些頗爲常見，如以上筆者所舉"雄亮"，字庫中已有。但有些字形卻是少見，或者説是罕見。這就更有其研究價值。如"一覽"中的"獘→敵（23）" "匆→喙（161）"等例。

根據《華嚴經傳記》文本以及音注與釋義，"獘"爲"敵"字，甚洽。"敵"之異體有"歒"，見《廣碑別字·十五畫·敵字》引《唐王夫人墓誌》、隋《范安貴墓誌》以及《可洪音義》等，但其下部還有"廾"，筆者卻尚未見他例。

又根據《華嚴經傳記》文本以及音注與釋義，"匆"認作"喙"也不錯。但是，"喙"之異體可作"匆"，左半部首爲"虫"之俗，右半爲"勿"，筆者亦尚未見他例。這些都有待於進一步考察。

3. "𤴙→瘳（96）"一組字，整理本前作"瘳"，誤。"𤴙"與《玉篇零卷》的"𤴙"相似。而"𤴙"既可作"寥"之異體，又可作"瘳"之異體。

以上主要是根據辭目字所作的一些考察。作爲古寫本，實際上有些字也能呈現出一些漢字在日本發展的印迹。我們簡舉以下一例。

法藏《華嚴經傳記》卷第二《講解第六》上"釋靈裕"條中有"斯勵格後代之弘略也"[①]句，《華嚴傳音義》收"弘略"爲辭目，前字高山寺本作"劤（100）"；又卷第四《諷誦第七》"釋普圓"條中有"容貌魁梧，無顧弘緩"句，《華嚴傳音義》收"弘緩"爲辭目，前字高山寺本作"弘（141）"。兩個"弘"字本從"弓"之部首寫似"方"，而第一個"弘"聲旁"厶"還作"口"。這是日本俗字"個案"之一。

寫於弘安九年（1286）的天理本《大般若經音義》卷下有"勾：加，或本，先德非之"[②]。所謂"先德非之"，説明此前有此字形，但不爲"先德"所承認，也就是找不到源流所自，屬於訛誤者。此條辭目字"勾"爲"弘"俗字，《干祿字書》已收。而作爲異體字收錄的

---

① CBETA/T51/0160。
② 築島裕：《大般若經音義の研究　本文篇》，勉誠社昭和五十二年（1977）版，第500頁。

"加"，不僅原篆文"弘"的右半聲符"厶"隸變作"口"，而且部首"弓"又譌俗爲"方"。江户時代學者近藤西涯編《正楷録》卷上"弘"字下舉有"叧加"兩字，且在"加"後特意標注："倭"，[①]説明這是在日本形成的俗字。而以上所舉高山寺本《華嚴傳音義》中的"弘"與"加"，可以證明"弘"之部首"弓"作"方"，已爲常態，但右半聲符"厶"與隸變作"口"的形式共存。

筆者尚未對此音義中的漢字展開較爲全面的研究，以上祇是舉了其中一部分字例。作爲鎌倉初期的寫本音義，特別是出於華嚴教學重鎮的高山寺，應該對研究日本中世漢字使用實況，範圍再縮小一些的話，可以説對研究高山寺華嚴教學集團中僧人的漢字使用實況，具有一定的價值，值得作進一步研究。

第五節　日僧撰華嚴部音義考論
——《新譯華嚴經音義》與《貞元華嚴經音義》

一、時代與作者

奈良時代的華嚴宗以東大寺爲首。此後由於規模逐漸擴大，又分成兩大派別：東大寺派與高山寺派。東大寺派爲正統主流，受朝廷保護，但也因此不得不與國家權威相結合，易受傳統規範限制，難以普及民間，爲一般大衆所接受。而"非主流"的高山寺派，卻因爲鎌倉時代明惠上人的出現，華嚴宗纔脱離朝廷貴族之專有，開始與日本民俗相融合，華嚴宗逐漸向民間普及，并因此重振大興。

明惠（1173—1232）又作明慧，名高辨，紀伊（和歌山縣）人。早年曾遍從諸師學華嚴、密教、禪法，還於高雄山宣講華嚴。後鳥羽上皇敕賜栂尾山以行復興，稱高山寺，爲華嚴之道場。因受朝廷、北條泰時之皈依而爲上下所崇信，明惠也就被尊爲日本華嚴宗之中興祖師。位於京都山林

---

① 杉本つとむ編：《異體字字研究資料集成》第一期第七卷，雄山閣出版社1973年版，第239頁。

深處的栂尾高山寺①也就成爲繼東大寺後華嚴宗的又一中心道場，華嚴教學研究的又一重鎮。而高山寺華嚴教學集團的一大重要研究成果，就是爲《華嚴經》標註字音，這已成爲研究鎌倉時代漢字音的極爲寶貴的資料。而高山寺華嚴教學集團中的另一成果就是利用"音義"這一傳統工具繼續撰著音義書。以下我們要論述的兩部《華嚴經》的音義書即是這些成果的代表作，而其作者皆爲喜海。

喜海（1178—1251）是鎌倉時代中期華嚴宗僧人，號義林房，出家後入高山寺師從明惠上人。喜海在高山寺隨明惠學習華嚴教義，成爲明惠上人的高足。他曾與明惠一起從事華嚴教學並書寫校核注釋書《華嚴經探玄記》。根據明惠遺書，作爲高山寺久住之一人，寬喜四年（1232）喜海被定爲高山寺学頭②。明惠没後，喜海亦住高山寺十無尽院。其著作有記錄明惠上人行動的《高山寺明惠上人行狀》以及有關華嚴教義的《善財五十五善知識行位抄》等流傳後世。除此，還有就是專爲八十卷本《新譯華嚴經》所撰的《新譯華嚴經音義》以及爲四十卷《貞元華嚴經》所撰的《貞元華嚴經音義》。

《新譯華嚴經音義》卷末有跋語：

嘉禄三年（丁亥）③六月二日（酉魁），於西山梅梶之禪房，集兩三本之音義，抄寫之，偏爲自行轉讀，敢不可及外見也。④

日本"嘉禄三年"是1227年。此跋語與音義文字同筆，可見爲同一人所寫。其後還有別筆跋語：

寛喜元年八月十八日与五六輩交合再治了。
寛喜元年八月廿七日（子剋）點并假名數度交撿畢。

封底内記有：

---

① 作爲華嚴宗寺院，高山寺早於寶龜五年（774）由光仁天皇恩准而創建。至鎌倉建永元年（1206），明惠上人住持之時纔改名爲高山寺。
② 大寺院中擔任統括學問之僧人。
③ 此本原用雙行小字寫出，現改用括號標出，下同，不另注。
④ 原文無句讀，此乃筆者所添加。

第二章　華嚴部音義　　163

　　安貞二年四月廿四日於高山寺草室書寫了。

　日本"寬喜元年"是1229年。從以上跋語中，可以知道《新譯華嚴經音義》的撰著時間。另外，還可以了解此音義實際並非如喜海所言"偏爲自行轉讀"[1]，而是与"五六輩"華嚴學僧共同"交合再治"，而且對漢字聲調以及假名（字音）又進行了討論。這不僅體現了當時高山寺有關華嚴經研究事業之鼎盛，而且傳達出當時有幾種《華嚴經》音義存在之信息。[2]嘉禄三年，明惠尚在世，五十五歲，喜海也已五十歲，已從明惠上人研習華嚴三十年，此音義正爲其研究成果。

　《貞元華嚴經音義》書末後有識語：

　　安貞二年四月廿六日書寫畢、校畢。

　此日期與喜海本《新譯華嚴經音義》後所記的"安貞二年四月廿四日"僅差兩日。故此音義雖未記撰者之名，但學界根據其體裁形式、用紙，特別是所附墨筆假名字音、朱筆聲點等皆與喜海本《新譯華嚴經音義》相同等特點，認爲作者蓋亦爲喜海。[3]

二、體例與内容

（一）《新譯華嚴經音義》

　《新譯華嚴經音義》爲卷音義，乃喜海專爲八十卷本《新譯華嚴經》而撰。全書共收録《新譯華嚴經》中難詞1320個，其中多爲雙音節詞，也有若干單字和三字辭目，用墨筆標注音切，用片假名標示字音，用朱筆

---

[1]　實際乃作者的謙遜之語。
[2]　根據白藤禮幸《高山寺解說》考證，寬喜元年（1229）至寬喜二年（1230）之東大寺寫經資料上，尚有記録，如："寬喜元年九月十七日於竹内之房以御堂之本/重交之畢/幷難字付假字了/小比丘了弁"（《大方廣佛華嚴經》卷第三十四（新譯）卷末題記）（第一〇函18）。又如："寬喜元年九月十九日於高山寺又挍合了/又以音義付假名了勤杲"（《大方廣佛華嚴經》卷第卅五卷末題記）（第五八函1）。又如："寬喜元年十月四日以御堂本挍即了/以音義點了西谷小僧空弁"（《大方廣佛華嚴經》卷第四十四卷末題記）（第一〇函23）。由此可証，當時的高山寺《華嚴經》之研究頗爲盛行，《華嚴音義》亦非一種。
[3]　白藤禮幸：《高山寺古辭書資料第二・解說》。

標示漢字四聲點。音注用行間小注，右側是上字音，左側乃下字音。①音注用同音注法和反切法。漢字四聲點起初用墨筆，後用朱筆重叠其上。另外，還有用朱筆訂正漢字、假名字音等。②這些都可以認作室町時代之筆。這些祇有寫本原本才能顯示的特徵，黑白複印的影印本上，已經難以清晰體現。故以下舉例僅出音注爲例。筆者希望以下例文能對讀者理解此音義的體例與内容有所幫助。

　　　頸　キャウ③；居領反。（第四十八卷）④
　　　輻　フク⑤；音福。（第四十八卷）

　以上兩個辭目是單音節詞。上例假名"キャウ"爲"頸"字吳音注，後用反切注。下例假名"フク"爲吳漢同音，後用漢字直音注。白藤禮幸在《解說》中指出此音義有若干單音字辭目。據筆者統計共約39個，約占總辭目數的3%，確實很少，而且實際上主要集中在第七十六卷，有30個。這是因爲此卷多有梵音字，如"邐""哆""娑"等。
　此音義所收三音節辭目就更少，祇有2個：

　　　苦末羅　セム⑥；マ⑦；ラ⑧；失廉反。（第三卷）
　　　冠而冠　クワン⑨；ニ⑩；クワン⑪；上音官，下音貫。（第六十八卷）

　以上第一個是外來詞。《慧苑音義》卷一音義八十卷《華嚴經》卷三

---

① 所謂"四聲點"指日本文獻中爲表示漢字四聲而在該字四角標上之點號。
② 以上參考白藤禮幸《新譯華嚴經音義解說》，高山寺典籍文書綜合調查團編《高山寺古辭書資料第二》，第442頁。
③ 此假名置於"頸"字右邊。
④ 本書所引《新譯華嚴經音義》皆出自高山寺典籍文書綜合調查團編《高山寺古辭書資料第二》（高山寺資料叢書第十二冊，東京大學出版會1983年版），第5—120頁。下同，不另注。
⑤ 此假名置於"輻"字右邊。
⑥ 此假名置於"苦"字右邊。
⑦ 此假名置於"末"字右邊。
⑧ 此假名置於"羅"字右邊。
⑨ 此假名置於第一個"冠"字右邊。
⑩ 此假名置於"而"字右邊。
⑪ 此假名置於第二個"冠"字右邊。

也收有此詞，釋曰："西域近海岸邊樹名此翻爲黃雜色金翅鳥若來即居其上也。"①下例不是詞，是一個帶虛詞的短語。《華嚴經》第六十八卷："衆寶瓔珞及諸嚴具莊嚴其身，如意摩尼以爲寶冠而冠其首。"②若單作爲漢字看，前後兩個"冠"字，當然一樣，故其假名注相同。但喜海的漢語直音注，前爲"官"爲平聲，作名詞用，後"貫"乃去聲，用作動詞。如此注音，某種意義上也包含釋義，應該説也體現了音義"辨音釋義"的特點。

《新譯華嚴經音義》中大部分是雙音詞，故其標注形式可以認爲呈現此音義體例的基本特徵。

　　　　足跟　ソク③；コン④；下音根⑤。（第四十八卷）

以上，喜海用假名表示辭目上字"足"的漢字音，并用同音注標出下字"跟"字音。

　　　　示誕　シ⑥；タン⑦；徒旱反⑧。（第四十七卷）

以上，用假名表示辭目上字"示"的漢字音。後又用反切"徒旱反"標出"誕"字音。

　　　　熙怡　キ；イ；許之反；余之反。（第四十八卷）

以上，喜海用假名和反切分別爲上下字標出音注。

　　　　醍醐　タイ；コ；上音啼；下音胡。（第五十一卷）

---

① CBETA/K32/0343。
② CBETA/T10/0365。
③ 此假名置於"足"字右邊。
④ 此假名置於"跟"字右邊。
⑤ 小字置於"跟"字左下。
⑥ 此假名置於"示"字右邊。
⑦ 此假名置於"誕"字右邊。
⑧ 小字置於"誕"字左下。

以上，喜海用假名和同音注分別爲上下字標音。

　　　疲懈　ヒ；ケ；彼爲反；下音戒。（第五十五卷）

以上，喜海用假名先爲上下字標出音注，然後用反切爲上字標音，用同音注爲下字標音。

（二）《貞元華嚴經音義》

《貞元華嚴經音義》是喜海專爲四十卷《貞元華嚴經》所作的"卷音義"。作者摘出經文中的難字、難詞[①]共594條，其中大部分爲雙音節辭目，然單字辭目也有90餘條，約占總辭目的15%，遠高於以上所述及的《新譯華嚴經音義》。另外，不見三字辭目。而其音注形式也基本同《新譯華嚴經音義》，辭目字右旁用墨筆標注片假名寫的字音，還有用朱筆爲各字所加之聲調符號，而其漢語音注，則主要是用反切法，同音注甚少，筆者查檢，僅發現有三例。還有一些辭目祇有假名音注而無漢語音注。字旁附有黑色假名字音，還有用朱筆爲各字所加之聲調符號。

　　　街　ケイ；古膎反。（卷第十三）

此爲單音節辭目。"ケイ"爲"街"字吳音，而"古膎反"則同《廣韻》。

　　　弓矢　ク；シ；居雄反；尸視反。（卷第十六）
　　　金條　コム；タウ；他刀反。（同上）

以上爲雙音辭目，上條辭目字旁用假名標音，其下則分別爲上下字標注反切。下條除上下字的假名標音外，反切"他刀反"在行間小注的左側，乃下字"條"字反切。

　　　下帬　ケ；クン；下音羣。（卷第十六）

[①] 有一部分只能算是詞組，而非詞。

第二章　華嚴部音義

以上例同前，祇是漢文標音爲直音注，而且也寫於行間小注的左側，爲下字標音。

《貞元華嚴經音義》音注的基本形式與前所述及的《新譯華嚴經音義》相同，故不贅舉。

總體來看，喜海所撰的兩種音義體例非常簡單，祇有音注而無釋義，也没有標明引用出典之處，似乎與一般概念上的"音義"有所不同。這是佛經音義從中國到日本後發展而有的體式之一。

儘管喜海的兩種音義并未標明引用出典，然而其所標漢語音注應該有所根據。沼本克明有《高山寺藏字音資料について》一文，[①]曾就《新譯華嚴經音義》中的音注出典進行了考證，其結論是：此音義利用了慧苑的《新譯華嚴經音義》和《切韻》。除此，推測另外還應有一本參考書，但不是像以上我們所提及的小川本《新譯華嚴經音義私記》、大治本《新譯華嚴經音義》等於日本所撰古音義，與《新撰字鏡》《類聚名義抄》等古字書也不一致。池田證壽在《高山寺藏新訳華厳経音義と宮内庁書陵部藏宋版華厳経》一文[②]中指出，宮内廳書陵部藏宋版華嚴經各卷末附載音注，其中有不少即與喜海《新譯華嚴經音義》音注一致，故而喜海所言利用參考"兩三本音義"之一，可認爲即此音義。另外與宋版華嚴經各卷末附載音注不一致的反切，有不少與東禪等覺院版一切經的華嚴經字音帖的音注相合。故這也應是喜海所利用參考的"兩三本音義"。池田先生還指出：高山寺經藏藏有東禪寺版一切經，其中收有《慧苑音義》，故喜海有可能參照利用，但似并無積極利用的形迹。這應該與喜海的編撰目的不同有關。因爲喜海祇是需要音注（反切和直音注），而《慧苑音義》則過於詳密，與喜海初衷不合。另外，也有可能與書籍的體裁有關係。宮内廳書陵部藏高山寺舊藏本宋版《華嚴經》是小型書册，使用較爲便利，摘出各卷後的音注也比較容易。

《貞元華嚴經音義》的音注出典可以參考以上内容。但白藤禮幸在《解説》中指出：兩種音義所用出典資料，并不一定用同書。《新譯華嚴經音義》存在即使同一音義，但所附音注卻有異之處。而《貞元華嚴經音

---

① 《高山寺典籍文書の研究》（高山寺資料叢書別卷），東京大學出版會1980年版，第473—501頁。

② 《日本學・敦煌學・漢文訓讀の新展開—石塚晴通教授退職記念會》，汲古書院2005年版，第143—159頁。

義》中，同一字標注不同反切的現象卻似乎不怎麼見到。

三、版本流傳

　　高山寺藏本喜海所撰《新譯華嚴經音義》與《貞元華嚴經音義》皆寫於鎌倉時代的安貞二年（1228），是珍貴的古寫本資料。《新譯華嚴經音義》於昭和十三年（1938）7月4日被指定爲重要文化財，而《貞元華嚴經音義》則於昭和二十四年（1949）2月18日被指定爲重要文化財。後《新譯華嚴經音義》被寄存於東京國立博物館，而《貞元華嚴經音義》則被寄存於京都國立博物館。東京大學出版會於1983年將二種音義與被認爲是由道璿所撰的《華嚴傳音義》一起刊行於《高山寺古辭書資料第二》（高山寺資料叢書第十二冊）。白藤禮幸爲之撰寫了《解說》，[1]筆者對其所作闡述，也主要參考此文。寫本影印後分別有整理者的《〈新譯華嚴經音義〉補註》[2]《〈貞元華嚴經音義〉補註》[3]，對影印本中蟲損、缺損、別筆等不清楚之處加以簡單說明。此外，沼本克明與安田尚道還將此音義與《貞元華嚴經音義》一起編纂了二音義的辭目字總合筆畫索引，[4]檢索使用非常方便。另外，喜海所撰兩種音義還被收入《大正新修大藏經》第五十七卷《續經疏部三》No.2206A。

四、學術價值

　　喜海所撰《新譯華嚴經音義》的特色非常明顯，就是基本只注音而不釋義。這與廣引書證，且與多有詳密辨析的《慧苑音義》不同，也與早期日本學僧所撰《華嚴經》音義書，如大治本《新音義》之祖本以及小川本《私記》等不同。但其所用反切及假名具有一定特色。根據川瀨一馬考證，其中使用異體假名處也不少。[5]這無論是對日語語音與日本文字還是漢語音韻的研究，都被認作重要的參考資料，已經引起學界矚目。對其展開研究的主要是日本學者，有沼本克明《高山寺藏字音資料について》[6]

---

[1] 《高山寺古辭書資料第二》，第441—463頁。
[2] 同上書，第121—123頁。
[3] 同上書，第183—187頁。
[4] 同上書，第222—416頁。
[5] 川瀨一馬：《增訂古辭書の研究》，第374頁。
[6] 《高山寺典籍文書の研究》（高山寺資料叢書別卷），第473—501頁。

以及池田證壽《高山寺藏新訳華厳経音義と宮内庁書陵部蔵宋版華厳経》和《高山寺新訳華厳経音義と宋版大蔵経》[1]等文皆有專門研究。其中特別爲學者們注意的是作爲日本漢字音的研究資料。榎木久薫曾經指出：高山寺所藏《華嚴經》以及《華嚴經》音義書中有由華嚴教學集團所加點的《華嚴經》字音點，這被認爲是鎌倉時代的漢字音（特別是吳音系字音）研究的極爲貴重的資料，然而至今卻幾乎未被利用。[2]而隨著研究的展開，學界現對此重要資料開始關注并逐漸重視，相信今後會有新成果的出現。

沼本克明根據喜海卷末跋語"偏爲自行轉讀"以及其編纂方法"集兩三本之音義抄寫之"，指出"喜海音義"的反切和同音字注是爲《華嚴經》的音讀而從其以前的兩三本音義中抄出而成的，可以認爲高山寺現藏的《華嚴經》皆爲吳音直讀資料。當然，嚴密地說，也有部分與若干漢音相交叉。可以認爲這個音義的反切和同音注是有利於吳音讀。另外，沼本克明還分析喜海所依據的"兩三本音義"的性質，指出喜海的時代類似《九條本法華經音》《法華經單字》這樣的已經脫離中國的反切的音義出現了。也就是説，即使采用反切的形態，但有可能是引用這樣的系統的和風反切，也就是用於《華嚴經》音讀而作的吳音用的反切。[3]總之尚有不少問題留待研究解決。而字音直讀《華嚴經》的學問形態，被認爲是因高山寺教學集團開始出現的，而這些字音直讀資料作爲反映這樣新學問形態的資料，應該引起重視。

簡短的結論

來自古印度、古西域的華嚴學說，在華夏這塊廣袤的土地上，植根並發展而成爲華嚴宗。《華嚴經》所突出的"圓融"思想，反映了廓大的"盛唐"氣象，而博大雄渾、涵容万象的大唐文化，特別是來自帝王的扶持，更促進了華嚴宗本身的發展與壯大。華嚴宗在盛唐就走出國門，傳入正積極引進大唐文化的東瀛日本，並同樣深受皇室歡迎。在聖武天皇

---

[1] 《高山寺典籍文書綜合調查團研究報告論集》，高山寺典籍文書綜合調查團2014年版，第64—76頁。

[2] 榎木久薫：《高山寺藏寬喜元年識語本新訳華厳経をめぐって》，《鎌倉時代語研究》第23號，2000年10月版，第138—157頁。

[3] 《高山寺典籍文書の研究》（高山寺資料叢書別卷），第491頁。

的大力扶持下，華嚴宗一度頗爲興盛，成爲"奈良六宗"之首。隨之勃然興起的華嚴教學研究也成爲奈良朝佛教文化的重要特色，從大量傳抄書寫經典，到模仿漢僧爲解讀《華嚴》并撰述音義。以上對大治本《新音義》以及小川本《私記》的簡單梳理，目的是希望讀者能對奈良佛教文化，對日本華嚴宗有較爲完整的認識，特別是作爲早期日僧所撰的音義書，在文字訓詁等諸方面的研究價值。而華嚴宗中心從東大寺到高山寺的轉移，是日本華嚴宗發展的直接體現。高山寺所藏三部與華嚴部佛經有關的音義，則是這種發展的另一成果，也成爲漢字研究日語漢字音學習和研究的重要資料。

第二章　華嚴部音義

本章附錄：華嚴部音義名篇書影

附錄一：大治本《新華嚴經音義》[①]

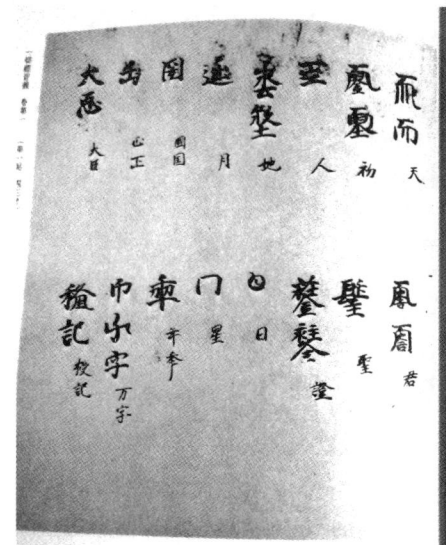

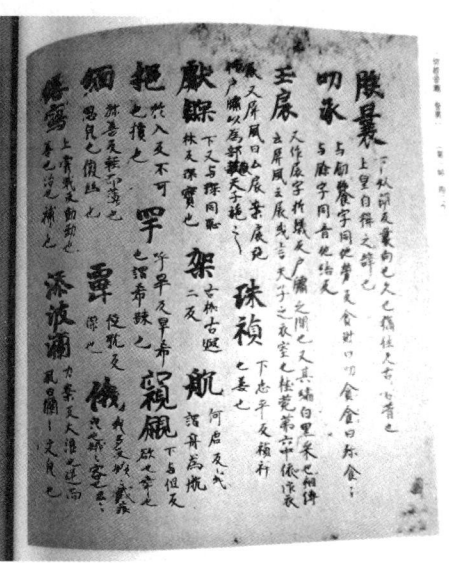

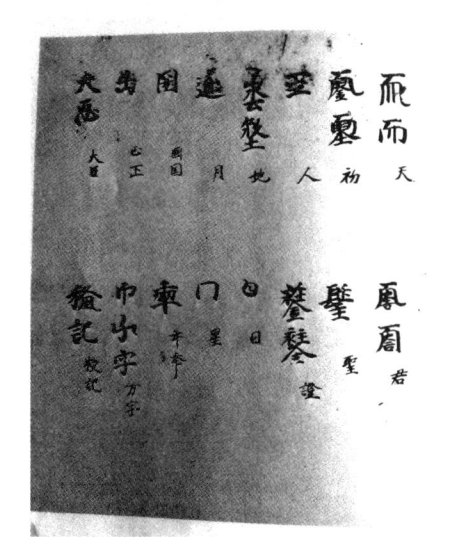

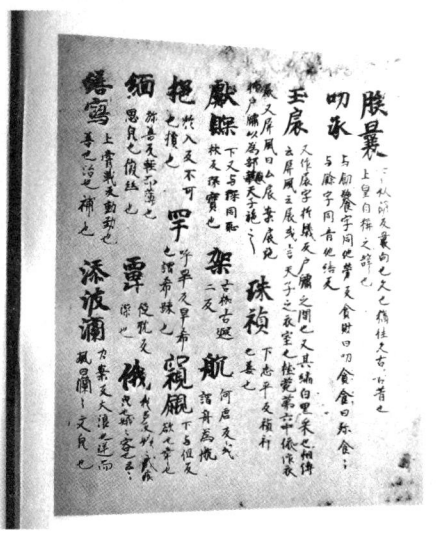

[①] 古典研究會編：《古辭書音義集成》第七卷《一切經音義》上，汲古書院昭和五十五年（1980）版。

附錄二：金剛寺本《新華嚴經音義》[①]

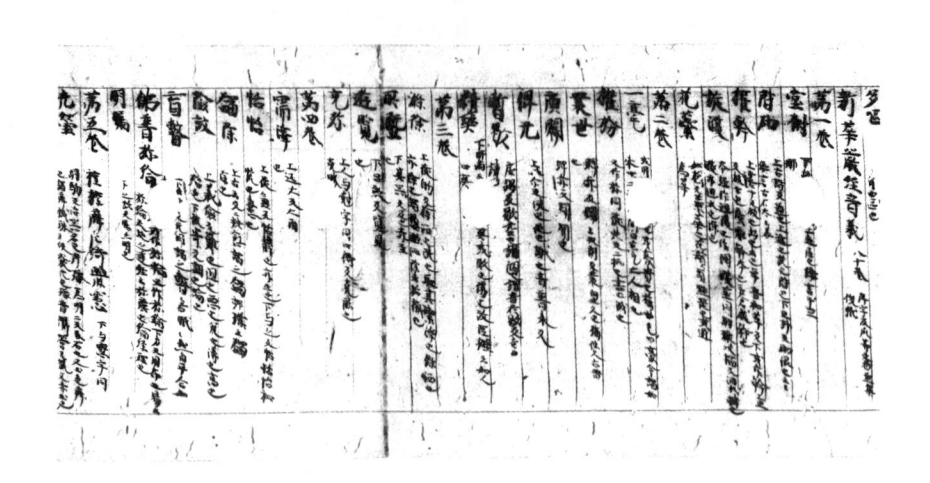

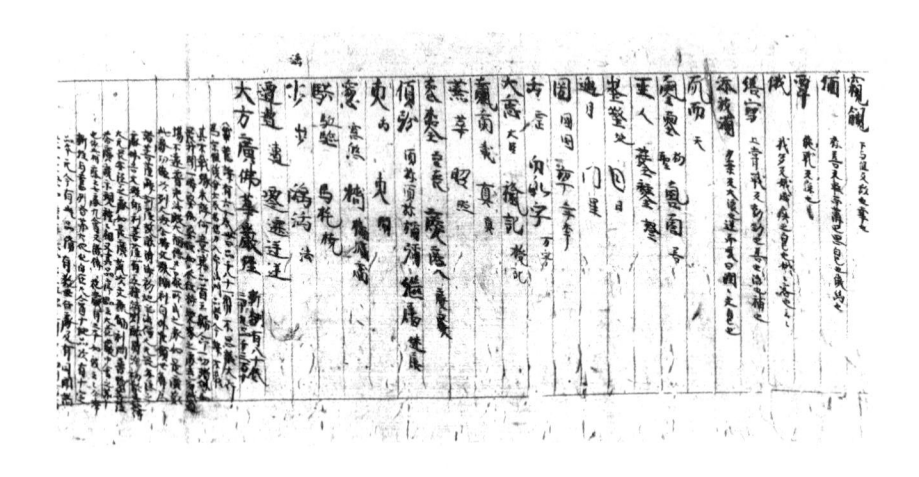

金剛寺藏 玄應撰「一切經音義」卷一

金剛寺藏 玄應撰「一切經音義」卷一

[①] 《日本古寫經善本叢刊第一輯》，國際佛教大學院大學學術フロンティア實行委員會平成十八年（2006）版。

第二章　華嚴部音義

附錄三：貴重圖書影本刊行會1939年刊行小川家藏本

《新譯華嚴經音義私記》（哈佛燕京圖書館藏）

附錄四：墨緣堂影印版，書名《古寫本華嚴音義》

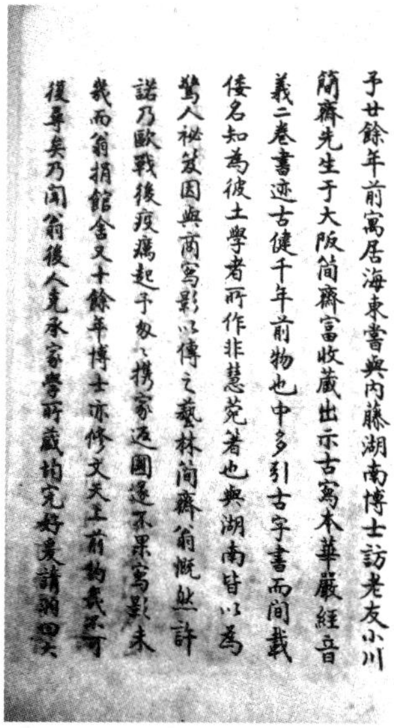

附録五：《新譯華嚴經音義私記》[①]

---

① 古典研究會編：《古辭書音義集成》第一卷《新譯華嚴經音義私記》，汲古書院昭和六十三年（1988）版。

附録六：高山寺本《華嚴傳音義》[1]

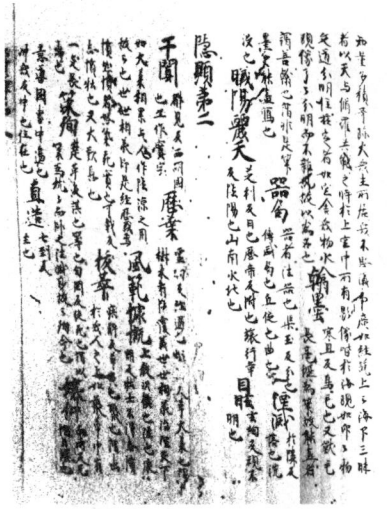

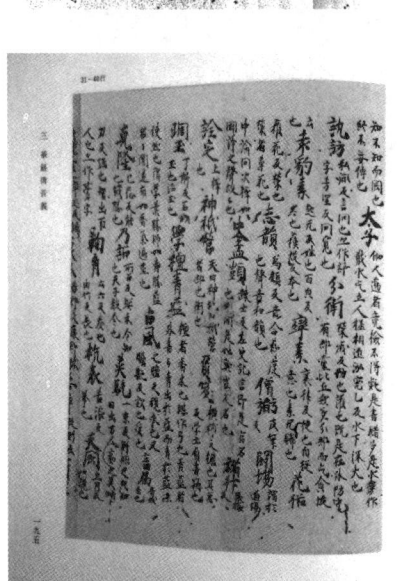

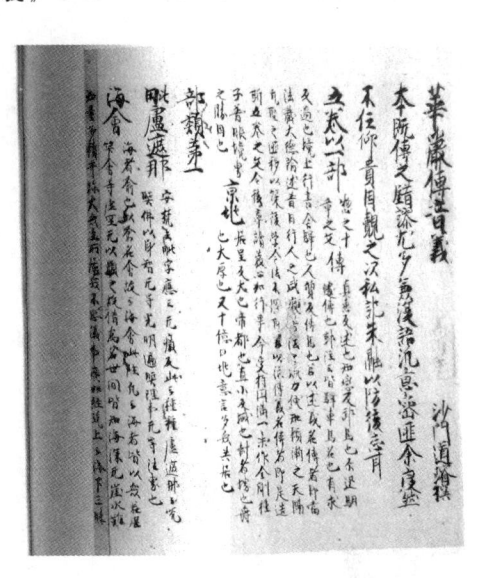

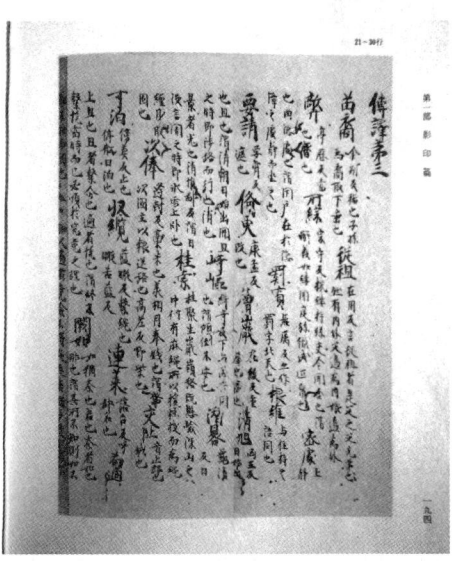

---

[1] 《高山寺古辭書資料第二》（高山寺資料叢書第十二冊），東京大學出版會1983年版。

附錄七：喜海撰《新譯華嚴經音義》/《貞元華嚴經音義》[1]

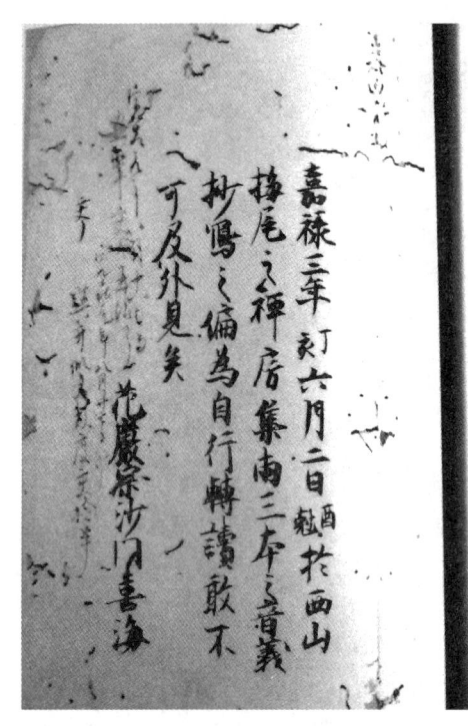

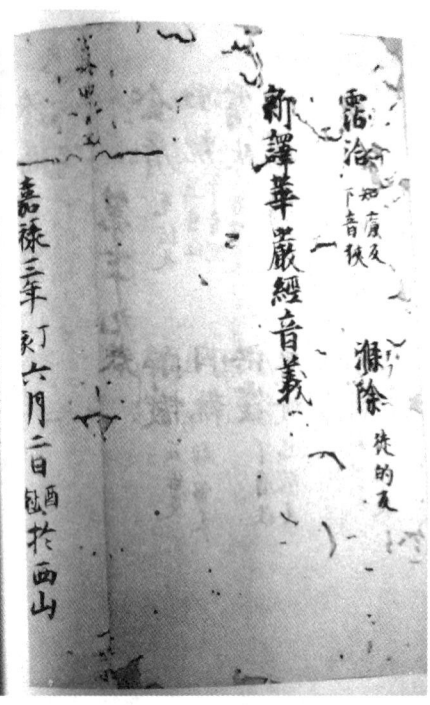

---

[1] 《高山寺古辭書資料第二》（高山寺資料叢書第十二冊），東京大學出版會1983年版。

第三章　般若部音義

第一節　《大般若經》和《大般若經》音義在日本

一、《大般若經》在日本

（一）漢譯"般若部"佛經

所謂"般若部"指大乘佛經五大部[①]之一，被認爲是諸佛之母，故諸"經錄"，各種"藏經"一般將"般若部"經典置於五大部之首。

原本印度流行的般若類經典有《小品般若》和《大品般若》兩種。所謂"大品""小品"是指兩部《船若經》在篇幅上有大小長短的區分，而其中心内容則基本相同。

般若類經典很早就傳入中國。現存最早的是東漢支婁迦讖所譯的《道行般若經》十卷，又稱《小品般若》。其後由三國吳支謙重譯成《大明度無極經》（原題《明度經》）六卷。又有西晉竺法護所譯《光贊般若波羅蜜經》十卷。中國第一位漢族僧人朱士行（203—282）曾西行求得二萬頌《大品般若》梵本，元康元年（291），由無羅叉、竺叔蘭等人合作譯成《放光般若波羅蜜經》二十卷。而後秦著名譯經大師鳩摩羅什於後秦弘始六年（404）又重譯成《摩訶般若波羅蜜經》大品二萬頌，弘始十年（408）譯出《摩訶般若波羅蜜經》小品八千頌和《金剛般若經》等。約一百年後，北魏永平二年（509）菩提流支譯出《金剛般若經》一卷。南朝陳月婆首那也於天嘉六年（566）譯出六卷本《勝天王般若波羅蜜經》，簡稱《勝天王經》。

自東漢支讖譯出《道行般若經》，魏晉之際，各種般若經籍又相繼被

[①] 大乘佛經中的五種大部經典指：般若部、寶積部、大集部、華嚴部、涅槃部。此爲《開元釋教錄》對大乘經典所作的分類。

大量翻譯介紹，般若學逐漸在中國流行、發展，并達到高潮。般若學旨在論證客觀世界的虛妄不實，著重宣揚"諸法性空"的思想，這與當時盛行注重有無（空）之辨的玄學有相似之處，玄學本身的一些爭論也就被帶進般若學的研究中。又由於早期所譯的般若經文義不甚暢達，人們往往用一些玄學的觀點去理解和闡述般若經的思想，如此就促進了般若學的發展。東晉時期般若學上出現了"六宗七家"[①]，反映了中國佛學獨立前進的軌迹，而能體現這種軌迹的重要的資料，就是以上所述及的多種"般若部"經典的問世。然而，儘管有如此諸多不同版本的《般若經》相繼呈現，但實際上仍未能將印度全部《般若經》搜羅齊全。而此重任就歷史性地落在了唐代三藏法師玄奘的肩上。

唐貞觀三年（629），玄奘西行取經，歷時17年。玄奘在印度尋訪到《大般若經》的三個梵文手抄本。唐高宗顯慶五年（660）正月一日玄奘開始翻譯這部長達二十萬頌的巨著，歷經四年，至龍朔三年（663）十月二十三日，終於全部完成。據《大慈恩寺三藏法師傳》卷十記載，此經譯成後，玄奘法師合掌歡喜，告徒衆曰："'此經於漢地有緣。……今得終訖並是諸佛冥加、龍天擁祐。此乃鎮國之典、人天大寶，徒衆宜各踴躍欣慶。'時玉華寺都維那寂照，慶賀功畢設齋供養，是日請經從肅誠殿往嘉壽殿齋所講讀。"[②]

《大般若波羅蜜多經》（Mahāprajñāpāramitā-sūtra）在印度十分流行，先後成爲印度佛教大乘中觀派與瑜伽行派尊崇的主要典籍。而玄奘所譯的《大般若經》，共六百卷，四百八十三萬餘字，不僅篇幅龐大，堪爲漢譯佛經之最，而且内容極爲豐富，堪稱宣説諸法皆空之義的漢譯大乘般若類經典之總匯與集大成者。此經譯出後迅速廣爲流傳，影響十分廣泛，曾被當作"鎮國之典"，認爲書寫、受持、讀誦、流布該經，均有莫大功德，死後可以升天，得到最終解脱。所以許多寺廟誦讀、供養此經，作爲積聚功德的重要途徑之一。[③]

---

① 道安爲代表的"本無"宗，支道林爲代表的"即色"宗，于法開爲代表的"識含"宗，道壹爲代表的"幻化"宗，支湣度爲代表的"心無"宗，于道邃爲代表的"緣會"宗。其中"本無"宗又有别支，即以竺法深爲代表的"本無異"宗，連同上述六家，共七宗（參考廖樂根《略論東晉的般若學——以"六家七宗"爲中心》，詳見《顯密文庫》，http://read.goodweb.cn/news/news_view.asp?newsid=15864）。

② CBETA/T50/0276。

③ 方廣錩：《佛教典籍概論》（中國邏輯與語言函授大學宗教系教材）1993年版，第215頁。

（二）日本佛教與《大般若經》

　　《大般若經》不僅在華夏漢土廣傳，亦與東瀛日本有緣。《大般若經》譯出後，很快就東傳至日本。《續日本紀》"文武天皇大寶三年（703）三月辛未條"，其中"詔四大寺①讀《大般若經》，度一百人"，爲日本史籍初見關於《大般若經》之記錄。②此離玄奘譯出此經僅隔四十年。自文武天皇起，讀誦《大般若經》之敕會代代不絕。另外，自奈良朝起至後代，官府或個人書寫印行此經之業亦履行不衰。③元明天皇和銅元年（708）十月又下詔，每年轉讀一次《大般若經》，除由朝廷敕建之恒例外，每遇天災疫癘時亦皆轉讀此經。而長屋王爲慶雲四年（707）六月十五日駕崩的文武天皇祈求冥福，和銅五年（712）發願令人在北宮抄寫的《大般若經》，即著名的"和銅經"，乃《大般若經》譯後五十年所抄寫，被認爲可能是現存最早的寫本《大般若經》。④此後歷代《大般若經》廣爲流傳，被日本佛教奉爲一切經之首，官府以及個人發願書寫印行《大般若經》蔚然成風，故各種寫本紛紜呈現。⑤鎌倉時代以後，多部宋版大藏經傳入，或被供奉，或依樣重雕，如刻於延寶六年（1678）的黄檗鐵眼版"大藏經"就是在日本刊刻的第一部大藏經，其中自然也有《大般若經》。而爲護國除災而講贊或轉讀《大般若經》的"大般若會"自奈良朝起，延綿傳承，既有真讀，也有轉讀。⑥現今，儘管作爲朝儀的大般若會已被廢止，但諸大寺仍廣修以"國家安穩，除災招福""現世安穩，追善菩提"爲目的"大般若會"。如曹洞宗的"大般若會"還被收入由太祖瑩山紹瑾禪師（1264—1325）於1324年所編的《瑩山清規》中的"大般若結願疏"，至今曹洞宗每年正月三日還舉行此法會。

---

　　① 所謂"四大寺"指當時的大安寺、藥師寺、元興寺和興福寺。
　　② 參考築島裕《大般若經音義解題》（石山寺一切經藏本・來迎院如來藏本），古典研究會編：《古辭書音義集成》第三卷，汲古書院昭和六十二年（1987）版。
　　③ 橋本進吉：《石山寺藏〈古鈔本大般若經音義〉中卷解說》，《大般若經音義》（中卷），古典保存會發行昭和十五年（1940）版。
　　④ 原600卷中，現存分藏於滋賀縣甲賀市的鮎河村太平寺142卷（被稱爲"太平寺《大般若經》"）、土山町常明寺27卷（被指定爲"國寶"）、見性庵43卷（被指定爲"重要文化財"），加之分藏於民間者，應總共留存有220餘卷（見日本"e國寶・國立博物館所藏國寶・重要文化財"主頁http://www.emuseum.jp/）。
　　⑤ 日本網頁上有各種手寫《大般若經》，時代不一，有的來自中國，有的出自日本書手。甚至現在中國網絡上也有拍賣"平安寫經"的廣告，據說是日本久安四年（1128）手寫《大般若經》二百八十卷，http://bbs.sssc.cn/viewthread.php?tid=877479。
　　⑥ 所謂"轉讀"是略讀經題或部分經文，而一般讀誦全部經文者則稱"真讀"。

二、《大般若經》音義在日本

（一）日本所見《大般若經》音義——書目總覽

隨著《大般若經》的傳播，從奈良時代開始，日本僧侶爲誦讀研究此經而編撰的各種訓釋資料亦應運出現。築島裕先生指出：現存最古的有關《大般若經》的訓點[1]資料，是貞觀十三年（871）三月安倍小水麿的願經，世稱"慈光寺[2]經"，尚存有152卷，另尚有20卷左右被其他諸處所收藏，其中能見到平安後期至11世紀前半之際所能見到的字音聲點和所附假名。[3]此類古寫本資料，日本還有不少，其中爲《大般若經》中難字、難詞所撰的"音義書"當爲這些資料中的重要部分。加之中國僧人慧琳、可洪等人的《大般若經音義》[4]也全部陸續傳到日本，故而在日本有關《大般若經》音義諸本頗爲豐富。

較早統計日本歷史上所出現過的《大般若經》音義的是水谷真成先生，而較爲全面對諸本《大般若經》音義書展開考證研究的是築島裕先生。以下我們就參考兩位學界先賢的成果，從而對日本歷史上所出現過的《大般若經》音義進行初步了解。

1. 水谷真成所記載"般若部"音義書目

水谷真成《佛典音義書目》第四《般若部》[5]收錄以下書目：

001 大般若經音義 三卷 元興寺信行撰
002 大般若經音義 中卷 信行（？）石山寺藏平安朝初期鈔本
003 大般若經字抄 一卷 石山寺藏
004 大般若經音訓 四卷 興福寺真興（承平四年至寬弘元年）撰
005 大般若經音義 卷一、六十（四十五卷之內）大和藥師寺藏寫本
006 大般若經音義 一帖 高野山寶壽院藏
007 大般若經音義 二冊 真福寺藏室町時代寫本

---

[1] 所謂"訓點"，指日本人在讀漢文典籍時注在漢字旁邊和下方的日文字母及標點符號。
[2] 位於埼玉縣比企郡都幾川町，爲天臺宗名刹，始建於天武天皇二年（673），距今已有1300餘年歷史。
[3] 築島裕：《大般若經音義解題》（石山寺一切經藏本・來迎院如來藏本）。
[4] 此後簡稱《慧琳音義》和《可洪音義》。
[5] 水谷真成：《中國語史研究》，三省堂1994年版，第24—25頁。

008 大般若經音義 一帖 古梓堂文庫藏南北朝寫本
009 大般若經音義 上卷 岡井慎吾氏藏鎌倉時代寫本
010 大般若經校異、并附錄 洛東樹下堂祖方撰 寬政四年（1792）序刊本
011 大慧度音義 二卷（東域傳燈目錄卷上）
012 大慧度音訓 四卷 元興寺真興撰（東域傳燈目錄卷上）

2. 築島裕所記般若部書目

築島裕先生曾專門對日本的《大般若經音義》進行過研究，撰有《大般若經音義諸本小考》一文，對日本所傳諸本《大般若經》音義有較爲詳密的考證。以下即爲其文中根據年代順序所列音義目錄。[1]

日本歷史上所見《大般若經》音義，共有以下22種。

（1）玄應　大般若經音義　三卷
（2）信行　大般若經音義　三卷
（3）信行　大般若經要集抄　三卷
（4）行滿　大般若經音義
（5）慧琳　大般若經音義（《一切經音義》卷第一——第八）
（6）法憲　大般若經音義
（7）真興　大般若經音訓　四卷
（8）藤原公任　大般若經字抄　一帖
（9）藥師寺藏　大般若經音義　六十七軸
（10）堀田次郎氏舊藏　大般若經音義　三帖
（11）無窮會藏　大般若經音義　一帖
（12）西大寺藏　大般若經音義　一帖
（13）願成寺舊藏　大般若經音義　一帖
（14）康曆本　大般若經音義　一帖
（15）大東急記念文庫藏　大般若經音義　一帖

---

[1] 築島裕：《大般若經音義諸本小考》，東京大學教養部《人文科學科紀要》第21輯，昭和三十五年（1960）3月版，第1—57頁。此文後被收入《築島裕著作集》第三卷《古辞書と音義》，汲古書院平成二十八年（2016）版，第350—401頁。

（16）福田裏之介氏藏（岡井本）　大般若經音義　一帖及一葉
（17）京都大學圖書館藏　經字引　一帖
（18）故岡井慎吾博士藏（永祿本）　大般若經音義　一帖
（19）真福寺藏　大般若經音義上下　二帖
（20）佛乘院藏　大般若經音義　二帖
（21）高野山寶壽院藏　大般若經音義　一帖
（22）鵝珠鈔卷末所藏　大般若經音義

以上22種"大般若經音義"中，（1）玄應所撰《大般若經音義》三卷，主要是根據《東域傳燈目錄》卷上、《諸宗章疏録》卷二、法進《法相宗章疏》等所記，然並未見存。據築島裕考證，此本現不存。而據《東域傳燈目錄》之一本（南本）有"在私記"之字樣，此書可能屬"私記"性。然此"私記"之內容爲何，亦屬"未詳"。此"私記"若爲日僧撰述，或類似《新譯華嚴經音義私記》，①則很可能包含和訓（即萬葉假名之和訓）。另外，高山寺本《東域傳燈目錄》（院政時代寫本）中有"東寺②同經音義三卷玄應③"之記録，此蓋爲東寺有此音義存在之意。④總之，日本史籍中確有玄應《大般若經音義》三卷之記載，然并未見有實物。橋本進吉與築島裕等根據玄應撰寫《一切經音義》在唐貞觀（627—650）末年，而玄奘翻譯《大般若波羅密多經》六百卷一般認爲是從唐顯慶五年（660）至龍朔三年（663），所以玄應的《一切經音義》不收《大般若經》是當然的。如果《玄應音義》中有《大般若經音義》的話，則其撰成當在龍朔三年以後。但因爲玄應歿年不明確，故其存在的可能性無法肯定。⑤

上記（4）"行滿大般若經音義"與（6）"法憲大般若經音義"實際也是根據橋本之説。橋本先生在其《石山寺藏　古鈔本　大般若經音義中卷　解説》中指出："在支那，有行滿之音義，法憲之音義，慧琳《一切

---

① 請參考本書第二章。此本由古典研究會整理，收録古典研究會編《古辭書音義集成》第一卷，其中有小林芳規《新譯華嚴經音義私記解題》，可參考。
② 位於"同經"右上角。
③ 位於"三卷"右下角。
④ 築島裕：《大般若經音義諸本小考》。
⑤ 橋本進吉：《石山寺藏〈古鈔本大般若經音義〉中卷解説》；築島裕：《大般若經音義解題》（石山寺一切經藏本・來迎院如來藏本）。

經音義》中的《大般若經音義》等。"然此説似僅見橋本，筆者也做過調查，或因孤陋寡聞，尚未有果。①

至於上記（5）"慧琳《大般若經音義》八卷"，極爲著名。慧琳將其置於其所撰《一切經音義》一百卷之首，可見對其重視。《慧琳音義》是唐代佛經音義的集大成之作，也是深受研究者矚目的重要資料，學界并不陌生。但需要補充的是，中國僧人爲《大般若經》所撰音義，除《慧琳音義》外，還有後晉可洪所撰者，收入其《新集藏經音義隨函録》卷一。

值得注意的是，以上（1）（4）（5）（6）四種爲中國僧人著作，其他皆應爲日本僧人所撰。實際上，玄應所撰《大般若經音義》也只見記載，而行滿與法憲之"音義"更難尋蹤迹。故以上中國僧人所撰《大般若經音義》，實際僅存慧琳本和筆者所補充的可洪本。以上所舉其他18種皆爲日僧所撰，而且多數傳存至今。由此，不難看出在日本佛教發展史上，日本僧人順應《大般若經》廣傳之趨勢，爲解讀此經做出了種種努力。

（二）日僧所撰《大般若經音義》—内容概述

以上我們摘抄兩位前賢所記日本般若部佛經音義書目，儘管書名并不完全一樣，但大多是"大般若經音義"，故以下我們權且以此名統稱。我們將在此基礎上，同時參考其他學者的研究成果，主要對日僧所撰《大般若經音義》，特別是現存者加以梳理，并作簡單論述。其中一些"名篇"則會留待下節專考。水谷真成《佛典音義書目》如前稱"水谷《書目》"，築島裕《大般若經音義諸本小考》則簡稱作"築島《小考》"

1. 信行撰《大般若經音義》三卷，殘存中卷

上記水谷《書目》001"大般若經音義 三卷"與002"大般若經音義 中卷"，應爲同一種，祇是前者見記於《諸宗章疏録》卷二、《注進法相宗章疏》等，而後者爲現存之物，有石山寺藏本，但僅殘存中卷。築島《小考》（2）同此。信行是日本奈良時代著名學僧，在日本佛經音義

---

① 行滿乃唐代天台宗僧人。二十歲出家，二十五歲受具足戒。大曆三年（768），師從天台宗中興之祖湛然（711—782），研習天台教典。湛然示寂后，住天台山佛隴寺，傳持法門。804年日僧最澄作爲"入唐請益天台法華宗還學生"，率弟子義真入唐，就曾從行滿受天台教義，習天台教籍。據載，行滿著有《涅槃經疏私記》十二卷、《涅槃經音義》一卷、《學天台宗法門大意》一卷等多種著述。然筆者未曾查到他曾經撰著《大般若經音義》。據《東域傳燈目録》卷上記載："同經（《涅槃經》）音一卷（行滿），同經音義一卷（法憲撰）。"

史、學問史上具有重要地位，其所撰《大般若經音義》是日本古代佛經音義中的"名篇"，我們將於下節詳加考論。

2. 信行撰《大般若經要集抄》三卷，收於《日本大藏經·經藏部·般若部章疏》

《日本大藏經·經藏部·般若部經疏》中收有《大般若經要集抄》[①]三卷。此書卷初有"但元興寺沙門信行撰三卷音義之中上抄等"字樣，築島裕認爲此蓋爲抄本，抄自信行《大般若經音義》卷上之意。[②]其後爲"大般若經要集抄　但三卷中之中卷抄[③]""下卷抄"。中卷起首有"元興寺沙門興行撰"之字樣。一般認爲此乃信行所撰《大般若經音義》之摘抄本，故亦可作爲信行確撰有《大般若經音義》之旁證。

《大般若經要集抄》（以下簡稱《要集抄》）卷上實際是對《大般若經》六百卷整體所作"科文"，開卷即有如下論述：

凡六百卷。合有四處十六會說，五會重譯。前有二百六十五品，七分已去，唯有分稱品名。至于第六分，竟一萬七百一紙。[④]

而其所收辭目也是如"初分""大品經""小品經""放光經""光讚經""總示四處"等，故實際應看作有關此經結構內容的解說。因爲石山寺本《大般若經音義》上卷不存，故難知其體式與內容，現祇能根據《要集抄》上卷加以類推。進一步的研究，還需今後新資料的發現。

中下卷的辭目，主要是詞或短語結構，且以梵語音譯詞與漢語詞爲多，而對漢字進行詮釋的條目卻幾乎不見。但石山寺本《大般若經音義》（卷中）有很多詮釋漢字的條目。《要集抄》之作者祖本（或爲信行，或祇是踏襲祖本撰者之名）之意圖明顯是將《大般若經音義》中的梵語譯詞和漢語詞作爲中心而摘出，且特別以梵文譯詞爲主。我們僅摘出其卷中前十四個辭目，即一目了然。

薄伽梵/鷲峯山/苾蒭/阿羅漢/大勝生主/俱胝/尋香城/不捨軛

---

① 《改訂增補日本大藏經》第19册，講談社昭和四十九年（1974）版，第3—31頁。
② 築島裕：《大般若經音義諸本小考》。
③ 原爲雙行小字。
④ 《改訂增補日本大藏經》第19册，第3頁。

第三章　般若部音義　　　　　　　　　　　　　　　　　　　　　　185

尼師壜/住對面念/旃荼羅/欲生佛家入童眞地/補特伽羅/儒童①

　　根據築島《小考》，以上辭目是以《大般若經》經本文卷次爲順的，筆者也做過調査，結論與此相同。但因信行的《大般若經音義》僅存中卷（石山寺本），且爲殘卷，至《大般若經》"第三百八十六卷"，而《要集抄》中卷最後一個辭目是"如摩揭陀千斛之量"，經査檢，此在經本文的卷四百。所以卷中所收辭目應該出自《大般若經》卷一至卷四百。而卷下所釋應該是從卷四百一至卷六百的内容，辭目也是以梵語爲中心。這與後世《大般若經音義》諸本中，有將梵語和漢語總括而作爲辭目的現象，方法是一樣的。②但學者又將兩書之相關部分加以比勘考證，認爲作爲《要集抄》之源的"信行音義"，或許是與石山寺本不同系統的寫本。③三保忠夫也指出：石山寺本《大般若經音義》雖爲信行所撰，卻是轉寫本，注文存在若干的省筆部分。《大般若經要集抄》並未將石山寺本作爲直接的祖本。④筆者也進行了勘核，認爲確實還有很多問題值得思考。如以下例：

　　　　摩揭陁國𠮷䟦大王：舊言摩伽陁國等也。⑤王名。梵云頻婆沙羅王等也。（第一百五卷）⑥
　　　　憍⑦薩羅國勝軍大王：舊言拘薩羅等。王名。梵云波斯匿王。（同上）
　　　　劫比羅國釋迦王種：此云能王種。國名。舊言迦毗⑧羅國等也。（同上）
　　　　吠舍梨（或作望⑨字⑩）國㗚呫毗種：國名。或經云廣嚴城。梵舊

----
① 《改訂增補日本大藏經》第19册，第6—8頁。
② 築島裕：《大般若經音義諸本小考》。
③ 同上。
④ 三保忠夫：《元興寺信行撰述の音義》，東京大學國語國文學學会《国語と国文学》1974年6月第6號，第58—73頁。
⑤ 原本並無標點，此爲筆者所加。
⑥ 古典研究會編：《古辭書音義集成》第三卷，汲古書院昭和五十三年（1978）版，第14頁。
⑦ 原字漫漶不清，此根據來迎院原本。同上，第57頁。
⑧ 石山寺本"國名舊言迦毗"殘脱，此據來迎院本補。同上。
⑨ 此字石山寺本殘缺。此字形取自來迎院本。據石山寺本所剩部分，與來迎院本同。
⑩ 四字用行間小注形式寫於"吠舍梨"下。

名多呿，音昌葉反。舊有多名，此云仙㨩王種。（同上）

案：以上四條皆取自石山本詮釋《大般若經》第一百五卷中五條音譯詞的内容，五條相連。此五條亦見《要集抄》中卷，五條亦在一起。若對照比堪，可發現以下問題。

① 用字問題。石山寺本爲寫本，《要集抄》是刊印本，從用字的角度加以對照，本身當然是不科學的。以上除了圖像文字以外，還有手寫字形是按印刷字體處理的。然而，除此還是會有一些用字的差別。如音譯詞的用字："摩伽陏國"，《要集抄》作"摩伽陀國"；"頻婆沙羅王"，《要集抄》作"頻婆娑羅王"；等等。另外，還可以發現當時寫本《大般若經》的用字特色，如以上四條皆有"國"字，寫本中"国"與"國"皆見，但"國"少，而"国"多，這說明日本當時二字共見，然"国"似乎用得更多。

②《要集抄》比石山寺本的詮釋更爲詳盡。如第一條，《要集抄》在"梵云頻婆沙羅王等也"後有"中印度境也"①；而第二條"梵云波斯匿王"後還有"又名月光王也。又舍衛國此城名。中印度境也。爲簡江南憍薩羅國，先人名舍衛也"之説明②；第三條"舊言迦毗羅國"③後尚有詮釋"亦曰迦矣羅。西域記云：劫比羅伐國，中印度也"的内容。④明顯可以看出石山寺本確有删減部分。

③ 二書辭目與詮釋内容有異。如第四條，爲方便堪比，現也抄録《要集抄》的部分，并將石山寺本置於其下：

　　吠舍利國：舊云毗舍離國。此云廣嚴城也。梨字又作𨽻。中印度也。⑤

　　吠舍梨（或作望⑥字⑦）國栗呿毗種：国名。或經云廣嚴城。梵舊名多呿，呿音昌葉反。舊有多名，此云仙㨩王種。

---

① 《改訂增補日本大藏經》第19册，第9頁。
② 同上。
③ 石山寺本此六字後有"等也"。
④ 《改訂增補日本大藏經》第19册，第10頁。
⑤ 同上。
⑥ 此字石山寺本殘缺。此字形取自來迎院本。據石山寺本所剩部分，與來迎院本同。
⑦ 四字用行間小注形式寫於"吠舍梨"下。

第三章　般若部音義

石山寺本辭目是"吠舍梨國栗呫毗種"，不過在"吠舍梨"下有行間小注"或作釐字"，"釐"用俗字"望"。查檢《大般若經》第一百五卷，有"如是四兵嚴飾殊麗……吠舍梨國栗呫毗種四種勝兵亦不能及"[①]之句，可知《要集抄》辭目也簡略了。釋文內容，石山寺本作"国名。或經云廣嚴城。梵舊名多，呫音昌葉反。舊有多名，此云仙挨王種"。"挨"是"族"之俗體。《廣碑別字》"族"字下有"挨"，見《魏張猛龍碑》[②]。《玄應音義》卷三："隨耶利：或云隨舍利，或云隨舍種，或言栗唱，或言離昌，或作梨昌，或作離車，或作律車，皆梵言訛轉也，正言栗呫婆，此云仙族王種。呫音昌業反。"信行似參考了玄應解釋。

以上筆者秖是對四個梵文譯詞進行了比較。僅據此，要厘清《要集抄》所據信行音義之原本與石山寺本的關係，并不那麽簡單，有不少需要進一步研究的問題。

3. 藤原公任撰《大般若經字抄》一卷，存

上記水谷《書目》003 "大般若經字抄 一卷"與築島《小考》（8）所記爲同一音義，現有石山寺藏本，其封面標題爲"大般若經音義"。根據末尾識語，可知寫於日本長寬二年（1164）。作者藤原公任作爲日本平安時代著名公卿、文學家和學者，其所撰《大般若經字抄》在日本佛經音義的發展史上具有承前啓後的作用，[③]我們也將於下節專加考論。

4. 真興撰《大般若經音訓》（或名《大慧度音訓》）四卷，佚

上記水谷《書目》004 "大般若經音訓 四卷"與築島《小考》007所記爲同一音義。其作者爲平安時代法相宗學僧真興。

真興此書秖是見載於《東域傳燈目錄》卷上、《諸宗章疏錄》卷二、《注進法相宗章疏》等，已佚不存。但是在日本，因古字書音義中多有此書佚文，故頗爲學界所關注。儘管現已不存，但在日本古辭書音義史上具有一定的影響，故我們也將於下節加以專門考論。

又上記水谷《書目》012 "大慧度音訓 四卷"，是根據《東域傳燈目錄》卷上。水谷在"012大慧度音訓"下注："與96爲同一物"。而"96"，則是水谷《書目》原來的編號，即指以上我們所標記的"004大

---

① CBETA/T05/0584。
② 秦公、劉大新著：《廣碑別字》，國際文化出版公司1995年版，第260頁。
③ 見梁曉虹《藤原公任〈大般若經字抄〉在日本佛經音義史上的地位》，《東亞文獻研究》第15輯，2015年6月版，第129—148頁。

般若經音訓"，因"大慧度經"即"大般若經"，詳見下。

5.《大慧度音義》二卷，存佚不詳

上記水谷《書目》011"大慧度音義 二卷"的出處是《東域傳燈目錄》卷上。查考《東域傳燈目錄》卷上，發現在"大慧度經宗要一卷"一條有兩處注，其一，"大慧度"下曰："梵云摩訶般若波羅蜜"。其二，"大慧度經宗要一卷"下曰："元曉撰，依般若大品等"。[①]可知"大慧度經"即"大般若經"的意譯。新羅僧人元曉所撰《大慧度經宗要》卷一："所言摩訶般若波羅蜜者，皆是彼語，此土譯之云大慧度。由無所知無所不知故名爲慧。無所到故無所不到乃名爲度。由如是故，無所不能，能生無上大人，能顯無邊大果，以此義故名大慧度。"[②]《大慧度經宗要》至今尚傳，但冠之以《大慧度經》的譯經似并不見。或許我們可以理解爲起初《大般若經》也稱《大慧度經》，并東傳至朝鮮半島和日本。但因爲玄奘提出"五不翻"的翻譯原則，[③]其中第五生善故不翻，即指"般若"類音譯詞，因其祇可意會，不可言傳者，故要譯音。故而中國流傳的大小般若經，皆用其音譯名。而《東域傳燈目錄》卷上於"大慧度經宗要一卷"後所記"同經略記二卷，遁倫撰；同玄文二十卷，東大寺法藏撰"等著作也基本爲新羅僧人和日本僧人所撰，但此後有"同經音義三卷，玄應撰，在私記[④]"，接此即爲"同音義二卷"，[⑤]此即水谷《書目》出處。所以我們覺得如果玄應確爲《大般若經》作過音義，其名應爲《大慧度經音義》。而此撰者不詳的《大慧度音義》二卷是否有可能與"大慧度音訓"相同，實際是諸種《大般若經音義》中之一的異名？或確有此音義，還有待於今後新資料發現後的進一步研究。

6.無窮會圖書館藏本《大般若經音義》一帖，存

上記築島《小考》（11）即爲此音義，雖無跋語之類標明書寫年

---

① 《大日本佛教全書・佛教書籍目録第一》，佛書刊行會大正二年（1913）版，第40頁。
② CBETA/T33/1057。
③ 《翻譯名義集》卷一："唐奘法師明五種不翻：一秘密故不翻，陀羅尼是。二多含故不翻，如薄伽梵含六義故。三此無故不翻，如閻浮樹。四順古故不翻，如阿耨菩提，實可翻之，但摩騰已來存梵音故。五生善故不翻，如般若尊重智慧輕淺，令人生敬是故不翻。"（CBETA/T54/0068）
④ "玄應撰"右旁有小字注"南本無"，而"在私記"旁注有"南本有"。
⑤ 《大日本佛教全書・佛教書籍目録第一》，第40—41頁。

第三章　般若部音義

代，但根據學界考證，被認爲寫於鎌倉初期。[①]而且此本還與以下諸本組成"無窮會系統《大般若經音義》"，是日本鎌倉時代以降《大般若經音義》的代表，特色明顯，我們將於下節對"無窮會系統《大般若經音義》"中的代表作進行專門考論，故此略過。

7. 天理圖書館藏《大般若經音義》三帖，存

上記築島《小考》（10）即爲此音義。原爲堀田次郎舊藏，後被天理大學圖書館收藏。此本於"大般若經音義卷上"後有"弘安九年十月廿四日於丹州筒河庄福田書了"識語，弘安九年爲1286年，這是《大般若經音義》諸本中唯一注明書寫時間者。

天理本《大般若經音義》，被認爲屬無窮會本系統之一本。若將此本與同系統中的其他音義相比較，可以認爲這是最爲完整的一部，儘管仍稍有殘缺。另外，此本不僅有卷音義內容，卷末尚存八十部"篇立音義"，是日本"篇立音義"中的最古寫本。故而，此本是無窮會系統中較爲重要的一本，爲其代表作之一。我們也將於下節詳述。

8. 藥師寺藏《大般若經音義》六十七軸，存

上記水谷《書目》"005"與築島《小考》（9）所記爲同一音義，但後者所記爲六十七軸。築島裕先生指出：此書爲卷子本，以前祇有一部分爲人所知，昭和二十八年（1953）夏曾與中田祝夫博士、小林芳規先生三人一起前往藥師寺[②]進行整理，有過詳細調查，後又再次進行過查考，最後公佈結果修正成爲六十七軸。而水谷先生《書目》實際成於昭和二十四年（1949），故二人所記有所不同。六十七軸中又分"甲""乙""丙""丁"四類。其中甲類三十軸，寫於弘安九年（1286），乙類35軸，書寫時間較後，已是日本永享四年（1432），丙類與丁類各一軸，寫於南北朝時期。以上藥師寺所藏《大般若經音義》四類，也是無窮會系的代表作之一。我們也將於下節詳述。

9. 古梓堂文庫藏《大般若經音義》一帖，存

上記水谷《書目》008"大般若經音義 一帖"，"古梓堂文庫藏南北朝寫本"，水谷先生是根據《第二十二回大藏會目錄》，應未見到真品。

---

① 可參考築島裕《大般若經音義諸本小考》及其《大般若經音義の研究　本文篇・解説》［勉誠社昭和五十二年（1977）版］。

② 該寺位於奈良西京。又稱西京寺。爲日本法相宗大本山之一，南都七大寺之一。藥師寺建於天武天皇九年（680）。1998年，以古奈良的歷史遺迹的一部分而列入世界遺產名單之中。

此本與築島《小考》（15）所記爲同一音義，祇是築島記其作"大東急記念文庫本"。①川瀨一馬編《大東急記念文庫貴重書解題佛書之部》中指出此音義寫於室町初期。平井秀文《解説稿》②中也有簡單介紹。西崎亨有《古梓堂文庫藏本大般若経音義の声点》③一文，對此本有較爲詳細的分析論述。因筆者未見過此寫本，故祇能引相關學者的研究成果而加以簡單論述。

根據平井"解説"以及築島"考證"可知此本爲舊久原文庫所藏。書寫時間爲鎌倉中期，或室町初期。④封面右下寫有"觀助之"字樣，但具體不詳，川瀨一馬博士認爲或許是醍醐寺之僧觀助。此本共一百十六頁。從第一頁到第七頁，記有"大唐三藏聖教序""大唐皇帝述聖記""四處十六會"等內容。從第八頁開始爲音義內容。從第一帙至第四十帙爲卷上，第四十一帙至第六十帙爲卷下。第六十帙完後，緊接爲"已上帙別"，但不見有"卷下"⑤字樣。其後續以"立八十部篇出殘"，爲篇立音義。

西崎亨在其文中⑥引櫻井茂治的文章《文大庫東藏急〈大般若經音義〉所載のアクセント》作爲對此本特色的總結。

① 本音義的聲點，是"平""上""去""入"的四聲體系。

② 所加之點有墨點與朱點，墨點在前半，朱點於後半。如此區分，可見加點者與加點時期有所不同。

③ 墨點祇爲濁音節加點較多，與其説表示聲調，不如推定爲濁點

---

① "大東急記念文庫本"位於東京都世田谷区上野毛三丁目。昭和二十四年（1949）四月由東京急行電鐵之創立者五島慶太創建於東京目黑区上目黑，昭和三十五年（1960）移至現址，與五島美術館作爲姐妹館并設至今。現藏有日籍・漢籍・佛書・古文書・書画碑帖册以及其他古典資料約三萬册。其藏書主體爲舊久原文庫。而久原文庫所藏主要是日本地質學者、曾任農商務省礦山局長之職的和田維四郎（號雲村，1856—1920）從明治末期至大正時期的大規模搜藏品。而和田的大量搜購資金則來於久原礦業之創業者久原房之助與三菱財閥總帥岩崎久弥的資助。根據和田遺言，後分爲久原文庫與岩崎文庫。久原房之助曾將"久原文庫"寄托於京都大學，搬遷之際曾以"古梓堂文庫"名之，戰後重歸久原所藏，1948年轉讓於大東急記念文庫。

② 平井秀文：《大般若經音義古鈔本解説稿》，九大（九州大學）《国文学会誌》第12號，昭和十二年（1937）3月版。

③ 武庫川女子大學大學院文學研究科日本語日本文學專攻編：《日本語日本文學論叢》（2），2007年3月版。

④ 前爲平井説，後爲築島説。

⑤ 此本卷首記有"卷上"字樣。

⑥ 西崎亨：《古梓堂文庫藏本大般若経音義の声点》。

表記。

④ 本音義的聲調體系，與觀智院本・圖書寮本《類聚名義抄》、三卷本《色葉字類抄》相比較，可見與古代聲調體系一致。

築島裕先生指出：其内容幾乎與無窮會本一樣，但分卷的方式與西大寺本一致，另外也有朱筆聲點，故此本被認爲殘留古形古態。① 但西崎亨指出：實際還是有一些不同點，并特別摘録20條内容與無窮會本相同的例子，發現其中就有不少無窮會本和天理本没有，而僅見此本的和訓，因此具有較高的價值。另外，因無窮會本不是完本，僅到第四十五帙八"瘴"字，故有很多無窮會本所不見的"差聲訓"，作爲鎌倉時代以前日本語聲調的史料，是非常重要的文獻資料。②

10. 福田襄之介藏《大般若經音義》一帖及一葉，存

上記水谷《書目》009"大般若經音義 上卷"與築島《小考》（16）爲同一音義。此本上卷一帖，下卷有斷簡一葉。根據築島先生考證，此本爲岡井愼吾博士所藏，後轉由其女婿福田襄之介收藏。原爲熊本縣人吉的願成寺所有（故平井秀文於《大般若經音義古鈔本解説稿》③中稱其爲"願成寺勢辰本"），後轉讓至岡井博士之手（學界多稱"岡井本"）。此本裝幀爲蝴蝶裝。岡井愼吾在其《日本漢字學史》中有簡單考述，④并留有遺稿《家藏本大般若經音義について》，此文後由其女婿福田襄之介整理并公刊。⑤而平井秀文《解説稿》⑥中也有簡單介紹。根據築島與平井二位的描述，岡井博士曾親自影寫此本。

此音義内容亦被認爲與無窮會本大體相同，可視之爲同系統之一本，但與無窮會本相比較，此本脱誤較多。另外，無窮會本有朱色聲點符號，而此本爲墨色聲點，且不超過二三處。然而此本卻有他本不見之特色。如從第39頁開始，附載有"梵語"之項，收釋如"般若""阿羅漢""阿難陀"等音譯詞，共有120條。"梵語"之後爲"漢語"，收釋如"王舍

---

① 築島裕：《大般若經音義諸本小考》。
② 西崎亨：《古梓堂文庫藏本大般若経音義の声点》。
③ 九大（九州大學）《国文学会誌》第12號，昭和十二年（1937）3月版。
④ 明治書院昭和九年（1934）版，第188—189頁。
⑤ 岡山大學法文學部《學術紀要》第十一號，昭和三十三年（1958）版，第73—84頁。
⑥ 平井秀文：《大般若經音義古鈔本解説稿》，九大（九州大學）《国文学会誌》第12號，昭和十二年（1937）3月版。

城""頻申欠呿"等共169條。[①]注釋頗爲簡單,有不少不能算作音義內容。而類聚"梵語"與"漢語",古代自《大般若經要集抄》,後有石山寺本《大般若經字抄》、大東急記念文庫藏本、康曆本、鵝珠鈔卷末的附載本等。佛經音義中,"大般若經音義"這種特色尤爲明顯,然諸本皆與此本不同。此本梵語與《大般若經字抄》的梵語之間,被認爲具有某種程度的關係。石山寺本《大般若經字抄》中的41個梵語辭目,其中有38個被此本所收錄,而且詮釋部分也是大同小異,所以可以認爲是以石山寺本《經字抄》爲基礎增補而成的。"漢語條目"也呈現此特色。故而可以認爲兩本之間的關係,好像具有某種規律性。[②]岡井慎吾之遺稿指出此音義表音的方法共有三種:①使用同音字(但不問四聲);②用漢字代用爲假名,遺稿共標出32個;③漢字與假名併用。因筆者未能親自見到此本,故引前賢成果,作簡單介紹。

11. 京都大學圖書館藏《經字引》一帖,存

上記築島《小考》(17)指出,有關此音義,主要有川瀨一馬在《古辭書の研究》[③]中的記述。此本封面有"經字引全"書名,封底右下有"萬德密寺 融譽"字樣,但好像祇是此書的所有者,而非書寫者之名。此本爲綴葉裝,被認爲寫於南北朝之際。

此本從內容來看,屬於無窮會本系統,但有不同特色。其一,記有"第一卷""第二卷"。類此,可在石山寺本的一部分中見到"第一卷""第一",也見於寶壽院本和永祿本中"一卷""二卷"外,其他皆僅記爲"一""二"。其二,此本背書一定有"第何卷"的記述。而"第一卷""第二卷",這與藥師寺本相似,屬於卷子本音義。

本書從第四十二帙開始,至第五十六帙終止。這種情況不見他例。築島《小考》分析很可能此書是轉寫自卷子本音義,應該是後半部分,自第四十二帙起,但後面的第五十七帙散佚不見了,故至第五十六帙止。或者也有可能是原來打算續寫,但中途停止了。結果就是此書於第四十五帙和第四十六帙之間並未分卷,與無窮會本的二卷本有所不同,而是近於藥師寺卷子本的系統。

---

① 統計數目根據岡井慎吾遺稿。
② 以上參考築島裕《大般若經音義諸本小考》
③ 雄松堂出版昭和三十年(1955)版,第453頁。

12. 真福寺藏《大般若經音義》二册，存

上記水谷《書目》007"大般若經音義 二册"根據《真福寺善本書目》，此與築島《小考》（19）所記爲同一音義。山田孝雄《國語學史》第四章"漢和對譯字書的産生"中提及此音義，"藏於名古屋真福寺，寫於室町時代，上下兩帖"。[1]平井秀文在其《大般若經音義古鈔本解説稿》[2]一文中也述及此本，然因其并未親眼見到，故也是根據《真福寺善本書目》而簡介概略，指出辭目字下有用漢字標注音訓，用片假名標以和訓。築島裕先生則認爲此爲典型的無窮會本系統中寫本，是該系統的古寫本中具有完備的卷音義部分的唯一一本。卷上至第六十帙之十終了。緊接有"已上帙別""大般若經音義卷下"字樣，而根據堀田本以及大東急記念文庫本類推，此後或許還有篇立音義，然真福寺本卻到此完結。[3]

13. 六地藏寺本《大般若經音義》（中卷）一帖，存

此本不見於以上水谷《書目》及築島《小考》。這是因爲兩位大家發表以上研究成果時，六地藏寺古典文書資料[4]之調查整理尚未結束。昭和六十年（1985）十月汲古書院出版了由松本隆信、築島裕、小林芳規編纂的《六地藏寺善本叢刊》，其中第六卷《中世國語資料》中收録了六地藏寺本《大般若經音義》卷中[5]，并有築島裕先生撰寫的《解題》[6]，六地藏寺本《大般若經音義》正式面世。

六地藏寺本《大般若經音義》僅存卷中，自第四十一帙至五十帙，即爲《大般若經》第四百一卷至第五百卷（但缺第五十帙最後一行）所撰音義。此本有後補的封面，左端有"大般若經音義卷中"，其左旁有"五百内一帙"，右下端有"深加意"，不知是不是此本所持有者之名。築島裕先生在《解題》[7]中推測原本應分爲上中下三卷。此本爲折頁綫裝，并

---

[1] 山田孝雄：《國語學史》，寶文館出版昭和十八年（1943）初版；昭和四十六年（1971）複刻，第76頁。
[2] 《九大國文學會誌》第12號，昭和十二年（1937）3月版。
[3] 築島裕：《大般若經音義諸本小考》，第33—34頁。
[4] 六地藏寺位於日本茨城縣水户市郊外，創立於平安初期的大同二年（807），爲下有末寺25所之大本山，是真言宗古刹。室町後期，該寺第三代惠範上人游學西國（關西地區）諸大寺，收集并書寫經典。因此該寺遂成爲關東地區教學中心，名僧輩出，享譽學林。尤其是該寺藏有大量平安時代以降古典文書類資料，極爲寶貴。
[5] 第309—392頁。
[6] 第591—597頁。
[7] 同上。

無印記，書寫年代難以明確，築島裕先生推定大體是室町時代（1333—1568）中期。從內容考察，應屬無窮會本系統，但此書由三卷構成，這是比較有特色的一點。

與天理本相比較，本文大致相同，但也時有差異。總體來看，六地藏寺本有若干後人加入的部分，應與天理本對照使用，但有時也有此本準確之處。相對於其他無窮會系諸本，此本因公刊時間較晚，故研究成果也相對較少。

14. 高野山大學藏《大般若經音義》一帖，存

此本也不見於以上水谷《書目》及築島《小考》。關於此本，有山本秀人《高野山大学蔵経写本について》[①]一文，考察頗爲詳密，對於我們了解此音義有極大幫助。以下主要據此論述。

此本是袋綴裝。因結尾部分有殘脫，所以沒有關於書寫時間的識語等，但根據體例與內容考察，被認爲寫於室町後期。此本若從內容方面加以考察，可以明確是無窮會本系統中之一本。與無窮會本相比較，除卷首有無窮會本所無的"大般若經略訟文"外，其餘部分，如整體構成、各條目的揭示標出方法等皆大致與無窮會本相近似。但此本也有不少明顯的變質之處可看出爲後世轉寫本。山本秀人從"辭目字""和訓""字音注""漢文注（義注）""異體字條目""合成詞條目"六個方面與無窮會本展開了考察，最後得出的結論是：儘管此本從外表體裁上看，與無窮會本系統一致，但實質上，辭目更多地趨向於以單字爲主，和訓以"一訓化"爲原則，異體字（字體注）則采用"一元化"，諸如此類，可看出是以簡樸爲中心進行了大幅度的改變，故而是與無窮會本系諸本有較大差異的寫本。加之日語連體形終止、形容詞的"シシ"語尾化等，從某種意義上，可以認爲是向具有更濃厚的"室町時代辭書性質"進行了改變。

山本秀人還指出：以上祇是根據第一帙所進行的探討而得出，還有必要進行全體驗證。另外，字音注的性質也幾乎尚未研究，有待於詳加探討。還有許多課題有待於進一步展開，這對研究無窮會本系《大般若經音義》自身的傳承和轉寫等都是很有意義的課題。

15. 定勝寺藏《大般若經音義》五帖，存

此本也不見於以上水谷《書目》及築島《小考》，因是後發現的資

---

① 高知大學國語國文學會：《高知大國文》第39號，2008年版，第1—33頁。

料。關於此本，有山田健三《木曾定勝寺藏大般若経音義について》[1]可以參考。以下筆者主要參考此文加以簡述。

定勝寺[2]本《大般若經音義》五帖，被認爲也是無窮會本系統中之一本。據其書寫識語，知寫於明應四年（1495）七月至明應五年（1496）二月之間，全文同一筆迹。其原本撰者被認爲是平安後期的重譽，也就是無窮會本系《大般若經音義》的原本撰者。關於此點，後節有述。而本文書寫者，根據第五帖末識語，爲"心傳叟祖正"，且由其一人所寫，不見他人筆迹，也不見後人所增補之筆。而各帖內題則統一爲"定勝寺常住"，當爲後期所加。

關於"心傳叟祖正"，至今不詳。山田健三指出，定勝寺所藏《大般若經》版本封面有親筆書簽，此與"心傳叟祖正"筆迹相同。另外，此與定勝寺所傳寫於延德三年（1491）的"逆修文書"的筆迹也相同。山田健三經過考證認爲，此"心傳叟祖正"或許可能是退役之住持，有隱居之意。另外，根據其第五帖之末跋語，當時定勝寺并無此音義，而是借"濃州[3]惠那郡遠山莊明智鄉內"的"窪原山藥師寺"之一本而書寫。

此本裝訂爲折本，與其他無窮會本諸本裝訂不同。山田健三將"重譽音義"（實際就是無窮會本系）諸寫本書籍資料列成一表，可知無窮會本系的裝訂多爲粘葉裝、袋綴裝，也有一些卷子裝，但唯有此本爲折本裝訂。古代日本音義書的裝訂大局，一般認爲是"卷子裝→粘葉裝→袋綴裝→折本裝"，故此本在書誌學研究上有一定的價值。特別是定勝寺現存《大般若經》雖有若干殘缺和補寫卷，但幾乎皆爲版經折本的《大般若經》（六百卷）。雖無印記，但至少可認爲是室町以前之物。所以從裝訂以及書寫者的角度，可以認爲該寺所藏的《大般若經》與《大般若經音義》之間有密切關係。

16. 佛乘院藏《大般若經音義》卷上，一帖，存

上記築島《小考》（20）即爲此音義。因此音義本爲大津市坂本佛乘院住持三浦義熏法師所藏，爲故菊岡義衷法師[4]之遺物，故見載於《昭和

---

[1] 信州大學人文學部：《內陸文化研究》（4），第49—59頁。
[2] 定勝寺位於日本長野縣木曾郡大桑村須原，爲禪宗臨濟宗妙心寺派古刹。
[3] "美濃國"之別稱，曾爲古代日本律令制下所設令制國之一，屬東山道，相當於現在的岐阜縣南部地區。
[4] 菊岡義衷（1865—1936）明治時代末昭和時代前期僧人、教育家。大正五年曾任天臺宗西部大學校長并兼比叡山中學校長。

現存天臺書籍綜合目録》下卷869頁。此本書寫時間被認爲大概在室町時代中期至末期。體例爲卷音義，屬於無窮會本系統。

築島裕先生指出佛乘院本《大般若經音義》有一特色爲他本所無。此即自39丁至46丁附記有"大般若經品分次第"，西大寺本是將此內容記入正文里，而像這樣附記"大般若經品分次第"者，不見他例。

17. 西大寺藏《大般若經音義》一帖，存

上記築島《小考》（12）"西大寺藏 大般若經音義 一帖"。根據築島先生考證，此音義也是蝴蝶裝的古寫本。根據其末識語，可知寫於建長元年（1249）五月。此書封面有"大般若"字樣。

此本與無窮會本系統相比較，後者音注與和訓幷存爲一般形式，而西大寺本則多祇有音注，缺少和訓。但是其音注、和訓，西大寺本與無窮會本一致之處又很多，故不得不承認兩者具有某種相當程度的關係。但這種關係具有什麼樣的特色，築島先生幷未探究。西崎亨有《西大寺藏本〈大般若経音義〉について—研究と訓纂—》[1]一文，是在前賢基礎上所作的進一步研究。該文對西大寺本《大般若經音》從體例到內容有較爲詳盡的考述，特別是在文章第四部分，將西大寺本與無窮會本加以比較，指出無窮會本祇有音注是用行間小注（用雙行小字寫於辭目下），而西大寺本則會在辭目字右旁用片假名作爲注音假名，然後還會於辭目字下再用行間小注的形式標出與無窮會本的同樣的內容。注音假名與行間小注爲同一筆迹。作者對這種關係進行了較爲詳盡的描述。另外，作者還從日本國語資料這一側面，對西大寺本進行了考察。最後指出，西大寺本是根據無窮會本系統中的某一本而抄寫，另外又參考其他無窮會本加入了注釋，所以此本與無窮會本系統諸本有相當程度上的關係，但這種關係具有什麼樣的特色，作者認爲尚未探究獲得，有待此後再考。作者還在最後按照假名音序列出"西大寺藏本大般若經音義和訓纂"，這對研究日本國語史的學者應該是有價值的資料。

18. 鵝珠鈔卷末所附載《大般若經音義》

上記築島《小考》（22）中指出見於吉田金彥《圖書寮本類聚名義抄出典攷（中）》一文。此音義收於《真言宗全書》[2]第三十六卷心覺

---

[1] 武庫川女子大學國文學會編：《武庫川國文》第37號，1991年3月版，第33—46頁。
[2] 復刊，續真言宗全書刊行會校訂［同朋舍出版昭和五十二年（1977）版］。

（1117—1180）所撰《鵝珠鈔》①卷末，祇有一頁半的篇幅②，共收釋辭目103條③。而辭目皆爲梵語音譯詞和漢語合成詞。標題爲"大般若經 以光明山重譽音義出朱イ之"。有學者認爲無窮會本系諸本原本的作者是重譽，而其注釋也與無窮會本系統一致，故被認爲可能是從無窮會本系統本中摘抄而成，但似乎主要摘抄了其中的釋義部分，而未取無窮會本系統中的音注内容，包括假名音注和漢語音注。而且，無窮會本《大般若經音義》以收釋漢字，尤其標出異體字爲特色，有"異體字字書"之稱。而此本所摘抄的内容皆爲音譯詞和漢語複音詞，所以有關漢字，特別是異體字的内容，或者説無窮會本之精髓并未被吸取。這可能與摘抄者的目的有關。

19. 永禄本《大般若經音義》一帖，存

上記築島《小考》（18）即爲此本。此本爲岡井慎吾博士舊藏。因此本於末頁背面末尾記有書寫年代"永禄十年（1576）"，故被稱爲"永禄本"。

此本末頁背面末尾記有"大般若經音義"，并記有書寫年代"永禄十年（1576）丁卯④六月廿八日肥荔八代庄於正法寺隱居快尊六十九歲書之"⑤。其體例有以下特點。

（1）類似"初百内一帙"這樣"幾百内"進入正文的一部分。

（2）字音注皆用片假名，置於辭目字右側。無窮會本系統則萬葉假名、類音字混淆，而且不在右側，而是記於其下。

（3）辭目幾乎没有合成詞。

（4）辭目漢字施以四聲圈點。

（5）不列舉異體字。

（6）辭目字字數很少。因爲這些特點，所以此本被認爲屬別的系統。然究竟屬於什麽系統，尚不得知。

---

① 上、中、下三卷，密教事相書，也稱《心目（抄）》《心覺抄》《雜秘抄》以及《（秘密）雜要抄》等。
② 《真言宗全書》第三十六卷，第229—230頁。
③ 此爲所作筆者統計，可能不精確，但是100條左右應該没有問題。
④ 二字爲雙行小字。
⑤ "六十九歲書之"爲雙行小字。

20. 高野山寶壽院藏《大般若經音義》一帖，存

上記水谷《書目》006 "大般若經音義 一帖"與築島《小考》（21）所記爲同一音義。此音義曾於昭和十一年十月舉辦的"第二十二屆大藏會（1936年10月）"上陳列展出。吉田金彥在其《圖書寮本類聚名義抄觸點攷（中）》[①]一文中述及此音義，指出其用假名表示音注。築島裕先生言及其雖未見過此音義，然讀過吉田金彥先生的調查記錄，據此可知似由卷子本改裝成的折本。最初有"大唐聖教序"[②]，接著有《大般若經》第十會理趣分之序[③]，然後有本文。而辭目主要是單字，且主要用片假名表示音注。而本書系統也與其他《大般若經音義》有別，但難以判斷與何系統相近。[④]

21. 康曆本《大般若經音義》一帖，存

上記築島《小考》（14）即爲此音義。本爲積翠軒文庫・寶玲文庫舊藏。因其紙背面有書寫時間"康曆貳年（1380）庚申南呂（八月）"，故稱其爲"康曆本"。

此本從性質上來看，非常奇妙，未見有其他類本。最初有"大般若經音義難字有無帙次第[⑤]"，後記有"第一多　第二小　三無　四小　五多　六多　七無　八小"字樣，這是表示"第一帙中分量多""第二帙中分量少"之義。其體例有以下特點。

（1）列舉異體字（這一點與藥師寺本相近）。

（2）祇有音注，沒有和訓。

（3）祇用片假名注音。而辭目字、注文等與其他諸本皆不合。

第六十帙終後，有以"回向大般若波羅蜜多經卷"爲首的諸種附載，其中作爲"五十八帙""理趣分"被記載的陀羅尼、"梵語""漢語"以及校異和末尾的"大般若經掠頌文"（仲算撰）等，與《大般若經字抄》頗爲一致。

---

① 原文刊載於《訓點語と訓點資料》第三輯，昭和二十九年（1954）12月版，後收錄於吉田金彥《古辭書と國語》，臨川書店2013年版，第46頁。
② 唐太宗李世民撰。
③ 唐西明寺沙門玄則撰。
④ 築島裕：《大般若經音義諸本小考》，第35頁。因筆者亦未曾親見此本，故引築島先生研究成果。
⑤ 其中"難字有無帙次第"用雙行小字至於"大般若經音義"下。

第三章　般若部音義

22. 祖芳撰《大般若經校異、并附録》，存

上記水谷《書目》010"大般若經校異、并附録"，并介紹其作者爲"洛東樹下堂祖方"撰，有"寬政四年（1792）序刊本"。然築島《小考》并未提及，蓋未將其歸入音義類。筆者認爲此音義有其特色，因其與以上所述諸種《大般若經》音義書有本質上的不同：并非如一般音義書是爲佛經中難字難詞辨音釋義，而主要從版本校勘的角度，校核日本刊行諸本《大般若經》之異同。但筆者認爲，其中内容極爲豐富，有助於我們了解《大般若經》在日本的廣傳以及《大般若經》諸本的差異。這實際是日本佛經音義的一類代表。本書將在下節加以專門考述。

以上所述22部音義，是日僧所撰《大般若經音義》之代表，但并非全部。僅從此側面，我們也可以看出日本歷史上《大般若經》流傳之廣，《大般若經音義》在日本佛經音義史上之重要地位。

23.《大乘理趣六波羅蜜經釋文》，存

以上簡述的22部音義，皆爲《大般若經》的音義書。但是，般若部佛經作爲大乘佛經五大部之一，其數量自然不少，故而諸音義大家爲"般若部"佛經所撰音義著作也有很多。如《慧琳音義》卷第一至卷第八是爲《大般若經》六百卷所撰音義，而卷第九與第十亦皆爲般若部音義。如卷第九收釋《音放光般若經》三十卷、《摩訶般若經》四十卷、《光讚般若經》十五卷等"般若部"佛經六部共一百一十卷。不贅舉。但是日本的音義書的特色，是多爲"宗經"（如《法華經》《華嚴經》及"淨土三經"等）或對日本佛教影響較大的佛經而編纂，如《大般若經》。但是，我們也注意到還有一部日僧所撰的般若部音義，這就是《大乘理趣六波羅蜜經釋文》。

《大乘理趣六波羅蜜經釋文》是專爲《大乘理趣六波羅蜜經》撰述的音義書。而《大乘理趣六波羅蜜經》被認爲是以詮釋般若空慧爲主旨的般若部的最後一部經。佛教界對其非常重視，認爲是大乘佛法的綱要，也是整個佛法的綱要，等於是經典中的佛教概論，所有大小乘主要教義都包含在内。[1]此經唐德宗貞元四年（788）由沙門般若奉詔受旨宣揚，沙門利言翻譯而成，凡十卷。當時在位的唐德宗還親自爲其作序。慧琳與希麟

---

[1] 劉奕賜：《大乘理趣六波羅蜜多經要義》，《華岡佛學學報》第五期，轉引自http://www.hhfg.org/xxsz/f116.html。

都爲這部經做過音義，在《慧琳音義》第四十一卷和《希麟音義》卷一。此經很早就傳到日本。李媛參考前賢研究指出：弘法大師空海於永貞元年（805）入長安西明寺，得般若三藏親傳《大乘理趣六波羅蜜多經》，并親自謄寫經文携回日本。①現在京都仁和寺還有殘卷珍藏。此經也成爲真言宗的重要經典之一。

《大乘理趣六波羅蜜經釋文》（以下簡稱"釋文"）由著名漢學家神田喜一郎（1897—1984）博士在東京一書誠堂書店偶然發現，驚爲珍貴古逸書，故不惜重金購買，并出資影印，作爲"優鉢羅室叢書"之四公刊，②以惠學界。③

此書之所以稱"釋文"，應該是模仿唐代陸德明《經典釋文》，但其體例更接近慧苑的《華嚴經音義》。從《大乘理趣六波羅蜜經》中摘録難解字詞，對其進行標音釋義，且頗爲詳密。雖然著者不詳，加之末尾又無署名等書寫跋語，且古今著録亦絶未見記載，但根據上田先生考察，因其卷中有和訓記載，可認爲出自日本僧人之手。④

根據上田先生考察，《釋文》之原撰本應成立於平安初期，故屬於日僧早期所撰音義。而其所發現之寫本，應該是平安末期的轉寫本，且是"天下孤本"。而此音義在此之前又尚不爲學界所知，故作爲古寫本音義資料，在學術研究上，具有重要價值。⑤其中突出的一點就是此書的廣徵博引，且多爲於"唐土"亦早已散佚之珍貴資料。上田正曾對此做過詳密考察，其結論爲：《玉篇》400條，《字苑》123條，《切韻》116條，"書中"59條，"唐韻"44條，《韻詮》17條，《類音》8條，《花嚴經音義》1條，共計8種768條。⑥這些都是文字音韻訓詁文獻，且皆爲唐以前古籍，其價值不言而喻。李媛《關於利用日本資料的〈篆隸萬象名義〉的文本研究——以〈大乘理趣六波羅蜜經釋文〉爲例》一文通過比較整理研

---

① 李媛：《關於利用日本資料的〈篆隸萬象名義〉的文本研究——以〈大乘理趣六波羅蜜經釋文〉爲例》，徐時儀、梁曉虹、松江崇編《佛經音義研究——第三届佛經音義研究國際學術研討會論文集》，上海辭書出版社2015年版，第53—62頁。
② 昭和四十七年（1972）。
③ 筆者以前雖知此音義，但并未見過。後承北海道大學文學研究科李媛博士發來PDF版，才了解此音義全貌。在此誠表謝意。
④ 參考神田喜一郎刊行《大乘理趣六波羅蜜經釋文》時所作之"序"。
⑤ 同上。又參考片岡了《〈大乘理趣六波羅蜜經釋文〉》（神田喜一郎刊），大谷學會編《大谷學報》第52卷第1號，1972年6月，第75—77頁。
⑥ 《大乘理趣六波羅蜜經釋文·解説》。又此數字統計也參考了李媛博士以上論文。

究而得出如下結論:《大乘理趣六波羅蜜經釋文》中所存的《玉篇》逸文貫穿《玉篇》全三十卷,分屬爲108個部首。通過比較逸文與《玉篇》殘卷中尚存的字頭,可以確認《大乘理趣六波羅蜜經釋文》中最普遍的引用形式是,引用《玉篇》内容的一部分,並且具有明確記錄其出典的傾向。利用這一點,對《篆隸萬象名義》文本的校訂是很有效的。[①]

以上學者對此音義價值的考察,主要從文獻學方面展開,而且是從其引書出典來考察的。筆者認爲,還有一點也很重要,就是有助於對經本文的研究。因此音義原本撰著時間很早,值平安時代(794—1192)初期。而空海於806年携大量經典返回日本,其中就包括《大乘理趣六波羅蜜經》。所以,此音義應該是此經傳到日本不久就撰寫而成的,可見撰者對其的重視程度。另外,如前述及,此經由般若親傳,空海親自謄寫,故日本所傳的《大乘理趣六波羅蜜經》應該是非常接近當時原本的。而這一點,我們通過對《釋文》的研究,可以得到證實。如:

《釋文》開始有對序言的音義,其中有辭目"誓空",指出上字"誓"爲"辯"俗字,有"別也""正也""治也""慧也"等意。此條不見《慧琳音義》,但《希麟音義》卷一卻收有"空誓"條。希麟在分別解釋了上下字之後,"桉空誓一字[②]僧名也"[③]。"誓"很明顯應是"誓"之手寫,稍有譌。"誓"與"誓"皆爲"辯"字俗。問題是辭目到底是"辯空",還是"空辯"?筆者認爲"辯空"準確。查檢《大乘理趣六波羅蜜經序》有"時大德則有資聖寺道液、醴泉寺超悟、慈恩寺應真、莊嚴寺圓照、光宅寺道岸、西明寺圓照、章敬寺辯空、西明寺良秀等,法門領袖、人中龍象,證明正義,輝潤玄文,知釋迦之寶城,識衆尊之滿字"[④]之句,而此事亦見載於唐圓照《大唐貞元續開元釋教録》卷一、宋贊寧《高僧傳》卷二等,或作"辯空",或作"誓空"。所以,筆者認爲,《釋文》所據經文與希麟所見經文,前者有可能更接近此經原本。

當然,僅憑以上一個簡單的例子,很難得出準確的結論。但是根據其歷史背景,筆者認爲對《釋文》展開的考察有助於經本文研究。另外,神

---

① 《佛經音義研究——第三屆佛經音義研究國際學術研討會論文集》,第61頁。
② 徐時儀《一切經音義三種校本合刊》(修訂本)(上海古籍出版社2012年版,第2210頁)作"二字"。
③ 《正續一切經音義》,上海古籍出版社1986年版,第3752頁。
④ CBETA/08/0865。

田先生所發現的《釋文》，儘管是轉寫本，卻是平安末期寫本，至今也已有千年，故其中字形既有唐寫本的蹤影，也呈現出漢字在日本發展的某些信息。如：

"序言音義"部分有"先㐭"一條，"㐭"爲"儒"字俗，右部聲旁從二"而"。此字形見於《干祿字書・平聲》"㐭儒，上通下正。"蔡信發據此指出："可知唐以前'儒'字通行作'㐭'也。"

又同是"序言音義"部分有"叶𢍱"條。"𢍱"爲"契"之訛誤俗字。而這種訛俗不見於漢文典籍，出自日本寫經生之筆。日本俗字"勢"作"𫝹"，"熱"作"𤍽"[①]，"藝"作"𥻨"[②]，皆是"坴"訛變爲"生"。宇田有齋編《正楷字覽》在"勢"字下注："左爲坴，非幸。勢乃和習。"[③]除此，還有"契（𢍏）""挈（挈）""潔（潔）"[④]等。這些字也都是左上半訛變爲"生"字。新井白石也在《同文通考》卷四中指出："𢍏，契也。𢍱，同上。"[⑤]近藤西涯也在《正楷錄》"契"字下諸異體後特意舉出："𢍏𢍱，二字倭。"[⑥]二位江戶學者所出字形，并未舉出典，而我們從《釋文》中找到的這個"𢍱"，應該是較早的日本俗字的例子。從這裡也可追溯日本漢字發展的蹤跡。

以上二例皆出自《經序音義》，此類例甚夥。筆者認爲作爲寫於平安時代，且又是孤本的《釋文》，無論是從文獻學的角度考釋其文獻出典，還是從文字學的角度考察其中來自唐寫本的俗字，追溯其中"和習""倭俗"等漢字發展演變的信號，作爲研究資料，都具有很高的學術價值。

筆者尚未及對此音義展開研究，但今後會對此音義展開考察。以上二例權作說明。

---

① 此字形收於《佛教難字大字典》。又寫於平安時代末期的《香要抄》（天理本）中也多見此字形。
② 築島裕：《大般若經音義の研究　本文篇》，第608頁。
③ 《異體字研究資料集成》第一期，第五冊，第215頁。
④ 《異體字研究資料集成》第一期，第四冊，第40頁。
⑤ 《異體字研究資料集成》第一期，第一冊，第290頁
⑥ 《異體字研究資料集成》第一期，第七冊，第290頁。

第二節　日僧撰般若部音義考論
——石山寺本《大般若經音義》（中卷）[①]

一、時代與作者

位於滋賀縣大津市境内的千年古刹石山寺藏有古鈔本《大般若經音義》中卷。[②]全卷筆迹相同，無他加筆，亦無朱書。橋本進吉博士根據此本紙質、字體、書寫風格等考證，認爲是平安朝初期寫本。[③]而其原本之撰著時代，被認爲大概是距平安時代初期不遠的奈良時代。關於其作者，日本學者主要持兩説：其一，作者爲奈良朝末期平安初期法相宗著名學僧信行；其二，乃唐代著名學僧釋玄應。

信行是奈良朝著名法相宗學僧行基[④]之助手，住元興寺（飛鳥寺）[⑤]。其生存年代被推測爲奈良朝末期至平安初期。作爲法相宗著名學僧，信行在日本音義史、學問史上的業績不可等閑視之。[⑥]

據《勅撰法相宗章疏目録》《高山寺本東域傳燈目録》《諸宗章疏録》等記載，信行曾著有《大般若經音義》三卷。除此，信行還撰有《大般涅槃經音義》六卷、《大智度論音義》三卷、《瑜伽論音義》四卷、《梵語集》三卷、《法華音義》二卷、《法華玄贊音義》一卷等多部音義。[⑦]而石山寺本《大般若經音義》（中卷）與《諸宗章疏録》等所記載

[①] 筆者《日本古寫本單經音義與漢字研究》第一章爲石山寺本《大般若經音義》（中卷）漢字研究篇，故此節有部分内容與其相同。
[②] 昭和二十八年（1953）3月31日被指定爲"重要文化財"。
[③] 橋本進吉：《石山寺藏〈古鈔本大般若經音義〉中卷解説》，《大般若經音義》（中卷），古典保存會發行昭和十五年（1940）11月版。而築島裕《大般若經音義解題》（石山寺一切經藏本）則指出亦可視其爲奈良時代寫本。
[④] 行基（668—749）爲奈良時代僧人，號"行基菩薩"，是日本最早受封爲大僧正（日本最高僧階）者。
[⑤] 位於奈良市内。
[⑥] 參考三保忠夫《元興寺信行撰述の音義》，東京大學國語國文學會《國語と國文學》1974年第六號（月刊），至文堂出版。
[⑦] 參考三保忠夫《元興寺信行撰述の音義》。

的信行所著《大般若經音義》三卷之卷數相合。另外，石山寺本音義古風顯著，其中和訓爲古語，其萬葉假名之用法亦與奈良時代諸書一致，故而橋本進吉博士[1]認爲此音義原本應爲信行所撰。而三保忠夫則又根據此本中内容與《中論疏記》、《寶要抄》等典籍中"大般若信行音義"、"信行大般若音義"等佚文大體一致之事，確認此書實爲信行所撰。[2]

另外，《日本大藏經‧經藏部‧般若部經疏》中收有《大般若經要集抄》[3]三卷。其卷中、卷下爲《大般若經音義抄》。中卷起首有"元興寺沙門信行撰"之字樣，一般認爲此乃信行所撰《大般若經音義》之抄出本，故亦可作爲信行確撰有《大般若經音義》之旁證。但學者又將兩書之相關部分加以比勘考證，認爲石山寺本音義雖爲信行所撰，卻是轉寫本，注文存在若干的省筆部分，而《大般若經要集抄》並未將石山寺本作爲直接的祖本。[4]

石山寺本《大般若經音義》（中卷）爲唐僧玄應之作，主要根據是《東域傳燈目錄》卷上、《諸宗章疏錄》卷二、《法進法相宗章疏》中有"玄應《大般若經音義》三卷"之記載。但據築島裕先生考證[5]，此本現不存。而據《東域錄》之一本（南本）有"在私記"之字樣，此書蓋爲"私記"。然此"私記"之内容爲何，亦屬"未詳"。此"私記"本若爲日本撰述，或類似《新譯華嚴經音義私記》[6]，則很可能包含和訓（應爲萬葉假名之和訓）。另外，高山寺本《東域傳燈目錄》（院政時代寫本）中有"東寺同經音義三卷"之記錄，此蓋爲東寺有此音義存在之意。總之，日本史籍中確有玄應撰《大般若經音義》三卷之記載。

而沼本克明在經過考證後指出：與玄應《一切經音義》相比較，此書之解説中，全卷之大部由與《玄應音義》非常相似的注文所構成，故玄應是否有可能還有另著的《大般若經音義》，而石山本則爲從中抄出而成立者？因此音義與玄應所撰非常相近，所以認爲是以玄應的《大般若經音

---

[1] 橋本進吉：《石山寺藏〈古鈔本大般若經音義〉中卷解説》。
[2] 參考三保忠夫《元興寺信行撰述の音義》。
[3] 《日本大藏經》第19册。此即前節所述2。
[4] 三保忠夫：《元興寺信行撰述の音義》。
[5] 築島裕：《〈大般若經音義〉諸本小考》。
[6] 此本由古典研究會整理，收録古研究會編《古辭書音義集成》第一卷，汲古書院。其中有小林芳規《新譯華嚴經音義私記解題》，可參考。

義》爲基礎，撰者加以若干修改而成應該没有大問題。① 而另一位日本學者白藤禮幸在論及此書之字音注、反切時，將其與《玄應音義》《篆隸萬象名義》相比較，發現其反切有半數或者半數以上一致②。故原書或爲玄應所著，亦爲一說。

以上二説，儘管皆尚無直接明證，但日本學界基本上認爲此音義爲信行所撰的可能性較大。③但即使爲信行所撰，也應該是在很大程度上參考了《玄應音義》以及其他來自中國的撰述資料。

二、體例與内容

石山寺本《大般若經音義》中卷卷首殘缺，且第一紙的第一、第二行破缺，故所存内容實際是爲玄奘所譯《大般若波羅蜜多經》第五十三卷至第三百八十六卷所作之音義。儘管蠹蝕破損嚴重，但體例清晰明了。其體式基本與漢土傳統佛經音義相同，按《大般若波羅蜜多經》卷次順序④將所需解釋的字、詞以及一些詞組，甚至短句抄出作爲辭目，標注字音，解釋異名、字義、詞義等。釋文皆采用很正式的漢文，音注用反切，爲數不多的和訓亦以漢字（萬葉假名）表示。如：

僧伽胝：下胝（陟）尸反，此云合也，或言重，謂割（割）之合成也。又重作也。舊云僧伽梨，謂九條以上大衣也，極至廿五條。（第五十三卷）⑤

以上釋音譯詞"僧伽胝"，但衹標注第三字"胝"之音。

掊剖：下普厚反。剖猶破也。又剖拆也。剖判也。（第五十三卷）⑥

---

① 沼本克明：《石山寺藏の字書・音義について》，石山寺文化財綜合調查團編《石山寺の研究——一切經篇——》，法藏館昭和五十三年（1978）版，第1020—1030頁。
② 參考白藤禮幸《上代文獻に見える字音宙二ついて（三）—信行〈大般若經音義〉の場合—》，《茨城大學人文學部紀要》第4號。昭和四十五年（1970）12月版。
③ 築島裕：《大般若經音義解題》（石山寺一切經藏本），《古辭書音義》第三卷，汲古書院昭和六十二年（1987）版。
④ 無釋則跳過不音義者，亦多見。如第五十三卷後即第七十七卷。
⑤ 古典研究會編：《古辭書音義集成》第三卷，汲古書院昭和五十三年（1978）版，第6頁。
⑥ 同上。

以上釋漢語詞"析剖"。此爲同義複合詞，現在常説"剖析"。作者實際只爲下字"剖"標音釋義。《大般若經》第五十三卷："如巧屠師或彼弟子斷牛命已，復用利刀分析其身剖爲四分，若坐若立如實觀知。"[1]而《慧琳音義》卷二此條作"剖爲"，可見慧琳是直接截取經本文，而信行是將經文"分析其身剖爲四分"短句中抽出"析"和"剖"二字而立目。

纏裹[2]：上除連反，約也。下正字作裏。古臥反。苞也。傳也。（第五十三卷）[3]

以上釋漢語詞"纏裹"，且分釋上下二字，還有字形的辨析。儘管"裏（裹）"實際并非正字，而是"裹"之構件省簡異體字，[4]但可能因爲"裏（裹）"當時流行，故認作是"正字"。《新撰字鏡》卷四也同樣："裏裹：正，古禍反。上借古臥反。去。苞也，纏也。……"[5]

裏字：烏可反。（第五十三卷）[6]

"裏"爲"裹"字。慧琳作"裹，阿可反"。《廣韻·哿韻》"烏可切"，與此本同。

莕字：舊作䃳，才何反。（第五十三卷）[7]

"莕"字略有壞損，但可辨出爲"口"旁"茬"。"茬"是"差"之俗字。經音義中從"差"之字，往往將差寫成"茬"，俗書如此。

---

[1] 《大正藏》第5册，298b。
[2] 原文字缺損不清。根據沼本克明《石山寺藏の字書·音義について》中"石山寺本缺損項出字"補出。
[3] 同上。
[4] 毛遠明：《漢魏六朝碑刻異體字字典》上册，中華書局2014年版，第298頁。
[5] 京都帝國大學文學部編國語學國文研究室編：《新撰字鏡》（古典索引叢刊3），全國書房昭和十九年（1944）版，第230頁。
[6] 同上，第10頁。
[7] 同上。

故"![字]"即"嗟"。"![字]"即"醝"。"嗟",《玉篇·口部》:"嗟,歎也。"《廣韻·麻韻》:"咨也。"《集韻》:"一曰痛惜也。"《說文·言部》:"謫,咨也。一曰痛惜也。从言差聲。"則《廣韻》《集韻》所釋"嗟"之義即《說文》"謫"字之義,"嗟"爲"謫"之異體。此處謂"舊作醝",是以"嗟"代"醝"字。"醝"字《玉篇》釋爲"白酒也。"《慧琳音義》卷四十六亦引《通俗文》曰:"白酒曰醝。"譯經中先用"醝"後用"嗟",是"醝""嗟"皆从"差"聲,遂以"嗟"代"醝",以字畫簡省之故。故此處"嗟"爲"醝"之俗寫。

以上辭目雖爲雙音,但其後之"字"并非出自經文,無意,祇是表示爲梵音字。第五十三卷共收釋一組梵音字,共15個,或只標出音讀,如上"衷"字,或還有適當字形辨析,如"嗟"字。

譬如有人或傍生類入菩提樹院或至彼院邊人非人等不能傷害:院,瑜劓反,阭高也,劓,之①孌反,与劓字同,孌,力絹反。(第一百三卷)②

《大般若經》第一百三卷:"譬如有人或傍生類入菩提樹院,或至彼院邊,人非人等不能傷害。"③

石山寺本類此有時以句爲辭目者,或長或短,此條堪爲長句。釋文中"院,瑜劓反,阭,高也",未詳出處。又"阭高"之"阭"見於《說文·阜部》:"阭,高也。一曰石也。"段注:"余準切。"或當釋"陖",《說文·阜部》:"陖,陗高也。"段注:"私閏切。"古書中从"夋"之字可通从"允"。馬叙倫《說文解字六書疏證》卷二十八:"[阭]俞樾曰:'此陖之古文。陖下曰:陗高也,從阜,夋聲。夋亦從允聲也……'倫按……俞先生說可從……此字或出《字林》。"《玉篇》:"陖亦作峻。"

石山寺本音釋內容還有另一重要特色,就是在其注文之後,間有萬葉假名之注。如:

---

① 後五字脫損無,根據來迎院本補出。
② 古典研究會編:《古辭書音義集成》第三卷,第18頁。
③ 第5冊,570b。

危脆：下清歲反。易斷也。倭言母呂之。（第三百卌九卷）[1]
　　纖長：思廉反。纖，小也。細謂之纖。倭言蘇毗加尓。（第三百八十一卷）[2]

　　以上"倭言"部分，皆寫於豎行釋文下，并有一定間隔，且稍靠左。根據築島裕先生統計，共十二項十三語。[3]
　　此類體裁，與以下我們也要重點考論的寫於長寬二年（1164）的《大般若經字抄》（一卷）以及上述古梓堂文庫所藏古鈔本《大般若經音義》等抄本中，其音采用日式漢字音，以同音漢字一字表示（即"讀若"），其音義悉以假名表示之體式相較，明顯相異，可謂古風猶存。[4]而與《玄應音義》等例必標明出典，綿密辨析不同的是：此音義幾乎不注出典[5]，詮釋亦相對簡略。築島裕考證後認爲，要是認爲原作者自寫本另外存在，石山寺本爲其轉寫本，而萬葉假名注乃爲原作者後之階段被附加的可能性不能説絶對没有，但因從體裁到内容均古風共存，故將此本（石山本）視爲原作之形之傳承，亦並非不自然。[6]

三、版本流傳

　　信行的《大般若經音義》，一般以石山寺藏的殘本（中卷）爲代表。但學界經過考察，發現京都洛北大原來迎院如來藏本中，也存有《大般若經音義》（中卷）一卷，被稱爲"來迎院本"。此本首尾殘缺，與石山寺本相比較，前面多出二十一條，而後面則自"潤滑"後缺損。雖無書名之標題，但其内容之大部與石山寺本一致，故知其爲《大般若經音義》的另一寫本。但此本體裁與石山寺本不同，辭目與釋文之間雖有空格，但均爲一行。石山寺本則辭目一行，其下空格，釋文用雙行，即行間小注的形

---

[1] 古典研究會編：《古辭書音義集成》第三卷，第28頁。
[2] 同上書，第32頁。
[3] 築島裕：《大般若經音義解題》（石山寺一切經藏本）。
[4] 參考築島裕《大般若經音義解題》（石山寺一切經藏本）。
[5] 沼本克明經過比勘後，認爲石山寺本與《玄應音義》的引用書共通之處很多，故石山寺本原則上削除出典名。有幾處出現典籍之名：《玉篇》（45行）、《傳》（134行）、《廣疋》（134行）、《大論》（198行，221行）、《大品》（214行，249行），可視爲未削除而殘存者。個別出典難以從《玄應音義》找到，但是否就爲本書作者直接引用，也仍難以斷定。（沼本克明《石山寺藏の字書·音義について》）
[6] 參考築島裕《大般若經音義解題》（石山寺一切經藏本）。

式。石山寺本被認爲存古形，來迎院本則較爲新式。

　　來迎院本之書寫年代雖難以明確，但根據材料與字體等，被認爲是院政初期、11世紀末12世紀初，即平安後期的寫本，比石山寺本略晚二百年左右。沼本克明將其與石山寺本相比較，發現來迎院本有的文字而石山寺本卻不見，認爲有可能更接近於《玄應音義》，即來迎院本如實地保存了原本的形態。[1]儘管由此可以認爲石山寺本不是來迎院本直接的書寫底本，或者説，來迎院本與石山寺本之書寫底本屬於兩個不同系統，但因來迎院本書法之風格整體上保留古風，其祖本如實地呈現平安初期的字體特色，故研究時可作參考。特別是石山寺本缺損部分較多，可以根據來迎院本補出。[2]

　　昭和二十八年（1953）三月三十一日石山寺本《大般若經音義》被認定爲"重要文物"。昭和十五年，日本古典研究會影印刊行了石山寺本《大般若經音義》（中卷），由橋本進吉撰寫《石山寺藏　古鈔本　大般若經音義中卷　解說》。古典研究會又於昭和五十三年（1978）將石山寺本、來迎院本與《大般若經字抄》一起影印整理，收於《古辭書音義集成》第三册，由汲古書院出版。其中有築島裕撰寫的《石山寺一切經藏本　大般若經音義解題》和《來迎院如來藏本　大般若經音義解題》，[3]還有沼本克明編的《石山寺一切經藏本　來迎院如來藏本　大般若經音義（中卷）索引》，包括兩部分：辭目索引；音注索引。

四、學術價值

——以漢字研究爲中心

（一）爲日本《大般若經音義》撰著之濫觴

　　石山寺本《大般若經音義》若確如日本學者所述乃信行所撰三卷之殘卷抄本，或即使非信行所撰，亦可將其視爲平安以前所寫之音義，如此，則其意義極爲重大。橋本進吉指出：因其與漢土撰述之音義相較，其年代

---

[1]　沼本克明：《石山寺藏の字書・音義について》
[2]　沼本克明的《石山寺藏の字書・音義について》根據來迎院本補出石山寺本卷首缺落部分共22條以及石山寺本缺損辭目（或全部或部分）共131條。
[3]　此二解題後又分別被收錄於《築島裕著作集》第三卷《古辞書と音義》，第413—422頁，第423—431頁。

比《慧琳音義》早，與行滿之音義①同時代或略早，故可被認爲應是未受上述典籍影響而重新編撰者。如此，此書應屬至今中日所見最早爲《大般若經》所作之音義。而一般又認爲玄應的《衆經音義》中沒有《大般若經音義》，所以也應該屬於日本人專爲《大般若經》新撰之音義。②或誠如史籍所記載，玄應曾爲《大般若經》作過音義，然並未見存。而學界至今又尚未發現更早的《大般若經音義》，故石山寺本當爲中日現存最古之《大般若經音義》之結論，應無疑義。前已述及信行爲奈良末平安初法相宗學僧，從其所撰《大般若經音義》（三卷）起，日本歷史上共出現多達二十餘種諸本《大般若經音義》，而最古之寫本，即爲石山寺所藏《大般若經音義》（中卷），故被認爲是其後日本《大般若經音義》盛行之祖，③堪爲日本《大般若經音義》撰著之濫觴。

（二）作爲日語史的研究資料

作爲日本"大般若經音義"之鼻祖，石山寺本《大般若經音義》（中卷）在日本國語史、古辭書史諸領域的研究價值不言而喻。橋本進吉指出：其中以萬葉假名標記的和訓，其數雖寡，然多爲上古文獻所未見。恰如《新撰字鏡》《和名類聚鈔》《類聚名義鈔》等，與本書相較，有許多和訓只存於爾後書籍。故（本書）對日本之古語及古典研究之裨益當爲不少。④

石山寺本《大般若經音義》（中卷）中共有和訓十二項十三語。築島裕指出這些和訓皆以"倭言"引出，可推定爲"倭ニハ……ト言フ"

---

① 行滿乃唐代天台宗僧人。二十歲出家，二十五歲受具足戒。大曆三年（768），師從天台宗中興之祖湛然（711—782），研習天台教典。湛然示寂后，住天台山佛隴寺，傳持法門。804年日僧最澄作爲"入唐請益天台法華宗還學生"，率弟子義真入唐，就曾從行滿受天台教義，習天台教籍。據載，行滿著有《涅槃經疏私記》十二卷、《涅槃經音義》一卷、《學天台宗法門大意》一卷等多種著述。然筆者未曾查到他曾經撰著《大般若經音義》。據《東域傳燈目錄》記載："同經（《涅槃經》音一卷（行滿），同經音義一卷（法憲撰）。"

② 橋本進吉持此觀點。另外，築島裕也在《大般若經音義解題》（石山寺一切經藏本）中對石山寺本和《玄應音義》的個別條目進行了比較，認爲釋文確有相同之處。但根據玄應撰寫《一切經音義》在唐貞觀（627—650）末年之説，而玄奘翻譯《大般若波羅密多經》六百卷一般認爲是從唐顯慶五年（660）至龍朔三年（663），玄應的《一切經音義》不收《大般若經》是當然的。如果《玄應音義》中有《大般若經音義》的話，那其撰成當在龍朔三年以後。但因爲玄應的歿年不明確，故其存在的可能性不能肯定。然即使如此，也不能否定石山寺本與《玄應音義》之註文沒有關係。

③ 《日本語學研究事典》"大般若經音義"條，明治書院平成十九年（2007）版，第647頁。

④ 橋本進吉：《石山寺藏〈古鈔本大般若經音義〉中卷解説》。

第三章　般若部音義

之體式。而"倭言"之語，除此本外，尚見於善珠①《成唯識論述記序釋》《日本感應錄》《將門記》等奈良末平安初之文獻。②而如"纖長"條和訓"倭言蘇毗加尓"③、"腬圓"條和訓"倭言麻利利加尓"④等，皆爲不見於其他文獻之罕見語彙；而即使如"眼睫"條和訓"倭言麻都奇"⑤，雖也有平安初期訓點資料，然此語蓋爲最古用例。這些內容已爲日本國語學史、古籍訓點學界所矚目。

（三）作爲漢語史的研究資料——以漢字爲中心

因本書全用漢文書寫，音義對象又是唐玄奘所譯《大般若經》，故猶如橋本進吉先生所指出"……對中國古代語言文字研究亦很有價值"⑥。川瀨一馬先生也指出：與慧琳《大般若經音義》相較，所用語彙，互有出入，亦不似慧琳一一標明出典，相對簡要。相反却因多例舉異體字等，故有助於古代字音、字義和字形的研究。⑦二位先賢皆已指出其價值主要體現在漢字研究方面。以下筆者即以漢字研究爲中心加以簡單考論。

石山寺本《大般若經音義》（中卷）作爲漢語史研究的資料價值，最主要體現於漢字音研究與俗文字研究。前者有如白藤禮幸《上代文獻に見える字音注について（三）—信行〈大般若經音義〉の場合—》一文，詳密論證分析了此音義中的286條字音注，據此探討此本與《玉篇》、《玄應音義》（甚至有可能的玄應《大般若經音義》）、《慧琳音義》之間的關係。⑧

至於此本在漢字研究上的價值，筆者曾與陳五雲教授合作撰寫了《石山寺本〈大般若經音義〉（中卷）俗字研究》及其續，⑨二文共以140個俗

---

① 善珠［養老七年（723）至延曆十六年（797）］日本奈良時期至平安初期法相宗僧人，曾師事玄昉，通法相與因明，多有撰述，有《唯識義燈增明記》《唯識分量決》等二十餘部著作留存於世。
② 平安朝中期以後，多用"和名"形式，或全無冠稱，僅標和訓。參考築島裕《大般若經音義解題》（石山寺一切經藏本）。
③ 根據築島裕標音，假名作"ソビカニ"。
④ 根據築島裕標音，假名作"マリリカニ"。
⑤ 根據築島裕標音，假名作"マツゲ"。
⑥ 橋本進吉：《石山寺藏〈古鈔本大般若經音義〉中卷解說》。
⑦ 川瀨一馬：《增訂古辭書の研究》，雄松堂出版昭和六十一年（1986）再版，第15頁。
⑧ 茨城大學人文學部紀要《文學科論集》第4號，1970年12月版。
⑨ 陳五雲、梁曉虹：《石山寺本〈大般若經音義〉（中卷）俗字研究》，《中國語言學集刊（Bulletin of Chinese Linguistics）》（紀念李方桂先生中國語言學研究会、香港科技大學中國語言學研究中心）第三卷第一期，2008年12月版。梁曉虹、陳五雲：《石山寺本〈大般若經音義〉（中卷）俗字研究》（續），南山大学アカデミア《人文・社會編》第88號，2009年1月版。

字爲"個案",剖析此本與漢字研究的密切關係,特別指出:其一,從此本辭目及釋義,尚能窺見當時日本所流傳的《大般若經》中的某些用字習慣,並由此可以推知唐代《大般若經》用字概貌,有助於佛經文本語言的研究;其二,此本雖然釋文簡略,但其可貴之處就是盡可能指出了作者所見經文的異體字,反映了當時寫本經文文字使用的自然形態,有助於正確認識俗字異體的歷史;其三,通過與《玄應音義》和《慧琳音義》對勘比較,可以看出信行對經本文中異體字的收錄和辨析在有些方面甚至超過玄應或慧琳,不乏作者的獨到之處。另外,以上內容經過修改,并進一步補充,被筆者收入《日本古寫本單經音義與漢字研究》[①]第一章。爲使讀者能更爲明晰,以下再各舉數例展開考論。

1. 作爲漢字俗字研究資料——呈現自唐寫本至日寫本轉折時期的用字實貌

作爲撰於古奈良,寫於平安初期的石山寺本《大般若經音義》,其中俗字現象比比皆是。筆者曾在《日本古寫本單經音義與漢字研究》第一章中分析考察了137個俗字"個案",結果顯示其內容非常豐富,有訛誤,有譌變,有簡略,有繁化,有古形,有異體。各類俗字現象,大部分可與敦煌俗字以及唐代《干祿字書》《正名要録》《五經字樣》等俗字書相連。這就足以證明唐代俗字曾四處流通,且隨著漢文佛經輸入日本、朝鮮等國,敦煌俗字也曾跨越國界的史實。因而在學界對漢語俗字,尤其是敦煌俗字研究愈加重視的今天,利用海外寫本資料(如本文所言之石山寺本、來迎院本《大般若經音義》)作爲俗字研究的資料,其重要性則不言而喻。

另外,儘管此本音義爲日本僧人所撰寫,然因其音義對象爲來自中國的漢譯《大般若經》,所參考的資料又是《玄應音義》等。即使參考資料中有日僧所撰著作,但尋其根源,仍是來自中國唐朝。特別是:當時日本文字尚未產生,即使已有"真假名"出現,但仍用漢字書寫。所以,從漢字的使用角度看,這個時期還應該屬於"繼承與擴散"的階段,即大批量地承自渡海而來的唐寫本,又經過大批日本書經生之筆,逐漸擴散開來。因此,對於石山寺本來說,重要特色之一,即作爲漢字俗字研究資料,能反映唐寫本的用字狀貌,石山寺本《大般若經音義》(中卷)中137個俗

---

① 中華書局2015年版。

第三章 般若部音義

字"個案"應該能充分説明這一點。

應該引起注意的是：大批古寫本佛經是在日本傳抄書寫的，石山寺本《大般若經音義》原本又是由日僧信行撰著而成，所以有一些俗字是出自日本經生之手。因此，此本作爲漢字俗字研究資料，還呈現出自唐寫本至日寫本轉折時期的用字實貌。如：

　　輕𢌂𨫤呰：又作"挵"字。梁□反。玩也。戲也。呰應作呰。古文**呰呰**，子尒反。呰，呵也。口毀曰呰。呰又作訾，子移反。量也，思也。呰非此義。（第三百三十二卷）

案：此乃四字條目，其首字乃"輕"之俗字。敦煌俗字中，"輕"即有作**輕輕**者。而第二個字，因寫本損舊，已難以辨認。但此字上部似爲"王"，旁還加點，該爲"弄"之俗字弄。而其釋文"又作'挵'字。梁□反。玩也。戲也"，正可幫助我們判定"弄"字爲確。檢《宋本廣韻·去聲一送》："弄，盧貢切。"《集韻》同。《宋本玉篇》卷六："弄，良棟切。玩也。"儘管此本"梁□[1]反"中"梁"之後字不清，但在被認爲與石山寺本大部分内容一致，但書寫年代大約晚二百年的來迎院如來藏本《大般若經音義》（中卷）中，此條目爲："**輕弄𨫤**呰"，音注作"梁棟反"。[2]《玉篇》音切早於《廣韻》，所取上字"良"與"梁"同音，故與《玉篇》相合，可見本音義用的是唐音。《慧琳音義》卷十六釋《大方廣三戒經》上卷："戲弄，……下禄㦂反。《説文》：玩也。戲也。從廾，從玉，廾音拱。"同卷釋《大方廣三戒經》卷下："我弄，……下籠㦂反。前上卷已具釋，經從手，作挵。非也。"卷四十五釋《佛説優婆塞五戒威儀經》："戲弄，聾貢反。……"卷四十九釋《順中論》上卷："戲弄，……下禄棟反。杜注《左傳》云：弄戲也。《説文》：玩也。從玉，從廾，廾音拱。今論文加手作挵。非也。"卷六十四釋《沙彌十戒並威儀》："弄上，上禄棟反。《考聲》：弄珇也。杜注《左傳》云：弄欺罔之亦戲也。《古今正字》從廾，玉聲。廾音鞏，或從木作栟。非經從手，作挵。誤也。"卷六十九釋《阿毘達磨大毘婆沙論》

---

[1] 此字破損不清，以方框代之。
[2] 收録於古典研究會編《古辭書音義集成》第三卷，昭和六十二年（1987）第二版。

第八十五卷："抱弄，……下籠東反。杜注《左傳》云：弄戲也。《尒雅》云：玩也。《説文》從廾，玉聲。艸音拱。論作挵。非也。"《可洪音義》釋大乘經音義第一之三《大方等大集日藏經》第六卷："玩咔：郎貢反。正作弄。"可見在反切字的選用上，此例"梁棟反"顯然更近於唐代前期或更早的用字習慣。而慧琳音、可洪音則近於《宋本廣韻》《集韻》的習慣。

"挵"乃"弄"之俗字。《龍龕手鑒·手部》收有此字，釋曰："挵，同挵（弄）。"《集韻·送韻》："弄，《説文》'玩也'，或從手。""弄"的俗寫，在敦煌俗字中有"弄卡抃挄"等。① 可見，從"弄"俗化爲"弄"與"卡"，而又增添意符"手"，有"抃"和"挵"。其中"挵"字後來用得不多，但日本國字中卻有此字。可見此俗字在日本漢字中流行開去了。石山寺本《大般若經音義》中卷此例，正可説明"挵"俗體早就傳到了日本。又如：

窣堵波：又作窣都，此云廟，即仏霊廟。下文云諸仏霊廟。上音窣沒反。中音都扈反。扈音胡古反。（第一百三卷）

案：釋文中"仏霊"二字與現日本漢字"佛"與"靈"相同，然此二俗體皆承自漢人手書。根據張湧泉考證，"仏"字大約是六朝時産生的一個俗字，故碑刻别字以及敦煌寫本中"仏"甚爲多見。② 至於"佛"之所以作"仏"，一般皆認爲是省作。《正字通·人部》就指出："仏、古文佛。……按：佛省作仏。"而張湧泉則認爲"仏"應該是"厶""人（亻）"的會意俗字，並指出這與人們的避諱心理有關。③ 除上條外還有"大䑛尊者仏稱"（"䑛大藏"條）；"謂此等人徵識仏法"（"達絮"條）；"此等令不識仏法"（"慈廋"條）；"舊云須迊頭仏，或言須扇多仏，晋言甚净仏"（"蒳扇多"條）等多處出現此俗字，且皆在釋文信筆寫出，不作辨析，可見人人皆識。"霊"字亦早見於敦煌寫本等資料，何華珍有考辨④，不贅。而我們要指出的是：石山寺本"仏霊"

---

① 見黄征《敦煌俗字典》，第294—295頁。
② 張湧泉：《韓·日漢字探源二題》，《中國語文》2003年第4期。
③ 同上。
④ 何華珍：《日本漢字和漢字詞研究》，中國社會科學出版社2004年版，第141—142頁。

二字出現在一般釋文中，並非被解釋對象，說明它們已是當時通行字，時人皆識。而發展至今，更是成爲常用字。這也可看作漢字在日本發展的一個縮影。我們再舉一例。

"步"字在奈良時代俗多作"㱑"，有點像"出"字，不僅佛經寫本，正倉院文書中亦見，作"㱑"形。但實際應該源自唐寫本。唐寫本《細字法華經》中作作"㱑"。看似上下各爲"山"形，明顯是日本書手將中間本不相連的短豎連寫爲一豎所致。因此俗形的流傳，以"步"爲構件所成字，如"陟"與"涉"等，其右半也多用俗形。我們在《新譯華嚴經音義私記》中已發現此特色，如"陟"作"陟"、"涉"作"涉"等。而石山本《大般若經音義》"僧伽㱑"條釋文中有"陟""顬胝迦寶"條釋文中有"陟"字，皆爲"陟"字俗。又"驚毅怨憎"條釋文中的"涉""涉"二形，即爲"涉"字俗。而且這些皆爲釋文中的寫法，可見這些字形在當時已非常流行，一般書手皆寫此形。《佛教古文書字典·異體文字集》"步"字下也收有"㱑"；[1]《日本難字異體字大字典·文字編》"步"字下收有"㱑"，並標註"俗"；《佛教難字大字典·止部》"步"字下也收有"㱑"，皆爲明證。

儘管"㱑"字淵源有自，但"㱑"在漢傳文獻中卻並不多見，而"陟（陟）"與"涉（涉）"等字，似並不見於漢傳文獻。然而這三個俗形卻反復出現於奈良古寫本資料，說明日本早期書經者似乎很習慣用此俗形。此俗形在日本頗爲流行，甚而至於以"步"爲構件之字皆用此形，如以上石山寺本中的"陟"與"涉"字，可以證明當時"步"字作"㱑"已非常普通，故寫經生甚至已經習慣見到"步"就筆下自然地寫出俗形，已有舉一反三的效應。從此例，我們可以窺見日本早期俗字發展之印迹。

2.作爲異體字研究資料——作者對某些俗字異體有辨析

串習：第三分作慣習，又作悍習。公患反。串，習也。字又作遺、摜。（第一百八十卷）

案：信行在釋文中指出"又作悍習"。其中"悍"應該是因爲從心的"慣"字表達"習慣"之義，從而由"摜"之古文"串"衍生出的新

---

[1] 第507頁。

形聲俗字。此字應該不多見，未能流傳開來，但幸虧有信行收釋，可爲"慣"字研究增添新資料。又如：

攣躃①：上又作瘭字，力圓反。謂病身骸拘曲也。經文或作瘑。下又作躄躄。音𤱿伇反，不能行也。（第一百八十一卷）

案：《大般若經》卷第一百八十一："或所受身，無眼無耳，無鼻無舌，無手無足。癰疽疥癩，風狂癲癇，癃殘背僂，矬陋攣躃，諸根缺減，貧窮枯顇，頑嚚無識。"②《大正藏》在此頁下注"攣躃"：宋本與明本作"攣躄"，元本作"瘑癖"。撿《玄應音義》無此辭目，僅卷一有"僂躄"："力矩反。僂，曲也。下方尺反。躄不能行也。字從止。"

此條首字亦不清晰，來迎院本作󠄀。雖墨迹嚴重但仍能辨認爲"攣"，慧琳作"攣躄"。"上力傳反。《考聲》云：手足屈弱病也。下并亦反。顧野王曰：足枯不能行也。或作躃。《說文》攣從手，躄從止，並形聲字。或從足之也。"可見，《慧琳音義》所收爲正體。

根據此本，可見其上字，除"攣"外，還有"瘭、瘑"等異體。特別是"經文或作瘑"，說明當時作者所見經文有作此形者。下字並未用正字，而用俗體之"躃"。《說文·手部》："攣，係也。从手䜌聲。"《集韻·綫韻》："攣，手足曲病。""瘑""瘭""攣""癵"均不見於《說文》，乃後起之區別字。《廣韻·桓韻》："瘑，病也；瘦也。"《集韻·僊韻》："癵，病體拘曲也。"

可見，此本釋"攣"，正源於此。《說文·止部》："躄，人不能行也。从止辟聲。"《說文》無"躃"字。此處"攣躄"是手足萎縮不能自由動作的病。因此被加上"疒"字頭，以類化作"瘭（攣）躃"。"躄"是"躄"的緟益字。

腫疱：上之勇反。󠄀長生瘡也。下字未見。宜作皰皰。蒲孝反。又輔孝反。面生𤺄氣也。小腫也。（第一百八十二卷）

---

① 此條目亦脫落不清。根據來迎院本補出。又石山寺本下字雖殘，但能看出爲"躃字"。
② 《大正藏》第5册，977c。

案：《大般若經》卷一百二十八："若諸有情身嬰癲疾惡瘡腫皰目睞瞖等。"①案：《玄應音義》無"腫皰"，且也沒有直接對"腫"的解說，而多爲解說別字"瘤"時用。慧琳在同卷卻收錄"腫皰"："上之勇反。《說文》：腫，癰也。從肉。下皰皃反。《說文》：面生熱瘡也。"倒是與本書相近。《說文》從皮作皰。亦作皰。竝同俗從面，作皰。"癰"字不甚清晰，來迎院本作"癰"當作"癰"，本當从疒雝聲，作"癰"，因隸變而作"癰"，繼之而由"癰"省去其中的"亠"，遂成"癰"，"疒"下之遂與"維"的草書相淆。有以"癰"翻回正書的，成"癰"。《韻會》："癰，於容切。音雍。與癰同。癤腫。"《漢書‧鄭崇傳》："發頸癰。"今本《漢書‧鄭崇傳》作"發疾頸癰"。②

又："長生"兩字，此處當作"同義互訓"解。"長"即"生"，"長瘡"猶"生瘡"。謂"下字未見"，是作者未見過"皰"字，而以"皰""皰"爲正體。《康熙字典》引《集韻》："疱，披教切。音炮。腫病，通作皰。""皰"是"皰"的左右易位，《康熙字典》無"皰"字頭。當屬偶見俗字。

又如：在"赴期"條釋文中，作者指出"上又作赿字……亦爲赴字"。慧琳在卷三不收此詞，《玄應音義》也没有對"赴"字的辨析。然而信行卻指出了兩個俗字。如果説"赴（赴）"並不少見的話，而重牀疊屋，偏旁重疊的"赿"字雖見於《龍龕手鑒‧走部》以及《四聲篇海‧走部》《字彙補‧走部》等字書，但未見有其他説明。此"訛俗字"最早辨析見於石山寺本。又如：

又如"顛頂"條釋文中，作者有"應作䧁悴……又作悴倅，同也"之語，此爲解釋聯綿詞的不同字形。最後的"倅"，可以看作"瘁"的俗形"痒"之訛寫。

鳩野惠介指出：石山寺本《大本若經音義》（中卷）中作者用以下方式舉出異體字③。

---

① 《大正藏》第5册，700a。
② 又釋一百八十一卷有"癰疽"條，"癰"是"癰"的簡省，"疽"是"疽"字之譌。"癰"字省去"亠"而使"疒"下的部件近似於簡寫的"維（維）"，因此也有人將它翻回正楷，而成"癰"字。後世清代文字獄的著名冤案"維民所止"被誣爲"雍正去頭"，正是由這種俗字現象得到解説的。
③ 鳩野惠介：《無窮會本図書館蔵本〈大般若経音義〉における異体字表示の述語について》，国語文字史研究会編《国語文字史の研究十一》，和泉書院2009年版，第162頁。

A[①]．又作×（字）（亦×也一例[②]、又×字一例、*亦作二例、亦為×字一例）七十組（*表示同一項目內有二例）

B．或作×（字）（或為×字一例、經（文）或作×二例、或×同一例、或本作一例、或同×字一例、或×字二組）十六組

C．正字作×（字）一組

D．古文作×（字）（古文×二例、舊作×四例、舊用×字一例、舊經作×一例）十三組

E．今作×（字）一組

F．應作×（字）（宜作×一例）八組

當然，其中或引用玄應說，或參考其他古字書，但也有信行本人的意見。無論如何，作爲最早的《大般若經音義》，這些內容都展示了漢字在當時傳播的實態，也反映出日本僧人對漢字的理解與認識。

第三節　日僧撰般若部音義考論
——真興撰《大般若經音訓》（佚）

《大般若經音訓》儘管現已不存，但是在日本辭書史、音義史上具有重要地位，故我們參考日本學者的研究成果加以專門考述。

《大般若經音訓》的作者是真興。真興（935—1004）是平安時代中期法相宗、真言宗僧人。真興曾師事興福寺空晴、仲算，同時又從吉野仁賀受密教之法，先後住壺坂寺、子嶋寺，並於子嶋寺內創建觀覺寺，開創東密子島流，故亦被稱爲"子島僧都・子島先德"。

真興之師仲算撰有《法華經釋文》三卷，是日本《法華經》音義，也是日本佛經音義中之巨作名篇。然仲算完稿後未及謄清，就溘然長逝。仲算留下遺願，希望由其弟子真興來完成。真興不辜師望，完成遺志，使此名著得以留存至今。但實際上，真興自己也著述宏富，除有《大般若經音

---

① 原文用"A""B"標示，此沿用。
② 原用雙行小字，下同，不另注。

訓》外，尚有《法華玄贊一乘義私記》三卷、《唯識論私記》六卷等十部著作，在日本佛教史、辭書史上具有相當地位。吉田金彥曾經指出：真興在解讀《大般若經》方面，學識淵博，具有極大的自信與權威。信行《大般若經要集抄》後的附録，①是真興的"大般若經所疑闕文薩滿十一所事"，可見在《大般若經》的書寫、轉讀以及研究方面相當多地采用了真興的意見。

《大般若經音訓》也稱"大般若音訓""大慧度經音訓"等。《東域傳燈目録》卷上、《諸宗章疏録》卷二、《注進法相宗章疏》皆記其爲"四卷"，撰述者爲"興福寺真興"。②此書雖已佚不存，然在日本，因古字書音義中多有佚文，故頗爲學界所關注。吉田金彥《図書寮本類聚名義抄出典攷（中）》③一文中就有專門考證圖書寮本《類聚名義抄》所引的《大般若經音訓》的內容，指出其中"真云"的引用，即爲此書佚文。另外在《息心抄》、《相好文字抄》、《香藥抄》以及平安時代中期兼意所撰《寶要抄》等書中亦有引用文字。而安田八幡宮所藏的《大般若經》，其背書上也有引用。更爲重要的是，此書作爲日本早期《大般若經音義》源頭之一，對後代《大般若經音義》的發展有一定的影響。④

築島裕有《真興撰大般若経音義について》⑤一文，在參考諸研究成果的基礎上，對此音義進行了較爲詳盡的考察，舉出以下九種含有《大般若經音訓》佚文的資料名。

①《相好文字抄》（如來藏本。撰者不詳。大治五年/1130寫本）

②《香藥抄》［常喜院心覺（1117—1180）撰。保元年間（1156—1159）成］

③《息心抄》［叡山文庫藏本。相覺撰。建久七、八年（1196—1197）書寫］

---

① 《改訂增補日本大藏經》第19冊，第28—30頁。
② 見《大日本佛教全書·佛教書籍目録第一》，佛書刊行會大正二年（1913）版，第41、122、235頁。
③ 載日本訓点語学会：《訓点語と訓点資料》3，1954年版。此文後與上、下一起被收於吉田金彥《古辞書と国語》（臨川書店2013年版，第18—89頁）。
④ 沖森卓也等編：《日本辭書辭典》，おうふう1996年版，第186頁。
⑤ 長澤先生古稀記念圖書學論集刊行会編：《圖書學論集：長澤先生古稀記念》，三省堂1973年版，第403—423頁。

④[图]①耳②書　大須寶生院藏（建長二年（1250）信範筆寫本）
⑤《類秘抄》（藏俊撰大谷大學圖書館藏）
⑥《寶要抄》（推定寫於保元元年之際）
⑦《安田八幡宫藏本大般若經》卷第三百八十背書（鎌倉初期寫）
⑧《圖書寮本類聚名義抄》
⑨《鵝珠抄》（常喜院心覺撰。1117—1180，或1182）

　　以上文獻中，又以⑧《圖書寮本類聚名義抄》所引數量最多，共有五百餘條。除以上九種資料，築島裕先生還指出在《大日本全書》所收的《聖德太子平氏傳雜勘文》［正和三年（1314）二月十八日金剛佛子法空］之背紙有數條引用，以"小嶋大般若音訓云""大般若音訓小島云"等形式引出。以上文獻皆標有其撰著或抄寫時間，皆屬平安後期或鎌倉初期。不難看出，真興的《大般若經音訓》從平安末期起至中世③在學僧之間非常流行，是僧俗（自然包括學問階層）解讀《大般若經》，編纂各類辭書與傳書的參考書，也是當時學問研究的重要工具書。
　　此音義現已不存，故有關其體例與内容等，皆秖能根據現存佚文的考察而得出結論。日本學界也正是從此角度展開的。現在學界基本認爲此書屬卷音義。基本體例摘録《大般若經》中的單字或複合詞（漢語詞和梵語譯詞）爲辭目，在辭目旁用反切或片假名標注字音。釋文用漢文，施以反切、聲調、語義、字體等相關注釋，但應該沒有和訓。④但是，對於"真興音訓"是否有和訓這一點，學界有不同看法。吉田金彥通過對《圖書寮本類聚名義抄》中"真興音義""真興"以及"真"，這些被推定是《大般若經音訓》的詳密考察，認爲《大般若經音訓》的内容以漢字漢文的音注釋義爲主，而付以片假名標記字音與和訓。而反切以及解說和訓釋，感覺猶如其師仲算的《法華經釋文》。⑤吉田還根據《圖書寮本類聚名義

---

① 此圖像文字漫漶不清，但應爲梵文字母。旁有假名注："シッタン"，漢字應作"悉曇"。
② "耳"字旁有小字"聞"。"悉曇聞書"，也稱"中天相承悉曇聞書"，作者不明。
③ 日本史之"中世"指鎌倉時代（1185—1333）和室町時代（1333—1568）。
④ 築島裕：《真興撰大般若経音訓について》；沖森卓也等編：《日本辭書辭典》，第186頁。
⑤ 吉田金彥：《古辞書と国語》，第48—49頁。這一點也得到築島裕先生認同。後在《真興撰大般若経音訓について》一文中對前說加以修正。

抄》中的引文進一步推斷，"真興音義"中應包含以下文獻：

字統/字林/説文/新唐韻/智周/超悟/鄭玄/六波經/唯識論/唯識疏
全真/全真悉曇章/仁王疏/祝尚丘/古/古經/臺

等等。這些應是基於真興的間接引用。這些漢文引用，有四百餘條。其中片假名用作和音注的約一百六十條，用作和訓的則僅有十餘條。此音義與信行的《大般若經音義》相較，真的是有過之而無不及的巨作。由此可見真興撰著的態度與其師仲算一致，代表了當時法相宗整體研究水平及其學風。①

筆者在研究《寶要抄》時，也注意到其中有"真興音義"的內容，在釋"水精"條與"珊瑚"條：

大般若音訓云：頗胝迦，行瑫云此西國寶名也。狀似此方水精，然有赤白之色也云云②。（301—302）

大般若音訓云：行瑫云珊瑚，寶樹，生海底石上云云。（338—339）

《寶要抄》中直接稱"大般若音訓"。而在所引文獻釋義時，皆間接引"行瑫云"釋義。築島裕《小考》中也指出《大日本全書》所收的《聖德太子平氏雜勘文》中引用了四條《大般若經音訓》的逸文，其中兩條就有"行瑫云"。而將其與以上兩條相比勘，可發現其詮釋方法完全相同。築島裕在《真興撰大般若経音義について》一文中更進一步指出：諸文獻中所存"真興"佚文常常引有"行瑫"（有時"瑫"寫作"舀"）。所以我們認爲以上《大般若音訓》確應爲真興所撰音義。筆者也注意到石山寺本《大般若經音義》也出現"行瑫"之名，築島裕先生指出未考出"行瑫云"是何文獻。③早年佛經音義研究，從資料到信息都有一定局限，隨著研究的逐步深入，關於"行瑫音義"的問題，已經有了一些定論。

行瑫爲五代後周僧人。據《宋高僧傳》卷五《唐京師西明寺慧琳

---

① 吉田金彦：《古辞書と国語》，第48—49頁。
② "云云"爲小字。
③ 築島裕：《大般若經音義諸本小考》，第10頁。

傳》、二十五《周會稽大善寺行瑫傳》記載，五代時因爲《慧琳音義》在江浙一帶失傳，高麗國於後周顯德年間，遣使賫金入浙中求此書而未獲，行瑫"亦覽群書，旁探經論，慨其郭迻《音義》疏略，慧琳《音義》不傳，遂述《大藏經音疏》五百許卷，今行於江浙左右僧坊。然其短者，不宜稱疏。若言疏，可以疏通一藏經，便過慈恩百本幾倍矣"。由此可見，雖然行瑫的《大藏經音疏》有五百卷之巨，但因"短者不宜稱疏"，所以最後未能流傳下來。然而，日本古代寫本佛經音義中，如信行的《大般若經音義》、真興的《大般若經音訓》，還有中算《法華經釋文》中都有不少引用，這說明行瑫的《大藏經音疏》雖未在中國流傳下來，卻傳到日本，且頗受古代日僧重視，早期佛經音義撰述者多有參考此書。

真興《大般若經音訓》一書，雖已佚不存，然在日本，因古字書音義中多有佚文，故頗爲學界所關注。如吉田金彥《図書寮本類聚名義抄出典攷（中）》通過將其所引"真云"的内容與附載於《鵝珠抄》卷末的"光明山重譽音義"[①]加以比較，認爲真興的《音訓》有被"重譽音義"引用的内容。山本秀人有《図書寮本類聚名義抄における真興大般若経音訓の引用法について—叡山文庫藏信心抄所引の真興大般若経音訓との比較より—》[②]一文，通過將圖書寮本《類聚名義抄》所引真興《音訓》逸文與叡山文庫藏《信心抄》所引真興《音訓》逸文加以比較而考察圖書寮本《類聚名義抄》中真興《大般若經音訓》的引用方法。沼本克明有《図書寮本類聚名義抄"真興音（和音）"論續貂》之論文，[③]論述真興《音訓》中的音注作爲漢字音研究資料的重要性。而此書對後代辭書的影響，根據築島裕研究，主要體現在無窮會本系《大般若經音義》的撰著上。其漢字音注和片假名音注是無窮會本系《大般若經音義》"漢字音注"的主要源泉之一。

---

① 即一般認爲前所述及無窮會本系《大般若經音義》之著者，但并未確定。
② 日本訓點語學會編：《訓点語と訓点資料》第85輯，1990年9月版，第1—29頁。
③ 東京大學國語國文學會編：《國語と國文學》第55卷第10號，1978年10月版，第54—68頁。

第四節　日僧撰般若部音義考論
——藤原公任撰《大般若經字抄》[①]

一、時代與作者

　　《大般若經字抄》的作者一般被認爲是藤原公任（966—1041）。藤原公任作爲日本平安時代中期的著名公卿、歌人，才華橫溢，學識淵博。他不僅熟知宮廷禮儀，善於和歌文辭的創作，還精通管弦，身兼衆藝，有著較爲全面的文化修養，在詩文、書法等方面造詣非凡。其著作内容涉及多面，主要是歌論書、歌集等。著有歌論《和歌九品》、編撰《拾遺抄》十卷、儀典《北山抄》、漢詩集《和漢朗詠集》、私撰集《金玉集》、《深窗秘抄》、和歌集《大納言公任集》、《三十人撰》、《前十五番歌合》、《後十五番歌合》等歌文著述。故在日本歷史上，藤原公任被尊爲平安中期著名政治家和文學家。

　　然而，值得注意的是：藤原公任還是學者。根據渡辺修考證，公任所撰，除了歌論、歌集外，還包括音韻、字書等類，惜幾乎皆已燒亡不存，[②]尚有幸存的即爲石山寺所藏《大般若經字抄》，而此堪爲其代表之作。

　　石山寺除藏有前所述及的信行的《大般若經音義》中卷外，還藏有《大般若經字抄》一帖。[③]此本之書寫年代，因其四十三丁終行所附"識語"有"長寬二年甲申[④]三月十九日申時以智鏡房本於高橋之/家書了　淳箏生廿三"，學界一般判斷當爲"長寬二年（1164）"由名爲"淳箏"之僧書寫。而其撰著時間，只能根據第四十二丁裏初行有"長元五年九月廿

　　[①]　因筆者《日本古寫本單經音義與漢字研究》第十章爲《〈大般若經字抄〉漢字研究篇》，故此節有些許内容與其相同。
　　[②]　渡辺修：《図書寮藏本類聚名義抄と石山寺藏本大般若経とについて》，國語學會編輯《國語學》第十三、十四輯，武藏野書院刊行昭和二十八年（1953）10月版。
　　[③]　石山寺《一切經》附第七函第一八三號。
　　[④]　二字本爲用豎雙行小字標出。

九日承御室仰了"字樣，推測爲1032年。至於作者，此本並無記載，然渡邊修根據圖書寮本《類聚名義抄》釋文引用有"公任卿云"，其内容悉與本書一致，故推定其作者應爲平安朝之碩學藤原公任。後又有築島裕博士考證"來迎院如來藏相好文字抄"中有引用以"納言抄①"的形式出現，也與此本内容相同，故可作爲旁證。②

二、内容與體例

（一）内容

石山寺本爲粘葉裝③一帖，其外題爲"大般若經音義"，内題是"大般經字抄"。根據沼本克明考察，④此書内容由十一部分構成，頗爲複雜。筆者曾在《日本古寫本單經音義與漢字研究》一書中參考沼本先生研究，加以簡介。⑤應該說其中有些并不屬音義内容，但總體來看，此音義主體部分是對《大般若經》經本文的單字及語詞進行音注和義注，故應歸入"音義"範疇。

（二）體例

根據作者在書中所闡述的意圖及注音方針（相當於序言），我們可以看出，當時撰著音義的人非常多。而從編排體式上看，有的按部首編目，也有的以卷爲順序；從音注體式看，有用反切注音，也有以四聲爲基幹，依韻分類匯集。但這些對《大般若經》的經文轉讀或有不便，或難達旨意。故爲後人能夠更爲準確地誦讀經文，其書有所改變。

> 今任卷軸之次，注以漢吳二音相同之字。雖其音不違，至于淺智不遍知之字，不敢用之。偏依吳音，別戴（載）正音，或以假名注之。不顧碩學之相嘲，唯欲璞才之易讀者也。（P56⑥）

---

① 這是因爲藤原公任曾任"納言"。
② 以上參考沼本克明《石山寺一切經藏本・大般若經字抄解題》，古典研究會《古辭書音義集成》第三卷《大般若經音義・大般若經字抄》，汲古書院昭和五十三年（1978）版。
③ 粘葉裝爲和裝本之一種。其製作方法是將一張紙合攏折疊成帖，再將帖集合起來，在頭頁和底頁加上封面，從書背處以糊裝訂成冊，這種製作方法主要用來製作手抄本。
④ 沼本克明：《石山寺一切經藏本・大般若經字抄解題》。
⑤ 第463頁。
⑥ 此爲1978年汲古書院影印本頁數。以下引例同此，不另注。

第三章　般若部音義　　　　　　　　　　　　　　　　225

　　以上文字是作者闡述其注音之法。通過綜合考察，我們認爲此音義體例呈現出以下特色。

　　①《大般若經字抄》（以下簡稱《經字抄》）依照《大般若經》卷帙順序選出單字、複合詞（包括音譯詞）等作爲辭目，對其進行音注和義注。音注標於辭目字右旁，義注多用單行或雙行小字（行間小注）標於辭目下，或用漢字，或用假名。有時還兼有字形辨析。如：

　　　脾：音卑。心府也。（P10）
　　　胞：音胞。通用。クソフクロ。（同上）

　　案："クソ"漢字作"糞"，"フクロ"漢字作"袋"，頗能達意。

　　　痰：音談。胸上水。病也。經多作淡，通也。

　　以上爲單字辭目。此音義特色之一就是以收釋單字爲主。但也有部分複合詞，如：

　　　睡覺：音挍。或用悟字。但覺悟之處，悟字非也。（P19）

　　案：上例雖爲雙音節詞，但僅注下字"覺"。

　　　熙怡：音基。伊。和悅也。（P3）

　　案：上例分別爲上下二字標音。下詮釋詞義。
　　複合詞除了如上二例的一般漢語詞外，還有佛教術語、佛典名物詞以及梵語音譯名詞等。如第十三帙的"達絮""蔑戾車"（P19）等。
　　②此本音注不用傳統的反切法，①而是采用"直音注"之法。但如果仔細考察，我們可發現又有以下三種形式。②

---

①　但也并不是全然不用，也有部分用反切法。
②　以下三例主要參考渡辺修《図書寮蔵本類聚名義抄石山寺蔵本大般若経とについて》。

（1）辭目字右旁用"類音字"標音，注以"漢吳二音相同之字"。如：

　　跟：（音根）。①

　　案：以上辭目字"跟"與注音字"根"就屬於"漢吳二音相同之字"，即無論是用漢音讀，還是用吳音讀，其結果都能準確地表示辭目字"跟"的發音。而根據撰者"序言"，這些"漢吳二音相同之字"應該是大衆都比較熟悉的。比較生僻的字一般不用。

（2）於辭目字右旁用"類音字"標音的同時，有的還在其上用雙行小字標出"正音字"，多用"吳音"。如：

　　脛：（音經）（正徑②）。

　　根據渡邊修考證，用"音經 正徑"爲"脛"字注音，是因爲日常普通的漢字中没有漢音・吳音相同的字可用來爲"脛"注音。先用"音經"表示吳音讀"經"，其音是辭目字"脛"的正確發音。另外，也與"正音徑"所表示的"徑"字發音相同。有時所謂"正音字"也根據反切而定。

（3）有時也用假名標音。如：

　　魁：（古廻反）（音火以）③。

　　以上（2）（3）的情況下，正音用類音字，或用反切表示。
　　關於其音注形式，岡井慎吾④與渡邊修⑤皆有研究，筆者以上所舉例主要參考渡邊論文。儘管二位學者的有些結論并不統一，但其資料對漢字音研究具有一定價值，此當無疑問。
　　3. 儘管此本注文相對簡略，故引書也較少，但也還是有一定的徵引。

---

① 原本因豎行抄寫，故可於右旁用小字標示。我們現用括號表示。下同。
② 此本用雙行小字標於辭目字上方。
③ 前"古廻反"用雙行小字置於辭目字上方。後"音火以"標於辭目字右下方。
④ 岡井慎吾：《大般若經字抄につきて》，京都帝國大學國文學會《國語・國文》第七卷第二號，昭和十二年（1937）版。
⑤ 渡邊修：《図書寮蔵本類聚名義抄石山寺蔵本大般若経とについて》。

引用法，有的用書名，也有的用人名，甚至還用略名。如："切韻（蔣 魴·王仁昫·薛峋）""玉篇""廣益玉篇""行滔""疏·經疏·大 日經疏"①"信行""音義·或音義"②等，又"玄應""弘決""字 書""惠沼""聲類""慈恩"等名也各見一例。然這些是否皆爲藤原公 任直接引用難以確認。③如：

毘奈邪：……或音義奈字勢乃音，不得其意。又邪耶同字云。 仍撿字書邪者鬼病。又曰魅天。耶者父。又詞也。音訓已異，但或通 用。玄應曰或云鼻那夜。惠沼曰：正云毘那奢□④。俗用借音，有所 以□⑤欤？（P24）

案：以上一條中就出現了"或音義""字書""玄應""惠沼"等與 出典有關之名。其中所引"玄應説"當出自玄應在詮釋《四分律》第一卷 "律藏"所言："力出反。梵言毗尼，或言鞞泥迦，或言毗那耶，或云鼻 那夜，或云毗奈耶，皆由梵言輕重聲之訛轉……"⑥。

值得注意的是，《經字抄》的引用出典中還有以上我們已經論述過的 真興《大般若經音訓》的内容。《大般若經音訓》雖不見留存，但其學術 價值已爲學界所矚目。故而，從現存古籍資料中考訂輯佚，就顯得頗爲重 要。這也體現了《經字抄》作爲古寫本佛經音義資料價值的重要性。

三、版本流傳

沼本克明經過考證指出，石山本有明顯的與不同版本校對過的迹象。 這就表明除了寫於"長寬二年（1164）"的此本外，至少還另有一不同寫 本。而石山寺本總體來看，誤寫較多，與原撰本有相當的差異。特別是最 後部分所收録的"大般陀羅尼"，應該是公任原本没有的内容，而是石山 寺書寫者淳箄添加上去的。因爲《經字抄》的43丁⑦最後一行已經記有書

---

① 或各爲别書。
② 或各爲别書。
③ 以上參考沼本克明《石山本一切經藏本大·般若經字抄解題》。
④ 字形難以辨認，故以方框代之。
⑤ 字形有殘，故以方框代之。
⑥ CBETA/C56/1021。
⑦ 書籍紙張正反兩頁爲一丁。

寫識語，這就表示《大般若經字抄》至此已經終結。而本書的最後還有"奉受識語"，記載淳箏在《大般若經字抄》書寫約六個月後，從公任處"奉受"了"大般陀羅尼"的讀法，故可認爲由此而加。

現所知《大般若經字抄》除有石山寺藏本外，還有一些轉抄本。如京都大學附屬圖書館就有一抄本。渡邊修在《図書寮藏本類聚名義抄と石山寺藏本大般若經字抄とについて》[①]一文中指出，京都大學藏本屬於誤字和錯字多見，辨認也頗爲困難的小冊子，應爲轉寫本。渡邊還從其友人鈴木一男處借得另一轉抄本，然因不明原本之處甚夥，故并不優於京大本。這些轉抄本認讀頗爲困難。盡管如此，其音注，與以吳音標注音讀的觀知院《類聚名義抄》一致之處很多，爲此，應該承認此書在字音研究上是極爲重要的材料。

昭和五十三年（1978），古典研究會將石山寺藏本《大般若經字抄》與信行《大般若經音義》的兩種古寫本（石山寺、來迎院）殘本一起影印刊行，收於《古辭書音義集成》第三冊，由汲古書院出版。沼本克明撰寫了《石山寺一切經藏本　大般若經字抄解題》。沼本克明還專門編了《石山寺一切經藏本　大般若經字抄索引》，共有三種："辭目字索引"；"和訓索引"；"音注索引"。而"音注索引"又分三部分："同音字注索引"；"反切索引"；"假名音注索引"。

四、學術價值

——以漢字研究爲中心

因爲《大般若經字抄》有很多獨創之處，在日本《大般若經音義》乃至佛經音義史上具有重要的歷史地位，日本辭書音義學界對其評價很高。

因作者藤原公任屬於平安時代中期人，故此音義從時間上來看，是從"上古"向"中世"轉折時期的著作。[②]而從其内容與體式，即作爲佛經音義本身所體現出的特點來考察，如果說奈良朝信行等人所撰佛經音義已顯露出"和風化"端倪，那麼《大般若經字抄》在日本佛經音義史上則起著承前啓後、向日本化過度的作用。而關於這一點，我們可以從以下四個方面加以考察。

---

① 國語學會編：《國語學》第13・14合輯，昭和二十八年（1953）10月版。
② 這裡"上古"和"中世"都是從日本歷史的角度出發的。

（一）從音義體裁樣式上看，《大般若經字抄》並非如早期信行所撰《大般若經音義》以及來自唐朝的慧琳爲《大般若經》所作之音義，逐卷收錄辭目並加以解釋，即所謂"卷音義"，而是將《大般若經》六百卷，各以十卷爲一帙編纂而成。而從古之《正倉院文書》等，尚可見古代《大般若經》本文亦是如此，以帙而編成。《大般若經字抄》的這一特色也被其後的無窮會本、天理本、藥師寺本《大般若經音義》所仿範。①

（二）從音義選辭立目角度看，《大般若經字抄》中雖然也有若干以《大般若經》中複合詞作爲辭目者，但主要是將《大般若經》中的單字作爲辭目而加以詮釋。這與石山寺本《大般若經音義》承襲唐土傳統，辭目多爲複合語詞（除了複合詞以外，還有很多短語結構的辭目，頗爲複雜）之特色有所不同。中世以降，大批日僧所撰《大般若經音義》之最大特色即辭目多爲單字。以單字爲中心，不僅是諸種《大般若經》音義書，也是平安中期以降日僧所撰佛經音義之特色。故此書此特色被認爲是承曆本《金光明最勝王經音義》、九條本《法華經音》、保延本《法華經單字》等或同時期或其後日本學僧撰述以解釋單字爲主之音義之濫觴。②

（三）從音義注釋體例看，與信行所撰《大般若經音義》等相比較，《大般若經字抄》中的漢文註釋大幅度減少，而以片假名和訓爲主體。早期佛經音義，如石山寺本《大般若經音義》《新譯華嚴經音義私記》《新華嚴經音義》《四分律音義》以及空海的《金剛頂經一字頂輪王儀軌音義》等雖也都有和訓，然皆用萬葉假名標記。故此書被認爲是其後以片假名標明和訓類音義之嚆矢。

（四）從音注體式看，早期佛經音義，如石山寺本《大般若經音義》、大治本《新華嚴經音義》及小川本《新譯華嚴經音義私記》等，音注用反切，而《大般若經字抄》則用片假名和類音字表記，沼本克明指出是用漢音吳音相同的同音字注的方法。此法被認爲藤原公任之前或之後均極爲罕見，完全是公任獨自所用之注音法。這可認爲古來日本誦讀《大般若經》主要是用吳音，故藤原公任專用吳音作注。③而本書"吳音注"也對後世具有較大影響，如《類聚名義抄》就多引其音注。如果説，作爲

---

① 參考築島裕《大般若經音義諸本小考》。
② 同上。
③ 參考沼本克明《石山本一切經藏本·大般若經字抄解題》。

《類聚名義抄》原本的圖書寮本引用多用"公云",而稍後的觀智院本則皆統一改爲"吴音"。可見其影響。①

築島裕也指出:《大般若經字抄》的體裁,已經很明顯地體現出此音義已經大幅度日本化了。信行的《大般若經音義》與《大般若經字抄》之間有著很大的本質上的區别,這不僅是《大般若經》音義發展史上值得注意的現象,廣而擴之,更進一步,音義·辭書史上片假名像這樣被用於所成書中,就這一點來説,在國語表記史上也是值得大書一筆的現象。②

筆者認爲,即使從漢字研究的角度,《大般若經字抄》也同樣具有很重要的價值。從字形的角度對日僧撰佛經音義中漢字加以研究,這只是漢字研究中的一個方面。漢字是音形義的結合體,故對其研究可從字形、字義、字音等諸方面展開。而《字抄》的特點之一就是采用漢音吴音相同的同音字爲所收辭目標音,故從漢字字音對漢字展開研究,其價值將更爲明顯。而這也正是還可繼續深入研究的課題。

(五)作爲"單經字書"在漢字研究方面的價值。

以上我們主要是從日本《大般若經》音義,乃至日本佛經音義發展史的角度對《大般若經字抄》所展開的考察。而從"以解釋單字爲主之音義之濫觴"這一點看,可知日本佛經音義的發展趨向是以單字爲中心,而此即以《經字抄》爲轉折點。此音義在多收釋經本文中單字,從音注、義訓乃至釋字方面看皆自有其特色,在漢字研究方面,具有一定程度上的開拓意義。筆者在《日本古寫本單經音義與漢字研究》的第十章"《大般若經字抄》漢字研究篇"③中共用68個實例,從三個方面論述其在漢字研究方面的價值。爲使讀者易於理解,以下再簡引部分内容。

1. 實録《大般若經》中俗字

從《經字抄》所録辭目的字形看,可發現其與其他佛經音義一樣,以"照録原文"之法,收録了大量作者所見《大般若經》中的俗字爲辭目,或標音釋義,或辨析字形。有些字形與石山寺本《大般若經音義》(即"信行音義")相同,有些則並不一樣。這些都體現了當時所傳《大般若

---

① 參考沼本克明《石山本一切經藏本·大般若經字抄解題》。
② 參考築島裕《大般若經音義諸本小考》。
③ 第462—486頁。

第三章　般若部音義

《經》經本文用字的實際狀況。藤原公任與信行之間有二百餘年的時空之差，而他們所音義的對象卻是同一部佛經。這就是所錄辭目之字形有同有異的根本原因。實際上無論同異，撰者特意作爲辭目所錄出的這些字（主要指單字辭目）應該已經成爲信衆誦讀《大般若經》時難認不識者，故需標音釋義。若主要從字形上來考察，發現有不少字屬於疑難俗字，反映出經本文的用字實況。簡舉一例：

肺：音拜。フクブクシ。（P10）

案：以上義訓根據沼本克明"和訓索引"①，本爲"フククシ"。②"フクブクシ"有福態、福相之義。根據音訓以及"辭目字索引"，"肺"應是"肺"。

"肺"爲"肺"字，儘管字形辨認並不太難，然其前之石山寺本（包括來迎院本）、其後之無窮會本皆作"肺"，與此本不同。

"肺"字從"肉"。《說文·肉部》："肉，胾肉。象形。凡肉之屬皆从肉。"篆文隸變可作"囚"。古從"肉"字一般隸楷或作"月"，故將從隸變"囚"字多視爲俗字。如："胖"可作"胖"、"胗"與"䏚"同。而"剛"與"䏚"等字，其"肉"旁皆從俗。"肺"即與此同。隋《蕭謹墓誌》中有"肺"，③即與此本同，可證。然一般多見"肺"，此俗形少見。又《經字抄》中所收其他本從"肉"之字，如"腎""脾""膽"等，左半皆作"月"，唯此字如此作。可見應爲當時《大般若》經本文中俗字。

𣪊：音殼。卵皮也。（P27）

案："𣪊"應是"𣪊"字。上"殼"下"卵"。《字彙補·殳部》："𣪊，同殼。"《說文·殳部》："𣪊：……一曰素也。"段玉裁注："素謂物之質如土坏也。今人用腔字。《說文》多作空。空與𣪊義同，

---

① 沼本克明爲《字抄》作"辭目字索引""和訓索引""音注索引"及"反切索引"四種。
② 此義訓與無窮會本《大般若經音義》（P36）相同。
③ 藏克和主編：《中國石刻叢書·漢魏六朝隋唐五代字形表》，第854頁。

俗作殼，或作觳。吴會間音哭。卵外堅也。"《廣韻》與《玉篇》皆收"觳"。前者釋爲"鳥卵"，後者釋爲"卵空"。由此説明此後起字更强調"卵"之義。然"鷇"字除見於《字彙補》外，此字形似不多見。幾本大型工具書出典亦同此。然而我們除在《經字抄》中見到"鷇"外，還在更早年代的《私記》卷下也發現一例：

癡鷇：正爲㲉，口木反。《字書》云：卵，已孚觳也。卵，旅管反。（經卷第五十七）

"觳"即"㲉"，《私記》將"鷇（鷇）"視爲其俗字。從此例我們可以看出，至少在日本奈良時代所傳的八十卷《華嚴經》以及平安朝時期的《大般若經》中，"鷇"字已不少見。

我們祇舉了兩個例子。筆者在《日本古寫本單經音義與漢字研究》的第十章做過專門探討，共舉了十個例子，指出公任《經字抄》之體例雖與前代音義有所不同，然而收釋《大般若經》中難字難詞，爲助信衆誦讀、理解經典的宗旨實際是一致的，故而實録經中以俗字爲代表的疑難字詞，自然爲其特色。有的漢文典籍中也常見，是爲當時中日通行俗體，也有一部分漢傳典籍中少見。無論如何，都真實地反映了當時《大般若經》的用字實況。特別是若能與同時期的無窮會本《大般若經音義》等加以比較，可以梳理出當時經本文，乃至時代用字的某些特點。此爲價值之一。[①]

2. 收釋異體字

收釋異體字是無窮會本系統《大般若經音義》的重要特色。儘管《經字抄》所收録的異體字數量遠不如其後的無窮會系諸本《大般若經音義》，所用術語也不如後者豐富，但築島裕先生認爲從整體來看，二者應有一定的關係。即後者是在《經字抄》的基礎上增補數量，調整體裁而成的[②]。故《經字抄》作爲"先行"收釋異體字的佛經音義，有必要對其加以考察。

收釋異體字是日本中世以降佛經音義的特色之一。前面我們考論石山

---

① 第467—471頁。
② 參考築島裕《大般若經音義諸本小考》，《日本古寫本單經音義與漢字研究》，第471—479頁。

第三章　般若部音義　　233

寺本《大般若經音義》的時候也述及此點。早期相當一部分的佛經音義重視收釋異體字，爲江戶時代日本異體字研究奠定了基礎。無窮會本中大量收釋異體字，已成其重要特色。相比來看，雖然《經字抄》中所出異體字數量顯少，但若爬梳考析，可發現值得探討的內容其實也很豐富，值得注意。筆者曾經對《經字抄》中的異體字做過考察，指出《經字抄》中有四種標示異體字的方法，[①]以下我們再各舉一二例以作簡述：

（1）用"或作"標出異體。如：

膶：音烏。或作**㝌**。（P10）

案："**膶**"即"膶"字。"**㝌**"乃"胃"字。日本古寫本中"月（肉）"旁通常寫作"日"。[②]以上"**膶**"與"**㝌**"之"胃"下皆誤作"日"。而"膶"是在本字"胃"之上又贅加表意部首而成之後出字。《字彙·肉部》曰："膶，俗胃字。胃下從肉，後人妄加肉在旁。"而《正字通·肉部》"胃"字云："説文作𦞅，從𠕋象形……小篆加肉作𦞅，俗楷訛作胃。毛氏曰：田下從月，即偏旁肉字，又加月於旁作膶，非也。"而於"膶"字下注云："俗胃也。宜删。"雖然字書多對此有"非"，但不能否認此字形曾頗爲流行，即使在日本也多見。石山寺本中有"**膶**"字。而無窮會本中也作爲"胃"的異體被收入：

胃：**𦞅**。クソフクロ。**膶**：同上，亦作。（P36[③]）

而且我們發現三本《大般若經音義》中"胃"或作爲聲符時，其下月（肉）皆作"日"。

（2）用"同"標出異體。如：

𦝁：音供。同胃。（P11）

---

① 《日本古寫本單經音義與漢字研究》，第471—479頁。
② 參見梁曉虹等《〈新譯華嚴經音義私記〉俗字研究》，第134頁。
③ 此爲築島裕《大般若經音義の研究　本文篇》頁數。

案：以上二字形皆爲"胸"之俗體。而"胸"之本字爲"匈"。《說文·勹部》："匈，聲也。从勹凶聲。胷，匈或从肉。許容切。"《五經文字·肉部》："肾胷：二同。"《玉篇·肉部》："胷：……亦作匈。"俗書"乂"往往作"又"，因而"凶"字俗作"凼"。以上二形實際就是"肾胷"二字中"凶"俗作之結果。日本寫本文獻如此俗作甚爲多見。《私記》中"匈"作"匂"；"胷"作"胷"；"肾"作"肾"，①與此本相同。又大柴清圓也指出《篆隸萬象名義》中從"乂"字俗作從"又"，如"肴"作"肴"、"忩"作"忩"、"怓"作"怓"等；從"凶"字俗作從"凼"（例多不繁舉），②皆同此理。

（3）用"又作""通用"等標出異體。如：

譥：音瘞。又作瑿。（P31）

案："譥"當爲"瑿"字訛寫。下部"巫"訛似"坐"字。標音字"瘞"，沼本克明"音注索引"認讀作"瘞"，並注："此音注不審。"此處若爲"瘞"字，確實不合。我們認爲"瘞"從痰，痰是"瘞"字上部，故知"瘞"即"瘞"字，只是下部的"土"寫作兩點。故當是"音瘞"。"瘞"字見於《說文·土部》："幽薶也。从土痰聲。於罽切。"音注相合。"又作瑿"之瑿即"瑿"。"瑿"可指黑色美石，還可指黑色琥珀。"瑿"一般被認作是"醫"的異體字，但也可同"瑿"，指黑色琥珀。《字彙補·殳部》："瑿，與瑿同。"

幟：音幖。通用。（P7）

案："幟"字應爲"幖"字俗。俗字"巾""忄"多相混淆。此條下另一辭目字爲"幟"，即"幟"也。《大般若經》中有"幖幟"一詞，故《慧琳音義》卷一："幖幟：上必遙反。《桂苑珠叢》云：幡旗之類也。《說文》：幖即幟也。從巾票聲。票者，音匹遙反。經文從木從才者，非

---

① 請參考本書附錄一"《新譯華嚴經音義私記》俗字總表"。
② 大柴清圓：《〈篆隸萬象名義〉における俗字の研究（3）—付録·〈篆隸萬象名義〉俗字表—》，《高野山大学密教文化研究所紀要》第24號，2011年2月。

此用也。……"以上"音標"之"標",應爲"標"字。"標"與"幖"可通用。此處,用注音字同時兼表異體字。

(4)用偏旁指出異體等。如:

聹:音寧。ミミクソ。可從耳。(P10)

案:"可從耳"即"聹"字也。《廣韻·青韻》:"聹,奴丁切,耳垢。"又《迥韻》:"聹,乃挺切。耵聹。"所謂"耵聹",指人之外耳道皮膚有耵聹腺,由此腺體所分泌的黃色蠟狀垢屑物。即俗稱爲"耳屎"。而此義,後又可用以上辭目字"聹"表示。《字彙·肉部》:"聹,奴頂切。寧上聲。耳中垢。"《正字通·肉部》:"聹,聹字之譌。舊注音寧上聲,耳中垢。誤。"儘管《正字通》認其爲"誤",但石山寺本《大般若經音義》(中卷)中有"聹聹"條,而無窮會本中也收釋:

聹:寧;ミミクソ。聹:先德非之。(P38①)

無窮會本作者用"先德非之",有辨正誤的作用。由此也可以看出:"聹"字在早期《大般若經》應常見,石山寺及此本就是例證。可見從奈良時代至鎌倉朝,"聹"一直被用。故幾本《大般若經音義》都將其作爲辭目字收入。

當然,總體來看《經字抄》中異體字的内容,不如其後無窮會本系統《大般若經音義》那麼豐富,而且基本也只是客觀舉出異體,有的有簡單的音訓與義訓,也有的僅標出異體,既無對字形的辨釋,也沒有對正誤的判斷。儘管尚不太成熟,但相比石山寺本,其異體字標示術語要顯得豐富,能呈現出日本佛經音義之時代風氣,也爲其後佛經音義大量收釋異體字起了先導作用。

---

① 此頁數根據築島裕著《大般若經音義の研究 本文編》(勉誠社1977年版)。

第五節　日僧撰般若部音義考論
——無窮會本系《大般若經音義》

一、無窮會圖書館藏本

（一）時代與作者

位於東京都町田市玉川學園附近的無窮會圖書館[①]藏有《大般若經音義》卷上（以下簡稱"無窮會本"），雖然確切的書寫年代難詳，然根據用紙、書風以及表記樣式來看，蓋爲日本鎌倉（1185—1333）初期寫本。[②]如上所述及，此音義還被發現另有十餘種不同寫本。這些寫本從內容與體裁看，應屬同類，可認爲本是同一書。[③]學界一般以被認爲書寫年代較早、寫本最爲優良的無窮會圖書館藏本[④]爲代表，統稱其爲"無窮會本系大般若經音義"，[⑤]而其共同祖本之成書年代，大概可推定爲平安時代末期或鎌倉時代初期。[⑥]

關於此音義作者，至今難以明確判斷。築島裕認爲有可能是重譽。重譽曾是京都府木津川市淨土宗古刹光明山寺學僧。光明山寺雖於江戶前期就已廢絕，但歷史上曾是南都淨土宗的重鎮，故有高僧輩出，如賴基、覺樹、實範、心覺、永觀、明遍、靜遍等，重譽也是其中一位。然重譽生歿年並不詳，僅知其爲覺樹的學生，被稱爲三論宗之學匠，且兼習密教，故

[①] 無窮會創立於大正四年（1915），本位於東京都新宿區西大久保。昭和十四年（1939）被認定爲公益財團法人，其下有以收藏古籍爲主的專門圖書館以及國學・漢學之調查、研究、教育並公刊成果的"東洋文化研究所"。昭和四十年（1965）由原西大久保移至現址，至今一直是東洋學以及日本學的研究基地。

[②] 築島裕在《大般若經音義諸本小考》一文中認爲無窮會本的書寫時間應爲鎌倉中期，但後在《大般若經音義の研究　本文篇・解說》中有所訂正，認其年代可追溯至鎌倉初期。

[③] 參考築島裕《大般若經音義の研究　本文篇・解說》，勉誠社1977年版。

[④] 同上。

[⑤] 參考築島裕《無窮會本系大般若經音義附載の篇立音義について》，《村松明教授還曆記念・國語學と國語史》，明治書院1977年版，第383頁。

[⑥] 同上。

第三章　般若部音義　　　237

其撰著多與密教有關，有《秘宗深密抄》《十住心論抄》等。不僅如此，還有關於淨土宗的撰著，如《净土法門源流章》《净土依憑經論章疏目錄》等。歷史上並無重譽曾爲《大般若經》撰著音義之記載，然根據築島裕考察，[①]心覺的《鵝珠鈔》卷下二之末有"大般若經以光明山重譽音義出（朱書イ）之[②]"的標題，卷下一又有"或人音義云大般若經百三十七卷[③]達絮助[④]蔑別（引囗）戾來車文"的記載，故築島裕先生認爲：或許重譽不是無窮會本系原本的作者，而是無窮會本系摘錄本之撰者。當然也可以認爲"或人音義"="重譽音義"="無窮會本系音義"。[⑤]故其基本結論是認爲作者難以明確判斷。但是也有學者明確指出其作者就是是重譽，如山田健三在《木曾定勝寺藏大般若経音義について》一文中就持此觀點。[⑥]

（二）體例與内容

作爲"無窮會本系"代表的無窮會圖書館本《大般若經音義》（一帖），僅存卷上，且卷尾稍欠。然此本卷上卷尾所缺以及卷下部分可由年代稍後，寫於弘安九年的天理本補足。由此可見，此系統音義本爲上下二卷本。

從無窮會本體裁與内容看，此音義屬卷音義。無窮會本内題"大般若經音義卷上"。本文自"第一帙"[⑦]起，卷尾終於"第四十五帙"之"瘂"條。其後殘缺。[⑧]然因天理本與岡井本卷上亦皆終於第四十五帙，可認爲卷上儘管有殘，然量很少，僅是卷尾稍欠。

無窮會本體例基本爲：根據《大般若經》經本文卷數選錄辭目，以單字爲主，但也有一定數量的複音詞。辭目右下部基本參照藤原公任《大般若經字抄》用漢字同音字作注，但有時若無相對簡單的漢字，則用假名注音。[⑨]而左下部則多伴有假名（有時也用漢字）的簡單釋義，也有少數内

---

① 心覚［永久五年（1117）至養和元年（1181）］，爲平安時代後期真言宗之僧。
② 原爲單行小字。
③ 原爲雙行小字。
④ 原爲小字，在右。爲標音部分。下同，不再另注。
⑤ 參考築島裕《大般若經音義諸本小考》，第47—48頁。
⑥ 信州大学人文学部《内陸文化研究》（4），2005年12月版，第49—50頁。
⑦ 《大般若經》共六百卷，各十卷爲一帙，故共應六十帙。
⑧ 與天理本相比勘，可發現無窮會本缺自"瘂"至"炷"共11行55個字頭（幾個異體一起作爲字頭出現的算一個）。無窮會本每頁7行，所以大概缺不到兩頁。
⑨ 沼本克明：《無窮會本大般若經音義の音注について》，《築島裕博士傘壽記念　國語學論集》，汲古書院平成十七年（2005）版，第527頁。

容詮釋較爲詳細。
　1. 單字辭目

　　　淡：湛①；アハ②。痰：同上正作。胷中水病也。（P64③）
　　　歿：物；シツム；カクル；シヌ。沒。同上亦作。若讀死時必作歿，若讀餘訓時，通作。（P20）
　　　鴿：合。先德云：此鳥此國无矣。其色種種也。一者青色如此經此文。二者白色如《正觀論》。三者灰色如《涅槃經》。（P42）

　此本所收釋辭目，大部分爲單字。以上三條，漢文釋義內容豐富，既有漢字異體字的辨析，還有較爲詳細的名物考釋。
　2. 複音辭目
　（1）合成詞。其中有一般漢語詞。如：

　　　唯然：唯者，教諾之詞也。然者，順從之詞也。（P20）
　　　璧④玉：璧玉⑤者，外圓內方之寶也。（同上）
　　　幾許：ソクハク。（P70）

　總體來看，一般古漢語詞收釋得較少，相對來說，更爲多見的是一些佛教專有名詞，多爲梵文意譯詞，有的甚至反復出現。如：

　　　意生：大日經疏之人也。（P22）
　　　儒童：儒者，柔也。美好義也。童者，年小義也。又云年小淨行，或云人也。（同上）

---

　① 此爲音注。
　② 此爲釋義。《国語大辞典》有"あわ【淡】（あは）"條。音注與義注原用行間小字標出。
　③ 此頁數根據築島裕著《大般若經音義の研究　本文編》（勉誠社1977年版）。又此書出版時雙頁數爲影印部分，單數頁爲原本摹寫。本章所取字形基本來自影印部分，故頁數多爲雙數。但有時因影印字不甚清晰，也采用摹寫字形。
　④ 前後二字之間右側有小字"白"。
　⑤ 原用短橫標出。

第三章 般若部音義

案："意生"應是梵文"manomana"之意譯。《玄應音義》卷一："摩寃：奴侯反。正言摩奴末耶[①]，此云意生身，言諸天等從意化生也。"《翻譯名義集》卷五："摩那末那：此云意生身。"大正藏注"摩那末那"爲"manomana"。而"儒童"則爲釋尊前生爲菩薩時之名。《太子瑞應本起經》卷上："定光佛興世，有聖王名曰制勝治，在鉢摩大國，民多壽樂，天下太平，時我爲菩薩，名曰儒童。"根據《修行本起經》卷上、《瑜伽師地論》卷三："其時，儒童菩薩曾購五莖蓮花供養於佛，又解髮布地，使佛蹈之，而受未來成佛之記。"

以上二詞，《大般若經》中多次成對出現[②]，如卷四"如是有情、命者、生者、養者、士夫、補特伽羅、意生、儒童、作者、使作者、起者、使起者、受者、使受者、知者、見者亦但有名"。因古寫本無句讀，故此音義此後出現，多二詞相連，作"意生儒童"。又如：

大勝生主：亦云大愛道。梵云摩訶波闍伯提也。（P8）

案：《慧琳音義》卷二十五[③]："摩訶波闍波提：此云大愛道，是佛姨母，亦名大勝生主也。"

四雙：一向一果爲一雙，四向四果即爲四雙也。（P120）
八隻：尺。四向四果各別列之故爲八隻也。（同上）

案：以上"四雙"與"八隻"實際是佛書中常説的"四雙"與"八輩"，指聲聞依其修行之淺深而分四階之果位及其向道，即預流向、預流果，一來向、一來果，不還向、不還果，阿羅漢向、阿羅漢果等四對八種。"向"與"果"合則爲"四雙"，分則爲"八輩"。《大般若經》多見"四雙八隻"連用，蓋用"雙"與"隻"更符合漢語習慣。

也有一些佛經常用詞語，如：

---

① 耶，磧砂藏作"那"。
② 據筆者粗略統計，近八十處。
③ 此本爲釋雲公爲《大涅槃經》所作音義，經慧琳再刪補詳定而收入。

瞬息①者，梵云膴縛也，六十怛刹那為一膴縛也。

"俄而"與"瞬息"等本爲漢語詞，只是經中常借其表示佛教的特有概念，經中常見。

（2）複音詞中更多的是音譯詞。有一般名物詞。如：

堵：斗。（P82）
親兜：同上或本。（同上）
羅綿：面。（同上）
緜：同上亦作。堵羅綿②者，細綿也。堵羅者，梵語。綿者，唐言也。（同上）

案：《大般若經》卷三一一有"如堵羅綿隨風飄颺"句，正爲此處。《慧琳音義》卷三與卷七兩次收釋："堵羅綿，上音親，下彌然反，梵語細綿絮也。沙門道宣注《四分戒經》云草木花絮也。蒲臺花、柳花、白楊白疊花等絮是也，取細奕義。"因此音義以釋字爲中心，故以上分列辭目，最後再釋其梵文。

但較爲多見的還是佛經中的專門術語。如：

阿練若：此云寂靜處，又云无諍處也。阿練若者，古云頭陁，胡音斗藪，唐云除弃，即除煩惱之義也。③（P46）

案："阿練若"也作"阿蘭若""阿蘭若迦"等，梵名"Āraṇyaka"或"Āraṇya"，意譯作"空閑處""寂靜處""無諍處"等，指遠離村落或鬧市可用於修道者靜修之處。後世多省稱作"蘭若"，并可用作寺院的別稱。因爲比丘常爲修行而居於阿蘭若，故有"阿蘭若行"，爲佛門"十二頭陀行"之一。以上前者詮釋"阿練若"本義，後者解釋"阿蘭若行"，頗爲達意。

---

① 原用短橫標出。
② 同上。
③ 釋文中俗字多見，此處皆以正體標出，僅將兩處按原本改成簡體字。

第三章　般若部音義　　　　　　　　　　　　　　　　　　241

　　那羅延：真諦云：是梵王也。此翻云人生本。梵王是衆生之祖父故也。（P130—132）

　　案："那羅延"爲梵文"Nryana"的音譯，意譯爲金剛力士，指具有大力的印度古神。但佛經中也常用作爲梵天王之異名。隋吉藏《法華義疏》十二曰：那羅延者，真諦云：那羅，翻爲人。延，爲生本。梵王是衆生之祖父，故云生本。羅什云：天力士名那羅延，端正猛健也。"[①]《玄應音義》二十四曰："那羅此翻爲人，延此云生本。謂人生本，即是大梵王也。外道謂一切人皆從梵王生，故名人生本也。"[②]由此可見，此音義用真諦説。

　　此類例相對爲多，不贅舉。

　　另外，還有一部分值得注意是音譯字下還標出梵文，然後用假名標出讀音。如第六帙中有大辭目"四十三字"，釋曰："餘經不説呵字，故經文稱四十二字耳。"而《大般若經》多次出現"四十二字"，如卷三八一："是菩薩摩訶薩應如是善學四十二字入於一字，一字亦入四十二字，如是學已，於諸字中引發善巧，於引發字得善巧已，復於無字引發善巧。"《華嚴經》《大般若經》皆有"四十二字門"之説，即將梵文四十二字母爲文字陀羅尼，又作"悉曇四十二字門""四十二字陀羅尼門"。據《大智度論》卷四十八，此四十二字係一切字之根本，因字有語，因語有名，因名有義，菩薩若聞字，因字乃能了其義。故此本"四十三字"即"四十二字"再加"呵"。如：

　　哀㔾：ア。（P44）
　　哀婀：同上，或作。（同上）

　　以上，用以標音的假名"ア"，原本用小字置於梵文字母右旁。因誦讀經文爲漢文，而漢字多有異體，即使此類音譯字母，以下"哀婀"即爲"哀（哀）"之異體。又如：

[①] CBETA/T34/622。
[②] CBETA/C121。

洛⻌：ラ。（P44）
跛ㄐ：ハ。（同上）

　　如上種種，可以説明此音義内容實際頗爲豐富。但是，書中單字辭目占絶大多數，以釋字爲主，而且又以標識異體字的内容最爲豐富，故被認爲是《大般若經》的"專經字書"，甚至可以認爲是"專經異體字書"。

　　無窮會本書寫特色之一，即在每帙中會以"一""二"等數字標出卷數①。另外，所出辭目（單字或合成詞）和釋文中的漢字或片假名上有用朱書標的聲點"·"，此被認爲呈現古風之標誌。此本不僅是"無窮會本系大般若經音義"系統中最古寫本，且訛誤較少，雖有若干錯簡②，然仍屬精良寫本。

（三）版本流傳

　　我們在前面"日僧所撰《大般若經音義》—内容概述"時已經提及，無窮會圖書館所藏《大般若經音義》祇是"無窮會系本"《大般若經音義》的其中之一本，此音義還被發現另有其他多種寫本，前已有述。而山田健三也綜合諸家所説，指出自鎌倉初期至室町（1333—1568）末期，共有包含無窮會本在内的十二種寫本③，其中重要的古寫本有如下。

　①上述作爲代表的無窮會本（一帖）。
　②寫於弘安九年（1286）的藥師寺本（甲類）30軸。
　③同樣寫於弘安九年（1286）的堀田次郎氏舊藏本（三帖），即天理圖書館本。
　④大東急記念文庫藏本（久原文庫舊藏，一帖）。
　⑤福田襄之介氏藏本（一帖及一葉），熊本縣人吉願成寺舊藏，後由岡井慎吾博士收藏④。

---

　①　寫在字頭的頂上方。
　②　可參考築島裕《大般若經音義の研究　本文篇・解説》。
　③　山田健三：《木曽定勝寺藏大般若経音義について》，信州大學人文學部《内陸文化研究》（4），2005年12月版，第49—59頁。
　④　福田襄之介爲岡井慎吾博士女婿。岡井慎吾有遺稿《家藏本大般若經音義について》一文，由福田襄之介整理刊載於岡山大學法文學部《學術紀要》第十一號，昭和三十四年（1959）1月版。

⑥名古屋真福寺藏《大般若經音義》（二帖，上下）。

儘管屬於同一系統，但又各有不同之處。有内容上的，也有書寫形式上的，還有篇幅大小之異者。今後有必要將其加以比較研究，這是進一步深入考察日本《大般若經音義》，乃至日本佛經音義發展歷史重要一步。

築島裕在多年研究《大般若經音義》的基礎上，把屬於無窮會本系中三種最重要的寫本：無窮會圖書館藏本《大般若經音義》（卷上、一帖）、天理圖書館本《大般若經音義》（卷上本、上末、下三帖）、藥師寺藏本《大般若經音義》（甲本、乙本、丙本、丁本共六十七卷）加以整理研究，昭和五十二年（1978）由勉誠社出版，名《大般若經音義の研究》，共二冊：第一冊，本文篇；第二冊，索引篇。這是目前日本研究無窮會本系《大般若經音義》最重要的資料。

二、天理大學圖書館藏本

天理大學圖書館藏有《大般若經音義》三帖。第一帖：自第一帙第一卷至第三十六帙。首尾皆有殘，第三十六帙則僅有標目。第二帖：自第三十八帙第一卷至第四十五帙第十卷。此帖首全，無内題。最後有尾題"卷上"①。第三帖：自四十六帙第一卷至第六十帙第十卷以及篇立音義。此帖首有内題"卷下"，末有尾題"卷下"。儘管天理本也有若干葉殘缺，第一帖缺第一葉，卷末也缺兩葉左右，但仍可確認的是此本是無窮會本系《大般若經音義》中篇幅較全的一本。

此本原爲堀田次郎舊藏，後又由寶玲文庫收藏，現藏於天理大學圖書館。此本於第二帖、第三帖末有書寫識語。第二帖末：

大般若經音義卷上
弘安九年十月廿四日於丹②州筒河庄福田書了　執筆堯尊　三十七歲③

第三帖末：

---

① 無窮會本系統中的其他寫本，如岡井本等皆自第一帙至第四十五帙爲卷上部分，蓋與天理本的第一、第二帖相當，可見此本上卷是被分寫成兩帖。
② 築島裕與川瀨一馬先生皆認讀"字爲"册"筆者以爲認讀作"丹"較爲合適。
③ "三十七歲"爲雙行小字。

大般若經音義卷下
　　　弘安九年十月廿九日依勸進書寫畢　執筆堯尊　同卅日交合了

　　另外，三帖末皆有"自非大般若經轉讀之時者不可被取出御讀經所之旨被定了"識語，其後襯頁有"浦嶋子社"則與其爲同一筆迹。川瀨一馬先生指出這雖與本文爲不同筆迹，但仍出自弘安之際書手之筆①。而以上的尊堯，根據第一帖添加的貼紙識語：

　　　大般若經音義三帖卷末云弘安九年十月廿四日於丹州筒河／庄福田書了執筆堯按續浦嶋子傳記跋云永仁二年甲午八／月廿四日於丹州筒河庄福田村寶蓮寺如法道場依難背芳命／不顧筆跡狼藉馳紫毫了則知尊堯者寶蓮寺僧

則知應是寶蓮寺僧人，而以上識語則被認爲是舊藏者堀田治郎的筆迹。
　　以上識語，皆有"弘安九年"之時間記錄，弘安九年爲1286年。這是無窮會本系《大般若經音義》諸本中注明書寫時間最古之本。
　　此本與同系他本相較，堪爲較爲完整的一部，儘管仍稍有殘缺。其體例與內容與無窮會本相同，可以參照筆者前所考述。但我們要特別指出的是，此本不僅有較爲完整的卷音義內容，而且卷末尚有八十部"篇立音義"，被認爲是日本"篇立音義"中較古寫本。以下爲八十部"篇立"：

　　　　示第一②・左第二・阝第三・人第四・女第五・頁第六・目第七
　　　　見第八・耳第九・口第十・辛第十一・手第十二・足第十三
　　　　骨第十四・皿第十五・刀第十六・巾第十七・心第十八
　　　　言第十九・音第廿・叩第廿一・欠第廿二・食第廿三
　　　　甘第廿四・彳第廿五・久第廿六・之第廿七・門第廿八
　　　　厂③第廿九・广第卅・歹第卅一・宀第卅二・丿④第卅三
　　　　木第卅四・草第卅五・竹第卅六・人第卅七・厶第卅八

---

①　川瀨一馬：《增訂古辭書の研究》，雄松堂昭和六十一年（1986）版，第449頁。
②　此本爲小字。
③　此處漫漶不清，摹寫本作此。根據正文內容，此當爲"尸"。
④　"篇立"處如此作，後人描寫亦作此。根據正文內容，應爲"丨"。

第三章　般若部音義　　　　　　　　　　　　　　　　　　　245

禾第卅九・米第卌・豆第卌一・糸第卌二・戈第卌三
刀第卌四・車第卌五・方第卌六・水第卌七・日第卌八
月第卌九・火第五十・山第五十一・厂第五十二
石第五十三・阝第五十四・馬第五十五・牛第五十六
牜第五十七・羊第五十八・彐第五十九・奞第六十
卤第六十一・貝第六十二・糸第六十三・丿第六十四
尺第六十五・昌第六十六・丘第六十七・叒第六十八
兩第六十九・丷第七十・囚第七十一・亠第七十二
辰第七十三・金第七十四・刂第七十五・宀第七十六
子第七十七・見第七十八・乀第七十九・田第八十

　　不難看出，以上"篇目"編次似無章可循。川瀨一馬就指出弘安九年（1286）寫本《大般若經音義》之末所列八十部"篇目"，是在"卷音義"基礎上附加的"篇立音義"。因爲是"卷音義"的殘字，故各部所收字數不多，總共僅收340字。而且其部首編次似也難見編撰者有何特別用意，只是有若干部似乎因意義相同而置於一群，但又並非基於《新撰字鏡》乃至《字鏡抄》等"篇立字書"，其群類前後編次蓋爲任意所置①。所以，我們基本可以認爲天理本之"篇目"體現了早期"篇立音義"的特色：設置並無定規，相對隨意，主要根據編撰目的、使用對象以及編撰者的漢字學識水平而定。

　　因無窮會本無此内容，故儘管天理本中的"篇立音義"並不完善，但作爲日本"篇立音義"的早期代表，在漢字研究方面，卻自有其研究價值。筆者曾在2015年8月參加於日本北海道大學舉辦的第九屆漢文佛典語言學國際學術研討會暨第三屆佛經音義研究國際學術研討會，發表了《日本中世"篇立音義"研究》，天理本《大般若經音義》爲重要材料之一。②

　　築島裕先生指出天理本是無窮會本系統諸本中僅次於無窮會本的古寫本。而且無窮會本的書寫年代現雖被推溯至鎌倉時代初期，但實際上因

---

① 川瀨一馬：《增訂古辭書の研究》，第450頁。
② 此文後收錄於《佛經音義研究——第三屆佛經音義研究國際學術研討會論文集》（徐時儀、梁曉虹、松江崇編，上海辭書出版社2015年版），第63—82頁。

此本并無書寫年代識語，故而具體年代難以確定，加之又是祗有卷上的殘本（其卷尾稍殘）。與其相較，天理本的書寫年代儘管稍後，但明確記有書寫時間。無窮會本系《大般若經音義》諸本中，明確標明書寫年代的，天理本爲最古。另外，天理本還有無窮會本所缺的卷上末尾，卷下全體部分，而且還保留有完整的"篇立音義"内容，甚至還記有書寫者的人名與地點，作爲寫本資料，此點頗爲珍貴且極爲重要。雖然卷上中間有若干欠缺，令人遺憾，但可根據無窮會本而推知，故并非難事。[①]

當然，從寫本本身看，天理本之卷數用墨書寫於前，而無窮會本則用朱書。而且聲點方面的内容天理本也不如無窮會本多，這些皆可認爲無窮會本更顯古態[②]。然而，從整體來看，此本幾乎全卷完備，故作爲最古寫本，可以認爲是貴重的文獻。[③]

由此可見，天理本爲無窮會系《大般若經》中重要寫本之一的結論可以明確。儘管因其爲轉寫本，故有若干誤寫應該引起注意。但其中大部分可以根據無窮會本和大東急記念文庫本加以訂正，而在寫本資料研究中，時代越早越有價值，即使有誤寫，實際也包含在研究範疇之内。

三、藥師寺藏本

藥師寺位於奈良西京，又稱西京寺，爲日本法相宗大本山之一，也是南都七大寺之一。藥師寺建於天武天皇九年（680），天武天皇爲祈禱皇后（此後的持統天皇）病愈而發願建造該寺。寺内有許多國寶和重要文物。1998年，以古奈良的歷史遺迹的一部分而列入世界遺産名單之中。

藥師寺本《大般若經音義》於昭和十一年十月第22屆大藏會上陳列展出，當時目録是四十五卷。後又有調查整理，最後公佈爲六十七軸。

六十七軸中共有四種不同寫本混在一起，可分爲"甲""乙""丙""丁"四類。

甲類：共三十軸。包含：第一帙、第六帙、第八帙、第九帙、第十帙、第十一帙、第十三帙、第十四帙、第十九帙、第三十一帙、第三十三帙、第三十四帙、第三十五帙、第三十七帙、第四十帙、第四十一帙、

---

① 以上參考築島裕《大般若經音義の研究　本文篇・解説》（《大般若経音義の研究　本文篇》，勉誠社昭和五十二年（1977）版，第19—26頁。
② 這也是此系列寫本名爲"無窮會本系《大般若經音義》"的重要理由之一。
③ 築島裕：《大般若経音義の研究　本文篇・解説》，第19—26頁。

第四十二帙、第四十三帙、第四十四帙、第四十五帙、第四十六帙、第五十帙、第五十一帙、第五十二帙、第五十三帙、第五十四帙、第五十五帙、第五十七帙、第五十八帙、第六十帙。各軸長短不一，有的僅有"一紙"，有的是"四紙"。另外，也有殘缺，如第四十三帙開頭部分缺二紙，而第四十四帙結尾部分卻欠二紙。最重要的是在第六十帙末尾有以下"識語"：

> 弘安九年七月廿一日書寫畢
> 爲被相副金堂前五僧大般若蒙
> 五僧衆之評定之間以般若會經之音
> 義如形寫之畢金堂前之外□□出之
> 文字之不審有其數後見悉之矣
> 　　　　　　　　　執筆融□
> 　　　　　　　　　生年二十七
> 願以書寫功　生生開慧眼　值遇十六神　世世講般若

從書寫年代來說，此本與天理本同爲"弘安九年"，即1286年。而實際上，從月份上看，還比天理本要早三個月。築島裕指出：三十卷可以認爲是同一人所寫，故皆爲同年所寫。[①]

藥師寺本體式構成上與無窮會本相同，以帙爲卷，而每卷又標有《大般若經》卷數"第一卷""第二卷"等。主要以《大般若經》中單字爲辭目，其下標有音注，基本爲漢字同音注，義訓内容極少，但異體字内容卻很豐富，所以被認爲與無窮會本和天理本等有關係。通過與其比較，應該還缺十五帙，即：第二帙、第四帙、第五帙、第十七帙、第十八帙、第三十帙、第三十二帙、第三十六帙、第三十八帙、第三十九帙、第四十七帙、第四十八帙、第四十九帙、第五十六帙、第五十九帙。本應有四十五帙，現存三十帙。

乙類：共三十五軸。包含：第一帙、第四帙、第五帙、第六帙、第八帙、第十帙、第十一帙、第十七帙、第十九帙、第三十一帙、第三十三帙、第三十四帙、第三十五帙、第三十八帙、第三十九帙、第四十帙、

---

① 築島裕：《大般若経音義の研究　本文篇・解説》，第29頁。

第四十一帙、第四十二帙、第四十三帙、第四十五帙、第四十六帙、第四十七帙、第四十八帙、第四十九帙、第五十帙、第五十一帙、第五十二帙、第五十三帙、第五十四帙、第五十五帙、第五十六帙、第五十七帙、第五十八帙、第五十九帙、第六十帙。各軸長短不一，有全也有欠。

此本第六十帙末尾，位於卷軸另有符紙，記有：

永享壬子八月二十五日書繼之畢

"永享壬子"即"永享四年"，爲1432年。但這并非此本的書寫時間，而被認爲是後來添加進去的。乙類書寫時間不明，應該與甲本的"弘安九年"爲同一時間。體式與内容也與甲類相同，衹是書體較細，與甲本辨別并不困難。

丙類：一軸。僅有第四帙。没有書寫識語，大概是南北朝時代[①]之際所寫。築島裕指出乙本有第四帙，但甲本没有，所以或許是甲本的補寫本。此與乙本第四帙相比較，除了筆迹不同，其他不差一字，完全相同，所以有可能是乙本的轉寫本。[②]

丁類：一軸。此軸也僅有一帙，且殘，僅有第五十九帙卷尾一紙。没有識語等，築島裕猜測，蓋爲鎌倉末期乃至南北朝時代之際所寫。[③]此與上述丙類筆迹不同，大概是上述乙類第五十九帙之尾缺漏，後爲此所做的補寫。但是其所注内容從形式上看與乙本有異，所以有可能是別系統之轉寫。

以上藥師寺本《大般若經音義》四種寫本"甲、乙、丙、丁"，雖然屬於無窮會本系，但有明顯的不同之處。無窮會本有和訓義注以及字音注，而藥師寺本幾乎衹有字音注。無窮會本以收釋單字爲主，但也有一部分複音詞，而藥師寺本卻幾乎衹有單字。無窮會本系中的天理本最後附有"篇立音義"，但此内容不見藥師寺本。所以築島裕認爲藥師寺本很有可能是從古代原本删除和訓，改編成僅有單字内容的簡易本。而此本又不見他處，且記有"弘安九年"的書寫時間，所以儘管是殘本，但作爲資料，

---

① 日本的南北朝發生於1336—1392年，之前爲鎌倉時代，之後爲戰國時代。在這段時期，同時出現了南、北兩個天皇，並有各自的承傳，史稱"南北朝"。
② 築島裕：《大般若經音義の研究　本文篇・解説》，第32—33頁。
③ 同上書，第33頁。

非常重要。[1]

四、學術價值

——以漢字研究爲中心

日本《大般若經音義》儘管寫本諸多，内容豐富，但實際上，從鎌倉時代開始，是以無窮會本系爲代表的。無窮會本系統《大般若經音義》曾出現多個寫本，應該可以說是日本單經音義中，擁有最多寫本之一種，且以粘葉裝、袋綴裝占絕對多數[2]。由此可見，此音義曾廣爲流傳。無窮會本系特色頗爲明顯，研究價值重大。若從日本佛經音義發展的角度來考察，我們可將其視爲日本佛經音義發展的一個縮影，從而研究佛經音義在日本的演變與發展。另外，還可以從日本漢字音研究的角度展開。沼本克明先生有《無窮会本大般若経音義の音注について》[3]一文，對此本的音注方法、音注特色有詳密考證與論述。當然，因爲此本最明顯的特色即爲標出異體字，被認爲具有"異體字字書"性質[4]，故作爲日本中世時期漢字研究的重要資料，更具價值。以下我們就以此系統中最重要的兩本：天理本和無窮會本爲資料，考察其作爲漢字研究資料的價值。

（一）以天理本爲資料，考察其作爲"異體字字書"的價值

筆者在《日本古寫本單經音義與漢字研究》一書的第六章[5]對無窮會本《大般若經音義》中的異體字做過考察，所以以下就想以天理本爲主要資料，從漢字的角度，考察其作爲"異體字字書"的資料價值。這是因爲天理本是無窮會本系《大般若經音義》諸本中唯一明確注明書寫時間之一本。而且又是與同系諸本相較，幾乎全卷完備，堪爲較爲完整的一部。另外，此本不僅有較爲完整的卷音義内容，卷末尚存八十部"篇立音義"。故而，此本是"無窮會系本"中較爲重要的一本。

---

[1] 築島裕：《大般若經音義の研究　本文篇・解説》，33頁。

[2] 山田健三：《木曽定勝寺蔵大般若経音義について》，信州大學人文學部《内陸文化研究》（4），2005年12月，第55頁。

[3] 《築島裕博士傘壽記念　國語學論集》，汲古書院平成十七年（2005）版，第523—542頁。

[4] 鳩野惠介：《無窮会図書館蔵本〈大般若経音義〉における異体字表示の術語について》，国語文字史研究会《国語文字史の研究》十一，和泉書院大阪2009年版。

[5] 中華書局2015年版，第324—362頁。

無窮會本系《大般若經音義》以標注異體字爲其明顯特色，被認爲具有"異體字字書"性質，不但適用於研讀《大般若經》，甚至可歸屬爲當時實用字書之一。以下我們以天理本爲例，從兩個方面加以探討。

1. 從"同上亦作"等異體字標示術語考察

異體字是一種特殊的文字現象。自漢字產生，異體字現象也就同時出現。中國古人對這種文字現象早有注意，並多有整理研究。佛經音義作爲傳承傳統訓詁學并在其基礎上得以發展而成的體式之一，在辨析漢字時，自然也重視異體現象，這從其異體表述術語就可得以證明。如《玄應音義》中常見的異體字標示術語，如"亦作某""又作某""或作某""今作某"等就頻頻出現。陳定民在其《慧琳一切經音義中之異體字》一文[①]中指出慧琳在《一切經音義》中臚列許多每個不同的文字，並一一指出其源流，就屢言"俗作某""或作某""又作某""亦作某""古作某""古文作某""略作某""隸作某""小篆作某""誤作某""某書作某"（如"文字集略作某""考聲作某"）。無窮會本系統《大般若經音義》亦具此特色，而且頗爲明顯。

天理本辭目雖有複音詞，但以單字居多。其體例一般是摘出當時所傳《大般若經》經本文中需要加以"音義"的漢字，簡單標音釋義，若有異體，則一一臚列於其下，并伴有撰者簡單考述。如：

001 胖：奉[②]。ハル[③]。肸，同上亦作。膯，同上，先德非之。（同上，P220[④]）

002 㲉：青泥也。爛泥也。㴿，同上亦作。（一之三，P220）

003 啄：㗊，同上亦作。（同上）

004 槌：椎，同上亦作。箽，同上亦作。（同上）

005 㭬：㮈，同上亦作。（同上，P222[⑤]）

006 椆：橍，同上亦作。（同上）

---

① 《中法大學月刊》1933年3卷1期、2—3期合刊、4—5期合刊，1934年4卷4期。
② 此爲音注，用小字置於字頭右下。
③ 此爲義訓，日語"ハル"有腫脹之義。因本文研究異體字，故以下音注與義注省略，不再另注。
④ "一之三"表示原本第一帙第三卷，頁數爲勉誠社1977年出版時所標。以下同，不再另注。
⑤ 勉誠社1977年出版時，雙數頁面爲影印頁，單數頁面爲其描寫頁。

007 穀：穀，同上亦作。（同上）
008 沼：沼，同上亦作。（同上）
009 澗：磵𥱼㵎，同上亦作。（同上）
010 析：析，同上亦作。（同上）
011 飄：颷，同上亦作。（同上）
012 碎：砕，同上亦作。（同上）
013 穄：糜，同上亦作。（同上）
014 糩：糩，同上亦作。（同上）
015 胃：胃，同上亦作。（同上）
016 倦：勌巻，同上亦作，先德非之。（同上）

"同上亦作"，是無窮會系統《大般若經音義》中出現最多的術語，頻頻可見。根據鳩野惠介《無窮會圖書館藏本〈大般若經音義〉における異体字表示の術語について》一文統計，[1]無窮會本中共有499組。而筆者以上所引袛是天理本第一帙第三卷的内容。此卷共有30個辭目，其中除了2個雙音節外，其餘皆爲單字辭目，可體現此音義以解釋單字爲主的字書性質。而28個單字辭目中，有16個屬於用"同上亦作"標出異體的項目，占57%，比例頗高，應能呈現其"異體字字書"特色。

除了用"同上亦作"表示異體字外，此本還用"同上或作"，或"同上或本""同上古作"，或"同上古文""同上俗作"以及"同上正作"等術語來表示異體字，我們簡舉以下例：

017 玩：翫，同上或作。若讀弄時，必作玩。讀習時，必作翫。若讀余訓時通。（六之三，P248）
018 愜：悏，同上或作。（四十九之七，P520）
019 遜：愻，同上或本。（四十六之九，P490）
020 嗟：嗟磋瑳，同上或本。（四十九之十，P530）
021 佝：佝，同上古作。（同上，P532）
022 懍：忴，同上古作。（五十一之三，P544）

---

[1] 国語文字史研究会：《国語文字史の研究》十一，和泉書院大阪2009年版，第153—169頁。

023 牧：牧，同上俗作。（五十八之二，P662）
024 膳：饍，同上正作。（五十一之三，P544）
025 淡：痰，同上正作。（五十二之一，P556）

除此，還有大量在被釋字頭後，標出異體，用"同上，先德非之"，或在"同上亦作""或作"等異體字後，再出一個或幾個異體，然後用"同上，先德非之"標出，如以上016。又如：

026 鑩：簹，同上，先德非之。（四十六之六，P488）
027 腨：蹲，同上亦作。踹膞，同上，先德非之。（四十七之九，P500）
028 弘：加，或本，先德非之。（同上）
029 伐：罰，同，或作。罰，同上，先德非之。（五十一之二，P542）
030 螶：蚰，同上或作。蜎，同上，先德非之。（五十一之十，P554）

鳩野惠介《無窮会図書館藏本〈大般若經音義〉におけ異体字表示の術語について》一文專門研究無窮會本異體字的表述術語，值得參考。筆者也曾對無窮會本中的異體字現象做過探討，[①]故於此不再另行展開。需要強調的是，無窮會本中的異體字現象與特色，當然也同樣呈現於同系統中的天理本。實際上以上自018起之例，皆出自卷下，即無窮會本所缺之部分。如果能將天理本所有異體字標示術語加以全面梳理分析，應該能更爲全面地考察此音義原本作者對漢字異體字的理解與認識，從而進一步考察古代日僧，甚至可以説是古代日本學界的漢字觀。

2. 臚列諸異體，記錄保存了大批漢字字形，是考察日本中世漢字流傳與發展的重要資料

此音義作者爲日本人，且此書屬於平安末鎌倉初之物，其價值也就遠

[①] 筆者有《無窮會圖書館藏本〈大般若經音義〉與異體字研究》，刊於《漢語研究的新貌：方言、語法與文獻》，香港中文大學中國文化研究吳多泰中國語文研究中心2016年版，第105—118頁。

第三章 般若部音義　　253

不止只是爲僧衆誦讀一部《大般若經》而用的音義書，實際也是考察日本中世漢字流傳與發展的重要資料。

如上述及，此音義作爲"異體字字書"，多臚列諸異體。而所舉諸"異體"，涵蓋面甚廣，記錄保存了大批漢字字形，爲漢字研究提供了豐富資料。我們從以上30例應該已經能很清楚地看出此點。以下我們再作簡單分析探討。

（1）所出被釋字記錄了當時所傳《大般若經》的用字實況

作爲被釋字的字頭，有俗字或訛俗字，也有假借字等，頗爲複雜。作者在其後列出相應異體，由此可以看出平安、鎌倉時代流傳的《大般若經》，乃至當時寫經的用字情況。

如014："穖"字。《説文・禾部》："穖，糠也。从禾會聲。苦會切。"《集韻・去聲・過韻》："穖穖，苦會切。説文糠也。或從米。""穖"與"糠"一樣，是後起字。以上辭目字"穖"即"穖"；所舉異體"枂"即"穖"。我們注意到的是二字聲符"會"作"會"，其中"从亼，从曾省"部分寫成"書"，即"曹"之異體。"會"篆作"會"，隸書作"會"。《隸變・去聲・泰韻》有"會"（《孔宙碑》）、北魏《元熙墓誌》作"會"、隋《劉多墓誌》作"會"[1]等，碑別字多見，不繁舉。"人"下部分，筆迹小異，即同"書"。《碑別字新編》[2]・十三畫"會"字下收有"會"（《隋郭龍墓誌》）、隋《孫先造像》有"會"。以上"穖"與"枂"爲"穖"與"穖"之異體，可見當時《大般若經》乃至寫經中，流行的是此二俗體。

又如：018"恤"字與所舉"或作"的"卹"，其聲旁應爲"血"。《説文・血部》："血，祭所薦牲血也。从皿一，象血形。凡血之屬皆从血。"隸變作"血"。漢隸作"血"（史晨奏銘："血書著紀"）。北魏碑文有作"血"（《魏張猛龍碑》）"血"（《魏元舉墓誌》），則是字形在向真書演化中出現的俗體。此形日本寫本中多見。如《新譯華嚴經音義私記》中"血"作"血""洫"作"洫"[3]。又《篆隸萬象名義》中有"侐（侐）""䀜（䀜）""䦧（䦧）""䘏

---

[1] 臧克和：《漢魏六朝隋唐五代字形表》，南方日報出版社2011年版，第682頁。
[2] 秦公輯：《碑別字新編》，文物出版社1985年版。
[3] 梁曉虹等：《〈新譯華嚴經音義私記〉俗字研究》，花木蘭文化出版社2014年版，第446頁。

（殉）""蓝（茁）""洫（洫）"①等。而石山寺本《大般若經音義》（卷中）則有："拯濟：第三分作海悔。……悔字又作砰……收也。憂也。振悔憂貧也。"石山寺本《大般若經音義》的著者被認爲是奈良末平安初法相宗學僧信行，故此音義也被認爲是現存最早的寫本佛經音義。由此可見，從"盂"俗形之系列字，日本自古至中世曾頗爲流行。

諸如此類，舉不勝舉。從《大般若經》經本文用字可擴展至寫經用字，故此音義作爲古代日本漢字使用實況縮影的重要資料值得進一步展開探討。

（2）所舉異體字保存了大批日本所傳漢字字形

如上所述，此音義特色即多在被釋字後臚列異體，内容非常豐富，反映出當時日本的用字實況。其所出大批異體字則保存了當時日本所傳漢字字形，儘管大部分與漢語漢字發展同步同樣，但也有一些能反映出日本漢字發展的特色。如：

028 引：加，或本，先德非之。

以上字頭"引"爲"弘"俗字，《干祿字書》已收。我們注意到的是作爲異體字收錄的"加"，不僅原篆文"弘"的右半聲符"厶"隸變作"口"，而且部首"弓"又譌俗爲"方"。江户時代學者近藤西涯編《正楷録》卷上"弘"字下舉有"引加"兩字，且在"加"後特意標注："倭"②。這正是日本俗字個例之一。日本古代寫本中，"弓"部字與"方"部字多混雜。如室町中期寫本《法華經音義》③"方部六十"中共收釋漢字11個（包括"方"字本身）如下：

方 旒 旋 族 旅 放 引 於 施 弦 加

---

① 大柴清圓：《〈篆隸萬象名義〉における俗字の研究（3）—付録・〈篆隸萬象名義〉俗字表—》，《高野山大学密教文化研究所紀要》第24號，2011年2月版。

② 杉本つとむ編：《異體字字研究資料集成》第一期第七卷，雄山閣出版社1973年版，第239頁。

③ 大東急記念文庫藏，古辭書叢刊刊行會：《原裝影印版　增補古辭書叢刊・法華經音義》雄松堂書店昭和五十三年（1978）版。

第三章　般若部音義

其中至少有"弥（彌）""引（引）""弦（強）"和"弘（弘）"並不是"方部"字，而爲"弓部"字。之所以會出現這種兩部相混的現象，是因爲日本寫本中，自古即有書手將部首"弓"寫成"方"或類似"方"形者。根據天理本《大般若經音義》以及《法華經音義》等鎌倉時代寫本資料，我們可以知道，這種書寫現象在日本中世已經非常流行，致使音義編者已誤將其直接囊入"方部"。這正可説明當某些訛俗字經過一定流通而得以承認後，還會產生訛俗鏈，這就爲研究俗字產生找到了新途徑。

日本人自古代從接受漢字起，也同步開始了對漢字的整理和研究，有很多成果，特別是在異體字方面。日本江户時代當爲異體字研究的最盛時期，成果也最爲豐碩，出現了許多異體字書，如《異字篇》[①]、《異體字辨》[②]等。特別是後者，撰者中根元珪首次明確提出了"異體字"這一概念，而且其編排體式在當時也頗爲科學，使用也甚爲方便，故《異體字辨》被認爲是日本最早以科學方法編成的字書，也是研究日本中世和近世漢字使用的最好參考資料之一。[③]

值得注意的是：在《異體字辨》等著作出現之前，日本僧人爲僧衆解讀某部佛經而撰述了數量不少的單經音義字書，如《金光明最勝王經音義》《法華經音訓》和無窮會本系《大般若經音義》等。這些皆堪稱是"專經異體字書"，它們的出現，對江户時期異體字研究有一定的推動作用。

異體字是一種特殊的文字現象。關於異體字的現象與表述，自古就多有諸說；至於異體字的定義，也是各家紛呈。儘管許多問題尚在爭論，難有結論，但無論如何，學界對異體字研究的重視，卻是有目共睹。而從不同的角度對古代字書中所收集的異體字進行分析研究，是近年來研究的重點。這些古代字書，自然也應該包括古代漢字文化圈，如朝鮮半島、東瀛日本的材料。以上筆者所用資料天理本《大般若經音義》正是其中之一。

---

① 作者雲石堂寂本，江户元祿三年（1690）刊出。
② 作者中根元珪，江户元祿五年（1692）刊出。
③ 杉本つとむ：《日本文字史の研究》，八坂書房1998年版，第202頁。

（二）以無窮會本中之"先德非之"考察古代日僧的漢字觀

前已述及，無窮會本，或者說"無窮會系"（因爲也包含"天理本"）本中"先德非之"出現得特別多。筆者認爲，這部分內容很重要，可由此考察古代部分日僧對漢字的理解與認識，亦可謂古代日僧的漢字觀。

1. 無窮會本中的"先德"

無窮會本中常出現"先德"一詞，一般多在辭目字後標出異體字，並用"同上，先德非之"作爲詮釋。也有的在標示了"同上亦作""或作"等異體字後，再出一個或幾個異體，然後用"同上，先德非之"標出。有時也用"先德並用之"字樣。但是，此"先德"具體指誰，卻難以確定。築島裕先生認爲[①]可以確定不是指《大般若經》的譯者玄奘，有可能是此經的註釋者。而且此註釋有很多列舉異體字之處。信行的《大般若經音義》（以及《大般若經要集抄》）似乎未見到關於異體字的說明，[②]而《大般若經字抄》雖有異體字之注，然與無窮會本有"先德"所注之處並不一致，所以此"先德"既不是信行，也不應是公任。而築島裕先生通過考證，發現此本除異體字外，其他如"鵲""鴿"之注文中[③]也還有"先德"之稱，而且其注中有"此國""此國無"之類的和風式漢文體，故"先德"應該是日本人。或者是如真興那樣（像他那樣撰著《大般若經音訓》）的人。至少其中一部分，是引自真興的《大般若經音訓》，故"先德"或應指"子島先德"，即真興。但遺憾的是真興的《大般若經音訓》已爲逸書，內容難以明確判斷。其書存有字體注及異體字注，只是大體的推測。[④]而且"先德"也不一定是單數。又"先德"或許是"先人"與"先師"之義。因爲無窮會本的撰者有可能是重譽，那麼也就有可能是

---

① 以下參考築島裕著《大般若經音義諸本小考》。
② 此點與鳩野惠介之說不同。鳩野惠介認爲信行《大般若經音義》就有異體字的標示術語，只是二本《大般若經音義》不屬於一個系統。見其《無窮会図書館藏本〈大般若經音義〉における異体字表示の術語について》。
③ 此本兩次釋"鵲"曰："先德云似鳥小，此國無也。"（P40/170；按：此爲築島裕《大般若經音義の研究 本文篇》頁數，下同，不再另注。）此本也兩次釋"鴿"曰："合。先德云：此鳥此國無矣。其色種種也。一者青色，如似經此文。二者白色也，如正觀論。三者灰色，如涅槃經。"（P42/174）。
④ 佐藤喜代治《漢字講座》第一卷《漢字とは》（明治書院1988年版）中有築島裕所寫《漢字的書體・字體》章節。以上所引在此書第227頁。

第三章　般若部音義　　　　　　　　　　　　　　　　　257

其師覺樹、實範這樣的人，但覺樹與實範是否有《大般若經》的註釋書存在，並不明確。總之，這些大部分是想象，"先德"到底是誰，並無確指。

2. 無窮會本中的"先德非之"

儘管無窮會本中的"先德"尚難以確指，但應爲早於此本作者之先賢，即早期日本學僧這一點應無疑問。而且作者多在舉出異體字，有的還附有簡單考辨後，再以"先德非之"的形式作爲結論。這有兩種可能：①作者只是如實引出"先德"的觀點，但並不代表作者的意見；②作者借"先德"之語，主要是對某些正體與異體之間關係的否定，從而表達作者的看法。其實，無論何種，不可否認的是，這些"先德非之"代表了古代一部分日僧對漢字，或者説對漢字使用和發展的認識與理解，由此側面我們可以考察其漢字觀。

無窮會本中出現"先德非之"的異體字共有66組，但因有些字組多有重復，故實際出現117次。[①]另外，"先德並用之"實際只有一組，但重復出現4次。其他還有個別出現"先德"之處，也與漢字考辨有關。

66組異體字，出現117次的"先德非之"又具體可分爲以下幾種情況。

（1）舉出辭目字異體之後，直接標示"同上，先德非之"。如：

001 䏿[②]：膞，同上，先德非之。（P10）
002 憺：淡怵，同上，先德非之。（P38）
003 獷：礦，同上，先德非之。（P94）
004 渧：渶，同上，先德非之。（P146）
005 兕：禹，同上，先德非之。（P158）
006 瞖：翳，同上，先德非之。（P190）

此類例共有37組。有的字組重複出現，共出現69次。

（2）在標示了一組"同上亦作"的異體字後，又出一異體，然後以

---

　①　鳩野惠介：《無窮会図書館蔵本〈大般若經音義〉における異体字表示の術語について》認爲有120次。因爲手工統計，或有缺漏，117次，近120次，基本可以成立。
　②　此後還有標音釋義部分，略。下同。但是我們在做具體分析考辨時，會根據需要舉出。

“同上，先德非之”標示。如：

007 𢾍：湛；ニナフ。擔檐檐：同上亦作。儋：同上，先德非之。（P8）

008 胮：肨：同上亦作。膖：同上，先德非之。（P14）

009 鎖：鏁：同上亦作。璅璅：同上，先德非之。（P40）

010 覢：覹：同上亦作。㮚覣：同上，先德非之。（P20）

011 掣：㨝：同上亦作。瘳：同上，先德非之。（P40）

此類例共有18組。有的字組重複出現，共出現31次。無窮會本標示異體字，所用術語以“同上亦作”最爲多見，根據鳩野惠介《無窮会図書館蔵本〈大般若經音義〉における異体字表示の術語について》統計，共有499組，約佔68%。而在此之後，又延出的“先德非之”，也佔“先德非之”組的近30%，爲數不少。

（3）在標示了一組“同上或作（或本）”的異體字後，又出一異體，然後用“同上，先德非之”標示。如：

012 歠：啜：同上或作。䜭：同上，先德非之。（P34）

013 倦：劵：同上或作。惓：同上，先德非之。（P16）

014 阻：沮：同上或本。俎：同上，先德非之。（P76）

此類例共有7組。有的字組重複出現，共出現12次。

（4）在標示了一組“同上古作”或“同上正作”的異體字後，又出一異體，然後用“同上，先德非之”標示。此類例較少，一共只有3組。

015 撟：橋槗：同上古作。憍：同上，先德非之。（P8）

016 侚：徇：同上古作。殉：同上，先德非之。（P90/136）

017 寤：𡪢：同上正作。㾝：同上，先德非之。（P34/168）

3組共出現5次。

當然，如此“同上，先德非之”出現的情況並不絕對，我們也發現有時在其前，會有兩種異體字的標示法。如：

018 瞬：眴瞚：同上亦作。瞤：同上或作。瞚：同上，先德非之。（P26/32）

019 祢：祄：同上亦作。阤陊：同上或本。塪櫧：同上，先德非之。（P130）

以上辭目字後，作者先用"同上亦作"舉出一組異體字，後又用"同上或作""同上或本"繼續標示異體，最後再舉出"先德非之"之異體字。但此類例並不多，僅有此二組三次。

以上（2）（3）（4），"先德非之"是作者在標示一組了"亦作""或作""古作"等異體字後，又衍生而出。但是我們認爲，此"同上"之"上"，應該是指第一個辭目字，因爲這是根據其字音及字義對字形的正確與否所做出的判斷，而這種判斷是通過引用先德之語來表達的。而其前的"亦作""或作"等則是作者根據當時經本文用字實況舉出的異體字。

（5）無窮會本中其他出現"先德"之處。

除了"先德非之"以外，無窮會本中還有"先德並用之"：

020 挧：扠：經文或挧或扠，先德并用之。（P20）

案：此字組共出現4次，"先德並用之"也僅見此字組。

"挧"字見於《說文·手部》："撫持也。从手門聲。"據此，"挧"有"按""摸"之義。"扠"則是中古出現的漢字。《玉篇·手部》："扠，武粉切，拭也。拒也。"《大般若經》中多次出現"以手挧摩光明"（卷355）[①]；"以手摩挧日月"（卷377）[②]等句，"挧摩"或"摩挧"爲同義複合詞。但是經中也有"扠摩"一詞，如"以手扠摩光明"（卷9）[③]。大正藏卷九"扠"下注："【元】【明】挧"。由此可見，"先德并用之"確實有根據。

除此，此本中的"先德"還有如：

[①] 本文經句皆引自CBETA電子佛典2010年版。T0220，P797b。
[②] T0220，P945b。
[③] T0220，P45a。

021 綩：遠。カフリ。綖：迚，冠上覆也。先德云：今可作婉筵字。婉者，美文也。筵者，席褥也。經本作綩綖，於義不相符，是借用字也。（P146）

案：此條引"先德"語，並非"非之"，而是指出連綿詞的不同書寫形式。"綖"乃"綖"俗字。"迚"爲"延"之俗字。"筵"則是"筵"之俗字。《敦煌俗字典》中"延""筵""蜒"之俗字有作"迚""筵""虵"之形者，其中"正"均俗作"氐"。可見，此應爲當時通行之俗寫。《干禄字書》就指出："迚延，上通下正。"

又"經本作""綖"字前，還有字頭"綩"字。"綩綖"一詞，譯經中常見，据徐時儀考證，當是外來詞，又寫作"苑筵"，指精緻的花氈花毯之類，與錦筵、繡褥、舞筵、地衣等皆爲坐褥、地褥類毛制物品。①玄應和慧琳均對此詞有解釋。如《慧琳音義》卷十二釋《大寶積經》第十二卷"綩綖"條指出："上於遠反，下以旃反，並假借字。若依字義與經甚乖，今並不取。經云綩綖者，乃珍妙華麗錦繡緤褥、褫（音池）氈、花毯、舞筵之類也。字書並無此正字，借用也。"既是外來詞，故詞形不定。無窮會本引用"先德"之言，可知"經本作"之"綩綖"還可作"婉筵"，並指出如各按本義求取詞義，則"於義不相符，是借用字也"。不僅如此，無窮會本還由先德之言引出此聯綿詞的字形俗體，起釋詞析字兩種功用。

022 鴿：合。先德云：此鳥此國无矣。其色種種也。一者青色，如此經此文。二者白色也，如正觀論。三者灰色，如涅槃經。（P42）

以上引用"先德"之語，用於釋名物。還有一例解釋"鵲"，前已有述。實際上，築島裕先生正是據此"和式漢文"②從而判斷此本"先德"是日本人。我們在平安中期興福寺僧人仲算所撰《法華經釋文》中也發現

---

① 徐時儀：《"錦筵"、"舞筵"、"綩綖"考》，《文學遺産》2006年第3期。
② "此國无"。

第三章　般若部音義　　　261

了關於"鴿"與"鵲"的詮釋：

　　鴿：古沓反。說文云：鳩屬也。王逸云：鴿似鷃也。玉篇云：如鴉鳩而大也。字略云：似鳩，青色赤口腳也。孫愐云：仁禽巢於寺宇也。信行云：鴿倭名家。未祥。惠雲云：白鴿，鳥也。此方无之，本是天竺之物。波斯國人載舩舶將來於新羅國。新羅使為國信物貢上國家，令諸寺收養。大安寺今猶有其種不絕。唐國唯有灰白色。无餘四色。今案：惠雲說能叶諸文。大般若經鴿青色。止觀論白鴿色。涅盤經灰鴿色。若无眾色之類，諸文矛楯。國家令諸寺牧養，是孫愐巢寺宇之謂也。信行之說，倭語之謬也。（卷中）

　　鵲：七雀反。玉篇云：鵻，居寒反。鵲也。說文云：知大歲所在也。郭知玄云：似烏而少白駁也。崔叔政云：一名神女。惠雲云：鵲，此囯无之。若具曰鴉鵲。亦云烏鵲。從頭至臀盡黑，從腹至尾盡白。尾黑長可一尺三四寸。兩翅黑白相間，兩腳純黑。其鴉鵲作巢之樹，老鴉諸鳥不敢近前。若見老鴉即向而啄之。老鴉墮地而竄走。又有山鴉鵲與烏鵲無異。喉色觜少別。從頭至胸青綠色。從腹至尾白色。其尾並兩腳青綠色。其觜赤色。尾末有白斑點。又有鶉鵲即是大鳥也。今案：推古天皇六年。新羅獻鵲二隻，乃俾養於難波社。因以巢枝而產鷯也。（卷中）

案：以上通過引用《妙法蓮華經釋文》中有關"鴿"與"鵲"之詮釋，我們可以認爲：無窮會本中所引"先德"對"鴿"與"鵲"的詮釋，似應出自"惠雲"。儘管"鴿"字在仲算"今案"中關於顏色的解釋，完全與無窮會本所引"先德"一樣，但其根據也仍出自惠雲。只是筆者尚未能確認惠雲的身份，根據現掌握資料，只能猜測或許是平安前期"入唐八家"[①]中的惠雲。惠雲（798—869）也寫作"惠運"。惠雲爲真言宗學僧，早年曾在東大寺學習法相教學。842年與最澄等一起入唐，巡拜五台山和天台山等名刹，受灌頂禮。847年攜儀軌、經論、佛菩薩祖師像等歸

---

① 平安時代，日本求法僧絡繹不絕地入唐求法，多達百餘人。他們或隨遣唐使船西行，或搭乘新羅的船以及唐朝的商船入唐。其中最澄、空海、常曉、圓行、圓仁、惠雲、圓珍和宗叡八人最爲著名，日本佛教史上稱"入唐八家"。

日，並呈獻"八家請來目録"。《妙法蓮華經釋文》中，仲算曾多次引用惠雲有關名物的考釋，特別是動物，故惠雲應有此類關於名物的考釋書，然惜亡佚不存。①

由此例，我們至少可以認爲築島裕先生關於"先德"不一定是單數的推斷是準確的。"先德"有可能是複數。此本作者撰著此音義，參考了不少先賢的研究成果，而且並不局限於《大般若經》之音義書。

此類例不多，除"鴿"與"鵲"外，還有一例詮釋音譯詞"達絮蔑戾車"②。但此本最爲常見的還是"先德非之"，故我們以下主要以此本中的"先德非之"爲資料，考察早期古代部分日僧對漢字的認識與理解。

3. 從"先德非之"，考察早期部分日僧的漢字觀

如前所述，"先德非之"共出現二百次左右，儘管不算少，然憑其來對早期古代日僧的漢字觀加以論述肯定是難以全面的，所以我們只能說是"部分日僧"。另外，通過我們的初步考察，發現要對其準確分類歸納也並不容易，所以我們只能通過"個案"的梳理剖析，簡列條項，以作代表。儘管是"部分"抑或是"個別"的，但或許能起"窺一斑而知全豹"的作用。

（1）辭目字見於《説文》

①尊《説文》，重本義，重初文。

無窮會本中"先德非之"出現的情況並不一致，但不管"先德"所"非之"之異體緊接於辭目字後，還是在"亦作""或作"等異體字後再延伸標出，實際都是根據辭目字之音義而判定其作爲異體是否合適。無窮會本中的辭目字大多見於《説文》。儘管在漢字發展演變的歷史過程中，出現過多種複雜現象，然中國古代傳統漢字學研究，特別是唐代正字學（如《干禄字書》《五經文字》等）基本是以"經典相承，見於《説文》"這樣的標準來判定"正字"的。因受唐代正字觀念的影響，崇古尊《説文》，當爲日本漢字研究一貫風氣，尤其是早期"先德"們，似乎更爲重視此點。我們從無窮會本也能看出這一點。如：

023 憺：シツカナリ；ヤスラカナリ。淡惔：同上，先德非之。

---

① 當然這或許是筆者孤陋寡聞。
② 先德云：達絮蔑戾車，此俱云樂垢穢矣。引慈恩瑜伽抄。（P64）

（P38）

024 怕：シツカナリ；ムナシ。泊：同上，先德非之。（P38）

案：此頁中以上二字組前後出現，明顯是雙音詞"憺怕"分字爲釋。現大正藏《大般若經》中有三處"憺怕"，其中卷414："若菩薩摩訶薩修行般若波羅蜜多時，以無所得而爲方便，往憺怕路觀所棄屍，死經一日或經二日乃至七日，其身䐖脹，色變青瘀，臭爛皮穿，膿血流出。"[①]無窮會本此頁此二字組後收有"䐖""脹""瘀""爛"等辭目字，故以上二字組正出自此段佛經。

《説文・心部》："憺，安也。"同部又："怕，無爲也。"而根據以上假名所釋，上字爲"靜""安"；下字爲"靜""無"，正同《説文》。然"憺怕"後多寫作"澹泊""淡泊"，表澹泊，恬靜義。《文選・司馬相如〈子虛賦〉》："怕乎無爲，憺乎自持。"李善注："《廣雅》曰：'憺、怕，靜也。'……憺與澹同，徒濫切。怕與泊同，蒲各切。"段玉裁注"怕"字曰："憺怕，俗用澹泊爲之。叚借也。澹作淡。尤俗。今人所云怕懼者，乃迫之語轉。"[②]慧琳也在其《一切經音義》中三次詮釋"憺怕"，其中卷五正是以上卷414中"憺怕"之釋："上徒濫反。下音魄。《韻英》云：憺怕，安靜也。經文云憺怕路者，閑靜處也。竝從心。"慧琳在卷二也指出："上談濫反。下普百反。《淮南子》云：憺，滿也。怕，靜也。經文從水作淡泊，竝非也，訓義別。《古今正字》云：憺怕二字，竝從心，形聲字也。"[③]卷七與此同。可見慧琳等人也是以"憺怕"爲正，這與此本所引"先德"的意見一致。

"憺怕"與"淡泊""澹泊"，正如段玉裁所指出是用假借字所記詞。《説文》中也有"淡""澹"與"泊"，各有其本義，即慧琳指出的"訓義別"，屬於本有其字的假借。儘管在實際使用中，"淡泊"或"澹泊"較之於"憺怕"更多被用，如我們注意到石山寺本《大般若經音義》（卷中）收有"澹[④]𢙁路"一詞，"澹"爲"澹"之俗寫，可見奈良時期所傳寫本《大般若經》中，詞形已見用"澹泊"，然若強調本字，以《説

---

① T0220，P78b。
② 《正續一切經音義》，上海古籍出版社1986年版，第181頁。
③ 同上書，第77頁。
④ 此字雖稍有漫漶，然來迎院本作"澹"，從"水"，頗爲清晰。

文》爲准，則應作"憺怕"。此蓋"先德非之"理由。儘管無窮會本"先德所非"是"淡"字，但原理一樣。以上023"憺"字組後又重複出現，共有4次，024"怕"字組也共出現4次。"憺怕"一詞的上下兩字組，如此反復出現，説明作者非常強調它們是"憺怕"一詞的本字。

又：以上023"憺"字組，4次出現中3次有"㤞"字。"㤞"應是"惔"字之俗體。"惔"可通"淡""憺"。故"憺怕"一詞也常寫作"惔怕"。《金石文字辨異・去聲・二十八勘》："北齊劉碑造像銘：惔怕無相非有心。案：惔即淡。"《龍龕手鏡・心部》："惔，正徒敢切，安緩也。又惔怕，安静也。又徒濫切。又徒甘切，憂也。憺，同上。……憺，通。"《字彙・心部》："惔，徒藍切，音談，燔也。《詩・小雅》'憂心如惔'，言如火熱。又上聲，徒覽切，安静也，與憺同。又去聲，徒濫切，《莊子》'恬惔無爲'。……"石山寺本《大般若經音義》（卷中）所收"憺𢛯路"條釋義爲："或作惔怕。徒濫、普白反。寂漠也。又恬静也。寂寥無人也。"㤞正是"惔"字。《慧琳音義》卷十一："憺怕，徒濫反。下普白反。《韻英》安静也。皆形聲字也。經作惔，非也。"然此乃慧琳爲《大寶積經》所作音義，《慧琳音義》卷一至卷八，即爲《大般若經》（600卷）所作音義中並未提及此點。所以我們或許可以認爲慧琳所見《大般若經》經本文，此詞並未用此假借字，而奈良時代日本寫本中，"惔怕"卻已不少見。

最後順便指出：從字形上看，"㤞"爲"惔"俗字無疑。若將其放大細看，右半上爲"止"，下爲"火"，此字形筆者尚未見到他例。有待再考。

025 腨：仙；コムラ。踹，同上亦作。踹膞，同上，先德非之。（P10）

案：此條也多次重複出現。辭目"腨"字見《説文・肉部》："腓腸也。从肉耑聲。市沇切。"段玉裁注："腨者，脛之一耑。舉腨不該脛也。然析言之如是。統言之則以腨該全脛。……禮經多作胏。或作膞。皆假借字。"此即現代俗稱小腿肚子。日語"コムラ"，漢字作"腓"，正是指小腿肚子。《説文・肉部》："腓，脛腨也。从肉非聲。符飛切。"

"同上亦作"的"踹"爲"踹"之俗寫。這是一個後起俗字。《玉篇·足部》："踹，腓腸也。正作腨。"《集韻·獮韻》："腨，《説文》'腓腸也'，或作踹。"

我們討論被"先德非之"的"踹"與"膞"字。

"踹"字不見《説文》，爲中古所出字。《玉篇·足部》："都館、市兗二切，足跟也。"《龍龕手鏡·足部》將"踹"與"踹"同收於一起，釋爲"腓腸也"，可見中古已有通用之例。不被"先德"認同，蓋因其後出。

"膞"字則見於《説文·肉部》："切肉也。从肉專聲。市沇切。"表示切成塊的肉。然此字後也因假借而用同"腓"字。段玉裁注"腓"字："鄭曰：腓，膞腸也。按諸書或言膞腸，或言腓腸。謂脛骨後之肉也。"又注"膞"字："經肫膞錯出，皆假借字也。經本應作腨。腨，腓腸也。以腓腸該全脛，假肫膞字爲之。"《類篇·肉部》："膞，腓腸也。"可見"先德非之"的理由，也是因"膞"自有本義，並不承認其可表示"腓腸"的假借用法。

不難看出，"先德"們比較認同《説文》本字地位和本義作用，對文字使用中產生的通假現象，似乎並不太認同。若通假字與本字同時存在，即使有些通假字已得到社會認同，約定俗成，已爲通則，然"先德"似乎還是尊《説文》，認本字。

另外，我們在分析前例時已經指出，被"先德非之"的"踹"與"膞"，前者"踹"字因爲是中古後出字，故不被認同。我們注意到此本"先德們"對一些後起字確實多不甚認同。如：

026 蝱：忘，アフ。虻，同上，或作。蝐，同上，先德非之。（P80）

案：《国語大辞典》"あぶ"作漢字"虻·蝱"，釋："平安時代以後之詞，古代稱"あむ"。以上二辭目字雖字形稍有異，然皆爲"蝱"字。其後的"忘"，本是注音字，也是俗體，即"忘"字。可見當時"亡"皆類似爲"亡"。而所收錄的兩個異體，"或作"的"虻"即"虻"之俗字，《敦煌俗字典》録有"虻"[①]；也多寫作上下結構，如

[①] 黃征：《敦煌俗字典》，上海教育出版社2009年版，第271頁。

《敦煌俗字典》中的"𧕦"①，《新譯華嚴經音義私記》中有"𧖅"②等。

辭目字"蝱"是爲正字，見於《説文》，而"或作"的"虻"則是後出字。《集韻·平聲·庚韻》："蝱虻：説文齧人飛蟲，或省。"

此本指出"蝐"被"先德非之"，可見"先德"並不認同其作爲"蝱"之異體。"蝐"應是"䗈"之手寫字。《康熙字典·虫部》收此字，并指出："《正字通》俗蝱字。《圓覺經》譬如大海，不讓小流，乃至蚊䗈及阿修羅，飲其水者，皆得充滿。"《字彙·虫部》："眉庚切。音萌。蟲名，見釋藏。"所謂"釋藏"蓋指以上《圓覺經》。查檢《圓覺經》卷一有此句，但大正藏作"蚊虻"，可見已改爲正字，而古寫本《圓覺經》當作此"䗈"字。又《高麗藏大藏經》"蝱"字下收有"蝐""蝐""蜳"諸形共有六個，可見在高麗藏本佛經中"䗈"常見。無窮會本所舉此"蝐"，説明日本中世寫經中也常見，並非僅見《圓覺經》。然此字後起，故亦不被"先德"認知。

027 齅：久；カク。齈，同上亦作。嗅臱，同上，先德非之。（P20）

又．齅：久；カク。齈，同上亦作。臭，同上，先德非之。（P116）

案：以上兩個辭目皆爲"齅"字俗寫。《説文·鼻部》："齅，以鼻就臭也。从鼻从臭，臭亦聲。"而"亦作"的"齈"即"齈"之俗寫。"齈"爲"齅"俗字。《字彙·鼻部》："齈，同齅。"《正字通·鼻部》："齈，俗齅字。"此音義將此俗字作爲"齅"異體，應無疑問。我們注意到的是"先德非之"的"嗅"與"臱"。

"嗅"應是"齅"之後起字。《玉篇·鼻部》釋"齅"字："喜宥切。以鼻就臭。亦作嗅。"《廣韻·去聲·宥韻》："齅，以鼻取氣。亦作嗅。"《集韻·去聲·宥韻》："齅嗅，許救切。《説文》以鼻就臭也。"《康熙字典·鼻部》："齅，同嗅。《説文》：以鼻就臭也。《增韻》：鼻收氣也。《前漢敘傳》：不齅驕君之耳。〈師古註〉：齅，古

---

① 黃征：《敦煌俗字典》，上海教育出版社2009年版，第271頁。
② 《私記》音義"經卷三十五卷"有辭目"蚊蚋虻蠅"。

嗅字。《論語》：三齅而作。亦作嗅。"然而在漢字實際使用中，"以鼻就臭"之初文"齅"逐漸爲"嗅"所替代。《五經文字》："齅嗅：上説文，下經典相承。"一般工具書也多將"嗅"看作正體，而把"齅"視爲異體。① 而且"嗅"在日語漢字中已發展成爲通用字。《国語大辞典》作"嗅ぐ（カグ）"。盡管如此，因爲不是承自《説文》，所以《六書正譌·去聲》："齅，許就切。㠯鼻就臭也。从鼻臭，會意。□作嗅，非。"這也應該是此本"先德非之"的理由。

至於"𪖦"，應是混合"嗅"與"齅"後產生的又一訛俗字。《龍龕手鏡·口部》有"嗅"，與"嗅"同爲"齅"俗。《新撰字鏡·口部》也見"𪖦"字②。而《可洪音義》中收有"𪖦"，指出"正作齅嗅二形。"但既然"嗅"已被"非"，作爲訛俗字的"𪖦"，當然一併被"非之"。

028 寤：語，サム。寤：同上正作。悟：同上，先德非之。（P34）

案：以上字組後又重複出現，詮釋與此同。辭目字"寤"見於《説文·㝱部》："寐覺而有信曰寤。从㝱省，吾聲。"日語釋義"サム"，漢字可作"覚む・醒む"。而《漢和大字典》釋"寤"字，指出可作動詞，有"さめる（さむ）"之義。此後出現的"同上正作"的"竈"，本是個後起字，本義表示竈名，見《廣韻·去聲·暮韻》。然俗多借其作"寤"用。《正字通·宀部》云："俗作寤，非。寤，竈名。"然此本作者卻認其爲"正作"，而在"悟"字後用"先德非之"來否定。根據我們前面的討論，可以知道其理由是因其爲後起字。"悟"爲"寤"之譌字。《康熙字典·宀部》："悟，《字彙補》寤字之譌。"《説文·㝱部》："寤，臥驚也。"段玉裁注："廣雅曰：寤，覺也，義相近。今江蘇俗語曰睡一寤。"可見"寤"與"寤"義相近，而漢字書寫從"爿"之字常與從豎心字混淆，故從"寤"到"悟"之誤並不難理解。奈良時代華嚴學僧所撰《新譯華嚴經音義私記》卷上："寢寤③：寤正爲悟字。覺也，悟

---

① 如臺灣"教育部"《異體字字典》"齅"字下葉健德"研訂説明"。
② 《新撰字鏡》，全國書房昭和十九年（1944）版，第115頁。
③ 辭目"寢寤"源自經卷十四，經文作"以時寢息，當願眾生，身得安隱，心無動亂；睡眠始寤，當願眾生，一切智覺，周顧十方。"二字並不連用。而且大正藏中作正字"寤"。

也。"也將"悟"認作"正字",可見日本古代就多有如此之用。儘管如此,卻不爲"先德"所承認而被"非"。

②"非"引申義、假借義。

詞義有引申,有假借。此乃詞彙發展的常見現象。然而我們發現"先德們"有時對此類現象似乎並不認同。如:

029 翳:エイ;カクス;サハリ。瞖日壹十壹:同上,先德并非之。(P26)

案:此條也重複多次出現。"瞖"爲"翳"之俗書,並不難認。日語"かく・す【隠す】"正爲此義。又《国語大辞典》有"さわる【障る】(さはる)"。"エイ"爲"翳"字漢音。"翳"字見於《説文・羽部》:"華蓋也。从羽殹聲。於計切。"本指用羽毛製成的車蓋,後引申有隱藏、藏匿,以致有阻擋、堵塞等義。

至於三個"先德并非之"的異體字,情況較爲複雜。"瞖"當爲"瞖","日壹十壹"乃"噎懿"之手書,並不難辨認。"瞖"不見《説文》,中古所出字。《玉篇・目部》:"瞖,眼疾也。"《正字通・目部》:"瞖,目障也。"亦即現俗稱之白内障,引申可表蔽、障等義。故"瞖"與辭目字"翳"既可説是假借,也可認爲是二詞詞義引申結果相同。而"噎",《説文》:"飯窒也。从口壹聲。烏結切。"指食物塞住咽喉,故引申可表阻擋、堵塞。《三國志》卷五十八《吳書・陸遜傳》:"城門噎不得關,敵乃自斫殺已民,然後得闔。"至於"懿"字,根據《玉篇・心部》:"懿,古文懿。""懿"見於《説文・壹部》:"專久而美也。从壹,从恣省聲。"經中應爲假借用法。既然三個字"先德并非之",説明"先德"似乎並不贊同此類後出字的假借或引申義。

030 臭:主;クサシ。獟,同上亦作。臱,先德非之。(P120)

案:以上所標訓讀爲"クサシ(臭し)",即"臭"。《説文・犬部》:"臭,禽走,臭而知其迹者,犬也。从犬从自。"徐鉉注:"自,古鼻字。犬走以鼻知臭,故从自。"段玉裁注:"犬能行路蹤迹前犬之所至,於其氣知之也,故其字從犬自。自者,鼻也。引申假借爲凡氣息芳臭之偶。從犬自。""臭"之本義是用鼻子辨別氣味，故爲動詞。"臭"在甲骨文中作""，像犬形，誇大其頭部，特著鼻形，以示犬的嗅覺靈敏。①故我們可將其與"齅"視爲古今字②。"臭"之動詞義由"齅"，後又由"嗅"承擔後，此字就多引申表氣味，成爲名詞。而且從氣味的總稱後又到專以表達穢氣。《玉篇·自部》："臭，惡氣息。"《国語大辞典》和《広辞苑》等日本辭書，"臭"字也有兩義：①しゅう；表氣味，有臭氣也有香氣。②くさい；專表穢氣。已不見最初的動詞用法。通過以上假名釋義"くさし"，可見無窮會本的作者也取其常用義。所以被"先德非之"的"齅"，即"齅"字，是"齅"之俗字，可互爲異體。"先德"既已認爲"齅"字在《説文》有其本義，當然不承認其與已習用專表穢氣的"臭"的異體字關係。

031 嗅：主；クサシ。齅，同上亦作。齅齅，同上，先德非之。（P38）

案：此條釋義與上同。然"嗅"可表香臭之義，卻似並不見用例。然根據此本，日本中世"嗅"應有兩用，一前已述，與"齅"同，然被"先德"非之。二則如以上031條，可表穢氣。既然前已不被"先德"認同，此處也認爲"齅齅"僅有聞義，不能表示香臭，故亦"非之"。

032 瞖：エイ；メノヤマヒ。瞖：同上，先德非之。（P64）

案："メノヤマヒ"譯成漢語即眼病，即《玉篇》之"眼疾"，本字爲"瞖"，然經中多用"瞖"字表示。如《大般若經》卷128："若諸有情身嬰癩疾、惡瘡、腫疱、目睞瞖等眼病、耳病、鼻病、舌病、喉病、身病，帶此神珠衆病皆愈。"大正藏"睞瞖"二字下注："眩瞖【宋】【元】【明】"③。《慧琳音義》卷十三："瞖膜：上伊計反，眼瞖也。

---

① 常媛媛：《"聞"與"嗅（臭、齅）"的歷時替換研究》，《南陽師範學院學報》（社會科學版）2009年8月第8卷第8期。
② 當然此即如段玉裁所指出："古今無定時，周爲古則漢爲今，漢爲古則晉宋爲今，隨時異用者，謂之古今字。"
③ T0220，P700a。

經從羽作瞖亦通，非本字也。《考聲》云：瞖，蔽也，盖也。下音莫眼量膜也。"①又二四："眩瞖……下伊計反。《考聲》云目瞖也。《韻英》蔽也。《廣雅》障也。從目形聲字。經從羽作瞖，非本字，義乖也。"②可見"先德"重本字，儘管"瞖"並不出於《説文》。而對於本見於《説文》的"瞖"字來説，自有其本義，不應被借用。

033 獷：廣，アラシ。礦：同上，先德非之。（P94）

案："獷"字見於《説文‧犬部》，但其本義是"犬獷獷不可附也"，故从犬廣聲。段玉裁注："引伸爲凡麤惡兒之偁。漢書曰'獷獷亡秦'。"漢語詞"粗獷""獷悍""獷暴"等都是引申義。此本日語釋義"アラシ"。"アラシ"漢字可作"荒し‧粗し"，正是以上引申義。《新譯華嚴經音義私記》卷上有"麁澁"條，釋曰："上，荒。""荒"乃上字"麁"之和訓。據岡田《倭訓攷》，假名作"アラシ"。又《新譯華嚴經音義私記》卷下有"麤獷"條："上音〈祖〉[租]③，訓荒也。下音况，訓荒金也。""荒金"爲"獷"字和訓。據岡田《倭訓攷》，假名作"アラカネ"。按：石塚《倭訓總索引》和訓漢字作"粗金"。"粗""荒"皆可讀作"あら"，有未經人工加工，呈現自然之義。故有"あら-たま【粗玉‧荒玉‧璞】"與"あら-がね【粗金‧荒金】"等詞。"あら-がね"，也作"あらかね"，指礦石，礦砂。由此可見，古代日本寫經中"獷"字多用其引申義。"礦"字《説文》不見，當爲後起字，故亦爲"先德非之"。

③詞形書寫亦多尊《説文》。如：

034 虎：居；トラ。虝：同上，先德非之。（P40）

案：此本"虍"頭作基本作俗形"尸"。虎，小篆作"虝"，段注本《説文解字‧虎部》云："從虍從儿。虎足象人足也。"是"虎"字下

---

① 《正續一切經音義》，第502頁。
② 同上，第922頁。
③ "祖"字右側行間貼有小字"租"。

半從"儿","儿"古文"人"字。此字隸書多從"巾",《隸辨·卷六·偏旁》嘗析辨其因:"按《說文》虖作虖,從虎足反爪人,則虎當從爪,不當從人。注云:'虎足象人足者',象人足爪也。古文虎作虖,旁亦從爪。今本《說文》從人,疑非許氏之舊。隸則訛爪為巾。"顧氏之說當允。今考甲、金文之虎字,無論甲文之虎(甲三·〇一七反),或金文之虎(師酉簋),皆為整體象形,下象爪形,可以為證。隸書變爪為巾,後世遂有"虎"形,《干祿字書·上聲》:"虎虎:上通下正。"正收此形。① 儘管有如《隸辨》之析,但因《說文》在漢字史上的地位,後人仍以出自小篆的"虎"為正,故"先德"不承認隸變之"虎"。

035 皷:居;ツツミ。皷:同上,先德非之。(P104)

案:以上"皷"即為"鼓"字譌寫。《金石文字辨異·上聲·麌韻》引《唐寶憲碑》"鼓"即如此作。周小萍認為:"當為《說文》本字,經隸變楷化而得。"②《說文·鼓部》:"鼓,郭也。春分之音,萬物郭皮甲而出,故謂之鼓。从壴,支象其手擊之也。"故古代常作樂器名。一種用皮革蒙在中空的木桶上所製成的打擊樂器。其形有大有小,聲音洪亮。《釋名·釋樂器》:"鼓,廓也。張皮以冒之,其中空也。"而日語"つづみ【鼓】"也正是日本古代打樂器的總稱,且不問形狀與材質。《說文》中"鼓",从壴,支,主要象其手擊之也。隸書發生變化,後出現了從皮的"皷"。顯然這與真實的"鼓"的形制有關。漢代以後,"皷"字相當流行。《干祿字書》:"皷鼓:上俗,下正。"然而,因為並不出於《說文》,故"先德非之。"

(2)辭目字不見於《說文》

無窮會本中還有一部分辭目字並不見《說文》,而是隨著社會發展之需應運而產生的新字。但在"先德非之"這一部分,所占比例不大,僅有11組,出現23次。

如果說,早期學僧多尊《說文》,以其作為判定正誤的標準,那麼不見於《說文》的這些字以何為標準,是值得討論的。從字書來看的話,自

---

① 此條參考臺灣"教育部"《異體字字典》此字下曾榮汾之"修訂說明"。
② 參考臺灣"教育部"《異體字字典》此字下周小萍之"修訂說明"。

然應該是《玉篇》。中國古代字書對日本影響最大的，當屬許慎《説文解字》和顧野王的《玉篇》。《説文解字》前已有述，毋庸置疑。但因《説文》字體以篆體爲主，而漢文典籍大批東傳日本，漢字已進入隸楷階段，楷書的正字地位已經通過不斷的演變而得到確立，故而《玉篇》實際上得到了更大的流通，對日本中世字書的影響更大，不僅成爲日本字書編撰的直接楷範，也直接影響了日本人對漢字的理解。這在無窮會本中也有所體現。如：

036 胮：奉，ハル。肨：同上亦作。䏅：同上，先德非之。（P14）

案：此字組五次反復出現。日文釋義"ハル"，漢字可作"腫る·脹る"。"胮"字也不見《説文》，乃中古所出。《玉篇·肉部》："胮，薄江切，胮肛，脹大貌。"故日文釋義與其相吻合。至於此本以"亦作"和"先德非之"的"肨"與"䏅"，是其俗作。《集韻·平聲·江韻》"胮"下還有"䏅瘇肨"，指出爲"胮"之"或作"。

037 氀：条，毛織也。氎：同上，先德非之。（P144）

案："氀"即"氀"字。此字亦不見於《説文》。《玉篇·毛部》："徒叶切。毛布也。"《龍龕手鏡·毛部》："氀，正徒業反，西國毛布也。"《字彙·毛部》："氀，細毛布。《南史》：高昌國有草，實如繭，繭中絲如細纑，名曰白氀子，國人取織以爲布，甚軟白。今文作氎。"而"今文作氎"即以上"先德"所"非"。

"疊"在《説文》小篆作"𣊬"，隸定作"疊"。段玉裁注："楊雄説：以爲古理官決罪三日，得其宜乃行之，從晶宜。亡新以從三日太盛，改爲三田。"後"經典相承"以從"三田"的"疊"爲正字。

"疊"與"氀"是音譯詞，學界對其關係已展開討論。杜朝暉[1]通過

---

[1] 杜朝暉：《從敦煌吐魯番文書看漢語音譯外來詞的漢化歷程》，《敦煌研究》2007年第3期（總第103期）。

第三章　般若部音義　　　273

對敦煌吐魯番文書的考察，指出吐魯番文書中，"氎"不僅更早出現，①而且在實際用例中更爲多見。然而玄應卻在其音義中反復强調"氀"爲正字。主要的原因應該是"氎"字漢語本有，有其本義，只是借用其作爲音譯詞。而"氀"卻是專爲此詞所造字，符合漢字兼表音義的特點。故從正字的角度看，"氀"是本字。

從時間上來看，"氀"只能算是一個後起字，卻是本字。故"先德"意見與玄應相同，不認同"氎"與"氀"的異體關係。儘管在實際使用中，"氎"不僅出現早，而且也很流行，一直持續到明代明梅膺祚《字彙・毛部》："氀，細毛布。……今文氀作氎。""氎"似乎成了正字。②然"先德"不認。

038 聹：寧，ミミクソ。𦙶：同上，先德非之。（P38）

案：以上日文釋義"ミミクソ"，漢字作"耳糞・耳屎"，甚爲明了。此字亦不見《説文》，而是中古產生的漢字。《玉篇・耳部》："聹，乃頂切，耵聹。"所謂"耵聹"就是耳垢。被"先德"所非的"𦙶"即"𦙶"字，幾本大型字書皆引《四聲篇海・肉部》："奴頂切，寧上聲，耳中垢。"《正字通・肉部》指出："聹字之譌。舊註音寧上聲，耳中垢，誤。"《玉篇》既已有"聹"，又頗達意，作爲譌字的"𦙶"，自然被"非"。

以上我們對無窮會本中的"先德非之"現象進行了探討，可以得出兩點結論。

結論一：無窮會本中大部分所引"先德"之語，是對異體字使用的正誤加以判斷，類似石山寺本的"應作"和"宜作"，只是此本多以"非之"，從否認的角度提出觀點。從無窮會本《大般若經音義》的內容整體看，作者主要是客觀地舉出辭目字的諸異體，多用"亦作""或作"等表示。雖也有"俗作""正作""古作"等有關字形的意見，但很少有對異體字使用正誤的直接判定。大部分對異體字使用不當的現象，是通過引用

---

① 根據杜文，"氎"字在吐魯番文書中，出現時間最早的是5世紀，而"氀"字則大抵在6世紀已經產生。
② 杜朝暉：《從敦煌吐魯番文書看漢語音譯外來詞的漢化歷程》，《敦煌研究》2007年第3期（總第103期）。

"先德"之語來表示的。既稱"先德",就表示了作者的尊敬。即使或許並不一定完全代表作者的觀點,但作者如實引出,應能反映出早期日本僧人的某些漢字觀。

結論二:"尊《説文》"或"依《玉篇》"。無窮會本中"先德"們對漢字異體字的認識與理解基本是正統的。有不少觀點與唐代音義大家,如玄應等人相同,説明正是受其影響。無論如何,尊重《説文》、依據《玉篇》等傳統字書(尤其是後者)以其爲基準對異體字使用的正誤加以判定是較爲突出的現象。

漢字發展到有唐一代,隨著書體的演變,產生了大量的異體字。在唐初使用的文字中,同字異體的現象極爲普遍。而也正是在唐代,具有大量異體字的漢文典籍(包括"内典"與"外典")大批量地東傳進入日本,而且多以被顏元孫認作"正字"的"楷書"寫成。故而楷書的正字地位在日本也很早就得以確立。在這個意義上,作爲《説文》與後世字書之間橋梁的《玉篇》,傳到東瀛後,得到了更大的流通,對日本僧人的影響也就更大。

(三)無窮會系本中所出各種字形,真實地呈現出日本當時漢字使用的實態。

1. 從天理本"篇目"考察

如上所述,天理本"篇立音義"較爲突出的現象就是"篇目"編次顯得相對隨意自由,"篇目"字多依據寫本實際字形,故既有正、俗、訛相混,也有隸變楷定不分的現象。而正是這些不完備,甚至是訛誤,卻真實地體現了日本當時漢字使用的實態。所以我們就以天理本"篇目"中的三個部首爲例加以考察。

例一:"辛部"用隸變字"辛"。

天理本"辛第十一"下共收四字:"辭""辮""䏁""䪞"。作者釋後三字:"同上亦作",説明四字互爲異體字。其左半雖有不同,但右半部首卻同用小篆"辛"之隸變字。

案:《説文·辛部》云:"辛,秋時萬物成而孰,金剛味辛,辛痛即泣出,從一從辛。辛,辠也。辛承庚象人股。""辛"隸變作"辛"。《隸辨·平聲·真韻》載《孔龢碑》"辛"字如此作。敦煌俗字與碑別字中,從"辛"字,多作此俗體。然漢字字書部首卻一直用楷書"辛"。這

第三章 般若部音義　　275

説明《大般若經音義》之編撰者就是直録當時《大般若經》中俗字，甚至"篇目"字亦從俗。

例二：彡部"俗寫與"久"同。

《法華經音義》[①]"久部九十九"下收有"久、彫、形、彩"四字。實際上後三字與"久"並無關係，三字右旁皆爲"彡"，只是書寫者常習慣將最後一筆短撇改成捺，故類似"久（久）"。"久（久）"之下所收字爲"周久（彫）""形久（形）""采久（彩）"皆如此。同樣在天理本"久第廿六"中，"久"則被抄寫成"久"，然我們核對正文時，發現僅有一字"影"，故右旁亦應爲"彡"。《佛教難字大字典·彡部》[②]"形"字下，收有"形"，"影"字下收有"影影影"三形，第三個"影"被收於台灣"教育部"《異體字字典》，與天理本完全相同，可見"彡"俗寫與"久"相似或相同，在日本寫本中已極爲常見。

例三："巾"與豎心"忄"訛混不清。

天理本《大般若經音義》"心"與豎心"忄"分設兩部。"忄部第十七"下共收13字，根據其音義，大部分應爲從"忄"字。即使根據字形，也並不難辨別，如"愧"，如"悚"等，部首"忄"爲手寫"忄"。然其"篇目"字則很清晰地作"巾"，摹寫也作"巾"，甚至出版社頁碼上的標示就直接標作"巾（十七）—心（十八）[③]"，可知認作"巾"。另外《法華經音義》"忄部第八"中共收51字。應該説大部分爲"忄部"字，但是最後的"幡（ハン）""幟（シ）""幢（トう[④]）"三字卻應從"巾"，是"幡""幟""幢"三字。儘管漢字也有"幡""幟""幢"等字，然卻不合經義。《法華經》中多次出現"幢幡"一詞，如卷四："若復有人，受持、讀誦、解説、書寫妙法華經，乃至一偈，於此經卷敬視如佛，種種供養——華、香、瓔珞、末香、塗香、燒香，繒蓋、幢幡、衣服、伎樂，乃至合掌恭敬。"[⑤]"幢幡"指佛門所用旌旗。而"幟"與"幡"同。《慧琳音義》卷四："幖幟，……

―――――――――

① 大東急記念文庫藏，古辭書叢刊刊行會：《原裝影印版　增補古辭書叢刊·法華經音義》[雄松堂書店昭和五十三年（1978）版]。
② 有賀要延：《佛教難字大字典》[國書刊行會昭和六十一年（1986）第二版]。
③ 因"心部十八"緊接其後。
④ 此音義本用片假名標音，然"ウ"皆作平假名"う"。
⑤ CBETA，T02，No.9262，P.0030c。

下齒至反。毛詩傳云熾盛也，正作幟，旌旗上表飾也。博雅云幡也。說文從巾哉聲也。"幡"與"幢"不見《法華經》經文，而"幟"字則不見漢日各大字書，字庫雖有，然無釋。故筆者認爲"幡"、"幟"、"幢"應爲"幡"、"幟"、"幢"。天理本"忄部第十七"中第12字爲"幢"，漢字音注爲"同"，假名釋義爲"ハタアコ"。"ハタ"正爲"幢"之釋義，後二假名摹寫作"アコ"，可認爲是"ホコ"，而《国語大辞典》"ハタホコ"漢字正作"幢、橦"，乃"幡鉾"之義，指矛、戈、鉾、鋒、戟等長柄器上帶有旗杆，多爲朝儀、法會等儀仗時所用。故"幢"應爲"巾"部字，不應與其他12個字混在一起。

之所以會有如此混淆，是因爲古籍中"忄""巾"二旁毛筆書寫相似，故相混由來已久。被慧琳收入其《一切經音義》卷二十五的唐代釋雲公的《大般涅槃經音義·序》就指出俗書有"挑挑渾於手木，悵帳亂於心巾"的現象。

以上我們祇是舉了天理本"篇立音義"的三個例子。不難看出，日本早期如天理本類的"篇立音義"並不成熟，更談不上完善，只是爲適應當時某種通行寫本或刊本的經文文字而編寫。這些寫本或刊本當然通行於一般信衆。特別應該指出的是，"篇立音義"的對象基本是佛經中重要宗經，如《大般若經》《法華經》和"淨土三部經"等。故而其受衆群體頗爲廣泛，某些字體，即使是錯字，也在信衆中流傳。所以儘管"篇目"或有不妥，甚至多有訛誤，但較爲真實地反映了當時日本漢字使用的實態。這也正是我們應該研究的內容。

2. 從無窮會本、天理本所出辭目字與詮釋文字，考察日本"倭俗"字

所謂"倭俗"字，是指日本人在漢字使用過程中，因訛誤而產生的俗字。江户時代多有學者指出此點，如太宰春台所編《倭楷正訛》[1]一書，主要針對當時"書工"不得楷書真法而成之訛。他還指出"又俗書工有好作奇字異體者，雖非訛舛，然爲大雅之累，則猶訛之屬也。童子輩不可不戒也"。近藤西涯在其《正楷録·凡例》中則明確提出"倭俗訛字"的概念：

倭俗訛字作俑者，如杉作枚、勢作勢，甚多。所無於華人也。此

---

[1]《異體字研究資料集成》第一期，第四册，第21頁。

錄也，收此以使好古君子知文字有爲倭俗所訛者焉。①

以上"朳""势"等字不見漢籍，更不爲傳統字書所收，屬於真正的日本俗字。②

無窮會系本中的漢字非常有特色，除了我們已經考論過的異體字外，還有很多俗字字形，值得探討。以下筆者就以兩組"倭俗"字爲例，考察漢字在日本的發展印迹。

（1）"势"字系列

近藤西涯在其《正楷錄·凡例》提出"倭俗訛字"的字例時有"势作势"。太宰純在其《倭楷正訛》中也指出此字"势"爲"勢"字倭俗。日本早期寫本俗字基本承自唐寫本，故不見"倭俗""势"。如《漢字百科大事典》中"正倉院文書之異體字"部分，"勢"字下收有七個異體字③，但没有"势"類"倭俗"。又《大般若經》中多次出現"勢峰"一詞，如卷381："世尊陰相勢峰藏密，其猶龍馬亦如象王，是爲第十。"④石山寺本《大般若經音義》（中卷）就收此長句爲辭目，句中多有俗字，"勢"作"勢"。此俗字形漢傳寫本多見，無須贅舉。而辭目下釋文："勢峯，恐謂陰莖也。""勢"與辭目中"勢"，應屬同類。然而，此詞在無窮會本《大般若經音義》中卻作：

勢峯：--⑤者，男根之陰莖也。舊云馬陰藏相是也。⑥

如果說，"勢"在無窮會本祇出現一次，還難以證明"势"類"倭俗訛字"已完全成立。那麽，同系統中的天理本中的例子則足以證明。

勢峯：--⑦者，男根之陰莖也。舊云馬陰藏相是也。⑧

---

① 《異體字研究資料集成》第一期，第七册，第183頁。
② 但漢字字庫中已收。
③ 《漢字百科大事典》，第259頁。
④ CBETA/06/0967。
⑤ 原本用兩小行，表示省略。
⑥ 築島裕：《大般若經音義の研究　本文篇》，勉誠社昭和五十二年（1977）版，第126頁。
⑦ 原本用兩重寫符號，表示省略。
⑧ 築島裕：《大般若經音義の研究　本文篇》，第364頁。

這跟無窮會本完全相同。又如：

势挙：注尺如卅九帙。①

"卅九帙"即上例，在上卷。辭目相同，兩個"勢"字寫法也相同，皆爲"倭俗字"。此例在第三帖下卷。另外，在下卷後半部，此詞又出現一次，寫法與注釋完全同上。不贅舉。如果說這是辭目字，可以認爲是從當時的《大般若經》中摘出的字形，但是我們發現在解釋文字中，"勢"的寫法也仍是"倭俗"。如：

掣：勢。ヒク。②
賣：勢。モツ、ツク。③

無窮會系本多參照藤原公任《大般若經字抄》用漢字同音字作注，用假名表示義訓。以上兩個辭目字"掣"與"賣"與注音字同音，經查檢，三字漢音相同，爲"セイ"。既然解釋字中出現如此"倭俗"現象，說明此形書手已經非常熟悉，信筆寫出，這也就說明，此時此"倭俗"已約定俗成。

而筆者還在同樣寫於鎌倉初期的《孔雀經單字》中見有如下例：

势勢：舒制切，去祭。形勢。《孔雀經單字》上卷④

《孔雀經單字》的體例是以《孔雀經》經文中所需釋字爲第一字頭，其下以《廣韻》正字爲被釋字，然後羅列《廣韻》該字下的所有音切、釋文。故以上兩個字頭中"**势**"應爲當時在日本流傳的《孔雀經》中的字形，雖不甚清晰，但放大即知爲"勢"字。此也可證明"勢"的這種所謂"和習"最晚應該在此時期已經形成。

---

① 築島裕：《大般若經音義の研究 本文篇》，第500頁。
② 同上書，第526頁。
③ 同上書，第686頁。
④ 古典研究會編：《古辭書音義集成》第17卷，汲古書院昭和五十八年（1983）版，第14頁。

《佛教難字大字典·力部》"势"字下收有"势"字,其字下有記號⑥。根據有賀要延所注"凡例",注有⑥之字皆收自《春日版法華經》。此書無刊記,爲鎌倉時期寫本。由此可見,鎌倉時期"势"字在寫經中已不少見。

除"势"字外,筆者還發現天理本中還有兩個途徑相同的"倭俗"字。

無势:梵云阿那婆達多。①

案:《慧琳音義》卷一:"阿耨達,奴祿反,正梵音云阿那婆達多。唐云無熱惱池。此池在五印度北大雪山北香山南二山中間有此龍池。"《翻譯名義集》卷二:"阿那婆達多,此云無熱。從池得名。池中有五柱堂。"②其實不用引用解釋,僅憑字形也能看出"势"爲"熱"字。

"熱"如此作,筆者還在平安末期亮阿闍梨兼意〔延久四年（1072）—？〕所撰寫的《香要抄》中"熱"也如此者。如:

烏洛迦者,西域蛇名。其蛇常患毒势,投此香樹,以身繞之,势毒便息,故因名也。（本卷）③

本草云:桂味甘,辛,大势,有小毒。主溫中,利肝肺氣,心腹寒势,冷疾……（本卷）④

《香要抄》中"熱"字作此形,可謂比比皆是,至少有30例⑤,説明書寫者已是信手拈來,十分熟練。此形亦不見漢傳漢籍,應爲"倭俗訛字"。臺灣"教育部"《異體字字典》收有此字,注見於《佛教難字字典》⑥。《佛教難字大字典》收有"势"字,與《香要抄》中完全相同。其下標有⑬,而根據"凡例",注有⑬之字形收自於《諷誦記》。此書爲

---

① 築島裕:《大般若經音義の研究 本文篇》,第638頁。
② CBETA/T54/1078。
③ "天理圖書館善本叢書和書之部"《香要抄·藥種抄》,八木書店昭和五十二年（1977）版,第36頁。
④ 同上,第91頁。
⑤ 實際筆者衹是做了初步的統計,若仔細查檢,應該更多。
⑥ 此字典爲有賀要延編著,應名爲《佛教難字大字典》,国書刊行会昭和六十一年（1986）第二版;後又以《難字·異體字典》之名由国書刊行会刊行平成十二年（2000）版。

寫本，但是無年代記載。而《香要抄》①與天理本《大般若經音義》卻基本有年代可查詢，故作爲資料使用，較爲可靠。

天理本的這種"和習"除了以上的"勢"和"埶"外，尚可延伸至"藝"，如：

藝：倡伊才能也。②

此條在此後又出現一次，詮釋相同，辭目字字形也一樣，爲"倭俗"寫法。

實際上，除了我們考察的"勢""埶""藝"外，太宰春台在其《倭楷正訛》中指出，還有"契（契）""挈（挈）""潔（潔）"③等。這些字也都是左上半訛變爲"生"字。新井白石也在《同文通考》卷四中指出"契，契也。挈，同上。"④近藤西涯也在《正楷録》"契"字下諸異體後特意舉出："契挈，二字倭。"⑤

從結果來看，原本不同的兩類字，最後同歸爲相同的"倭俗"。一種是上部或中部"埶"左半訛變爲"生"，如"勢""熱""藝"。另一種是上部右從"刀"，左半爲"丰"的"契""挈""潔"等字，其左半也訛變爲"生"。其訛變的軌跡，有待於進一步探討。上海師範大學周晨曄在其碩士學位論文《〈倭楷正訛〉俗字研究》⑥中對"勢"字字形有分析，主要從書法的角度進行考察，有一定的道理。她指出唐代後的行草書寫法中，多作"勢"（蘇軾《寒食帖》）、"勢""勢"形，可見，在行草書寫過程中，筆畫和牽絲的混淆容易造成對筆畫的誤讀，因此可能形成字形的訛變。⑦并因此可以推斷，在文字的傳抄過程中，日本俗字是受到當時唐朝社會廣泛流傳的"勢"字字形影響，又由於受到正字左上部分中"生"形類化，進而形成"勢"形。

筆者同意此觀點，從行草書寫的過程分析，有一定的道理，筆者提

---

① 筆者所用爲天理大學圖書館收藏的石山寺本，此本被認爲寫於1146年。
② 築島裕：《大般若經音義の研究　本文篇》，第608頁。
③ 同上。
④ 《異體字研究資料集成》第一期，第一册，第290頁。
⑤ 《異體字研究資料集成》第一期，第七册，第290頁。
⑥ 碩士學位論文，上海師範大學，2012年。
⑦ 周晨曄：《〈倭楷正訛〉俗字研究》，第37—38頁。

出的"爇(熱)",也可歸於此類。但是周文中所舉的兩個字形"㔟"與"勢",實際已是元明時代書法家的字迹。①儘管這兩個字形頗能説明問題,但我們還是要尋找更早例證。

清初书法家石梁所編《草字匯②·子部》"勢"字下收有王右軍之"㔟",《巳部》"熱"字下收有王右軍的"埶",而《中國書法大字典》"熱"字下收有"㸑"③(唐張旭肚痛帖),日本伏見沖敬所編《書道大字典》"勢"④字下也收有唐代孫過庭《書譜》中"㔟"以及唐懷素的《自敘帖》中的"㔟","熱"字下收有孫過庭《千字文墨妙軒本》中的"𤍠",懷素《千字文碑林本》中的"𤍠",特別是還有空海《急就章》中的"熱",皆能見到做上半因書寫所帶來的訛變。實際上,在隋代郭休墓誌中的"勢"作"㔟"⑤,"勢"字端倪已經出現,但似乎是在日本才得以約定俗成。

如果上説可以解釋"勢""熱""藝"類字的訛變軌迹,那麼此説也可用於"契""挈""潔"等字,因爲從書法的角度,其上部左半"丰"寫成"生"的可能性更大。當然,還需要進一步深入的考察,才能得出可靠的結論,但至少筆者所舉出的字例,應該反映出在無窮會系本《大般若經音義》出現的時代,這種"倭俗"已經形成。

(2)"尺(釈)"字系列

以上考論"勢"字系列時,有如下例:

勢峯:注尺如卅九帙。⑥

詮釋文字"注尺如卅九帙"中的"注尺"即"注釋","尺"就是"釋"字。經筆者查檢,無窮會本和天理本"注釋"皆作"注尺"。

"尺"作"釋"解,當無疑問。問題是其間的關係。這應是"釋"的日本簡化字"釈"之最早形式。新井白石《同文通考》卷四《省文》:

---

① 參見吳澄淵等編《書法大字典》,世界圖書出版公司2001年版,第174頁。
② 上海古籍出版社1983年版。
③ 吳澄淵等編:《書法大字典》,第981頁。
④ 角川書店1974年版。
⑤ 臧克和主編:《漢魏六朝隋唐五代字形表》,南方日報出版社2011年版,第194頁。
⑥ 築島裕:《大般若經音義の研究 本文篇》,第500頁。

釈，释也。按婆婆論釋迦作尺加，佛氏因造釈字，亦因造訳字爲譯。後人承訛，凡如擇懌澤驛等皆从尺，並非。①

儘管我們從一般工具書中查不到"釋"之異體，或者説簡體有作"尺"者，然根據新井白石所舉，可知古代日本人有將"釋迦"寫作"尺加"者。這是有可能的。因爲"釋"和"尺"在日語漢字音中發音相同，吴音讀"シャク"，漢音讀"セキ"。而日本簡體字有"同音代替"類型②。根據新井說，應該是先有寫經生將"釋"同音代替簡略成"尺"，後才有"釈"字，甚至產生系列從"睪"之字的整鏈"譌變"，從而有了日本漢字的從"尺"字族。近藤西涯《正楷錄》中卷"釋"字條下有：

釋：……尺，同上。*釋*釈，倭俗如澤譯擇驛等之从睪，皆誤作尺。③

按照近藤西涯的説法，日語漢字中本從"睪"字族，後皆從"尺"，如"釈"類，乃是"誤作"。上所述及，新井白石也認爲是"後人承訛"，"并非"。太宰春台更是在其《倭楷正訛》中警告："又有倭俗所爲省文者，決不可用"，其所舉例，正有"澤"作"沢"，"釋"爲"釈"者。④這當然是站在漢字正楷，或者說正字的立場上來評判的。但實際的結果卻是此系列字已成爲日語常用字，儼然已褪去了"俗字"色彩。這正是漢字在日本發展的一個縮影。陸錫興在其《漢字傳播史》⑤一書中指出類似"駅（驛）、沢（澤）、択（擇）"這樣的字形結構，屬於"真正自創"，"同音類推，以'尺'代替原來的'睪'"。

以上新井白石等幾位江户學者的結論，當然需要文獻資料，特別是寫本資料的論證。我們發現平安時代兼意的《香要抄》末卷"茅香"條以及"白膠香"條皆引用了《大日經義*尺*⑥》中之文。經名中"*尺*"明顯是

---

① 《異體字研究資料集成》第一期，第一册，第305—306頁。
② 參考何華珍《日本漢字和漢字詞研究》，中國社會科學出版社2004年版，第114—115頁。
③ 《異體字研究資料集成》第一期，第七册，第339頁。
④ 《異體字研究資料集成》第一期，第四册，第77—78頁。
⑤ 語文出版社2002年版，第392頁。
⑥ 第221、258頁。此爲1977年日本八木書店影印出版時的頁數。後同，不另注。

第三章　般若部音義

"尺"字無誤,然《大日經義尺》則肯定有錯。根據引用文,經查檢,可知皆爲唐代僧人一行所撰《大日經義釋》中内容。另外,根據《香要抄》所引佛經,我們也找到"釋"作"尺"的很好例證。除此,本卷"牛頭香"條,兼意引藤原兼輔[①]編纂的《聖德太子傳曆》上卷也還有例:

而今陛下興隆尺教肇造佛像,故释梵感德,漂遺此木,即有勅命百濟工刻造檀像,作觀音并高數尺,安置吉野比蘇寺。[②]（本卷）

有意思的是,以上"尺教"是"釋教",但後"釋梵"之"釋"卻作"释",爲漢日常見俗字。上《香要抄》引文文中同一字但不同字形,是《聖德太子傳曆》古寫本原就如此,還是此本《香要抄》之書寫者不經意爲之,我們難以知之,需進一步考證。但從此本我們至少可以清楚的是:經藤原教長等人之手的寫本,"釋"作"尺"并不少見。我們發現"四抄"中的《寶要抄》中也有兩處"同經釋文云"作"同經尺文云"[③]。前一處接"法華音訓",後一處接"法華音義",由此可知兩處皆指"法華釋文"。此乃平安時代中期法相宗僧人仲算（也作"中算"）所撰"妙法蓮華經釋文"。但《寶要抄》中也并非"釋"皆作"尺"者,也有如上"釋"之俗形者。故而"四抄"中"釋"的兩個俗形"尺"與"释"并存。但根據天理本《香要抄》,從"尺"者居多,由此可以認爲當時此類"誤作"頗爲常見,可以認爲已經是一種約定俗成。

儘管筆者尚未找到"釋"作"尺"的最早例證,但根據初步調查,似乎可以認爲應該是"四抄"前後之際,即平安中期以後。我們查考了《漢字百科大事典》[④]中"正倉院文書之異體字"[⑤]部分,發現"澤"作"泽"[⑥];"譯"作"译"[⑦];"驛"作"驿"[⑧];而"釋"則作"释"[⑨],并未發

[①] 藤原兼輔（877—933）爲日本平安時代中期的公家歌人。
[②] 第40頁。
[③] 《寶要抄》,武田科學振興財團、杏雨書屋編集并發行,2002年版,第56、68頁。
[④] 佐藤喜代治等編,明治書院1996年版。
[⑤] 《漢字百科大事典》,第257—281頁。
[⑥] 同上書,第268頁。
[⑦] 同上書,第276頁。
[⑧] 同上書,第280頁。
[⑨] 同上書,第278頁。

現"以'尺'代替原來的'罤'"的字形。當然，説絶對無很危險，但就筆者目前的調查來看，所得出的結論大概是平安中期以後。而在無窮會本《大般若經音義》中，如上所舉，其"注釋"作"注尺"，比比皆是。筆者調查了被認爲其中最古寫本的無窮會圖書館藏本以及最爲完整的天理圖書館藏本，發現"注釋"皆作"注尺"。因爲"注釋"二字是音義作者在釋文中使用最爲頻繁的術語，除了作者，或者説書寫者已經習用外，讀者也應該已經完全明白其義，故此"倭俗"已成。

第六節　日僧撰般若部音義考論
——祖芳撰《大般若經校異、并附録》

前已述及，《大般若經校異、并附録》的作者祖芳已是江户後期臨濟宗禪僧，從時代上來看，此書應該是比較晚的了。另外，從體例與内容上看，其與一般意義上的佛經音義有别也。但從另一個角度來看，此書有助於考察日本古代《大般若經流傳》的歷史，了解《大般若經》在日本廣傳以及《大般若經》諸本的差異。另外，實際上日本佛經音義上也的確有如此一類存在。故以下筆者根據寬政四年（1792）所刊本[①]對其進行初步考察。

一、體例與内容

此本從體例上看，并非爲《大般若經》中的難字難詞辨音釋義，而是對歷史上所流傳的諸本《大般若經》加以校正辨異。全書主要包括兩大部分：前半"校異"與後半"附録"。

（一）前半"校異"部分由以下内容組成

1. 作者自序——"書校異首"

在"書校異首"，祖芳简述《大般若經》翻譯，東傳日本以及在日本

---

① 此資料來源爲愛知縣西尾市教育委員會（西尾市岩瀬文庫）所藏，由高橋情報システム株式會社攝影而在網上公佈，http://base1.nijl.ac.jp/iview/Frame.jsp?DB_ID=G0003917KTM&C_CODE=0214-37801。

書寫刊刻的歷史：

> 天武帝白鳳三年遣使於四方求大藏經
> 文武帝大寶三年大藏經内始攉大般若經讀誦之
> 聖武帝神龜天平，上從聖上皇子后妃下至縉紳名家專寫般若。爾來書寫讀誦煽于宇内。
> 至於中世興福教寺雕之布世，稱之奈良版。
> ……

以上實際是祖芳根據該書内容所作的歸納，頗爲精準地呈現出《大般若經》東傳日本後的盛況。而此後主要闡述此書的撰著之因：寬永十年（1670）在古印本基礎上開刻的《大般若經》（共四千四百枚），"一百年來，流布大方"，安永五年（1776）又輾轉刊刻，"然此本未歷校讎之手，魚魯或有"。祖芳因此受囑托，安永八年（1779）至建仁禪寺，與其所藏高麗印刻藏本進行對校，并廣泛瀏覽涉略神泉本、妙心寺本、南都本、明刻本等諸本，"一一考索之，得失相交，異同互出，仍錄校異一卷，並輯與於般若事緣者一兩件，以造附錄，聊記顛末"。

2.所引各版《大般若經》——"引證般若"

據其所列，可知共引五種版本的《般若經》爲證：

> 麗本，即京都建仁禪寺所藏高麗印刻藏經。
> 明本，即明刻藏本。
> 神泉本，即藏於京都神泉苑的建久[①]以後寫本。
> 南都本，指天平[②]以後寫本，原爲奈良興福寺所藏，後轉藏於河内高安郡（現大阪府八尾市）圓光寺。
> 妙心本，即京都妙心寺所藏古印本，但"不記年月，難詳時代，文字最正"。

[①] 建久爲日本年號之一，指"文治"後，"正治"前，時間爲1190—1198年。這個期間的天皇是後鳥羽天皇和土御門天皇。

[②] 天平爲日本年號之一。指神龜後，天平感寶前，時間爲729—749年。此期間的天皇是聖武天皇。

可知其所用版本，既有刻本，也有寫本，甚至還有天平以後古寫本，極爲珍貴。

3. 附錄目錄，共十三種，見後

4. 校異部分

此爲本書的主要內容，留待以下詳述。

（二）後半"附錄"部分共由十三篇組成

1. 玄奘三藏塔銘（唐劉軻[①]）

《玄奘三藏塔銘》（全名《唐三藏大遍覺法師塔銘》），由屯田郎中侍御史劉軻撰文，僧建初書，唐文宗開成四年（839）刻。原碑鑲嵌於西安玄奘靈塔底層北面壁上。此塔銘內容，其書法以及古塔在中國皆爲名作。祖芳所錄纂乃福州鼓山湧泉寺爲霖道霈禪師（1615—1702）所書。祖芳記曰："祖芳偶得見爲霖道霈禪師所親寫唐劉軻撰《玄奘三藏塔銘》，錄出載之，伏冀傳于不朽。劉軻傳不載《舊唐書》。此塔銘不出於諸傳，深可珍敬。"

2. 玄奘三藏略傳

選自《慈恩傳》（《大唐大慈恩寺三藏法師傳》）一、《三寶感應要略錄》中卷、《舊唐書·列傳》一百四十一、《太平廣記》卷九十二。

3. 三藏聖教序

唐太宗李世民寫。《文苑英華》七百三十五有記載，但文字有異。祖芳記錄校正其中九個異文。

4. 十六善神

爲《大般若經》護持之神，又作"十六神王""十六夜叉神""十六大藥叉將""般若十六善神""般若守護十六善神"等。祖芳根據《陀羅尼集經》三卷等記其名并解釋從"十六神"引出的"十六會"。

5. 大般若總論

摘錄北宋雲門宗佛國白惟禪師《大藏經綱目指要錄》卷一關於《大般若經》的論述以及明智旭於崇禎八年至永曆八年（1635—1654）所編《閱藏知津》十六《般若部》的論述。

---

① 原用小字寫於篇名右下。

6. 大般若翻譯

摘録宋釋志磐所撰《佛祖統紀》卷四十、元念常撰《佛祖通載》卷十二所記玄奘法師自唐高宗顯慶四年至龍朔三年率衆於玉華宮翻譯《大般若經》之事。特別值得引起重視的是，祖芳指出當時位於日本河内①國高安郡高安聖神足村玉祖明神社近旁的真言宗感應山薗光寺有寫本《大般若經》六百卷，爲軸本。其内天平二年、十三年、十六年書寫之經二十五卷。現存第百九十八卷有尾記，記有：

龍朔元年十月廿日於玉華寺玉華殿上三藏法師玄奘奉詔譯
……
太子少傅弘文館學士監修國史高陽郡開國功臣許敬宗等潤色監閲。

以上省略之處實際是當時《大般若經》的"譯場列衆"名員名單及其各自擔當任務，或"證義"，或"筆受"，而此"支那諸記傳所不載，日本幸存古般若，見其名員，實爲奇珍"。這對學界研究以玄奘爲首的《大般若經》譯場組織以及唐代佛經翻譯形式皆爲有價值的參考資料。另外，關於《大般若經》的翻譯時間，一般認爲始自"唐高宗顯慶五年（660）正月一日"，歷時四年。而據此尾記，"玄奘龍朔元年十月廿日翻譯資始，至三年冬十月二十三日卒業，纔歷二年而六百卷成也。許敬宗潤文一事與《舊唐書・玄奘傳》符合"，這也成爲研究《大般若經》翻譯的新資料。

7. 大般若傳來

根據此條所記，可知在飛鳥時代的白雉二年（651），孝德天皇就已"召僧尼二千一百餘人於味經宮轉大藏經"，而十年後的白鳳元年（661）三月"始寫大藏經於川原寺"，白鳳三年"遣使四方求大藏經"，五年"設齋於飛鳥寺讀大藏經"。祖芳指出："蓋此時大藏之内必應有大般若經。由是觀則般若傳于日本實知在天武帝朝。自此三十一年後文武帝大寶三年有大般若經誦讀。"

---

① 日本古代令制國之一，屬畿内區域，爲五畿之一，又稱河州。其領域大約相當於現在大阪府的東部。

《續日本紀》"文武天皇大寶三年（703）三月辛未條"，其中"詔四大寺[①]讀《大般若經》，度一百人"，爲日本史籍初見關於《大般若經》之記錄。[②]此離玄奘譯出此經僅隔四十年。而根據祖芳的判斷，《大般若經》在天武天皇（？—686）時期就應早已傳入日本。

8. 大般若歷代禁中讀誦

祖芳共記錄了自元明天皇和銅元年（708）起，至後宇多天皇弘安四年（1281），歷經飛鳥、奈良、平安、鎌倉四個朝代，二十六位天皇在宮中誦讀《大般若經》的史況，有的天皇還有多次讀誦記錄。由此不難看出，作爲"鎮國之寶"的《大般若經》深受日本歷代天皇之崇奉。

9. 大般若書寫

主要記錄"神龜寫本"與"天平寫本"兩種古寫本。所謂"神龜"年間指724—729年，當時的天皇是聖武天皇。根據神龜寫本《大般若經》第五十三卷末記，神龜五年（728）五月十五日，佛弟子長王（天武天皇第四子）"至誠發願奉寫大般若經一部六百卷。其經乃行行列華文，句句含深義……"而祖芳還有幸見此後記，"筆力精妙不可言也。計自聖武帝神龜五年至寬政四年凡一千六十有五歲，而此書□[③]尚存，豈非神物守護之至耶"！

所謂"天平寫本"，即前所提及河內國高安郡菡光寺所藏《大般若經》。其第五百廿六卷尾、第五百十一卷尾、第五百七十二卷、第十一卷、第五百九十一卷尾皆記有"天平"寫經的年月日以及書寫人住址與姓名等信息。而這些寫經本收藏於南都（奈良）興福寺，後輾轉至河內（大阪）菡光寺。

除此，祖芳還摘出《日本史》《日本記略》等史籍中關於天平寫經的記錄。這對研究日本古寫經具有較高的參考價值。

10. 大般若轉讀

所謂"轉讀"是略讀經題或部分經文，而一般讀誦全部經文者則稱"真讀"。祖芳首先摘錄《大般若經》以及其他佛典中關於"轉讀"的內容，然後介紹"轉讀之法"。因其中有"理趣分"以及"陀羅尼"，故又

---

① 所謂"四大寺"指當時的大安寺、藥師寺、元興寺和興福寺。
② 參考築島裕《大般若經音義解題》（石山寺一切經藏本‧來迎院如來藏本），古典研究會編《古辭書音義集成》第三卷，汲古書院昭和六十二年（1987）版。
③ 此字漫漶不清，故以方框代之。

摘録相關内容。

日本自文武天皇起，讀誦《大般若經》之敕會代代不絶。元明天皇和銅元年（708）十月又下詔，每年轉讀一次《大般若經》，除由朝廷敕建之恒例外，每遇天災疫癘時亦皆轉讀此經。而爲護國除災而講贊或轉讀《大般若經》的"大般若會"自奈良朝起，延綿傳承，既有真讀，也有轉讀。現今，儘管作爲朝儀的大般若會已被廢止，但諸大寺仍廣修以"國家安穩，除災招福""現世安穩，追善菩提"爲目的"大般若會"。如曹洞宗的"大般若會"還被收入由太祖瑩山紹瑾禪師（1264—1325）於1324年所編的《瑩山清規》中的"大般若結願疏"，至今曹洞宗每年正月三日還舉行此法會。而祖芳以上所記内容，對考察日本《大般若經》"轉讀"内容與形式皆具一定的參考價值。

11. 大般若通關法

所謂"通關法"指宋大隱所著《大般若經關法》。此書共六卷，是《大般若經》六百卷提要之撰述，對信衆誦讀理解《大般若經》有較大的幫助作用。祖芳摘録《佛祖統紀》卷四十八關於此通關法之神奇，還介紹了此書在日本的兩版以及日僧諧頌《大般若經》之奇聞異事。

12. 大般若心經文

摘録《大般若經》卷四中"色不異空，空不異色"之内容，並指出同經第四百三卷、第四百八十卷皆有相同内容。此爲大乘佛教般若—中觀系統的重要理論命題，還曾見於《般若波羅蜜多心經》等。

13. 大般若古印板

介紹日本三種古印板《大般若經》：奈良板般若；近江板般若；活字板大般若。

以上十三篇作爲附録的内容，非常重要，爲我們展開了一條《大般若經》從翻譯產生，再從中國東傳扶桑，并在日本流傳開去的歷史綫索。

二、根據"校異"研究《大般若經》經本文

毋庸置疑，"校異"部分爲此書主要部分。根據"書校異首"，祖芳受囑校訂將要翻刻的古印本《大般若經》。他使用了五種不同版本，經詳密考訂而成此"校異"部分。這部分内容非常豐富，有脱字、衍字，也有誤字、俗字等，還包括文句、虛詞等。以下筆者舉例簡析。

（一）諸本間用字之"異"，有正誤字之"異"，正俗字之"異"，

當然還有異體間的不同。如：

　　喪命軍旅：妙心本南都本做軍旗。麗本作軍旅。次下同。（第一百二卷）

　　案：《大般若經》卷一〇二："是善男子、善女人等若隨軍旅交陣戰時，至心念誦如是般若波羅蜜多，不爲刀杖之所傷殺，所對怨敵皆起慈心，設欲中傷自然退敗，喪命軍旅終無是處。"①根據前後文文義，麗本"喪命軍旅"確。"旗"字蓋爲"旅"字形近而誤。

　　世間盲瞳：麗本瞳作瞖。南都本妙心寺本作瞳。（第五百六十六卷）

　　案：《玉篇·目部》："瞖，眼疾也。"《廣韻·霽韻》："瞖，目瞖。"所謂"瞖"，就是現在俗稱的白內障，是一種眼病。此義古可同"翳"。而"翳"有遮蔽，障蔽之義，此義可同作"瞳"。《康熙字典·日部》："《唐韻》於計切。《集韻》壹計切，並音瞖。《說文》陰而風也。《爾雅·釋天》陰而風曰瞳。《疏》云風瞳日光。《釋名》瞳，翳也。言掩翳日光使不明也。《詩·邶風》終風且瞳。"南都本和妙心寺本之"瞳"，明顯是"瞳"之誤字。"瞳"字不見於中日各大工具書，而根據祖芳"校異"，可見日本南都古寫本中就已出現此字，儘管是誤寫，卻真實地記錄了漢字之用。

　　悲惚歎生：麗本作悲惱　南都本妙心本作悲惚（第五百九十九卷）

　　案："悲惱歎生"確實見於《大般若經》第五百九十九卷："善勇猛！若有所緣即有動作、計著、執取，若有執取即有憂苦，猛利愁箭、悲惱歎生。"②以上"惱"爲"惱"之俗體。"惚"字見《宋元以來俗字

---

①　CBETA/T05/0568。
②　CBETA/T07/1100。

譜．心部》引《通俗小説》。蓋於俗字中，從"酱"旁之字，"酱"形下部或訛作"凶"形耳。① "悲惱"并非難詞，見收於《漢語大詞典》："悲哀煩惱。宋蘇軾《罷徐州往南京馬上走筆寄子由》詩之一：'別離隨處有，悲惱緣愛結。'章炳麟《菌説》引《僧伽吒經》：'人將死時，諸蟲怖畏，互相唼食，受諸苦痛。男女眷屬，生大悲惱。'"太炎先生所引《僧伽吒經》中這段話，見於元魏優禪尼國王子月婆首那所譯《僧伽吒經》第四卷②，可見此詞很可能源於漢譯佛典。而"悲惚"則多不被理解，甚至認爲是錯字。因爲一般會將"惚"認讀爲"惚"字，這就確實音義不合。但實際上"惚"也是"惱"字俗體。有賀要延編《佛教難字大字典・心部》"惱"字下所收的"惚""惚""惚"三形即此，而其字形出處，爲羅振鋆、羅振玉的《增訂碑別字》和羅振玉的《碑別字拾遺》以及羅福葆的《碑別字續拾》三書。確實在《金石文字辨異》《龍龕手鏡》中"惱"下皆有此字形。這就説明"惚""惚""惚"并非日本經生筆下的訛俗字，而是來自漢傳文獻，見於《龍龕手鑒・心部》。由此可見南都本妙心本作"悲惚"其實并不誤，祇要辨明字形，即可豁然。

心无慊恨：麗本南都本妙心寺本慊作嫌。（第五百六十六卷）

案："慊恨"與"嫌恨"皆有怨恨之義。查檢《大正藏》，《大般若經》中出現六處"嫌恨"，包括上舉的第五百六十六卷。其中卷441、卷509有校注，標出宋元本作"慊恨"。《慧琳音義》卷五："慊恨，上刑兼反。《韻英》云嫌，疑也。王弼注周易云心不平也。考聲云心惡也。説文從女從兼聲也。亦作慊，並同。"又卷八："嫌恨，叶鹽反。《韻詮》嫌，恨也。疑也。《考聲》心惡也。烏固反。《説文》心不平也。從女兼聲也。經從心作慊亦通。"可見"慊"與"嫌"互爲異體。

以上所舉四例，有誤字，有俗字，有異體字，還涉及詞義問題。當然，這是筆者加以分析後所得出的結果。一般情況下，祖芳祇是客觀地指出這些現象，并不加以正誤之斷。但有時亦不盡然，在對諸本加以校異的基礎上，祖芳有時也會加以判斷，或引用文獻典籍，對漢字加以詮

---

① 參考臺灣"教育部"《異體字字典》"惱"條下季旭昇之"研訂説明"。
② CBETA/T13/0972。

釋，如：

衰秏：麗本作耗。南都本作秏。秏耗同。（第三百十二卷）

案：《說文·禾部》："秏，稻屬。从禾毛聲。伊尹曰：飯之精研者玄山之禾，南海之秏。"此爲本義，《廣韻·號韻》："秏，減也。俗作耗。"《玉篇·禾部》："秏，減也，敗也。"祖芳特意指出"秏耗同"，表明可視爲異體字之用。又如：

蚊蝱：麗本作蚊䖟。明本作蚊䗃。南都本神泉本作蚊蝱。○正字通注曰俗䗃字。字彙蝱注曰：蟲名，出釋典。（第三百五卷）

案：無窮會本《大般若經音義》第卅一帙有以下例：

䗃：忘；アフ。虻，同上，或作。蝱，同上，先德非之。[1]

《國語大辭典》"あぶ"作漢字"虻·䗃"，釋"平安時代以後之詞，古代稱"あむ"。值得注意的是"蝱"字。無窮會本指出"蝱"爲"先德非之"，可見"先德"並不認同其作爲"䗃"之異體。"蝱"應是"蝱"之手寫字。《康熙字典·虫部》收此字，并指出："《正字通》俗䗃字。《圓覺經》譬如大海，不讓小流，乃至蚊蝱及阿修羅，飲其水者，皆得充滿。"《字彙·虫部》："眉庚切。音萌。蟲名，見釋藏。"所謂"釋藏"蓋即指《圓覺經》。查檢《圓覺經》卷一有此句，但大正藏作"蚊虻"，可見已改爲正字，而古寫本《圓覺經》當作此"蝱"字。又《高麗藏大藏經》"䗃"字下收有"蝱""蝱""蝱"諸形共有六個，可見在高麗藏本佛經中"蝱"常用。無窮會本所舉"蝱"，說明日本中世寫經中也常見，並非僅見《圓覺經》。而根據祖芳"校異"，可知更早的南都本、神泉本古寫本《大般若經》中"䗃"也寫作"蝱"。

受齋持戒：麗本作齋。妙心本作齊。○齊與齋通。存古不改。詩

---

[1] 築島裕：《大般若經音義の研究　本文篇·解説》，勉誠社1977年版。

經采蘋篇曰：有齊季女。朱注曰音齋。（第百三卷）

案：查檢《大正藏》，《大般若經》一百三卷有兩處皆作"受齋持戒"[1]。這當然是文通義順之用。但古代"齊"一字有多讀，其中一音讀如今音"zhāi"，《集韻》在"平聲·皆韻"。古人在祭祀前，需要沐浴更衣，不飲酒，不喫葷，不與妻妾同寢，以示虔誠。此即所謂"齋"。但古代（秦漢以前）古籍中，此義多寫作"齊"[2]。漢唐以後才多作"齋"。《禮記·曲禮上》："齊戒以告鬼神。"《莊子·達聲》："臣將爲鐻，未嘗敢以耗氣也，必齊以静心"《漢書·高帝紀》："於是漢王齊戒設壇場，拜信爲大將軍，問以計策。"《集韻》釋曰："莊皆切。《說文》：'戒潔也。'隸作齊。"

上例祖芳在"校異"的基礎上，還做出了判斷，"齊"與"齋"可互爲異體，實際可歸屬於古今字類。"齊"古即有表齋戒之義，故"存古不改"。又如：

竻相間飾：麗本竻作𠁼。字彙𠁼注曰：與互同，見釋藏。〇古寫本悉作竻，存古不改。南都本、妙心本作竻。（第三百九十八卷）

案：以上祖芳根據古寫本以及《字彙》而判斷"竻"與"𠁼"皆爲"互"字俗體，故可存古不改。

實際上，"互"字的這兩個俗體"竻"與"𠁼"，前者"竻"相對少見，臺灣"教育部"《異體字字典》下引《敦煌俗字譜·二部·互字》，毛遠明《漢魏六朝碑刻異體字典》有相似字形[3]，又《高麗大藏經異體字大字典》"互"下收有"竻"[4]，也與此相似。我們祇說"相似"，是因爲上部橫筆下的短撇與橫筆相連，而此本則上部橫筆下是一個標準的"牛"字，而且日本"古寫本悉作竻"，可見此字形在古寫本《大般若經》中層頗爲流行。

後者"𠁼"則多見於六朝碑刻，可參毛遠明《漢魏六朝碑刻異體字

---

[1] CBETA/05/0573。
[2] 參考《漢語大字典》"齊"字條。
[3] 中華書局2014年版，第332頁。
[4] 李奎甲編，韓國高麗大藏經研究所2000年版，第7頁。

典》、黄征《敦煌俗字典》①以及臺灣"教育部"《異體字字典》"互"字條②等。所以我們可以認爲祖芳根據《字彙》對"𰀁"所作的判斷尚不够全面。因爲這是"互"字頗爲常見的一個俗體，并非祇"見釋藏"。季旭昇曾在前人研究的基礎上有過專門考察③，認爲"互"本爲"牙"之分化字，故其字或體多與"牙"字相近，如《敦煌俗字譜·二部》作"𰀁"；《龍龕手鑒·雜部》作"𰀁"，注云"俗"；《字彙·牙部》作"𰀁"，注云："與互同，見釋藏。"可以參考。

（二）諸本間脫文、衍文等之"異"

古籍在傳抄刊刻過程中出現的"脫文""衍文"比比皆是，《大般若經》有六百卷之多，如此現象自然難以避免，這也成爲祖芳"校異"的内容之一。如：

由不能出離：麗本無能字。（第四十一卷）

案：查檢《大正藏》，《大般若經》卷四十一："佛言：彼於欲界不能出離，於色界不能出離，於無色界不能出離。由不能出離，於聲聞法不能成辦，……"④"不能"下有校注：宋元本作"不能"。根據前文，筆者認爲有"能"字確，麗本無"能"字，應是脫文。

内有色觀諸色：麗本無内字。南都本有内字。（第四十六卷）

案：查案：檢《大正藏》，《大般若經》卷四十六："有八解脱，謂有色觀諸色，是初解脱；内無色想觀外色，是第二解脱。"⑤"有色"下有校注：宋本作"有内"，元本作"内有"。玄奘大弟子窺基所撰《大般若波羅蜜多經般若理趣分述讚》卷第二有"八解脱者：一内有色觀諸色。

---

① 上海教育出版社2005年版，第158—159頁。
② http://dict.variants.moe.edu.tw/yitia/fra/fra00053.htm。
③ 季旭昇有《説互》一文，見第四届中國文字學全國學術研討會，臺灣中壢·"中央"大學，1993年3月19日。
④ CBETA/T05/0232。
⑤ CBETA/T33/0045。

二内無色觀諸色……"①之説明，據此可知"内有色觀諸色"確，麗本無"内"字爲脱文，南都古寫本確。

　　智不知現在：麗本現在下有智字。明本同麗本。神泉本、南都本、妙心本无智字。明本四十八卷校譌曰：現在之智北藏无。（第四十八卷）

　　案：檢《大正藏》，《大般若經》卷四十八："若菩薩摩訶薩以應一切智智心，大悲爲上首，無所得爲方便，智不知過去，智不知未來，智不知現在，智非不知三世法，以無所得而爲方便，與一切有情同共回向阿耨多羅三藐三菩提。"②這當然已經是經過整理，添加了現代標點句讀之文，所以讀起來似乎通順，但若繼續往下閲讀，實際還有如"智不知善，智不知不善，智不知無記，非不知三性法；智不知欲界，智不知色界，智不知無色界，非不知三界法；智不知學，智不知無學，智不知非學非無學，非不知學、無學、非學非無學法；智不知見所斷，智不知修所斷，智不知非所斷，非不知見所斷、修所斷、非所斷法。……"③之長段敘述，句式相同。如此，可見麗本、明本，包括現在的大正藏等，"智不知現在智"中最後之"智"字，應爲衍文，而三古寫本爲確。

　　此類内容較多，不贅舉。以上所謂"脱文"與"衍文"爲筆者所下結論，祖芳祇是校出諸本之異，但這對後人研究大藏經以及《大般若經》經本文皆具參考價值。

　　（三）"校異"内容的價值
　　因爲這祇是一本有關《大般若經》的"校異"，所以篇幅并不長。但是其中有些内容，對我們考察《大般若經》經本文有一定的幫助，對漢字訓詁等學術研究也有一定的價值。如：

　　不可保想：麗本作不可樂想。南都本作保想（第四十六卷）

---

① CBETA/T05/0262。
② CBETA/T05/0273。
③ 同上。

案："不可樂想"，三藏中多見。隋智顗《釋禪波羅蜜次第法門》卷第九："十想者：一無常想。二苦想。三無我想。四食不淨想。五一切世間不可樂想。六死想。七不淨想。八斷想。九離想。十盡想。"①檢索《大般若經》中，也發現其中有十一處之多。然而確實也有作"不可保想"者，就如以上所言及的第四十六卷："有十種想，所謂膖脹想、膿爛想、異赤想、青瘀想、破壞想、啄噉想、離散想、骸骨想、焚燒想、一切世間不可樂想。"②《大正新修大藏經》在"樂"字下注："樂＝保【宋】【元】【明】"，這就證明最早宋本大藏經確實作"保"。而"南都本"作爲天平以後的古寫本也作"保想"，這爲【宋】【元】【明】刻本提供了原本證據。儘管後來經過校勘後的"不可樂想"似乎較爲順意，根據明代一如等編集的《大明三藏法數》卷二十九："五世間不可樂想，謂觀世間一切色欲滋味車乘服飾宮室園苑，皆是惡事，心生厭離，不可樂著。作是想者，智慧相應，得斷貪樂，是名世間不可樂想。"③但實際上，我們并不是考察是非對錯的問題，而是要考察哪個更加接近原貌的事實。正如落合俊典與方廣錩在他們合作的《寫本一切經的資料價值》④一文中所指出：

　　寫本一切經的"部分文字與刻本不同，保留了該經典更古老的形態，是編纂刻本時刪除或改竄前的原本。只要認真閱讀寫本一切經，則古寫本保存的重要研究信息隨處可見。……縱然寫本一切經有許多錯字，但它們是一批體現了唐代佛教的資料。"

以上例正可證明此點。《大般若經》卷三："諸菩薩摩訶薩安住般若波羅蜜多，以無所得而爲方便，應圓滿九想，謂膖脹想、膿爛想、異赤想、青瘀想、啄噉想、離散想、骸骨想、焚燒想、一切世間不可保想，如是諸想不可得故。"⑤"樂想"與"保想"是否在玄奘譯經皆使用過，這是需要進一步研究的問題，但盡可能恢復唐寫本原貌是古籍整理工作者要邁出的第一步，也是重要的一步。又如：

―――――――

① CBETA/T46/0261。
② CBETA/T05/0538。
③ CBETA/P02/0629。
④ 《世界宗教研究》2000年第二期。
⑤ CBETA/T46/011。

勤求多聞，甞无猒足：麗本甞作常，南都本作甞。（第五十四卷）

未甞起心：麗本甞作常，南都本作甞。（第五十四卷）

案：以上兩條相連，正好皆與"常"字有關，故本文一起考察。

我們先看下例，"甞"爲"嘗"，并不難辨，《字彙·口部》《正字通·口部》皆指出爲"嘗"俗字。"嘗"與"常"字均從"尚"得聲，故可通假。《莊子·人間世》："予嘗語諸梁也。"唐陸德明《經典釋文》"嘗"作"常"。副詞"未嘗"就可作"未常"。查檢《大正藏》，《大般若經》卷五十四，此條作"未常起心"①，其下注：【宋】【元】【明】本皆作"甞"。"甞"亦"嘗"之俗體。CBETA中"未常""未甞""未嘗"三詞形皆見，可見大藏經中通用。

上例"猒"爲"厭"俗字，亦不難辨。但"甞"爲"嘗"之俗字卻甚少見。筆者祇在《高麗大藏經異體字大字典》"嘗"字②條下，發現有一例"甞"與此相似。此字形蓋爲"甞"字訛寫而成的訛俗字。

髀膝：麗本作髀膝，妙心本作髀膝。（第十一卷）

案：以上值得注意的有兩處：其一爲"膝"之俗體"膝"，尚不見於如臺灣"教育部"的《異體字字典》，此應爲"膝"俗體"膝"之變體，由此可爲"膝"字再添一字形；其二，祖芳所校出的用字之"異"是"髀"與"髀"。查檢大正藏，《大般若經》卷十一，此處如麗藏，作"髀膝"，而妙心寺古印本卻作"髀"。"髀"與"髀"互爲異體，但"髀"見於《説文》，而"髀"中古時才有，應爲俗體。《慧琳音義》卷四："右髀，步米反。《説文》股外也，從骨卑省聲也。古作𩩲，或作髀亦通。經作髀，俗字也。"希麟《續一切經音義》卷九："髀肉，上傍禮反。切韵云股髀也。說文從骨卑聲也。又作髀亦通。"《正字通·骨部》："髀，俗髀字。舊注重出，分髀髀爲二，誤。"由此不難看出，妙心寺等日本古本更多地用俗字，且大多爲訛俗字，這當然因其爲古寫本之故。

---

① CBETA/T05/0306。
② 《高麗大藏經異體字大字典》，第128頁。

《大般若經校異、并附錄》并不僅僅是一本校勘著作，我們通過此書可以進行多方面的研究。其一，當然是《大般若經》經本文的研究。可惜的是，這本書以前似乎没有得到應有的關注，所以人們在大藏經的整理刊印中似乎没有用到這本書。其二，從文字音韻訓詁的角度，我們也可以通過這些資料做相關研究，如俗字、異體字等，還有一些詞彙的問題。最重要的是，可以通過考察而了解古寫本的一些實際面貌。祖芳的時代至今已有二百餘年，當時他能接觸到的古寫本已經很少，而時至今日，這樣的古寫本就更爲罕見。祖芳所用到的五種古本《大般若經》有的已是國寶級的文物，現在我們衹能在博物館見其隻鱗片甲，而通過祖芳的校勘，我們還可窺見古寫本的一些實際面貌，這是極爲寶貴的。

　　當然，正如以上所提及，祖芳所做的衹是校勘工作，大多情況下，衹是指出相異之處。我們現在要做的是將其作爲資料，從古籍文獻整理、從漢字訓詁等諸方面加以梳理考察，因爲即使是零散的"個案"，也是有價值的。

簡短的結論

　　三藏法師玄奘所譯《大般若波羅蜜多經》六百卷，皇皇巨著，無論是在中國還是在日本，都曾廣爲流傳，影響深遠。此經於佛門被尊爲"諸佛之母"，在社會被奉爲"鎮國之典"。而《大般若經音義》的撰著自也是佛經音義中的重要內容，無論在中國還是日本。日本在奈良時代末期就有元興寺信行的《大般若經音義》，平安時代中期則有真興的《大般若經音訓》，平安時代後期又有藤原公任的《大般若經字抄》，鎌倉時代以降又出現了無窮會本系《大般若經音義》等音義。這些音義大多現存，有的還有多種不同寫本。日本僧人所撰《大般若經音義》不僅時代很早，而且數量很多，這充分説明它們在歷史上曾經流傳很廣，影響很深。另外，值得注意的是：日本歷史上《大般若經音義》的撰述也可謂日本佛經音義發展的一個縮影。如果説信行音義多收錄複合詞，并以漢文注爲主，彰顯古風，那麽公任的《經字抄》中多以單字爲辭目，并出現大量假名和訓，則標志著日本佛經音義發展的轉折點。岡田希雄曾經指出："日本佛經音義史可以説是以大般若經音義史、淨土三部經音義史、法華經音義史爲代表的"[①]，其中"大般若經音義史"是置於首位的。

---

① 岡田希雄：《淨土三經音義攷》，《龍谷学報》昭和十四年（1939）版。

本章附錄：般若部音義名篇書影

附錄一：石山寺本《大般若經音義》[1]

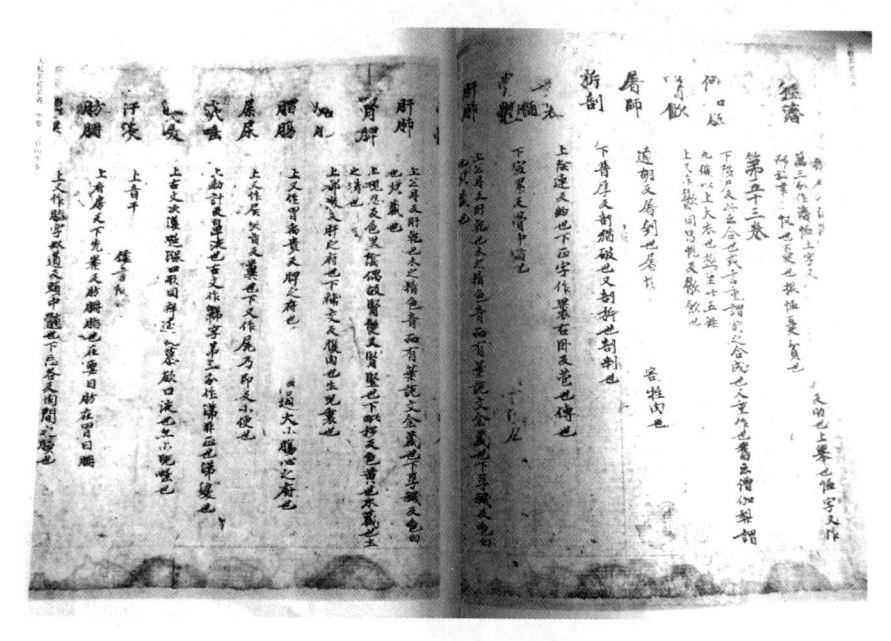

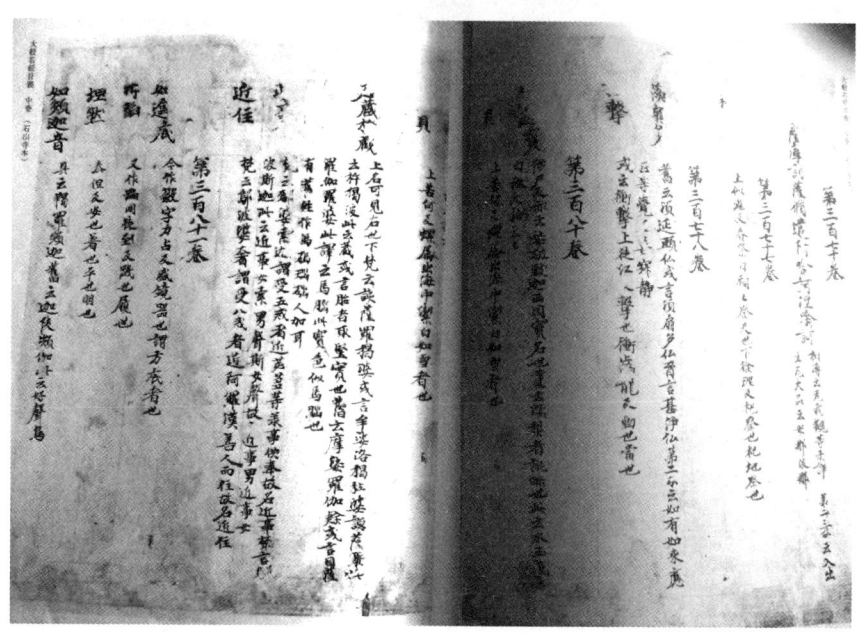

---

[1] 古典研究會編：《古辭書音義集成》第三《大般若經音義·大般若經字抄》，汲古書院昭和五十三年（1978）版。

附錄二：石山寺本《大般若經字抄》[1]

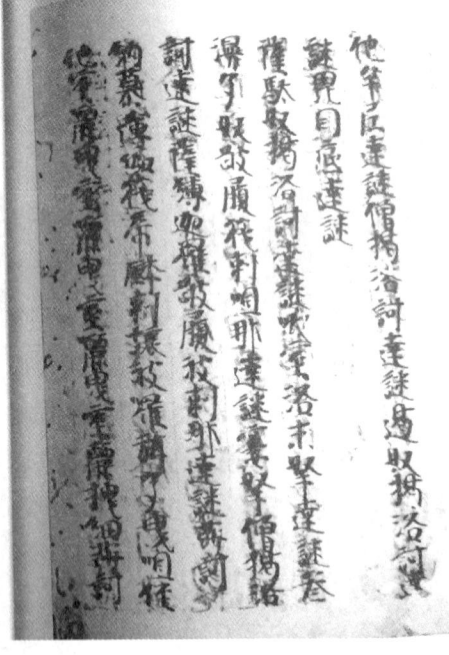

---

[1] 古典研究會編：《古辭書音義集成》第三《大般若經音義・大般若經字抄》，汲古書院昭和五十三年（1978）版。

附錄三：無窮會本《大般若經音義》[1]

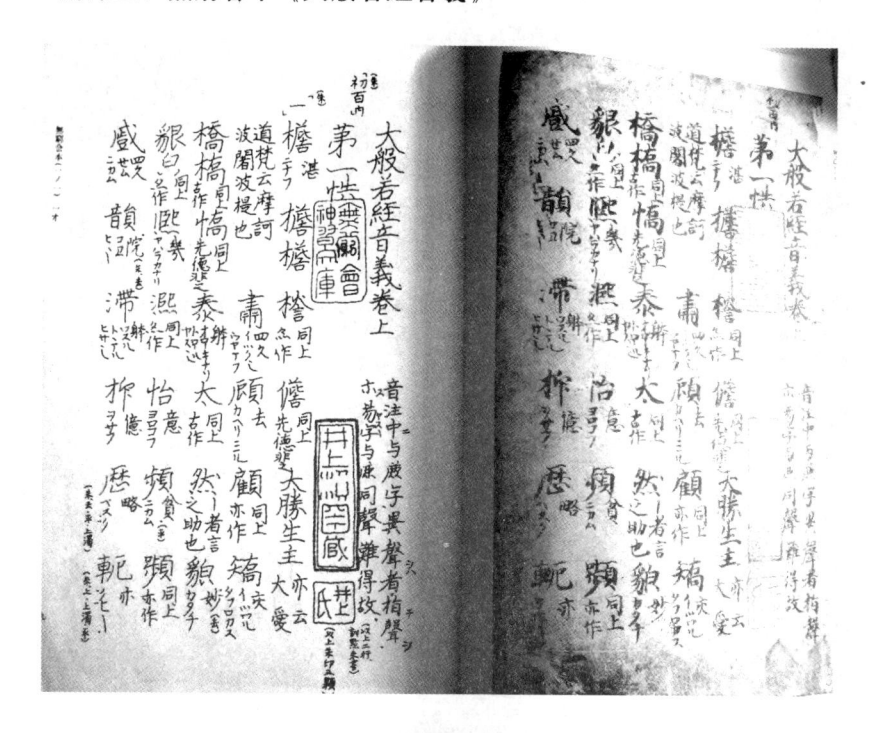

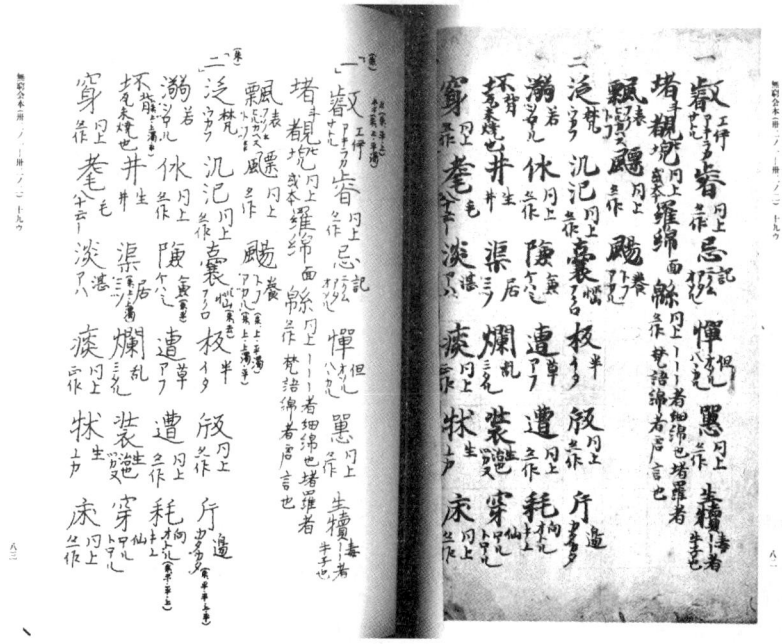

---

[1] 築島裕：《大般若經音義の研究 本文篇》，勉誠社昭和五十二年（1977）版。

附錄四：天理本《大般若經音義》[1]

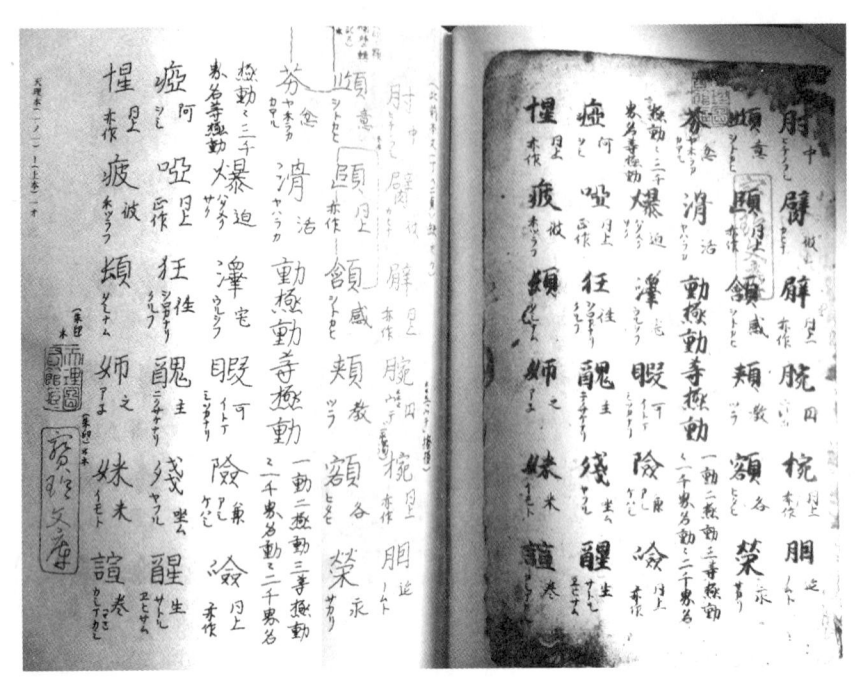

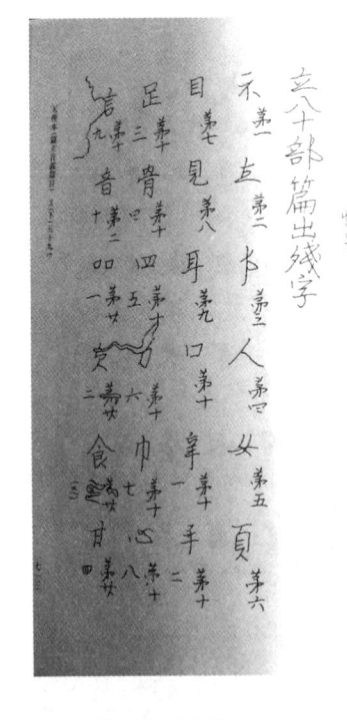

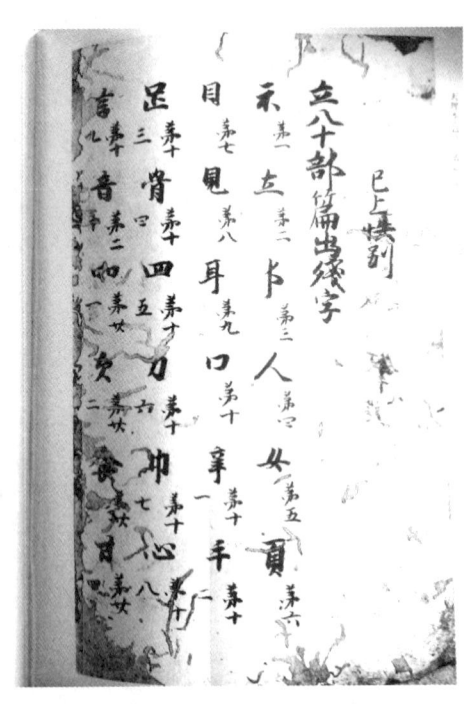

---

[1] 築島裕：《大般若經音義の研究　本文篇》，勉誠社昭和五十二年（1977）版。

附録五：《大般若經校異、并附錄》（寬正四年刊本）

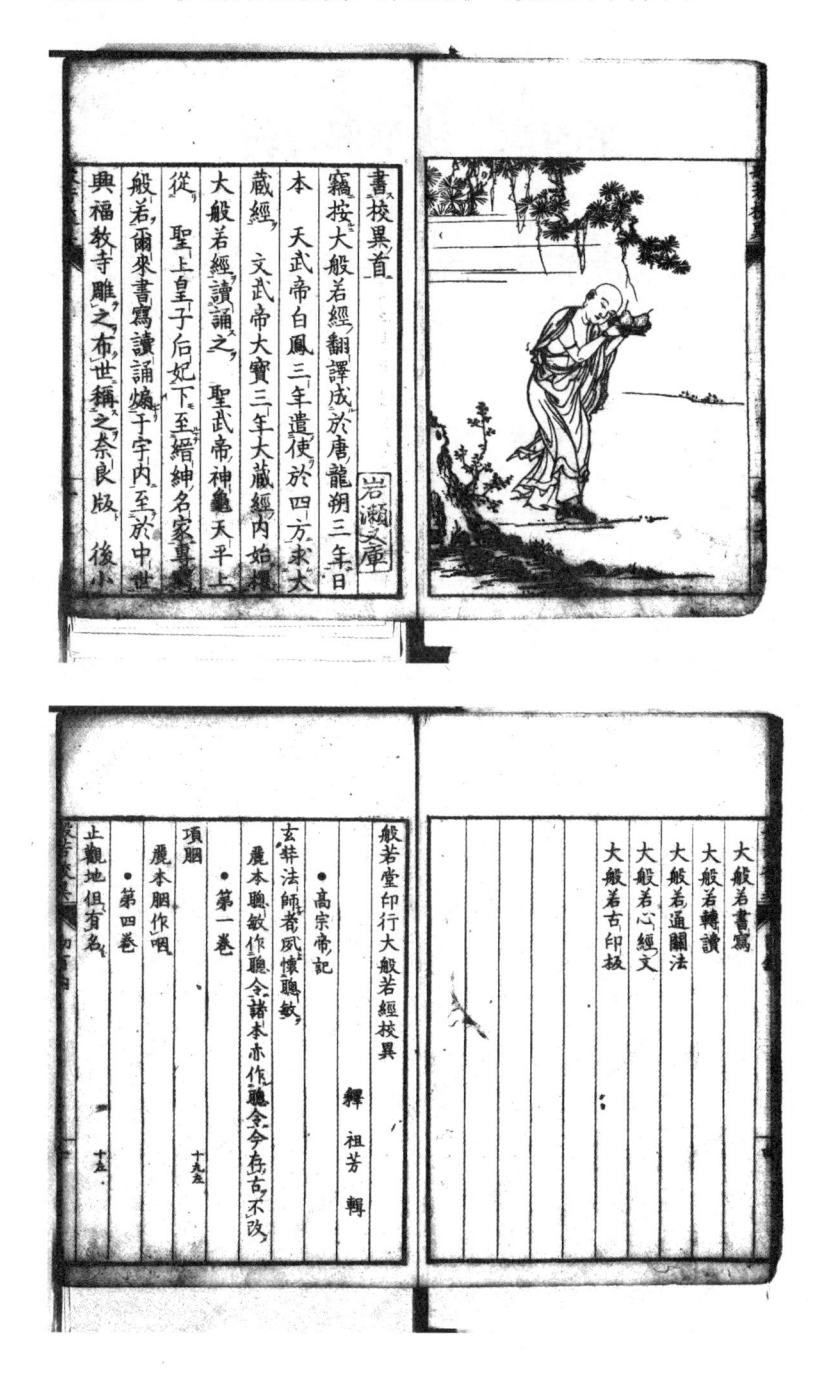

第四章 法華部音義

第一節 《法華經》與《法華經》音義在日本

一、《法華經》在日本

(一)《法華經》與天台宗

《妙法蓮華經》（Saddharma-puṇḍarīka sūtra），略稱《法華經》《妙法華經》。這是佛祖釋迦牟尼晚年所説，屬於開權顯實之圓融教法，大小無異，顯密圓融，顯示人人皆可成佛之一乘了義。此經是北傳佛教中影響極大的大乘要典之一。因經中宣講内容至高無上，明示不分貧富貴賤、人人皆可成佛，所以也被譽爲"經中之王"。

《法華經》漢譯本共有六種，現尚存三種：①三國吳竺法護所譯《正法華經》十卷，②後秦鳩摩羅什譯《妙法蓮華經》八卷，③隋闍那崛多與達磨笈多共譯《添品妙法蓮華經》七卷。其中又以鳩摩羅什所譯《妙法蓮華經》最爲簡約流暢，語言華麗精美，且通俗易懂，故在漢地廣爲流傳。《高僧傳》中所舉講經、誦經者，以講、頌此經的人數爲最多。而敦煌寫經中也是此經所占比重最大。又南北朝註釋此經學者達七十餘家。所以一般人們所言《法華經》，即以鳩摩羅什譯本爲代表。

《妙法蓮華經》之主旨在於會三乘方便，入一乘真實。此經採用詩、譬喻、象徵等文學手法，以讚歎永恒之佛陀（久遠實成之佛），稱釋迦成佛以來，壽命無限，現各種化身，以種種方便説微妙法。其重點在弘揚"三乘歸一"，即聲聞、緣覺、菩薩之三乘歸於一佛乘，調和大小乘之各種説法，以爲一切衆生皆能成佛。

《法華經》譯出之後，不僅讀誦者衆多，廣爲流傳，至陳隋之際，住浙江天台山的智顗智者大師（538—597）更是以《法華經》教旨爲基礎判立五時八教之教相，提倡三諦圓融之理，依觀心之法而創立了天台宗。

天台宗爲中國佛教八大宗派之一。此宗以古代印度龍樹爲初祖，慧文爲二祖，慧思爲三祖，然實際開宗祖師卻是四祖智顗大師。陳文帝天嘉元年（560），智顗前往光州大蘇山（現河南省光山縣）從慧文之口傳弟子南嶽慧思學禪。慧思示其普賢道場，講説四安樂行。他日夜勤習，造詣甚深。一日，智顗誦《法華經·藥王品》而豁然開悟，證得法華三昧，并代其師慧思開講筵。陳光大元年（567）慧思臨去南嶽時，更受其付囑入金陵（現南京）弘傳禪法。兩年後，智顗又於京陵瓦官寺開法華經題，從而樹立新宗義，判釋經教，奠定了天台宗教觀之基礎。太建七年（575），智顗大師入浙江天台山，隱棲修行十年，撰著《法華玄義》《摩訶止觀》《法華文句》，被奉爲"天台三大部"。因爲法華思想通過智顗大師的弘揚而盛行於世，因此依大師徹悟法華圓頓實相的天台山而立名爲"天台宗"，世人皆尊智顗爲"天台大師""智者大師"。由於智者大師以《法華經》爲依據，開展一宗之教説，因此亦稱此宗派爲"法華宗"。

（二）日本佛教與《法華經》

《法華經》很早就傳到日本，自從聖德太子以來深受尊信仰崇，影響廣大。聖德太子［敏達天皇三年（574）—推古天皇三十年（621）[①]］，曾親自撰著《三經義疏》（《法華義疏》四卷、《維摩經義疏》三卷、《勝鬘經義疏》）。特別是聖德太子42歲時用中國黃表紙親自撰寫了四卷具有六朝風格的《法華義疏》，其先被藏於太子創建的奈良縣生駒郡斑鳩町法隆寺，後明治十一年（1878）又獻給皇室作爲聖物供奉，在日本是除了金石文以外現存的最古墨蹟。而《法華經義疏》問世後，《法華經》立即成爲日本鎮護國家的"三部經"[②]之一。

奈良朝（710—794）時期，聖武天皇曾詔命諸國各寫十部《法華經》（天平十二年[③]六月）。元正天皇駕崩，爲祈冥福亦曾命書寫千部妙經（天平二十年[④]七月）。又因《法華經》中《提婆達多品》與《勸持品》皆言女人亦可成佛，故將各地國分尼寺稱之爲"法華滅罪寺"。

---

① 彼時屬日本飛鳥時代（600—710）。

② 即北涼曇無讖所譯《金光明經》（四卷）、鳩摩羅什所譯《仁王般若經》以及《法華經》。

③ 740年。

④ 748年。

平安朝（794—1185）時期，日本遣唐使中著名的"入唐八大家"中的最澄（767—822）歷經艱險，於唐貞觀二十年（804）進入台州龍興寺拜見天台座主道邃，受大乘"三聚大戒"。又登天台山，禮國清寺並至佛隴寺從行滿求學，後返回臨海龍興寺繼續研習天台教觀。與此同時，最澄還親手抄寫了大量的天台宗典籍。805年最澄携帶《台州錄》102部240卷、《越州錄》230部460卷及金字《妙法蓮華經》、法具等回國。作爲天台湛然教派的第一位日本傳人，最澄回國後以京都東北比叡山爲傳法中心，創立了日本天台宗。

　　伴隨依《法華經》立宗的天台宗的創立，《法華經》更爲廣傳弘播，出現了受万人崇敬讀誦之盛况，平安朝也就成爲《法華經》文化之代表時代，甚至有"一天下皆以《法華經》爲旨，不翫之輩，更人而非人"之説。[①]特别是最澄開創日本天台宗後，該經更成爲佛教教學之中心、新佛教之主幹而支配日本佛教界。

　　鎌倉時代（1185—1333）創立的日蓮宗，雖與中國佛教没有直接關係，但與天台宗一樣，同樣奉《法華經》爲基本經典。日蓮宗創始者日蓮（1222—1282）大師早年曾在家鄉安房國的天台宗寺院清澄寺修學，正式剃度出家後，前往當時政治與佛教中心——鎌倉，潜心修學。他不僅遍參諸山名刹，還修學各宗各派教義，遍讀經論。此後又登天台宗大本山比叡山嚴格修煉，認真研習經論，前後達十餘年。正是這樣的參習修煉，使他詳細了解了印度、中國和日本的佛教典籍、宗派和佛教歷史，[②]對其今後提出獨特的宗教思想有很大作用。日蓮經過刻苦修學，通過考察比較，認爲所有佛經中唯有《法華經》才是最圓滿優勝之經典，領悟到祇有唱念"南無妙法蓮華經"才是唯一的正道教理，是末法時代能救世人的唯一正法，逐漸完善並建立起其思想體系。故其所創日蓮宗以《妙法蓮華經》爲核心，提出"三大秘法"[③]爲基本教義，主張日常修行祇需唱經題，即念"妙法蓮華經"，或加上表示歸敬的"南無"二字，因爲"妙法蓮華經"經題具足一切佛法妙用，唱念此經即可成佛。

---

　　① 參考岡田希雄《至德三年版心空〈法華經音訓〉解説》（1931年貴重圖書影本刊行會本所附。以下簡稱《解説》）。
　　② 參考楊曾文《日本佛教史》，第402頁。
　　③ 亦稱"三秘"，爲日本日蓮宗三大重要秘密法門，即：①本門本尊，此爲日蓮宗所特有的曼荼羅；②本門題目，指唱念"南無妙法蓮華經"七字；③本門戒壇，指法華行者受戒之壇場。

儘管人們對日蓮宗有所爭議，但此宗奉《法華經》爲主要經典，因其流傳而促進了《法華經》在日本中世的傳播，應該是史實。故而，在日本爲數衆多的佛教經典中，讀者衆多，流傳久長，影響深廣者，自當爲《法華經》。直至現代，日本新興的創價學會、立正佼成會和妙智會等，也皆專奉《法華經》與經題爲宗旨。

二、《法華經》音義在日本——中國僧人撰述

伴隨著《法華經》傳入日本，日本佛教界也早就對其展開了研究。前所述及，飛鳥時代崇信佛教的聖德太子曾撰著《法華經義疏》，當時日本佛教尚屬草創時期，其所出注釋獨特，頗具時代意義，故可認爲是日本佛教之出發點。進入奈良朝，很快就出現了很多關於《法華經》的註釋和解說，其中特別是以字句訓詁爲中心而編撰的音義類也爲數不少。江户時代天台宗僧人宗淵（1786—1859）曾在其《法華經考異》[①]下中載有《妙經字音義書目》，這應是日本佛學界最早較爲全面整理《法華經》音義書目之成果。後岡田希雄曾在此基礎上考證收集，共計有六十八種，並將書目刊於《至德三年版心空法華經音訓解説》[②]一文。而此後水谷真成先生也曾蒐集各種文獻中屬於《法華部》的音義書目共有七十二種。[③]對日本歷史上《法華經》音義進行全面詳細考察的是築島裕先生，其《法華經音義について》[④]一文就是在前人研究基礎上添續並詳加考釋的結果。築島裕在文中指出東西古今的"《法華經》音義"有八十三種。[⑤]

實際上僅用此數據，就足以證明《法華經》及其音義著作在日本曾廣爲流傳之史實。但爲能進一步深入探討，我們將三位先生所述日本佛經音義史上所出現的《法華經》音義書目梳理整理如下[⑥]。

因數量過多，我們將中國僧人撰述與日本僧人撰述分開。下表所列爲中國僧人所撰《法華經》音義書。

---

① 伊勢西来寺，天保十一識，刊本。
② 貴重圖書影本刊行會，昭和六年（1931）5月。
③ 水谷真成：《佛典音義書目》。
④ 載山田忠雄編《本邦辭書史論叢》，三省堂昭和四十二年（1967）初版，第873—943頁。此文後又被收録《築島裕著作集》第三卷《古辭書と音義》，第537—632頁。
⑤ 其中中國所撰記有十種，與岡田所記基本相同，故不另述。
⑥ 根據三位先生文章題目，簡稱爲"岡田《解説》""水谷《書目》""築島考"。

岡田《解說》	水谷《書目》	築島考	存佚	撰者名或書寫時代
	法華經音訓一卷		佚	撰者不詳/天平二十年寫
法華經音訓二卷	法華經音訓二卷	法華經音訓二卷	佚	隋曇捷撰
法華音義	法華音義	法華音義	佚	曇捷
法華字釋記一卷	法華字釋記一卷	法華字釋記一卷	佚	曇捷
	法華字釋記一卷		佚	撰者不詳/天平二十年寫
	法華字釋一卷		佚	天平勝寶五年
八卷法華經字釋一卷	八卷法華經字釋一卷		佚	智顗撰/天平寶字七年寫
法華經觀音品音義一卷	法華經觀音品音義一卷	法華經觀音品音義一卷	佚	隋智顗大師撰
法華經觀音經音義一卷			佚	隋智顗大師撰
法華音訓二卷	法華音訓一卷	法華經音訓	存	唐窺基撰/慧琳音義卷二七收錄
	法華音訓二卷		佚	窺基/天平寶字四年寫
	妙法蓮華經釋爲爲章		存	窺基/元祿十年刊·續藏經第五二套
法華經略音訓	法華經略音訓一卷	法華經略音訓一卷	佚	玄寂撰
法華經陀羅尼品音訓	法華經陀羅尼品音訓	法華經陀羅尼品音訓	佚	
妙法蓮華經音義		妙法蓮華經音義/正法華經音義	存	玄應音義卷六/卷七
妙法蓮華經音義		妙法蓮華經音義	存	可洪音義
	妙法蓮華經大成音義一卷		存	清淨昇集/卍續一·五一·三

岡田《解說》中共計有十一種，而水谷《書目》則有十四種，築島裕先生在其論釋中也指出有十種。我們綜合三位前賢之說，特別根據"築島考"[①]簡述如下：

（1）隋智顗大師撰《法華經觀音經音義》一卷，不詳；

隋智顗大師撰《法華經觀音品音義》一卷，不詳。

上記岡田《解說》指出二者或爲同一書。"築島考"中指出或許有多少分量的差別。而根據築島先生考察，在《東域傳燈錄》以及《諸宗章疏錄》卷一，此音義作"法華經觀音品玄記"，但下皆有注，言其亦名"玄

---

① 以下主要參考三位前賢之說，不再一一另注出處頁數。

義"。無論是"玄記"抑或"玄義"是否有可能誤傳作"音義",《法華經》音義種類很多,但單獨爲《觀音品》的注疏著作卻僅限於此,故作存疑。根據水谷《書目》,我們可知《釋教諸師製作目錄》卷三也有記載。筆者經過查檢,發現此書"智者大師"條下明確記有"法華經觀音品音義一卷",[①]而在"天台宗章疏"條下也明確記有"法華經觀音品玄義,智者説,[②]一卷"。[③]因此,筆者同意築島先生的意見,對智顗大師是不是《法華經觀音品》撰著過持懷疑態度,有待進一步考證。

(2)曇捷撰《法華經字釋》一卷,佚。

岡田《解説》有兩次提到此書,書名雖有異,但應爲一書。水谷《書目》則四次記此音義,祇是書名字數多少有異而已。第一次"法華經字釋記一卷"後注明爲"大隋京師沙門曇捷撰"。其後兩次,皆"撰者不記",但根據《大日本古文書》等所記,標出"天平二十年寫"以及"天平勝寶五年寫"年代。另外,還有寫於"天平寶字七年"的"八卷法華經字釋一卷",撰者爲曇捷。不難看出,曇捷此書在奈良時代多有傳抄,流傳頗廣。"築島考"即指出,此書是否現存難詳,但此音義名卻散見於正倉院文書,有的作"字釋記",也有作"法華字釋"等,應皆爲同一書。特別是在平安中期仲算所撰《法華經釋文》中有"大隋京師慧日道場沙門曇捷字釋云六萬九千三百八十四字,單字一千五百七十字"之記録,[④]更可爲證。

隋朝東都洛陽慧日道場的沙門曇捷確實曾爲解讀《妙法蓮華經》而撰述《法華經字釋》,但原書在中國本土卻早佚不傳。日本僧人仲算的《妙法蓮華經釋文》將此書作爲兩大重要基柱之一,故此書的一部分内容以被引用的形式,保留在仲算書中。丁鋒《殘存最早佛經音義考——隋釋曇捷及其所著〈法華經字釋〉》一文[⑤]通過從仲算著作中輯佚出來的全部與曇

---

① 《大日本佛教全書·佛教書籍目錄第二》,佛書刊行會大正三年(1914)版,第378頁。
② 三字爲小字,在右下。
③ 《大日本佛教全書·佛教書籍目錄第二》,第374頁。
④ 古典研究會編:《古辭書音義集成》第四卷,汲古書院昭和五十四年(1979)版,第8頁。
⑤ 首屆佛經音義研究國際學術研討會(2005年9月21日至23日,上海)發表論文,後收入徐時儀、陳五雲、梁曉虹編《佛經音義研究——首屆佛經音義研究國際學術研討會論文集》,上海古籍出版社2006年版。

捷有關的引文和敘述等材料的歸納，考證出《法華經字釋》的內容體制，得出"曇捷書實施的是兩漢經師以來傳統的以字爲據，隨文作注的方法"之結論。由此，人們可以窺見這部珍貴的僥幸殘存於異國他鄉的中國古代佛經音義的面貌，因而可以改變長期以來學界公認《玄應音義》爲現存最早佛經音義的結論，而將此作爲殘存最早的佛經音義，從而補寫佛經音義史被埋没忘卻的一頁。[①]

（3）曇捷撰《法華經音義》，佚。

三位先賢皆記此音義名，并指出"相好文字抄所引"。而《相好文字抄》，根據"築島考"，有大原如來藏[②]的古寫本，寫於大治4年（1129），是經比叡山天台宗學僧之手所寫。而其中的引用書目，築島先生所記爲"法華音釋"，與岡田《解説》中所指出的"法華音義"稍有異。何者爲確，還有待於進一步考探。

（4）曇捷撰《法華經音訓》二卷，佚。

三位先賢皆記此音義名。水谷《書目》還根據《大日本古文書》《奈良朝現在一切經疏目錄》等記有《法華經音訓》上卷，雖無撰者名，但内容卻爲曇捷音義。根據《奈良朝現在一切經疏目錄》No.2094，曾有過天平二十年寫本。而"築島考"則進一步指出正倉院文書中也有同樣記載，既有寫年不詳的二卷本，也有寫於天平二十年的上卷本。築島先生也指出，撰者爲曇捷的《法華經音義》與《法華經音訓》是不是同一書，有待於再考察。

（5）玄應撰《妙法蓮華經音義》/《正法華經音義》，存。

岡田《解説》提到玄應所撰《妙法蓮華經音義》，被收於其《玄應音義》第七卷。"築島考"則指出在《玄應音義》卷六，《玄應音義》第七卷是玄應爲竺法護所譯《正法華經》（十卷）所撰之音義。筆者認爲"築島考"準確，岡田《解説》説在第七卷，應該有誤。關於《玄應音義》的卷數，學界一般認爲有二十五卷本和二十六卷本。二十五卷爲宋、元、明南藏本，二十六卷爲明北藏及嘉興藏本。據莫友芝《邵亭遺文》卷二《〈一切經音義〉寫本序》説，釋藏中的《玄應音義》有南、北藏之異，"蓋北本疏於南本，南本異者，佳處十八九；北本異者，佳處十一二"。

---

① 參考丁鋒《殘存最早佛經音義考——隋釋曇捷及其所著〈法華經字釋〉》。
② 指位於京都大原的天臺宗名刹來迎院的京藏如來藏。

"南本第三卷，北本析爲二，故北本二十六卷，南本二十五卷。乾嘉諸老引證記卷，悉是南本，益知北本不足據也。"陳垣先生《中國佛教史籍概論》卷三説："實則南本第三、四卷，北本析爲三、四、五卷也。"[1]學界所説《玄應音義》一般指二十五卷本。

（6）窺基撰《法華經音訓》二卷，録於慧琳《一切經音義》卷第二十七。

窺基所撰《法華經音訓》，多有記載。窺基爲玄奘大弟子，從玄奘學習梵文、因明學和佛經理論。二十五歲參加玄奘譯場，從事佛經翻譯的實際活動。因其長期居住於大慈恩寺，故世稱"慈恩大師"。窺基具有深厚的佛學理論基礎，又精通梵文，還參加過佛經翻譯的實踐，這爲他日后整理玄奘之理論奠定了基礎。窺基所著有《成唯識論述記》《金剛般若經會釋》《大乘法苑義林章》等約十四部，故世稱"百本疏主"。《宋高僧傳》卷四《唐京兆大慈恩寺窺基傳》贊其曰："奘師爲瑜伽、唯識開創之祖，基乃守文述作之宗。唯祖與宗，百世不除之祀也。蓋功德被物，廣矣大矣。奘苟無基，則何祖張其學乎？開天下人眼目乎？二世立功與言，均不朽也。"[2]其所作《法華音訓》，至今仍是人們解讀《法華經》的重要工具書。

窺基的《法華經音訓》是卷音義，按照《法華經》卷次摘録辭目，加以音注和義注，廣引《説文》《玉篇》《爾雅》《廣雅》《方言》等文字訓詁著作爲書證。原應作爲單經音義而流傳過。根據"築島考"，正倉院文書天平寶字四年的"僧軌耀請書解"中就記有"法花疏一部……音訓二卷，基法師[3]"。而在《增補諸宗章疏目録》之《法相宗章疏》也有"法華音訓一卷，大乘基述"的記録。但現在單獨的原本是否傳存不詳。此音義多被《圖書寮本類聚名義抄》以及我們後面要重點考論的《法華經釋文》引用，特別是後者。仲算在窺基的《法華音訓》二卷以及曇捷的《法華經字釋記》的基礎上，將此二音義作爲兩大基柱，"取捷公之單字，用基公之音訓"，在此基礎上添加諸家注疏釋抄，同時採用切韻等書，撰成《妙法蓮華經釋文》一書。所以窺基的《法華經音訓》對日本的古辭書音

---

[1] 以上參考徐時儀《玄應衆經音義研究》，中華書局2005年版，第36頁。
[2] （宋）贊寧：《宋高僧傳》，中華書局1987年版，第66頁。
[3] 原爲小字。

義有較大的影響。

"慈恩大師"所撰《法華經音訓》二卷，後經慧琳"再詳訂"收於其《一切經音義》卷第二十七，[①]所以與窺基原本會有相違之處，但因原本存否不詳，有待於進一步考證。

（7）窺基撰《妙法蓮華經釋爲爲章》，存。

此不見載於上記岡田《解說》與"築島考"。水谷《書目》指出元禄十年（1697）九月高島屋庄右衛門曾刊行，收於《續藏經》第五二套之四內。嚴格地說，此經與一般所定義的佛經音義不同，較爲簡略，祇是將《法華經》各品之所謂重要內容取出，然後統計字數，并分別指出平上去聲字數。

（8）玄寂撰《法華經略音訓》，不詳。

三位先賢皆記此音義名，但岡田指出玄寂之名并不見《佛教年表》。水谷《書目》指出此音義名見載於《東域傳燈目錄》卷上。[②] "築島考"指出在《東域傳燈目錄》卷上中此《音訓》記於曇捷《字釋記》之後，中算《法華經釋文》之前，但關於作者玄寂卻全無其他信息，祇是姑且按此順序，可認爲是中國僧人所撰。[③]筆者查檢大正藏，發現宋代有嚴笠《法華文句記箋難》卷第四在"常願常瞻仰"條下釋云："上一常字據玄寂僧錄音訓云：據藏經中及諸處古本皆是當字耳，類如云當願衆生，應當發願，應當繫念，當離放逸。"[④]其中出現"玄寂"名，還出現"僧錄音訓"。然僅此尚不能說明問題，待考。

（9）《法華經陀羅尼品音訓》，不詳。

此爲岡田《解說》之說，但沒有其他說明。水谷與築島兩位大家亦據此而記。

（10）可洪撰《妙法蓮華經音義》，存。

五代後晉有僧人可洪用十年時間撰著了《新集藏經音義隨函錄》，共三十卷，又稱《可洪音義》。可洪也專爲《妙法蓮華經》編纂了音義，收於《可洪音義》卷五。

（11）清淨昇《妙法蓮華經大成音義》一卷，存。

[①] 水谷《書目》記一卷收入《慧琳音義》卷二七，不確，應爲二卷。
[②] 《大日本佛教全書·佛教書籍目錄第一》，佛書刊行會大正二年（1913）版，第43頁。
[③] 最後一句爲筆者所加。
[④] CBETA/X29/0573。

第四章　法華部音義

此不見載於岡田《解說》與"築島考"。水谷《書目》記錄此現收於《卍續藏經》第51冊，另外京都大學還藏有藏青寫真版。

《妙法蓮華經大成音義》是淨昇專爲清人大義所撰《法華經大成》編纂的音義書。而《法華經大成》恰如其名是集諸種《法華經》注解之大成，深入淺出，有助於初學。

此音義前有燕山智冲序跋，其中"於大成中，凡語意幽邃，引古事蹟處，悉爲之旁通曲喻，若指流而證其源焉"一句說明《法華經大成》多用典故譬喻。而《大成音義》的特色有如：多收釋《大成》中的成語典故，如"循循善誘""有教無類""擔麻棄金"等；也有的收釋一些佛典術語，如"七十五法""五法三自性八識二無我"等；還有一些人名和書名等，如"李山龍""毗伽羅論"等，甚至還有一些短語文句，如"文軌出中庸""北方曰譯""長者園內樹耳多"[①]等。智冲《序》頗能明其特色："剙法華之微妙叵言，有大成則可以言。大成之引古多端，有音義則可以晰。故知有法華而大成不可無，有大成而音義亦不可無，是音義爲最要者也。"[②]

除以上所述外，應該還有《法華經》音義的內容。北齊釋道慧《一切經音》、太原處士郭逖[③]的《一切經類音》、唐末五代行瑫（895—956）所撰《大藏音疏》等也曾傳到日本，現皆已佚，其中是否有《法華經》之音義，有待於新資料的發現而作進一步考察。

以上主要是日本或現尚存，或曾經流傳，但後散佚的中國僧人所撰的關於《法華經》之音義。實際上，除了玄應的《妙法蓮華經音義》、《正法華經音義》、被慧琳收於其《一切經音義》第二十七卷、窺基的《法華經音訓》、可洪《新集藏經音義隨函錄》中的《妙法連華經音義》以及清人淨昇《妙法蓮華經大成音義》外，其餘或完全不見蹤迹，或有逸文被引用。但隨著發展的深入，我們發現這些古代中國僧人所撰的《法華經》的音義書，皆曾傳到日本，對日本僧俗閱讀研習《法華經》，對《法華經》的傳播，起過一定的促進作用。遺憾的是，這些古代中國學僧研究《法華經》的成果，其中散佚的部分，即使在中國本土也不見蹤影，有的甚至連記錄都沒有存在。

---

① 以上例皆出自卷一。CBETA/X32。
② CBETA/X32/0539。
③ 生平不詳。

三、《法華經》音義在日本——日本僧人撰述

以上岡田《解説》記載日本所見《法華經音義》共68種，除去11種爲中國僧人所撰外，還有57種出自日僧之手。水谷《書目》則記錄72種，其中有14種標爲來自中國，那麽有58種爲日本僧人所撰。"築島考"中共有83種，除去10種以外，還有73種應該屬於日本音義。有的現已不存，僅有書名被記錄流傳；有的則雖已爲佚書，但因部分内容被其他古籍徵引，尚能窺其一斑；當然也有流傳至今，而且作爲實物完好保存的珍貴資料。如此諸種，不難看出：日本歷史上《法華經》之音義書，其數量和種類均極爲豐富。被稱作佛典特殊辭書的"法華經音義"類，正是伴隨著古老的《法華經》的廣爲流傳而被創作的。

以下我們主要參考岡田先生、水谷先生、築島先生三位日本音義大家以及其他學者有關"法華部音義"的研究成果，對日僧所撰《法華經》音義加以考察。

（一）早期《法華經音義》

岡田《解説》	水谷《書目》	築島考	存佚	撰者名或書寫時代
法華字釋	法華字釋	法華字釋	佚	撰者不詳/奈良朝
法華音義二卷	法華音義二卷		佚	信行撰/天平十九年寫
	信行師音義		佚	天平神護二十一年寫
法華玄贊音義	法華玄贊音義		佚	或爲信行撰
法華音韻四卷	法華音韻四卷	法華音韻四卷	佚	傳教大師撰
法華經音義二卷	法華經音義二卷	法華經音義二卷	佚	元興寺平備撰
法華訓釋記二卷	法華訓釋記二卷	法華訓釋記二卷	佚	室生寺修圓撰
法華經釋文三卷	妙法蓮華經釋文三卷	法華經釋文三卷	存	興福寺松室仲算撰
	法華經義讀一卷	法華經義讀一卷	存	源信撰

（1）元興寺信行撰《法華經音義》二卷，不存。

上記表中三位先賢皆記有"法華字釋"一名，但因撰者不詳，又不見存，所以并不能確定。實際上，此説主要出自岡田《解説》，岡田先生自己也表示疑惑，認爲有可能就是曇捷的《法華字釋記》。若確爲信行撰，日僧最早爲《法華經》撰述音義就應是奈良朝末期著名學僧信行。

第四章　法華部音義

　　岡田《解説》論述此音義，其根據是石田茂作《奈良朝現在一切經疏目録》No.2105。①岡田指出石田茂作記其撰者爲信行，但不知理由。水谷《書目》也在《法華部》中根據《大日本古文書》與《奈良朝現在一切經疏目録》標出"《法華經音義》二卷，天平十九年寫""《法華經音義》二卷，信行撰，天平寶字二年寫""信行師音義，天平神護二十一年寫"三種。第一種未寫撰者名，其他皆明確記有信行名。"築島考"則根據《正倉院文書》"天平寶字四年"之"僧軌耀請書解"有"（法花）音義一卷信行師②"之記載，認爲此書應於天平寶字四年（761）前撰成。③另外，在其他一些與《法華經》相關聯的古寫本資料的引用中，有"信行音義""信行""信行云"等字樣，此蓋皆爲信行所撰《法華經音義》。吉田金彦在其《図書寮本類聚名義抄出典攷》中指出圖書寮本《類聚名義抄》中有127條以"信云""信行云"的形式被引用，④其中就應有其《法華經音義》中的内容。此音義現已不存，根據所殘留引文考察，推測其體裁應與漢土音義相同，用漢文詮釋。現所見逸文中並未發現有和訓内容，但信行的其他音義著作，如《大般若經音義》《大般若經要集抄》中皆有和訓，故《法華經音義》中也可能有和訓内容。而信行此音義應該具有法相系統的内容。⑤

　　（2）元興寺信行撰《法華玄贊音義》，不存。

　　岡田《解説》與水谷《書目》記録此音義，"築島考"中并未述及。岡田認爲佛教年表上未見記載，故難以確認是信行所撰。⑥水谷《書目》尊岡田説而持有疑問。而三保忠夫在《元興寺信行撰述の音義》一文根據大原來迎院如來藏本《相好文字抄》（大治四年書寫本）字句引文中有"玄贊信行音義""玄贊音義""信行云"等，且内容與窺基所撰《法華經玄贊》有關，故認爲信行確曾爲《法華玄贊》做過音義，惜早已不存。

　　《法華玄贊》（十卷），慈恩大師窺基（632—682）撰，是其從法相宗唯識學之立場解釋《法華經》教義的一部專著，又稱《妙法蓮華經玄

---

① 收於石田茂作《写経より見たる奈良朝佛教の研究》，東洋文庫論叢第十一，東洋文庫刊行本，1930年版。
② "信行師"三字原爲小字。
③ 築島裕：《法華經音義について》，山田忠雄編《本邦辭書史論叢》，第879頁。
④ 吉田金彦：《古辞書と国語》，臨川書店2013年版，第51—56頁。
⑤ 同上書，第880頁。
⑥ 參考岡田希雄《至德三年版心空〈法華經音訓〉解説》。

贊》《法華經玄贊》。如此，信行此音義實際就是爲《法華經》的注疏書所撰之音義。

信行是日本古奈良時代法相宗著名學僧，精通漢學與佛書，在日本音義史、學問史上影響很大。根據日本典籍記載，信行撰有多部音義書。然除《大般若經音義》現有石山寺藏本（中卷殘卷）外，其他實際皆僅見書目，散佚不存。以上《法華經音義》與《法華玄贊音義》即屬此類。

（3）傳教大師撰《法華音韻》四卷，不存。

三位先賢皆記載此音義。水谷《書目》記爲"最澄著"，出自《本朝臺祖撰述密部書目》、《山家祖德撰述篇目集》卷上以及《法華經考異》卷末。岡田《解説》與"築島考"則皆根據宗淵《妙經字音義書目》：

> 傳教大師撰，叡山可透比丘纂，大師撰集錄載此書目。淵搜索之多年而未得其書。意既泯沒矣，可慨歎哉。[1]

可見此音義已不存。傳教大師即日本天台宗開祖最澄。日本《法華經》的流播廣傳與傳教大師以及其所開創的天台宗有著密切關係，故其爲《法華經》撰著音義并非沒有可能。但築島裕先生認爲傳教大師前，日本佛經音義的撰述者皆爲法相宗系統僧人，天台宗除此未見他例，故留有疑問。筆者認爲這或許也正是需要我們進一步深入研究的課題。

（4）元興寺平備撰《法華經音義》二卷，不存。

三位先賢皆記載此音義。不過岡田《解説》指出，平備時代不詳，佛教年表亦不見記載。而築島裕與三保忠夫等根據《東域傳燈錄》以及《正倉院文書》"天平十九年（747）十月九日"之"寫疏所解"等古文書資料，認爲平備撰有《法華經音義》。另外，吉田金彥在研究《圖書寮本類聚名義抄》的引文中也發現有"平備音義"，被推定是《法華經音義》，而且還有和訓。若確爲平備所撰音義，那麼平備應是奈良時代人，而且其中的和訓也確實就是和訓的最古用例，極爲珍貴。

（5）室生寺修圓撰《法華訓釋記》二卷，不存。

三位先賢皆記載此音義。室生寺位於奈良縣宇陀市，爲真言宗室生寺派大本山。據寺傳，該寺創建於奈良時期，後因作爲空海真言宗道場之一

---

[1] 宗淵：《法華經考異》下，第51頁。

而再興。"修圓"日語漢字多作"修円"。修円(771—835)是平安時代前期法相宗僧人,早年師事興福寺賢憬,隨其學習法相,後又隨傳教大師最澄受密教傳法儀式,平安初期住室生寺。修円與當時的空海、最澄被認爲是同時具有朝氣的學僧。"築島考"指出《東域錄》與《續諸總章疏錄法相宗》中記有"法華訓釋記二卷,室生修円述"。

(6)源信撰《法華經義讀》一卷,存。

此不見岡田《解説》。水谷《書目》與"築島考"有記載,築島先生還有較爲詳細的論述。

源信(942—1017)是平安時代中期天台宗僧人,被尊稱爲"惠心僧都"。源信九歲就出家,上比叡山,拜在比叡山中興之祖慈慧大師良源門下,學習止觀、遮那業。① 源信是平安時代著名學僧,著述豐富,有《因明論疏四相違略注釈》三卷、《往生要集》三卷、② 《一乘要決》三卷、《阿彌陀經略記》、《念佛法語》(亦名《橫川法語》)等。

《法華經義讀》寫本有高野山親王院藏本,爲元祿十三年(1700)寫本,名《惠心僧都義讀》,又有實藏坊藏本,刊本有《大日本佛教全書》第三十一册以及《惠心僧都全集》第三册,其底本即爲實藏坊藏本。

此書體例爲:摘錄《法華經》中漢字作爲辭目,共53字,都是具有兩個讀音的漢字,並在其下用行間小注的形式,分別標示出現該字的卷數,標出含有該字的用例,然後標出該字聲調以及反切,最後在其下還標出和訓。③

重:④一——欲重宣此義——去——持龍——カサナル⑤
　　八——齊持重寶——平——士融——ヲモシ

案:以上"一"和"八"表示卷數,其後爲經中實例,"去""平"表示"重"的兩個聲調,其後是反切,最後是日語釋義,即所謂"和

---

① 佛學術語,爲日本天臺法華圓宗學生所必修學的兩業之一,爲"止觀業"之對稱,即修法時專修密教之事相。
② 此書也得到中國天臺山天臺宗的較高評價,贈其"日本小釋迦源信如來"稱號。
③ 《日本辭書辭典》,おうふう出版社1996年版,第244頁。
④ 原本是用雙行的行間小注的形式。
⑤ 《法華經義讀》,《惠心僧都全集》第三卷,思文閣昭和五十九年(1984)版,第551—560頁。

訓"。上之"カサナル"，和訓作"重なる"，爲重疊之意。"ヲモシ"即"オモシ"，和訓作"重し"，即重い，爲形容詞重。但是，明顯的是二字的聲調標反了。其上應爲平聲，而下爲去聲。

惡： ———— 善惡業緣 ———— 入 ———— 烏各 ———— アシ、ワルシ
　　 ———— 惡罵捶打 ———— 上 ———— 邑虛 ———— ニクム

　　案：以上"アシ"與"ワルシ"，用漢字皆作"惡し"，表示壞、不良、不美、不好之意。而"ニクム"，用漢字表示爲"憎む"，有憎惡、憎恨之意。

　　此書從《法華經》中摘錄出有兩種字音的漢字，辨明其不同讀音。這與日本中世以降多種《法華經音義》後附有"異音字""兩音字"性質相通，然這些《法華經音義》中的"異音字""兩音字"大多相對簡單，但《法華經義讀》卻比較詳細。這是在日本佛經音義史上值得注目的地方。[1]但築島裕先生也提出這種體式是源信原作如此，還是含有後人添加的內容，抑或爲後人僞作，都是重要問題。儘管尚不能完全解答，但根據日語假名的發展，這種體式很有可能并非惠心僧都源信的原作，而是後人在源信自撰本上加筆而成。[2]其中有很多聲調音切并不準確。還有待於進一步考察。

　　（7）興福寺松室仲算撰《法華經釋文》三卷，存。

　　三位先賢皆記載此音義。儘管日僧中很早就有俊才爲《法華經》撰著音義，但基本不存，而《法華經釋文》應是現存最早的《法華經》音義書。仲算是日本平安時代中期著名法相宗學僧，《法華經釋文》也是日本佛經音義中之名篇，我們將於下節專加考論。

　　又岡田《解説》中記載仲算撰有"法華音釋三卷"，不過也指出與上記《法華經釋文》蓋爲同一書。"築島考"指出此書還有"法華釋文、"法花音義""松室[3]ノ法音義"等別稱。

　　以上簡述，截至平安中期仲算的《法華經釋文》，除了時代因素外，

---

[1]　《日本辭書辭典》，おうふう出版社，第244頁；築島裕《法華經音義について》，《本邦辭書史論叢》，三省堂1967年版，第887頁。
[2]　同上，築島裕：《法華經音義について》。
[3]　因仲算曾住興福寺一乘院之東北松室貞松房，故世亦稱"松室仲算"。

主要還是根據音義體式來考慮的。

儘管上述七種，除了《法華經釋文》與《法華經義讀》外，其餘皆不存，但根據逸文等考察，這些都應該是日僧早期爲《法華經》撰寫的音義。除了《法華經義讀》外，基本爲卷音義，承繼了中國傳統佛經音義的編纂方法，辭目有字、合成詞以及一些短句（甚至有一些長句），爲字詞標音釋義，而詮釋文字則以漢文爲主。雖有和訓內容，但因假名文字尚未正式產生，故以萬葉假名爲主。但總體來說，和訓內容并不多，故呈"古漢風"爲其主要特徵。

《法華經義讀》是早期"法華經音義"中的一個例外。它既不是卷音義，也没有用漢文所作的義注，而且收錄具有二音以上的"異音字"，這就意味著是將表示"音"的區別作爲主要目的。

（二）中世以降《法華經音義》

以上我們將奈良時代至平安時代中期日僧人所撰《法華經音義》歸爲早期撰述。而中世以降（我們將其定爲平安後期以降），日僧爲《法華經》編纂音義的熱情愈加高漲，故《法華經音義》可謂像"蜂出泉涌"。以上無論是岡田《解說》還是水谷《書目》，當然還有考述最爲詳密的"築島考"，實際上都能證明這一點。而這些音義所呈現出的特色就是漢文注文減少，用片假名所標的字音與和訓釋義增多。體式也更加多樣，不僅有"卷音義"，還有"篇立音義"和"音引音義"。築島裕《法華経音義について》對其有非常詳細的考證研究。筆者這裏主要參考《日本辭書辭典》中"法華經音義"的內容，加以簡述。[①]另外，我們主要是從漢字研究資料的角度來考察的，所以有些內容我們會適當删減。

（8）《法華經單字》一卷，保延二年三月實俊寫，存。

三位先賢皆記載此音義。此音義現存矢野長治郎氏所藏保延二年（1136）寫本，故一般稱"保延本"。因此音義辭目字皆爲單字，而這樣的單字音義，除了前所述的《法華經義讀》以外，尚未見他例，故作爲漢字研究資料，非常重要。我們將於下節專加考論，故此暫略。

[①] 又《日本辭書辭典》中專設"法華經音義"爲辭目（第242—244頁）。其基本解釋即參考築島裕先生《法華經音義について》一文。筆者這一部分表格以及論述即參考這兩部分內容。不再另注。

（9）《法華經音》一卷，撰者不詳，存九條家藏本。

此不見上記岡田《解說》。水谷《書目》與"築島考"皆有記載，築島先生還有較爲詳細的論述。此音義可作爲《法華經》的韻分類音義代表，也是日本諸種《法華經音義》中的代表之一。

《法華經音》一卷一軸，撰者不詳，現存九條家[①]藏本，學界根據其筆迹判斷認爲是平安末期寫本。古典保存會曾影印刊行此本。文中有若干錯字，并有填入的校勘內容，故被認爲不是撰者親筆所寫，而屬於轉寫本。[②]九條本既沒有書寫的題名，也缺少原書名，"法華經音"實際是被發現後學界根據其體例的假稱，故此音義被認爲是埋沒了六七百年而偶然發現的。

九條家藏本卷首有若干缺欠。音義體式是按韻分類，以《法華經》中的單字爲辭目，對其施以反切。前半部分有加注的聲點和在右旁的假名音注，但後半部分沒有。而此音義是像保延本一樣按卷次爲順編排，所以體裁與保延本極爲相似，而與其前的《法華經釋文》性質完全不同。特別值得注意的是，九條家本單字順序與保延本多有一致。"築島考"有詳細考證論述。此音義對日本中世的韻分類音義有較爲直接的影響。

以上保延本《法華經單字》、九條本《法華經音》類的"法華經音義"書，對其後音義和辭書的影響很大。日本中世以降，"法華經音義"數量多增，而其主要特徵就是以單字爲辭目，用片假名注音。

以下我們主要根據音義體式，按照"卷音義""音別音義（韻分類音義、伊呂波音義、三內音義）""篇立音義"的順序簡述。

（10）心空撰《法華經音訓》一卷，存。

三位先賢皆記載此音義。關於著者心空，儘管相關記載幾乎沒有，但僅從現有資料，我們至少可以得知，這是日本中世對《法華經》做過深入研究的學僧。其三部著作皆現存，是從不同方面對日本所傳《法華經》做的研究。

如果說《法華經音義》主要是從"音"的方面，那麼《法華經音訓》則主要是從字的角度對《法華經》所做的整理和研究。此本不僅現存，且

[①] 九條家是日本公家五攝家之一（其余四家为近衛家、鷹司家鷹、二條家、一條家），爲藤原北家嫡流。江戶時代石高3043石，为公家最高。明治维新之后为華族之一，爵位为公爵，二戰日本战败后失去贵族地位和公爵衔。家纹为九條藤。

[②] 參考《日本辭書辭典》"法華經音"條，第241頁。

有多種寫本與刊本。筆者對此音義中的漢字有過專門研究，將於下節作專門考述，故此暫略。

心空所撰《法華經音訓》屬卷音義，以下爲"音別音義"。

（11）《法華經音義零本》一帖，存東大本。

此本不見岡田《解説》與水谷《書目》。"築島考"有詳細考述。此音義有東京大學國語研究室藏本，被認爲是室町初期的寫本。此音義屬於"音別"音義，即根據韻尾進行分類。此音義被認爲與《九條本法華經音》是同系列。

此類音義，其他例較少，中世以降似乎不太流傳。以下爲"伊呂波音義"。

（12）道範撰《法華經音義》一帖，存嘉吉本。

三位先賢皆記載此音義。道範（1184—1252）是鎌倉前中期真言宗學僧。14歲就登高野山隨正智院明任出家。後又四處參學，爲鎌倉時代高野山的著名學匠。其所撰著述，除有《大日經疏遍明抄》21卷、《秘密念佛抄》3卷、《菩提心論抄》1卷等外，還有就是《法華經音義》一帖。《諸宗章疏録》卷三於"高野正智院道範"下明確記有"法華音義"。[①]此音義現有東京大學國語研究室藏本。因此本有書寫時間識語"嘉吉二年（1442）八月廿五日"，故也被稱爲"嘉吉本"。但築島先生指出，此本應非原本，而是原本的影寫本。原本應藏於高野山正智院，但似未有學者見過。

此音義在卷首標有題目"伊呂波音義"，故屬"伊呂波音義"類，而且是"伊呂波音義"中最古寫本。所謂"伊呂波音義"，即將《法華經》中出現的字，根據其字音，按伊呂波歌[②]的順序排列的音義。此音義被認爲如前所述及的九條家藏本《法華經音》，在日本《法華經》音義史上具有先導作用，對日語語音研究當然也是極爲重要的資料。

（13）《法華經音義》一帖，存永正本。

這也屬於"伊呂波音義"類，現有東京大學國語研究室藏本，有永正十七年（1520）的識語，還有天正八年（1589）和慶長十六年（1611）求

[①] 《大日本佛教全書·佛教書籍目録第一》，第183—184頁。
[②] "以呂波·伊呂波"（いろは），是一種將日語假名排列次序的方法。它源自日本平安時代（794—1179）四十七字《伊呂波歌》（最早見於1079）的最初三字"いろは"。

得的識語。這被認爲與前所述"嘉吉本"屬於同一類。兩本之間，存在辭目字音排列，登載辭目順序，有無聲點加點，以及舌內韻尾與唇內韻尾區別的有無等不同點。

以下爲"音別音義"中的"三內音義"。

（14）《法華經音義》一帖，存大永本。

現有金剛三昧院藏本，卷末有大永二年（1522）書寫識語。"築島考"對此音義有考述。此音義後也附有"異音字"以及"三內五音互具相同圖"。

（15）《法華經音義零本》一帖，存東北大本。

此音義有東北大學圖書館狩野文庫藏本，故稱其爲"東北大本"。全文後也附有"三內五音互具相同圖""喉舌唇三內云云""吳音漢音同異并反音事""直音拗音事""四聲圖""八聲圖""十二聲圖"等。卷末有貞治四年（1365）、心空本識語，永正九年（1512）書寫本識語。此本被認爲寫於永正九年。

（16）《法華經音義》上、下二册，存永和本。

現有山田忠雄先生藏本，有永和四年（1378）心空識語本，故稱"永和本"。上卷是五十音順的音義。其末有：

永和四戊午正月十一日初藤原光能書[①]/後沙門心空書

"永和四戊午"是1378年。關於心空其人，我們將在以下敘述，敬請參考。而下卷則是篇立音義。見下。

（17）《法華經音義》一帖，存慶安二年刊本。

此音義現有慶安二年刊本，收於《日本古典全集》。[②]

（18）《法華經音義五音起清濁》一册，存國會圖書館本。

這實際是前所述東大國語研究室的影寫本。

以下爲篇立音義。

（19）《法華經音義》下，爲永和本一部分。

這實際是前上述（16）山田忠雄先生所藏"永和本"的後半部分。卷

[①] 此與後用行間小注的形式。
[②] 日本古典全集刊行會，昭和九年（1934）。

下起首有：

第二篇目類聚_{百九十四部} 漢音訓

篇目也同上從"女、水、草、糸、广……"開始，至"……气、奞"終止。但各部首字下都記有反切與字數。"築島考"指出，其反切與九條家本、保延本以及《玉篇》皆不合，其由來未詳。

（20）《法華經音義》一帖，存天正本。

此音義有西大寺藏本。其卷末有：

天正十一年（癸未[①]）十二月廿三日書之畢南都興福寺成身院之住

正春（花押）

[②]感得西大寺清净院 榮範

"天正十一年"是1583年。篇目則始自"女、水、草、糸、广、竹、門、人"，終於"皮"。各部首字後標明字數。但各篇內實際所收錄的字數，與其所標有若干出入。應該是在前所述的"永和本"為基礎而減少部首而成者。但二本祇有卷首部分相當一致，後半部分二者并不相合。而且部首中的辭目字的順序，永和本與天正本不一致。二者之間的關係也看不出有那麼緊密。

（21）《法華經音義》一帖，存山田本。

此音義由山田忠雄先生所藏。書寫年代被認為是近世，與天正本極為相似。被認為屬於天正本系統。

（22）《法華經音義》一帖，存大東急文庫本。

此本添加的白紙上記有書寫跋語"元和三年寫"，但書中完全沒有見到相關年號。"元和三年"是1617年。"築島考"指出：本文的書寫年代大體是室町末近世初之際。其篇目有如：

---

① 二字為行間小字。
② 此被認為是別筆所寫。

女部第一奴婢等 水部第二清净等 草部第三蓮華等 糸部第四繪繢等
人部第五仏住等 心部第六惟忖等……雜字部第百

類此，將該部所屬字例示出的方法，未見其他音義。篇目目次之後直接是"兩音字之部。"雜字部"之後是有關《法華經》的文字、聲之事，有"真言開經"。其後有補入的不同紙質，附有"法華經中吳漢同聲字除入聲""兩音字"。

（23）《法華經遍音義》一帖，存長禄本。

此音義有伊勢西來寺藏本。其末有"長禄四年（1460）""寬文十一年（1671）""天保二年（1831）"等時間跋語，還有看起來像是別筆所寫的"堀川院御製法華音義""明覺作法華音義""慧琳作一切經音義中類出玄應音義之事"等一些記載。此音義共有一百四十三部，保持古形。岡田《解說》也提及此音義，極爲簡略，但音義題目作"法華經篇音義"。

（24）《法華經音義》一帖，存天福本。

此音義有高野山金剛三昧院藏本，因其有書寫時間"天福元年（癸巳①）五月五日記之"的跋語，故被稱爲"天福本"。吉田金彥先生對此本有考論。② 據其所考，此音義共有篇目一百二十六個，與以下我們要介紹的"大谷大學本"完全一樣，祇是後者不見最後的"雜"部。

音義本文中有"妙法蓮華經一部中各別字"之題目，其下所收漢字下既標有用片假名標注的漢字音，還有反切以及發音部類。如：

女：ニョ③/尼序反/末喉内④

而其反切皆與保延本相同。發音部類則與九條家本中所被類聚的一致。僅從注音這一點來考察，此本古於保延和九條兩本，若從辭書的體裁考察，是被較好地調整過了。

---

① 二字爲行間小字。
② 見其《法華經音義二點》，初刊登於《國語國文》二六卷三號，1957年1月，後被收入吉田金彥《古辞書と国語》，臨川書店2013年版，第166—170頁。
③ 假名標於漢字右旁。
④ 反切與發音部類用行間小注的形式標於漢字之下。

第四章　法華部音義

（25）《法華經音義》一帖，存大谷大學本。

此音義現爲大谷大學所藏，但因卷首有"大通寺藏書"之印記，一般又稱其爲"大通寺舊藏本"。

此音義部首有如：

女水之草索日月火水木金土人心十巾手足宀穴……

被認爲能見到若干根據意義分類之處，而從整體來看，有些雜然無章。[①]其順序大多同於天福本，所以被認爲是出自天福本。但是此本祇有片假名之注而没有反切和韻尾分類等内容[②]。

（26）《法華經音義》一帖，存應永本。

此音義藏於寶壽院，上有"應永卅三年"的時間跋語，故稱其爲"應永本"。應永卅三年是1426年。但也還有別筆所記"永享五年（1433）""文明十八年（1486）"等時間識語。此本的篇目順序是根據五行、天地、穀物、裝束、人倫等意義進行分類的。這與前所舉"女水草糸"等完全不同，但是各部内漢字的詮釋體裁卻與前類似。

（27）《法華經音義》一帖，存元和本。

此音義藏於西大寺。因其末有與本文不同之筆寫的時間跋語"元和三年十二月廿四日書之"，故被稱爲"元和本"。"元和三年"是1617年。此本被認爲寫於室町初期。此本篇目按照五行、天象、食物等類聚。這樣的分類，被認爲是受了《字鏡集》的篇立分類的影響，但是受了哪一本字鏡集的直接影響，難以判明。川瀨一馬認爲這是鎌倉時代、南北朝時代"篇立音義"諸本中最具古形的一本。[③]但"築島考"認爲這在"篇立音義"中是被經過二次改編過的。

（28）《法華經音訓》一册，存山田本乙。

此音義由山田忠雄所藏。因山田先生所藏并不止一本，故此被稱爲"山田本乙"。

此本無跋語，被認爲寫於近世。此本篇立從"第一日月星雲雨風山川

[①]　川瀨一馬：《增訂古辭書の研究》，第459頁。
[②]　筆者曾於國立國會圖書館尋得岡田希雄先生影寫本。其底本爲寬保二年（1742）寫本。因未親眼見大谷本，故留待今後作進一步調查。
[③]　川瀨一馬：《增訂古辭書の研究》，第456頁。

石瓦"開始，到"第廿九雜部"止。此本被認爲與上述的寶壽院本和元和本關係較爲密切，特別是元和本，內容非常接近。

（29）《法華經音義》一帖，存貞治本。

此音義由西教寺正教藏。因有"貞治四年四月日書寫"跋語，故被稱爲"貞治本"。"貞治四年"爲1365年。篇目始自"水/スイ/氵①人/ニ/イ"，終於"雜/サウ"。

（30）《法華經音義》一册，存川瀨本。

此本由川瀨一馬先生所藏。部首也是始於"水人草口"，終於"皮雜"，其順序與以上"貞治本"一致。

（31）法華經音義一帖，存寬正本。

此音義由天理圖書館藏，原爲平等心院舊藏。因後有書寫時間識語"寬正五年"，故被稱爲"寬正本"。此本與上述（30）"川瀨本"屬同一系統，原爲寶玲文庫舊藏。部首排列同上，始於"水人草口"，終於"皮雜"，卷尾有"兩音字""法華經八卷的字數""四聲圖之事""八聲圖之事""八卷的行數"。

以上是筆者主要參考《日本辭書辭典》中"法華經音義"的相關內容，而實際的主要來源仍是"築島考"。築島裕先生對日本"法華經音義"的考釋非常詳密，我們祇是摘其皮毛，難表其精髓。還望讀者閱讀原文。

以下內容或見於岡田《解説》，或見於水谷《書目》，但不見"築島考"，故上未述及。我們也簡述如下。

（32）心覺撰《法華經音義》，不詳。

岡田《解説》記錄此音義，但不見載於水谷《書目》以及"築島考"。岡田《解説》也頗爲簡單，祇是記爲"高野山常喜院心覺養和元年撰"。日本"養和元年"爲1181年。心覺（1117—1180）是平安後期真言宗學僧，爲高野山常喜院開山。心覺著述不少，有如《別尊雜記》57卷、《諸尊圖像》2卷、《多羅葉記》3卷、《貝葉集》50卷、《心密抄》16卷等。②但似未見記其有《法華經音義》一書。有待進一步考證。

（33）義源撰《法華讀音》，不詳。

岡田《解説》與水谷《書目》記錄此音義。水谷《書目》根據《天

---

① 片假名標音與三點水部首以行間小注的形式標於"水"字下。
② 參考《日本佛教人名辭典》"心覺"條，法藏館1992年版，第395頁。

台書籍綜合目錄》記曰"西來寺藏乾元二年（1303）三月廿三四五日於善峯寺奉隨佛神聖人奉受筆 義源"。岡田《解説》注："叡山成乘房義源法印撰（末尾載有法華讀頌相承，其中有'乾元三年三月傳授云マ'之註）"。

義源爲鎌倉後期天台宗僧人，生没不詳，號"成乘房（也作"坊"）"。因筆者未見，故僅記如上。

（34）《法華音義》，存貞和二年鈔本。

岡田《解説》與水谷《書目》記録此音義，但頗爲簡單，并注明："黑川春村所引"。"貞和二年"是1346年。黑川春村（1799—1867）爲江户末期"國學者"及和歌詩人。學識廣博，尤善於音韻、考證之學，撰有《音韻考證》等著作。筆者尚未見到此所引内容，留待進一步考察。

（35）祐圓撰《法華經轉讀明鏡集》，存否不詳。

岡田《解説》與水谷《書目》記録此音義，也頗爲簡單，"延文四年書寫山禪定房祐圓撰。水谷《書目》還用括號標出"宗淵山家本法華經裏書所引"。"延文四年"爲1359年。筆者尚未見到此所引内容，留待進一步考察。

（36）能譽撰《讀經口傳明鏡集》，存。

岡田《解説》與水谷《書目》記録此音義。岡田《解説》指出："年代不詳，或爲鎌倉時期之物。關於"能譽"，能查到的資料很少。筆者祇查到鎌倉時代有一位著名的和歌詩人叫能譽，生卒年不詳，有《續千葉和歌集》，至於是不是《法華經》撰寫過音義，并不見有記録。但是根據水谷《書目》此音義現藏三種寫本：①岡井慎吾藏有天文十九年（1550）寫本；②川瀨一馬藏有文龜二年（1502）寫本；③多紀道忍藏有寫本。筆者尚未見到此所引内容，留待進一步考察。

（37）《法華讀音》一卷，不詳。

此見水谷《書目》所記，是根據《天台書籍綜合目錄》："叡憲記。無動寺藏文政元年真超寫本"。水谷先生在書名下用雙行小字記："梶井流/專心流"。文政元年已是1818年，爲江户幕府時代，可見《法華經》音義的編纂源遠流長。其他不詳。

（38）室町中期寫《法華經音義》（附《仁王經音義》），存。

古辭書叢刊刊行會於昭和五十三年（1978）影印出版了大東急記念文

庫所藏的寫於室町中期的《法華經音義》。①有川瀨一馬的簡單解說。此音義爲篇立音義。卷首有"法華經音義篇目錄"。如下：

水部第一；人部第二；草部第三；口部第四；手部第五；辶部第六；言部第七；牛部第八；木部第九；宀部第十；糸部第十一；心部第十二；日部十三；月部十四；女部十五；土部十六；羊部十七；貝部十八；火部十九；阝②部廿；金部廿一；頁③部廿二；十部廿三④；……⑤車部卅二；文部卅三；稟部卅四；广部卅五；田部卅六；亞部卅七；尸部卅八；玉部卅九；意部四十；目部四十一；竹部四十二；四部四十三；口部四十四；广部四十五；食部四十六；馬部四十七；衣部四十八；穴部四十九；礼部五十；力部五十一；戈部五十二；雨⑥部五十三；疒（疫）⑦部五十四；山部五十五；歹部五十六；上吏⑧五十七；鳥部五十八；阝五十九⑨；方部六十；耳部六十一；巾部六十二；欠部六十三；足部六十四；佳部六十五；石部六十六；戶部六十七；寸部六十八；黑部六十九；牛部七十；受部七十一；鼠部七十二；止部七十三；凵⑩部七十四；牛⑪部七十五；見部七十六；米部七十七；鬼部七十八；耳部七十九；瓦部八十；大部八十一；弓部八十二；走部八十三；戶部八十四；酉部八十五；列部八十六；夫部八十七；自⑫部八十八；長部八十九；厂部九十；少部九十一；身部九十二；亡⑬部九十三；書部九十四；風部九十五；

---

① 書名爲《法華經音義 付仁王經音義 室町中期寫》（原裝影印版 增補古辭書叢刊），雄松堂書店。
② 此在左，即本爲"阜"。
③ 書前目錄爲"真廿三"，根據所收字，"頁"是。
④ 此後有殘缺，此部所收字缺。
⑤ 此後至刀部卅一殘缺。根據所收字及目錄，卅一應爲"刀部"。
⑥ 所收字皆屬"雨部"，然抄寫者誤寫成"兩"字，蓋形似而訛。
⑦ 此部篇目字爲"疒"，然正文中篇目作"疫"。
⑧ 此應爲重寫符號，接"吏"字下。
⑨ 此在右，即本爲"邑"。
⑩ 此字脫落，根據下所列字群，似當爲"凵"。
⑪ 此字脫落，根據下所列字群，似當爲"牛"。
⑫ 此字三分之二脫落，根據下所列字群，當爲"自"。
⑬ 根據此篇目下所收字，應爲"亡"。

第四章　法華部音義

斤部九十七；叩部九十七；舟部九十八；久部九十九；臭（臭①）部百；疒部百一；臣（㠯）②部百二；角部百三；矢部百四；艮部百五；幸部百六；毛部百七；予部百八；羹（羹）百九；骨（骨）百十；白百十一；与十二③；内百十三；皮百十四；雜百十五

本文以"水部第一"起，終於"雜部百十五"。以下爲"水部第一"例：

水スイ④　法ハラ⑤　漢カン　漏⑥　波ハ　漚ラ　沙シャ　濕深シン　濟サイ　　湯タウ　　清シャウ

等共76個。只用片假名標音，且所標之音也限於一字一音，並不釋義。

卷末附有若干"兩音字"。最後是"并仁王經音義"之題，但内容極爲簡單，"上卷"僅一行，十字；"下卷"三行，二十六字。

筆者曾將此音義作爲"篇立音義"研究的資料之一并主要"從篇目考察日本中世漢字使用實態"展開過研究，⑦指出其最爲突出的特點是"篇目"字或編次依據寫本實際字形，故多有訛形俗體"篇目"字出現。

因爲是特意爲某部經而編的字書，故以當時流傳較爲廣泛的寫本或刊本而作爲基本材料應是基本理念，所以從"篇目"設置看，最突出的表現即爲：有些地方並未按照當時通行的正楷字形設置部首，而是帶有很強的手筆字的隨意性，故而"俗"體部首實不少見，甚至還出現了一些訛誤形旁。以下爲能說明問題，我們還是轉引二例：

"虍部"用隸變字"严"

---

① 前圖像文字似"負"，但根據下列字群，知應爲"魚"，但爲其俗寫"臭"。
② 此字三分之二脱落，根據下列字群，知應爲此二字。
③ 根據前後順序，應爲"百十二"。
④ 片假名本爲小字寫於右下脚。
⑤ 此寫作"ラ"，但與讀音不合，似爲片假名"う"之誤。後"漚　ラ"同此。
⑥ "漏"蓋爲"漏"字，故讀音當爲"ロ"，手寫體似"ワ"。
⑦ 《日本古寫本單經音義與漢字研究》第八章，395—401頁。

《法華經音義》"尸部六十七"中共收字7個。不僅"篇目"字作"尸"，其下所收字皆如此作。實際上，"虎"上部爲"虍"，小篆"𧆞"，爲虎文象形，隸變作"严"。《敦煌俗字譜·虍部》[①]"虎"字下收有"㡪"形，故而從"虍"之字，俗寫多作"严"者。《法華經音義》從"虍"7字皆作俗形，由此可見當時所傳《法華經》中從"虍"皆寫作俗字。但是我們注意到有"𠆩"字，音注爲"タウ"據此，應爲"唐"字。"唐"字並不從"虍"，有如此之訛，蓋爲"唐"字上半部與隸變後的"严"近似，故編者誤將其收入"严"部。

　　"彡部"俗寫與"久"同

　　《法華經音義》"久部九十九"下收有"久、彫、形、彩"四字。實際上後三字與"久"並無關係，三字右旁皆爲"彡"，只是書寫者常習慣將最後一筆短撇改成捺，故類似"久（𠄍）"。"久（𠄍）"之下所收字爲"彫（彫）""形（形）""彩（彩）"皆如此。同樣在《大般若經音義》"久第廿六"中，"久"則被抄寫成"𠄍"，然我們核對正文時，發現僅有一字"影"，故右旁亦應爲"彡"。《佛教難字大字典·彡部》[②]"形"字下，收有"𢒈"；"影"字下收有"影影影"三形。近藤西涯《正楷録》中"影"字條有"影"，并注："倭俗都以從彡字如形彩参類者作久，非。"可見，這種俗體在日本寫本中已極爲常見，已被認爲是"倭俗"。

　　（39）快倫撰《法華經文字聲類音訓篇集》三卷，存。
　　上記岡田《解説》中提到此音義。其撰者快倫（1576—？）是安土桃山時代（1573—1603）天台學僧，曾爲書寫山円教寺[③]學頭[④]。円教寺歷史悠久，是天台宗重要寺廟，存有豐富的文獻資料。其中《円教寺舊記》（也稱《書寫山舊記》）等一部六册被收入《續群書類從》第34輯和《大日本佛教全書》第111册。快倫從年輕時開始就一直住書寫山修學，見證

---

① 潘重歸主編《敦煌俗字譜》，石門圖書公司1978年版。
② 有賀要延編《佛教難字大字典》，東京：國書刊行會昭和六十一年（1986）第二版。
③ 円教寺位於兵庫縣姬路市書寫山。書寫山爲山號，屬天臺宗寺院。建於康寳三年（966），開山爲性空上人。有"西比叡山"之稱，法皇和后醍醐天皇曾經來過此處。
④ 諸大寺統管學務之僧人。

第四章 法華部音義

伴隨了書寫山從衰退到復興的過程，不僅參與了《円教寺舊記》等文獻的書寫，還編纂了《播州書寫山円教寺古今略記》，這對了解從中世末期到近世初期書寫山的歷史，是非常重要的資料。而若從佛經音義的角度看，快倫還有一本重要著作，這就是《法華經文字聲韻音訓篇集》。

《法華經文字聲韻音訓篇集》共上、中、下三卷，現存慶長十八年（1613）古活字板。此音義註題"法花音義"。其排列以四聲和假名的字數、音的長短（長呼、短呼）等爲標準，最後（第五）歸入入聲類。其綱目模仿《唐韻》。其反切模仿《古今韻會擧要》，而宮、商、角、徵、羽、半徵、半商的"五音"和清濁、輕重則主要基於《韻鏡》。如此，其"反切"和"字訓"全是依據南宋毛晃的《增韻》，還有一些遺漏則是參考了《廣韻》和《廣益會玉篇》。①

在日本成立的音義書中，特別是保延三年（1137）的寫本《法華經單字》和至德三年（1386）的刊本，心空的《法華經音訓》，用片假名表示和訓成爲其共同點，而且呈現出更接近辭書體裁的情形。這些音義書是平安時代以前成立的古音義與在此之後的中世蜂擁而出的"法華經音義"之間的過渡時期的產物。作爲"法華經音義"的先驅的平安時代末期的寫本《法華經》中，根據字音排列文字，用反切注記表示字音。音的分類則有鼻聲、舌內、脣內、喉內、齒內的順序，這種形態也被中世的"法華經音義"所繼承。承接這些系譜的辭書，現存可以擧例的正是慶長十八年（1613）快倫的古活字板的《法華經文字聲韻音訓篇集》。②因筆者對此音義尚未展開研究，故僅引以上作爲簡述。

（40）《法華經音義》一卷，不載撰者記年

一般認爲快倫所撰音義，就是以上的《法華經文字聲韻音訓篇集》。但筆者發現國立國會圖書館收藏有承應二年（1653）由崑山館道可刊行的《法華經音義》，而在"書籍信息"的著者欄中寫的卻是"快倫"。筆者查檢此本，并未能發現著者爲快倫的證據。此本最後有識語：

> ……夫妙經之音義，板行流布而雖有之，快倫法印約韻會等之字書述作，故上智之弄引而全不蒙初學。予拔萃文字之同，彙而分篇聚

---

① 《快倫〈法華經文字聲韻音訓篇集〉開題》，木村晟編集《古辭書研究資料叢刊》7《法華文句難字書·法華經文字聲韻音訓篇集》，大空社1995年版，第167—169頁。

② 同上。

之，或集經中同聲異字，或加五音五位，教韻切，導下愚，其於淺學之輩，其小補㦲。仍刊行之者也。

以上"快倫法卯"中"卯"雖清晰，但不識何字，筆者祇能認作"師"，可能是簡體之訛誤。若準確，那麼這裏的"快倫"就不是著者。根據此識語，可知是在快倫之書的基礎上（應該就是以上所述《法華經文字聲韻音訓篇集》），"拔萃文字之同，彙而分篇聚之"，從按韻而排變成"分篇"，即"篇立音義"。

水谷《書目》中提及有《法華經音義》一卷，"撰者記年不載"，有"承應二年刊本"和"寬文五年刊本"。筆者認爲有可能指的就是此音義。

此音義爲篇立音義。前有"序言"，後爲部首目錄，共一百三部，起自"水""亻""草""口"，終至"雜"，共收字"凡一千七百五十餘字"。與近世其他《法華經經音義》相同，用片假名標音注和義釋，另外，辭目字旁有聲點符號。正文後有多個附錄，是研究《法華經》音讀的重要資料。最後，有版識"承應二年癸巳立春仲旬崑山館道可處士刊行"。

正如築島裕先生所特別強調的：在日本所撰成的佛經音義，有《大般若經音義》《金光明最勝王經音義》《俱舍論音義》等，種類頗多。但是，其中《法華經音義》則不僅數量與種類頗多，其作者（多爲僧侶）還廣涉不同流派。[①]通過以上我們的簡單梳理，也可得知，在衆多的日本佛經音義中，"法華部"音義所占比例最大。即使有佚存不明者，抑或同書異名者，抑或因所藏之處不同而有異者，但仍足可充分説明日本歷史上《法華經》之音義書，其數量和種類皆極爲豐富之史實。被稱作爲佛典特殊辭書的"法華經音義"，正是伴隨著古老的《法華經》的普及而被編纂的。以下，我們對"法華部"音義中的名篇進行專門考論。

---

① 《法華經音義について》。

第二節　日僧撰法華部音義考論
——《妙法蓮華經釋文》[①]

一、時代與作者

《妙法蓮華經釋文》（以下簡稱《法華經釋文》或《釋文》）爲日本平安時代（794—1192）中期興福寺僧人仲算（或作"中算"）所撰。從卷首仲算寫於"景子年"（平安貞元元年，976）的序來看，其成書當值中國北宋初年。

仲算（生卒年不詳[②]）是平安時代法相宗著名學僧，爲興福寺僧人。興福寺位於奈良登大路町，爲南都六宗之一的法相宗大本山，也是南都七大寺之一，現以"古都奈良文化財"之一部分而登入世界遺產名錄之列。該寺歷史悠久，相傳最早是由藤原鎌足[③]之妻創立於699年的山階寺，後來遷移至奈良縣的廄阪地區，而改稱廄阪寺。最後於710年遷都奈良時，由藤原不比等[④]將寺院遷至於今天所在的位置，稱爲興福寺。興福寺不僅由勢力旺盛的藤原氏修建，此後亦多受天皇、皇后庇護，陸續修塔建堂，故本只爲藤原氏私寺的興福寺，其營建也得以借國家之力而繼續，其中中金堂、東金堂、北圓堂、南圓堂、五重塔、三重塔、大湯屋、大禦堂等多處現今皆爲日本國寶或重要文物。不僅如此，因爲與攝關家藤原北家關係深厚，得到特別庇護，該寺勢力得以不斷擴大，當時與位於比叡山的延曆寺

[①] 筆者在《日本古寫本單經音義與漢字研究》第五章爲《〈法華經釋文〉與漢字研究》，故此節有部分内容與其有重複。
[②] 吉田金彦《法華經釋文について》一文（京都大學文學部《京都大學國文學會》第21卷，昭和二十七年（1952））言其生卒爲936—976年。網上也有言其生卒爲935—976年。
[③] 藤原鎌足（614—669）是飛鳥時代著名政治家，也是日本歷史上最大的豪族"藤原氏"之始祖。
[④] 藤原不比等（659—720）是藤原鎌足的次子，飛鳥時代至奈良初期的公卿。

共有"南都北嶺"之稱。天禄元年（970），時任權律師的定昭①曾於興福寺西域御門的東北部建立"子院"一乘院，而《法華經釋文》的著者仲算就曾住一乘院之東北松室貞松房，故世亦稱其爲"松室仲算"，故其所撰《法華經釋文》也被稱爲《松室釋文》。

仲算曾師事空晴。②空晴是法相宗學僧，爲當時已呈衰微之勢的法相宗教學的復興做出過很大貢獻。其於天曆三年（949）任興福寺別當後，天曆五年（951）就發願於興福寺舉行慈恩會，起初只是作爲空晴個人的佛教研究會，也是其努力培養教導弟子門徒之所，後來則成爲該寺法會之一，延續至今。空晴門下，高足輩出，仲算即爲其中之一，且被認爲是衰頹時代的法相宗史上留下不朽功績之人，也是法相宗最後的學僧。③其主要歷史功績有二：其一，參加著名的"應和宗論"；其二，晚年撰著《法華經釋文》。

應和三年（962）八月，村上天皇邀請南都法相宗及北嶺天台宗碩學於宮中清涼殿研討法華經義。天台的良源與法相宗的仲算之間展開了激烈的論爭，結果仲算以學問及強辯而獲勝，由此聲名大噪，從而成爲法華經學的權威。此即爲著名的"應和宗論"。

如果説"應和宗論"帶有較爲強烈的佛教宗派色彩，仲算也因此被奉爲拯救法相宗教義於頹廢時代之際的觀音化身，④那麼其所撰著的《法華經釋文》不僅代表了其法相教學的不朽業績，而且超越了宗派之爭而被譽爲平安時代學問的最高境界，成爲日本音義史上巔峰之作。

平安朝上流社會中佛教研究盛行。當時的朝廷重臣，官至從二位中納言的藤原文範⑤就是一位熱心於佛教研究的在家居士，對《法華經》也頗

---

① 定昭（906—983），也寫作"定照"，或稱"嵯峨僧都""一乘院僧都"等。其父爲左大臣藤原師尹。定昭出家後曾於興福寺隨忍敷修習法相宗，受灌頂後，任大覺寺別當。966年昇任權律師、979年昇任大僧都。另外還曾歷任東寺長者、興福寺別当、金剛峯寺座主等。

② 空晴（878—958），平安時代中期法相宗僧人。曾從邊賓學習法相。承平二年（932）任維摩會講師。住喜多院，修密觀。天曆三年（949）任興福寺第14世別當，受封少僧都。

③ 吉田金彦：《法華經釋文について》。

④ 參考佐賀東周《松室釋文と信瑞音義》；真宗大谷大學佛教研究會編《佛教研究》第一卷第叁號，1920年10月；吉田金彦《醍醐寺藏妙法蓮華經釋文解題》，古典研究會編《古辭書音義集成》第四卷，汲古書院昭和六十二年（1987）第二版。

⑤ 藤原文範（909—996），平安時代中期公卿。藤原北家、參議、藤原元名之次子。據説爲平安時代著名文學家、《源氏物語》作者紫式部之母的曾祖父。根據《公卿補任》，藤原於安和三年（970）年任民部卿，天禄二年（971）任權中納言，同三年（972）補任中納言。

第四章　法華部音義

有研究。據《應和宗論記》《本朝高僧傳》等，仲算參加"應和宗論"正是因爲有藤原文範的推薦斡旋。而仲算撰述《法華經釋文》也與其有密切關係。仲算在此書自序中就曾言及：

> 我戶部藤納言，取於朝大公望，准於昔維摩詰鬢莖未剃，心蓮早開，蓋甘知其如此也。予謹奉教命，漸迴愚慮……

以上"戶部藤納言"正指藤原文範。而自序中的"朝大公"則是指另一位高官藤原實賴。[①]由此可知藤原文範傳達了藤原實賴之意，此書完全是奉藤原文範之命而作。

仲算自序最後記有時間"時景子年建酉月朔五日"。景子年即貞元元年（976），[②]根據"興福寺別當次第"記載，仲算於貞元元年十月十九日入寂。而"建酉月朔五日"應爲八月五日，如此計算，仲算作序75天後即謝世。而此書末尾有仲算弟子真興所撰跋文：

> 先師中公，製作斯文，未及清書，付愚早逝，遺言留耳，酬恩在心。故今尋書上納言矣。弟子真興。

由此可知，《釋文》雖然完稿，然仲算未及謄清，就溘然長逝。仲算大概知道自己無法將完本獻上以酬其志，故留言弟子，完成遺志，奉獻中納言文範，以酬其矚望。也由此可見，此書最後得以呈奉當時的戶部中納言藤原文範，得益於弟子真興的鼎力相助[③]。

真興是平安時代繼仲算之後對法相教學做出傑出貢獻的學僧，前已有述。除了幫助其師完成遺願，他自己還撰著了《大般若經音訓》四卷、《法華玄贊一乘義私記》三卷、《唯識論私記》六卷等十部著作。

---

　　① 藤原實賴（900—970）爲平安時代公卿，出身藤原北家，爲藤原忠平長子。官至從一位攝政關白太政大臣。

　　② 按"貞元"爲圓融天皇年號。在"天延"之後，天元之前。天延四年七月十三日（976年8月11日）改元爲"貞元"。貞元三年十一月二十九日（978年12月31日）改元爲"天元"。貞元元年爲丙子年。仲算仿唐朝避丙字諱而改用"景"字。根據陳垣《史諱舉例》中華書局2004年版，第16頁"避諱改干支名例"："唐高祖之父名昞，故唐人兼諱丙，凡丙多改爲景。"

　　③ 以上內容主要參考佐賀東周《松室釋文と信瑞音義》與吉田金彥《醍醐寺藏妙法蓮華經釋文解題》。

二、體例與內容

《法華經釋文》作爲日本現存最早的《法華經》音義書，不僅是《法華經音義》中的名篇，也是日本佛經音義撰著的代表作。

《釋文》是專爲鳩摩羅什所譯《妙法連華經》七卷二十八品所撰音義，共三帖。之所以稱"釋文"，湯用彤先生研究後曾經指出："查過去這類的書，常稱《音義》或稱《音訓》，仲算乃稱《釋文》，當係仿陸德明之書（書中引用有經典釋文）。"[①]可見此書的編撰深受《經典釋文》——這本唐代音義大家陸德明爲解釋儒家經典文字所編音義之影響。而其體例與內容特色，體現於以下兩點。

（一）"取捷公之單字，用基公之音訓"，廣引古籍，添加書證

《法華經釋文》屬"卷音義"，即按照《法華經》卷次，摘錄其中單字和語詞，爲其加以反切音注，并詮釋字義和詞義。基本做法是將曇捷的《法華經字釋記》以及窺基的《法華音訓》二卷作爲兩大基柱，"取捷公之單字，用基公之音訓"，在此基礎上再添加諸家注疏釋抄，同時採用切韻等書，爲音義內容添加書證。如：

> 加：古遐反。慈恩云：加，重也，則交足坐。除灾橫經等云：結交趺坐是也。有作跏，不知所從。玄應同之。曇捷云：跏字書所無，跏猶結交。今案：跏字古書無之，新切韻有之，蔣魴武玄之云：跏趺坐也。是後人於經文以加也。大般若、新華嚴經皆作加矣。（卷上）

案："跏"字爲表"跏趺"而造，指佛教徒的一種坐法，即雙足交疊而坐。此字自然"古書無之"。爲此，人們特意爲"加"造了一個後起分化字"跏"。仲算不僅引"慈恩""曇捷"兩家，還指出《新切韻》有"跏"，蔣魴與武玄之兩家《切韻》指出"跏"字也可作"加"。

> 喻：羊戍反。慈恩云：開也，曉也。曇捷作諭。諭▽〈喻〉同也。順憬云：經本從口者喜也。非經義也。今案：同矣。（卷上）

---

① 湯用彤：《談一點佛書的〈音義〉——讀書札記》，《光明日報》1961年10月19日。後收於《湯用彤全集》第7册，河北人民出版社2000年版。

第四章　法華部音義

案：以上除"慈恩"與"曇捷"，還引用新羅僧人順憬《法華經音義》中內容，辨別異體字"喻""諭"。順憬是新羅僧人，主要活動於7世紀中葉到8世紀初。他是赴唐師從玄奘留學的高僧。曾從玄奘學習唯識學，在唐國馳名，回新羅後弘教法相、因明、俱舍論等佛教理論，從而成爲新羅法相宗的始祖。順憬撰有《法華經音義》，惜已佚不存。仲算在其《釋文》中有32次引用，非常重要。

當然，不一定每條必定非有"慈恩"與"曇捷"，有的或祇用"慈恩"之音，有的或祇取"曇捷"之字，但一定會廣引多種古籍，助其詮釋字音和字義。如：

憺：慈恩云：徒濫反。安也。靜也。謂憺然安樂也。《字書》作㤎、或作恬。徒廉反。靖也。有作惔，徒甘反。憂也。並非此義。今案：《唐韻》：惔字，徒濫、徒甘二反。去聲與憺同字。平聲非此義也。今有此濫，故不用耳。（卷中）

案：以上引慈恩標音并釋義，指出經中有"憺怕"一詞，有作"惔怕"者。今檢大正藏《法華經》卷三："其心常惔怕，未曾有散亂，究竟永寂滅，安住無漏法。"①大正藏腳註"惔"，【宋】【元】【明】三本皆作"憺"，可見現在流行的正是"惔"。而慈恩又指出："徒甘反"的"惔"字表"憂"義，不合經義。仲算通過引用《唐韻》指出"惔"有"徒濫、徒甘二反"。讀平聲（徒甘反），表"憂"義，而讀去聲（徒濫反），則"與憺同字"。清朱駿聲《説文通訓定聲・謙部》："惔，假借爲憺。"《莊子・刻意》："惔而無爲，動而以天行，此養神之道也。"《金石萃編・北齊劉碑造像銘》："夫妙静虛凝，聖蹤難尋，惔怕無相，非有心能知。"以上"惔"，皆與"憺"同。但一般人多讀"惔"爲平聲，認爲只能表"憂"義，"故不用耳"。同時引"字書"與《唐韻》辨析字音、字義與字形。

有時仲算的引用，并不一定是爲標音釋義作疏證，還有的是爲了正誤曲直的辨析與考證，並加有正誤曲直的辨析與考證。如：

---

① CBETA T09 No.0262。

帝**隸**阿惰：曇捷作陏（辞規反）字書口①无。相傳作郁音讀。慈恩云：阿惰字應作阿惰。惰字音徒卧反。梵云怛利。唐云三。梵云阿特縛，唐云世。②梵云僧伽，唐云衆。梵云出略。唐云同種。合言三世衆同一種。有作惰字，相傳於六反，音既不然，亦无③此字。梵云：阿特縛，訛云阿惰。傳寫錯誤，變惰爲惰也。玄應、行瑫同之。今案：曇捷不撿口④本，誤作郁音矣。（卷下）

以上蓋曇捷誤將"惰"作"陏"字。慈恩已經指出其誤。而仲算則進一步概括指出曇捷的錯誤，是因未檢善本⑤之故。唐栖復《法華經玄贊要集》卷三十五⑥指出："經言帝鯠阿惰，音（徒卧反），有作郁（於六反）。此字非。梵語阿特縛，訛云阿惰。"《慧琳音義》卷二十七所引慈恩《法華經音訓》還指出：變"惰"爲"郁"，"誤之甚矣"！

當然仲算也有既不引慈恩之音，也不取曇捷之字之時，但是廣引古代中日韓文獻典籍卻是其不變的特色。

如：以下所引是《釋文》中關於"鳩"與"鴿"的詮釋：

鳩：居求反。詩云：惟鳩居之。傳云：鶌，古默反。鵻，居六反也。禮記云：仲春鷹化爲鳩。鄭玄云：博，黍也。郭璞云：尸鳩布穀。野王案：此鳥種類甚多，鳩其捴名也。崔叔政云：一名牟无鵰鳩。信行涅槃經音義云：鳩，倭名山。未詳。惠雲云：鳩者是佳之別名。佳中略有二別。一鵶鳩，即此方呼爲家鳩。二班鳩，身毛青綠，尾下有班黑色。此方呼爲山鳩是也。今案：日本紀以班鳩或替鵻也。（卷中）

鴿：古遝反。《說文》云：鳩屬也。王逸云：鴿似鶉也。《玉篇》云：如鵶鳩而大也。《字略》云：似鳩，青色赤口腳也。孫愐云：仁禽巢於寺宇也。信行云：鴿，倭名家。未祥⑦。惠雲云：白鴿

---

① 該字蟲蝕不可認。
② 該字蟲蝕，據下文推知作"世"。
③ 本文用繁體字寫成。然引用中有簡體出現，此乃遵從原本而爲。以下不另作説明。
④ 該字蟲蝕，不可認。
⑤ 因此字漫漶難認，故此用善本示之。
⑥ CBETA X34 No.638。
⑦ 根據文意，應爲"詳"。此本多處將"詳"誤作"祥"。

第四章　法華部音義　　339

鳥也。此方无之，本是天竺之物，波斯国人載舩舶將來於新羅国。新羅使為国信物貢上國家，令諸寺收養，大安寺今猶有其種不絕。唐國唯有灰白色，无餘四色。今案：惠雲說能叶諸文。《大般若經》：鴿，青色。《止觀論》：白鴿色。《涅槃經》：灰鴿色。若无眾色之類，諸文矛楯。国家令諸寺牧養，是孫恬巢寺宇之謂也。信行之說，倭語之謬也。（卷中）

以上兩條，仲算除引用中國傳統典籍外，還引有高麗的"崔叔政"，日本的"信行"。關於信行，我們在第三章已經多有論述，不贅。除此，還有一個值得注意的就是"惠雲"。《釋文》多處引用其對動植物的解說，而根據內容，可知應是日本僧人。湯用彤先生就指出：

　　此外，仲算書中也講了一些動植物在中、日、"高麗"的情形，引了中國的《博物志》，又提到惠雲的話，應當是日本僧人。這些所謂"博物"的記載，也可注意。①

由此，我們認爲：輯佚考訂古籍古史的資料，學界一般多將注意力集中於漢文資料，但實際上，古代漢字佛教文化的特性促使我們還應該將視野擴展到古代日本學僧及古代高麗、新羅僧人等撰寫的典籍，而這些內容有時可從日僧所撰佛經音義中獲取，或得到某些信息，可引起重視。我們前曾述及，《釋文》中有32次引用新羅學僧順憬《法華經音義》的內容。除此，此音義還引用了另一位新羅僧人——憬興②著作中的內容。正如韓國學者南豊鉉所指出：《釋文》是參考了中、韓、日的註釋書和韻書而寫成，其中順憬和憬興的著作也不少。從此中我們可以見到完全被遺忘的7世紀之注釋書之片鱗。③

---

① 湯用彤：《談一點佛書的〈音義〉——讀書札記》。
② 新羅法相宗僧人，生卒年不詳，但被認爲是7世紀後半之人。著述甚豐，有《大涅槃經疏》十四卷（或七卷）、《金光明經述贊》七卷、《藥師經疏》一卷、《四分律羯磨記》一卷、《大乘起信論問答》一卷等三十餘種。
③ 南豊鉉：《新羅僧 順憬과 憬興의 法華經 註釋書에 대하여（Remarks on the Silla monks Sungyeong（順憬）·Gyeongheung（憬興） and their annotations of Saddharma-pundarika sutra（法華經）》，《口訣研究》2003年2月第10輯。

（二）多以"今案"的方式，表達其漢字訓詁的觀點

仲算本人既是法華經學權威，又是小學訓詁大師，所以在"糅""集"諸說，對文字加以訓釋的過程中，仲算不僅僅是引用他說，而且多有自己的判斷分析，説出自己的觀點。而這些，大多是以"今案"和"案"的形式來表達的。據我們統計，《釋文》中的"今案"共有141條，"案"有19條，二者相加，共160條，這是我們至今所見單經音義中使用"案語"最多者。基本形式爲引出一家或幾家之說之後，仲算用"今案"或"案"的形式或總結歸納，或辨正訛誤，或提出看法，即在前人研究的基礎上，提出自己的意見觀點。而這些應該體現了以仲算爲代表的日本平安時代學僧對漢字的理解與認識。

> 銅拔：蒲撥反。曹憲云：擢也。慈恩云：亦爲跋。今關東多作兩扇相擊出聲，或作鈸。無所從也。今案：鈸字，古書無之，新切韻有之。孫伷云：鈸，樂器。形如瓶口，對而擊之。《律書·樂圖》云：銅鈸出自西域也。行瑫從金矣。故鈸字亦得。文句云：長安人呼露盤爲銅鈸。在彼翻經故用彼名耳。湛然云：長安亦無此音，或聲轉耳。或是當時有人傳之，章安隨便書耳。順憬云：鈸，鈸猶鈴盤也。（卷上）

案："銅鈸"是銅制打擊樂器，然本非出自中原。《樂書》卷一百二十五："銅鈸本南齊穆士素所造。其圓數寸。大者出于扶南、高昌、疎勒之國。其圓數尺，隱起如浮漚。以韋貫之，相擊以和樂。唐之燕樂，法曲有銅鈸相和之樂。今浮屠氏法曲用之，蓋出于夷音也。"因此漢字中本無此字。經本文中蓋有用同音"拔""跋"者。慈恩指出"或作鈸。無所從也"，蓋不知此字出現緣由。仲算"今案"，明確指出《新切韻》已有此字[①]。而且引行瑫、《律書·樂圖》、《法華文句》等，不僅考"鈸"字，還辨析其音與義，追溯其源。《慧琳音義》卷十七："銅鈸，盤沫反。古字書無鈸字，近代出也。《字統》云：樂器名也。形如小瓶口，對而擊之。《考聲》云：形如小疊子，背上有鼻，以二口相擊爲

---

① 陳源源查《唐五代韻書集存》，指出未見"鈸"字（《〈妙法蓮華經釋文〉與俗字研究》，徐時儀、陳五雲、梁曉虹編《佛經音義研究——第二屆佛經音義研究國際學術研討會論文集》，鳳凰出版社2011年版）。

聲，以和衆樂也。形聲字，犮音同上。"

搋：側加反。慈恩云：《釋名》搋，叉也。謂五指俱徃叉取也。《玉篇》：五指𢪇（撮）也，擊也，把也。《聲類》亦作戲，二形同也。或作樝、相（柤），似梨醋也。或作齟，齒不正也。或作搶，裂壞也。此上三形並非此義也。今案：又作作①相（柤），与搋同。王仁煦云：又子野反。（卷中）

案：此條字頭作"搋"，以下以"柤"釋之。按"搋"從手（扌），爲動詞；而"柤"从木，《説文》"木閑。从木且聲。"孫愐《唐韻》側加切，與"搋"同音。而"搋"字出現甚晚，不見於《説文》《玉篇》，甚至《康熙字典》也未收録。《説文·又部》："𠬪（敽），又卑也，从又虐聲。側加切。"段注："叉卑也。各本作又。取今依類篇作叉。宋本作卑。正。叉卑者，用手自高取下也。今俗語讀若手部䈥者，如此銛物刺而取之也，《方言》：抯，搋取也。南楚之閒，凡取物溝泥中謂之抯或謂之搋。亦此字引伸之義。止又虐聲。側加切。古音在五部。"據段注，我們知仲算"今案"所謂"又作相（柤），与搋同"，此"柤"字當爲"抯"字。《説文·手部》："抯，挹也。从手且聲，讀若樝棃之樝。側加切。"段玉裁注："挹也。方言曰抯，搋，取也。南楚之閒凡取物溝泥中謂之抯，亦謂之搋。从手，且聲，讀若樝棃之樝。樝棃，見木部。側加切，古音在五部。按《方言》抯，搋實一字也。故許有抯無搋。"《釋文》中"木"旁與"扌"旁相混已成慣例，不待辨析。

廟：眉召反。孫愐云：皃也。白虎通云：先祖廟，尊皃所在也。湛然作庿。今案：庿者，廟古字。二形通用也。（卷上）

案："庿"字，當從"苗"爲聲旁。《説文·广部》："廟，尊先祖皃也。从广朝聲。𢉙（庿），古文。"此字形還見於出土中山王壺，作"𢉙"。我們注意到湛然及"今案"皆寫作"庿"。"庿"乃"庿"俗字。《廣碑別字·十五畫·廟字》引《唐陳崇本墓誌》即如此作。而此俗

---

① 原文有二"作"，當衍一"作"字。

體在日本應頗爲流行。《玉篇零卷》"廟"字下引出的古文皆作"庿"。蓋由"庿"譌而爲"廗",雖然於造字之理不相吻合,但仲算"今案"指出"廗"爲"廟古字",正是以"廗"爲"庿"。二字之間的沿襲關係是很清楚的。

三、版本流傳

根據佐賀東周《松室釋文と信瑞音義》[①]一文考證,此書至南北朝[②]還曾頗爲流行,其後亡佚,不知所歸,故佛典疏抄錄等也不見記載。然近年卻發現有兩個藏本。一爲京都真言宗醍醐派總本山醍醐寺三寶院所藏,簡稱"醍醐寺本";一爲天理圖書館所藏,上有文治三年(1187)識語,簡稱"天理本"。兩本內容大致相同,應出自共同的祖本。但醍醐寺本爲完本,且多有加點之處,正文有用朱筆所記補寫和訓點內容,表示四聲以及句讀,上卷尤爲詳細,爲日本國語學研究的貴重資料。[③]而天理本各帖卷尾及卷內多有殘缺,故有不完整之欠。

關於"醍醐寺本",吉田金彥在《解題》中通過對三卷書風的考證,認爲較難輕易判定三卷爲同一人所寫,而三帖由不同人所寫這一點則相對容易説明。所以此本應該不是仲算高足真興所寫,乃爲其後之人所抄。馬淵和夫推定真興弟子中某人撰寫了上卷,中下兩卷則分別由他人所寫。其後又有人爲之加點校訂。[④]而根據最後跋語之自署形式,有學者[⑤]判斷,此本至少經過兩次轉寫。學界將此本與天理本加以比較,天理本屬於初稿本系統,而醍醐本應是以初稿本系統的寫本爲底本,並與由仲算弟子真興改訂且謄清的點本[⑥]移點[⑦]校核而成。

[①] 載真宗大谷大學佛教研究會編《佛教研究》第一卷第叁號,1920年10月。

[②] 此指日本歷史上的"南北朝",時間爲1336—1392年。其前爲鐮倉時代,之後爲室町時代。在這段時期裏,日本同時出現了南(在吉野山的后醍醐天皇)、北(在京都的光明天皇)兩個皇朝相互對峙的局面,並有各自的承傳。南北朝的對立持續達57年,史書還稱爲"一天二帝南北京"。

[③] 吉田金彥:《醍醐寺藏妙法蓮華經釋文解題》。

[④] 馬淵和夫:《醍醐寺三寶院藏法華經釋文の字音について》,《國語と國文學》四九卷五號,昭和四十七年(1972)5月版。

[⑤] 奈良國立文化研究所田中稔(根據吉田金彥《醍醐寺藏妙法蓮華經釋文解題》)。

[⑥] 標有訓讀古漢文標點的書。

[⑦] 將訓點本的訓點移寫至他本。而所謂"訓點"則指在讀漢文時注在漢字旁邊或下方的文字及符號。

第四章　法華部音義　　343

　　此本非常重要，因爲有用朱筆加入的補寫與訓點，尤其是上卷二十丁周圍，訓點頗爲詳密。關於漢文訓讀法，自從漢語古籍傳入日本以後，日本人經過長期的努力，從平安初期開始，在訓讀漢文時，多在漢字的四角、上下和中間所定位置加點和綫，作爲替代假名的符號。醍醐寺本除以上所提及在日中漢字音史、訓詁小學史、辭書史的價值以外，還有重要的一點，就是有這些爲輔助學人閱讀的訓讀符號，而此不見於天理本。此加點符號等應爲仲算弟子真興所加。這些都真實地記錄了當時法相宗學僧閱讀研究經典的實際狀態。中島祝夫、大坪併治、築島裕等學者對此都有過研究，可以參考。

　　卷軸三帖全本"醍醐寺本"《法華經釋文》，早已作爲"重要文化財"而被指定爲日本國寶。①汲古書院1979年出版影印本《古辭書音義集成》，將醍醐本《法華經釋文》收於第四册。其中有吉田金彦所撰《解題》，還有宮澤俊雅爲此音義所作的"單字索引""事項索引""訓點索引"。除此，吉田金彦與宮澤俊雅還聯合爲此音義編纂了"出典索引"。這對學界研究有很大幫助。而《日本大藏經》（1917）"經藏部法華部章疏二"和《大正大藏經》（1929）五十六卷續經疏部一（N2189）收有據之重排的鉛字本。但鉛字本多有錯訛，當以影印本爲正。

四、學術價值

　　　　——以漢字研究爲中心

　　前已述及，《法華經釋文》儘管是奉朝廷藤原文範之命而作，然我們根據仲算《自序》，則可以更清楚地了解其真正的編撰動機：

　　　　夫《妙法蓮華經》者，諸佛之祕要，衆經之本源也，文雖八軸，義包萬象。是以古今諸宗疏釋區分，隨義訓文，隨訓異音。諸師音義有兩三家，或述異訓，或出一音。尋義讀文頗有不安。然復有曇捷法師之單字，文雖盡，義猶闕。有大乘基之音訓，義雖窮，文尚少。讀者常迷，還恨先賢……予謹奉教命，漸迴愚慮，糅諸師之音義，集諸家之疏釋。刊謬補闕，省繁撮要。凡今所撰錄者取捷公之單字，冉基

---

① 大正十一年（1922）四月十三日。

公之音訓。其餘列諸宗之疏釋，載諸家之切韻。若一字二義，立難辨正，則隨處重出，斷其疑綱。勒成三卷，名曰《法華釋文》。仲算人間跛鱉，僧中瘂羊，雖望龍象之光塵，猶昧内外於味道，以蠡酌海，恐多缺漏……

仲算在此序中指出了當時日本諸宗研讀《法華經》的不足狀態，故"頗有不安"。儘管當時中國學僧所撰《法華經》的音義書陸續傳入東瀛，特別是隋朝東都洛陽慧日道場沙門曇捷所撰《法華經字釋記》以及有"百部疏主""百部論師"之稱的唐代慈恩法師窺基的《法華音訓》，更被視爲漢土所傳來權威的《法華經音義》之雙璧，然而，在擅長小學訓詁的仲算看來，此二書均有内容量少不足，訓詁欠缺不夠之處，故其"糅諸師之音義，集諸家之疏釋，刊謬補闕，省繁撮要"，從而撰此《法華經釋文》。[1]這一點非常重要，因其價值也體現於其中。

《法華經釋文》作爲日本漢字學史、音義辭書史上的重要著作，自被發現以來，從部分公刊到全部複印付梓，一直深受學界矚目，對其研究也從多角度展開，成果豐碩，主要集中於日本漢字學史、辭書史、漢文訓讀法、漢字音等諸研究領域。學界一般公認：《法華經釋文》最大的特點，亦即本書最大的價值，體現於其豐富的文獻資料上。湯用彤早在20世紀60年代在《談一點佛書的〈音義〉——讀書札記》[2]一文中就指出："此書中引用漢文古書頗爲廣泛，項目約計總數在二百以上，内有佛教書籍約在八十以上。"此語甚恰。"二百以上"漢文古書的被徵引，不僅是仲算訓詁實踐過程的具體展現，也爲學術界保留存下來了大量的文獻資料。這是非常珍貴的。筆者曾在《日本古寫本單經音義與漢字研究》的第五章《〈法華經釋文〉漢字研究篇——以漢字訓詁爲中心》[3]參考日本學者的研究成果，對其"廣徵博引，集大成式之訓詁""糅集諸文獻實證漢字，保存多種逸書"，并特別以新羅僧人順憬音義爲例，輯《釋文》中30條順憬的《法華經音義》逸文進行考察，得出的結論是《釋文》可謂仲算用貫徹始終的訓詁註釋精神，引用諸文獻進行文字訓詁實證的學術辭書。

---

[1] 參考吉田金彦《醍醐寺藏妙法蓮華經釋文解題》。
[2] 《光明日報》1961年10月19日。
[3] 中華書局2015年版，第275—323頁。

第四章　法華部音義　　345

當然，其重點還是在其廣徵博引、保存多種逸書方面。爲使本書讀者也能較爲全面地了解這方面的内容，筆者想再次強調此音義在漢字研究方面的價值。

仲算不僅是平安時代著名的法相宗學僧，也是傳統學問（承自中國小學訓詁）的傑出代表。《法華經釋文》既是同時代日本"法華經音義"的集大成之作，也代表了當時日本訓詁學的最高水平。《法華經釋文》因爲收釋《法華經》中的單字，被定義爲"《法華經》的漢字字書"，[①]所以以下我們就以漢字研究爲中心對其展開考察。[②]

（一）仲算所用古訓資料，有大量漢字實證内容

《釋文》所引資料非常豐富，在漢傳文獻輯佚研究方面具有重要價值。其中還有些内容考證漢字，對漢字研究同樣也具有重要價值，特別是仲算在考釋漢字形、音、義時，廣徵博引的資料中，有相當一部分已屬佚文。而這些珍貴資料對漢字訓詁具有重要重要的參考價值。

漢字是形音義的統一體，形、音、義之間是相互關聯的。音義編撰者在對漢字進行"音義"時自然也不會絶對分開，標字音、釋字義（有時就是詞義）、辨字形是一般音義著作最基本的内容。以下我們主要考察《釋文》在考辨俗字過程中所使用的佚文資料。

與其他日僧所撰單經音義一樣，《釋文》收錄當時流傳的《法華經》中的難字難詞，並加以訓釋考辨，是爲其特色。而漢字發展至平安時代（中國已是唐宋），大量俗字已爲"難字"主要内容。故而，猶如玄應與慧琳等音義大家一樣，仲算在《釋文》中也極爲重視俗字内容，不僅大量收錄俗字作爲辭目，還在釋語中辨析俗形。陳源源在其《〈妙法蓮華經釋文〉與俗字研究》一文中對此有所研究，如指出《釋文》常以"非""俗""俗作""有作""有本作"等來稱引俗字。還指出有時作者並不直接指明其爲俗字，但通過作者案語及我們的分析可以發現這些字在手抄本經文中是常見俗字。[③]筆者同意這個觀點，但我們主要考察仲算是如何引用古佚書材料來訓釋俗字的。

---

① 古田金彦：《醍醐寺藏妙法蓮華經釋文解題》。
② 其中有些内容與筆者前書相同。
③ 徐時儀、陳五雲、梁曉虹編：《佛經音義研究——第二屆佛經音義研究國際學術研討會論文集》，第126—127頁。

湎：亡善反。慈恩云：說文妣於酒也。切韻嗜著也，乱也。古為醎字。或作婂恼，不知所從。一切經類音云：洏字俗作婂矣。唐韻云：恼，思也。非此義也。（卷中）

案：《慧琳音義》卷二十七引慈恩《法華音訓》辭目爲雙音詞"妣湎"，而仲算卻將其分爲兩條。此條前正是"妣"字。由此也更可見《釋文》作爲《法華經》單字字書的性質。

《慧琳音義》卷二十七"妣湎"條釋下字："下緜善反。說文妣於酒。切韻亦嗜著，亂。古文醎。有作婂，不知所從也。"可知至"一切經類音"前，乃引自慈恩語。"一切經類音"之後是仲算所添加的內容。

以上"湎"源於《說文》，是爲本字，正如《說文·水部》所釋："湎，沈於酒也。"其他有如沉迷、迷戀（嗜著也）、放縱、散漫無節（乱也）等皆從此引申而來。而慈恩舉出的"古文醎"，實際爲俗字。《龍龕手鑒·面部》收"醎"，以"醎"爲"湎"之俗字。《正字通·酉部》"醎"下亦云："俗湎字。""醎"字從酉、面聲，音義與"湎"同，爲後起形聲字。而慈恩"不知所從的""婂"，《一切經類音》則明確指出爲"湎"之俗字。《龍龕手鑒·面部》"湎"字上有"靦醎婂"三字，釋曰："三俗通。""婂"在《集韻》中有目美貌和嫉妒二義，然根據《一切經類音》，可知還可作"湎"俗字，《龍龕手鑒》亦已爲證明。

又：慧琳所引慈恩語，並未提到"恼"。根據仲算此後特意引《一切經類音》和《唐韻》詮釋此二字，我們似可以認爲，原本慈恩《音訓》應該有"恼（恼）"。此字亦見《說文·心部》："恼，勉也。"到中古，此字又有"思""想"之義。《釋文》所引《唐韻》即指出此義，但非字頭"湎"原義。但在漢字實際使用中，"醎""婂""恼"皆可視爲"湎"字俗用。《釋文》所引《一切經類音》《唐韻》等資料不但辨析字形，而且詮釋字義。另外，作爲寫本所保存的"醎"（"醎"之手寫俗體）、"婂"（"婂"之手寫俗體）、"洏"（"湎"之手寫俗體）、"恼"（"恼"之手寫俗體）等俗字字形，則反映了當時寫本字形的特色。

第四章 法華部音義

道塲：除良反。武玄之云：僧集之處也。<u>孫恬云</u>[①]：祭神佛之處也。《說文》云：從日一勿。或作塲，始羊反，耕犁塲。又鼠塲也，不協此義。故<u>王仁煦</u>云：塲從易。塲從昜。二字各別，俗通用，失也。今字辨疑亦同之。或作場字。伊昔反。疆場也。從日勿也亦非此意。吉藏云：摩竭陀國菩提樹下起道之處名道場也。（卷上）

案：《説文·土部》："塲，祭神道也。一曰田不耕。一曰治穀田也。从土昜聲。"可見正字爲"塲"。然因"昜"字隸定後，至唐代一直與"昜"混用，故多有俗字產生，如"腸"俗作"膓"；而本爲正字的"傷"，受此影響，反過來俗可作"傷"。仲算引孫恬、王仁煦以及《今字辨疑》，辨其正俗。

癩：廬達、落蓋二反。<u>麻杲</u>云：疥癩，亦作㾌。<u>孫恬云</u>：患瘡也。<u>孫伷云</u>：説文作癘。曇捷云：瘌，力達反。方言：凡飲藥而毒，南楚之外謂之瘌。然內經以為重病之名，誤也。今宜作癘，良大反，惡疾也。故廣雅云：㾌，癘也。㾌音資。今案：古書癩字未詳。故曇捷不取癩字。<u>孫伷云</u>：癘癩同也。（卷中，P118）

案：以上《釋文》引麻杲、孫恬、孫伷、曇捷諸家之説，既辨音，又釋義，還舉出俗字字形，特別從"癘"到"㾌"，再到《法華經》中實際出現的"癩"，疏理他們與此音義作爲辭目的"癩"之間的關係。

以上關於辭目"癩"字，並不像《釋文》一般體例，沒有曇捷的解釋。仲算加"今案"云："古書癩字未詳。"所謂"古書"，即指《説文》也。"癩"確實不見於《説文》。《説文·疒部》："癘，惡疾也。从疒，蠆省聲。洛帶切。"段玉裁注："惡疾也。按古義謂惡病包內外言之，今義別製癩字，訓爲惡瘡，訓癘爲癘疫。"段注說得很清楚，"癘"字本指"惡疾"，包括體內與體外，後專爲皮膚惡疾，即今所謂麻風病造形聲字"癩"。《廣韻·去聲·泰韻》："癩：疾也。《説文》作癘，惡疾也。今爲疫癘字。"《集韻·去聲·夳韻》："癘癩，《説文》惡疾也。或從賴。"《類篇·疒部》曰："癩，落蓋切。惡疾也。又郎達切，

---

① 下橫綫爲筆者所加。下同。

楚人謂藥毒曰痛瘌。"可知"癩"除作爲"癘"的後起字之外，還可與《說文》中本有的"瘌"相通。特別值得注意的是，仲算還引麻杲語，指出"亦作㾕"。此中"㾕"字不很清晰，"疒"頭下似爲"束"，實際是"来"之訛。仲算所引《廣雅》中二字形"㾐""㾐"，比較清楚，可證。《釋文》中"㾐"即"㾐"字俗寫。"㾐"字《玉篇》與《廣韻》等中古字書韻書皆收，釋曰："惡疾""惡病"，與"癘"字同。因"癘"字後又分化出"癩"字，故"㾐"自也可與其通用。《廣雅·釋言》收有"㾐"字，釋曰："癩也"。《正字通·疒部》："㾐，俗癩字。因聲近而譌。"

以上例，無論是《一切經類音》等古音義，還是孫愐、王仁煦、麻杲、蔣魴、武玄之等名家古韻書，乃至曇捷《字釋》《今字辨疑》等古字書，皆多爲佚殘資料，仲算曾用其詮釋漢字形音義，這爲漢字疏釋，特別是考辨俗字，提供了寶貴的資料。

（二）仲算辨析漢字形音義的"今案"內容，代表了當時日本學僧對漢字的理解與認識

在前的"體例與內容"部分，我們指出此音義特色之一，是多有仲算的"今案"，共有160條，其中大多數又是有關漢字的內容。經過筆者考察，認爲又可分爲以下內容。

1. 辨析漢字字形

即列舉所釋字或所釋詞彙構成字的古字、俗字或借字，對經文中所用錯字或諸家所釋之誤加以辨別訂正。

因爲是爲早期寫本佛經所作音義，而流傳抄本中的俗體訛誤等又比比皆是，故早期日本僧人所撰佛經音義有相當部分的內容是辨別字形的。仲算的"今案"中就多有對漢字字形進行考辨的內容。如：

齭：慈恩云：傳在詣反。齧斷筋骨名齭（齭）。嘗至齒作㱎（噆）。少噬爲噆。不知齭字所從。恐錯爲齭。應作齭。齧挽曰齭。玄應云：齭相承，在計反，或本作齭，竹皆反。曇捷云：齭字部无此形。今或作齭。今案：字形有三：一齭，在詣反。經本多作此形。慈恩、曇捷並云字書未見。玄應云相承意顯，無所出也。二噆，石詣反。嘗至齒也。依慈恩意亦可取噆字，故下文云：疑苦集軟法，如噆

第四章　法華部音義　　349

至齒也。三齻，竹皆反。齧梲曰齻。慈恩云：應作䫴字。齎齻相近，寫者錯也。玄應曇捷並云或本作齻，若依多説，以齻為正，故《廣疋》云：齻齧也。正與經文同。然《新切韻》有齍字，後人所益加也。（卷中）

案：此條仲算先引慈恩、玄應、曇捷三師釋"齍"字之説，然後以總結的形式指出："字形有三"，齍、嚌、齻。但并未對字形的正俗與否，以及字義的確解做出論斷，這是仲算謹慎的一面。但由於他提供了不同的説法，遂使我們可能循此綫索而作進一步的研究。綜合上引各種資料，我們得知，在"齍、嚌、齻"三個字形中，最早出現的是"嚌"，早見於《説文》，作"嚌，嘗也。从口齊聲。《周書》曰：大保受同祭嚌。""嚌"是飲食至齒而止的行爲，故釋爲嘗。《宋本玉篇》收有"齎""齻"二字，"齎"爲"阻詣切"，與"䶥"（五計切）連文，合釋爲"齧也"。可見"齎"字不獨用，上引慈恩云：齧斷筋骨名齎。未知其所由。又"齻"字《宋本玉篇》釋"卓皆切，噍齧聲也。"與"齎"共有"齧"字釋，但此爲"噍齧聲"，義有所別。如此，"齍"字儘管"不知所從"，"字書未見"，"意顯无所出"，然"經今多作此形"。此應爲佛書中常見的俗用字。"齍"與"嚌"讀音相同，故二字可通。《法華經》卷二："狐狼野干，咀嚼踐蹋，齍齧死屍，骨肉狼藉。"①大正藏腳註："齍"，【宮】【元】【明】三本皆作"嚌"。我們以爲以"齍"代"嚌"當因聲旁相同，而"口""齒"作爲義符往往相關，故而有相代之用。"齍"與"齻"字則因同偏旁，加上"齊"與"來"音近而造成替換聲符。《龍龕手鑑・齒部》"：齻齻，二俗。齻正，卓皆反，齒也。"《龍龕手鑑》所收之字多從俗寫，"齻"爲"齻"之書法簡體，應爲中古以後所出。

　　攣：呂員反。慈恩云：攣，手拘病也。或作攣，緩鷹拘也。今既是病，應作攣字。曇捷云：攣，力拳反。《通俗文》：手足卷曰攣（攣）。《字林》：係也。今案：《玉篇》攣字作攣（攣），身躰拘曲也。《一切经類音》：攣攣攣三形同也。然《玉篇》通為攣字，今

---

① CBETA T09 No.0262。

依《唐韻》《類音》玄應從瘲字也。（卷中）

案：從此條"今案"可以看出仲算在取字時更多注意字義與字形的关系，強調字形區別意義的作用。《法華經》卷二："謗斯經故，獲罪如是。若得爲人，諸根闇鈍，矬陋攣躄，盲聾背傴。"①大正藏脚註"攣"，【宋】【元】【明】作"瘲"。"攣""瘲"相通。慧琳認爲"攣"爲"瘲"之俗字。《一切經音義》卷六十音釋《根本説一切有部毘奈耶律》卷十九"攣躄"條："上劣專反，俗字也。《韻英》云：手足筋急拘束，不能行步，申縮也。正體從疒從戀作瘲。戀音劣轉反。下音辟。顧野王云：躄謂足偏枯不能行也。亦形聲字也。從足辟聲也。""瘲"乃病體屈曲貌，也作"癊""癴"。前者即《釋文》之"瘲"。《集韻·僊韻》："癴，病體拘曲也。或作瘲，通作攣。"《廣韻·仙韻》："癴，亦作癊。"

"癴""癊""瘲"等皆不見《説文》，乃中古所出字，互爲異體。然"攣"卻見《説文·手部》："係也。从手䜌聲。呂員切。"《康熙字典·手部》："凡拘牽連繫者皆曰攣。"則"攣"本指牽連繫絆、牽此動彼。人之佝僂，手足卷拘亦與"攣"義仿佛，遂以爲病。《集韻·線韻》："攣，手足曲病。"《史記·范雎蔡澤列傳》："唐舉孰視而笑曰：'先生曷鼻，巨肩，魋顔，蹙齃，膝攣。吾聞聖人不相，殆先生乎？'"裴駰集解："攣，兩膝曲也。""風毒膝攣"現已成爲中醫的常用病名。正如仲算"今案"所舉：《一切经類音》中"攣瘲癊"三形同。而《玉篇》已通爲"攣"字。即使如此，仲算還引慈恩"今既是病，應作瘲字"，並"依《唐韻》、《類音》、玄應從瘲字"，則明顯以意義作爲字形的依據，顯示了日僧解字重視漢字字形的表意作用。

阤：池尒反。《唐韻》：又施是也。慈恩云：《説文》山崩也。《方言》：阤，壞也。《玉篇》：毀落也。或作裨（襹），槖（奪）衣也。或作陊，②山崩也。或作柁，拃（拆）薪隨其木理也。或作䇓（號），不知所從。今應作阤，從阜也。聲或作陊矣。今案：字形有

---

① CBETA T09 No.0262。
② 此字旁有小圈，此行上方有補入之字"池尒反"。

第四章 法華部音義

五：慈恩以陁爲正，或用陊字。玄應以裓（褫）爲正，或取陁字。湛然同之。柂、貎（貎）二形，諸師不用之。（卷中）

案：此條主要引慈恩對"陁"字的辨識，然後總結其五種字形。《法華經》卷二："譬如長者，有一大宅，其宅久故，而復頓弊，堂舍高危，柱根摧朽，梁棟傾斜，基陛隤毁，牆壁圮坼，泥塗褫落，覆苫亂墜，椽梠差脱，周障屈曲，雜穢充遍。"[①]大正藏注"褫"字：【元】【明】【宫】本作"陁"。"陁"與"褫"本無關係，因同爲"池爾反"，故可通用。"陊"也有"池爾反"，《玉篇·阜部》："陊，小崩也。"仲算總結出的五種字形，"陁""陊"與"褫"因音同故通，然"柂"與"貎"，慈恩云"不知所從"，仲算則蓋從各本寫經中得出"諸師不用之"的結論。實際上應爲傳抄之訛。"柂"乃"扡"字。"扡"即"拖"字異體，"陀"字又寫作"陁"或"陁"，因而"柂""扡""拖""陀""陁""陁"在佛經中記寫的是同一個詞或音節，因與"褫"音同，故可借用。段玉裁注"扡"字："《易》：終朝三褫之。鄭本作扡。叚扡爲褫也。高誘注《淮》南遇盜扡其衣云：扡，奪也。"而"貎"則應爲與"褫"形似而誤。《可洪音義》卷五收有"貎落"條，釋語："上直尒反。崩[②]也。正作陊、陀、褫三形。"又卷二十六："㙐脱，上直尔反。參㒹也。落也。毁也。正作貎、褫、陊、陀四形。"

通過以上例，我們不難看出仲算辨析字形，主要指出別體異字。這裏所謂"別體異字"，其實是佛經及其各種音義書中出現的異文，也就是説，對同一個語詞出現了不同的記寫形式。這種不同，或出於"假借"，或出於古今字的衍變，或出於傳抄中的訛變，或出於書法的追求，或出於隸變或草書作楷的某種形式上規範的要求，一直是佛經理解上的障礙，因而辨析字形也就成爲歷代學者不可繞過的課題。我們還可以看出，仲算在辨析字形時，很注意字形符號中義符的表意作用，他的判定文字合理與否，往往是從詞義出發，歸結到字形是否合乎使用的標準。這種做法，無疑是繼承了《説文》"據形繫聯""因形説義"的傳統。這與南北朝以

---

① CBETA T09 No.0262。

② 應爲"崩"俗字。

來由於聲韻學的提倡,辨音析義成爲主流的做法看上去矛盾,實則相爲表裏。漢字字形中表音符號的大量運用,正爲追尋語詞在語音上的同源關係準備了良好的繫聯基礎。由此,仲算儘管并沒有應用"假借""通假"一類術語,卻在實踐中遵循了漢字的結構規律。

2. 爲漢字辨音釋義

"辨音釋義"是傳統音義書的特色,此源於傳統訓詁學的"因聲求義"。"因聲求義"作爲訓詁方法的一種,肇始於東漢鄭玄,至有清一代,因乾嘉學派的努力,"因聲求義"已發展成爲一種成熟的訓詁原則,形成一套科學的訓詁方法。然而,我們應該注意到的是:在此發展過程中,以玄應、慧琳爲首的傳統佛經音義作者在其音義書中許多有關"辨音釋義"的實踐,對完善"因聲求義"的訓詁方法也確實是做出了很大貢獻的。而類似仲算這樣遵隨玄應、慧琳等的海外音義學者,自然也會認識到漢字"音"與"義"關係的重要性,在其"今案"中,爲漢字辨音析義的内容也爲數不少。

> 蜿轉:慈恩云:上於院反。躰屈也。非此義矣。或作宛,小孔也。四方高中央下曰宛。又屈草自覆也。非此義矣。曇捷云:宛轉臥也。経本作婉,婉,順也。行瑫、玄應作夗轉,亦作踠,同。躰臥曲轉之皃也。今案:字形有五:一宛,曇捷云:轉臥也。蔣魴云:迴轉也。慈恩、行瑫不取此形。二夗,行瑫云:躰臥曲轉之皃也。孫僶云:轉臥也。三婉,曇捷云:経本作婉,婉,順也。麻杲云:婉轉避也。四蜿,慈恩云:躰屈也。諸書皆云蜿蟺①蚓也。又於元反。蜿蜿龍皃也。五踠,諸書皆云躰屈也。行瑫云,与夗同也。問蜿字无躰屈訓,慈恩何云躰屈耶?答有二釋:一云踠蜿同也。《玉篇》唯有蜿字,无踠字,所以同也。後代《切韻》應以一端再出之蟠蜿龍皃。言蜿轉猶蟠蜿也。蚯蚓龍皃,其躰同屈,故可通甬(用)。雖有五形,蜿夗優矣,通下《壽量品》夗轉于地之文,故既是人類不可躰屈。《説文》云:夗轉臥也。清澈云:夗轉臥地也。行瑫云:夗踠同爲之。(卷中,P119—120)

---

① "蟺"字下有小圈,此行上有"蚯"字,蓋後注以改正,則讀爲"蜿,蚯蚓也"。

案：此條仲算"今案"中舉了五個不同的字形：一宛，二夗，三婉，四蜿，五踠，通過徵引各家所辨，使人明白這五種字形中，有一個共同的符號"夗"，作爲各字的聲符，其實也是五個字形共同意義的關鍵符號。他引《説文》云：夗轉臥也。《説文》作"夗，轉臥也。从夕从卪。臥有卪也。"段注："謂轉身臥也。詩曰展轉反側。凡夗聲，宛聲字皆取委曲意。"段氏在"宛"字下注："从宀。夗聲。夗，轉臥也。亦形聲包會意。"則強調了形聲字聲旁的表意作用。仲算通過佛經異文的梳理，得出了跟段玉裁數百年後相同的結論。這不能不說他應用的方法是正確而有效的。

鼬（鼬）：余救反。慈恩云：似鼦（常尺反）啖鼠。其形小也。亦呼為鮏（音性）鼠，乃是黄腰之儔。或本貀（貀），《字林》作狖。古文作䑏。又余季反。郭璞：似獼猴而大，其色蒼黑，尾長四五尺，尾頭有兩岐。天雨即自倒懸於樹，以尾塞鼻。江東養（養）之捕鼠。《山海經》禺（㕍）山多䑏。《玉篇》作貁，似狸持鼠。或作貁之。今依《切韻》，應作鼬。鼬性能傷煞，貁非惡性，故不取之。或本作㹨，不知所從。今案：字形有七：一鼬（鼬），武玄之云：赤黄色。俗謂之鼠狼。慈恩妙樂多取此字。二貀（貀），与鼬字同。麻杲云：鼬或作貀（貀）。三貁，慈恩云非惡性，故不取之。曇捷用之。四狖，吉藏云：似豹，赤色，食鼠。慈恩云：依《字林》取之。音訓以之為本。玄應吉藏皆用此字。五䑏，古狖字也。長孫訥言云：別作䑏。六貁，慈恩云，若依《玉篇》作貁。七㹨，慈恩云不知所從。雖有七形，多取鼬狖為正矣。行瑫非狖，取貀鼬也。貀，鼬也。（卷中）

案：《法華經》卷二："鵄梟雕鷲，烏鵲鳩鴿，蚖蛇蝮蠍，蜈蚣蚰蜒，守宮百足，狖狸鼷鼠，諸惡蟲輩，交橫馳走。"[1]大正藏注："狖狸"，【博】作"狖狸"，"狖"【宋】作"鼬"，【元】【明】【宫】本作"貁"。

這裏主要是漢字中有些部首因義類相近而義符相通的現象。比如在

---

[1] CBETA X30 No.0604。

《説文》研究中，人們就發現了"口"部和"言"部相通，或與"欠"部相通。所以有些字記錄的是同一個語詞，卻可以有從"口"從"言"（如"呵"與"訶"），或可以從"言"、從"心"（如"説"後起字作"悦"以分擔其字義），或從"言"、從"欠"、從"心"都能相通的（如"訢"又作"欣"，又作"忻"），等等。《説文·鼠部》："鼬，鼠屬。从鼠冘聲。而隴切。""貁""鼬"字从鼠，"狖""狖"从犭，"狖"字从豸，則古人自以"鼠""犬""豸"爲動物中四足獸類而通用其偏旁。"狖"字所从"穴"實爲"冘"之譌，故"貁"與"狖"同聲旁，"鼬""狖""狖"亦同"由"爲聲旁。《法華經》元、明、宮，三本作"貂"，"貂"則爲"貁"之譌省，"豸"旁亦與"鼠"旁通用。《龍龕手鑒·犬部》指"狖"爲"狖"俗字。仲算引慈恩云，"若依《玉篇》作狖。"狖今傳本《玉篇》和宋本玉篇皆不見"狖"。則"狖"當由"鼬"之形符"鼠"替換通用偏旁"豸"而成。

憺：慈恩云：徒濫反。安也。靜也。謂憺然安樂也。《字書》作倓，或作恬。徒廉反。靖也。有作惔，徒甘反。憂也。並非此義。今案：《唐韻》：惔字，徒濫、徒甘二反。去聲與憺同字。平聲非此義也。今有此濫，故不用耳。（卷中）

案：仲算"今案"引慈恩語指出經中有"憺怕"一詞，有作"惔怕"者。今檢大正藏《法華經》卷三："其心常惔怕，未曾有散亂，究竟永寂滅，安住無漏法。"①大正藏脚註"惔"，【宋】【元】【明】三本皆作"憺"，可見現在流行的正是"惔"。而慈恩又指出："徒甘反"的"惔"字表"憂"義，不合經義。仲算通過引用《唐韻》指出"惔"有"徒濫、徒甘二反"。讀平聲（徒甘反），表"憂"義，而讀去聲（徒濫反），則"與憺同字"。清朱駿聲《説文通訓定聲·謙部》："惔，假借爲憺。"《莊子·刻意》："惔而無爲，動而以天行，此養神之道也。"《金石萃編·北齊劉碑造像銘》："夫妙静虛凝，聖蹤難尋，惔怕無相，非有心能知。"以上"惔"，皆與"憺"同。但一般人多讀"惔"爲平聲，認爲只能表"憂"義，"故不用耳"。

---

① CBETA T09 No.0262。

3. 辨明字義

釋義爲訓，此乃傳統佛經音義書（如《玄應音義》《慧琳音義》等）的重要内容。《釋文》亦同樣如此。因爲無論是"辨音"還是"辨形"，皆爲訓詁手段，釋義纔是目的。仲算除了採取引經據典的方式以釋字義外，還常用"今案"對各家所釋字義（有時就是詞義，甚至表示語法意義）加以正誤辨曲，並提出自己的觀點。如：

膾：古外反，慈恩云：細切肉也。有作儈。《聲類》合市人。非此義也。玄應同之。今案：膾謂膾人，《周礼》疱（庖）人之類也。如理師云魁膾者，屠兒之首也。曇捷、行瑫作儈，劉虬云：市易之雄云儈也。（卷下）

案："儈"與"膾"雖音同，但各有所本，並不相通。《説文·人部》："儈，合市也。从人會，會亦聲。古外切。"《康熙字典·人部》："牙儈，會合市人者。"即舊時買賣的居間人。《法華經》卷五："亦莫親近，屠兒魁膾。"①今檢《慧琳音義》卷二十七，經慧琳再詳定的窺基的《法華經音訓》釋"魁膾"："……下古外反。割也。切肉也。細切爲膾。未詳所立。名有有儈。《聲類》合市人，非此義也。"可見窺基雖知作"儈"，"非此義"，但對"膾"字，亦並不甚詳。《慧琳音義》卷一："魁膾，……下瓌外反。《廣雅》：膾，割也。案：魁膾者，屠殺兇惡之師也。從肉會聲也。"故仲算"今案"之"膾謂膾人"甚確，而"曇捷行瑫作儈"，非也。此因"膾""儈"二字同音，又在後面拖了一個"人"字組合成同音的雙音詞，在語音上無從辨別意義，遂須有文字字形加以區别。窺基以"儈"字釋義，卻未能由"膾"字破字形之障，有此一間，未免可惜。相形之下，仲算比窺基見解略高一籌。

斅生：上古壞反。武玄之云：人毁曰斅也。有云加刀損減也。字作壞，誤也。今案：若依此説，壞斅異。自破曰壞，人毁曰斅。法師功德品不壞耳根，與普門品毁斅壞應從土，此正文与勸發品能破斅，應從支。若依籀文斅壞同也。（卷下）

---

① CBETA T09 No.0262。

案：《說文·土部》："壞，敗也。从土褱聲。𡒄，古文壞省。𣩻，籀文壞。下怪切。臣鉉等按：攴部有𣀳，此重出。"《說文》"壞""𡒄""𣀳"三字重文，即云篆文、古文和籀文三種不同時代或不同地域的文字字形，在記寫語詞時音義相同，不分軒輊。但唐人武玄之[①]認爲"壞𣀳異"，此說被佛經學者引用，認爲是區別字義的方法。仲算在"今案"中也同樣信從此說，而將從"土"或從"攴"兩種字形的用途加以區分，所謂"自毀"和"人毀"之別。宋毛晃增注，其子居正《增修互注禮部韵略》"凡物不自敗而毀之則古壞切，如魯恭王壞孔子宅之類是也。物自敗則胡怪切，如春秋傳魯城門壞之類是也。"繼承了這種細分的主張。平心而論，這種細分是訓詁學的一個進步。這種詞義的區分其實是訓詁學者注意了"壞"字在記錄語言時所處的位置而感受到了詞義有細微的區別，也就是說，"魯恭王壞孔子宅"，"壞"字爲動賓結構中的及物動詞，可作"使毀""毀壞"之義理解；而"魯城門壞"中，"壞"字是主謂結構中的動詞，"魯城門"是"崩壞""自毀"的，"壞"字是不及物動詞。這裏訓詁學家是從"壞"字與其他語詞結合時呈現的語法關係感受到了意義的差別。將"壞"字從土而釋作用爲"自毀"，將"𣀳"因從攴而解釋爲"使毀"，是利用已有的異體字做出的有意識的區別。雖然這種區別其實意義不大，但可以看出是訓詁學在語法意識方面的覺醒。這是中古學者的一個很有意思的特點。今天我們會說這種意義差別屬於"語法意義"而非"詞彙意義"。可惜的是當時的學者還是更多地願意從詞彙意義來解決問題，於是在語法方面的可貴的萌芽並沒有很快地成長起來。仲算也是這樣，他很贊同武玄之的做法，卻又注意到了"𣀳"只是"壞"的籀文寫法，因而對通過字形爲字義強生派別的做法提出了疑問。同樣的現象，到清代段玉裁爲《說文解字》作注，仍然沒有很好的解釋，段氏只從詞彙的意義出發，故而注曰："按毀壞字皆謂自毀，自壞。而人毀之，人壞之其義同也。不必有二音。"這意見是正確的，但也因此而忽略了語法在釋詞方面的作用。

《釋文》中"今案"不僅量多，且內容頗爲豐富，但大部分用於考證辨析漢字。仲算對漢字的訓詁，如上所言，其特色主要體現於熟練地運用訓練的工具，廣徵博引內外原典，對漢字的形、音、義進行詳密考釋辯

---

① 《韻詮》作者。

證，最後以明經義。而有一部分真知灼見是通過"今案"的方式表達出來的。儘管其中也還有一些欠缺之處。但即使如此，也值得我們去進一步研究。因爲這是當時法華學僧學習研究漢文典籍（內外），對漢字的理解和認知的真實反映，對我們全面探討漢字在海外的流傳和發展具有直接的參考作用。

第三節　日僧撰法華部音義考論
——保延本《法華經單字》

我們前已提及保延本《法華經單字》（一卷）在諸多"法華經音義"中具有較爲明顯的特色，這就是其辭目字皆爲單字，而這樣的單字音義，在早期"法華經音義"，擴而大之，就是在早期日本佛經音義中，也并不多見，故作爲漢字研究資料，非常重要。

一、時代與作者

此音義之撰者與成立年代皆不詳，所以我們祇能根據其書寫年代而大致判斷其時代。

此本之所以稱"保延本"，是因爲此本末尾有識語：

保延二年三月十八日書了/源實俊（印）[1]

以上，書寫年代下有書寫者"源實俊"之印，可以證明是源實俊的墨迹。源實俊是源賴光的曾孫。而源賴光則是平安時代中期著名武將，源實俊自己也曾擔任過越前權守之職。"保延二年"是1136年，川瀬一馬先生指出，這是日本中世以降所出現的種種"法華經音義"中最古之寫本。[2]其原本應在此前，當然也可能是同一時期。此本原由江戶末期考證學家山

---

[1]　此印迹在卷首也有。
[2]　川瀬一馬：《保延二年寫 法華經單字 解説》，古辭書刊行會《原裝影印版　古辭書叢刊　別卷　法華經單字》，雄松堂書店昭和四十八年（1973）版。

田以文（1762—1835）收藏。而山田以文還在和式包書紙上有對源實俊的考證，還有"錦所秘本"和墨書所寫識語。山田藏本後又曾輾轉他人之手。昭和八年（1933）貴重圖書影本刊行會曾複製珂羅版，古辭書刊行會又於昭和四十八年（1973）再次複製紙版，由雄松堂書店出版，而且特意添加了原來珂羅版上顯示不出的朱點。

二、體例與内容

此音義屬於卷音義，不過如書名所示，辭目皆爲單字。而這一點作爲其特色，在早期佛經音義中被學界所注目。

此書以《法華經》卷次爲順，摘出其中單字爲辭目，各品之下有字數統計，但也有與實際字數并不相合的地方，這些被認爲是其後增補的内容。① 根據源實俊卷末所記，"凡法華單字一千七百五十六字"，故可以認爲是一本爲日本僧俗誦讀《法華經》的"音訓字書"。

此音義用反切注音，也有一部分用假名注音，用片假名書寫和訓。辭目字各占一格書寫，片假名和訓寫於辭目字右旁，而反切與部分假名音注則以行間小注的形式置於辭目字下。辭目字附有墨圈點或朱點，反切則附有朱色聲點。古辭書刊行會於昭和四十八年（1973）原裝影印版，這些墨點或朱點皆清晰呈現。

我們簡舉以下兩例，以幫助説明其標音釋義體例：

背：セナカ。ソムク。非愛。ハイ。（譬喻品）

以上"セナカ"寫於"背"字右旁，爲和訓，日語表示"背""脊背"等義。"ソムク。非愛。ハイ。"以行間小注的形式，各竪寫占一行。"ソムク"在"背"字左下，實際也是和訓，不過已是"背"之引申義，有"背向""違背""背叛""背離"等義。反切"非愛"寫於"背"字下方，而"ハイ"則既是"背"字漢音，也是其吴音。

糞：アクタ。クソ。普薰。フン。（信解品）

---

① 川瀨一馬：《增訂古辭書の研究》，第47頁。

以上"アクタ"寫於"糞"字字右旁,爲和訓,日語有"垃圾""塵垢"等義。"クソ。普薰。フン"以行間小注的形式,各竪寫占一行,寫於"糞"字下。"クソ"爲和訓,漢字即寫作"糞"。"普薰"爲反切。"フン"就是"糞"字的漢字音。漢音和吳音相同。

　　以上兩例書寫清晰,也比較簡單。實際上還有很多頗爲繁雜。但是對於研究日本語的學者來說,卻是非常有用的資料。

　　音義末尾"普賢品二十八"之後是作爲附加的《法華經》開經的《無量義經》的音義,共48個漢字。這部分內容與正文相比較,相對簡單,標出漢字,然後在其右下寫出日語音訓或義訓。如:

　　澄:スム。
　　暉:ヒカリ。

　　以上,上例"スム"爲"澄"字日語音訓,下例"ヒカリ"則是"暉"的日語和訓,漢字可寫作"光"。

　　48個字中還有14個辭目字下什麼也沒有,即祗是摘錄了《無量義經》中的漢字,而未加詮釋。而筆者也與《無量義經》核對過,發現有幾個字并不見其中。或許版本的問題,還有待於進一步考探。

三、學術價值
　　　　——以漢字研究爲中心

　　以單字爲辭目的"法華部"音義,除了前所述及的《法華經義讀》外,未見有他例,故保延本《法華經單字》在日本佛經音義史上具有一定的地位。從漢字音研究的角度考察,此音義記載顯示的是吳音系統的字音,但祗有"妙法蓮華經"之經題,其辭目字附有聲點,"妙[1]ヘウ""華[2]クワイ""經[3]ケイ"揭示的是漢音系字音。另外,此本卷末

---

[1] "妙"字右旁有兩個朱點。
[2] "華"字左旁有兩個朱點。
[3] "經"字左旁有一個朱點。

有"五音",這應是明覺[①]"反音作法"[②]卷首的引用。如此可以考慮此音義是否與明覺存在某種關係,或出自天台宗僧人之手,或是由天台宗僧人書寫的。而本音義的反切,被認爲與"保延"并沒有那麼久遠的時代之隔,是與九條家本法華經音系統校勘而寫入的。[③]

我們從漢字資料研究的角度考察,筆者認爲最重要的價值是,作爲日本中世《法華經》音義諸本中最古老的寫本,此本保存了大量平安時代寫本《法華經》中的字形。根據築島裕等專家的考證,此本之撰寫以及書寫時間都可認爲是保延二年,屬院政時代[④]之寫本。首先書寫時代非常明確,這對漢字字形考察是非常重要的。其次,時代久遠,院政時代至今已有千餘年的歷史,能保存至今的古寫本已甚爲稀少,作爲資料極爲可貴。最後正如築島裕所指出的,此音義格式是一格中書寫一個辭目字,屬於《法華經》的單字音義。而這樣的單字音義,在此之前的例子很少,應該僅有《法華經義讀》。[⑤]但《法華經義讀》則明顯簡單,且并不是以字爲中心的。

筆者在此基礎上,對此本作爲漢字研究資料的價值進行初步考察。

此本書寫非常工整,可以看得出來,書寫者的漢文程度很高。辭目字占一大格,極爲清晰,所以作爲字形研究資料,非常好用。我們主要從辭目字的字形考察,因爲辭目字應該直接取自當時所傳《法華經》,能反映當時《法華經》的用字情況。根據此本卷末所記,應有"一千七百五十六字",皆出自當時所流傳的寫本《法華經》,也可以說是當時漢字的縮影。我們發現大部分從今天的眼光看,比比皆是,都是俗字。所以,我們主要通過兩個方面進行考察:其一,一般俗字;其二,"倭俗字"。由此,考察漢字在日本流傳發展的一些軌迹。因爲主要討論字形,故引例

---

① 明覺(1056—?),平安時代後期天台宗僧人。明覺曾於比叡山師事覺嚴學習天台教學,後因仰慕比叡山五大院之開山安然而拜其爲師,學習悉曇學,故多有關於悉曇學著作殘存,如《悉曇要訣》《梵字形音義》《反音作法》等,被後世仰慕爲悉曇學之祖。另外,也多有經典訓釋的著作留存。
② 明覺:《反音作法》,一卷,有寬治七年(1093)的識語。因見當時反切之法已絶,漢字音混亂,所以利用反切的方法,把日語的所有發音也進行了歸類,分出了五個元音和十個輔音,於是就組成了五十音圖。
③ 以上參考《日本辭書辭典》"法華經單字"條,第244頁。
④ 院政是指日本平安時代(794—1192)末期由太上皇(皈依佛門後稱法皇)親掌國政的政治制度。自1086年院廳建立至1192年(一説1185)鎌倉幕府建立的百餘年間,史稱"院政時代"。
⑤ 築島裕:《法華經音義について》。

第四章　法華部音義　　361

時，我們省略標音釋義的部分。

（一）保延本《法華經單字》中大多數俗字字形與漢語碑別字、敦煌俗字以及其他文獻中的俗字相同，如：

001 聾（聾/信解品）

以上字形見於《龍龕手鏡》。又如：

002 㦲（哉/信解品）

以上字形見於《偏類碑別字・口部》"哉字"引《唐高岑墓志》。

003 蔽（蔽/信解品）

以上字形根據其反切及和訓釋義，可知是"蔽"字。此字形亦見於《偏類碑別字・艸部》"蔽"字引《唐田仁墓志》等碑刻文獻。《新譯華嚴經音義私記》中"蔽"可作"蔽""蔽""蔽""蔽"等。[1]凡"敝"作聲旁之字皆訛俗如此。大柴清圓指出《篆隸萬象名義》中從"敝"之字，如"擊、蔽、弊、憋、斃、蟞、獘、驚、龖、虌"，皆從"敞"[2]。

004 差（差/信解品）

"差"之俗體如上，并不少見。如《偏類碑別字・工部》引《齊比丘道署造象》"差"作"差"。《佛教難字大字典・工部》也收有此形。《説文解字・左部》："差，貳也。差不相値也。從左從來。差，籀文差從二。"隸變後，"差"字上部逐漸由"來"變爲"羊"，下部則作"左"，並逐漸簡化將上下兩部分合作一體，成今形。由於經生常將"工"書作"匕"，因而使"差"就更像是上從"丷（艸）"，下從"老"。

───────────────

[1] 見本書附錄一《〈新譯華嚴經音義私記〉俗字總表》。
[2] 大柴清圓：《〈篆隸萬象名義〉における俗字の研究（3）——付録・〈篆隸萬象名義〉俗字表—》，《高野山大學密教文化研究所紀要》2011年2月第24號。

005 寡（寡/安樂品）

以上字形也見於《偏類碑別字・宀部》"寡"字引《隋太僕卿元公墓志銘》。

006 斁（鮫/安樂品）

《新譯華嚴經音義私記》中有"漁師，上言居反。捕魚也。字又作灙獻斁三形"之條目。"漁"字出現三個異體。這實際參考《慧苑音義》"字又作灙獻鮫三形者也"①。而此釋語中之"灙獻斁"三字與高麗藏相似，然又稍有異。"灙"即"灙"，《說文・鱻部》："灙，捕魚也。从鱻从水。灙，篆文灙从魚。"祗是俗字將"灙"右下寫成"魚"（"魚"俗字）。"獻"即"獻"，傳承自《周禮・天官・獻人》："掌以時獻爲梁。"但譌變得很厲害。"斁"即"鮫"，《玉篇》"獻"同"鮫"。

007 丙（鬧/踊出品）

以上字形敦煌文獻中多見。如《敦煌俗字譜・鬥部・鬧字》作"丙"，《敦煌俗字典》"鬧"下收丙。"鬧"之俗字成似"丙"字形，黃征認爲：乃"市下著人，所謂'市人爲鬧'之訛"。②大治本《新華嚴經音義》與《新譯華嚴經音義私記》中有"丙"與"丙"，與此本完全相同。

008 傭（傭/信解品）牖（牖/譬喻品）

以上二字，前者爲"傭"字俗，亦見於《龍龕手鏡・人部》與《敦煌俗字典》等。我們要論述的是後者"牖"。我們在《新譯華嚴經音義私記》中也發現有同樣的"牖"與"牖"③。這是"牖"之訛變而成的俗字。由"牖"因"户下甫"不多見而訛作"牖"，《敦煌俗字典》"牖"

---

① 高麗藏本。獅谷白蓮社本爲"又作灙獻二形。"
② 參考黃征《敦煌俗字典》，第287頁。
③ 請參看本書附錄一〈《新譯華嚴經音義私記》俗字總表〉。

字下有"牖"。顔元孫《干禄字書》："牖牖：上俗，下正。"而由"牖"字之右旁"庸"再訛作"虎"頭之俗"虍"和"用"。蓋因書寫中將"庸"之"用"與上部之"庚"字頭訛斷而引起形訛。此形亦見他本。如《佛教難字大字典·片部》"牖"字條下就有"牖牖牖"三形即同此或類此。《碑別字新編·十五畫》"牖"字下也有"牖"（《唐中牟縣丞樂玄墓誌》）。《敦煌俗字典》所收"牖"字，雖字形漫漶難辨，但可看出右上從"雨"字頭，乃由"虍"進一步形訛所致。

此類例舉不勝舉，筆者并未特意選擇，祗是隨意摘録的。從中可以看出漢字字形來到日本後的一脈相傳。但是我們也發現也有些字形卻不見或少見，這說明有了新的發展。如：

009 匈（匈/安樂品）

這是"胸"字俗體"匈"之訛寫。"匈"是從左右結構的"胸"而成爲上下結構，這并不難。"匈"有很多俗體，但上半部"勹"中"㐅"上還有一小短橫者，相對少見。但是我們還是可尋其綫索。我們在第六章要考論的《孔雀經單字》中發現有以下例：

胸匈（許容切，平。膺也，亦作匈。）

"胸"爲"胸"字之譌。經中譌俗字。《可洪音義》中有"胸"，[①]與此完全相同。"匈"與"胸"是兩個譌俗字。值得注意的是這與"芻"字"艹"下"匃"相似，《佛教難字大字典·艹部》"芻"下有"芻"。[②]而《法華經單字》還有"芻"作"芻（藥草品）"，"艹"下"匃"與"匈"上半部相同，可見當時日本書手有將"匃"與"匃"相混訛的現象。

010 愍（愍/方便品）

以上"愍"爲"愍"俗訛字。明顯是將上部"殷"之左半因形似而誤

[①] 韓小荊：《〈可洪音義〉研究——以文字爲中心》，第752頁。
[②] 第276頁。

作"户"。而這種訛俗，筆者尚未見他例。

因爲例夥，不枚勝舉。所以筆者專爲此音義作了"《法華經單字》辭目字俗字表"，見本書附錄二。作爲資料，希望能提供給漢字研究學者作爲參考。

（二）二組"倭俗字"

我們在第三章提出了"倭俗字"，可以認爲是在日本產生的俗字。有時我們也可以稱其爲"和習"俗字。基本意思差不多，後者指更多見於日本寫經生。

"倭俗字"之一："弓"部作"方"

称（弥/序品/陀羅尼品） 鉴（發/序品） 引（引/方便品）
強（強/譬喻品） 張（張/譬喻品） 弘（弘/信解品）

以上六字雖并不難辯認，但這卻是日本書手常見的字形，其特點就是"弓"作爲部首卻寫作"方"。而這六字皆爲辭目字，說明當時所傳《法華經》皆如此作。這樣的寫法也保存在早期其他日本寫本佛經音義中，如：

緬惟：上，称演反。思皃也。（《新譯華嚴經音義私記·經序》）

而在大治本《新音義·經序音義》中"彌"字也有"称"和"彌"形。大治本抄寫時代晚於小川本，然其原本又早於《私記》，很難説清彼此影響，然至少"弓"誤作"方"者不少見。

又如《新譯華嚴經音義私記》經卷第五辭目有"逸菱"。後爲"發"之俗字，其下左半"弓"即訛誤似"方"。"發"字如此俗寫，漢語典籍亦見，如《碑別字新編·十二畫》引《魏元朗墓志》字作"菱"，其下左半似"方"。但我們發現此類訛誤似更多見於日本文獻。《佛教難字大字典·癶部》"發"字下，就收有"菱""菱""發""鉴"等字，其共同特徵就是下左半就已寫作"方"。而四字字體，根據編者有賀要延"凡例"，皆出自日本寫本佛典。但"菱"出自法隆寺傳來《細字法華經》，此爲唐寫本。從唐寫本的《細字法華經》，到保延本《法華經單字》，從《私記》之"菱"到《佛教難字大字典》所收"菱"

第四章　法華部音義

"羑""發""發",我們可以認爲,"發"字如此作,並非創自日本,但卻由日本僧人廣而開去。以上《法華經單字》中的"發"在此中間,正可看出其傳承過程。《佛教古文書字典・異體文字集》"弓"部下"引"有作"刃";"弘"有作"払""加";"張"有作"振";"强"有作"拁""拁";"弦"有作"疏";"彊"有作"壚";"彌"有作"弥""狋"等字者。而《同文通考・譌字》中本從"弓"之"弘""引""强""弥"字皆有從"方"作"払""刃""拁""弥"者。①《正楷録》中卷"引"字下有"刃"字,並注:"倭。"如此"倭俗",我們從《法華經單字》以上六例中似能追尋其譌變軌跡。當某些訛俗字經過一定流通而得以承認後,還會產生訛俗鏈,這就爲研究俗字產生找到了新途徑。

"倭俗"之二 "土"作"圡"

筆者發現保延本《法華經單字》中的"土"多爲"和習",單獨作"圡"(見序品)。不僅辭目字如此,而且在詮釋文字中,"土"也同作此形。如:

惰:圡可。(普賢品)

可見,這種寫法已經通用。而此音義中上下結構"土"在下時,皆作"圡",如下:

塞(塞/序品)　　墮(墮/序品)　　茬(莊/譬喻品)

堂(堂/譬喻品)　　涇(涇/譬喻品)　　坌(坌/信解品)

塵(塵/信解品)　　墼(墼/弟子品)

即使在左右結構中,也有見此形。如:

壯(壯/譬喻品)

---

① 《異體字研究資料集成》第一期,第一册。

此類例很多，不贅舉。"土"的這種寫法，日本寫本中很多，如《香要抄》：

青銅木埋**圡**中，至期日換汁，至三度，經周出木……（本卷）①

《香要抄》中"土"及"土部"字基本作此形，如：

杜：本草云**杜**蘅味辛温無毒……（末卷）②
吐：白豆蔻：味辛，大温，無毒，主積冷氣，止**吐**逆。（末卷）③
唐本草注云：**杜**蘅，葉似魁，形如馬蹄……有毒，服之令人**吐**，惟療瘡疥，不可亂**杜**蘅也。（末卷）④
堅：此木出日南，欲取當先斫研⑤樹，著地積⑥外皮，自朽爛其心，至**堅**者置水則沉，名沉香⑦（本卷）
壓：此樹名出罽賓國。其花黃色，取安置一處，待爛**壓**取汁以物和之，為香花粕，猶有香氣，亦用為香（本卷）。⑧

此類例《香要抄》多見，不贅舉。"土"的這種寫法在其他日本中世寫本文獻中也多見。如：

天理本《大般若經音義》"篇立音義"部分有"**圡**第二"，原本摹寫者依樣畫葫蘆成"**圡**"⑨，看上去似"立"或"上"字。川瀨一馬就認作"上"⑩。然而，根據正文此部所出字，知其為"土"字。"**圡**第二"

---

① 第30頁。
② 第183頁。
③ 第179頁。
④ 第84頁。
⑤ 此處作"斫"。《太平御覽》卷982作"斫壞"，《法苑珠林》卷49同。
⑥ 《太平御覽》卷982此處有"久"字，《法苑珠林》卷49同。
⑦ 第32頁。
⑧ 第16—17頁。
⑨ 《大般若經音義》在出版時，除影印外，還有相對應的摹寫。根據築島裕《凡例》，摹寫筆畫是盡可能忠實於原本。然原本自身筆畫若有不分明之處，由築島裕先生判斷決定。而原本字畫有錯雜之時，則不拘於原本，根據易解而定，有時會有若干位移的情況。（築島裕：《大般若經音義の研究　本文篇》，勉誠社昭和五十二年（1977）版，第9頁）
⑩ 川瀨一馬：《增訂古辭書の研究》，第450頁。

中所收的"澄陸堅"三字，儘管下部不甚清晰，但其下部"土"皆如部首似"立"字或似"上"字。又如名古屋七寺所藏"疑偽經"《佛説安墓經》①爲平安末期寫本，其中就有：

五行六甲禁忌十二時神立府時歲月劫殺（8）②
恐傷犯土公立家天上諸神及立中諸神恐燒害亡人（11—12）

　　以上三字皆爲"土"字，然訓讀者不解，認作"立"。③又此經"墓"字作"墓墓"。又如，同爲七寺古逸經典的《大通方廣懺悔滅罪莊嚴成佛經》（卷中）④也有相同現象。此經題之"莊"，原本影印作"莊"；又經文"堅固其心而不疲倦"中之"堅"，原本影印作"堅"，其中"土"之寫法，正同此。而無窮會本系《大般若經音義》中的無窮會本與天理本，"土"以及從"土"之字如此作甚夥，可見這已經成爲日本經生書寫時的一種習慣。

　　這種"和習"的形成如何解釋？筆者認爲或與俗字和書法有關。隋智永《真草千字文》中"土"字有作"圡"形者，這與以上我們所舉"土"或從"土"之字完全相同。智永《真草千字文》墨迹多達八百多本，但傳世墨迹本僅有唐代傳入日本的《真草千字文》一卷。而此經學術界、書法界肯定認爲其乃智永書之真迹，至少可認爲是"唐摹"。珍藏於日本的此卷，原爲天平勝寶八年（相當於唐肅宗至德元年）聖武天皇的遺物。⑤這説明此卷早在唐代已隨留學僧、遣唐使流傳到東鄰日本，應對日本書法産生過不小的影響。前已述及，以《香要抄》爲首的"四抄"，其草稿曾經過藤原教長之手，而藤原教長正是平安時代後期著名的書法家，故其書寫作品受隋唐所傳書法墨寶的影響完全有可能。保延本《法華經單字》正是平安末的寫本，據此也可見此"倭俗"已成。

---

① 見牧田諦亮監、落合俊典編《中國撰述經典（其之二）》（七寺古逸經典研究叢書第二卷），大東出版社1996年版，第624—626頁。
② 此爲原文行數，下同。
③ 參見《佛説安墓經·訓讀文》，牧田諦亮監、落合俊典編《中國撰述經典（其之二）》（七寺古逸經典研究叢書第二卷），第627—629頁。
④ 同上，第354—391頁。
⑤ 聖武天皇逝世後，其皇后藤原光明子將其遺物獻給東大寺盧舍那佛，遺物中的《獻物帳》即包含此卷，現在已改裝成冊。

至於書法家將"土"作"圡"的理據，則與俗字有關。"土"的俗字作"圡"。《隸辨·上聲·姥韻》引《衡方碑》云："土本無點，諸碑士或作故加點以別之。"敦煌文獻與碑刻資料中多見。然"圡"字手書時則多有筆勢不同。《真草千字文》中"土"字有作"圡"、《香要抄》中的"圡"、天理本《大般若經音義》中的"圡第二"以及《安墓經》中"圡"爲書寫者先寫"十"再加点，最後寫"一"。但"十"之豎筆筆勢向左似撇。而俗"土"字下所加的"、"又由筆勢向內而造成類"立"字或"上"字。不僅"土"字作此形，甚至用作偏旁部首時，亦如此作。所以，我們可以認爲這種在中國原是書法作品中的寫法，卻被日本經生很好地利用并傳承，以致成爲"和習"之一。

除此以外，還有如"势（勢/序品）""舍（舍/序品）""捨（捨/序品）""娆（嬈/譬喻品）""饶（饒/序品）""逺（遠/序品）""烧（燒/譬喻品）""晓（曉/方便品）"等或爲"倭俗字"，"势"，或從漢語俗字而現已變爲日本常用字，如"舍"字系列，如"晓"字系列。內容極爲豐富。

《法華經單字》作爲可以確認爲院政時代的寫本，其中的字形上可與代表奈良寫經的《新譯華嚴經音義私記》等古寫本佛經音義相接，下又可與無窮會本系《大般若經音義》中的字形相連，由此可以看出其作爲漢字字形研究，特別是研究漢字在日本發展的價值。

第四節　日僧撰法華部音義考論
——心空撰《法華經音訓》
（附：心空撰《法華經音義》二卷）

一、時代與作者

所謂"音訓"乃"音義"之又稱。據《隋書·經籍志》記載，東漢經學家服虔有《漢書音訓》一卷；陳宗道先生臧競著《范漢音訓》。如前述及，中國僧人曇捷與窺基皆曾爲《法華經》撰寫過"音訓"。前者名《法華經音訓》，已佚；後者名《法華音訓》，被慧琳收入其《一切經音義》

卷第二十七。窺基之《法華音訓》應該早就傳入日本，對日本的古辭書音義有一定影響，不僅其内容多被仲算的《法華經釋文》和《圖書寮本類聚名義抄》引用，還應影響了日本僧人《法華經音訓》的撰著。而心空的《法華經音訓》就是其中重要的一本。

《法華經音訓》現傳有至德三年刊本。此本卷末有刊記"時至德丙寅佛成道日河北善法精舍住持心空謹誌"。"至德三年"爲1386年，儘管此非原刻本，但作爲留存至今的古刊本，也已經極爲珍貴。

"至德三年"本卷首内題"法華經音訓"（其下寫有舊藏者之寺院名，可辨認爲是莊嚴寺）下一行有"善法住持沙門心空撰"之字樣，可知撰者心空應爲僧人。① 關於"心空"，實際記載并不甚明朗，《佛家人名辭書》亦不見記載。然現存著有"心空"之名的《法華經》著作，卻有以下三種：

《法華經音義》　自貞治四年至應安三年②
《法華經音訓》　至德三年十二月③
《倭點法華經》　嘉慶元年十二月④

岡田希雄先生對此曾做過專門考證，認爲"心空"應是日本南北朝（1336—1392）之際天台宗僧人，早年曾住"播州書寫山圓教寺"，⑤後移住京都"花洛東山元應國清寺"，後又轉至京都白河之北的"河北善法寺"，⑥直至謝世。⑦至於以上三部關於《法華經》的研究著作，岡田先生也有考證，認爲《法華經音義》上册，撰於貞治四年（1365）正月，當時心空47歲；《法華經音義》下册，撰於應安三年（1370），

---

① 又此書之末跋文之尾也有"佛成道日河北善法精舍住持心空謹誌"字樣。
② 岡田希雄認爲此音義蓋撰於心空47歲至52歲之間。見岡田希雄《仁和寺所藏の法華經音訓異版に就いて》，載真言宗聯合京都大學而真會編《密宗學報》218號，1931年12月，第497頁。
③ 岡田希雄認爲此音義應該是心空68歲時所撰。同上。
④ 岡田希雄認爲此音義撰於心空69歲。同上，第497—498頁。
⑤ 書寫山圓教寺現位於兵庫縣姬路市，爲天台宗著名古刹。
⑥ 《倭點法華經》一書於其跋文之末也記有"善法住持沙門心空校定"之字樣。現屬愛知縣岡崎市。
⑦ 岡田希雄：《心空上人の三著書に就いて》，《倭點法華經》下（《日本古典全集之内》），日本古典全集刊行會昭和九年（1934）版，第1—26頁。

當時心空52歲；而《法華經音訓》刊行的至德三年（1386）十二月，當時心空已經68歲。而心空在晚年曾改名"真空"，卒於應永八年（1401），時年83歲。①

心空作爲天台宗僧人，篤信《法華經》，并爲當時《法華經》的流傳做了很大的貢獻。他不僅講《法華經》，教化一方信衆，還爲《法華經》撰寫注釋書，這就是現尚存的《法華經音義》和《法華經音訓》兩種音義。另外，他還爲《法華經》加施訓點，這就是《倭點法華經》。②從其流存下來的三部《法華經》的著作來看，應該可以肯定這一點。所以，儘管關於"心空"的資料，相關記載實際并不算多，但僅從現有資料，我們至少可以得知，這是日本中世對《法華經》做過深入研究的學僧，其功績不可忽視。撰寫《法華經文字聲類音訓篇集》（三卷）之快倫曾指出"貞治之傾心空云人在，本是當山住侶後在都城爲國師"。這是從其在叢林中地位來看的。而心空另一著作《倭點法華經》有"空華道人"所寫跋文。"空華道人"即日本南北朝時期"五山文學"著名代表之一的義堂周信。此跋文寫於"嘉慶初元丁卯佛成道日"，"明律大德心空上人，……上人比以善講法華聞於世，及是緇白男女，翕然嚮化，聽者成市"，③可見其在信徒中的影響。嘉慶元年（1386）又爲至德四年，而《法華經音訓》刊於至德三年，僅早其一年，又同爲佛成道日，故心空與義堂周信應爲摯友。另外，《法華經音訓》與《倭點法華經》之跋末皆出現"約齋道儉"之名，④可見他與心空一起爲《法華經》的通俗化做出了很多努力。《倭點法華經》之跋文就是義堂周信應約齋道儉之請而寫的。

二、體例與內容

至德三年本《法華經音訓》扉頁之半有手捧"妙法華經"之牌飛搖之童子畫。扉畫右下方有舊藏者之藏書印，而緊接扉畫則是卷首內題"法華經音訓"。其下寫有舊藏者的寺院名，可辨認爲是莊嚴寺。下一行有"善法住持沙門心空撰"字樣。而另起一行，則爲"音訓"本文之始。本文終

---

① 岡田希雄：《至德三年版心空法華經音訓續考》，《龍谷大學論叢》1931年12月第300號。
② 岡田希雄：《心空上人の三著書に就いて》。
③ 轉引岡田希雄《心空上人の三著書に就いて》。
④ 《法華經音訓》爲"左京兆通儀大夫約齋道儉化淨財命公刊行"；《倭點法華經》是"約齋居士道儉募緣刊行"。川瀨一馬還指出：約齋還曾助緣刊行了《密庵和尚語錄》等。川瀨一馬：《增訂古辭書の研究》雄松堂，昭和六十一年（1986）再版，第377頁。

第四章　法華部音義　　371

後附有兩頁"經中吳漢同聲字除入聲"以及四行"兩音字"。最後爲所寫自跋。跋後另有"四聲點圖"，其下爲簡單説明。

《法華經音訓》本文内容：按照經文各品順序（自《序品》至《勸發品》①）摘出《法華經》二十八品中"單字一千六百，複字②二百八十三"，除极少漢文註以外，主要以片假名加以音訓。字（或詞）右旁爲音，其下爲訓，且標出四聲，四聲用圈點（ｏ）表示，濁音時用二圈點。以下舉《序品》中例以作簡單説明。

伽：力。僧伽。

案：此例"力"標音，實際寫於"伽"字右旁。"伽"字左上角有二圈。因此爲音譯字，故其下釋以"僧伽"。音譯詞大多采用此法。

眹：コ。半盲。

案：此例其他同上，但以"半盲"釋"眹"，此爲用漢文釋義例。《方言》卷十二："半盲爲眹。"《廣韻·侯韻》："眹，半盲。"可見用古訓。

波：八。ナミ。

案：辭目字"波"的左上和左下皆有聲點符號。用片假名詮釋字義。而這一類是大量的，有的甚至有多個義項，皆用片假名表示。

本文卷末有附録"經中吳漢同聲字除入聲"和"兩音字"。前者僅標聲點，後者則用片假名於漢字左右旁標示兩音。最後有"刊記"，其後附有"四聲點圖"。

應該説，《法華經音訓》是心空爲日本信徒研讀《法華經》而編寫之音義。其基本體例爲用假名標注字音，這已與我們傳統意義上的音義著作，如玄應《衆經音義》、慧琳《一切經音義》等完全不同，屬於真正的

---

① 但最後的《勸發品》僅存兩行六字。
② 即複合詞。

日本式（或亦可稱之爲"和式"）音義書。當然，如後所述，此乃心空與約齋爲推動《法華經》之普及，即爲一般信徒能誦讀經文而作，故基本只注漢字音，簡釋字義，不注出典，亦不似傳統音義般詳考細辨。[1]因此，岡田先生指出：儘管從"音義"來看，《法華經音訓》似不如仲算的《法華經釋文》般高級，但這是因爲其對象并非學者，而是爲擴及至一般沒有文化的竈婦販夫，實際是爲能使《法華經》的民衆化而特意采取的通俗易懂的手段，故才顯得較爲淺顯。

三、版本流傳

"至德三年本"《法華經音訓》有"至德丙寅佛成道日"（即至德三年十二月八日，按照中國的傳統節日，應該是臘月初八）的心空識語，這或許是開板的時間，所以心空在世之時《法華經音訓》應該已經刊行。現存有岩崎文庫本，此本於昭和六年（1931）由貴重圖書影本刊行會複製刊行，附有岡田希雄之《解説》。筆者所用正爲此本。[2]此本原被認爲是天下孤本，但後來又發現幾種異版，主要有秋葉義之舊藏本、仁和寺心蓮院藏本、高野山寶龜院藏本等。近年來又發現由原九州大學春日政治教授所藏"古版木"（多稱"春日版"），但此本僅存三枚，因使用兩面，故爲三枚六面。春日教授於大正八年（1919）將其以印本的形式印了三十三部，被稱爲"法華經音訓斷簡"，岡田先生認爲極爲珍貴。山田瑩徹有《春日氏古版木本〈法華經音訓〉本文と音訓索引》[3]一文，對此本有較爲詳細的考探。這幾本之間的關係，根據岡田希雄的考證，認爲岩崎文庫本是初刻本，秋葉義之舊藏本與其相同，衹是秋葉本的發現在岩崎本之後而已。另外的仁和寺心蓮院藏本、高野山寶龜院藏本以及春日版是翻刻本。它們與岩崎文庫本相比，版式幾乎相同，但還是有些差異。仁和寺心蓮院藏本與岩崎文庫本相比，誤刻較多。而春日氏古版木本與岩崎文庫本相比，正文上有不同之處。高野山寶龜院藏本與岩崎文庫本相比，也是誤刻較多。所以儘管三翻刻本與初刻本有如兄弟關係，但是作爲國語學資料

---

[1] 故也有學者認爲此書以及心空的《法華經音義》應不屬於"音義"類，而歸之爲"法華經音"爲妥。
[2] 本文所用爲哈佛燕京圖書館所藏本。
[3] 日本大學文理學部人文科學研究所《研究紀要》第42號，1991年版。

要看《法華經音訓》的話，必須採用初刻本岩崎文庫本。①

除有以上刻本外，《法華經音訓》還有一些刻本的傳寫本，如有無窮會本、天理圖書館本［上有永禄六年（1563）書寫識語］等。

四、學術價值

——以漢字研究爲中心

（一）在日本《法華經》的傳播史上具有一定影響

作爲日本鎌倉時期曾經頗爲流傳的《法華經音義》之一種，儘管被認爲"不能算作高級之物"，不入知識人之手。②但心空爲《法華經》的普及和流通所做的貢獻卻是得到學界公認的。特別是《法華經音訓》至少經過三度改刻，并有多種古刻本流傳至今，這在日本《法華經》的傳播史、《法華經》信仰史以及日本印刷史上都應該是值得注意之事。至於在日本國語史研究上的價值，儘管同時期快倫有"貞治之比，心空云人在……彼所撰集音義有兩本盡精微，然尚專於和音不備於韻切，故清濁易迷，聲韻叵辨"的批評，然仍作爲鎌倉時期《法華經》音義中流傳頗廣的一種，自有其價值。而日本學者對《法華經音訓》展開研究較多的是岡田希雄先生，共有五篇文章，即：①昭和六年（1931）由貴重圖書影本刊行會複製刊行岩崎文庫本時，附有岡田希雄的《至德三年版心空法華經音訓解説》；②同年岡田先生又在《龍谷大學論叢》第300期③上發表了《至德三年版心空法華經音訓續攷》；③同年同月岡田先生又在《密宗學報》第218期上發表了《仁和寺所藏の法華經音訓異版に就いて》；④1933年岡田先生在《龍谷學報》第307期上發表了《高野山の寶龜院本法華經音訓に就いて》④；⑤昭和九年（1934）日本古典全集刊行會發行岡田先生論文《心空上人の三著書に就いて》。其中既有《法華經音訓》諸本考證的內容，也有從國語學的角度，對其中假名所作的詳細考察，當然還有對此音義著者心空的考述以及對此音義的評價。有些內容，筆者已經在上論述。

---

① 岡田希雄：《心空上人の三著書に就いて》。
② 岡田希雄：《仁和寺所藏の法華經音訓異版に就いて》，《密宗學報》218號，1931年12月。
③ 1931年12月。
④ 1933年11月。

（二）在日本異體字研究史上有一定的價值

關於《法華經音訓》之異體字，島田友啓專爲此書編撰並發行的《法華經音訓漢字索引》①中已有記錄。然因作爲索引，其目的主要爲方便實際使用，故尚未展開進一步研究。筆者曾對此音義進行過研究，《日本古寫本單經音義與漢字研究》的第七章"《法華經音訓》漢字研究篇"即專門研究此音義，主要從異體字的角度展開。②

《法華經音訓》作爲一本純"日式"單經音義，不難看出著者編纂此書之主要目的有二：其一，爲信衆能準確誦讀《法華經》，故用片假名標示字音；其二，爲一般信衆能識讀當時所傳《法華經》中的異體字。前者屬於日語史研究的内容，而後者卻與漢字研究有著直接的關係。岡田希雄已在其《解説》中指出此音義中不僅大量記録了類似以下有關異體字的内容：

鬚	須同	夷	㦿同和俗
亂	乱同	肴	餚同
最	冣同	號	号同
豫	預同	麁	麤同
體	躰	體同俗作体非	

還指出有當時所傳各本《法華經》文字之異同：

妓	伎異	玻	瓈玉ノ名異作頗梨
逕	異作徑	玫	瑰瑰或作瓌
感	慼異本	蜿	③ 踠異本
滴	渧異本	椎	槌異本④

---

① 印刷：紀峰社。昭和四十年（1965）8月發行。另外，島田友啓尚編撰併發行《法華經音訓假名索引》。此索引將至德三年版心空所撰《法華經音訓》所標出的漢字按《康熙字典》順序加以排列編纂。

② 以下筆者主要省略了該部分異體字的類型資料和例證説明，考慮到内容的完整性，保留大部分論述性文字。

③ 下注"蜿轉"。

④ 以上例引自岡田希雄《解説》。

第四章 法華部音義

這對研究《法華經》經本文字、日本中世時期漢字異體字以及漢字在海外傳播及發展皆有一定價值。而筆者對此音義異體字所作的研究，[①]主要體現於以下兩部分：

1. 指出《法華經音訓》中所標異體字類型

筆者調查了《法華經音訓》中所有的異體字，歸納出標出異體字類型，主要有以下三種形式：

（1）一對一。即於正體字（或稱之爲通用字）之後標出一個異體，用"同"或"與某同"等形式：

妙 玅同　　万 萬同　　無 无同　　惱 悩同

據筆者統計，共有205組。[②]當然，並非所錄字（或詞）一定是正字或通行字，如"惱"與"悩"同爲"𢛴"[③]之異體，且皆爲"𢛴"之訛俗字。俗字中，從"甾"旁之字形變化多端，其下部或可訛作"山"形，此即"悩"；亦可訛作"凶"，故有"惱"。從俗字所成觀點看，二者皆有理據。甚至還有相當一部分恰好相反，其後之字（或詞）纔是正字或通行字，如"塩"與"鹽"，《玉篇》《字鑑》《字彙》及《康熙字典》等，皆言"塩"爲"鹽"之俗字。又如"閇"與"閉"，《康熙字典·門部》："閉，《説文》闔門也。從門才，才所以距門也。會意，亦像形。俗從下，非。"但總的來説，心空所用《法華經》之版本，仍以正字（通行字）爲多。

（2）一正對數異。於正體字（或稱之爲通用字）之後標出兩個或兩個以上的異體，主要用"并同上"等表示。

華 蕐 花同　　勢 𫝑 𠀝 並同上

讃 賛 贊 讚 並同上　　護 濩 䕶 並同上

據筆者統計，共有33組。當然，此亦如上，並非第一個字（或詞）定

---

① 《日本古寫本單經音義與漢字研究》，第369—380頁。
② 此爲筆者手工所統計，或有偏差。下同。
③ 而"𢛴"之本字又爲"嫟"。《康熙字典·心部》："《説文》有所恨也。本作𢛴。從女，……今作惱。"《説文·女部》："嫟，有所恨也。從女㘝聲。今汝南人有所恨曰嫟。"

爲正字（或通行字），實際是根據心空所用《法華經》版本而定。
（3）直接標出異本不同字形。多用"異"或"異本"形式：

妓 伎異　　齜哚 異本　　辝 烀 異本　　妣耻 異本

據筆者統計，共有22組。大多所標出的心空所謂"異本"之字形爲異體字，然亦有"異本"所出字爲正體字者，如："齜哚　異本"條。此乃釋《法華經·譬喻品》："由是群狗，……鬪諍齰掣，嗥哚嘷吠，其舍恐怖"①句中之"哚"字。②《集韻》："鉏佳切，音柴。"中古有叠韻詞"喠哚"，也作"哚喠"，犬鬪貌。《玉篇·口部》："哚，喠哚也。"《集韻·佳韻》："哚，哚喠，犬鬪貌。"因爲叠韻詞，故字形不定，還可作"崖柴""嗥哚"等。根據《集韻》，"齜"字亦可讀"鋤佳切"，"齜音柴"，故"喠哚"也有作"喠齜"者，如《法華經·譬喻品》中此條，《大正新修大藏經》下有注："哚=齜【宋】【元】【明】【宫】"故可見心空所見《法華經》版本應與【宋】【元】【明】【宫】同。然"齜"字，據段注本《說文·齒部》："齒相齘也。一曰開口見齒之兒。从齒，此聲。讀若柴。"由此"哚"應爲"喠哚"或"哚喠"之通行字，而"齜"乃其異體。

2. 對《法華經音訓》中的異體字進行了考察

筆者認爲：以上三大類共260組，可視爲日本中世所傳《法華經》之"異體字一覽表"，呈現出當時《法華經》用字之實貌。推而廣之，也可作爲同一時期漢字異體字之縮影而展開研究。

儘管《法華經音訓》之作者心空與約齋居士應該說並非字學專家，只是爲推廣普及《法華經》如實地摘出了當時《法華經》中的不同字體，但筆者所列《法華經音訓》三大類共260組的"異體字一覽表"，能將當時信徒中通行的《法華經》文本中漢字，特別是異體字的實貌展現出來。尤其要注意的是：心空撰此音義，其目的是服務於一般信衆，因此這三大類260組異體字應是當時頗爲通行的。

另外，以上"一覽表"也顯示出：作爲南北朝時期刊刻本，《法華

---

① T09, 0013c。
② 此字前條爲"喠"字。可知作者將"喠哚"分釋。

經音訓》已不似早期古寫本資料之漢字字體般呈現隋唐古風，無論正體還是所謂異體，現在大部分皆已可用電腦輸入，而且不難辨認其正異關係。但作爲篇幅短小精悍之單經音義，又爲普及《法華經》而爲衆多信徒所實用，在《法華經》盛行的時代產生，還是呈現出《法華經》經本文用字之史貌與特徵，可作爲考察漢字傳入日本後發展變化之縮影而引起關注。筆者僅就以下兩方面特徵展開了考察。以下各引二例以作說明。

（1）古字。將隸定或楷化後之字形作爲正體，與此相呼應之古字爲異體。如上舉第一類中：

服　服　舩　並同上

以上三字，"服"爲通用字，"服"乃本字，"舩"是古字。《說文·舟部》："服，用也。一曰車右騑，所以舟旋。从舟𠬝聲。舩，古文服从人。"《康熙字典·舟部》："服，《說文》服本字。"慧琳《一切經音義》卷九十四"服餌"條下曰："上音伏，字書正服字。"

光　炛　同

《說文·炎部》："炏，火光上也。从重火。"又《火部》："炛，明也。从火在人上，光明意也。""从火在人上"，下从古文人作"儿"，故隸定作"炛"。隸楷筆勢稍變爲"几"，故亦訛作"炛"。以上"炛"正與此同。而"光"是隸變字。《干祿字書》："光炛，上通下正。""炛"雖爲本字、正字，但黄征認爲：今正字廢棄已久，謂之俗字亦可。[①]

此類例不少，不贅舉。這說明在當時通行的《法華經》中，還存在相當一部分的所謂"古字"，其來源不一。然"古字"定義較爲困難，範圍頗爲寬泛。我們只能泛將見於《說文》中之古字和《康熙字典》中所言及古字歸於此類，亦即秦以前所殘留之某些字體。而同一古文字形因爲傳承演變，由於隸定和楷化等不同方式，從而出現了兩個以上的不同形體，此即爲我們以上所舉之例。而因爲與其相對應的"今字"的通行，"古字"

───

① 參見《敦煌俗字典》"光"字條，第139頁。

（2）俗字。俗字與異體字的概念也多有混淆，在此，我們只是將"俗字"看作漢字使用過程中，文字變化的一種動態現象，而具體落實到《法華經》記錄同一語詞時所呈現出的靜態的文字現象，我們可以將俗字看作"異體字"。《法華經音訓》中三大類共260組異體字，大部分屬於俗字。如第一類中的"世"與"卋"、"夷"與"𡗝"、"乎"與"𠂹"等；第二類中的"肉"與"肭、宍、月、宍"、"體"與"軆、體、体"等；第三類中"罰"與"伐"等。各種"俗化"軌跡與現象並不相同，值得探討。以下也各引二例以作說明。如第一類：

面　靣　同

《説文·面部》："𡇒，顔前也。从𦣻，象人面形。"這本是一個象形字，隸定後作"面"。但是後來又出現俗字"靣"。《字彙·口部》："靣，面本字。隸作面，俗作靣，非。"又《字彙·面部》也指出："俗从口作靣，非。"

此類較爲簡單，字書也多有指出，可見實際使用非常廣泛。也有較爲複雜者，如第二類中的：

肉　肭　宍　月　宍　並同上

此條共五字形。《説文·肉部》："⾁，胾肉。象形。"篆文"⾁"，漢隸或作"肉"。後之通行字"肉"乃"肉"之隸書之變。[2] 上條中第四個字形"月"，《玉篇·肉部》："月"同"肉"。《正字通·肉部》："月，肉字偏旁之文，本作肉，石經改作月，中二畫連左右，與日月之月異。"而最後之"宍"，實乃傳世"肉"字古文。《正字通·肉部》云："肉，《古樂苑》載《吳越春秋》古孝子彈歌曰：斷竹，續竹；飛土，逐宍。从宀从六，或古籀之訛，諸書不收，惟孫愐收之，以爲俗作宍，顏元孫《干祿字書》亦云宍，俗肉字。""肉"本爲象形字，"宍"

---

① 正如《字彙·卷首·从古》所指出："古人六書，各有取義，遞傳於後，漸失其真。"
② 參考張湧泉《敦煌俗字研究》第470頁"肉"字條。

蓋即由"肉"形而訛變。《康熙字典·宀部》:"《集韻》肉古作宍。《通雅》本作宍。"

至於第二與第三之"宍"與"肉",後之"宍"與"肉"一樣,同爲"宍"之隸書之變所成俗字,《干祿字書·入聲》,"宍、宍,上俗下正。"而"宍"也爲俗字,《玉篇·肉部》字頭作"宍"。《佛教難字大字典·肉部》"肉"字下有"宍"。《宋元以來俗字譜》亦引此形,不贅。

草 屮 艸 廾 並同上

大徐本《說文·艸部》:"艸,百芔也。从二屮,凡艸之屬皆从艸。倉老切。"《六書正擶·去聲·皓韻》亦云:"艸,艸,采早切。百芔也。从二屮,古文作屮,《史記》、《漢書》皆作屮,俗用草,非。"但實際上,"屮"是另一個字,《說文·屮部》:"屮,艸木初生也。象丨出形,有枝莖也。古文或以爲艸字。讀若徹。"所以"屮""艸"本不同字,古文假借"屮"以爲"艸"字,"屮"遂爲"艸"之異體。而現今通行字"草"本乃"皁"之本字。徐鉉注《說文》:"草,今俗以此爲艸木之艸,別作皁字,爲黑色之皁。案:櫟實可以染帛,爲黑色,故曰草。通用爲草棧字。今俗書皁或从白从十,或从白从七,皆無意義,無以下筆。自保切。""草"雖然取代了"艸"字的全部用法,但"艸"字卻不具備"草"的某些用法。而"廾",根據段注本《說文·廾部》:"廾,竦手也。从𠂇、又。𠬞,揚雄說:廾从兩手。"按"廾"从"𠂇、又"兩手,故字楷定後原當作"廾",今用"廾"省體"廾"爲楷書正字,則"廾"當爲"廾"之異體。"廾"與"艸"雖音讀,意義皆不同,難以成異體,但我們可以看作以前書手抄寫經書時將"艸"略寫而成之結果。此形一直保留在寫經中,故也就成爲《法華經》異體字之一。

儘管此本已是南北朝時代刊本,無論從異體字,或是從俗字等不同角度看,似並無太多難解之處,但還是有些值得引起我們進一步注意的内容。如第一類中:

宍 宍 同 鬧 異本 更 同

此條本身實際跨於我們所歸納的第一與第三之間，爲研究方便，我們將其歸爲第一類。查檢《法華經·從地踊出品第十五》有"捨大衆憒閙，不樂多所説"之句，而上正出於《踊出品》。又此條上已有"憒"字音訓，可知此條四字爲"閙"字音訓。

"丙"作爲首字列出，作爲"閙"之俗字，已見敦煌等資料，如《敦煌俗字譜·門部·閙字》作"丙"。《敦煌俗字典》"閙"下收丙。"閙"之俗字成似"丙"字形，黄征認爲：乃"市下著人，所謂'市人爲閙'之訛"。① 兩部奈良時期由日本僧人撰寫的《新華嚴經音義》與《新譯華嚴經音義私記》中有"丙"與"丙"即與此同。此本之"丙"即屬此類。而第四個"夷"，字形又爲"市下著人"之"夷"之訛寫。《慧琳音義》卷十一釋《大寶積經》卷第二"憒夷"條下釋："……下尼効反。《集訓》云：多人擾櫌也。《韻英》云：擾雜也。《説文》從市，從人，作夷。會意字也。閙，俗字也。或有作丙，書寫人錯誤，不成字也。"考"夷"字與"閙"皆不見於《説文》。慧琳所謂"《説文》從市從人作夷"，是其用當時俗傳本《説文》之説。根據此説，"閙"字應爲"夷"之俗字。《説文》"閙"字徐鉉歸入門部"新附字"，又説"從市門"，則徐鉉之説或從俗。"閙"字作爲後起字而通行，以上第三之"閙"即此。

根據此本，"冗"應爲"丙"之異體，然此字形至今尚未有對應資料可證。"閙"之俗形頗爲複雜，陳五雲曾統計《可洪音義》中"閙"字，指出作爲"字頭"就共有243處，就字形看，有"閙""閙""丙""市""亢""閙""夷""夾"等，② 然皆不能與"冗"字相連。另外，筆者曾考察《新譯華嚴經音義私記》中，發現有"閙"另一字形"夫"亦未能找到對應資料。儘管我們可籠統解釋其爲"閙"之錯訛，但作爲求實之科學研究仍需有更多材料加以證實才可下結論，而這也正是《新譯華嚴經音義私記》與《法華經音訓》此類古寫本或古刊本作爲研究資料之價值所在。

從以上的考論，我們不難看出：心空編撰此書的主要目的是爲廣大信徒能辨音識字，爲普及推廣《法華經》之流傳，故只是簡單標音，列出不

---

① 參考黄征《敦煌俗字典》，第287頁。
② 本文在寫作過程中，曾與陳五雲先生交流，此材料即爲其所賜教。

同字形，并没有考辨的内容，故而篇幅較短，屬於小型《法華經》單字字書。故盡管此本並非寫本，但因其如實地記錄和呈現了當時流傳的《法華經》之用字實貌，所以也應該作爲日本漢字史研究中的資料之一而引起重視。以上所整理歸納出的三大類，可以看作當時所傳《法華經》之異體字一覽表，甚至也可以看作佛經文字對日本漢字文化産生影響之"個案"或縮影。

　　對"異體字"，學界至今未有統一定義。我們認爲異體字是指所有文字的静態表現，把漢字彙攏一處，其中一部分最常見的爲人們所認定而符合漢字結構規律的字即是正體，其中大多數是自早期文字傳承下來的，有歷史文獻作背景。那些在字形上有别，而在字音字義上無别的字形就是異體字。我們就是從把文字記録語詞作爲分别界限之角度來認識的。同説語詞，用不同字形記録，該組字形便互爲異體字。《法華經音訓》中三大類近約260組異體字，其文字字形頗爲複雜，筆者雖並未全面展開，只是從"古字"和"俗字"兩方面作了簡單分析，但仍從一個側面對日本鎌倉時期所傳《法華經》之異體字進行了探討，其中現象與結論對漢字異體字，特別是漢字在海外的變化與發展應有一定的參考價值。

　　最後，我們還要特别強調：關於心空之人，岡田希雄先生做過詳密考證，筆者前已有所引述。而之所以未有相關傳記，筆者認爲可能是心空更多地爲《法華經》的普及和流傳做了努力，所以在學術界未能得到應有的評價。但是，《法華經》在日本的廣爲傳播，正是因爲有心空這樣虔誠的學僧所付出的努力。我們從漢字的角度也可以這樣認爲。因爲經典要傳播，首先要解決作爲其載體的漢字的書寫和認讀問題。這項使命當然是由學僧來承擔的。而這些學僧可以分爲兩種，一種是類似仲算這樣不僅在叢林，即使在學界也屬於"大家"的僧人，另一種是在下層全力爲《法華經》在民間推廣的心空這樣的僧人。我們稱其爲"學僧"，因爲他們都爲學術做出了應有的貢獻。從《法華經》的普及傳播來看，《法華經音訓》所起的作用應該更大。而從漢字研究的角度看，心空的《法華經音訓》或許難以與仲算的《法華經釋文》相媲美，但也是漢字研究的寶貴資料。

附：《法華經音義》上下二册

作爲"附録"部分，我們還想再簡單介紹一下心空的另外兩本關於《法華經》的著作。我們主要參考岡田希雄先生《心空上人の三著書に就いて》一文。①

前已述及，心空撰有《法華經音義》二卷。上卷成於貞治四年（1365）正月，下卷成於應安三年（1370），相隔五年。現有古典研究會翻刻本，載《倭點法華經》下（《日本古典全集之内》）。②此翻刻本有刊記云："慶安二年稔季春吉旦/中野小左衛門開版。"

此音義上卷起首有：

今經單字一千七百八十有餘，兩重集爲二段。初三内類聚，後篇目類聚。

所以此音義有兩種體式：三内音義和篇立音義。上卷爲三内音義，下卷爲篇立音義。

下卷"篇目類聚略之"，起首爲"異音字"，祇收録40組字。辭目字的左右兩旁分別標注不同讀音，其下用行間小注的形式，標出用例。如：

モ無ム：無量/③南無　卜度タク：度量/能度

内容比較簡單。其後爲"梵語事""文字就形音義三同異事""弘法大師御自筆經云""讀經用心事"等記事。最後於卷尾"小比丘　心空記"以及時間識語之後，又附60組異體字。④形式極爲簡略，祇是列出不同字形，一部分字的右邊有小字片假名和訓，其下有極簡單的說明。如：

---

① 《倭點法華經》下（《日本古典全集之内》），日本古典全集刊行會昭和九年（1934）版，第1—26頁。
② 日本古典全集刊行會昭和九年（1934）版。
③ 原用行間小注。下同，不另注。
④ 參見本章附録"法華部音義名篇書影"。

第四章　法華部音義

　　　奴伆：ヤツコ。古文。
　　　濟 **㴉㴉㴉**：スクフ。三同上。

　　案：以上第一例，"ヤツコ"寫在"奴"字右旁，此爲"奴"字和訓。"古文"二字用行間小注寫於二字之下，此説出自《説文・女部》："伆，古文奴。"

　　第二例，"スクフ"是"濟"之和訓，日語漢字作"救う・濟う・拯う"，爲拯救之義。此義源自漢語。但可以看出，當時的《法華經》已不用"從水，齊聲"之"濟"，而用《玉篇》所指出的"濟"之俗字"済"。"**㴉**"與"**㴉**"二形，見於《玉篇》。而"**㴉**"應該是"泲"字訛作。此應古水名。古四瀆之一。《説文・水部》："泲：沇也。東入于海。从水㐄聲。子礼切。"段玉裁注："按四瀆之泲字如此作。而尚書、周禮、春秋三傳、爾雅、史記、風俗通、釋名皆作濟。毛詩邶風有泲字。而傳云地名。則非水也。惟地理志引禹貢、職方作泲。而泰山郡下云。甾水入泲。禹貢汶水入泲。齊郡下云。如水入泲。河南郡下云。狼湯渠首受泲。東郡臨邑下云。有泲廟。然以濟南、濟陰名郡。志及漢碑皆作濟。則知漢人皆用濟。班志、許書僅存古耳。風俗通説四瀆曰。濟出常山房子贊皇山。東入泜。酈氏譏其誤。亦可證泲字之久不行矣。"因此，作爲"救う・濟う・拯う"的異體字并不恰當。

　　儘管有訛誤，但是不難看出，這應能呈現當時傳本《法華經》中的用字特色。特別是，心空可以説是站在傳教第一綫的僧人，所以他所指出的漢字就應該是當時最常使用的，從漢字傳播的角度來看，這是非常重要的。

　　岡田先生指出：《法華經音義》除了刊本以外，應還有寫本，這就是"天文十五年（1546）本"，由"江州甲賀郡飯道山飯道寺"的定宗所寫，但此與刊本的上卷相當，且多有相異之處。[①]除此，還有"永正九年（1512）本"，也祇有上卷。而這實際就是我們前所述及的（15）《法華經音義零本》一帖"東北大本"。另外，還有高野山藏的小型本，也祇有上卷。還有"永和四年（1378）本"，上下二册。此即爲前所述及的由山

[①] 筆者曾於國立國會圖書館發現此音義，但是由岡田希雄先生轉寫之本，而且祇是上卷"三內音義"。因尚未親見"天文十五年本"，故留今後進一步調查。

田忠雄先生所藏（16）《法華經音義》上下二册（永和本）。此應是在貞治四年《法華經音訓》刊行十三年後書寫的。由此也不難看出，前所述及的多部寫本《法華經音義》實際是"心空音義"的不同寫本。

簡短的結論

《法華經》是日本歷史上流傳最廣的佛經，而《法華經音義》則是日本佛經音義上數量最多、最能代表日本佛經音義特色的音義。如果説《法華經》的廣傳，與日本佛教的發展有著密切的關係，那麼《法華經音義》的編纂，則與《法華經》的誦讀，與日語的發展有著密切的關係。所以，這部分内容是日本佛教和日本國語史研究的重要資料。相對來説，因爲體式多爲"日本式"，故與漢語史的關係相對較弱。我們重點考論了《法華經釋文》《法華經單字》和《法華經音訓》三部音義書，作爲漢字研究資料，無論從時代，還是從音義體式來看，它們都具有明顯特色，是極爲重要的參考資料。

第四章　法華部音義

本章附錄：法華部音義名篇書影

附錄一：醍醐寺本《妙法蓮華經釋文》[1]

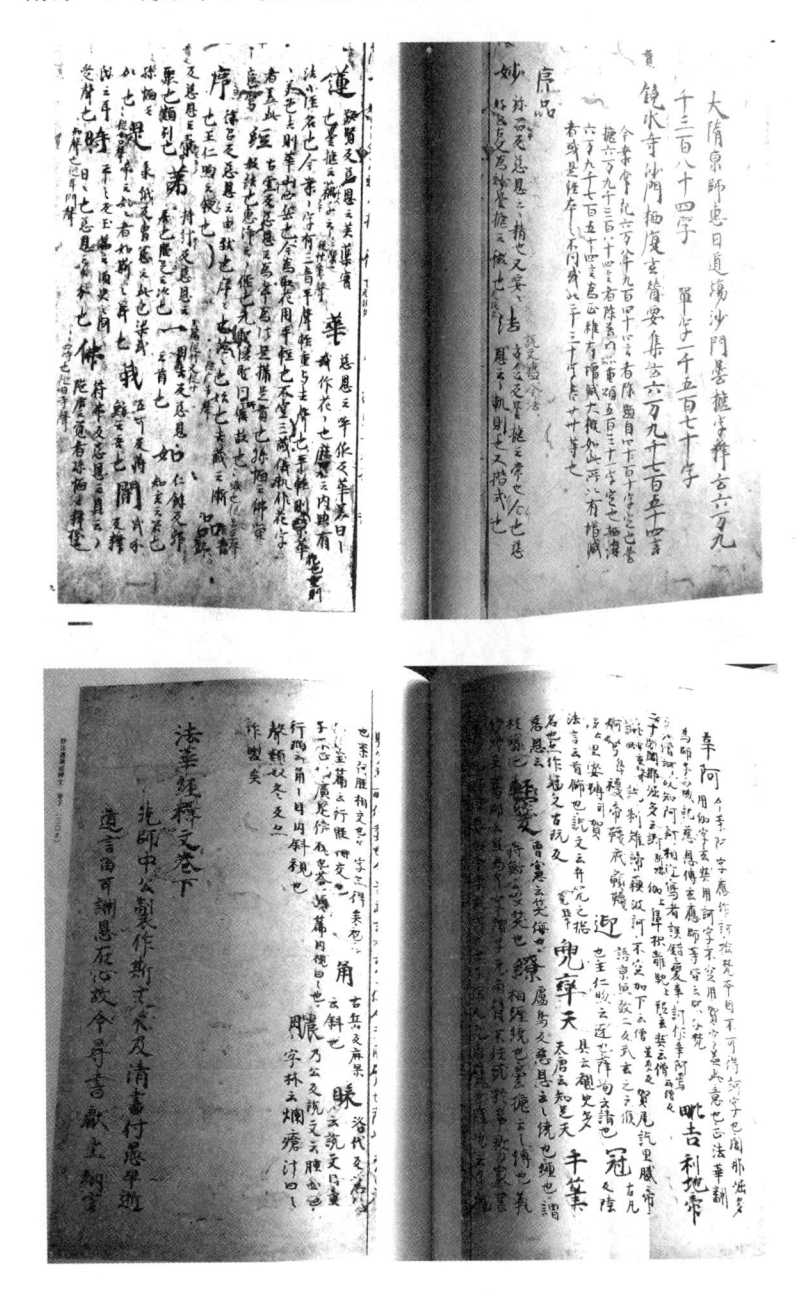

---

[1] 古典研究會編：《古辭書音義集成》第四卷《妙法蓮華經釋文》，汲古書院昭和五十四年（1979）版。

附録二：保延本《法華經單字》[1]

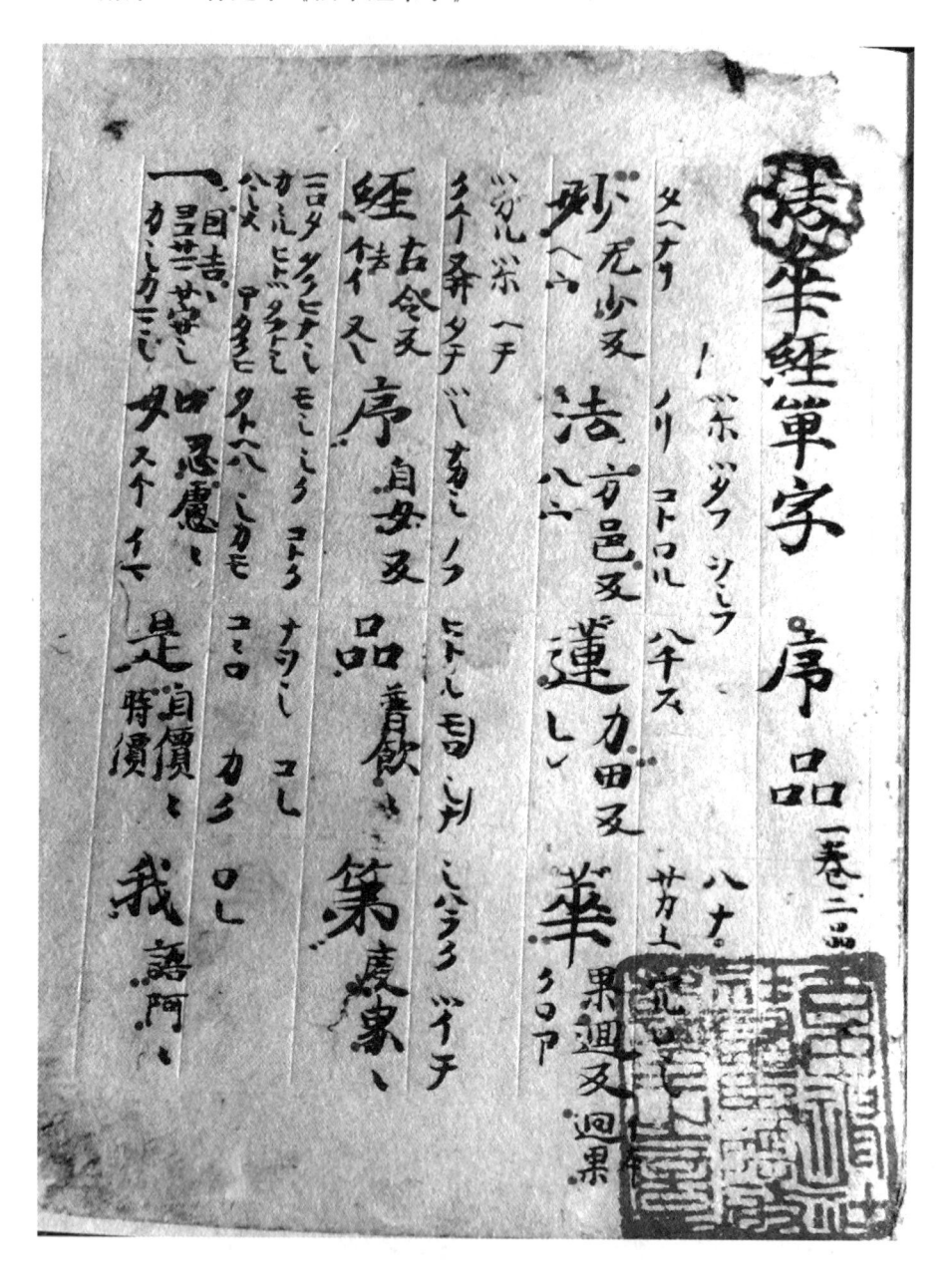

---

① 古辭書叢刊刊行會：《原裝影印版 古辭書叢刊 別卷 法華經單字》，雄松堂書店昭和四十八年（1973）版。

第四章 法華部音義

附錄二：保延本《法華經單字》[1]

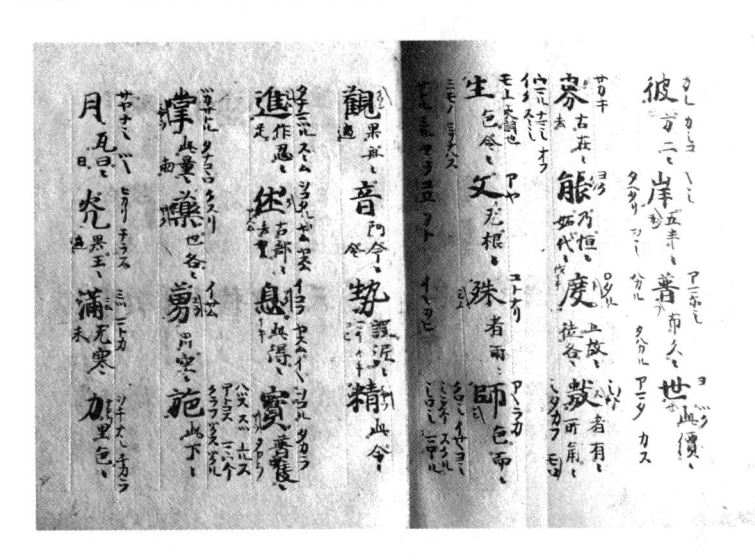

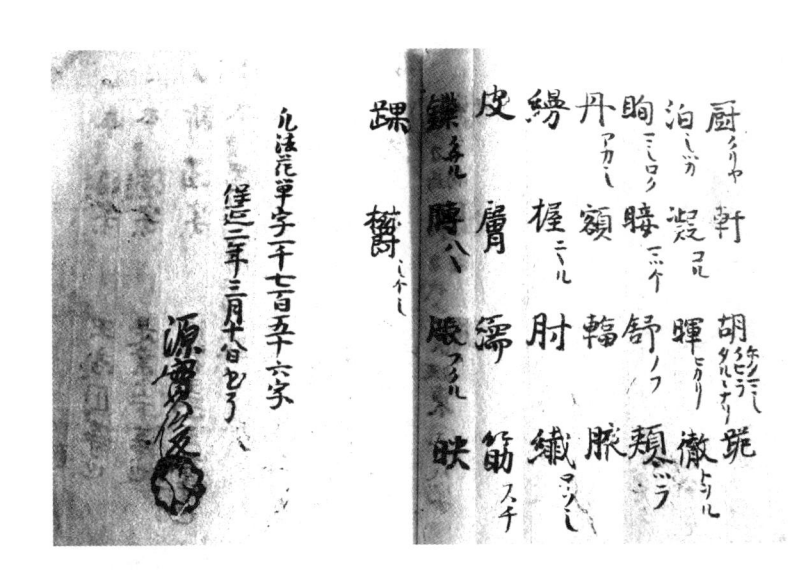

---

[1] 古辭書叢刊刊行會：《原裝影印版 古辭書叢刊 別卷 法華經單字》，雄松堂書店昭和四十八年（1973）版。

附錄三：心空撰《法華經音訓》（國立國會圖書館藏）

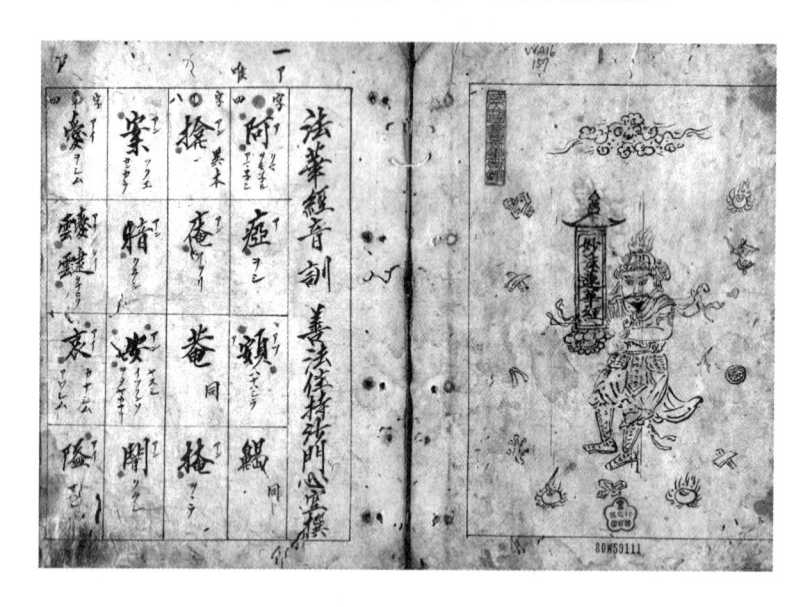

心空撰《法華經音訓》（至德四年刊本）

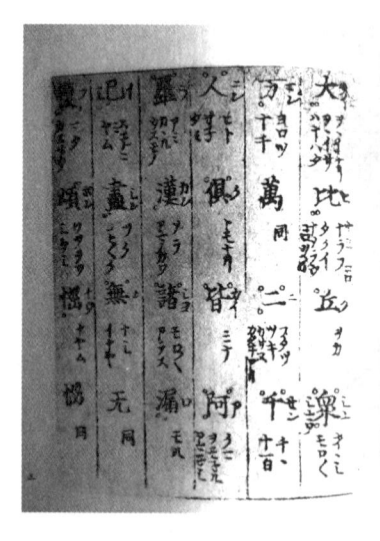

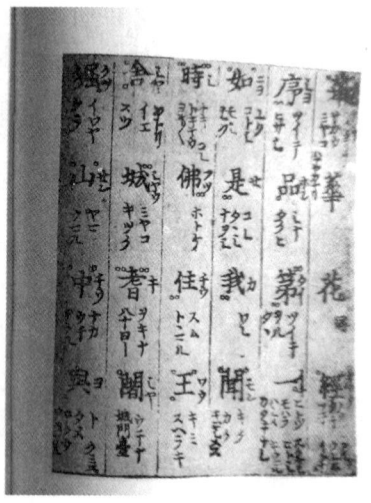

附錄四：心空撰《法華經音義》[1]

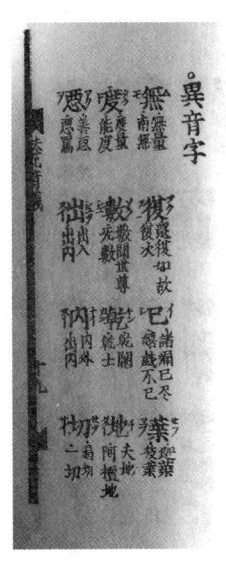

---

[1] 《倭點法華經》下（《日本古典全集之内》），日本古典全集刊行會昭和九年（1934）版。

附錄五：室町中期寫《法華經音義》①

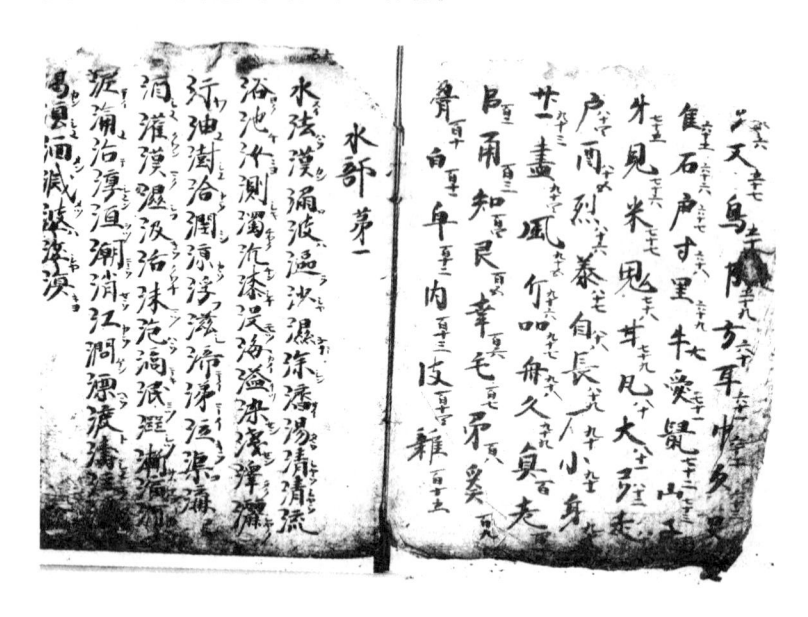

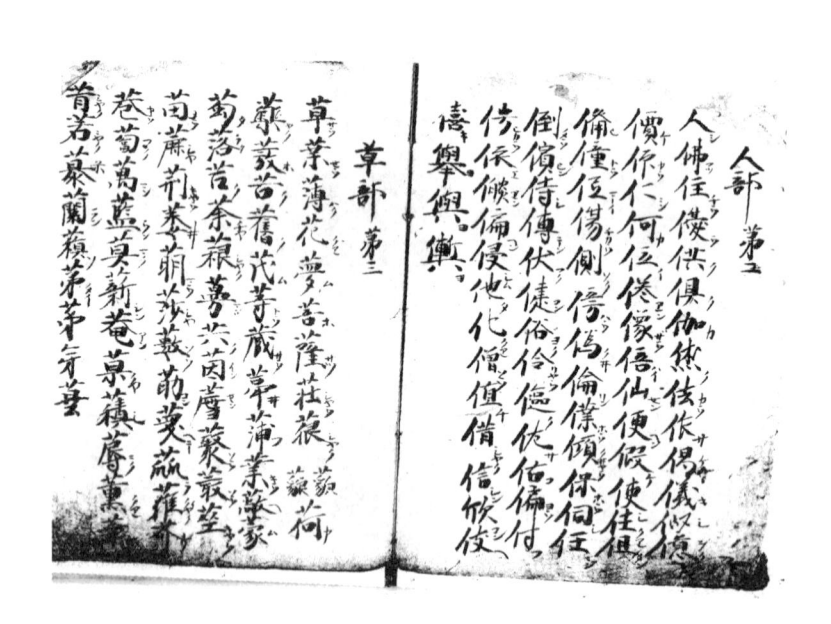

---

① 古辭書叢刊刊行會：《法華經音義　付仁王經音義　室町中期寫》（原裝影印版，增補古辭書叢刊），雄松堂書店昭和五十三年（1978）版。

第五章　淨土部音義

第一節　"淨土經"與淨土部音義在日本

一、"淨土經"在日本

（一）淨土宗與"淨土三經一論"

淨土宗以稱念阿彌陀佛名號、求往生西方極樂淨土爲宗旨而得名。東晉慧遠大師（334—416）曾在廬山邀請十八高僧結"白蓮社"，同修淨業，共期往生西方，被後代奉爲初祖，故此宗又被稱爲"蓮宗"。但真正創立淨土宗的實際上是道綽與其弟子善導。道綽大師（562—645）身經北齊、北周、隋、唐四個朝代，他繼承和發展了北魏曇鸞[①]（476—542）的淨土思想，大力提倡稱名念佛，取得了千百萬信衆的支持和回應，這是使淨土宗真正成爲一個擁有廣泛信衆的佛教新宗派的基礎。善導大師（613—681）則受其業師道綽的影響，提倡專心念佛，後到長安光明寺傳教。相傳他曾用一生所得施財寫《彌陀經》十卷，畫淨土變相三百壁，從其教化者不可勝數，被稱爲"彌陀再生"。善導還撰有《觀無量壽經疏》和《往生禮贊》等著作，闡述立宗之理論根據，組成了完備的淨土宗宗儀和行儀，淨土宗從而正式成立。[②]

淨土宗以"三經一論"爲其基本理論根據。"三經"爲《無量壽經》《觀無量壽經》《阿彌陀經》。"一論"乃《往生論》，也稱《淨土論》。"三經一論"中，《無量壽經》二卷，曹魏康僧鎧譯，主要揭示在

[①] 一般認爲中國佛教史上淨土宗有十五祖，他們分別是：慧遠、曇鸞、道綽、善導、承遠、法照、少康、延壽、省常、蓮池、藕益、截流、省庵、徹悟及印光大師。參考善慧蓮編《蓮宗祖師傳略》，《中國佛教淨土宗歷代祖師》，http://www.xuefo.net/nr/article10/102913.html（學佛網）。

[②] 梁曉虹：《華化佛教》，北京語言學院出版社1996年版，第138頁。

阿彌陀佛因位的願行及果上功德；《觀無量壽經》一卷，爲劉宋畺良耶舍所譯，主要揭示往生淨土之行業；《阿彌陀經》一卷，由姚秦鳩摩羅什譯，主要揭示淨土的莊嚴及執持名號、諸佛護念的利益。《往生論》（也稱"《淨土論》"）實際是《無量壽經優婆提舍願生偈》的略稱，一卷，世親菩薩造，元魏菩提流支譯，主要揭示淨土之教法，贊述三經之要義。

　　淨土宗的理論以修持者念佛行業爲内因，以彌陀愿力爲外緣，内外相應，從而可於死後往生西方極樂世界。因爲淨土宗的修行法門簡便易行，其所宣傳的西方極樂世界又極爲美好，故而在漢土得以廣泛傳播，成爲中國佛教中影響力最大的宗派之一。而且，即使在經過了有唐一代——中國佛教發展的頂峰之後，有些宗派已逐漸失去往日光環，繁盛之景不再，然淨土宗卻能一直延綿不斷，廣爲流傳。不僅歷代名師輩出，五代至宋以降，淨土信仰還進一步深入民間，甚至滲透進其他宗派，許多宗師常聯係淨土信仰而提倡念佛的修行，以"禪淨合一"爲中心而形成的佛家各派大融合實際上成爲宋代以後中國佛教發展的主要特色，故而"家家彌陀佛，户户觀世音"正是中國淨土信仰流傳盛況的生動寫照。

（二）日本淨土宗與"淨土三經一論"

　　與其他宗派相較，日本淨土宗的正式創立相對較晚，已至平安末期。然而彌陀信仰、淨土思想等卻早在飛鳥時代（600—710）就伴隨佛教東渡而傳入日本。留學僧惠隱於推古十六年（608）隨遣隋使小野妹子入隋求法，跨隋唐兩朝三十餘年。舒明天皇十一年（639）惠隱携帶大量淨土經典返日，翌年5月設齋開講《無量壽經》，并屢次於宮中開講，使彌陀佛信仰在皇室和貴族社會中萌芽開來。

　　奈良時代（710—794）中期，"淨土三經"以及中國、新羅諸師對其注疏，[①]皆陸續傳入日本，這就促進了彌陀信仰的普及和淨土典籍的研究。受唐代佛教的影響，阿彌陀佛和淨土變相的製作劇增，彌陀信仰在貴族社會佔據了中心地位。天平寶字四年（760）光明皇后殁後，七七忌日，淳仁天皇曾命諸國國分寺繪製阿彌陀佛淨土畫像，又命僧尼抄寫《稱

---

　　① 重要的"淨土三經"註疏有如：《無量壽經義疏》（2卷，隋慧遠撰）；《無量壽經義疏》（1卷，隋吉藏撰）；《兩卷無量壽經宗要》（1卷，新羅元曉撰）；《無量壽經連義述文贊》（3卷，新羅璟興撰）；《觀無量壽經義疏》（2卷，隋慧遠撰）；《觀無量壽經義疏》（1卷，隋吉藏撰）；《觀無量壽經義疏》（1卷，隋吉藏撰）；《阿彌陀經義記》（1卷，隋智顗說）；《阿彌陀經疏》（1卷，唐窺基撰）；《佛説阿彌陀經疏》（1卷，新羅元曉述）等。

讚淨土經》，①置於國分寺，用以禮拜、供養。翌年一周忌辰，又命於大和國法華寺西南建阿彌陀淨土院，並命諸國國分寺造六丈阿彌陀像等供養。奈良時代天平年間，道璿、印度婆羅門僧正菩提仙那及鑒真等高僧先後東渡弘法、傳律，入唐學問僧也相繼返國。受其影響，六宗中的三論宗智光、華嚴宗智憬、法相宗善珠等紛紛以《無量壽經》爲研究對象，注釋、撰疏，此爲日本淨土教典研究之濫觴。所以儘管"奈良六宗"②與"平安二宗"③中并無淨土宗，但淨土思想的影響，淨土信仰的傳播，卻是早期日本佛教值得關注的現象。根據石田茂作《写経より見たる奈良朝仏教の研究》，奈良時代，不僅"三經一論"皆已有傳播，《無量壽經》之異譯、《阿彌陀經》之別譯等也混合在一起流傳。另外，有關淨土教的經論注疏有不少也已傳來，其中特別是書寫善導《觀無量壽經》（四卷）之記事還見於正倉院文書。④善導作爲中國淨土宗的實際創始人，其所謂"五部九帖"⑤的著述，除去《觀念法門》一卷外皆已傳到日本。不僅如此，甚至連"奈良六宗"中最有影響的三論宗、華嚴宗、法相宗中也有研究淨土經典的學者，如三論宗的智光、東大寺華嚴宗學者智憬、法相宗的善珠等，皆有多種有關淨土教典的研究著作。

進入平安時代（794—1192）以後，天台宗和真言宗在朝廷的支持下風行社會。日本淨土信仰的興起和以後淨土宗的創立與天台宗有最密切的關係。⑥

最澄（767—822）是日本奈良末至平安初之高僧。少年時曾在奈良東大寺出家，後入比叡山建日枝寺修行，研習天台教義。經過一段時間潛心鑽研，對天台教義有所了解，但因不明之處仍多，故於804年與空海等作爲"入唐請益天台法華宗還學生"登上漢地，隨天台宗九祖湛然弟子道邃、行滿習天台教義，并跟天台山禪林寺翛然學牛頭禪法，還從道邃受大乘菩薩戒，甚至還在龍興寺順曉處受傳密教。805年，最澄携帶大量佛教

---

① 全稱《稱讚淨土佛攝受經》，唐代玄奘大師譯，乃《阿彌陀經》之異譯。
② 指奈良時代形成的佛教宗派：三論宗、成實宗、法相宗、俱舍宗、華嚴宗、律宗。
③ 指平安時代由最澄創立的天臺宗和由空海創立的真言宗。
④ 石田茂作：《写経より見たる奈良朝仏教の研究》，東洋文庫1930年版，第160—161頁。
⑤ 也作"五部九卷"，即《觀經四帖疏》四卷、《觀念法門》一卷、《法事贊》二卷、《往生禮贊》一卷、《般舟贊》一卷。
⑥ 楊曾文：《新版日本佛教史》，人民出版社2008年版，第146頁。

經典和法具回國，於比叡山大興天台教義，正式創立日本天台宗。

作爲日本天台宗的開山之祖，最澄所依據經典主要是《法華經》和"天台三大部"，其中也包含有彌陀淨土信仰的内容，故稱念阿彌陀佛因爲天臺宗的興盛而得以提倡。特別是根據最澄所撰《傳教大師將來台州錄》①，他從唐朝帶回的佛教經典中有智顗大師的《請觀音經疏》《觀無量壽經義疏》《阿彌陀經疏》等多種淨土著作，這對淨土信仰的進一步擴大傳播起了很大的促進作用。

最澄弟子圓仁也曾於838年入唐求法。除了天台教法以外，還從竹林寺受傳淨土宗名僧法照的"五會念佛"修持儀軌。②圓仁回國後，於比叡山設灌頂台，建立總寺院，弘傳密教和天臺教義，並在"常行三昧堂"，提倡淨土念佛法門。圓仁的再傳弟子"源信著《往生要集》，使天台宗内的淨土教説達到最高階段，爲淨土教發展爲獨立教派提供了直接的理論來源"。③

日本淨土宗的創立者是源空（1133—1212）。源空號"法然房"，通稱"黑谷上人""吉水上人"等。源空自幼就奉父遺命出家，13歲登比叡山師事源光，15歲從比叡山著名學僧皇圓受戒，研習天台教義。久安六年（1150），源空辭別皇圓，入西塔黑谷④慈眼房叡空之門，參學深造。叡空曾經追隨有"融通念佛"宗始祖之稱的良忍，受其影響，叡空也傾心淨土。叡空對源空頗爲欣賞，親自賜予其法號"法然房"，意爲"法爾自然"，并用其最初所拜之師源光之"源"與自己的法名叡空之"空"相組合，賜其法名爲"源空"。此後，源空至京都、奈良游學，歷訪名刹高僧，參究各宗奧旨。最後，源空又回到黑谷，入報恩寺遍閱大藏經。承安五年（1175），源空讀善導《觀無量壽經疏》而有感開悟，遂放棄其他法門而一心皈依淨土。又讀源信之《往生要集》而決意自立新宗，遂離開比

---

① 《大日本佛教全書·佛教書籍目録第二》，佛書刊行會大正三年（1914）版。
② 楊曾文：《新版日本佛教史》，第147頁。
③ 同上書，第146頁。
④ 比叡山跨越滋賀與京都，占地面積很大，處處皆爲寺院，分成"東塔""西塔""橫川"三大區域。其中"西塔"以轉法輪堂爲中心，有荷負堂、椿堂、瑠璃堂、黑谷青龍寺等塔寺。黑谷青龍寺開山爲天台宗慈惠大師良源。據説此處有大黑龍出現，被認爲是大黑天出現之靈地，故被稱爲"大黑谷"，後多稱"黑谷"。

叡山至京都東山吉水①結庵，樹立淨土法門，專修念佛行法，日本淨土宗由此正式創立。此宗成立後，很快在日本廣爲傳播。源空在奈良東大寺專講淨土三部經，並爲天皇、皇后授戒。由此，上自朝廷、公卿，下至武士、庶民等各層紛紛歸依，道俗稱名念佛之聲源源不絕。源空之後，其弟子親鸞又承師旨意，開創了淨土真宗。時至今日，淨土宗和淨土真宗都是日本佛教諸教派中信徒最多的宗派。

二、"淨土三經一論"音義在日本

如前述及，日本平安末期至鎌倉時期，淨土宗作爲後起的佛教宗派，後來居上，頗爲興盛。因爲信徒衆多，作爲淨土宗宗經的"三經一論"自也擁有廣泛的受衆，廣爲流傳。中國傳統佛經音義中，有玄應的《觀無量壽經音義》，在其《衆經音義》卷五，慧琳則將其轉錄收於《一切經音義》第三十二卷；另《玄應音義》卷八有《阿彌陀經音義》和《無量壽經音義》，前者《慧琳音義》轉錄增補於第十六卷，後者《慧琳音義》轉錄於第十六卷。②慧琳在轉錄增補玄應的《阿彌陀經音義》外，也在卷三十二專爲《阿彌陀經》又重撰音義。但是經過查檢，我們發現，玄應與慧琳這兩位唐代音義大家有一共同特色，即他們爲三部經所撰音義之内容皆非常簡單。如玄應的《觀無量壽經音義》祇有1條：

鷹隼 又作鵻，同。思尹反。詩云：鴥彼飛隼。箋云：隼，急疾之鳥也。說文：鵻，祝鳩也。③

而玄應的《阿彌陀經音義》雖有上下二卷，但也僅有15條，而且其中有9條僅注音而不釋義。又玄應的《無量壽經音義》祇爲上卷撰述音義，共8條。慧琳在卷十六轉錄增補玄應《阿彌陀經音義》，共有25條，增加了10條，且各條内容有所補充。但慧琳自己爲《阿彌陀經》重撰的音義卻

---

① 位於京都東山區。據說現存京都知恩院的御影堂就是源空當年所住"吉水草庵"的舊址。
② 參考徐時儀《一切經音義三種校本合刊》（修訂版），上海古籍出版社2012年版，第122、174頁。又岡田希雄《淨土三經音義攷》一文指出《觀無量壽經音義》在《玄應音義》卷六；《阿彌陀經音義》與《無量壽經音義》在卷九（《龍谷學報》1939年3月第324期）或許有誤。筆者經過調查，認爲徐說準確。
③ 徐時儀：《一切經音義三種校本合刊》（修訂版），第122頁。

也僅有4條。至於《往生論》（《淨土論》），玄應無音義，慧琳雖撰音義，但僅收釋5個雙音節詞，收於《慧琳音義》卷第四十七，目錄稱"無量壽經論"音義，而正文則稱"無量壽論"音義。這是因爲《無量壽經優婆提舍願生偈》除可稱《往生論》《淨土論》外，還可稱《無量壽經論》《無量壽論》。所以，總體來看，中國傳統佛經音義的兩位大家，玄應與慧琳爲"三經一論"所撰音義，皆相對簡單。筆者認爲其主要原因應該有兩點。其一，因其撰著目的所決定。玄應、慧琳等音義大家所撰皆屬"衆經音義""一切經音義"，而"淨土三經一論"在卷帙浩繁的藏經中篇幅并不算長，故而音義內容較少。其二，淨土修行法門本身簡便易行，"淨土三經一論"中難詞難字也不算多，故在玄應與慧琳兩位大師看來，或許所需"音義"的內容無須太多，也是有情可原。

然而在日本，雖然淨土宗正式成立時代較晚，但早期淨土經典的流傳以及諸宗名師直接或間接的提倡，皆大大促進了淨土信仰的流傳，所以此宗一直擁有廣大的受衆群體，淨土信仰一度臻以鼎盛。從簡單念佛，到學術研究，皆有呈現。故而，隨著淨土宗的興盛和廣傳，淨土宗據以立宗的"三經一論"的讀者群也愈來愈多。如果說，在玄應與慧琳兩位大師看來，"淨土三經一論"對漢地信徒而言，所需"音義"，即所需詮釋的內容不需太多的話，那麼在東瀛，無論是淨土宗派內的僧侶還是一般信衆，因其畢竟是作爲外來語來閱讀接受的經典，而且當時日本文字早已經產生，人們的閱讀與書寫也與早期純粹全部使用漢文有所不同，故而爲信衆閱讀三經的各種註釋書也隨之出現，其中以辨音釋義爲主的音義書當然也不少。以下我們就從兩方面加以梳理考察。

（一）日本所見"淨土三經一論"音義——書目總覽

水谷真成《佛典音義書目》第三《方等部》[①]共刊登出有關"淨土三經"的音義共有以下十種：

001 兩卷經字釋　撰者不記　天平十二年寫
002 無量壽經字記一卷
003 無量壽經註字釋一卷　善珠撰

---

① 《大谷學報》第28卷第2號，昭和二十四年（1949）3月；後被收入水谷真成《中國語史研究》，三省堂1994年版，第22頁。

第五章 淨土部音義

　　004 淨土三部經音義集四卷 釋信瑞（—弘安二）撰
　　005 淨土三部經音義二卷附六時禮讚偈 珠光（—天正十八年）撰
　　006 淨土三部經音義五卷 乘恩（享保一〇—天明五）撰
　　007 淨土三經字音考一卷 玄智（享保一九—寬政六）撰
　　008 三經合注字音考一卷 玄智景耀（享保一九—寬政六）撰
　　009 三經字音正訛考一卷 京都大學所藏據東京大學岡本保考自筆本影寫本
　　010 三部經字引一卷 東條逢傳撰 明治十一年刊本

除此以外，水谷《書目》第十《諸宗部》還記有三種有關《淨土論注》的音義：

　　011 淨土論注音釋一益[①] 湛益（奕）撰
　　012 淨土論注字選二卷 轉超撰
　　013 淨土論注捃貽書二卷 輪超撰

而岡田希雄[②]也有考證，指出現存日僧所撰淨土三經的音義有以下七種：

　　① 淨土宗信瑞所撰《淨土三部經音義集》，四卷。
　　②《淨土三部經音義》，一卷，撰者時代不詳。
　　③《淨土三部經音義》，上下二卷，淨土宗僧人珠光撰，天正十八年暮春上澣自序。
　　④《三部經字引》，刊，一卷。
　　⑤《淨土三部經音義》，美濃版五卷五本，真宗本願寺派僧人乘恩撰，寶曆五年五月成，六年十月刊。
　　⑥《淨土三經字音考》，四六型小本一卷，真宗本願寺派玄智（景耀）撰，永安元年十二月成，二年閏三月刊。

---

① 水谷先生《書目》有"一益"二字，與筆者所見資料不一致，不知何意，暫存疑，下考述時刪。
② 岡田希雄：《淨土三經音義攷》，見載於《龍谷學報》昭和十四年（1939）第324號。

⑦《三部經字引》，四六型小本一卷，大谷派東條逢傳撰，明治十一年刊六月刊。

以下我們就結合兩位音義大家所記"書目"，概述其內容。前者仍按習慣簡稱"水谷《書目》"，後者簡稱"岡田論文"。

（二）日本所見"淨土三經一論"音義——內容概述

1.《兩卷經字釋》，不存

水谷《書目》001"兩卷經字釋"見於"《大日本古文書》7卷488頁"和"《奈良朝現在一切經疏目錄》No.1900"，二者皆不記撰者，亦無其他信息。然筆者在查考石田茂作《写経より見たる奈良朝仏教の研究》第三章"六宗以外の奈良時代の諸宗"時，發現"兩卷經字釋"與善導、元曉等中國以及新羅淨土學僧有關淨土經論的注疏羅列在一起，①故其撰者有可能是中國或新羅僧。另外，所謂"兩卷經"應該是指《無量壽經》。因此經有上下兩卷，故又稱"雙卷經""兩卷無量壽經經"等。所以，這實際也就是《無量壽經字釋》。

2.《無量壽經字記》一卷，不存

水谷《書目》002"無量壽經字記一卷"則見載於《東域傳燈目錄》卷上，其下有細注"音義部"。②無撰者信息，但置於"善珠抄"的"無量壽經贊抄一卷"後，故筆者推測有可能是善珠著作，請參考以下論述。

3.《無量壽經註字釋》一卷，不存

水谷《書目》003"無量壽經註字釋一卷"，水谷先生注有"善珠（神龜元年至延曆十六年）撰，又云善珠弟子作"字樣；又引《淨土真宗經典志》第三："案《東域錄》曰字記者即此。"此即上所述002。另《淨土依憑論章疏目錄》亦有記載，而且在"善珠"注："法相宗，日本人。"③此即為水谷先生說之所據。由此，我們或許認為以上002"字記"與003"字釋"兩種本是一書，其撰者為善珠。

---

① 石田茂作：《写経より見たる奈良朝仏教の研究》附錄《奈良朝現在一切經疏目錄》，第99頁。

② 永超：《東域傳燈目錄》卷上，佛書刊行會編《大日本佛教全書》一《佛教書籍目錄第一》，名著普及會，1986年複刻版，第47頁。

③ 佛書刊行會編：《大日本佛教全書》一《佛教書籍目錄第一》，名著普及會，1986年複刻版，第341頁。

第五章　淨土部音義

　　善珠（723—797）是奈良至平安朝初期法相宗著名學僧，爲興福寺玄昉①高足。善珠又是奈良佛教史上著名的著述家，有《唯識義燈增明記》《唯識分量決》等二十余部著作留存。而從音義角度考察，《無量壽經註字釋》（或稱《無量壽經字記》）應是日本早期佛經音義之一，惜已失佚，無從考證其本來面目，期待著新資料的發現。

　　以上水谷《書目》所記001、002、003實際衹有書名，僅見載於諸"章疏目錄"，并無實物見存，故難以進一步考述。

　　水谷《書目》所記004至010的七種音義，皆爲日本僧人所撰，且皆有留存。另外岡田論文所記七部音義，基本上可與水谷《書目》參照比對。

　　4. 信瑞撰《淨土三部經音義集》四卷，存

　　上記水谷《書目》004與岡田論文①爲同一書。此爲現存最早日僧所撰"淨土三經"之音義，也是淨土部音義之名篇，我們將於下節加以專門考論，故此略過。

　　5. 寫字臺本《淨土三部經音義》，一卷，存

　　岡田論文中②《淨土三部經音義》一卷，但記"撰者時代等不詳"。而水谷《書目》在005"淨土三部經音義二卷附六時禮讚偈　珠光（一天正十八年）撰"後記有"江户時代初期刊本、續淨土宗全書第十七册所收、龍谷大學藏室町末期寫本"，其中"龍谷大學藏室町末期寫本"即與岡田論文②相當。此本曾爲寫字臺②舊藏，現藏於龍谷大學，學界一般稱其爲"寫字臺本"。

　　寫字臺舊藏本爲一卷本，撰者與時代皆不詳。但學界一般認爲此本撰寫時間爲室町時代（1333—1568）。如岡田希雄在其複寫本書名下就寫有

---

　　①　玄昉（？—746），奈良時代僧人，俗姓阿刀氏，大和（今奈良縣）人。出家後從龍門寺義淵學唯識學說。717年（養老元年）奉敕與吉備真備同時入唐，從智周學法相宗。留學20年，受唐玄宗賜紫袈裟、准三品職。與橘諸兄、吉備真備一起活躍於當時的政界。被尊爲法相宗"第四傳"。

　　②　"寫字臺"爲寺廟中"門主（宗主、住持方丈）"居室之稱。本願寺（位於京都，又稱"西本願寺"）第二十代広如宗主（1798—1871）自弘化三年（1846）至安政三年（1856），耗費十年時間收集歷代宗主藏書。此後由弟子，第二十一代明如宗主等整理而成書庫，命名爲"寫字臺文庫"，并於明治二十五年（1892）、明治三十七年（1904）兩次出讓於龍谷大學圖書館。寫字臺文庫現有藏書6520部，3萬餘册，藏書種類以佛書爲主，其他還涉及文學、歷史、社會科學與自然科學等領域。

"室町期著述歟"，①故其祖本撰述年代應不晚於室町時期。

此音義屬"篇立音義"，其卷首有"淨土三部音義集"標題。卷末記有"三部經之文字二万九千八百七十一字也"。作爲"篇立音義"，其編目始於"木火土金火"，終於"第廿七雜部"，基本上五部爲一大類。如下所示②：

第一：木火土金水；	第二：日月風山石；
第三：食米麥田歹；	第四：衣玉糸示車；
第五：人王君臣民；	第六：口言手足疋；
第七：目耳舌心耳；	第八：广厂戶广尸；
第九：宀雨穴亠竹一；	第十：艹革欠ソ䒑；
第十一：入門云口冂类；	第十二：男女母子身；
第十三：忄彳禾立盲；	第十四：方寸見光長；
第十五：之走乞尤曲；	第十六：戈乀ス木林；
第十七：工反角吉虍；	第十八：眞佳束ノ力；
第十九：去文夊畐刂；	第二十：鬼龍牛馬扌；
第廿一：阝阝阝爿白；	第廿二：鳥羽虫貝頁；
第廿三：止正與彡幸；	第廿四：里易且其至；
第廿五：少久盡（上部）勹瓦声；	第廿六：皿大酉右玄良；
第廿七：雜	

以上"編目"以及"雜部"內的立項與排列被認爲是受了先行音義的影響，其中有與《法華經音義》（前田家本）等先行音義相同的要素。③

岡田希雄指出：龍大寫本卷首之部首目錄有誤字。而本文中所寫的各類目錄也有誤字，還有《康熙字典》中不見的部首。分成二十七類的理由難以判斷。④

---

① 筆者雖未親眼見此本，但2015年9月初，筆者到日本國立國會圖書館調查資料，有幸在古籍室見到岡田希雄複寫龍谷大學本，并得以複印。其末尾有岡田希雄於昭和九年（1934）8月24日所寫識記，記載其所見原本形狀，頗爲詳細。以下所舉此音義例，即出自此本，不另出注。
② 以下引自川瀨一馬《增訂古辭書の研究》（第759—760頁）"編目"，岡田複寫本之"編目"部分，經筆者與正文部分相勘核，發現有訛漏和誤衍。
③ 沖森卓也等編：《日本辞書辞典》，おうふう1996年版，第148頁。
④ 岡田希雄：《淨土三經音義攷》，《龍谷學報》1939年3月第324期。

第五章　淨土部音義

　　筆者將其複寫本前之"篇目"字與正文部分相勘核，發現確實有一些訛漏和誤衍，如"第六：口言手足疋才"，但正文中并無"才"字。而且根據體例，部首應是"五篇宛類聚"，故"才"爲衍字。又如"第七：目耳舌心"，但正文目録卻爲"目耳舌心耳"，而實際收釋并無從"耳"之字。

　　此音義在漢字辭目右旁用片假名標出音注，有二音時，也注於左邊。辭目下方用片假名標出義訓，也偶見漢字義訓。有時還注出異體字，但數量較少。如：

　　　　枝：シ；エダ（第一木部）

　　案：以上"シ"爲"枝"字音讀，"エダ"則爲其和訓。

　　　　鏡：キャウ；カカミ、テラス、明也，照也。（第一金部）

　　案："キャウ"爲"鏡"字吳音。"カカミ"爲其和訓。"テラス"漢字作"照らす"，故後用"明也，照也"再釋義。

　　　　丐[①]：カイ；コフ、トル；匂同。（第二山部）

　　案：以上"カイ"爲"丐"字音讀。"コウ（コフ）"是和訓，爲動詞，漢字作"乞う"，但"トル"則是"取る"。如果"乞う"表示乞丐，請求施捨，那麼"取る"則表示主動拿取被施捨之物。最後"匂同"，標出異體字。

　　也有很多祇標音讀，沒有釋義，如

　　　　碼：メ。（第二石部）　　　　磁：ナウ。（同上）
　　　　磧：シャク。（同上）　　　　磬：ケイ。（同上）
　　　　礦：クワウ。（同上）　　　　礁：セウ。（同上）

[①]　此字右上有兩個小圓圈聲點，應爲濁音符號。

案：以上爲"第二石部"最後的六個字，皆祇注音，不釋義。
另外，此本多有誤寫。如：

㬔：マン；ヲヨフ、𩇯。（第二日部）

案：以上兩個圖像文字，無論是辭目字，還是釋文中字，皆較難辨認。根據音讀以及字形筆者認爲應爲"曼"字。《佛教難字大字典·日部》"曼"字下有"㬔""㬔"字形，與以上字形相似，但不能肯定。岡田複寫本在"ヲヨフ"旁注"不明"。可見書寫多有訛誤。岡田複寫本多有抄寫者隨時所作旁注，其中就有辨正糾錯的内容。

此音義雖然在信瑞所撰《淨土三部經音義集》後産生，但"信瑞音義"是卷音義，而此音義屬於篇立音義，體式有異。而即使從註記内容看，也并不相同，故二者應該没有直接關係。

寫字臺本《淨土三部經音義》，至今并未公開刊行，相關研究亦甚少。主要有岡田希雄在其《淨土三經音義攷》一文①以及川瀨一馬在其《增訂古辞書の研究》第二篇"鎌倉時代·南北朝に於ける辞書"之第二章"鎌倉時代に於ける辞書各説"②中有介紹。又因此書屬於日式佛經音義，主要以假名標音釋義，故對其研究也主要從日本國語學的角度出發，二位先賢在其論文以及著作中也有所涉及，相關研究者可參考。

值得注意的是，此本與"天正十八年（1590）"珠光所撰《淨土三部經音義》有著密切關係，後者被認爲是在類似本書傳本基礎上改編而成的。詳請見下述。

6. 珠光撰《淨土三部經音義》二卷附六時禮讚偈，存

上記水谷《書目》005與岡田論文③同指此書。此音義被認爲是淨土真宗僧侣珠光在寫字臺藏本《淨土三部經音義》基礎上加以改訂增補，并於天正十八年（1590）加上序言而成者。此亦爲日本淨土部音義中之"名著"，我們將於下節加以專門考論，故此略過。。

7. 乘恩撰《淨土三部經音義》五卷，存

上記水谷《書目》006與岡田論文⑤即同爲此書。這是日本僧人所撰淨

---

① 《龍谷學報》1939年3月第324期。
② 雄松堂出版，昭和三十年（1955）出版，昭和六十一年（1986）再版，第759—761頁。

土部音義中篇幅最長者，筆者曾對此音義有過考論，[1]故也留待下節詳述。

8. 玄智撰《淨土三經字音考》一卷，存

上記水谷《書目》007與岡田論文⑥同指此書。

《淨土三經字音考》一卷，作者爲真宗本願寺派玄智。玄智（1734—1794）爲江戶時代中後期淨土宗僧人，出身於河内（現大阪府），字"景耀""若瀛"，號"曇華室""孝德坊"。曾任西本願寺[2]堂職與江户築地別院[3]輪番等。玄智通曉教義與歷史，著述甚夥。《淨土三經字音考》後所附"曇華室主校刻書目"，就有《校點淨土三部經》《真宗教典志》《釋門自鏡録》等共16部，實堪稱真宗本願寺派學匠。

《淨土三經字音考》前有"湖東釋願國慧觀"之"題辭"，寫於安永八年（1779）五月。[4]慧觀乃五卷本《淨土三部經音義》作者乘恩之弟。慧觀在其《題辭》中指出：

平安慶證大德，余親族知音也。誠信之餘，以著述爲己任。善解音韻。憤悱古言之不復，聿鑒之韻鏡，徵之篇韻，就正三經讀音，便持誦者，名曰字音考。[5]

以上數行實際已將玄智之書特色闡述的非常清楚。而其兄乘恩爲淨土三經所撰音義"專詁訓，不副字音"，因"古音陸離，或相什伯，時萬時億，大有徑庭，恐人聽瑩爲謡也"，而玄智《字音考》則有異，"旁訓國字"，即旁用假名標注讀音，如此，則"易誘初學"。

此書"總目"前有"凡例"七條，筆者抄於下，以便讀者了解。

① 清濁據韻鏡三十六字母及反切上字定之。

② 反切都依廣韻。若取他書，則作圍隔之，如屏貌等字。閒有直音註，亦從本據如數拯等字。

---

[1] 梁曉虹：《淨土三經音義在日本——以乘恩撰〈淨土三部經音義〉爲中心》，第四届佛教文獻與文學國際學術會議發言稿，2016年11月，浙江杭州，浙江大學與徑山禪寺共同主辦。
[2] 位於京都下京區。
[3] 現位於東京中央區築地。
[4] 玄智之書於安永二年刻版，此題辭當爲後附。
[5] 本書所舉此音義例，出自日本國立國會圖書館所藏安永二年（1773）刊行本。以下不一一另註。

③ 一字多音各出經中而和讀有別者，複出同字，并列音註，如無樂等字。

④ 國字音註，右爲吳音，左爲漢音。濁圈亦爾。吳漢共難，輒從者附通呼於下，如内及等字。

⑤ 本音之於通呼也，有長促爲短者，如世偈等字。又有入聲少轉者，如即乞等字。又有反切而轉者，如璨鞞等字。此等字不必爲謬音。

⑥ 屬東冬灰佳尤等韻之字，吳音短呼爲正。上去二韻亦爾。大谷舊典率用此讀，非適于今也。

⑦ 國字作讀式，一從韻鏡家，故與祖書和讀，或同或異，覽者勿怪焉。

根據以上"凡例"，我們可以了解其基本體例與内容。玄智摘録三經中單字作爲辭目，并按照《康熙字典》體式編排。正如其書名，此音義祇是專門標注字音。辭目字左右用假名標示音讀，右爲吳音，左爲漢音。辭目字下方用雙行漢字標示反切，并根據《韻鏡》和《廣韻》加以正音。但岡田希雄在其《淨土三經音義攷》一文指出：

僥：キャウ、誤，ケウ、正。（二畫人部）
凶：ク・キャウ、誤、キョウ、正。（二畫凵部）
共：グ・キャウ、誤、キョウ、正。（二畫八部）

等字仍有誤，故加以訂正。又似過於遵從反切而能見到奇怪之音。這時可以認爲是先從《磨光韻鏡》，但如"凶""共"等字卻又并不見《磨光韻鏡》。

《淨土三經字音考》正文之單字字音考，從"一畫、部"開始至"十二畫黃部"爲止，共收字一千五百左右，實際量并不多，近約全書一小半。其後有"往生禮讚偈及淨土要偈字音""考疑""校異""對校諸本""點圈凡例""附言""追録""便略"等附録部分。這些内容占全書大半。

"往生禮讚偈及淨土要偈字音"是爲唐代善導大師所著《往生禮贊

偈》（一卷）①中重要偈語字標注字音，共138字，體例同正文字音考。

"考疑"則是對三經中的八個有疑問的語詞②（出、優盎、惡露、踐度、寧樂、不也、難沮、宿王）進行較爲詳密的考辨詮釋，且多引文獻以證，類似玄應、慧琳等人音義。內容則多爲聲韻之辨析。如：

> 踐度：度，去聲。法制也。嘉祥疏釋踐度等句云：因公憎私。璟興疏釋云：度者，法量。又釋不順法度句云：度者，量也，則也。二師意蓋爲去聲也。了慧鈔釋爲履踐量度者，爲入聲。

案："踐度"一詞出自《無量壽經》卷二："主上不明任用臣下，臣下自在機僞多端，踐度能行知其形勢。"③其中"嘉祥疏"見吉藏《無量壽經義疏》卷一。④璟興爲古代新羅學僧，以上所引釋語，則見其《無量壽經連義述文贊》卷下。⑤而了慧則是日本鎌倉時代淨土宗著名學僧。"了慧"實乃道光（1243—1330）之字，道光除此外，還有"望西樓""蓮華堂"等字，諡號"廣濟和尚"。因曾爲法然上人、弁長、良忠三代撰寫傳記，作爲精通圓通戒者而知名。其撰著甚夥，有關淨土宗則有《無量壽經鈔》。上例中的"了慧鈔"即《無量壽經鈔》。以上玄智引中韓日三國前賢釋"踐度"之文，指出應爲去聲。這一部分，儘管祇考八個語詞，但內容頗爲詳實，值得進一步研討。

"挍異"部分，其下有注：

> 廣對唐宋韓明等諸本，具記同異，如三經音義卷尾。今就一種坊間，現流諸本，略紀其異。

據其"如三經音義卷尾"，其"三經音義"具體所指，筆者尚不能確定。然而明顯的可以看出，玄智等江戶時代淨土學僧注重不同版本的考據

---

① 全稱"勸一切衆生願生西方極樂世界阿彌陀佛國六時禮贊偈"，又作"六時禮贊偈""往生禮贊""禮贊"。
② 有的實際不算語詞
③ CBETA/T12/276。
④ CBETA/T37/124。
⑤ CBETA/T37/166；CBETA/T37/166。

校正。這説明當時尚有中國的唐宋明以及古代新羅版本的"淨土三經"在流傳。這些内容對後人研究"淨土三經"經本文，具有參考價值。

"對挍諸本"則是記録所對挍諸本之名，共有四種，并"附國字讀諸本"。下有詳細校記。

"點圈凡例"則説明此書點圈内容。這對正確誦讀經文頗爲重要。

"附言"則引用多種譯經以及其他中日内典文獻，表示誦讀"淨土經"之重要以及如何誦讀。特别是最後引用了《壒囊抄》[①]卷十，提出關於日本僧俗誦經用漢音還是吴音的討論。這是日本漢字音研究值得矚目的内容。

"追録"下引《自知録》下和《元亨釋書》十，提出誦經所需注意事項。

"便略"下則注出三經中有清濁兩音的"别解等字"，因"混呼已久，不可輒分焉"。

9. 玄智撰《三經合注字音考》一卷，存

上記水谷《書目》008即爲此音義。但岡田論文不記此書。水谷《書目》標明出處是《淨土真宗教典志》第二。經筆者調查，發現在《淨土真宗教典志·宗侣章疏》在"三經合注"後確實記有"字音考一卷"字樣，其下注：

　　安永元年冬京慶證寺玄智景耀述。每字據廣韻出反切，點清濁，附吴漢兩音和讀校異本，計字數，列對校諸本，并記讀經用心典詁事緣等。[②]

據此可知體式與内容應與玄智所撰《淨土三經字音考》應該差不多。筆者認爲，《三經合注字音考》與《淨土三經字音考》實際爲一書。《淨土真宗教典志》共三卷，其作者也是玄智，撰於安永七年（1778）。玄智自己指出其書撰於安永元年，其刊行爲翌年安永二年。

10.《三經字音正訛考》一卷，存

上記水谷《書目》009即爲此音義，但亦不見於岡田論文，然此音義

[①] 百科辭典類，著者爲觀勝寺行譽，成於文安三年（1446）。寫本共七卷，刊本十五册。
[②] 根據西尾市"西尾市岩瀬文庫"《大谷·淨土真宗教典志·宗侣章疏》（書林，京醒井通魚棚上丁，丁子屋上兵衛）的掃描版（國文學研究資料館），第3—4頁。

第五章 淨土部音義　407

卻現存。京都大學文學研究科圖書館藏有寫本《淨土三部妙典附尾三經字音正訛考》，標明著者爲"義山"，書寫者不明，書名別名爲《三經字音正訛考》。此書本文末有"或人云三經字音正訛爲京師智恩院中入信寺義山上人作之云云"①字樣，又卷末有"右者乃據東京帝國大學文科大學所藏之岡本/保孝②自筆本謄寫/明治四十四年七月二十四日"③字樣。

11. 東條逢傳撰《三部經字引》一卷，存

上記水谷《書目》010與岡田論文⑦即同爲此書。《三部經字引》，一卷，爲大谷派東條逢傳撰。

淨土真宗由源空弟子親鸞所創，也常簡稱"真宗"。此宗因提倡"一向專念無量壽佛"，在歷史上也曾被稱爲"一向宗"；因親鸞稱信徒爲"御門徒衆"，也被稱爲"門徒宗"，直到近代（1872）才正式稱"淨土真宗"。④此宗是淨土宗中最大的一派。"大谷派"是真宗中之一派，其總本山位於京都府京都市下京區烏丸通七條的東本願寺。另外，位於京都的大谷大學就由此派所創建。

東條逢傳是江户時代著名國語學者義門之子，出生於真宗大谷派妙玄寺。義門曾於東本願寺研修，還曾前往京都高倉學寮（即大谷大學前身）學習，後繼任妙玄寺住持。"東條"一姓僅用於其子孫，本人則稱"釋義門"。義門爲淨土宗著名學僧，既對真宗教義有研究，在國語學語法與音韻方面也很有造詣，尤善於字音。

明治年間刊行的《三部經字引》⑤屬於小型刊本（四六開），篇幅也不大。前有"若狹西廣寺前住小谷將了"寫的前言，其後是篇幅頗長的"凡例"。而正文摘録三部經中"總一千四百三十又三字"⑥按照漢字筆畫編排以便檢索，從一畫至三十三畫。辭目字左，或左右兩邊以片假名標注讀音。辭目字下，用雙行小字標注義訓，片假名占多數，但也兼有漢

---

① 此爲筆者譯文。原文爲"或人云三経字音正訛ハ京師智恩院中入信寺義山上人作之云々"。
② 此字水谷《書目》作"考"，蓋誤。
③ 此爲筆者譯文。原文爲"右者東京帝國大學文科大學所藏ノ岡本/保孝自筆本ニ依リテ謄寫セル也/明治四十四年七月二十四日"。
④ 楊曾文：《日本佛教史》（新版），第250頁。
⑤ 本書所用爲日本國立國會圖書館數字搜藏部（デジタルコレクション）的資料。其複寫原本最後有出版時間爲"明治十年（1877）5月"，著者爲"東條逢傳"，出版人爲"西村九郎右衛門"。
⑥ 《三部經字引》，第28頁。

字，多用於標注音譯字或一些漢地專有名詞，如人名等。如：

　　國　コク①/クニ②
　　通　ツウ/トオル・サトル・カヨフ
　　從　ジュ/ヨリ・シタガウ・トコロ・無從捨離
　　曹　ソウ/魏之姓也，故稱曹魏。
　　康　コウ/康僧鎧ハ三藏ノ名。

　　案：以上五條，③皆爲十一畫下字。故此音義可謂三部經的"專用日式小字典"。與信瑞、珠光等前人所編"淨土三經音義"相比較，逢傳此書，實可謂小型。加之基本無引用，且祇有刻本流傳，故而從語料史的價值來看，不如其前諸音義，特別是"信瑞音義"。另外，因專爲近代日本淨土宗信徒念佛誦經服務，故音義內容也相對簡單，從漢語史的角度看，亦不如"珠光音義"。但是此本在日本國語史上卻具有較高的價值。根據岡田希雄研究，④主要是義訓中有日語語法內容的注釋。而類似此類語法的說明，在佛經音義中本是極爲少見的，但作者之父是一流國語學者，所以逢傳也不愧爲在國語學方面造詣高深者，在其音義中出現說明語法的內容應不足爲奇。另外，岡田也指出：此書的字音標注也基本正確。因爲義門在字音方面造詣很深，甚至達到能寫出《男信》⑤的程度。而逢傳作爲其子，當然同樣具有高深造詣。

　　以上主要從日語史研究的角度考察的。儘管此音義較爲簡單，特別是詮釋部分漢字很少，但仍有值得注意的地方，即卷末的"同字異體大槩"。這一部分主要收錄字頭的異體，有的異體是俗字，有的是訛俗，也有的是古字，等等。一般是一個字頭下對應一個異體，并無說明，但也有一些有簡單注釋，甚至有出典，如以下爲十二畫中的一些字：

---

　　① 此爲讀音，標於"國"字右旁。
　　② 此爲義訓，標於"國"字下。
　　③ 本書所引《三部經字引》皆出自國立國會圖書館所藏《三部經字引》，明治十一年（1878）刊行。以下不一一另注。
　　④ 岡田希雄：《淨土三經音義攷》。
　　⑤ "なましな（奈万之奈・男信）"，是東條義門所撰的一部語學書，三卷，天保六年撰成，天保十三年刊印。

第五章　淨土部音義

経/經　**亜**/亟　**辞**/辭　**剗**/剛　**昝**/昔古

証/玉篇諫也，字與證別。雖然世上多用此字爲證字。

這對研究江户明治時期淨土經用字，乃至當時的佛典用字，皆具有一定的參考價值。

上所述及，淨土宗以"三經一論"爲基本理論根據。但實際上，以上我們所述及到的皆爲"三部經"之音義，并未涉及"一論"音義，即《往生論》（《淨土論》）音義的內容。水谷真成在其《佛典音義書目》第十"諸宗部"記有三種有關《淨土論注》的音義，但僅是書目，沒有更詳細的信息。而且此書目標記還有一些錯誤之處，但似并無學者指出。由此可知，學界對此關注還遠遠不夠。

《淨土論注》也可稱《往生論注》，是北魏淨土高僧曇鸞爲《往生論》撰寫的注釋書。《淨土論注》非常重要。曇鸞在其注釋中主張的"他力易行道"，對後世中國乃至日本的淨土宗影響深遠。然而，這樣一部重要的淨土著作，卻在唐末佚失，流傳至日本，直至清朝末年，因楊仁山居士之緣，才重新回到故土。現此書收於《大正藏》第40冊，共上下兩卷，全名爲《無量壽經優婆提舍願生偈婆藪槃頭菩薩造（并）註》（卷上，卷下）。因爲《淨土論注》在中國本土長久遺失，故致使其音義著作的著者皆爲日本僧人，且以德川時代（1603—1867）後期爲主。

12. 湛奕撰《淨土論注音釋》一卷，存

上記水谷《書目》011《淨土論注音釋》[①]（一卷）是專爲曇鸞所撰《淨土論注》撰寫的音義。作者爲重譽湛奕。筆者對此有過專門考察，[②] 故留待後論。

13. 輪超撰《淨土論注字選》二卷，存

上記水谷《書目》012即爲此書。水谷先生注其作者名爲"轉超"。而013《淨土論注捃貽書》注其作者爲"輪超"。根據筆者所調查，二書作者爲同一人，應爲"輪超"。

輪超（1602—1678）是江户前期淨土宗學僧，字"唯稱"，號"緣

[①] 以下簡稱"論注音釋"。
[②] 梁曉虹：《日僧湛奕著〈淨土論注音釋〉考論》，第二屆文獻語言學國際學術論壇發言稿，2016年11月，北京語言大學主辦。

蓮社""三譽"。輪超出家後，曾師事伊勢山田（現三重）光樹寺信蓮社林應（1577—1648）。後又到江戶增上寺、常陸大念寺、三河大樹寺游學訪師，特別是曾跟隨當時淨土宗碩學往譽無絃（？—1640）學習了18年，故不僅精通佛學毗尼，甚至還擅長詩文歌賦。輪超著作豐富，除以上兩種外，尚有《論注字選助見集》十卷、《大原談義助見集》三卷、《布薩戒弁正返破論》四卷等。

輪超所撰《淨土論注字選》，上下兩卷，主要是指出新舊兩本《淨土論注》中的文字之差異，然後判斷其正誤。另外，還根據其師往譽無絃的《韻鑒鈔》，查閱律呂，從而試著訂正其中錯雜的反切。

輪超在《淨土論注字選》中引用內外典，內典主要是其前日本淨土宗諸師的著作，有聖聰上人的《往生論注記見聞》、良榮（1342—1428）的《淨土論注見聞》、勝冏（1341—1420）的《傳通記糅鈔》（新舊兩本）、了慧[1]的《無量壽經鈔》等。輪超也多引用外典，如：

注解：韻會云：註，一曰解也，識也。廣雅：疏也。通俗文：記物曰註，通作注。私云：註與注義，釋要鈔一卷見。會云：解說也，脫也。禮記經解：注解者，分析之名也。

謹案：會云：按，於肝切，察行也。通作案。又效也。

案：以上兩條并非正文，而是《淨土論注》之下"沙門曇鸞註解"中之"註解"和曇鸞開頭的用的"謹案"。僅從此就可見所用有韻書《韻會》，也有字書，如《通俗文》，還有訓詁書，如《廣雅》等，當然還有《釋要鈔》《禮記經解》等鈔疏類典籍。而在正文中，此類內容也頻頻可見。如：

國史國紀：先師註記外一義云：國者言天子。史者官名也。唐天子政朝暮記官云史。禮記云動則左史書之，言則右史書之矣。故天子雖無詔，史官作書名國史。例如史記。國紀者，非史官者，亦天子御事記者名國紀矣。[2]

---

[1] 了慧，亦作"了惠"，爲鐮倉後期淨土宗學僧道光（1243—1330）之字。
[2] 《淨土宗全書》統第五卷，第22—23頁。

案："國史國紀"取自《淨土論注》上卷"如此間書就孔子而稱經。餘人製作皆名爲子。國史國紀之徒各別體例"。[1]以上主要釋"國""史""國紀"三詞，祇解釋詞義，不注音。

譯彼名邪：玉云：耶，羊遮切。俗耶字。

案：可見輪超所見《淨土論注》，此處用"邪"，故特意指出"俗耶字"，而《大正藏》則用俗字。

由此可見，此書與《論注音釋》差不多，但更爲詳細，撰者試著對重要章句加以訓解，但字與詞的詮釋内容較少，與一般意義上的"音義"有一定的差異。

14.輪超撰《淨土論注捃貽書》二卷

上記水谷《書目》013即爲此書。《淨土論注捃貽書》上下兩卷，實際是輪超爲弟子們宣講時的講稿，故可以認爲是敘説《淨土論注》的精要。本書有輪超在其前所撰《淨土論注字選》未盡力之處，故此書名實際有《淨土論注》"拾遺"之意。《玉篇·手部》："捃，拾也。""貽"可通"遺"，有遺留之意。

此書從體式上看，與爲難字難詞辨音釋義的"音義"稍有不同，更多的是詮釋《淨土論注》之要義，對前輩淨土宗僧人良忠的《往生論注記》等著作加以批評，并對當代的講説者以及淨土宗學者的學風也有所批判，而且從《往生論》展開到《往生論注》，輪超指出："鸞法師高德向論五念速得之文，釋迦十念往生速得，結論一部，寧非深旨乎矣"，高度評價曇鸞的不朽業績。

上記三種《淨土論注》音義書，江户時代皆有刊本。日本淨土宗開宗八百年記念開讚準備局於昭和四十七年（1972）將其皆收於《淨土宗全書續五》。[2]遺憾的是，三種音義書至今似乎尚未引起足够的關注，即使在日本，研究成果也并不多見，海外學者則知之者更少。

---

[1] CBETA/T40/826。

[2] 山喜房佛書林昭和四十七年（1972）12月版。

第二節　日僧撰淨土部音義考論
——信瑞《淨土三部經音義集》

如上所述，與漢土音義相比較，日本學僧頗爲重視對"淨土三經一論"字詞的詮釋，這既是因爲淨土宗的廣傳與興盛，也與作爲外文經典的誦讀有關。以下我們將對四部現存日僧所撰"淨土三經一論"音義專加考論，而"淨土部音義"中現存最早的"信瑞音義"自當位列第一。

一、時代與作者

信瑞（？—1279），號"敬西房"，是鎌倉時期（1185—1333）淨土宗僧人。他先師事隆寬律師，後又拜從法蓮房信空。隆寬（1148—1228）是平安後期至鎌倉前期淨土宗學僧，字"皆空無我"和"道空無我"，提倡多念佛往生極樂世界之"多念義"，每日念佛數萬遍，且堅持不斷直至終身。信空（1146—1228）字"法蓮房"，號"稱辨"，同是平安後期至鎌倉前期淨土宗名僧。信空十二歲就登比叡山出家，師事拜叡空。叡空示寂後，信空入"法然上人"源空門下，承習圓頓戒，後又習淨土法門，成爲念佛行者。從傳承關係上看，信空既然是淨土宗開祖法然上人源空之弟子，那麼信瑞自然也就應是其再傳弟子。有關信瑞的詳細記錄并不多見，但應是"法然門派之逸材之一"。①寬元二年（1244），受泉涌寺開山俊芿衆弟子之囑，信瑞曾爲俊芿撰寫傳記。弘長二年（1262）還向北條時賴呈獻其爲法然上人撰寫的《黑谷上人②傳》。③除此，他還有《明義進行集》三卷等。④信瑞進一步擴展了其師信空"無觀稱名"之教義，其著作則有《淨土三部經音義集》四卷、《廣疑瑞決集》五卷、《泉涌寺不可棄

---

① 安居香山：《淨土三部經音義集における緯書》，佐藤密雄博士古稀記念論文集刊行會編《佐藤博士古稀記念仏教思想論叢》，山喜房佛書林1972年版，第823頁。
② 因法然上人通稱"黑谷上人"，也稱"吉水上人"。
③ 橋本進吉：《信瑞の淨土三部經音義集に就いて》，《佛書研究》第十二號，大正四年（1915）8月10日。
④ 安居香山：《淨土三部經音義集における緯書》，同注①。

第五章　淨土部音義

法師傳》一卷等。①其中，《淨土三部經音義集》不僅是現存最早日僧爲"淨土三經"所撰音義，也折射出當時日本淨土宗發展興旺的盛景。

此書有自序：

> ……粤淨土三部經者，末法良導，濁世指南也。……握經之者，偏握此經；愛法之者，專愛此法。然而人咸謔談義理，俗殫廢拋文字。魚魯致乖，豕亥斯惑。……諸老俊彦，弗筬於積謬，童蒙屛囂逾病重疑。音謬功淺，語誤義失，義失理乖，理乖寡益。自非略其差舛集其正義，彰德大範難矣。干蹉蹄駁夥邪莫之能正。微言既絕，大旨亦乖。是故余恩恩涉季欲罷不耐。遂披衆經音義，抽相應之註釋，目諸典篇章，取潤色之本文，注緝爲四卷，名曰淨土三部經音義。……抑反音據廣韻，爲辨四聲。字義稽群籍，爲識數訓。②

《自序》最後有"嘉禎第二之曆柔兆涒灘之碁春王正月序云爾"之字樣，據此可知其著作年代。"嘉禎二年"爲1236年，屬鎌倉幕府時代。

二、體例與內容

以上信瑞《自序》，能表達出作者爲"淨土三部經"撰著音義之目的與唐代玄應、慧苑、慧琳等音義大家一致，皆爲能使信衆正確閱讀佛經，而音義則是彼等所能利用的最有幫助的工具書，因爲"音謬功淺，語誤義失，義失理乖"③也。當然，信瑞的目的是專爲"淨土三經"而撰。其書後有跋，目的表述更爲清晰：

> 右三部妙典，彌陀意密之淵府，釋迦肝要之真藏也。其智甚深，利益廣大，識指歸者，其唯妙覺耶。觀夫訓點狼狽焉，講子猶豫矣。督察此混淆，爲示彼昺徹，萃內外一百餘部之瓊篇，解大小二千餘卷之花紐，任管見，成呈功。覽者早改膠柱之心，專從脂車之意。箇中或捨數字而取要之字，或略多言而抄詮之言。斯迺爲

---

① 望月信亨：《敬西房信瑞の著書》，《佛書研究》大正四年（1915）1月10日第五號。
② 《淨土宗全書》統第四卷，山喜房佛書林昭和四十八年（1973）版，第192—193頁。
③ 見上《自序》。

使愚癡愚蒙易見易知也。庶當時啓幽之倫，後代交脣之彙，共爲知識，同會淨刹焉。①

信瑞的《淨土三部經音義集》共四卷（《無量壽經音義》二卷、《觀無量壽經音義》一卷、《阿彌陀經音義》一卷），是按照"淨土三經"經本文順序而編撰的卷音義。全書共摘出471字，用漢文作注，且博搜内典與外典，頗爲詳密。②

根據以上《自序》，可知其基本體例爲：音注以《廣韻》爲主，同時也參考《東宮切韻》和《玉篇》等。釋義則採取遍稽群籍之法，通過廣引博徵而獲得正確的義訓。我們具體考察如下。

（一）"音據廣韻"，并參考其他中日字書與韻書標音釋義

《淨土三部經音義集》中引用最多的是《廣韻》，因"音據廣韻"③爲其原則。除此，還有《説文》《玉篇》《集韻》等中國的傳統字書和韻書，而且還有《倭名抄》《東宮切韻》等古代日本學者所撰述的字書與韻書。其中《説文》的内容有不少是小徐本《説文》。如：

佛：廣韻曰：佛，符弗反。牟子曰：漢明帝夢神人身有日光，飛在殿前。問群臣。傳毅對曰：天竺有佛，將其神也。學記曰：其施之也悖，其求之也佛（佛戾也）。……説文曰：佛見不諟也，從人弗聲。徐鍇曰：諟，諦，分勿反。東宮切韻曰：曹憲云佛，忽，言忽無常也。見牟子。案：佛道沖妙。難以指求，故言恍忽。郭知玄曰：胡言佛陀，漢言覺言，獨悟無上正真之道。薛峋云：芳味反，仿佛相似。麻果④云：佛一號如來。如來者，無所從來，又無所去來。祝尚丘云：佛，無上法王。孫勉云釋家也。又：佛，覺也，自覺覺他人，名之曰佛。沙門清澈云佛，像也。又皮迫反。⑤（《無量壽經》卷上）

以上爲信瑞開篇所釋第一字"佛"。"佛"可謂釋門第一字，在翻

---

① 《淨土宗全書》續第四卷，第319頁。
② 參考川瀨一馬《增訂古辭書の研究》，第374頁。
③ 見信瑞《自序》。
④ 應爲"杲"字，刊本誤。
⑤ 《淨土宗全書》續第四卷，第193頁。

第五章　淨土部音義

譯佛經中用作音譯字，不必贅言。但"佛"字漢語早有，從《説文》開始諸家多有詮釋。以上《信瑞音義》詮釋"佛"字内容很長，但基本音義采用《廣韻》與《説文》，且通過引《東宫切韻》引出曹憲、郭知玄、薛峋、麻杲、祝尚丘、孫勉、沙門清澈等七家古代韻書之説。其中所引《廣韻》與宋本《廣韻》同。而其中所引《説文》，非"許慎"説，乃出自南唐徐鍇"小徐本"。大徐本《説文·人部》："佛，見不審也。从人弗聲。敷勿切。"而徐鍇《説文解字繫傳》卷十五："佛，見不諟也，從人弗。聲臣鍇曰：諟，諦也，分勿反。"後者與信瑞所引完全相同。

"審"與"諟"，哪個更接近許慎原意？《古文字詁林》第七卷"佛"字下引馬叙倫辨："鈕樹玉曰：繫傳及類篇韻會引審作諟。是也。文選靈光殿賦甘泉賦注引亦作諟。舞賦注引作審。蓋後人轉改。桂馥曰：長門賦注引作見不諟也。甘泉賦注引作仿佛相似視不諟也。沈濤曰：文選海賦注引作彷彿見不審也。……①"故筆者認爲徐鍇説應該更接近《説文》原本，即許慎原意。

實際上，信瑞引《廣韻》不一定爲注音，也多爲釋義。如：

> 雜厠，廣韻曰：雜，匝也，集也，穿也。説文云：五彩相合也。厠，圊也。釋名云：厠，雜也。言人雜厠其上也。又間也，次也。初吏反。本案：二字重訓也。意也，又光也。周易云：精理之微妙。（《無量壽經》卷上②）

以上信瑞先引《廣韻》以釋"雜"義，又引《説文》與《釋名》詮釋"厠"字義，在此基礎上，作者做出"二字重訓也"的案語。

> 文藝：東宫切韻曰：陸法言云：文，武分反。曹憲云文德之總名也，又章也。案有彩章曰文。郭知玄云文章。釋氏云錯書。武玄之云：字有韻謂之文；文無韻謂之筆。薛峋云：虛辭飾過皆曰文。麻杲③云説文才智也。又蒼頡初作畫，蓋依類象，故謂之文。其形聲相

---

① 《古文字詁林》第七册，第313頁。
② 《淨土宗全書》續第四卷，第221頁。
③ 應爲"杲"，但《淨土宗全書》續作"果"。

益，即謂之字。字者華亂著於竹帛，謂之書。書者，如也。……祝尚丘云：藝，魚察切，伎能在身也。孫愐云伎也，才能曰藝。（《無量壽經》卷上①）

以上用《東宮切韻》詮釋"文藝"音義，共引出陸法言、曹憲、郭知玄、釋氏、武玄之、薛峋、麻杲、祝尚丘、孫愐九家古切韻書。

慴怖：玉篇曰：上之涉反，懼也。下普故反，惶也。②（《無量壽經》卷上）

以上引《玉篇》分釋"慴怖"二字音義。此類例甚夥，不贅舉。

（二）"字義稽群籍"，廣徵博引"內外"諸典

信瑞自己在最後《跋》中言及"萃內外一百餘部之瓊篇，解大小二千餘卷之花紐"，也在《自序》說到"披裒經音義，抽相應之註釋；目諸典篇章，取潤色之本文"。確實如此。信瑞爲解釋字義，實可謂遍稽群籍，廣徵博引。其中既有佛門"內典"瓊篇，也有浩瀚"外典"群籍。其中重要特色之一就是：外典以古代傳統訓詁的字書韻書爲主，內典則多爲佛門小學類、梵漢對譯類。實際上以上"音據廣韻"自然有釋義，"辨音釋義"本就是音義的特色。我們已經舉出如《廣韻》《説文》《東宮切韻》《玉篇》等例。他如：

白鵠：……倭名云：野王云鵠，（古篤反，漢語鈔古布。日本紀私記久久比）大鳥也。（《阿彌陀經》③）

欲塹：和名曰：四聲字苑云塹，（七瞻反，和名保利岐）繞城長水坑也。淨影義記云貪欲之心深而難越，故說爲塹。（《無量壽經》卷上④）

---

① 《淨土宗全書》統第四卷，第197—198頁。
② 同上書，第202頁。
③ 同上書，第309頁。
④ 同上書，第203頁。

案：如上"倭名"、"和名"即《倭名類聚抄》之略稱。前條通過《倭名類聚抄》引出顧野王原本《玉篇》釋"鵠"之義，後條則通過《倭名類聚抄》引出"四聲字苑"與"淨影義記"釋義。《四聲字苑》在《倭名類聚抄》中頻頻出現，前後達一百六十多次。[①]此已爲佚書。翁振山在其碩士學位論文《二十卷本〈倭名類聚抄〉研究》輯注156條。[②] "淨影義記"應該是隋淨影寺高僧慧遠（523—592）所撰。淨影寺慧遠博宗諸學，精通文理，世稱疏王、釋義高祖，是中國佛教界集大成者。其著述豐碩，有《大乘義章》《十地經論義記》《華嚴經疏》《大般若經義記》等共20部100餘卷。筆者尚不知"淨影義記"是《十地經論義記》，還是《大般若經義記》，但無論何種"義記"，或逸，或殘，信瑞所引皆屬寶貴資料。

信瑞在其音義中大量引用了佛門內典著作。其中有翻譯佛經，還有經文註疏類。大部分是《玄應音義》《慧苑音義》《翻譯名義集》《梵唐千字文》等佛門小學類、梵漢對譯類。如：

跏趺而坐　<u>經音義</u>[③]曰：法華經曰加趺，古逭反。爾雅加，重也。今取其義，則交足坐也。除災橫經婆沙等云結交趺坐是也。經文作跏，文字所無。案：俗典江南謂開膝坐爲跱跨，山東謂之甲趺跱坐。跱音平患反。跨音口瓜反。（同上）[④]

案：查檢《玄應音義》卷六有"加趺"條，此即信瑞的"法華經曰加趺"，其後詮釋皆同。

兜率天：<u>新譯華嚴音義云</u>：珊兜率陀天（天字卻），此云喜樂集俱舍中有三義得此名：一喜事，二聚集，三遊樂。舊翻爲喜足，或云知足。非正翻。（同上[⑤]）

---

① 參考翁振山《二十卷本〈倭名類聚抄〉研究》，碩士學位論文，廣西大學，2011年。
② 因有6條重複。
③ 此下橫綫爲筆者所添加。下同。
④ 《淨土宗全書》統第四卷，第201頁。
⑤ 同上書，第197頁。

案：此引自慧苑《大方廣佛華嚴經音義》卷一"兜率陀"條，爲音譯詞。而信瑞辭目作"兜率天"，用半音半意詞。此乃取自各自經本文，雖辭目不同，但意義一樣，故可引用。

除音義書外，信瑞還在其書多引習梵工具書，如《翻譯名義集》《梵唐千字文》《梵語勘文》等。如：

> 瓔珞：<u>翻譯名義集</u>云：吉由羅，或枳由邏，此云瓔珞。（《無量壽經》卷上①）

案：此引自《翻譯名義集》卷三。

至於《梵唐千字文》《梵語勘文》等，我們後面會有專論，故暫省略。

三、版本流傳

在日本佛經音義史上，信瑞此《音義》年代并不能算古，然而從現存日本"淨土三部經"的音義來看，這卻是最早的一部。根據岡田希雄調查，此音義寫本有以下四种。①大谷大學古寫本，爲"美濃型②"天地人三卷本。天卷和地、人二卷爲別筆，而且此二卷引用書名下施以朱線，并記有引用書之卷丁③之數。岡田認爲此本抑或爲由殘本匯集而成。④②龍谷大學還有兩種寫本：一種是三四兩卷合册而成美濃型殘卷一册，另一種是"半紙⑤型"三册本。③九州大學法文學部松濤文庫有寶曆十一年（1761）所寫三册本。④大正大學所藏正德五年（1715）寫本。

此書刊本則有三種。①上海刊行本。橋本進吉和岡田希雄都提到，楊守敬在《日本訪書志》中，特別是《日本撰述書》中提到《篆隸萬象名義》《新撰字鏡》《弘決外典抄》《醫心方》《秘府略》《文鏡秘府論》

---

① 《淨土宗全書》統第四卷，第199—200頁。
② 奈良時代，當時的美濃國（現岐阜縣美濃市）以生產和紙而聞名。現存文史資料中有明確記載的最古老的和紙，乃保存於奈良正倉院的户籍記錄用紙，此即爲最古老的美濃和紙。在古代，美濃因生產的和紙品質好，被定爲和紙之主要產地。
③ "丁"在日語中有特別之意，古代點數書物時，正反兩頁爲"一丁"，故所謂"卷丁"即卷數與頁數之意。
④ 岡田希雄：《淨土三經音義攷》，第327頁。
⑤ 所謂"半紙"即八裁日本白紙。

時一併舉出信瑞此音義，中國學者因此多有介紹。①上海刊行本乃清光緒二十二年（1896）出版的仿宋石印本。出版人不詳，但有可能是羅振玉在上海刊印。此本僅有音義本文，刊行者之刊記以及原本之序跋皆無。此本與大谷所藏本接近，很可能是羅振玉在京都時抄寫的谷大本。②《續淨土宗全書》本，收於第十七册。岡田先生指出，根據刊行當時的會報，以宗教大學圖書館所藏古寫本②爲底本，并用大谷大學圖書館本加以對校，而上海刊行本則僅限用於參考。③《大正新修大藏經》本，收於第五十七册經疏部二。此本以大正大學本爲底本，以谷大寫本及《續淨土宗全書》本爲對校本。

四、學術價值

——以漢字研究爲中心

《淨土三部經音義集》因清末在中國就有刊印，是日本佛經音義中較早傳入中國之一種，故并不爲國人所陌生。對其所進行的研究，早年有周祖謨先生在其《唐代各家韻書逸文輯錄》③中將其作爲日本學人所撰四種材料之一，輯錄唐代各家韻書逸文。近年來，也多有學者從韻書和古籍整理的角度對其展開研究。如徐時儀、李豐園《唐代新興韻書〈韻詮〉考探》、徐時儀《〈一切經音義〉與古籍整理研究》④等文就指出唐代武玄之所撰《韻詮》是一部記載當時實際語音的新興韻書，但已失傳。而其文章就對文獻所載此書三百多條佚文的概貌做了考探，其中所用資料就有信瑞此音義。李紅⑤《〈韻詮〉與早期韻圖模式演進之關係》一文也指出《韻詮》作爲一部後出的韻書，改造了《切韻》系韻書的模式，給學者用圖表形式表現韻書餘音以啓示。作者依據殘存下來的《韻詮》材料，推

---

① 橋本進吉：《信瑞の淨土三部經音義集に就いて》，岡田希雄《淨土三經音義攷》，第327頁。

② 所謂"宗教大學圖書館所藏古寫本"是出版《淨土宗全書》的《宗書保存會會報》第17號中提到的。安居香山指出，此即爲《大正新修大藏經》作爲底本的大正大學所藏正德五年本。（安居香山：《淨土三部經音義集における緯書》，佐藤密雄博士古稀記念論文集刊行會編《佐藤博士古稀記念仏教思想論叢》，山喜房仏書林1972版，第825頁）。

③ 收入周祖謨《唐五代韻書集存》下册，中華書局1983年版。

④ 徐時儀、李豐園：《唐代新興韻書〈韻詮〉考探》，《辭書研究》2007年第3期；徐時儀：《〈一切經音義〉與古籍整理研究》，《古籍整理研究學刊》2009年第01期。

⑤ 李紅：《〈韻詮〉與早期韻圖模式演進之關係》，《吉林大學社會科學學報》2011年第2期。

測、構建出了《韻詮》的編排原則和方式，這對探討早期韻圖出現及走向成熟的軌迹有重要的參考價值。而"存下來的《韻詮》材料"中就有信瑞此音義。史光輝有《信瑞〈淨土三部經音義集〉語言研究方面的價值》[①]一文，從文字、音韻、詞彙三方面論述其作爲漢語史語料價值，指出此音義保存不少俗文字字形，彙集了大量中土散佚著述反切和當時俗音材料，收錄了較多的早期方俗語研究資料，在語言研究和辭書編撰方面具有獨特的價值。另外，此音義引書種類衆多，因此不只是在語言研究方面，在輯佚和校勘方面也同樣具有較大價值。

日本學者對此音義關注自然更早。早在20世紀初，橋本進吉《信瑞の淨土三部經音義集に就いて》[②]一文就對"信瑞音義"做過評述。而佐賀東周《松室釋文と信瑞音義》[③]一文雖重點論述仲算《法華經釋文》，但文章後半部則對"信瑞音義"的文獻學價值，特別是對其所引《東宫切韻》作了考證。岡田希雄也有《淨土三經音義玫》，[④]其中有對此部音義的專門考證。

誠如日中學者所强調：此書的最大價值體現於豐富的引用資料上。信瑞自己在《自序》中也言及"萃内外一百餘部之瓊篇，解大小二千餘卷之花紐"，"披衆經音義，抽相應之註釋；目諸典篇章，取潤色之本文"，正可謂遍稽羣籍，廣徵博引。其中既有佛門"内典"瓊篇，也有浩瀚的"外典"羣籍。其中重要特色之一是：内典多爲佛門小學類、梵漢對譯類，而外典則以古代傳統訓詁字書韻書爲主，對漢語史以及文獻學研究，皆具有較高的語料價值。筆者從以下三方面進行考論。

（一）漢字資料——以《説文》爲例

佛經音義作爲漢字研究的重要資料，其價值體現於多方面，可根據音義本身的特色來考察。我們若考察"信瑞音義"，當然可從其豐富的引證資料上入手。根據筆者調查，信瑞在其書中共引《説文》170餘次，用"説文""説文云""説文曰"及"説文作"等形式表示，主要用於釋義

---

① 見載於《中國社會科學院研究生院學報》2012年第4期。但作者所引用的資料，實際大多是信瑞所引的《廣韻》、《玉篇》以及《玄應音義》中内容，嚴格地説，這不能算是信瑞的貢獻，因爲這些書籍現有所存。應該引起重視的是那些現已不存的資料。
② 《佛書研究》第十二號，大正四年（1915）8月10日。
③ 載真宗大谷大學佛教研究會編《佛教研究》第壹卷第叁號，1920年10月。
④ 《龍谷學報》1939年3月第324期。

或辨析字形。而其引用情況類別又分爲以下。

1. 直接引用

所謂"直接引用"即信瑞在詮釋字詞時直接引用《說文》。如：

> 奢婬：玉篇曰：奢，多也，泰也，張也。亦作㜎同。式邪反。婬，喜也。余計反。說文：婬，私逸也。①（《無量壽經》卷下）

案：以上引信瑞《說文》爲下字"婬"釋義。又如：

> 出五音聲：案：五音者，宮・商・角・徵・羽也（涉里反。五音配夏反。竹凌反②）說文曰：音，聲也，生於心，有節於外，謂之音。宮商角徵羽，聲也；絲竹金石匏土革木，音也。③（《無量壽經》卷上）

案：以上括號內小字乃爲"徵"標音釋義，但有誤。"涉里反"中"涉"乃"陟"字誤。又"五音配夏反"中"反"字衍。此條信瑞先釋"五音"，然後引許慎《說文》進一步詳細釋義。

東漢許慎所撰《說文》之原本現已不得而知。而今存最早版本乃唐寫本《木部》殘卷與《口部》殘卷，但存字不多。又有記載唐代李陽冰曾刊定許慎《說文》爲二十卷，但此"改本"被認爲多摻雜李氏臆說，且李氏改本實際後亦已不存。④南唐有徐鍇、徐鉉兄弟二人精通許書，深研《說文》。徐鍇取《說文》原本，附以注釋等，撰成《說文解字繫傳》四十卷，世稱"小徐本"，其中"祛妄"對李陽冰謬說多有匡正，此爲最早的《說文》注本。而徐鉉則於宋太宗雍熙年間奉旨校定《說文》，世稱"大徐本"。徐鉉在校訂時參考了當時傳世的多個版本，取長補短，以致成爲後世最爲通行的版本，被公認爲是《說文》的代表。所以，中國歷史上第

---

① 《龍谷學報》1939年3月第324期，第254頁。
② 此括號內文字，原文本用雙行小字記於所釋字下。又括號內文字有的是《淨土宗全書》統刊印時的一些校正文字，也有的是爲某字標音釋義。
③ 《淨土宗全書》統第四卷，第223頁。筆者按：原文有日式逗點。拙稿所用例證，已盡可能改用新式標點。
④ 陽冰書不傳，散見於"二徐"書中者，尚存數十條（參考徐時儀、梁曉虹、陳五雲《佛經音義研究通論》，鳳凰出版社2009年版，第208頁腳注①）。

一部字典，中國文字學的開山巨著，較爲完整的，一般被認爲僅有"二徐本"傳世。

《淨土三部經音義集》的撰著年代是日本"嘉禎二年"，當爲1236年，已值中國南宋時期。從理論上來說，小徐本和大徐本《説文》皆應通行於當時的日本，而唐寫本《説文》甚至包括李氏改本《説文》當時尚見，也不是没有可能。但是通過考察《信瑞音義》所直接引用的《説文》，筆者認爲信瑞所用就是大小徐本《説文》。但信瑞引用大徐本時逕用"説文"，并不特別注出。全書僅有一處提到"徐鉉"之名，但實際并非信瑞自己所引：

<blockquote>
錠光：……翻譯名義集云：提洹竭，或云提和竭羅，此云燃燈。大論云：太子生時，一切身邊光如燃燈故，故云燃燈，以至成佛亦名燃燈。鐙字，<u>説文</u>從金，<u>徐鉉</u>云：錠中置燭，故謂之燈。聲類云：有足曰錠，無足曰燈。瑞應經翻爲錠光。撫華云：錠音定，燈屬也。古來翻譯廻文不同，或云燃燈，或云錠光，語異義同，故須從金。釋尊修行名儒童，時二僧祇滿，遇燃燈佛，得受記別。①（《無量壽經》卷上）
</blockquote>

案：以上"徐鉉"一名是信瑞引《翻譯名義集》卷一内容時所帶出。②其中"説文"析字與"徐鉉云"皆爲《翻譯名義集》作者法雲所引。法雲引《説文》的目的是説明"燈"字本爲從"金"之"鐙"，并説明翻譯佛經由於輾轉抄寫，已通用俗字"燈"。大徐本《説文·金部》："鐙，錠也。从金登聲。都滕切〖注〗臣鉉等曰：錠中置燭，故謂之鐙。今俗別作燈，非是。"刊行本《淨土宗全書》續第四册"徐鉉云錠中置燭，故謂之燈"中"燈"字誤，但倒也正説明此字已代替其本字"鐙"通行的實情。③

與此相反的是，我們發現信瑞其書中却多次提及"徐鍇"之名，所引

---

① 《淨土宗全書》續第四卷，第208頁。
② 此亦即我們以下要提到的"間接引用"。
③ 當然，因爲筆者尚未有機會見到古寫本《信瑞音義》，故此結論并不一定準確。筆者所用《續淨土宗全書》刊行本，用大正大學本爲底本，并用大谷大學圖書館本加以對校。（參考安居香山《淨土三部經音義集における緯書》，佐藤密雄博士古稀記念論文集刊行會編《佐藤博士古稀記念仏教思想論叢》，山喜房佛書林1972年版，第825頁。

第五章　淨土部音義

內容亦爲小徐本《說文》。如：

> 國邑：……<u>說文</u>曰：邑，國也。從囗。先王之制，尊卑有大小。<u>徐鍇</u>曰：有宗廟先君之主曰都，無曰邑。邑曰築。築曰城。囗其城郭也。應執反。①（《無量壽經》卷下）

而且我們發現信瑞似乎比較重視徐鍇之說，有時一條中幾次引用。如：

> 清旦：廣韻曰：釋名云清，青也。去濁遠穢，色如青也。又靜也，澄也，潔也。七情反。<u>說文</u>云：旦，明也。從日見一上。一，地也。<u>徐鍇</u>曰：日出於地。兜散反。涅槃經：晨朝。音義云：晨，爾仁反。爾雅：晨，早也。釋名云：晨，伸，言其清旦日光復伸見也（本）。今案：清旦，晨朝也。問曰：於十二時，晨朝正當何時乎？答云：孫佃云：晨，寅時也。<u>說文</u>云：晨，早昧爽。<u>徐鍇</u>：昧爽爲寅。難曰：呂向注文選云晨謂日出時也（釋名同之）而世人寅時不見日光。相違如何？會云：應邵漢官儀云太山東南名云日觀，雞鳴時見日。玄中記曰：東南有桃都山，上有大樹，名曰桃都，枝相去三十里，上有天雞，日初出照此木，天雞即鳴，天下之雞皆隨之鳴（云云）。日出暘谷照桃枝時，神雞見旭日光芒初發音聲，天下凡雞隨之咸鳴。雞鳴者丑時，丑終日光雖初發，曈朧未照暄，至於寅初，其光甚清明。世人雖知暗，神雞見告晝，此乃晨朝也。<u>徐鍇</u>云：凡自夜半子以後爲晝。六壬樞機經云：寅爲旦，戌爲暮。世俗以寅時爲晝之證是也。②（《阿彌陀經》）

案：以上文字，信瑞兩次用"說文云"，三次用"徐鍇云"。其一釋"旦"字音義，其二則爲辨"晨"字義。

《說文解字繫傳》卷十三："旦，明也。從日，見一上。一，地也。

---

① 《淨土宗全書》續第四卷，第271頁。
② 同上書，第306頁。

凡旦之屬皆從旦。臣鍇曰：日出于地也。尢散反。"①此與上引文中釋"旦"字音義同。

又同書卷五："晨，早昧爽也，從臼辰。辰，時也，亦聲。卂夕爲夗，臼辰爲晨，皆同意，凡晨之屬皆從晨。臣鍇曰：凡自夜半子以後爲晝，昧爽爲寅，於歲爲正月，夏正之始也。二陽初生，和气之始，羑莫甚焉，君子以行事。春秋左傳曰：昧旦丕顯，後世猶怠，人君未明求衣。孟子曰鷄鳴而起，孜孜爲善者舜之徒歟?臼者，自臼，持也，石渝反。"由此可知，信瑞是將徐鍇注分用兩處：①"昧爽爲寅"釋"寅"；②"凡自夜半子以後爲晝"釋"晝"。

有時即使沒有"徐鍇曰"，但實際也是小徐本內容。如：

> 豪姓：……說文云：姓，人所生也。古之神聖人母，感天而生子，故稱天子。因生以爲姓。從女生聲。②（《無量壽經》卷上）

案：《説文解字繋傳》卷第二十四："姓，人所生也。古之神聖人母，感天而生子，故稱天子。因生以爲姓。從女生，生亦聲。臣鍇曰：據典氏妻附寶感大霓繞斗星而生黃帝，顓頊母感瑶光貫月而生顓頊也。會意，息正反。"信瑞引小徐本《説文》一部分，解釋"姓"字。

儘管信瑞大小徐本《説文》皆引，但他似乎更傾向於小徐本。如前我們所舉"佛"字例已經指出，信瑞所引《説文》，非"許慎"說，乃出自南唐徐鍇"小徐本"，而徐鍇說應該更接近《説文》原本，即許慎原意。

作爲現能看到的《説文》全本，大小徐本深受學界重視，多有比較，一般認爲：徐鉉和徐鍇在對《説文解字》進行注釋的過程之中雖然有很多相同的地方，但是《説文解字繋傳》作爲對《説文》第一本研究的著作來看，它的價值還是遠遠高於大徐本的。③這是因爲徐鍇取《説文》原本而作注，注重發明許書義例，注意引古書以證古義。而我們通過信瑞以上引用，也能間接證明此點。這應該是信瑞多用此本的理由。

---

① 四部叢刊本《説文解字繋傳》。以下小徐本同此，不再另行注出。
② 《淨土宗全書》統第四卷，第216頁。
③ 參考張娟《大小徐本相異之處研究》，《孝感學院學報》2008年6月。

第五章　淨土部音義

2. 間接引用

所謂"間接引用"，即《信瑞音義》中《説文》非信瑞所引，而是引用其他古籍時出現的。

根據我們考察發現，信瑞在其書中直接引用《説文》的現象實際并不算多，大多數是在"間接引用"中出現的。筆者通過考察歸納，認爲出自以下典籍。

（1）《廣韻》中所引《説文》

信瑞在其《自序》中提及其書體例爲"反音據廣韻，爲辨四聲"①，故其引書以《廣韻》爲最。又因《廣韻》多稱引《説文》釋義析字，故信瑞引《廣韻》時間接帶出《説文》自也多見。如：

髯除：廣韻曰：説文曰髯，鬍髮也。大人曰髦，小兒云髯。盡及身毛曰鬍。又作剃同。他計反。②（《無量壽經》卷上）

案：《廣韻·去聲·霽韻》："髯，説文曰鬍髮也。大人曰髦，小兒云髯。盡及身毛曰鬍。剃，上同。他計切。"此《廣韻》引《説文》用以釋義，與《説文》相較，內容基本差不多。此類例《廣韻》中多見，"表現《廣韻》一書編纂重視原本抄書引證，引文內容與出處方無大失"，③故信瑞所引，其內容與宋本《廣韻》《説文》亦基本無大失。但亦不盡然。如：

沐浴：廣韻曰：説文云沐，濯髮也。浴，洒身也（本）。案：沐浴者，洗身首謂也。是以禮記云身有瘍則浴，首有創則沐是也。"（《無量壽經》卷上）

案：《廣韻·入聲·屋韻》："沐，沐浴。説文曰濯髮也。禮記曰頭有創則沐。"又《廣韻·入聲·燭韻》："洗浴，説文曰洒身也。"《廣韻》與信瑞所引相比較，再查檢《説文》，可發現，釋義基本相同，但有

---

① 《淨土宗全書》續第四卷，第192—193頁。
② 同上書，第200頁。
③ 參考劉芹、宋輝《〈廣韻〉引〈説文〉釋義考釋三類》，《齊齊哈爾大學學報》（哲學社會版）2012年2月。

用字用詞、語序等別。

　　須髮：廣韻曰：說文云須，面毛也。俗作鬚，同①。相俞反。……②（《無量壽經》卷上）

　　案：《廣韻·上平勝·虞韻》："須，意所欲也。說文曰面毛也。俗作鬚。……相俞切。"《廣韻》自己有釋義，但又引《說文》釋其本義。以上信瑞并未采用《廣韻》之訓，而是選擇"說文曰面毛也"一句作爲義釋，頗爲達意。

（2）"經音義"中所引《說文》

　　《信瑞音義》中引用"經音義"的內容非常多，一般認爲此即爲唐釋玄應的《衆經音義》，但日本安居香山認爲其中也有慧琳《一切經音義》的內容③。我們考察其中所引《說文》內容。

　　豐膳：經音義云：涅槃經曰甘露膳，上扇反。說文：膳，具食也。廣雅：膳，肉也。周禮：膳之言善也。今時美物亦曰珍膳也。字體从肉，善聲。經文有從食作饍，傳寫誤也。④（《無量壽經》卷上）

　　案：查檢《玄應音義》卷二，正有此段。且卷二正是玄應爲《大涅槃經》所作音義。而其中所引《說文》與信瑞所引亦全同。

　　謟曲：……經音義云：法華經云謟曲，說文讇或作謟，同。醜冉反，佞也。莊周曰：希其意，道其言謂之謟也。⑤（《無量壽經》卷上）

　　案：《玄應音義》卷六《妙法連華經》中有"謟曲"條，信瑞所引正爲此："《說文》：讇，或作謟，同。田舟反。謟，佞也。莊周云：希其

---

① 宋本《廣韻》無"同"字。
② 同上書，第200頁。
③ 安居香山：《淨土三部經音義集における緯書》，《佐藤博士古稀記念·佛教思想論叢》（佐藤密雄博士古稀記念論文集刊行會編），山喜房佛書林1972年版，第821—836頁。
④ 同上書，第203頁。
⑤ 同上書，第216頁。

第五章　淨土部音義　　427

意道其言謂之謟。"①但中華大藏經版《玄應音義》作"田舟反"，音切不合。高麗藏版作"丑舟反"，日本金剛寺本作"丑舟反"，京都大學文學部國文學研究室藏《玄應音義》卷六作"丑冉反"，徐時儀《增訂版一切經音義三種校本合刊》作"丑冉反"②，是。"冉"俗字似"舟"，《敦煌俗字典》"冉"下收有"舟"③，碑別字亦多見，不贅。

　　捆裂：經音義云：華嚴經曰甌裂，宜作攫，九縛、居碧二反。說文：攫，爪持也。淮南子云獸窮則攫是也。④（《無量壽經》卷上）

　　案：《玄應音義》卷一爲六十卷本《華嚴經》作音義，其中就有"甌裂"條："宜作攫。九縛、居碧二反。說文：攫，爪持也。攫，扟也。蒼頡篇：攫，持也。淮南子云獸窮則攫是也。"⑤由此可知，刊行本《淨土宗全書》續中"擢"字訛誤，音義不合。《說文·手部》："擢，引也。從手，翟聲。"正確的應該是"攫"字。《說文·手部》："攫，扟也。从手矍声。"但"攫"字并無"爪持"意。而《說文·手部》"攫：爪持也。从手瞿声。"可見在現傳《說文》中，這是兩個字。《說文解字詁林》第九卷"攫"下馬叙倫考辨："沈濤曰：一切經音義一及二及三及九及廿五皆引作攫，爪持也。其十一及十五及十九皆引攫，扟也。是玄應所據說文有攫無攫，且有扟也一訓。華嚴經音義十二引，攫，爪持也。且云，攫字本有從大邊作獲者甚謬。是慧苑所據亦有攫無攫。玉篇亦有攫無攫。攫或爲攫之重文，或竟爲二徐安竄。"以上"一切經音義一"即信瑞所引條。由此，我們或可認爲許慎《說文》"攫"一字既有"扟也"，也有"爪持也"二義。

　　（3）《新譯華嚴經音義》中所引《說文》

　　唐僧慧苑曾專爲八十卷本《新譯華嚴經》作音義。此音義很早就傳到日本，對日本僧人，特別是華嚴宗僧人影響很大，在《慧苑音義》的影響

---

　　① CBETA/C056/0907。
　　② 徐時儀：《增訂版一切經音義三種校本合刊》第一卷，上海古籍出版社2012年版，第131頁。
　　③ 黃征：《敦煌俗字典》，上海教育出版社2009年版，第337頁。
　　④ 《淨土宗全書》續第四卷，第202頁。
　　⑤ CBETA/C056/0818。

下，日本人也爲《新譯華嚴經》撰著了多部音義。①信瑞在此書中也經常引用《慧苑音義》，其中也有間接引用《說文》內容。如：

乃往：新譯華嚴經音義云：乃往，說文曰：乃，語辭也。廣雅曰：乃，往也。重言訓義，猶清淨也。②（《無量壽經》卷上）

案：此引自慧苑的《新譯大方廣佛花嚴經音義》卷上"經卷第十一"中"毗盧遮那品""乃往"條："乃往，《說文》曰：乃，語辝也。《廣雅》曰：乃，往也。重言訓義，猶清淨也。"③

飯食：……新花嚴音義曰飯食，扶晚反。說文云飯，食也。謂食餅。飯，蓋喫之異名爾。④（《阿彌陀經》）

案：此引自《慧苑音義》卷上"經卷第十四"中"若飯食時"條："飯，扶晚反。説文云：飯，食也。謂食餅也。盖喫之異名尔。"⑤《說文・食部》："飯，食也。从食反聲。"其中并無後"謂食餅。飯，蓋喫之異名爾"句，且"謂食餅"亦難解。查檢CBETA《漢文大藏經》中收有金版《大藏經》，其中也有《慧苑音義》，此作"謂食飰"。"食飰"確。《玉篇零卷》"飯……野王案：説文飯食也，謂食飰也。……今亦以爲餅字。"⑥"食飰"中之"飰"乃引申義，"所食爲飰。今人於本義讀上聲，於引申義讀去聲，古無是分別也"⑦。而"飯"字多作"飰飰"等，蓋"飰"與"餅"形似，故"食飰"誤作"食餅"。

（4）《翻譯名義集》中所引《説文》

《翻譯名義集》是南宋僧人法雲摘取佛典中梵文音譯術語，分類排

---

① 參考梁曉虹《日本所存八十卷〈華嚴經〉音義綜述》，徐時儀、陳五雲、梁曉虹《佛經音義研究——第二屆佛經音義研究國際學術研討會論文集》，鳳凰出版社2011年版，第195—220頁。
② 《淨土宗全書》續第四卷，第207頁。
③ CBETA/K32/0346。
④ 《淨土宗全書》續第四卷，第308頁。
⑤ CBETA/K32/0349。
⑥ 《原本玉篇殘卷》，中華書局1985年版，第286—287頁。
⑦ 段玉裁：《説文解字注》，上海古籍出版社1981年版，第220頁。

第五章 淨土部音義

纂，加以詮釋的一部佛教術語辭書。此書共收釋音譯梵文名物術語2040餘條，其釋義所據文獻材料，除内書經論外，還旁采音義、注疏及其他佛教著述，對世書經史之類也多有引用。其中自然有《説文》的内容，而此又被信瑞輾轉引用。如：

　　鸚鵡：名義集曰：臊陀，或叔迦婆嘻，此云鸚鵡。說文能言鳥也。① (《阿彌陀經》)

　　案："名義集"即《翻譯名義集》略稱。以上所引與《翻譯名義集》卷二完全相同，而其所引"能言鳥也"亦同《説文》"鸚鵡"條。

　　龍神　翻譯名義集云：那伽，秦云龍。說文云：龍，鱗蟲之長。能幽能明，能小能大，能長能短。春分而登天，秋分而入地。順也。② (《無量壽經》卷上)

　　案：此段引用亦與《翻譯名義集》卷二相同，然卻與《説文》之詮釋稍稍有異。《説文·龍部》："龍，鱗蟲之長。能幽，能明，能細，能巨，能短，能長；春分而登天，秋分而潛淵。从肉，飛之形，童省聲。凡龍之屬皆从龍。力鍾切〖注〗臣鉉等曰：象夗轉飛動之兒。"主要有兩點：①"能小能大"與"能長能短"；②"秋分而入地"與"秋分而潛淵"。《古文字詁林》第九册"龍"字下馬叙倫考辨："能細能巨，後漢書張衡傳注引作能小能巨。初學記卅白帖廿九御覽九百廿九引作能小能大。"可見在唐宋幾大類書中所引有"能小能大"之説。而關於"入地"與"潛淵"，馬叙倫考證亦可參考："藝文類聚九十六御覽廿五又九百廿九事類附注引作入淵。張衡傳注初學記引作入川。白帖引作入地。川地皆避唐諱也。潛作入則唐本皆同。"既然"入地"之"地"是爲避唐諱而用，"入"又"唐本皆同"，那就可以説明，宋雲撰《翻譯名義集》所引《説文》應是唐寫本。儘管我們不能僅憑此條就得出結論，至少此條所引內容應是唐寫本。

---

①　《淨土宗全書》續第四卷，第309頁。
②　同上書，第214頁。

（5）《東宮切韻》中所引《説文》

作爲日本人所撰韻書，《東宮切韻》的最大價値自然是其引徵的多種古韻書。但我們也注意到，此書也多引用《説文》，主要爲釋義而用，如：

> 熏修：東宮切韻曰：熏，許雲反。<u>説文火煙上出</u>[①]……。（《觀無量壽經》）

因爲《東宮切韻》引用多家隋唐古切韻書，其中又會輾轉出現《説文》的內容。如：

> 哭泣：東宮切韻曰：郭知玄曰哭（空谷），哀亡者之聲。麻果[②]云有聲曰哭。孫愐云哀號。孫佃云<u>説文哀聲</u>。哭者人必聚，故從吅。廣韻云哭，哀聲也。無聲出涕曰泣。去急切。[③]（《無量壽經》卷下）

案：以上信瑞引《東宮切韻》解釋"哭"字。而《東宮切韻》則引四家古韻書（郭知玄、麻杲、孫勉和孫佃）以及《廣韻》詮釋"哭"字音義。以上《説文》"哀聲"出自孫佃《切韻》。故信瑞實可謂"三次引用"。此亦與《説文》相合。但有時也有與《説文》不合之處。如：

> 盡奧：廣韻曰：奧，深也，內也，藏也。烏到反。東宮切韻曰：釋氏云奧，室也，穴也，藏也。爾雅曰：西南隅謂之奧。麻杲曰<u>説文室也</u>。深邃難測也。老子云道者萬物之奧也。[④]（《無量壽經》卷上）

案：以上《東宮切韻》引麻杲《切韻》中所引《説文》，解釋"奧"字義："室也"。今傳《説文·宀部》："奧，宛也。室之西南隅。从宀䎃聲。烏到切〔注〕臣鉉等曰：䎃非聲，未詳。"此與麻杲所引《説文》義不合。《古文字詁林》第六册"奧"字下考辨："沈濤曰：爾雅釋宫釋文引：奧，室也。蓋古本如此。"而且，我們還注意到以上《東宮切韻》

---

① 《淨土宗全書》統第四卷，第297頁。
② 此爲"杲"之譌。
③ 《淨土宗全書》統第四卷，第246頁。
④ 同上書，第209頁。

第五章　淨土部音義

所引釋氏《切韻》，亦有"室也"之說。此義蓋或爲許慎本義。
　　（6）《玉篇》中所引《說文》
　　《信瑞音義》中也見有引《玉篇》。而《玉篇》中引《說文》或釋義，或析形，故而通過《玉篇》引文，我們也能見到《說文》。如：

　　天神：玉篇云：說文曰：天神，引出萬物者也。[1]（《無量壽經》下）

案：《玉篇·示部》"神"字說同此，亦同《說文·示部》"神"字。

　　彊健：玉篇云：彊，堅也。說文云：彊，弓有力也。亦作強同。渠章反。[2]（《無量壽經》卷下）

案：《玉篇·弓部》："彊，巨章切，弓堅也。又其兩切，勉彊也。說文弓有力。"可見信瑞引用《玉篇》解釋"彊"字是有選擇的，根據《說文》釋其本意。
　　以上我們分析了《信瑞音義》中所引《說文》的兩大類："直接引用"和"間接引用"，但并非絕對。有時一條中既有信瑞自己直接引的《說文》，也有輾轉間接所引。如：

　　算計：廣韻曰：算，計也，數也。蘇貫反。世本曰黃帝時隸首作數。說文曰：算，長六寸，計歷數者也。又有九章術。漢許商、杜忠、吳陳熾、魏王粲，並善之是也。下古詣反，算計也。說文：計，會也，算也。東宮切韻云：曹憲云算，竹為之，長六寸，以計數。薛峋云賦名。孫偭曰：說文云長六寸，計歷數者。從竹弄，言常弄乃不誤。又作筭。釋氏云計，算也。麻杲云國語計成而後行。又范子有計然之術。孫偭云籌策也，合也。[3]（《無量壽經》卷上）

---

[1]　《淨土宗全書》統第四卷，第257頁。
[2]　同上書，第245頁。
[3]　同上書，第197頁。

案：以上"算計"一條中，共引有三處《説文》。第一處是引《廣韻》中《説文》。但是《廣韻》此字在"去聲·換韻"，字頭爲"筭"，小篆作"筭"。第三處《東宫切韻》中引"孫愐曰，説文云長六寸，計歷數者。從竹弄，言常弄乃不誤"，此爲許慎説解。又《廣韻》"上聲·緩韻"收有"算"字，釋曰："物之數也，蘇管切。"第二條則直接引《説文》。

實際上，這本是兩個字。《説文·竹部》："筭，長六寸。計歷數者。从竹从弄。言常弄乃不誤也。蘇貫切。"這與《東宫切韻》所引孫愐引《説文》相合。"筭"爲名詞。又《説文·竹部》："算，數也。从竹从具。讀若筭。蘇管切。"數即計算，是動詞。"筭"與"算"的區别，段玉裁解釋得非常清楚。段注："筭爲算之器，算爲筭之用。"《漢語大字典》"算"字下引王筠《説文釋例》："算下云，讀若筭，此區别之詞也。二字經典通用。許意：其器名筭，乃《射禮》釋筭之謂；算計曰算，乃無算爵、無算樂之謂。二字以形别，不以音别。《唐韻》筭，蘇貫切。算，蘇管切，以音别之，非許意也。"但因實際使用中，多有混淆，最後也就誤將二字用作一字，且以"筭"作"算"之異體。

3.作爲漢字研究資料的價值

嚴格地説，《説文》并不算是信瑞的主要引書，儘管出現有約170條之多，但直接引用并不多，更多的是間接引用，即所謂"二次引用"，甚至"三次引用"。儘管如此，我們認爲作爲漢字研究資料，仍具有較高的價值。體現於以下三個方面。

（1）當時在日本流傳的《説文》，與中國一樣，也應是通行大小徐本。但信瑞應該更爲重視小徐本《説文》。徐鍇爲許慎《説文》作注，其特色是博采古籍，廣爲引證，正所謂"考據典核，淹貫博洽"。而這一點與信瑞本人撰著《净土三部經音義》時"披衆經音義，抽相應之註釋；目諸典篇章，取潤色之本文"的做法非常一致。故信瑞多引其書，并不奇怪。問題是信瑞所用小徐本是何種本子？徐鍇之書在宋代已殘闕不全。今所傳全本，系爲後人據其兄徐鉉校定本（即《大徐本》）補入。因信瑞的年代祇是南宋時期，距"二徐"的時代并不遙遠，其所用爲徐鍇原書（當然不是原本）不是沒有可能。

（2）所謂"間接引用"時出現《説文》内容最多的外典是《廣韻》，内典則主要是《玄應音義》。這當然與《廣韻》以及《玄應音義》

第五章　淨土部音義　　433

本身體例特點有關。尤其是後者，"注釋訓解，援引群籍"①，其中《說文》作爲最早的字書，玄應爲釋義，爲析字，頻頻引用。儘管信瑞已經是"二次引用"，但值得注意的是：因爲《玄應音義》早於李陽冰《說文》改本刊行前問世，其所引《說文》當爲唐時流傳的原本《說文》，而《慧苑音義》所引《說文》亦當爲唐時流傳《說文》。本書祇是用幾例，做了簡單說明。今後還要將相關內容與其引書，現傳《玄應音義》《慧苑音義》等相比勘，然後再進一步與今傳本《說文》相較，從形音義等諸方面考察其同異。

（3）實際上，無論是直接引用還是間接引用，信瑞所用資料都應該較爲接近原本《說文》，具有較高的資料價值。特別是像《東宮切韻》這樣日本古代韻書，早已散佚。學界多關注其所引古切韻書，筆者認爲其所引《說文》也值得引起注意。這無論對探尋《東宮切韻》之原貌，還是對《說文解字》的深入研究，皆有一定的學術意義。

（二）"內典"資料，佛經文字、梵漢對譯類——以《梵語勘文》爲例

這一內容儘管與傳統漢字學研究沒有直接的關係，卻是佛經語言文字的重要內容，所以我們從更廣的意義上，也對其展開考察。

1. 翻譯佛經與經文注疏類

信瑞在其音義中大量引用了佛門內典著作。其中有翻譯佛經，還有經文註疏類。如：

> 王舍城……<u>智度論</u>②問曰：如舍婆提迦毘羅婆羅捺大城皆有諸王舍。何以故？獨名此城爲王舍？答曰：有人云：是摩伽陀國王有子，一頭兩面四臂。時人以爲不祥。王即裂其身首，棄之曠野。羅刹女鬼，名梨羅，還合其身而乳養之。後大成人，力能并兼諸國。王有天下，取諸國王萬八千人，置此五山中。以大力勢治閻浮提，閻浮提人因名此山爲王舍城。（《無量壽經》卷上）③

案：此所引出自後秦鳩摩羅什所譯《大智度論》卷三。而同條"王

---

① 見終南山太一釋氏（道宣）《大唐衆經音義序》。
② 下所畫綫爲筆者所加，標出所引文獻。下同。
③ 《淨土宗全書》續第四卷，第195頁。

舍城"：

> 法華文句云：王舍城者，天竺稱羅閱祇伽羅。羅閱祇此云王舍。伽羅此云城。國名摩伽陀，此云不害，無刑殺法也。亦云摩竭提，此云天羅。天羅者，王名也。以王名國。此王即駿足之父。（同上）

案：《法華文句》是天台大師智顗對於《法華經》經文，所作的逐句之注釋，凡十卷（或二十卷），全稱《妙法蓮華經文句》，也略稱《法華經文句》《文句》《妙句》等。以上所引，出自卷一。

還有新羅僧人璟興著作，如：

> 貫（古玩）練（即甸） 璟興述文贊云：貫者，通也。練者，委也。世俗異教亦皆通委故云貫練。（《無量壽經》卷上①）

案：以上引自璟興《無量壽經連義述文贊》卷一。璟興是7世紀古代朝鮮著名學僧，多有撰述，但有不少已逸。前已述及，其所撰《無量壽經連義述文贊》（3卷）早在奈良時代就傳到日本，信瑞書所引，與其吻合。

2.佛經音義書

"信瑞音義"中所引佛門內典，實際上大部分是"佛門小學類"，即《玄應音義》《慧苑音義》《翻譯名義集》《梵唐千字文》等僧人所撰佛門工具書。其中又以玄應《衆經音義》爲主，其次則爲《翻譯名義集》《新譯華嚴經音義》等。經筆者統計，本書共引用玄應《衆經音義》，以"經音義"書名出現，約210條②（前已有舉例，不贅）。另外，還有"玄應云"1條。

> 錢財……玄應云：鉢拏此云銅錢。經音義曰：錢，自連反，貨財也，唐虞夏殷皆有錢。（《無量壽經》卷下）③

---

① 《淨土宗全書》統第四卷，第198頁。
② 此爲筆者統計，或有不確之處。又以下筆者自行統計皆標有"約"字。
③ 《淨土宗全書》統第四卷，第241頁。

第五章　淨土部音義　　　435

　　案：以上既有"玄應云"，又出現"經音義"。玄應在其《衆經音義》中共三次①解釋梵文音譯詞"鉢挐"，"此云銅錢"。但以下"經音義曰"的內容，卻是《玄應音義》卷十一"罰錢"條對"錢"的詮釋。

　　但是，實際并不如此簡單。安居香山認爲，信瑞書中用"經音義曰"引出的內容範圍涉及唐代玄應以及慧琳的《一切經音義》。其中引用玄應音義書的內容確實很多，但真正與《玄應音義》相合的似乎並不多。所引根據爲何，并不明確，有相當部分似乎是其取捨諸書而作。②這或許正是值得引起我們注意之處。佛經音義研究現在學界同人的共通推動下，正處於熱潮。今後若將信瑞《淨土三部經音義集》中二百十餘條"經音義曰"內容，逐一與《玄應音義》（包括《慧琳音義》）進行比勘整理，筆者相信其結果將有助於佛經音義研究的進一步深入。

　　除玄應《衆經音義》以外，書中還經常引用《新譯華嚴經音義》。如：

　　　一切　新譯華嚴經音義云：說文云一切，普也。普即遍具之義，故切字宜從十。（《無量壽經》卷上③）

　　案：此引自慧苑《大方廣佛華嚴經音義》卷一"一切"條。又：

　　　兜率天　新譯華嚴音義云：珊兜率陀天（天字卻），此云喜樂集。依俱舍中有三義得此名：一喜事，二聚集，三遊樂。舊翻爲喜足，或云知足。非正翻。（同上④）

　　案：此引自慧苑《大方廣佛華嚴經音義》卷一"兜率陀"條，爲音譯詞。而信瑞辭目作"兜率天"，用半音半意詞。此乃取自各自經本文，雖辭目不同，但意義一樣，故可引用。經筆者統計，信瑞共引用《慧苑音義》40餘處，其中以"新譯華嚴經音義"出現3次，"新華嚴音義"名出現11次，"新譯華嚴音義"名出現26次。

　　佛經音義是解釋佛經中難字難詞音義的訓詁學著作，信瑞是爲廣大淨

――――――――――
① 卷二十一、卷二十二和卷二十五。
② 安居香山：《淨土三部經音義集における緯書》，第833頁、第836頁注（11）。
③ 《淨土宗全書》續第四卷，第196頁。
④ 同上書，第197頁。

土派信衆閲讀三部經而編纂音義，自然多用前人音義類書。

3. 習梵工具書

除音義書外，信瑞還在其書多引習梵工具書，如《翻譯名義集》《梵唐千字文》《梵語勘文》等。如：

  瓔珞　<u>翻譯名義集</u>云：吉由羅，或枳由邏，此云瓔珞。（《無量壽經》卷上①）

案：此引自《翻譯名義集》卷三。據筆者統計，約有73條，有時也以略名"名義集"出現。《翻譯名義集》爲南宋法雲（1086—1158）所編。信瑞晚其約一百年，由此能證明信瑞所見《翻譯名義集》，應該比較接近原本。

另外，信瑞音義中還多次多次出現《千字文》。如：

  男子　<u>千字文</u>云：補嚕灑，此云男。（《阿彌陀經》②）
  女人　<u>千字文</u>云：悉怛哩，此云女。（同上③）

案：《千字文》即《梵語千字文》，爲唐代譯經大師義淨所撰。這是一部用梵漢兩種文字對照的形式編成的梵漢讀本，也可稱爲梵漢小辭典。……其中的"千字文"，則是義淨根據自己的經歷和體會，以及西行求法者識別梵語的實際需要，特地挑選的。④《千字文》自唐代就傳入日本，見存有三種本子：東京東陽文庫本；享保十二年瑜伽沙門寂明刊本；安永二年沙彌敬光刊本。⑤其中東洋文庫本是9世紀的唐寫本，爲最古之寫本。⑥後兩種皆已爲江户時代刊本。所以信瑞音義所引應是較爲接近唐寫本的本子。當然具體結果，還有待於進一步研究。信瑞引用"千字文"共28次，而且這祇是單獨引用，并不包含以下所提及的《梵語勘文》中的

---

① 《淨土宗全書》續第四卷，第199—200頁。
② 同上書，第313頁。
③ 同上。
④ 陳士強：《佛典精解》，上海古籍出版社1992年版，第1041頁。
⑤ 同上書，第1040頁。
⑥ 此本已作爲大型"東洋文庫善本叢書"之一（石塚晴通、小助川貞次編著：《梵語千字文/胎藏界真言》，勉誠出版社2015年版）。

第五章　淨土部音義

"再次引用"。

如果說，《翻譯名義集》與《梵語千字文》等現尚留存，是從中國傳到日本的，那麼關於習梵工具書，其中特別需要引起學界注意的是《梵語勘文》一書。筆者輯其佚文，共得29條如下：

001 說　<u>梵語勘文</u>①云：婆師多此翻說。（《無量壽經》卷上）p194②。

002 寶冠　<u>梵語勘文</u>云：梵云羅坦那（隨求唐本③），此云寶冠。（同上，p198）

003 長者　<u>梵語勘文</u>曰：疑叨賀鉢底（禮言）此云長者。（同上，p216）

004 外道　<u>梵語勘文</u>云：底（丁逸）躰（地以）迦，此云外道（普賢贊大佛頂同之）。（《無量壽經》卷下，p238）

005 金翅鳥　<u>梵語勘文</u>曰：伽樓茶云金翅鳥。俱舍光記云：揭路茶此云頂癭，或名蘇鉢剌尼。此云金翅，翅殊妙也。（同上，p238）

006 師子王　<u>梵語勘文</u>云：思孕（二合引）賀（引）此云師子（出千光眼經大佛頂經）（同上，p239）

007 奴婢　<u>梵語勘文</u>云：娜娑娜枲，此云奴婢（相對集）（同上，p241）

008 錢財　<u>梵語勘文</u>曰：俱舍光記云，鉢拏此云錢。（同上）

009 盜賊　<u>梵語勘文</u>曰：照哩也。制囉此云盜賊。（同上，p242）

010 怨家　<u>梵語勘文</u>云：舍咄嚕此云怨家。（同上）

011 兄弟　<u>梵語勘文</u>云：鷲瑟姹勃羅多，此云兄（千字文）。滯瑟吒婆羅多兄（相對集）。迦儞也。娑勃羅多，此云弟（千字文）。迦怛麼婆羅多弟（禮言）。（同上，p243）

012 夫婦　<u>梵語勘文</u>云：建馱嚩囉婆哩野，此云夫婦。（同上）

013 主上　<u>梵語勘文</u>曰：波底（雙對）此云主（主從之主也）（同上）

---

① 重點綫爲筆者所畫，下同，不再另注。
② 此爲《淨土宗全書》統第四卷之頁數，下同。
③ 原文用雙行小字，本書用括號括出。下同。

014 不當天心　梵語勘文云：提婆，又云泥嚩。義釋云：蘇嚩天也。千字文曰：娑嚩嚩誐此云天。（同上，p256）

015 愚夫　梵語勘文云：樞要云，梵云婆羅，此云愚夫。（同上，p257）

016 淫佚　梵語勘文云：淫，梵云梅土曩（禮言）。（同上，p258）

017 六親　梵語勘文云：囉佗（禮言）此云親。（同上，p267）

018 眷屬　梵語勘文曰：跛裡嚩羅，此云眷屬（胎藏梵號法華隨求同之）（同上）

019 太子　梵語勘文曰：太子，梵云噢誐囉惹（雙對）。（《觀無量壽經》，p276）

020 酥蜜　梵語勘文云：伽裡多，此云酥（雙對）摩頭，此云蜜（翻梵語）（同上，p277）

021 弑逆　梵語勘文云：逆，梵云設觀（千字文）誠訶捨嚕（禮言）（同上，p281）

022 師長　……梵語勘文云：而曳瑟吒（普賢贊），此云長。（同上，p285）

023 懸鼓　梵語勘文曰：鼓，梵言陛裡（雙對集）。（同上，p286）

024 有百種畫　梵語勘文云：只怛囉，此云畫也（禮言）。（同上，p289）

025 肉髻　……梵語勘文云：嗢瑟尼沙。諸文多云頂，不空大佛頂。或云頂髻，如怛他櫱覩瑟尼沙云如來頂髻也。或直云髻，縛曰盧瑟尼沙云金剛髻也。（同上，p294）

026 道場　梵語勘文曰：菩薩曼陀羅，此翻道場（禮言）。（同上，p300）

027 壽命　梵語勘文云：阿廋灑，此云壽命。（《阿彌陀經》，p311）

028 男子　……梵語勘文云：金剛經云補嚕粗縛，此云丈夫。（同上，p319）

029 女人　……梵語勘文云：金剛經悉怛哩婆，此云女人。（同上）

以上儘管衹有29條，然實可謂彌足珍貴。佐賀東周[①]、橋本進吉[②]、岡田希雄[③]等早年皆指出：人們對《梵語勘文》一書所知甚少，其著者、卷數等一切皆不明，亦不見有書目類記載，僅是因爲信瑞所引，人們才知道有此書存在一事。

《梵語勘文》中可見到"千字文、禮言、相對集、翻梵語[④]"等書名和人名。其中"千字文"即唐代譯經大家義淨的《梵唐千字文》，前已述及，《梵語勘文》中引出三次。

"禮言"應是《梵語雜名》的著者，爲唐代僧人。《梵語雜名》一卷，是一本爲梵語初學者而編的入門書，收錄日常使用的漢字對譯梵語。全書收漢字一千七百餘個，一一注以梵語之音譯及悉曇字。陳士強指出：由於禮言精通梵語，故所註的梵音大多比較確切，頗可參考。[⑤]佐賀東周則指出[⑥]，本書所引"禮言"處内容與《梵語雜名》相對照，悉皆一致，只是現行《梵語雜名》少了二字，故可認爲現行本《雜名》有脱漏之處。

另外，《梵語勘文》中還出現了"雙對集"一名。此應是僧怛多蘖多、波羅瞿那彌捨沙集的《唐梵兩語雙對集》，是一部供查檢漢字的梵語讀音的著作。此書爲一卷，原未署撰時，見載於日本平安時代前期"入唐八大家"之一的真言宗僧人宗叡（809—884）所編的《新書寫請來法門等目錄》（865年11月）。根據宗叡曾於唐咸通六年（865）6月至11月住長安西明寺所獲寫本推斷，此書當成於唐咸通五年，即864年前。[⑦]

以上《梵語勘文》引書中有一處是"翻梵語"。《翻梵語》共十卷，是一部摘錄漢譯經律論及撰述中的梵語翻譯名詞，分類排纂，下注其正確音譯（或不同音譯）、義譯、出典及卷次的佛教辭典。[⑧]因原書未署作者，故學界有作者爲中國梁代莊嚴寺沙門寶唱以及日本飛鳥寺信行之説。此書見載於圓仁《入唐新求聖教目錄》，佐賀東周也根據信瑞所引，指出

---

① 佐賀東周：《松室釋文と信瑞音義》。
② 橋本進吉：《信瑞の淨土三部經音義集に就いて》。
③ 岡田希雄：《淨土三經音義攷》。
④ 原文中皆用雙行小字標出，本書中用括號括出。
⑤ 陳士強：《佛典精解》，第1046頁。
⑥ 佐賀東周：《松室釋文と信瑞音義》。
⑦ 陳士強：《佛典精解》，第1047頁。
⑧ 同上書，第1035—1036頁。

此應是與《梵語雜名》一起由圓仁請至日本並在日本流傳[①]，故而其作者應是梁寶唱。

而特別值得引起注意的是，其中還有"相對集"一名。佐賀東周認爲，此或即爲《梵漢相對集》二十卷，有可能是真寂法親王[②]的著作。此書與真寂法親王的另一部著作《梵漢語説集》一百卷皆早已亡逸，僅能從古書逸文中見其片影，堪爲滄海遺珠。[③]

當然，因爲引用《梵語勘文》的例證也就不到30例，僅憑此，也難以得出準確的結論。但我們根據此書所引，應可知《梵語勘文》的作者是日本人。此書應是"集梵唐千字文、梵語雜名、梵漢相對集、翻梵語等大成者"，[④]在日本梵語學史上占有重要位置。[⑤]尤其是《梵語勘文》也已爲逸書，故信瑞此音義中的29條，更顯珍貴。當然，有關《梵語勘文》的深入研究，還有待於新資料的進一步發現。

（三）"外典"資料，傳統文字音韻訓詁類——以《東宮切韻》爲例

正如作者在《自序》中所言及"萃内外一百餘部之瓊篇"，除了内典著作外，信瑞在其音義中還廣引外典文獻，而且包含中日兩國"諸典篇章"。安居香山指出，作爲義釋所引是以四書五經的儒家經典爲本，還廣引如《老子》《淮南子》《白虎通》《尸子》《山海經》《拾遺記》《神異記》《史記》《漢書》《文選》等經史子集，諸家之書。其中引用的緯書就有《春秋元命包》《春秋感精符》《春秋考異郵》《春秋説題辭》《春秋内事》《孝經鉤命決》《孝經説》與《河圖》等。[⑥]其中有很多是早已散逸的資料，尤爲珍貴。

作爲音義書的一種，當然多引傳統的文字音韻訓詁類書來爲其辨音釋義服務。我們在前專門列出的《説文》正是其中之一。這裏我們將考察其中除《説文》以外的一些内容。

"信瑞音義"引用最多的是《廣韻》，因其"音據廣韻"[⑦]爲原則，

[①] 佐賀東周：《松室釋文と信瑞音義》，第464頁。
[②] 真寂法親王（886—927），爲日本平安時代中期皇族及法親王。其生父母是堀河天皇及橘義子，出家前名齊世親王。出家後，法號真寂。
[③] 佐賀東周：《松室釋文と信瑞音義》。
[④] 同上。
[⑤] 安居香山：《淨土三部經音義集における緯書》，第824頁。
[⑥] 同上書，第827—833頁。
[⑦] 見信瑞《自序》。

其他則有《集韻》《爾雅》《方言》《釋名》《廣雅》《說文》《玉篇》等。不僅有中國傳統的小學類書，還有《倭名類聚抄》《東宮切韻》等古代日本學者所撰述的字書與韻書。如：

　　白鵠：……<u>倭名</u>云：野王云鵠，（古篤反，漢語鈔古布。日本紀私記久久比）大鳥也。（《阿彌陀經》[①]）

　　孔雀：……<u>倭名</u>云：兼名苑注云孔雀，（俗音宮尺）毛端圓一寸者，謂之珠毛。毛文如畫。此鳥或以音響相接，或以見雄則有子。（同上[②]）

　　欲塹：<u>和名</u>曰：四聲字苑云塹，（七瞻反，和名保利岐）繞城長水坑也。淨影義記云貪欲之心深而難越，故說為塹。（《無量壽經》卷上[③]）

　　案：如上"倭名"與"和名"皆為《倭名類聚抄》之略稱。據筆者統計，全書共以"倭名"出現61條，以"和名"出現6條，故共有近70條。

　　《倭名類聚抄》又名"和名鈔""和名類聚抄""倭名抄"等，是日本最早的一部具有國語辭典特色的類書，成書於平安時期承平年間（931—938）。其釋文引用了大量中國古代小學典籍材料，包括諸多散佚已久的典籍。如以上"白鵠"中所引是原本《玉篇》顧野王之釋；而"孔雀"條中所引則是引《兼名苑注》關於"孔雀"的解說。《兼名苑》作為一部早年傳到日本後而在其本土中國失傳的逸書，學界非常關注從《倭名類聚抄》、《本草和名》等書中整理其逸文，而從以上內容，正可以說明這一點。"欲塹"條中"和名"引《四聲字苑》對"塹"之解說，而《四聲字苑》也早已是逸書。

　　而信瑞在其書中大量有關《東宮切韻》的引用，更是值得我們注意。

　　《東宮切韻》為日本平安中期公卿，著名學者、漢詩詩人菅原道真之父菅原是善（812—880）所撰的一部韻書，其中引徵13種中國古代韻書，深為古代日本儒家學者所重視。此書不僅對中國古代音韻，而且對日本吸

---

① 《淨土宗全書》續第四卷，第309頁。
② 同上。
③ 同上書，第203頁。

收中國文字、音韻、漢字文化以及日本的辭典如何受中國辭典的影響等方面的研究都有重要的價值。①遺憾的是，此書散佚不傳，其逸文則散見於諸書。所以學界對其所展開的研究，最基礎的也是最重要的方面，就是通過考察諸書所引逸文，進行梳理研究，以求盡可能地窺見其原貌。李無未指出，學界已從《和名類聚抄》《法華經釋文》等47種書中找到逸文2087條。上田正《東宮切韻論考》提到其引用陸法言、曹憲、郭知玄、長孫訥言、韓知十、武玄之、王仁煦等14家《切韻》，依據《切韻》分韻，有音注和字釋，也加一些和訓。它是目前所知日本最早的韻書，對於研究中國韻書與日本韻書之間的傳承關係十分重要。②而我們要指出的是，《淨土三部經音義集》正是較多引用《東宮切韻》逸文的一部音義書。根據橋本進吉統計，全書多達151處③，所以具有極爲重要的價值。我們簡舉以下五例。

文藝：<u>東宮切韻</u>曰：<u>陸法言</u>云：文，武分反。<u>曹憲</u>云文德之總名也，又章也。案有彩章曰文。<u>郭知玄</u>云文章。<u>釋氏</u>云錯書。<u>武玄之</u>云：字有韻謂之文；文無韻謂之筆。<u>薛峋</u>云：虛辭飾過皆曰文。<u>庶果</u>④云說文才智也。又蒼頡初作畫，蓋依類象，故謂之文。其形聲相益，即謂之字。字者華亂著於竹帛，謂之書。書者，如也。……<u>祝尚丘</u>云：藝，魚察切，伎能在身也。<u>孫愐</u>云伎也，才能曰藝。（《無量壽經》卷上⑤）

因苦：<u>東宮切韻</u>曰：<u>釋氏</u>曰困，（苦悶）故盧，疲也，貧也。<u>王仁煦</u>云苦於事也。孫勉云惓也，病篤也。<u>孫伷</u>云：韻略，極也。蒼頡篇，困苦也。<u>沙門清澈</u>云：困，病之甚也。苦，患也，又困也。康杜反。（同上⑥）

努力：……<u>東宮切韻</u>曰：<u>郭知玄</u>云努，竭力也。<u>長孫納言</u>云俗呼

---

① 李無未：《日本漢語音韻學》，"外語愛好者"，http：//www.ryedu.net/ry/riyuyuedu/201006/18580_2.html。
② 同上。
③ 橋本進吉：《信瑞の淨土三部經音義集に就いて》。
④ 應爲"杲"，但《淨土宗全書》續第四卷，作"果"。
⑤ 《淨土宗全書》續第四卷，第197—198頁。
⑥ 同上書，第230頁。

第五章　淨土部音義

為努力字。武玄之云：努力，勤勉也。（《無量壽經》卷下[①]）

抵突：東宮切韻云：郭知玄曰：抵，獸以角觸物。韓知士云牛抵觸，漢書作角抵，戲兩相當角勝故名角抵。抵者，當也。孫恆云：突，衝也，欺也。（同上[②]）

接引：東宮切韻曰：陸法言曰：接，即葉反，持也，合也。薛峋云續也。麻果云支也。孫恆云捧也，承也。郭知玄云：引，羊晉反，牽也。釋氏云進也。麻果云發也。杜預注左傳：引，導也。（《觀無量壽經》[③]）

案：以上僅五例中，就已經出現了陸法言、曹憲、長孫納言、武玄之、孫恆、薛峋、王仁煦、祝尚丘、郭知玄、釋氏、麻果、孫伷、韓知十、清澈共十四家。而且，根據佐賀東周統計，信瑞全書所引《東宮切韻》中郭知玄有58條，釋氏54條，孫恆50條，麻果45條，薛峋31條，孫伷31條，曹憲27條，武玄之18條，祝尚丘18條，陸法言16條，韓知十11條，王仁煦12條，清澈10條，長孫納言6條。[④]而且佐賀東周還考察《東宮切韻》的引用，發現其引用十四家古切韻爲某個字詞施釋時，儘管不會十四家皆引，多至六七家，或三四家，但其引用卻井然有序，有的按照年代排列，也有的則根據《廣韻序》。[⑤]

對《東宮切韻》逸文所展開的研究，具有非常重要的意義。在此，我們不妨再聯繫第三章已經論述過的仲算所撰的《法華經釋文》加以簡單論述。

《法華經釋文》的時代是平安時代的貞元元年，爲976年，早信瑞音義260年。此音義中也多見"韻略、唐韻、古切韻、新切韻、唐切韻"等韻書名，還有"陸法言、曹憲、郭知玄、釋氏、長孫訥言、韓知十、武玄之、薛峋、麻果、王仁煦、祝尚丘、孫恆、孫伷、清澈、蔣魴"十五家[⑥]古代韻書作者名。

---

① 《淨土宗全書》統第四卷，第240頁。
② 同上書，第246頁。
③ 同上書，第295頁。
④ 佐賀東周：《松室釋文と信瑞音義》。
⑤ 同上書，第468頁。
⑥ 而信瑞書所引《東宮切韻》出現了十四家，僅缺"蔣魴"一家。

考以上韻書名與諸家古韻書作者名：隋唐志載有《韻略》一卷（楊修之）、《四聲韻略》十三卷（夏侯詠）。《宗叡請來錄》[①]記有《唐韻》五卷，《日本國見在書目錄》記有《唐韻正義》五卷。《唐韻》爲孫愐撰於唐天寶十年，然多有異本，故有孫愐撰定後多次經後人之手之說。《新唐韻》或爲後人在孫愐原本基礎上加筆之作，或乃針對隋之古《切韻》而稱"新唐韻"，尚難定論。隋開皇初年至仁壽元年，陸法言與其徒八人共著《切韻》五卷。唐儀鳳二年長孫訥言爲其作箋注，郭知玄拾遺緒正，更以朱箋三百字，薛峋增加字，王仁煦增加字，祝尚丘增加字，孫愐增加字，等等。《四庫》中就知道有十五家。《日本國見在書目錄‧小學部》錄陸法言《切韻》、王仁煦《切韻》（五卷）、釋弘演同十卷、麻杲五卷、孫愐五卷、孫佃五卷、長孫訥言五卷、祝丘尚五卷、王作藝五卷、斐務齊五卷、陳道固五卷、沙門清徹五卷、盧自始五卷、蔣魴五卷、郭知玄五卷、韓知十五卷等。仲算在《法華經釋文》中序文中言及"載諸家之切韻"，即指這些切韻家。這些已經失佚的諸家《切韻》平安朝時期曾傳到日本，故被日本學者紛紛引用。如仲算的弟子真興撰《大般若經音訓》、成書於《法華經釋文》之後七年的《倭名類聚抄》（永觀元年；983）、《其外醫心方》（永觀二年；984）、《弘決外典抄》（正曆二年；991）等，皆與《釋文》同時期左右，多引用諸家《切韻》。儘管《淨土三部經音義集》的編著年代雖已近宋末，可是所引唐人韻書的訓解都標明出於《東宮切韻》。而《東宮切韻》正屬於諸家切韻在日本"黃金時代"的重要成果。周祖謨先生指出：《東宮切韻》是唐代各種《切韻》的一個集本。……這是時代很早的一部書，所以信瑞書中所引唐人韻書來源還是比較古的。[②]

學界已經充分意識到《東宮切韻》的重要性。因其未能流傳後世，作爲一部重要的古逸書，對其所展開的研究，就是要從最基本的輯佚做起，而《淨土三部經音義集》中豐富的引用，正體現了其語料的重要價值。

當然，因爲《東宮切韻》與中國古代韻書具有密不可分的關係。研究《東宮切韻》也一定要參考中國古代韻書。《東宮切韻》等集抄類書、韻

[①] 宗叡（809—884）爲平安初期真言宗之僧人，也稱"禪林寺僧正"。862年（貞觀四年）與真如法親王入唐、於卞州玄慶受金剛界大法、青龍寺法全受胎藏界大法，更拜訪善無畏三藏古迹。865年，携帶大量密教典籍以及法具等返日，並撰其目錄《新書寫請來法門等目錄》。
[②] 周祖謨：《唐五代韻書集存》下冊，第964頁。

書中轉抄，一直是東瀛學者致力探索的一個方面，也是一個有待中日學者各就自己對本國文獻之熟稔程度而共同深入研究的前瞻性課題。①

以上我們從三個方面爲例來論證其語料價值，所得出的結論如下。

①《淨土三部經音義集》儘管在日本佛經音義的編撰史上並不屬於最古，卻是非常有特色的一部音義。其特色就在於有大量豐富的引證材料。而其徵引，又以文字音韻訓詁的傳統小學類著作爲主，即使内典，也是多引唐代音義類或習梵類書，故而對漢語，特別是漢字具有較高的語料價值。

②作爲日本僧人所撰述的音義著作，其書中豐富的引證資料所具有的語料價值應該引起我們的重視。因其引證文獻有很多是唐代，或者是唐代以前古籍。其中有很多傳到日本後，卻在本土中國散佚不見，成爲逸書，故作爲資料，尤顯珍貴。

③還有一點需要引起重視的是：《淨土三部經音義集》的引用資料，除了豐富的中國内外典文獻典籍外，還有一部分古代日本、古代朝鮮學僧、學人所撰述的著作。本文重點論述的《梵語勘文》與《東宮切韻》，著者正是日本人。從語料價值上來看，也同樣具有重要意義。

第三節　日僧撰淨土部音義考論
——珠光《淨土三部經音義》②*

如前述及，此即上記水谷《書目》005，岡田論文③，被認爲實際是淨土真宗僧侶珠光在寫字臺藏本《淨土三部經音義》基礎上加以改訂增補而成。現存有多種刊本，但通行天正十八年（1590）所刊本，上有珠光"序言"。

---

① 虞萬里：《〈倭名類聚抄〉引〈方言〉參證》，《東亞文化交流與經典注譯》2008年12月。
② 筆者《日本古寫本單經音義與漢字研究》的第八章第三節有對此音義的考察，故此節有些内容與其有重複。

一、時代與作者

《淨土三部經附六時禮讚偈①音義》，上下兩卷，作者珠光。關於作者，日本佛教文獻不見其傳記，中田祝夫在《珠光編淨土三部經解說》中也祇提及他是淨土宗鎮西派僧人。②實際上，這也基本源於此音義的序文末："于時天正十八歲次庚寅暮春上澣，和州之住侶、鎮西汲流野僧珠光草録旃云爾。"

"天正十八歲"應爲1590年，屬於日本的戰國時代。此年北條家滅亡，豐臣秀吉統一天下。③所謂"和州"乃"大和國"之別稱，日本古代地方行政區分的令制國之一，屬京畿區域，爲五畿之一，其領域相當於現在的奈良縣。日本淨土宗在開山源空入滅之後，其弟子們因對淨土宗教義有不同見解，從而在淨土宗內部形成了不同流派：一念義流、多念義流（長樂寺流）、西山派、鎮西派和九品寺流。④其中鎮西派與西山派是淨土宗的兩大主流。鎮西派以京都知恩院爲總本山，由當時的京畿三派，即所謂三條派、一條派、木幡派組成，盛行於大和國等近畿地區。根據序文末所記，我們可知珠光的身份和宗派背景。

二、體例與內容

（一）編撰目的、音義體例

此音義前有珠光寫的"自序"，而根據此"自序"，我們可以了解著者撰寫此音義的目的與體式。⑤

①室町時期三部經音義多有流傳，然傳寫亦多有訛誤。作爲學僧的珠光有慨於當時日本"所有之看三經音義傳寫者，有烏焉馬誤而悖漢域字訓正義"，"字訓不應則且背經旨，冥經旨則入理道惑焉"，爲能使這些"愚童"不違經旨，能入理道，故要糾正那些"悖漢域字訓正義"的

---

① 原爲雙行小字。
② 《珠光編淨土三部經音義》，勉誠社昭和五十二年（1977）版。
③ 雖然珠光《序文》中有"天正十八歲次庚寅暮春上澣"，然一般認爲此並非原本的刊行年月日。原本版式蓋爲江戶的慶元和（1596—1614爲慶長年間；1615—1623爲元和年間）之際所成，而確切刊行年代雖不明，蓋爲江戶前半期，且多有刻本刊行。參考中田祝夫《解說》，《珠光編淨土三部經音義》，勉誠社昭和五十二年（1977）版。
④ 參考楊曾文《日本佛教史》，第235—239頁。
⑤ 主要參考中田祝夫《解說》。

錯誤。

②根據《玉篇》制定"篇格"、糾正漢字筆畫，并附載音義。

③若《玉篇》音義不合三部經旨之時，用《古今韻會舉要》《廣韻》等韻書加以補充。

④六時禮讚偈之文字也補此音義。

⑤字形或有"小差"，或有一字兩音等，皆附載於此。其訓注皆有根據，而非個人獨斷。

⑥有的漢字，音、義各有兩個以上，若逐一解説頗爲煩瑣，故用"又""亦"等文字以示省略。

⑦字音根據酉譽（聖聰）[①]上人御點讀誦的三經本的附音。

（二）結構組成

此音義之整體結構，有以下部分組成。

①珠光"自序"。

②"綱目"，即所謂"篇目"，自"第一人言部"至"第二十六部單字雜部"。

③正文《淨土三部經附六時禮讚偈音義》，上下二卷，二十六部，共收釋"單字一千六百十九字"。

④《三經礼讚中分毫異字例》，所謂"分毫異字"，作者又將其看作"小異字"，凡"一百八十四字"。

⑤《三經礼讚中兩音異訓字》，作者又稱其爲"兩音文字"，"一十五字"。

與正文所釋文字相計，"總合一千八百一十九字"。

（三）音義內容

1. "篇立"—部首

此音義"綱目"共有二十六部，如下：

第一：人・言部
第二：木・火・土・金部

---

① 聖聰（1366—1440），爲南北朝時代至室町時代中期淨土宗僧人，日本淨土宗第八祖。1385年歸依淨土宗僧聖冏，並爲其"五重傳法"之實用化，培養衆多僧侶而努力，對日本淨土宗中興而做出過很大貢獻，被譽爲"大蓮社酉譽"，亦被稱"酉師・酉公・聰師"等。

第三：水部

第四：日・月・肉・山部

第五：石・食・米・麥・田・歹・衣部

第六：糸・示・車部

第七：王・臣・玉・口部

第八：手・足・目部

第九：耳・心部

第十：广・厂・疒・尸・宀部

第十一：雨・穴・赤・竹・草部

第十二：革・欠・八・人（人）①・門・口・由・矢部（以上為上卷）

第十三：女・子・骨・彳・禾・香部

第十四：立・音・加・弓・寸・酉・見・長・辵部

第十五：夂・走・乾・戈・冖・夕・林部

第十六：夊・吉・角・北・佳・冫・力部

第十七：氺・支・刀・鬼・牛・馬・犬部

第十八：邑・阜・卩・鳥・羽・虫・貝部

第十九：頁・止・彡・幸・里・至・丌部

第二十：書・小・瓦・网・皿・大・酉部

第二十一：丶・一・丨・十部

第二十二：入・匕・又・虍・毛・幺・殳部

第二十三：正・青・帀・儿・非・色部

第二十四：白・勹・半・本・自・玩・申・羊・魚部

第二十五：老・皀・缶・且・斤・又・工・舟・乙・斥部

第二十六：單字雜部（以上為下卷）

　　珠光此音義，因是在前寫字臺本改訂增補基礎上撰著而成，其篇目設置，根據川瀨一馬的考察，②此本將"人・言"置於最初，其他大體沿襲寫字臺本音義順序。但將一些字數少的篇目與他部合併，而且增設了

---

① 原本"人"字下一橫有殘缺，然可辨爲"人"下"一"。
② 川瀨一馬：《增訂古辭書の研究》，第762—763頁。

第五章　淨土部音義　　449

一些部首，這些部首主要在第二十一以後。而且前本"雜部"中的字，有一部分就被收入第二十一部的篇目中。如"雜部"的"一、二"等數字和"東、西"等方位詞就被收入"一""｜""十"等部中。而珠光音義之"單字雜部"，共收録55字。因而從篇目設置來看，此本相對更爲科學一些。

珠光在"序文"中言及"依玉篇而定篇格并音義"，故其"篇目"應參考《玉篇》。但曾若涵指出，此音義的部首雖是參考《玉篇》三十卷的編排概念，以部首相近或有關聯者列爲一組，然而……珠光將大部分的部首次序調整過了，且排列上也頗爲混亂，歸類不如《玉篇》清楚。……調整歸部的理由恐是《音義》收字太少而《玉篇》部首量太多，無法有效歸納淨土三經所收之字。①筆者同意這一看法。因爲説到底，珠光的"音義"祇是爲"淨土三經"而撰，可歸之於"單經音義"，②而"三部經"篇幅本身又并不長，當然不可能與《玉篇》相一致。但我們應該説珠光已經盡可能做了調整。

2. 音義正文

此音義上下兩卷正文部分，其體例基本爲録出漢字（單字），其下釋文用雙行小字，先用片假名標註和訓。③和訓下爲反切，然後是釋義，這些基本參考《玉篇》，但略去書證。

　　　　任：ジン、ニム、音タモツ、マカス、タウル。耳斟切，保也。又佞也。又汝熖切，委任也。（卷上・人部）

案：《大廣益會玉篇》卷三《人部》"任"字條釋語："任：耳斟切，《説文》保也。《爾雅》佞也。又汝熖切，委任也。"除和訓外，皆與《玉篇》相同，只是省略出典而已。

也有的參考《韻會》《集韻》《廣韻》等，一般也略去書證。如：

―――――――――

　　① 曾若涵《字書化的佛經音義――珠光〈淨土三部經音義〉對〈玉篇〉的接受》，三重大學《人文論叢》第32號，2015年版。
　　② 儘管實際是三部經，但三經篇幅皆不長，故稱之以"單經"也算合適。
　　③ 和訓有時寫成三行小字。

人：……①古作囬。又作㐺。（卷上·人部）

案："㐺",《韻會》作"唐武后作㐺。"

剛：……居郎切。彊斷也。又堅也。勁也。又強也。或作剄，古作但，或作信，俗作尌（卷下·刀部）

案：其中"古作但，或作信"，源自《集韻·唐韻》："剛但，《説文》彊斷也，古作但，或書作信。""但"與"信"乃"剛"字古文異體。

仍：……如乘切。就也。重也。類也。又姓。（卷上·人部）

案：《玉篇·人部》："仍，如陵切。就也。"而《廣韻·蒸韻》："仍：因也。就也。重也。頻也。又姓，出何氏《姓苑》。如乘切。"可見此條完全參考《廣韻》。不過其中"類也"中"類"字，因與"頻"字形似而訛誤。

3. 音義附錄

此音義正文後還有《三經禮讚中分毫異字字例》（184字）以及《三經禮讚中兩音異訓字》（15字）兩個附錄。後者是十五個形同音異義異的漢字，或者説是單音詞。漢語自古就有字形書寫相同但讀音有異因而意義不同的詞語。對漢語非母語的日本僧俗來説，識辨這些字詞，自然極爲困難。珠光特意將其匯集，並標註其不同音切和不同字義或詞義，正體現了其爲信衆正確讀經、理解經旨而服務的目的。

三、版本流傳

珠光之前，室町時期應已有幾種與其同名或類名的"三部經音義"流傳。珠光此音義，因其"自序"中有"天正十八年"字樣，故有學者認爲可冠之以"天正本"。②但因其中並無原本刊行年月的標記，亦無刊記，

---

① 此處我們省略假名及其他注釋。下無假名者，亦爲省略。不再另行注出。
② 如平井秀文有《天正本浄土三部経音義の和訓》一文即如此主張。

故學者們基本認爲原本版式爲慶長元和（1596—1624）之際，刊行大概是江户前期，正確年代卻不明確。[①]中田祝夫還在昭和五十三年（1978）影印出版此書的"序"中指出：儘管現存珠光音義皆爲江户時代的木刻版本，然"天正本"之版式卻令人有一脈相承於慶長元和時代的古樸之感，抑或由珠光本人或其周邊僧人所寫，是此版式之原據。正因爲如此，故雖爲木刻版本，但因含有一定程度上的古拙之味，故此音義當然呈現出並殘存著日本中世語言之古態[②]。

"天正本"後由勉誠社[③]影印月瀨文庫藏本而出版。[④]筆者所用即爲此版。此版除影印内容外，有中田祝夫撰寫的"解説"。另外還有土屋博映所編"索引"，分兩部分："字音索引"與"和訓索引"。最後還附有"影印不鮮明箇所對照表"，將原本中不清晰或脱落之處，用他本加以對照。

除"天正本"外，江户時代，如前述及，珠光此音義尚有其他刊本留存。中田祝夫在"解説"中就指出，根據江户時代的"書籍目録（斯道文庫刊《江户時代書林出版書籍目録集成》）"，有"寬文十年刊""延寶三年刊""元録五年""元録九年""元録十二年""天和元年""正德五年"等多種刊本，有一册本，也有兩册本。

水谷在其《書目》指出此音義有：①江户時代初期刊本，即應指"天正本"；②《續淨土宗全書》第十七册所收，爲活版本印刷物；③龍谷大學藏有室町末期寫本。筆者認爲③龍谷大學藏的室町末期寫本即爲寫字臺本。

四、學術價值

——以漢字研究爲中心

珠光的《淨土三部經音義》儘管是在寫字臺的基礎上改編而成，但是内容卻豐富了很多。作爲"篇立音義"，它已不像其前出現的，如天理本《大般若經音義》後所附的"篇立音義"以及中世諸種《法華經音義》

---

① 中田祝夫：《解説》。
② 中田祝夫《序》。
③ "勉誠文庫"第30。
④ 昭和五十五年（1980）。

等，只是供信衆查音認字的漢字手册，相反其内容頗爲豐富，筆者前已有述，儘管較爲簡略，但應該可以看出，此音義所涵蓋的内容實際已遠遠超出爲誦讀"淨土三經"而查音認字的範圍。正如曾若涵所指出："嚴格説來，此書不能作爲實際語言的證據，但是珠光重視中國的中古韻書進而將佛經音義'字書化'，……他不但在編纂體制上參考《玉篇》，也大量收録了《玉篇》的反切與注釋，遇到不合日本漢字音的反切與注釋，則改參《韻會》和《廣韻》。因此，珠光書中的漢字音系統比較接近中古中晚期的語音系統。"①從這個角度看，此音義在漢語史研究以及日本國語史研究方面都具有一定價值。而這兩方面又都與漢字有密切關係。

珠光的《淨土三部經音義》中出現了大量的和訓内容，其中有音注，也有義注。這些和訓内容是日語史研究的重要資料。岡田希雄在《淨土三經音義攷》中對日語假名的一些語法以及字音標記等已有簡單攷述。而平井秀文所撰《天正本淨土三部經音義の和訓》②一文，則從五個方面展開了較爲全面的探討：①作爲國語資料的和訓；②假名的標示法；③活用形、活用的傾向；④有關音韻的問題；⑤關於詞彙的解釋。

日本學者極爲重視漢字音的研究。這不僅是日語史研究的重要方面，也與漢語史研究有著密切關係。而佛經音義的特殊體式，自然使其成爲漢字音史研究上不可或缺，十分重要的資料。

前已述及，珠光一般先用假名爲辭目標出音讀，并用反切注音。若再進一步詳述，可見看出，珠光所用假名標示的音讀，非常重視標出吴音與漢音。如：

人：ジン；ニム音；ヒト。……③（人部第一）

案：原本以上假名分三行小字置於辭目"人"下。以上"ジン"在"人"字右下側，此爲漢音；"ニム"在"人"字下左側，此乃吴音；而"ヒト"則是"人"字義訓。

---

① 曾若涵：《字書化的佛經音義——珠光〈淨土三部經音義〉對〈玉篇〉的接受》，三重大學《人文論叢》第32號，2015年。
② 九州大學國語國文學會編《語文研究》16號，1963年6月。
③ 後漢文音切與釋義，此處省略。下同。

第五章　淨土部音義　　　453

　　樓：ロウ；ル；二音；ヤグラ、イエ。（木部第二）

　　以上，"ロウ"位於辭目字"樓"左下，爲漢音；而"ル"則在其右，乃"樓"字吳音；"二音"又在"ロウ"與"ル"下，明確標出"樓"字漢吳兩音。"ヤグラ、イエ"爲義訓。

　　曾若涵指出：整部書若列出兩音者，一般是先漢音後吳音，偶有例外。①故而，此音義資料對研究日語漢字的漢字音，特別是"吳音"與"漢音"是極爲重要的資料。學者頗爲重視。高松政雄《吳音・漢音—珠光〈淨土三部經音義〉より—》②對日語漢字音上的若干重要問題，進行了考察。指出此音義作爲能充分標示日本中世所謂吳音和漢音的資料，其價值應該得以肯定。

　　因本書是從"日本漢字研究資料"的角度而展開的，故對其考察的重點在漢字方面。筆者在《日本古寫本單經音義與漢字研究》中曾專節論述，主要從以下三方面進行了考察。③

　　（一）從"篇目"考察

　　此音義屬"篇立音義"。而"篇立音義"按照偏旁部首收辭立目，所以實際屬於字書類。又此音義可謂"淨土三部經"的專書字典。然也正因受此限制，故實際不可能做到如作者《自序》所言"按《玉篇》定篇格"。我們在以上"體例與内容"部分已將此音義的"篇目"全部標出，通過考察，發現其"篇目"有以下特色。

　　1. 仿照當時日本流行的"篇立音義"而定"篇格"，體現漢字在民間流傳的實態

　　根據珠光"自序"，可知三經音義以往傳寫本中多有文字錯誤或字訓不正的現象，故而珠光並非編撰全新音義，應該是在前所編撰的此類"篇立音義"基礎上改訂增補而成者。根據川瀨一馬考證，本書與撰者時代不詳的寫字臺本相比較，只是將"人""言"置於最前，其他則大體沿襲前寫字臺本音義。珠光書蓋爲模仿之作，故會有某些相同訛誤。然其所收錄字數，卻比前音義要多。如"人部"，前書共收六十三字，而此書收有

---

①　曾若涵：《字書化的佛經音義——珠光〈淨土三部經音義〉對〈玉篇〉的接受》。
②　岐阜大學《教育學部研究報告・人文科學》22號，1974年版。
③　第406—419頁。按：這部分内容有重複，爲體例一致，敬請諒解。

六十八字；"言部"前書共收四十三字，而此書收有五十一字。當然也有前書收字稍多之時，但總的來說，珠光之音義所收字數遠超於前書。川瀨一馬《增訂古辭書の研究》有二書收釋字數的具體統計，可以參考。①而岡田希雄也曾經指出珠光的前一卷本《淨土三部經音義》目錄字有訛誤，實際與本文有不一致之處。②

作爲爲淨土宗僧衆讀經而用的專書字典，儘管從"篇目"看並不完善，其中有《康熙字典》未見之部首，也有將所釋字置於不妥當之部首中，稍顯雜亂等，但這對日本古辭書編撰來說，實爲普通之事。③而且，我們也可從此側面加以考察，因爲這較爲真實地體現了當時（中世）漢字在日本佛教信衆中，也可以說是民間發展的實態。我們簡擧下例。

"綱目第十七"爲"氽·攴·刀·鬼·牛·馬·犬部"，其中"氽"應爲"氽"之手寫草體。"氽"字不見《說文》④，《玉篇》有"氽部"："氽，牛林切，又丘林切，衆也。"《廣韻·侵韻》："氽，衆立貌。"至《正字通》《字彙補》等後期字書，已被歸入"丿部"："之仲切"，《正字通》："氽，隸作衆。"《字彙補》："氽，古本衆字。"《玉篇·氽部》下僅收四字："氽、㐺、聚、衆"。而此音義"氽部"也只有"凡三字"，即除"㐺"以外的三字，然而其形皆作"氽""衆""聚"，後二字下部也一如部首"氽"，並未如《玉篇》正漢字筆畫作"氽"。此蓋當時所傳"淨土三經"中字形多作此而特意錄出。"氽"與"氽"，後者是印刷字寫法，看不出運筆先後，因其左邊是兩個連續的撇筆；而"氽"則將其連成了了折筆，這是因漢字書法審美的需要而決定的。據此，我們可以認爲，當時日本所傳"淨土三經"中，"氽"及其从"氽"之字皆作此書法體，故三字皆錄出，乃爲僧俗認字。

2.據《玉篇》正漢字筆畫，保留中古漢日字形

《玉篇》作爲一本用南北朝通行楷書寫成的字書，是中古到唐宋時期歷史漢字集之大成者。此音義以《玉篇》正字畫，從而一定程度上保留了很多漢字的中古原貌。而且作者還注意並收錄了一些不見《玉篇》的俗

---

① 川瀨一馬：《增訂古辭書の研究》，第762—764頁。
② 岡田希雄：《淨土三經音義攷》。
③ 同上。
④ 《說文·㐺部》："㐺，衆立也。从三人。凡㐺之屬皆从㐺。"《正字通·丿部》認爲"氽"係"㐺"之重文。今從。

字，此蓋實出當時流傳的"淨土三經"，爲信衆認字讀經之需，故而作爲字頭，甚至作爲"綱目"出現。而這對我們探討當時"淨土三經"的用字史貌、追溯某些漢字的中古史迹具有一定的參考價值。

因此音義已爲江戶刊本，故"綱目"文字以楷書爲准，相對比較整齊。除有個別稍有缺增等筆誤外，並無太大錯訛。儘管有以上所指出的一些俗體，但我們發現基本上是根據《大廣益會玉篇》以定漢字筆畫。如"綱目十七"有"鬼部"，其部下共收"五字"，皆如"篇目"，上皆無短撇。《説文・鬼部》："鬼，人所歸爲鬼。从人，象鬼頭。鬼陰气賊害，从厶。"段玉裁注："人所歸爲鬼，以疊韵爲訓。……从儿，由象鬼頭。自儿而歸於鬼也。……""鬼"之"由"本象形，隸變而致上部與"田畝"之"田"無别。現標準字體皆以"鬼"爲正字，而"鬼"爲其俗體。《增廣字學舉隅》卷二："鬼"條下指出："鬼鬼均非。从鬼之字準此。"又《字彙・卷首・古今通用》《正字通・卷首・古今通用》皆云："鬼，古；鬼，今。"然因受隸變影響，中古卻多出俗字，如《玉篇》《廣韻》《集韻》等。《大廣益會玉篇》還將"鬼"作爲部首，其部下所收"凡六十九字"，皆同作形。而此音義雖僅收五字，卻亦如《玉篇》，無一例外。

又如《玉篇・刀部》收有"刹"："初八切，刹柱也。"此音義"刀部"收"刹"字作"剎"，而下引《玉篇》釋文，卻作正字"刹"，這説明三部經中"刹"作俗形。《龍龕手鑑・刀部》收有相同俗體"剎剎"；《高麗大藏經異體字大字典》中"刹"字下也有"剎剎"，可見此俗字中日韓皆流行。

《淨土三部經音義》主要根據《玉篇》以正漢字筆畫，并附載音義，若《玉篇》音義不合三部經旨之時，用《古今韻會舉要》《廣韻》等韻書加以補充，故而在"篇立音義"中屬於詮釋較爲詳細者。也正因爲如此，通過與《玉篇》《韻會》等字書與韻書的比較研究，可以更爲清晰地梳理漢字在日本的發展。如：此音義"篇目"第二十六爲"單字雜部"，"單"作"單"。正文中還兩次出現"單"字：①"第七口部"收有字頭"單"；②最後"第二十六單字雜部"，字形皆同，可見作者非常强調此字形[①]。而《玉篇》字卻爲楷書正字"單"。又此音義

[①] 然最後"單復小異兩音文字"之"單"卻作正體。

"第十四弓部"收有字頭"彈"，作"彈"，其下釋文中也作此形，此蓋受"單"字影響之故①。《佛教難字大字典·口部》"單"字下收有"單"；《廣碑別大字典·十二畫》"單"字亦收"單"（《魏比丘僧智等造象記》）。將"單"視爲"單"之俗字並不難理解，但似乎此俗體並不多見。《佛教難字大字典》"單"此字形下有⑮標註，根據前所標凡例，有此標註者，其字形出自碑別字②，蓋實際亦即《魏比丘僧智等造象記》中例。我們可以理解爲：當時淨土三經中"單"尚有此字形，但因不見珠光所主要參考的《玉篇》《廣韻》《韻會》等書，故作者特意在篇目、正文及字頭皆録此字形，正爲反復强調這一俗字③。

《玉篇》作爲一本用南北朝通行楷書寫成的字書，是中古到唐宋時期歷史漢字集之大成者。此音義以《玉篇》正字畫，從而一定程度上保留了很多漢字的中古原貌。另外，我們從以上所舉實例也可知，作者還注意並收録了一些不見《玉篇》的俗字，此蓋實出當時流傳的"淨土三經"，爲信衆認字讀經之需，故而作爲字頭，甚至作爲"綱目"出現。而這對我們探討當時"淨土三經"的用字史貌、追溯某些漢字的中古史迹具有一定的參考價值。

（二）從音義正文考察

作者在《自序》中所指出的"依玉篇而定篇格"，主要體現於以《玉篇》爲綱目，正筆畫，並據《玉篇》標音釋義，有時還有字形辨析，故而《玉篇》首當爲其重要參考資料。然而，作者還指出"切訓不愜經旨之字，以韻會廣韻等韻書而補之"，因爲明經旨才能入理道而不惑，此乃珠光編撰音義的目的。經過我們對照勘核，可以證實其反切與釋義確實基於《大廣益會玉篇》，但也多參考《古今韻會舉要》（以下簡稱《韻會》）、《廣韻》等資料，故後者也是重要參考書。而且作者實際還遠超

---

① 但其他從"單"字卻作正字，如"禪"。
② 羅振鋆、羅振玉《增訂碑別字》，羅振玉《碑別字拾遺》，羅福葆《碑別字續拾》三書。
③ 案：筆者曾就此問題，請教陳五雲教授。他認爲"單"字之所以爲日本學人側目，可能的原因是"單"字下部爲"單"，是個不成字部件，在分析字形時不容易稱説，而作"單"，其下部之"早"與楷書"早"字相同，可以讀作"早"。這在以楷書爲文化背景的人群中特別容易接受。因而，日本學人接受中國文化的背景爲楷書流行的時代，勢必受這種文化背景的影響。故日本學人重視《玉篇》，而中國學者更看重《説文》，因爲《説文》代表了篆書系統的文化背景，而《玉篇》則代表了楷書時代的文化背景。筆者認爲甚洽。

出此奡曰，應參考過其他不同資料。儘管此書體例基本不標出典，但仍不時有《説文》《集韻》《小爾雅》《字統》《漢書》《釋典》等文獻名出現，故而對日本國語史、漢語音韻等研究，皆具有一定參考價值。而從漢字研究的角度看，此音義特別重視漢字字形分析，從古至今，從正到俗，爲研究漢字字形發展提供了豐富的資料。

1. 尊《説文》，重古文，追溯漢字古迹

儘管本書體例是依中古《玉篇》而定篇格，且在字形考辨上也多參考《玉篇》，但在指出字形的篆隸變遷，特別是字形古今發展方面，此本内容要遠比《玉篇》豐富，大部分内容應另有所據。如此音義中，"古文作""古作""説文作""籀作""本作""隸作"等術語頻頻出現，用以追溯漢字古迹。如：

得：的則切，取也。<u>本作</u>䙷。<u>古文作</u>㝵，亦手也。<u>本作</u>得。又獲也。又合也。或𢔶。（卷下・彳部）

案："得"字説解，並未據《玉篇》。其音切釋義，乃至字形説解主要參照《韻會》。而《韻會》又主從《説文》。

《説文》中"得"分見《見部》（"㝵，取也。从見从寸。寸，度之，亦手也。"）、《彳部》（"行有所得也。从彳㝵聲。㝵，古文省彳。"）兩部。《韻會》指出三個字形：<u>本作</u>"䙷"、<u>古文</u>"㝵"、<u>本作</u>"得"，今文作"得"。此條後半則也參考《韻會》，而《韻會》則主要參考《增韻》（《增修互注禮部韻略》）。又如：

愛：於代切。惠也。<u>本作</u>㤅，<u>隸作</u>愛。又憐也。又慕也。恩也。寵也。好也。樂也。又<u>古作</u>𢙴（卷下・夊部）

案：《玉篇・夊部》收有"愛"與"㪅"，《心部》録"㤅"。此音義關於"愛"的説解，基本參考《韻會》，而後者則又參考《説文》《廣韻》和《增韻》。

《説文・夊部》："㥛，行皃。从夊㤅聲。烏代切。"段玉裁注："行皃也。心部曰：㤅，惠也。今字假愛爲㤅，而㤅廢矣。㥛，行皃也，故从夊。""㥛"之隸定本作"㥛"，據段注，可知是因爲假借"㥛"作

"悉"而通行。《字彙補·心部》："㤅，與愛同。""愛"應是一個後起字，以上"隸作愛"，雖不算準確，但也權且可行。又《説文·心部》："㤅，惠也。从心旡聲。悳，古文。烏代切。"段玉裁又注："許君惠悉字作此。愛爲行皃。乃自愛行而悉廢。轉寫許書者遂盡改悉爲愛。全非許旡悉二篆相聯之意。"故可知"本作悉"即被棄不用之"悉"，"愛"之本字，而"古作㤅"即"悉"之古文。

國：骨或切。《説文》國，邦也。或域字。又小曰邦，大曰國。又邦國通稱也。又姓。古作或。唐武后作圀，俗作国，古文囗，又古或切。（卷上·口部）

案：此書有關"國"字，除綜合參考《説文》《玉篇》《韻會》外，還應有《集韻》。《集韻·德韻》下收"國或圀"三字，釋曰：

骨或切。《説文》邦也。古作或。唐武后作圀。

儘管此音義的編撰年代已屬"中世"，漢字也已發展至"楷書"的"今體字"，然當時通行的"淨土三經"，或實際漢字流通使用中，還存在相當一部分的所謂"古字"，其來源不一。"古字"定義較爲困難，範圍頗爲寬泛，受唐代正字觀念的影響，崇古尊《説文》，當爲漢字研究一貫風氣。而對珠光這樣的日本僧人來說，似乎應更爲突出強調這一點。故而一般日本漢字學界多將泛見於《説文》中之古字和《康熙字典》[①]中所言及古字歸於此類，亦即秦以前所殘留之某些字體。而同一古文字形因爲傳承演變，由於隸定和楷化等不同方式，從而出現了兩個以上的不同形體，因爲與其相對應的"今字"的通行，"古字"雖存，但已多不被人識，故需録出詮釋，辨識標示。

2. 舉俗體，辨正譌，展示漢字新用

漢字發展至日本中世，中國宋元之際，文獻資料中已經積累了大量的不同字形。除了前所述及的各類所謂"古文"外，隨著時代的發展，更多俗字異體的出現，則體現出文字的不斷發展。

[①] 珠光編撰此音義，《康熙字典》尚未問世，我們在此指日本傳統漢字學界。

第五章　淨土部音義

　　佛經音義，特別是類此專爲某經而編撰的單經音義，指出所傳經文的俗體譌形，辨正析誤，就成爲其内容之一。因爲若不能正確揭示其正字，自然有礙於對經義的理解，也就是珠光所言之"烏焉馬誤而悖漢域字訓正義"焉。

　　（1）珠光音義的一大特色就是指出漢字俗字，其釋文中多用"俗作""或作""亦作""又作""今作""通作"等術語。如：

　　　　剛：居郎切。彊斷也。又堅也。勁也。又強也。<u>或作剄</u>，<u>古作𠛉</u>，<u>或作𠛤</u>，<u>俗作尃</u>（卷下·刀部）

　　案："古作𠛉，或作𠛤"，《集韻·唐韻》："剛𠛉，《説文》彊斷也，古作𠛉，或書作𠛤。""𠛉"與"𠛤"乃"剛"字古文異體。而"或作剄"，"俗作尃"，則指出了"剛"的兩個俗體。《字彙·刀部》："剄，同剛。"《寸部》："尃，俗剛字。"《正字通·刀部》："剄，俗剛字。"《寸部》："尃，剄字之訛。"諸説不一，然"剄""尃"二形皆可視爲"剛"之中古俗字。《精嚴新集大藏音·刀部》"剄剛，剛正。並古郎反。"又《寸部》"尃尃，剛正。並居郎反。"《高麗大藏經異體字大字典》中"剛"字下收有異體字18個，其中就有"剄剛尃尃"諸形。日本中世寫本，如七寺寫本藏經中"剛"字就多見如此俗體，可參考。①又如：

　　　　罰：扶發切，罪罰也。又罪之小者。<u>又作𦉪</u>。（卷下·刀部）

　　案：此條與上可相連。漢字中因偏旁相譌而成之俗體，實不少見，而從"刀"之字常與從"寸"之字相譌而產生俗字，以上"剄"與"尃"即同此理。日本早期中寫本中此類現象多見，而具體到"罰"字，被認爲屬平安初期抄本的《四分律音義》，此字即作"𦉪"，而稍後的大治本、金剛寺本皆同此形。然磧砂藏本、高麗藏本以及《慧琳音義》卷五十九均作"罰"。很明顯，後之刻本均已作過改訂。又如：

---

　　① 梁曉虹：《清淨法行經語詞考辨》，《佛教與漢語史研究——以日本資料爲中心》，上海古籍出版社2008年版，第44頁。

惱：乃老切，有所痛恨也。<u>本作嬲</u>，<u>今作惱</u>。又懊惱也。<u>或作㛴</u>𡜦，<u>亦作憹</u>。（卷上・心部）

案：《玉篇・女部》："嬲，……奴道切，有所恨痛。亦作㛴。"《廣韻・皓韻》分兩條："惱，懊惱。""嬲，相嬲亂也。《説文》曰：有所恨痛也。"《韻會》將此匯作一條："惱，《説文》有所恨痛也。本作嬲，从女，𡿺省聲。今作惱。《廣韻》懊惱也。《增韻》又事物撓心也。《集韻》或作㛴𡜦，亦作憹。晉隆安初有懊憹歌，俗閒訛謡之曲。"可見此條主要參考《韻會》。

《説文・女部》："嬲，有所恨也。从女𡿺聲。今汝南人有所恨曰嬲。"段玉裁注："今汝南人有所恨言大嬲。舉方俗殊語爲證。"雖有本字作"嬲"，然據《説文》與段注，知"嬲"實亦彼時方俗殊語，且從字義看，从"心"之"惱"應更能明確達意，故後世皆通用其異體"惱"，乃至遂成正字。"㛴"爲"嬲"之俗。俗字中，從"𡿺"旁之字形變化多端，其下部或可訛作"山"形，此即"㛴"。[①]又其下或可訛從二"止"，有時"𡿺"整個還訛作"𢟢"，此音義所舉"𡜦"字應爲訛之又訛。《集韻・皓韻》《四聲篇海・女部》"惱"字下皆收有"𡜦"，即同此。至於最後"憹"字，當爲"惱"字異體，不贅。

摑：古獲切。批也。又打也。<u>或作搕</u>，<u>亦作𢽤</u>。又郭獲切。<u>或作𢽤</u>、攉。（卷上・手部）

案：以上字頭"摑"及其釋文中出現的"搕""𢽤""𢽤""攉"，皆爲一組中古出現的字。《玉篇・手部》："攉，古獲切。掌耳也。"其下有"摑，同上。"據此"攉"當爲正字，而"摑"乃其異體字。又緊接其下還有："搕，古獲切，批搕也。"《廣韻・麥韻》："摑，打也，也作𢽤。"《集韻・麥韻》："摑，批也。""攉，挺攉。"幾個字音同義通，皆有"打"義，故可互爲異體。何謂正體字，各説不同。《慧琳音義》卷三十八："打摑，寡伯反。俗字也，時共用。《説文》正體

[①] "惱"之俗可作"恼"亦同此理。

第五章　淨土部音義

作攴，①从支从格省聲也。《廣雅》攴，擊也。《埤蒼》云擊頰也。顧野王云今俗語云摑耳是也。正體本形聲字也。極有理，爲涉古時不多用。若能依行，甚有憑據也。"據此，慧琳所見《説文》中有"攴"，乃形聲字，如此其他皆應爲其後起異體俗字。後將"摑"作爲正字，則以上"掹""攴""攵""摑"皆爲俗字。

諸如之類，此音義頻頻可見，不贅舉。而這些内容又多出自《韻會》等。儘管非珠光所創，然不難看出當時漢字，或者漢字傳承中確實有如此種種俗形或體，甚至當時所傳的三經音義中都有"烏焉馬誤"之類的錯誤，故參考通行字書，如《玉篇》、韻書，如《廣韻》《韻會》，尤其是後者，作正字辨形的詮釋，就成爲此本音義的一大特色。

（2）除以上所述對俗字異體的辨析解釋外，在這本只能算是中小型的音義中，我們還發現有關於則天文字的内容。武氏所造字儘管字數不多，流行時間不長，然其影響卻久長深遠。則天文字研究一直是中國唐代歷史與漢字史研究中的重要課題，一般歸其爲"俗字"研究範疇。

學界一般認爲則天文字有十七個，即：照、天、地、日、月、星、君、臣、載、初、年、正、授、證、聖、國、人。而此音義中有六個字的詮釋與"則天文字"有關：

人：古作𠔼。又作𤯩。（卷上·人部）

"𤯩"，《韻會》作"唐武后作𤯩。"

地：或作坔埊。籀作墬𡏇。（卷上·土部）

此亦同《韻會》。

日：古作囗，唐武后作囗。（卷上·日部）

此亦同《韻會》。

---

①　《高麗大藏經》1498《慧琳一切經音義》作"攴，曰："打摑……説文正體作攴，從支從格省聲也。"今案：攴字從支，顯然爲從"支"訛。此字當作"攴"。

授：或作捬，改作揄。（卷上·手部）

《韻會》：《集韻》或作稦，唐武后改作穛。

國：古作圀。唐武后作圀。俗作国，古文囯。（卷上·口部）
此亦同《韻會》。

天：古作兲旡莌。又唐武后作而。（卷下·一部）

此亦同《韻會》。
此外"照、載、證、正、初、年、君、星、月、聖"等字卻並無則天文字字體出現。

以上"地"字，説解同《韻會》，並未如其他，指出是"唐武后作"，卻言"或作"。這是因爲《玉篇·土部》："埊，迪利切，古地字。"《集韻·至韻》"埊""埊"皆收，釋曰："……或作埊字。唐武后作埊。"《四聲篇海·土部》："埊，古文地字。"《廣韻·至韻》"地"下釋曰："……故立字亦從水土者爲地。"案：鄭樵在《通志·六書略五》中就指出武周制字有并古文行於世者。當然又不是簡單地襲用古字，而是加以改造。"埊"即用"地"古文。"地"字本屬形聲字，唐武后改作"埊"，是易形聲爲會意，蓋地爲萬物所陳列，則必當有山有水有土也。"埊"則爲"埊"之省。又"日"字古文與則天文字相同，亦同此理。《説文·日部》："實也。太陽之精不虧。从囗一。象形。凡日之屬皆从日。⊙，古文。象形。"可知此字也是武則天利用古文象形字而改爲楷化後出字。

又"授"字中兩個字形，前"揄（稦）"，據此本應爲俗字。《集韻·宥韻》"授稦稦，承咒切。竹也，①又姓，亦作稦，唐武后改作稦。"《正字通·禾部》"稦"亦按云："稦無意義，諸家轉寫日訛，無可考信。鄭樵謂武后艸創，非無所本，古授有作稦稦者。不知古亦多訛文也，宜删。"然《字彙·禾部》"稦"下云："唐武后改授作

---

① "竹"字誤。據《類篇·手部》："授，承咒切，付也。"《集韻考正·宥韻》按云："付訛竹。據《類篇》正。"

稺。""授"之則天文字創制理據應爲：禾、久、天（省寫）、王組成。寓意天賜嘉禾，久爲君王，[①]然"久"又多作"夂"，故"稺"應算是"正字"。則天文字在其流傳過程中多有傳訛，故異體也不少。筆者認爲可將"穧"視爲異體之一。筆者曾經研究過成立於奈良朝，寫於奈良末期的小川家藏本《新譯華嚴經音義私記》與《新華嚴經音義》（大治年間寫本）中的則天文字，其中"授"字有兩種寫法，即："穧穧（《私記》）"；"穧穧（大治本）"。前"穧"與"穧"出現於《經序音義》，"穧"即"稺"，而"穧"右下半部之內實際爲"王"出頭而致，乃"稺"之訛寫。後"穧"與"穧"，出現於經卷十四，即"稺"與"穧"，不贅。

以上六個則天文字基本參考《韻會》，但我們發現也有《韻會》指出爲則天文字，然此音義並未採用者，如"星"。以上所舉則天文字，"三部經"中可能不一定會有，但則天文字曾隨漢文典籍東渡扶桑，甚至在日本流傳的時間更長一些，故珠光參考《韻會》等，將其收入，儘管零散，但也具有一定的參考意義。

（三）從附錄考察

以上"體例與内容"部分已經述及，此音義正文後所附的《三經禮讚中分毫異字字例》（184個字）以及《三經禮讚中兩音異訓字》（15個字），體現出珠光特別重視這些"分毫字"的辨別。儘管其目的可能只是爲信衆服務，但一百八十四個字還是爲後人研究漢字形似字的歷史發展留存了寶貴的值得參考的資料。

所謂"分毫"，形容極細微或極少量；故所謂"分毫異字"，即指形體相近，差別很細微的一些字，現稱"形似字"。形似字雖形體相近，但音義完全不同。

字辨"分毫"應起於顧野王撰著《玉篇》。宋本《玉篇》卷首在野王序和進書啓之後有"神珙反紐圖"及"分毫字樣"，《大廣益會玉篇》作"分毫字辨"。

《玉篇》之"分毫字辨"共收一百二十四組（兩個一組）"分毫字"，故實爲二百四十八字。此音義中的"三經禮讚中分毫異字字例"

---

① 施安昌：《關於武則天造字的誤識與結構》，《故宮博物院刊》（1984）第4期。

（以下稱"分毫異字字例"）中共收一百八十四字。作爲"三經禮讚"中的"分毫字"，實際不爲少也。

所謂"禮讚"，應有二義：其一或指淨土三經中用于讚嘆西方極樂淨土的偈頌文詞；其二乃善導所集《往生禮讚偈》之略稱。書中説明淨土往生之行儀，即於日没、初夜、中夜、後夜、晨朝、日中等六時中，各唱讚文而禮拜之法，故又稱《六時禮讚》。此音義正文有"附六時禮讚偈"字樣，故此"三經禮讚"或指前義。因"禮讚偈"需信衆時時念誦，故準確識讀其字，誦念其音，就顯得極爲重要。然因有些漢字非常形似，極易錯混，故需辨別。

經過勘核，《分毫異字字例》與《玉篇》中的《分毫字辨》相同的共只有19組38個字。有六組字形雖同，但音義不同，或部分不同。

治冶：上直吏切，理也；下而者切，人姓。（《分毫字辨》）
冶治①：上以者切，消也；下除之切，理也。（《分毫異字字例》）
杲果：上公老切，日色；下公禍切，果福。（《分毫字辨》）
杲果：上古老切，明也；下古禍切，木實。（《分毫異字字例》）
痤座：上徂和切，短也；下祖卧切，座席。（《分毫字辨》）
痤座：上蘇禾切，小腫；下祖卧切，坐具。（《分毫異字字例》）
憧幢：上尺容切，徃來；下宅江切，幡也。（《分毫字辨》）
憧幢：上昌容切，意疑；下傳江切，旛幢。（《分毫異字字例》）
経經：上徒結切，孝經；下古刑切，經書。（《分毫字辨》）
経經：上徒結切，喪首；下古丁切，常也。（《分毫異字字例》）
毐毒：上於改切，無行；下徒木切，惡毒。（《分毫字辨》）
毐毒：上倚亥切，无行；下徒沃切，害也。（《分毫異字字例》）

以上之所以不同，是因爲參考資料不一。珠光音義基本參考《玉篇》《廣韻》《韻會》，而且多尊《説文》，故基本能在這些資料中找到。然有意思的是《分毫字辨》中之例，卻常與《玉篇》正文不一樣，而且有些音義尚難溯其源。如"痤"字，珠光釋其義爲"小腫"，源自《説文》，而《分毫字辨》中的"短也"則不明出處。實際上《玉篇·疒部》也收

---

① 與《玉篇·分毫字辨》只是二字順序不同。

"瘙"，且釋曰："祖和切，瘤也。《説文》小腫。"又《分毫字辨》中釋"果"謂"果福"，亦不明其源。《玉篇·木部》："果，古禍切，草木實也。又果，敢也，信也。"其音切與前義，正被珠光所用。

有184個字的《分毫異字字例》中，除38個字參考《玉篇·分毫字辨》，其餘146個字當皆爲作者珠光所羅列，也就應該是"三部經"中經常見到的字形非常相似的字。可見其重視形似字的辨析是爲信徒誦念"三部經"服務的。

陳五雲將現代漢字形似字分成"獨體"與"合體"兩大類。[①]儘管《分毫異字字例》中形似字不屬現代，但我們仍可據此對其中的"形似字"加以分類。

1. 獨體形似字

此類形似字不多。其中有的筆畫數相同，結構輪廓相似，但筆形變化，如"子孑""丸凡""夭天""平乎""无旡""于干""矢失""亢元"等。也有筆畫數不同，結構輪廓相似，如"戈戋""北比""木朮""毋母"等。甚至還有獨體字與不成字部件相似，如"西覀"。

2. 合體形似字

陳五雲將合體形似字分成一階形似和二階兩類。一階形似是由一個共同的部件分別加上一組相似構件構成的，此乃漢字形似字的主流。而二階形似字是由兩組形似構件分別組成的，這些字在全部漢字中微乎其微，不必作專門討論。《分毫異字字例》中的形似字有很少幾個二階形似字，如"寇冠""祟崇""極拯"等。絕大多數爲一階形似字，其中又可按照字的内部結構分爲非形聲字和形聲字。我們先看形聲字。

（1）形聲字聲旁相同，形旁相似

投投	校挍	標標	擅檀	挑桃	柱拄	摟樓
攬欖	權摧	愡愡	枸拘	楷揩
禪禪	祖袓	祇祇（祇祇）
釋釋	擇擇	澤澤
憧幢	帷惟

---

① 陳五雲：《現代漢字形似字初探》，國家語言文字工作委員會《語文建設》1989年第4期。

冶治　冼洗
痤座　廢癈
暑署　扉屏　徦假　微徵　辨辯　班斑

以上這些形似字皆因形旁雖異，但又頗爲相似，故容易誤認。另還有形旁"土"與"立"、"日"與"田"、"禾"與"耒"等形聲字，不贅。以上從"扌"從"木"之字，共有13組，26個字，占《分毫異字字例》的約14%。這個比例應該説相當高了，説明當時用字此類"分毫異字"頗爲常見，故珠光特別列出。此蓋受寫本影響。手寫體中"扌"與"木"之字常混淆難分，六朝碑別字、敦煌寫本文獻、奈良寫本藏經等日中資料中多見，不贅。雖然此本音義已是江户刊本，但歷史文獻資料中，此類字頗爲常見，故珠光收録。

（2）形聲字形旁相同，聲旁相似

洞洞　沐沐　汗汗
逐遂　迥迴　逆迋①
綱網　経經
忽怱　恩思
蒲滿　芘茫
專專　傳傅　跌跌　毫毫　輕輕　叮吐　故故
根根　捐損②

（3）非形聲字與形聲字相似（非形聲字下畫橫綫）

萑雀　宣宫　皁早　或式　盇(益)　徙徒

（4）非形聲字

耴取　叵匹　須湏　杲果　柬東　臭臭　且旦

---

① "迋"也是"逆"俗字。這在中古碑刻資料、敦煌文獻中多見。不贅。但"迋"另兼正字。《玉篇·辵部》："迋，與章切，音羊。進退貌。"珠光正用此音義。

② 此本二字作"捐損"，其左部聲旁上半"口"皆作"厶"，此乃常見俗寫現象。

杏香

除此還有如獨體字與合體字形似的例子，如"易易"與"明朋"等。《説文·易部》："易，蜥易，蝘蜓，守宮也，象形。"而《勿部》："易，開也。从日一勿。"此乃會意字。又"明"是會意字，從"日"從"月"，但"朋"之小篆作"朋"，乃"鳳"之本字，象鳳飛形。鳳飛群鳥從以萬數，故借爲朋黨字。隸變後作"朋"，然斜書。以上原本作"朋"，正斜書之。

以上或稱"分毫字"，或曰"形似字"，實際上頗爲複雜。特別是珠光取字，並無標準，其中有古字與今字，也有俗體與正體，還有手寫字與印刷體等。然看似不規範之行爲，倒反映當時用字的實態。另外，也體現出珠光特別重視這些"分毫字"的辨別。儘管其目的可能只是爲信衆服務，但一百八十四個字還是爲後人研究漢字形似字的歷史發展留存了寶貴值得參考的資料。

第四節　日僧撰淨土部音義考論
——乘恩《淨土三部經音義》

筆者以上已有簡述，此即上記水谷《書目》006，岡田論文⑤所標音義。爲日本現存"淨土三經"音義中篇幅最長者。

一、時代與作者

《淨土三部經音義》（五卷）作者爲乘恩。乘恩（1725—1785）字湛然，號大珠，近江河原①人，江户中期淨土真宗本願寺派學僧，住京都桃華坊特留山淨教寺，并曾擔任該寺住持。其最初法名是法慧，後改爲乘恩。乘恩學識淵博，被認爲是淨土真宗本願寺派"學匠"。②他曾是江

---

① 現日本滋賀縣東北部，米原市西南部的舊鎮區域，位於琵琶湖東岸。
② 岡田希雄：《淨土三經音義攷》。

户前期淨土真宗本願寺派學僧西吟①（1605—1663）"學林"中一員，學問淵博，尤精於古文辭學。延享元年（1744）甲子八月，乘恩曾爲好友，另一位淨土宗學僧，著名韻鏡學者釋文雄②的《磨光韻鏡》撰寫後序，當時年僅19歲。而乘恩爲自己的《三部經音義》撰寫自序的寶曆五年（1755），也才31歲。乘恩於天明五年（1785）十月入寂，時61歲。乘恩有多種著作，除以上《淨土三部經音義》五卷外，還有《無量壽經莊嚴記》一册、《淨土真宗七祖傳》一卷等。另外據説還有《淨土三部經音義續集》《淨土論疏音義集》等，大概未能來得及完成，③令人遺憾。

《淨土三部經音義》成於寶曆五年（1755）五月。如上述及，當時的乘恩祇有31歲，堪稱當時佛學界的青年才俊。寶曆六年（1756）十月《淨土三部經音義》開版。題簽書名爲"淨土三部經音義"，并有副標題"日本撰述"。

二、體例與内容

寶曆六年刊《淨土三部經音義》④前後共收有以下序跋：

三部經音義序：園城祐常⑤序并書（寶曆七年）
三部妙典音義序：興正教寺闡揚⑥序并書（寶曆八年）
淨土三部經音義序：大珠釋乘恩湛然序，法友北春倫書（寶曆五年）
淨土三部經音義跋：了蓮寺沙門文雄⑦撰（寶曆六年）

---

① 西吟是江户時代前期淨土真宗本願寺派學僧。江户幕府初期，鼓勵寺廟僧人研究學問，本願寺派成立以鑽研學問爲主的"學林"，西吟即爲初代學林"能化［相當於"學頭"，諸大寺廟中統轄學問之職，也就是現在"學長（校長）"］。本願寺派的學林即爲龍谷大學前身，而第一代能化西吟，也就是第一代學長，即第一代校長。在龍谷大學主頁上，還記有"初代能化（のうけ）（学長）永照寺 西吟1647—1663年"。
② 釋文雄（1700—1763）是江户時代語言學家。一生致力於《韻鏡》研究，成果豐碩，主要有《磨光韻鏡》《磨光韻鏡餘論》《韻鏡指要録》《翻切伐柯篇》等。
③ 參考岡田希雄《淨土三經音義攷》。
④ 此爲本文所用刊本，爲佛教大學所藏。
⑤ 祐常（1723—1773），江户中期天臺宗僧人。江户中期公卿二條吉忠之子，隨聖護院忠譽入道親王出家，住近江園城寺圓滿院門迹（皇族貴族出家當住持的寺院）。
⑥ 闡揚法名爲法高，江户中期真宗興正派僧人，京都興正寺第24代住持。
⑦ 釋文雄，號無相，江户中期浄土宗學僧。幼年在京都玉泉寺出家，後到京都了蓮寺師事誓譽，并擔任過該寺住持。

第五章　淨土部音義

以上祐常以及闡揚序時間是寳曆七年和八年，此蓋或爲後所加，或開版成功拖後了相當時間。①

乘恩在"凡例"開始部分，概括性地回顧了漢傳佛經音義歷史，從有傳承的玄應的《衆經音義》、慧琳的《一切經音義》等到已失佚的郭迻與行瑫所撰音義等，實際是爲了説明編撰此音義的目的。在乘恩看來，中國傳統佛經音義，無論是現存還是已失，儘管有淨土三經的内容，但都非常簡單，"其中音訓我三經者不下數紙"。乘恩對此頗感憤懑，有慨於此，故搜集參閱數家音義，比較其異同，并類聚藴崇新舊章疏，加以挑選，在此基礎上撰著了《淨土三部經音義》。

寳曆六年版共五册五卷。卷第一、卷第二、卷第三，是爲《無量壽經》上卷所作音義；卷第四是爲《無量壽經》下卷所作音義；卷第五是爲《觀無量壽經》和《阿彌陀經》所撰音義。很明顯，作爲"淨土大經"的《無量壽經》上下兩卷占了五分之四的篇幅。之所以有如此之差，按照乘恩"凡例"中的解釋，是因爲"小經之語，已見雙卷②。觀經者一汰之，觀經之見，雙卷亦然。前修音義，雖隨函而復陸，三經元自一具，故不叠也。讀者察諸"。由此可見，乘恩採用先頗爲詳密地爲《無量壽經》上下兩卷撰著音義，而因"三經元自一具"，《觀無量壽經》和《阿彌陀經》中的很多内容已經包含在内，讀者可自行參考。因此，二經音義内容相對簡單，只占五分之一。

此音義爲卷音義，按照經本文順序，摘録三部經中的主要語句（合成詞和詞組）爲辭目，用漢文加以詳密解説。

<u>我聞如是</u>③：一時佛住王舍城耆闍崛山中，<u>與大比丘衆萬二千人俱</u>，一切<u>大</u>聖神通已達，其名曰：<u>尊者了本際</u>、尊者<u>正願</u>、尊者正語、尊者<u>大號</u>、尊者<u>仁賢</u>、尊者<u>離垢</u>、尊者<u>名聞</u>、尊者<u>善實</u>、尊者<u>具足</u>、尊者<u>牛王</u>、尊者<u>優樓頻蠡迦葉</u>、尊者<u>伽耶迦葉</u>、尊者那提迦葉、尊者<u>摩訶迦葉</u>、尊者<u>舍利弗</u>、尊者<u>大目揵連</u>、尊者<u>劫賓那</u>、尊者<u>大住</u>、尊者<u>大淨志</u>、尊者<u>摩訶周那</u>、尊者<u>滿願子</u>、尊者<u>離障閡</u>④、尊者

---

① 岡田希雄：《淨土三經音義攷》。
② 同上。
③ 用雙綫處，表示是另一辭目。下同，不另注。
④ 宋元明本無"閡"字。

流灌、尊者<u>堅伏</u>、尊者<u>面王</u>、尊者<u>果乘</u>、尊者<u>仁性</u>、尊者<u>喜樂</u>、尊者<u>善來</u>、尊者<u>羅云</u>、尊者<u>阿難</u>，<u>皆如斯等上首者也</u>。①

案：以上是《無量壽經》卷上的開頭部分。下畫綫部分皆是《無量壽經音義》所收辭目。不難看出基本是逐字逐句加以詮釋。這是《無量壽經音義》上下兩卷占五分之四的重要原因。而在《佛説觀無量壽經》第一段中：

一時，佛在王舍城<u>耆闍崛山中</u>，<u>與大</u>比丘眾千二百五十人俱；菩薩三萬二千，文殊師利<u>法王子</u>而為上首。爾時王舍大城有一<u>太子</u>，名<u>阿闍世</u>，隨順<u>調達</u>惡友之教，<u>收執父王頻婆娑羅</u>，<u>幽閉置於</u>七重室內，制諸<u>群臣</u>，一不得往。國大<u>夫人</u>，名<u>韋提希</u>，恭敬大王，<u>澡浴</u>清淨，以<u>酥蜜和麨</u>，用塗其身，諸瓔珞中<u>盛葡萄漿</u>，<u>密以上王</u>。爾時大王，食麨飲漿，求水<u>漱口</u>；漱口畢已，合掌恭敬，向耆闍崛山，遙禮世尊，而作是言："大目乾連是<u>吾</u>親友，願興慈悲，授我<u>八戒</u>。"時目乾連如<u>鷹隼</u>飛，疾至王所；日日如是，授王八戒。世尊亦遣尊者<u>富樓那</u>，為王說法。如是時間經三七日，王食麨蜜得聞法故，顏色和悅。②

相對於《無量壽經音義》，《觀無量壽經音義》的辭目已有所選擇。《阿彌陀經音義》亦同此，不贅。之所以如此的原因，上已述及。但即使如此，所收釋辭目也還是遠超玄應、慧琳等爲"三部經"所撰音義。這正體現出其作爲專書音義的特色。

此音義所收錄辭目，除了以上所舉出的"耆闍崛山中""與大""萬二千人俱""皆如""者也"等一些短語詞組外，大部分都是複音詞，其中又大多數是雙音詞。我們抽樣調查了卷三，其中有雙音節語詞232條，三音節12條，四音節17條，共261條。卷三實際上是五卷中篇幅最小的一卷。由此不難發現其收詞量很大，不愧爲日本"三部經"音義之冠。這些辭目包含專有佛教名詞，也有一般語詞。而其詮釋方法，正如作者在"凡例"所指出的那樣："搜集參閱數家音義""類聚蘊崇新舊章疏"。以下

---

① CBETA/T12/0265。
② CBETA/T12/0340。

爲《觀無量壽經》開頭一段中的一句，祇有37個字，但乘恩在卷五《觀無量壽經音義》卻還是收釋了八個語詞。以下我們就以其中五詞爲例，考察其釋文體例。

<u>國大夫人</u>，名<u>韋提希</u>，恭敬大王，<u>澡浴</u>清淨，以<u>酥蜜和麨</u>，用塗其身，諸瓔珞中<u>盛葡萄漿</u>，<u>密以上王</u>。①

（一）標音釋義主要參考諸種内典音義，尤其是《玄應音義》、《慧苑音義》與《慧琳音義》等唐代音義大家的著作

澡浴：應音七（十九②）曰：祖老切。說文：澡，灑手也。浴，灑身也。琳音八（四右）曰：子老反。廣雅澡，治也。蒼頡篇澡，盥也。顧野王云澡，猶洗令潔也。下音欲，說文云浴，洗身也。從水從谷省聲。（卷五/3）

案：上例乘恩全引玄應、慧琳兩位音義大家來解釋"澡浴"一詞。祇是現在我們見到的二十五卷本《玄應音義》"澡浴"條在卷六，是爲《妙法蓮華經》第五卷所撰音義，而乘恩所標爲卷七，故其所見《玄應音義》應是二十六卷本③。而《慧琳音義》卷八則是爲《大般若經》卷五百六十八卷所作音義。

（二）在内典音義的基礎上，同時也參引其他外典文獻用以標音釋義

和麨：應音五（二十）曰：歎波那食，或云怛鉢那，譯云麨也。又十六（二左）曰：麨糒，說文：乾飯也。一曰熬大豆與米者也。律文從麥作䴷，非體也。埤蒼云：炒米麥爲䴷也。正體從酉作䴷。桂苑珠叢曰：軍糧曰䴷。本草（廿五）釋名：糗，齲也。飯而磨之使齲碎也。藏器曰：河東人以麥爲之，北人以粟爲之，東人以粳米爲之，炒

---

① CBETA/T12/0340。
② 此用行間小注，蓋爲乘恩所用寫本之頁數。以下括號内同此，不再另注。
③ 有關《玄應音義》版本，參考徐時儀《玄應衆經音義研究》，中華書局2005年版，第36頁。

乾飯磨成也。粗者爲乾糇糧。（卷五/4）

案：以上所引《玄應音義》，二十五卷本在卷四和卷十六。而其後所引《埤蒼》與《桂苑珠叢》，經筆者考證實際是《慧琳音義》卷十三爲《大寶積經》第五十五卷"乾麨"一詞中詮釋下字的內容："昌沼反。俗字也。廣雅：麨，食也。埤蒼云炒米麥爲麨也。正體從酋作䴽。桂苑珠叢云軍粮曰䴽。"而據此筆者查考相關字書的結果，發現"䴾"實際應作"䴽"，"䴽"才是"麨"的正字。這顯然是因"酋""酉"相似而有的訛寫，應爲訛俗字。除了玄應、慧琳兩位大家外，乘恩還引用了李時珍的《本草綱目》第二十五卷中關於"麨"的解說。

夫人：苑音三（六右）夫人者，梵本云第脾，此翻女天。案鄭注禮云：諸侯之妃曰夫人。玉篇曰：呼婦人爲夫人者，亦所以崇敬之稱也。又夫者，男子美稱，婦因夫以成人故名夫人也。西域呼王妃爲第脾，呼男夫爲第婆也。探玄記二十（十六）曰：夫人者，梵名提婆多，正翻應名天后，古人就義名曰夫人。釋名曰諸侯之妃曰夫人。夫，扶也。扶助其君也。（卷五/3）

案："夫人"在翻譯佛典中明顯是一個"舊瓶裝新酒"類型的詞。以上關於"夫人"的詮釋，乘恩全引唐僧慧苑《大方廣佛華嚴經音義》卷三、唐僧法藏《華嚴經探玄記》卷二十以及漢劉熙《釋名》卷三的內容，其中"鄭注禮""玉篇"等皆爲《慧苑音義》中引文。《慧苑音義》中此條實際是爲八十卷本《華嚴經》中第四十八卷"夫人"一詞所作音義。

（三）以內典章疏、音義爲主，也參考外典文獻，釋梵文音譯或梵文意譯詞

韋提希：法華祥疏二曰：韋提希，翻爲思惟，亦云四維。涅槃音此云勝妙身夫人也。法華音：吠題呬，勝身吠是勝義。題呬云身，即東洲之名毘題訶，男聲呼此，女聲呼此，是山神名，從彼乞得，即母稱也。（卷五/3）

案："韋提希",梵名"Vaidehi^",巴利語作"Vedehi^",音譯又作"鞞陀提夫人""毗提希夫人""吠提哂夫人",意譯爲"思勝夫人""勝妙身夫人""勝身夫人"等,中印度摩揭陀國頻婆娑羅王之夫人,阿闍世王之生母,爲《觀無量壽經》中的重要人物。以上"法華祥疏",指跨六朝與唐初的"嘉祥大師"吉藏(549—623)所撰《法華義疏》。經查撿,以上內容在《法華義疏》卷一。而"涅槃音",經查撿,出自北涼沙門釋雲公《大涅槃經音義》卷下。雲公《大涅槃經音義》後由慧琳刪補後收入其《一切經音義》卷第二十五和卷第二十六。另外,所引"涅槃音"中內容實際出自玄奘大弟子、大慈恩寺的窺基法師《法花(華)經音訓》。窺基法師的《法花(華)經音訓》(一卷),後由慧琳詳定收入其《一切經音義》卷第二十七卷。

酥蜜:梵語千文:伽哩(二合)多。摩乞叉迦。上孫徂切,酪屬。牛羊乳爲之,牛酥差勝。若氂牛復優于家牛也。下覓畢切。説文:䘃,䘃甘飴也。本草卅九:時珍曰:蜜以密成,故謂之蜜。本經原作石蜜。蓋以生巖石者爲良耳。頌曰:食蜜亦有兩種:一在山林木上作房,一在人家作窠,檻收養之,蜜皆濃厚味美。(卷五/4)

案:"酥蜜"并非佛經中少見之詞,有意思的是,玄應與慧琳皆未釋此詞。乘恩引唐三藏法師義净的《梵語千字文》出其梵文音譯。義净原書爲"伽哩(二合)多,酥。摩乞叉迦,蜜"[1]。其後"酥"字所標音義,則完全引自《韻會·虞韻》。而對於下字的詮釋,標音采用《集韻》,釋義采用《説文》和《本草綱目》卷三十七。

所以,總體來看,乘恩在詮釋字詞時,基本採用的是"抄引""內外典"文獻的方式,自己對字、詞、語的詮釋似乎不多。

除了收釋"三部經"中語詞以外,乘恩在每部經音義之後(《無量壽經》則在上下各卷後)附有"校讎",分別爲:"大經上卷校讎""大經下卷校讎""觀經校讎""小經校讎"。"校讎"內容包括統計各經或各卷的行數、字數,并指出宋元明本中所在函冊名,如"小經校讎":

---

[1] CBETA/T54/1241。

小經文字百二十行，千八百五十七字，宋本養函，麗本鞠函，明本貞函。

除此，還有經過校讎後所發現的宋本、麗本和明本之間的不同，或有用字不同，或有脫字衍字之別，也有音譯詞不同寫法等。如"小經校讎"：

姚秦：麗本本下有龜茲二字。
法師：二字麗無。
奉詔：明無。
比丘眾：麗明作僧。
目犍連：麗作乹。
迦㫋延：宋明作栴。
……

這些內容對瞭解宋本、麗本和明本藏經本貌具有重要的參考價值。正如乘恩在"凡例"中所指出的：

三經文字，宋本、明本、麗本等不同，舛豕亥，謬魚魯，毫釐千里。可不謹記乎！聞宋元二藏，中華蚤散失，麗版亦罹于兵燹，可惜也！獨日本古代將來至今宛在。雒之建仁寺，藝之嚴嶋寺等。幸可以匡謬漏，闕疑管。

乘恩在"小經校讎"末尾還統計了三經總行數和總字數：

三經總計千六百三十五行。二萬六千六百十三字。

三、特色與價值

岡田希雄曾經指出：乘恩的《净土三部經音義》，在日本現存音義中篇幅最大，與信瑞的《淨土三部經音義》相比，堪稱"巨著"，而且質量也很不錯。但因純用漢語寫成，並無與國語相關的説明，所以跟日本國語

第五章　淨土部音義

學似乎没有什麽關係，應該只能從三部經研究史的角度來加以評價。[1]而這一點倒或許正是我們應該注意的地方。作爲一部由日本學僧撰寫的音義著作，且成於"近世"的江户時代，其特色頗爲明顯，從漢文佛教文獻研究的角度來看，應該具有一定的價值。

（一）從辭目到釋文皆爲漢語

一般來説，日本僧人撰寫的音義著作，有全用漢語撰述者，但相對較少。即使在日本文字尚未正式產生的奈良末、平安初期出現的早期音義著作，雖從文字上看皆用漢文書寫，彰顯古風，但其中或多或少有"和訓"，即用萬葉假名訓釋的内容，如小川家藏本《新譯華嚴經音義私記》、石山寺藏本《大般若經音義》（中卷）等。而隨著日本文字中假名的出現，一些和訓内容開始用片假名標示。且隨著時代遞進，假名的比重逐漸增加，甚至出現没有漢文注，只用假名標註音訓、義訓的體式，即所謂"純日式"。一般來説，時代越後，日式音義的比例越高。實際上，被稱爲"近世"的安土桃山時代、江户時代所出現的音義著作，大部分只是收録漢文佛典中的漢字辭目，音注與義注皆爲日文，或是日漢夾雜混合，像乘恩《淨土三部經音義》這樣幾乎全用漢文書寫者，[2]相對少見，這倒成爲其特色之一。

不僅文字上用漢語，而且所引用的文獻資料，也大部分是中國資料。雖也有日本資料，但相對較少。筆者還發現有如下現象：

金剛摩尼華：日本信瑞音云未詳。（卷五/25）

"信瑞音"指鎌倉時期淨土宗僧人信瑞所撰《淨土三部經音義》，筆者前已述及。按照日本人的説法，信瑞應該是乘恩的"前輩"。這是很有意思的現象。作爲"後輩"的乘恩引用其前輩的著作時卻特意標出"日本"二字。之所以會如此，大概只能説明其所徵引大部分不是日本資料，故偶有所引，需特意標出，以免引起讀者誤會。

---

[1] 岡田希雄：《淨土三經音義攷》。
[2] 此音義在標出《阿彌陀經》梵本字母時，字母旁用小字片假名注音。

（二）廣徵博引，資料豐富，對漢字文獻研究具有較大參考價值

如上述及，乘恩編撰此音義，基本特色就是通過"抄引"各類文獻典籍來對辭目進行詮釋。所引資料涉及領域頗廣，有屬内典的佛經、佛經音義、佛典章疏等，也有外典經史子集諸類。而且因此音義成於江户中期，故所引文獻歷史跨度很大，從上古先秦到近代元明。儘管有相當部分屬於"轉引"，如《玄應音義》《慧琳音義》等"内典"音義書以及《韻會》等"外典"工具書的引用，但内容之豐富，用乘恩自己所言"類聚蕴崇"來形容，頗爲恰當。

很明顯的，乘恩此書引用最多的是佛經音義。其中既有玄應、慧琳、希麟等人的"一切經音義""衆經音義"，也有慧苑、雲公、慈恩等人的"專經音義"，甚至還偶有日本僧人撰寫的佛經音義，如以上所舉的"信瑞音"。這對現今學界風頭正勁的佛經音義研究具有一定的參考價值。例如：

上已述及，乘恩所引《玄應音義》爲二十六卷本，《慧苑音義》三卷本。他在"凡例"中也指出："諸經音義，數家浩穰。玄應衆經音義二十六卷……慧苑音義三卷……"據此，我們可以判定，江户時代二十六卷本《玄應音義》應該頗爲流行。因爲乘恩"凡例"説得非常清楚。而關於《玄應音義》的卷數，學界一般認爲有二十五卷本和二十六卷本。二十五卷爲宋、元、明南藏本，二十六卷爲明北藏及嘉興藏本。據莫友芝《邵亭遺文》卷二《〈一切經音義〉寫本序》説，釋藏中的《玄應音義》有南、北藏之異，"蓋北本疏於南本，南本異者，佳處十八九；北本異者，佳處十一二"。"南本第三卷，北本析爲二，故北本二十六卷，南本二十五卷。乾嘉諸老引證記卷，悉是南本，益知北本不足據也。"陳垣先生《中國佛教史籍概論》卷三説："實則南本第三、四卷，北本析爲三、四、五卷也。"[①] 儘管"南本"優於"北本"，但蓋因"明北藏及嘉興藏本"皆爲明版，傳到日本時間不長，故較爲流行。

而關於《慧苑音義》的卷數，一般有二卷本和四卷本之説。苗昱博士對《慧苑音義》的版本做過研究，其結論爲：《慧苑音義》的版本可以分爲三個系統，一爲藏内單刻本，二爲《慧琳音義》本，三爲藏外單行本。

---

① 以上參考徐時儀《玄應衆經音義研究》，中華書局2005年版，第36頁。

三個版本系統的《慧苑音義》體例相同，共39000餘字，1292個詞條，《趙城藏》《高麗藏》《磧砂藏》均爲兩卷本；《永樂北藏》爲四卷本，將上、下兩卷分別爲二。①水谷真成《佛典書目·華嚴部》所收慧苑所撰《大方廣佛華嚴經音義》諸寫本與刊本，共12種，亦未見有三卷本。但是乘恩此音義卻明確指出有三卷本。不知是乘恩有訛，還是當時日本確實流傳過三卷本《慧苑音義》，有待於今後進一步考探。

（三）援引梵本經文，并多引梵文工具書詮釋音譯詞，有助於原本經文研究

乘恩在"凡例"中指出：

> 梵語多含如訓字，瞿有九義，便善那有四義。又中天輕妙，北天魯質而不同。新舊之翻，亦有訛有正，有敵對，有義譯。且夫於一義梵語，亦衆夥說，云提舍那，云幡沙等也。想求那跋陀羅瘁未善宋言，觀音為易首逡矣！西土之音，遐得抗軛乎？！矧伊貝夾世湮，殊可憾也。幸有彌陀經梵本，獨蘊於大和極樂寺、近江石山寺。又心經尊勝梵本藏於法隆寺。吾儕幸獲見之，故思戢用光。更覯諸陀羅尼、梵語千字文、雜名、翻譯名義集等，壹是采甄庶體字相字義，窺其儼避羅矣！

乘恩如此感慨梵漢對譯之不易，故當其幸得《彌陀經》梵本後，自然會在編纂"淨土三經"音義時加以充分利用。此書卷五在詮釋《阿彌陀經音義》中梵文音譯詞時，就多先標出其梵本文字，然後再如其前所述，引用玄應、慧琳等人音義及其他"內外典"文獻加以詮釋。如：

> 離婆多：梵本𑀭𑀯𑀢②。玄應音七……（卷五/41）
> 周利槃陀伽：梵本𑀘𑀼𑀮𑀧𑀦𑁆𑀣𑀓。涅槃音曰……（同上）

不贅舉。《阿彌陀經音義》中的音譯詞大部分如上先舉出梵本文字，

---

① 苗昱：《華嚴音義版本考》，載徐時儀、陳五雲、梁曉虹編《佛經音義研究——首屆佛經音義研究國際學術研討會論文集》，上海古籍出版社2006年版，第248頁。

② 原本爲豎寫。

其右旁標有假名讀音。此蓋爲此書唯一使用日語之處。但這些假名讀音乃乘恩原本所有，抑或刊刻時所加，不得而知。無論如何，乘恩所標出的梵本文字對研究《阿彌陀經》原本樣貌具有一定的參考價值。

正如乘恩自己所指出，他在解釋梵文音譯詞時還參考了"諸陀羅尼"及《梵語千字文》《雜名》《翻譯名義集》等資料。其中《梵語千字文》，爲唐代譯經大師義淨所撰。這是一部用梵漢兩種文字對照的形式編成的梵漢讀本，也可稱爲梵漢小辭典。①《千字文》自唐代就傳入日本，見存有三種本子：東京東陽文庫本；享保十二年瑜伽沙門寂明刊本；安永二年沙彌敬光刊本。②其中東洋文庫本是9世紀的唐寫本，爲最古之寫本。③後兩種皆已爲江戶時代刊本。乘恩所用何本，有待考證。而《雜名》就是《梵語雜名》之略稱。值得注意的是，筆者注意到乘恩引用的梵語工具書中有《梵語勘文》。如：

懸鼓：下果五切。梵語勘文：陛里。說文：郭也。春分之音…（卷五/13）

畫：梵語勘文：只怛羅。琳音四……（卷五/15）

關於《梵語勘文》，筆者在前對"信瑞《淨土三部經音義集》"進行考論時已經指出，學界對《梵語勘文》一書所知甚少，僅是因爲信瑞所引，人們才知道有此書存在一事。筆者前曾專門輯錄信瑞《淨土三部經音義集》所引《梵語勘文》共得29條。現在我們在乘恩的音義中也見到了"梵語勘文"之書名，這就爲進一步對此書展開研究提供了資料。問題是乘恩所引"梵語勘文"是引自信瑞書，即"轉引"，還是乘恩自己也見過此書，是"直接引用"。這還有待於進一步考察。僅就以上兩條來看，實際上也見於信瑞書，祇是書寫梵文的漢字稍有別。

懸鼓：梵語勘文曰：鼓，梵言陛裡（雙對集）。（《觀無量壽經音義》）

---

① 陳士強：《佛典精解》，上海古籍出版社1992年版，第1041頁。
② 同上書，第1040頁。
③ 此本已作爲大型"東洋文庫善本叢書"之一（石塚晴通、小助川貞次編著：《梵語千字文/胎藏界真言》），由勉誠出版社2015年版。

第五章　淨土部音義

有百種畫：梵語勘文云：只怛囉，此云畫也（禮言）。（同上）

因筆者尚未及對乘恩書所引文獻展開全面考察統計，以上到底屬於哪種引用，難以確定。作爲課題，有待今後繼續進行。但至少可以認爲，這些資料是極爲寶貴的。

因筆者得到乘恩《淨土三部經音義》全文不久，尚未及對其展開全面詳密的研究，以上論考也只是一些皮毛，還有待於進一步深入。但通過以上考察，筆者有以下想法。

第一，《淨土三部經音義》作爲日本僧人寫於江戶中期的"淨土三經"的"專書音義"，又全用漢文寫成，其中有大量的引證資料，這無論是對考察研究漢文佛教文獻（所謂"内典"），還是對漢語史的研究，都具有一定價值。這是毋庸置疑的。當然還要在全面考察的基礎上，才能得出更爲準確的結論。

第二，要得出可信的結論，筆者認爲首先要對乘恩的"引書法"加以考察。乘恩引書有時標出書名，有時用略名。特別是其中有大量的"轉引"，如果不理清其綫索脈絡，所得出的結論就不會準確。這實際上也是日本學者撰寫音義時徵引文獻的特色之一，我們在考察時要注意這一特點，不能衹看到其中的書名就得出結論。乘恩在其音義中有時甚至不標所引書名，這就更需注意。如以上所舉"和麨"條中所引《埤蒼》與《桂苑珠叢》，實際是《慧琳音義》卷十三的内容。另外，乘恩經常用的工具書之一是《韻會》，他有時會標出書名，但也經常不標。如：

收執：上尸周切。說文：捕也。从攴丩聲。攴，撲也。今文作攵。廣韻：斂也。……（卷五/2）

以上部分實際是《韻會》卷九詮釋"收"字的前半部分内容，故而《説文》與《廣韻》皆爲"轉引"。

第三，從形式上來看，乘恩此書與其前後日本僧人所撰"淨土三經"音義似乎有很大不同，但實際上一定會有某種關聯。如以上所指出，其中所引《梵語勘文》亦見於信瑞的《淨土三部經音義集》，乘恩也曾引用過《信瑞音義》。另外，乘恩書中引用《韻會》的内容不少，而這也與另一部"淨土三經音義"——江户前期珠光所撰《淨土三部經附六時禮讚偈①音義》相似。《珠光音義》特色之一就是多參考字書（如《玉篇》）、韻書（如《廣韻》《韻會》，尤其是《韻會》）來爲字詞標音釋義，正字辨形。但其中到底有何種關聯，還有待於今後繼續探討。

總之，乘恩《淨土三部經音義》作爲日僧所撰"專經音義"，不僅篇幅長，而且特色也較爲明顯。但遺憾的是，至今對其關注者很少，即使日本國內。筆者認爲，這可能跟其全用漢文寫成有關。但是，我們若是從另一方面來看，正因爲全用漢文寫成，所以就一定會與漢語關係密切。所以，我們從漢語史的角度展開，有可能得出較爲可信的結論。

第五節　日僧撰淨土部音義考論
——湛奕《淨土論注音釋》

筆者上已有簡述，上記水谷《書目》013即爲此音義。但《書目》所記"淨土論注音釋一益"中有"一益"字義不明。筆者認爲或乃"一卷"之誤，但没有其他證據，故暫且存疑。

一、時代與作者

《淨土論注音釋》②（一卷）是專爲曇鸞所撰《淨土論注》撰寫的音義。作者爲重譽湛奕。湛奕（亦作湛益）（？—1660），字幽海，號尊蓮社，是日本江户前期淨土宗學僧，曾任武藏（現東京）大善寺第十代住持及上野大光院第八代住持。

曇鸞的《淨土論注》從唐末就傳到日本。因爲淨土宗的興盛與廣傳，對此書加以整理研究的著作不少。其中較爲著名的有鎌倉中期的淨土宗名僧，鎌倉光明寺開山，日本淨土宗第三祖記主良忠（1199—1287）所撰述的《往生論注記》五卷以及南北朝、室町時代淨土宗名僧聖聰上人（1366—1440）撰寫的《往生論注記見聞》十卷。湛奕作爲淨土宗學僧，

---

① 原爲雙行小字。
② 以下簡稱"論注音釋"。

第五章　淨土部音義　　481

自然也對《淨土論注》非常感興趣。據説他曾收集到《往生論注記》的七種異本，并試著進行校勘。校勘本由其弟子門周保管，但不幸寺廟遭雷火而燒失。儘管此説難以考證，①但湛奕參考前賢研究成果，對《往生論注》進行過校勘整理，應無疑問。在其整理過程中，自然遇見很多問題。湛奕撰著《論注音釋》，就是想試著解決校勘中所出現的各種問題。

二、體例與内容

《論注音釋》以《往生論注》爲原文，對良忠《往生論注記》以及聖聡《往生論注記見聞》等前賢書中所未詮釋的難讀費解之文字加以詮釋，同時糾正古寫本《往生論注》中的一些誤寫。②

（一）爲字詞辨音釋義

辨音釋義是中國傳統音義著作的重要特色。湛奕的《論注音釋》也繼承了這一傳統，多收釋《往生論注》中的難字難詞。作爲辭目收録的多爲複合詞或詞組。一般先用"××者"的形式標出，然後采用或選字（詞），或分字（詞）爲釋的方法，對這些字詞分别加以辨音釋義。音注基本根據《韻會》。因《韻會》訓釋考證群籍，故湛奕亦多采取"間接引用"之法而爲其釋義所用。如：

　　自督者：督，韻會曰：都毒切，徵清音。説文：察也。从目叔聲。
　　廣韻：又率也，勸也，正也。增韻：又責也，催趣也。今可用勸意。③

案：以上"自督"出自《往生論注》卷上："我一心者，天親菩薩自督之詞"④。辭目爲雙音節，但湛奕僅選釋其下字，并引《韻會》標音，其後《説文》《廣韻》《增韻》等字書與韻書皆本《韻會》所引，湛奕間接用以辨音釋義⑤。但最後"今可用勸意"則爲作者所下定論。又如：

---

　　① 參考藤堂恭俊《德川時代後期の往生論注末書 解説——特に浄全続五卷所収本について》，《淨土宗全書》續第五卷，山喜房佛書林昭和四十七年（1972）版。
　　② 藤堂恭俊：《德川時代後期の往生論注末書 解説——特に浄全続五卷所収本について》。
　　③ 《淨土宗全書》續第五卷，第2頁。
　　④ CBETA/T40/827。
　　⑤ 此内容見《古今韻會舉要》（明刊本附校記索引）卷二五，中華書局2000年版，第413頁。

> 渻沫者：韻會曰：渻，壯仕切，次商清音。説文：瀫也，从水宰聲。又濁也。晉書：塵渻太清。沫，莫曷切。宮次濁音。説文：水出蜀西南徼外，東南入江。从水末聲。廣韻：水沫。增韻：又涎沫，又巳也。楚辭：身服義而未沫。（已上①）②

案：以上"渻沫"取自《往生論注》卷上："見有國土。或漊（云音）溺（江水大波謂之漊溺）洪濤（大海波大牢反），渻沫驚人"③。辭目同樣也是雙音節，但采用分字（詞）爲訓之法，標音釋義同上。下字"沫"下儘管未標出書名，但實仍引自《韻會》卷二七④，用以釋義的《説文》、《廣韻》、《增韻》以及《楚辭》皆爲間接所引。

（二）訂正古本之訛誤

前已述及，湛奕撰述此音義，實際是爲了解决自己在校核《往生論注》諸抄本中所發現的問題，故而除了辨音釋義外，訂正古本之誤，也是此書的重要内容之一。如：

> 非雨不洽者：洽，韻會曰：轄夾切，音與黠同。説文：霑也。一曰和也。注古本皆云：洽，下拾反。拾字可寫誤。恰字叶音。恰，韻會曰：乞洽切。依之今改拾作恰。⑤

案："非雨不洽者"取自《往生論》卷上："非日光不周也，亦如密雲洪霍（灌，之句反）。而頑石不潤，非雨不洽（霑。下恰反）也"。⑥現《大正藏》中正作"恰"。湛奕根據《韻會》，指出"恰字叶音"，訂正古本中"拾"字作"恰"，并指出此乃古本抄寫之誤。又如：

> 漕溰者……注古本多云溰食，石陵反。然諸字書中未見於溰字有食訓。縱有之，亦非今意。只可溰，食陵反，石字無用也。義推聞食

---

① 二字用行間小注標出，表示引用結束。本文用括號標出，以下相同，不再另行注出。
② 《淨土宗全書》續第五卷，山喜房佛書林昭和四十七年（1972）12月版，第7頁。
③ CBETA/T40/829。
④ 《古今韻會舉要》（明刊本附校記索引），第435頁。
⑤ 《淨土宗全書》續第五卷，第2頁。
⑥ CBETA/T40/826。

第五章　淨土部音義　　　　　　　　　　　　　　　　　　　　483

陵反、石陵反，叶澠音，傳寫人悞加石字歟？又若石陵切爲正，食字無用也。左之右之一字加增失耳。今幸探得貞應元年（壬午①）五月十五日沙門青阿彌陀佛（卜云②）人被開板之本，唯云澠，食陵反，無石字。從彼本開板至當本重刊之年（寬永十七年庚辰③），中間相去經四百二十年。今以彼爲指南脱石字，可知。④

案：以上湛奕是在解釋了《往生論》卷下中"漕⑤澠"一詞後專門又加的訂正。湛奕考察了字書，從字義與字音兩方，指出"澠食，石陵反"中"石"應爲衍字。最後還特別指出最初於"貞應元年"開板的《往生論注》中"唯云澠，食陵反，無石字"。這是最有力的證明。"貞應元年"是1222年。據此可知，《往生論注》曾於此年開板。正如湛奕所言，此據《往生論注》重刊的寬永十七年（1640），已相距420年之久。四百年之間輾轉抄寫，錯誤自然難免。但湛奕能根據四百年前古本證明校勘中發現的訛誤，可見其嚴謹。而我們從另一個角度來看，正如藤堂恭俊所指出：《往生論注》在"貞應元年"就有古刊本，這在文獻學上也具有爲該書添加一筆的價值。⑥

（三）廣徵博引，力求言而有徵

以上數例，皆有文獻引用内容。湛奕繼承了玄應、慧琳等音義大家的傳統，在解字釋詞時大量引用古代典籍，力求言而有徵。實際上，以上所舉例，其中引用部分還比較簡單，大多數情況下，其引證部分内容很多，篇幅也頗長，稱之爲"廣徵博引"，并不爲過。如：

服膺者：韻會曰：服，房六切，宮濁音。説文：服。用也。廣韻：又事也，以服事殷。又行也。書：説乃言惟服。又習也。漢書晁錯傳：服其水土，爾雅：又整也。服御令整齊也。膺，於陵切，音與英同。説文：胸也。廣韻：又親也。增韻：又擊也。詩：戎狄是膺。

---

① 原用行間小字，現用括號括出。
② 原用行間小字。
③ 原用行間小字。
④ 《淨土宗全書》統第五卷，第18頁。
⑤ 《大正藏》作"淄澠"（CBETA/T40/838）
⑥ 《德川時代後期の往生論注末書 解説——特に净全統五卷所收本について》。

中庸曰：子曰回之爲人也，擇乎中庸，得一善則拳拳服膺而弗失之。同注曰：回，孔子弟子顔淵名。拳拳，拳持之貌。服猶著。膺，胸也。拳持而著之心胸之間，言能守也。顔子蓋真知之，故能擇能守如此。此行之所以無過不及，而道之所以明也。五車韻瑞曰：經服膺，同注曰：中庸拳拳服膺而勿失之矣。①

案：以上辭目"服膺"取自《往生論》卷上："釋迦牟尼佛在王舍城及舍衛國，於大衆之中説無量壽佛莊嚴功德，即以佛名號爲經體，後聖者婆藪槃頭菩薩服膺"②。"服膺"一詞出自《中庸》，在中國并不算難詞，但在日本當然需要解釋。湛奕詮釋頗爲詳細，上字"服"仍引《韻會》，但與明刊本對照，發現有所刪略③。而下字"膺"之音注與詮釋雖也引《韻會》④，但還添加了南宋朱熹《中庸集注》與《五車韻瑞》等古籍。又如：

儵焉者：儵，玉篇曰：他狄、大的、尸育三切。青黑繒，急疾也。海篇曰：倏，倏忽，犬走疾也。亦作儵。儵同上，急疾也。……焉，尤虔切。音與延同。蒙古韻音疑母。説文：焉，鳥黄色，象形，假借爲語助也。增韻：語終辭。柳文曰：決辭也。（已上）⑤

案：以上湛奕在詮釋"儵焉"條時，先引《玉篇》標注"儵"字音義。又引《海篇》詮釋字義與字形。其中筆者用省略號部分，爲《韻會》内容。至於"焉"，湛奕仍按慣例引用《韻會》，但值得注意的是，其中還出現了"蒙古韻"與"柳文"等字樣。《古今韻會舉要》中多處提及"蒙古韻""蒙古韻略"，學界也指出前者有因襲後者的證據，以上例亦可爲證。而以上"柳文"則出自《柳河東集》卷三十四。有此可見《韻會》引文之豐富。

湛奕引書有兩點值得注意：一是所引文獻大多爲"外典"，而非佛門

---

① 《淨土宗全書》續第五卷，第2頁。
② CBETA/T40/828。
③ 《古今韻會舉要》（明刊本附校記索引），第407頁。
④ 同上書，第186頁。
⑤ 《淨土宗全書》續第五卷，第17頁。

"內典"，其中甚至不見有玄應、慧琳乃至日僧所撰音義書；二是因爲注重辨音釋義的考證，所以廣引文字音韻訓詁類典籍，特別是中國近代的一些韻書和字書，其中《韻會》最爲多見，其次還有《五車韻瑞》與《海篇》等。

三、學術價值
——以漢字研究爲中心

儘管湛奕之書祇是一部淨土宗的佛書音義，但内容卻非常豐富。藤堂恭敬指出其所徵引的文獻有四書五經、老莊諸子、《左傳》、《史記》、《韻會》、《廣韻》、《爾雅》、《白虎通》、《五車韻瑞》、《玉篇》等，涉略頗廣，頗爲恰當地用於"音釋"。①經筆者考察，認爲《論注音釋》的學術價值主要體現在以下兩方面。

（一）多引中國近代韻書、字書，對了解其書原貌，對近代漢語語言研究有一定的參考價值

根據《淨土論注音釋》末尾的識語，可知此書寫於寬永十八年（1641）仲秋上旬。此當爲日本江户前期，值中國明末清初。《論注音釋》是爲《往生論注》編纂的音義，而《往生論注》又是北魏曇鸞爲《往生論》撰寫的注釋書，早湛奕之書約一千二百年。作爲寫於日本"近世"②的音義書，湛奕爲辨音釋義所引文獻也多爲中國近代韻書、字書以及其他文獻。這對當時日本淨土僧俗信衆閱讀理解是適時合宜的。而從另一方面來看，對我們考探其中一些韻書、字書的原貌，甚至對近代漢語語言研究研究都有一定的參考價值。

如前述及，此書音注基本根據《韻會》，經筆者初步統計，明確標明"韻會"書名的約有70餘條。③大部分即使未標"韻會"的引文，實際仍出於《韻會》。如：

> 墮陘陪陼者：……陼，掌與切，次商清音。説文：丘如渚者，從自者聲。爾雅：渚者，水中可居之小者，丘形似之，故名陼丘。又

---

① 《德川時代後期の往生論注末書 解説——特に浄全統五卷所収本について》。
② 日本史一般將近代以前的歷史分爲"古代""中世""近世"三個階段。其中"近世"指安土桃山時代（1573—1603）和江户時代（1603—1867）。
③ 這祇是筆者的粗略統計，會有誤差，但祇會多而不會少。

曰：渚，掌與切，次商清音。説文：水出常山中丘逢山，从水者聲。一曰小洲。釋名云：渚，遮也，能遮水，使回也。廣韻：汦也，通作陼。爾雅：小洲曰陼。小陼曰沚。（已上）註古本皆云陼如緒者，緒字可寫誤。①

案：以上筆者祇引"陼"字詮釋爲例。《往生論註》卷上在"墮""陘""陪""陼"各字後僅有簡單音注和義釋，而湛奕卻廣引文獻，不僅辨音釋義，還辨析字形，訂正古本。然而其詮釋"陼"（包括"渚"）字内容，自"已上"前，皆抄引《韻會》卷十二②。此類例甚夥，前所引諸例，實際已有所體現。所以我們可以認爲湛奕在其書中爲字詞標音釋義的基本參考書就是《韻會》。而藤堂恭敬所指出的此書所徵引的"四書五經""老莊諸子""左傳""史記""廣韻""爾雅""説文"等，實際都是出自《韻會》的"間接引用"。

《韻會》現一般被認爲是《古今韻會舉要》之略稱。此爲元代文人熊忠在元人黄公紹所編《古今韻會》基礎上，刪繁舉要，補收闕遺，於大德元年（1297）編纂而成。《古今韻會舉要》的編制在形式上承用了傳統的分韻，但在實際劃分韻類和聲類時卻照顧到了當時的實際語音。而湛奕大量採用《韻會》，應該正是考慮到要讓日僧能用中國當時的實際語音來誦讀理解曇鸞的《往生論註》。這個特色不僅在湛奕書中得以體現，筆者還注意到幾本近世日僧所著有關"淨土三經"的音義書，如珠光撰於日本天正十八年（1590）的《淨土三部經附六時禮讚偈音義》之體例就是根據《玉篇》以正漢字筆畫，并附載音義。但若《玉篇》音義不合三部經旨之時，用《古今韻會舉要》《廣韻》等韻書加以補充。③而據筆者考察，實際上更多的引用是前者，即《韻會》。而這種特色還體現於湛奕之後，江户中期淨土真宗本願寺派學僧乘恩所撰《淨土三部經音義》中。④如此，我們或許可以認爲日本江户時代淨土宗僧人研讀淨土經典也是參照了

---

① 《淨土宗全書》續第五卷，第5頁。
② 《古今韻會舉要》（明刊本附校記索引），第231頁。
③ 梁曉虹：《日本古寫本單經音義與漢字研究》，中華書局2015年版，第404頁。
④ 梁曉虹：《淨土三經音義在日本——以乘恩撰〈淨土三部經音義〉爲中心》，第四屆"佛教文獻與文學國際學術研討會"發言稿，2016年11月4日—7日。

<u>中國近代漢語的實際語音的。</u>①這或許也是淨土宗能深入民間的"方便"之一。

　　黃公紹的《古今韻會》已佚，而熊忠《古今韻會舉要》的元明刻本又極少見，現在人們見到的一般認爲是清光緒九年淮南書局的刻本，但錯誤不少。但是我們可以認爲《淨土論注音釋》中所引《韻會》應該是元版，至少是明版。筆者在撰寫此文時，曾將所有例句與明刊本《古今韻會舉要》加以勘核，大部分一致，但也有相異之處。故筆者認爲這也應成爲今後學界對《韻會》一書展開研究的資料之一。

　　《韻會》爲照顧當時語音而劃分韻類和聲類，在漢語語音史上有重要價值，而且其中大量引用古代典籍，用以標注漢字字音，詮釋字義、詞義，説明文字通假，辨析漢字形體，爲研究文字形、音、義的關係提供了不少可貴的證據。所以儘管《淨土論注音釋》中的很多内容是"轉引"，或謂"間接引用"（這也是近世日僧所撰音義著作的特色之一），但實際上對近代漢語語言研究還是具有一定參考價值的。

　　除了《韻會》以外，湛奕書還多見《增韻》和《五車韻瑞》兩部韻書名。前者基本仍屬《韻會》"轉引"的内容。如：

　　　　上衍者：韻會曰：上，尚亮切，次商次濁音。説文：上高也。指事。廣韻：君也，天子也。又太上極尊之稱。蔡邕曰：上者尊位所在。但言上不敢言尊號耳。增韻：在上之上。②

　　以上内容見於《古今韻會舉要》卷二三，③《韻會》中此類内容很多。《增韻》是《增修互助禮部韻略》的簡稱，作者爲宋代毛晃、毛居正父子。儘管一般認爲作爲官修韻書，現在已經失去價值，但是它對后世的影響頗大，其後字書與韻書多加徵引，我們通過日僧湛奕的《淨土論注音釋》也能輾轉得出此結論。

　　《淨土論注音釋》中還引有《五車韻瑞》一書。關於此書，儘管網上多有拍賣消息，既有明刻本，也有和刻本，好不熱鬧，但正經研究成果幾乎并

---

① 下橫綫爲筆者所加。
② 《淨土宗全書》續第五卷，第1頁。
③ 《古今韻會舉要》（明刊本附校記索引），第384頁。

不多見。然湛奕卻是"直接引用",即不是《韻會》的"轉引"。如:

膺,於陵切,音與英同。……五車韻瑞曰:經服膺,同注曰:中庸拳拳服膺而勿失之矣。①

案:此例前已出。前部分内容很長,皆引自《韻會》,但《五車韻瑞》的内容卻是湛奕自己引用。又如:

伏,房六切。宫濁音。説文:伺也,从人犬,伺人。徐鍇曰:會意。廣韻:匿藏也。又隱也,歷也。增韻:又詮也,偃也。又强也。五車韻瑞曰:子倚伏。同注曰:老子禍兮福所倚,福兮禍所伏(已上)②

案:此例亦同前。前面内容引自《韻會》,其後《五車韻瑞》卻爲湛奕所引。此類引用共有至少11例。《五車韻瑞》爲明代凌稚隆所著。此書仿陰時夫《韻府群玉》而成,對康熙年間所成《佩文韻府》有一定影響。凌稚隆的生卒年不詳,但應是明代萬曆時貢生。明萬曆在1573—1620年之間,比湛奕稍早。所以我們可以判斷,此書付梓後很快就傳到了東瀛,并爲湛奕等學僧所用,由此可知東瀛當時學界對新資料的重視。

至於湛奕所引近代字書,較爲重要的是《海篇》。

航,海篇曰:音杭。戶郎切。方舟也。(已上)③
……海篇曰:萉,音弗。敷勿切。萉離猶蒙龍也。又草多貌。④

案:類似以上引用,也屬於"直接引用",至少有10例。《淨土論注音釋》的篇幅并不長,且大部分引自《韻會》。湛奕自己引《海篇》10餘例,應該不算少了。

關於《海篇》是一本什麽樣的書,學術界已多有討論。有學者認爲這是對明成化本《改并五音類聚四聲篇海》的"抄襲"之作,但又是中國

---

① 《淨土宗全書》續第五卷,第2頁。
② 同上書,第3頁。
③ 同上書,第1頁。
④ 同上書,第8頁。

第一部商業性字典①。也有學者認爲此書應成於南北宋交替之時，最可能是金國人所作。也有學者認爲此書來自金代韓道昭《改并五音類聚四聲篇海》（又名《五音篇海》），對《篇海》進行了全面直音化改編。②但無論如何，此書收字多，皆用直音法，釋義簡潔，頗爲實用，卻是明顯特色。而且傳世近五百年中，有多種版本出現。毋庸置疑，它也傳到東瀛日本。而湛奕書中所引，到底是什麽版本，都有待於進一步查考。

（二）注重校勘考證，對《往生論注》的文本研究具有相當的價值

如前述及，《往生論注》是北魏淨土高僧曇鸞爲《往生論》所撰寫的注釋書，惜自唐末就失傳。直至清朝末年，因楊仁山居士請於東瀛，才刻印流通。《淨土論注》文辭暢達而義理深邃，深爲淨土信衆所敬奉。近現代中國僧人多有講解詮釋，甚至還有白話翻譯本等。但大多是從弘揚淨土教義的角度而展開，注重教理教義的説明。然而湛奕的《論注音釋》，則更多的是從文字訓詁的角度而展開，尤其注重校勘考證，故而其成果對《淨土論注》的文本研究具有相當的價值。根據筆者考察，認爲體現於以下三方面：

1. 還原古本之貌

前曾述及，湛奕撰述此音義，實際是爲了解決自己在校核《往生論注》諸本過程中所發現的問題。《論注音釋》正是其成果的集中呈現，而重要的一點就是糾正古抄本的諸多訛誤。但筆者還想強調的是：<u>從另一個意義上看，湛奕如此做法實際上倒是還原了古本的某些原貌。那些古本原狀即使是錯誤的，也具有一定的價值</u>。正如落合俊典與方廣錩在他們合作的《寫本一切經的資料價值》③一文中曾指出：

> 寫本一切經的"部分文字與刻本不同，保留了該經典更古老的形態，是編纂刻本時刪除或改竄前的原本。只要認真閲讀寫本一切經，則古寫本保存的重要研究信息隨處可見。……縱然寫本一切經有許多錯字，但它們是一批體現了唐代佛教的資料。"

---

① 中國第一部商業性字典。
② 韋樂、韋一心：《〈海篇直音〉新考》，《辭書研究》2015年第1期。
③ 《世界宗教研究》2000年第二期。

筆者贊同這一論點。因爲《淨土論注》自唐末就不見於漢地，現在儘管已從日本請回幷公刊，但已經過整理而幷非其原狀。故而湛奕一書所作的訂正除了可幫助我們了解古抄本之錯訛外，同時也能還原出古抄本的某些樣態。如：

> 外道輈人者：輈，韻會曰：乳勇切。半徵商音：反推車，令有所付也。一曰輕車也。淮南子云：輈車而餉。漢馮奉世傳：再三發輈。（已上）注：古本皆云人家反。字可傳寫誤。冢字叶音。故今改家作冢。①

案：從以上，筆者認爲至少可以認爲當時所傳"古本"中存有"冢""家"二字字形相似而訛寫的現象。這較爲明顯。從字形和字音兩方面皆可考明。但另一方面湛奕所錄辭目"外道輈人"，文句不順。查檢《淨土論注》卷一："如來微妙聲，梵響聞十方。此二句名莊口業功德成就。佛本何故興此莊嚴？見有如來名似不尊，如外道輈（推車。人冢反）②。"③此顯然已是經過修訂之文。但筆者認爲："如外道輈（推車。人冢反）"一句中"輈"字後漏"反"字。《說文·車部》："輈，反推車，令有所付也。"而古抄本很可能漏寫"反推車"三字，故有此書"外道輈人者"辭目。當然，這是否準確，還有待於進一步深入考證。

2. 判定義項，正字辨形

湛奕之書廣徵博引，爲其特色之一。但我們也不得不說其引徵引有時有一定的堆砌之鄙。例如湛奕引用《韻會》時，就常大段抄引，其中有些內容與所釋字詞幷無直接關係。但我們也應該指出的是，湛奕在漢語文字、音韻、訓詁、古籍校勘等方面造詣較高，所以他幷不祇是一味引用，有時也會在引用後添加自己的意見，判定準確義項。這對後人理解《淨土論注》本文有很大幫助。如：

> 倚伏相乘者：韻會曰：倚，隱綺切，羽清音。說文：依也。从人

---

① 《淨土宗全書》續第五卷，第16頁。
② 括號應是收入《大正藏》時所加。古抄本應無。
③ CBETA/T40/0832。

第五章　淨土部音義

奇聲。又曰於義切，音與意同。因也，加也，恃也。伏，房六切。宫濁音。説文：伺也，从人犬，伺人。徐鍇曰：會意。廣韻：匿藏也。又隱也，歷也。增韻：又跧也，偃也。又強也。五車韻瑞曰：子倚伏。同注曰：老子禍兮福所倚，福兮禍所伏（已上）乘，韻會曰：神陵切。説文：桀，覆也，从入桀。桀，黠耶。軍法入桀曰桀。徐曰：桀從上覆之也。會意。廣韻：又駕也，登也。增韻：又跨也，治也，因也。（已上）今可用因訓。①

案："倚伏相乘"并不爲人陌生，已有成語之用，其出處正是曇鸞的《淨土論注》，解釋二者或倚或伏相乘密接的關係。當然其源本出自《老子》五十八章："禍兮福所倚，福兮禍所伏。"淨土宗借用以詮釋因與果的關係就是倚伏相乘。因乃果之所伏，果爲因之所倚，因果輾轉相接，無有限量。唐道綽《安樂集》卷一："淨土勝妙，體出世間。此三界者，乃是生死凡夫之闇宅，雖復苦、樂少殊，脩、短有異，統如觀之，莫非有漏之長津，倚伏相乘，循環無際，雜生觸受四倒長溝，且因且果，虛僞相習，深可厭也。是故淨土非三界攝。"② 湛奕詮釋時引《韻會》解"倚"、"伏"與"乘"字，然皆有多義，故湛奕特意在"乘"字後注出："今可用因訓"，爲讀者做出準確判斷。又如：

墮陘陪階者：……（已上）註古本皆云階如緒者，緒字可寫誤。渚字叶訓。渚，玉曰：之與切，水出中丘縣逢山。又小洲。（已上）依之，今改緒作渚。③

案：上例省略號前爲湛奕引《韻會》詮釋"墮陘陪階"的内容，但他又特意指出古本中多有將"階"誤寫作"緒"的現象，而根據《玉篇》，將"緒"改成"渚"字。查檢《往生論注》卷一："墮（敗城阜。或垂反）。陘（山絶坎。形音）。陪（重土。一曰備。父才反）。階（如渚者階丘。之與反）"。④《大正藏》在"如渚者"之"渚"下注曰："底本

---

① 《淨土宗全書》統第五卷，第3頁。
② CBETA/T47/0007。
③ 《淨土宗全書》統第五卷，第5頁。
④ CBETA/T40/0828。

作緒", 可見已得正訓。

《淨土論注音釋》作爲江户時代日本僧人撰寫的一本音義著作, 至今對其關注者不多, 研究者更少。筆者以上對此音義所展開的考論, 也極爲粗淺, 但筆者希望通過對此音義的初步考察而得出的一些結論能引起學界, 尤其是中國佛教文獻、文字音韻訓詁、古籍整理等領域的學者的注意, 因其不但可促進對《淨土論注》本身乃至淨土經典方面的研究, 而且可擴大文獻語言學的研究範圍。另外, 作爲江户時代日僧的音義著作, 其體例與內容, 包括文獻徵引, 自有其特色, 對研究佛經音義在海外的發展具有一定的意義。

筆者通過對此音義的考論, 得出如下結論。

第一, 因《淨土論注音釋》的音義對象《淨土論注》, 自唐末就在本土佚失傳到日本, 對其進行整理研究的皆爲日本淨土學僧。而湛奕之書又是在參考其前輩學人研究成果的基礎上所成, 故作爲資料極爲寶貴。

第二, 《淨土論注音釋》作爲日本"近世"音義著作, 以中國近代韻書《韻會》以及其他韻書和字書爲參考資料, 標音釋義, 糾錯正訛, 既能反映出當時日本淨土宗僧俗信衆研讀淨土教典的某些實際情況, 而其所引用的豐富資料也對考察中國近代工具辭書本身以及近代漢語研究都有一定價值。

第三, 作爲日本僧人撰寫於江户時代的音義書, 其特色頗爲明顯。如基本用漢文撰寫, 辨音釋義頗爲詳密, 引用也多標出典名。這與日本佛經音義發展的綫索并不一致。

音義書在日本, 起初自是傳自中國, 多爲漢籍與佛典音義。其後日本人開始仿此爲範, 編纂日本的音義書。所以古代佛經音義大多呈現"古風", 或謂之"漢風", 因皆用漢文書寫, 即使"和訓"内容也用萬葉假名書寫。而隨著日本文字中假名的出現, 和訓内容開始用片假名標示。而且隨著時代遞進, 假名的比重逐漸增加, 遂致漢文注消失, 只用假名標註音訓、義訓的體式之産生。[①]一般來說, 時代越後, 假名越多, 漢字越少。即使有引用資料, 也大多不標出典名。但是中世以後的幾部"淨土經"音義, 如前所提及的"信瑞音義"、"乘恩音義"以及本文所考察的"湛奕音義", 卻反其道而行之。這是一個很有意思的現象, 應該成爲今

---

① 梁曉虹：《日本古寫本單經音義與漢字研究》, 中華書局2015年版, 第14—15頁。

後研究日本佛經音義發展的内容之一。

簡短的結論

從以上對淨土部佛經音義的梳理分析、考察論述我們不難看出，日僧所撰淨土部音義，儘管從數量上看不如《法華經音義》《大般若經音義》等多，但其所撰，多有寫本與刊本流傳至今，可見其作用與影響。尤爲明顯的是：與中國僧人爲"淨土三經"所撰音義相比較，應該說日僧所撰數量更多。這一方面是因爲"淨土三經"的廣泛傳播，因爲淨土宗和後起的淨土真宗均以"三經"爲宗經。另一方面也説明之所以有如此多的僧侣熱心編撰各種有關《淨土三部經》的音義書，其目的正與淨土宗宗旨相同，就是爲使更多信徒能讀經念佛，同登西方極樂淨土。

日本僧人所撰淨土部音義，形式多有不同，有傳統的卷音義，也有後起的"篇立音義"，還有僅以標音爲主的"字音考"之類。但總的來説，因爲時代較後，多爲日式音義，但是也有如乘恩《淨土三部經音義》這樣全用漢文書寫者。篇幅也大小不一，有如"乘恩音義"，有五卷之長，也有如玄智"字音考"頗爲短小。而且多有考異，如"珠光音義"後有《三經礼讚中分毫異字例》等，都體現了日本佛經音義的一些特色，值得我們進一步研究。最後還要特別指出的是，因歷史的原因，《淨土論注》曾長期不見於中土，故《淨土論注》的音義書現僅有日僧所撰留存，以上皆有詳略不同論考，讀者可閲讀原著，進一步展開研究。

本章附錄：淨土部音義名篇書影

附录一：信瑞《淨土三部經音義》[1]

---

[1] 此爲日本富山市立圖書館所公開的資料（江户後期寫本），https://www.library.toyama.toyama.jp/wo/rare_book/index?rare_book_list_flg=1&page=8&lines=10&value_id=1330。

附録二：《淨土三經字音考》（國立國會圖書館藏）

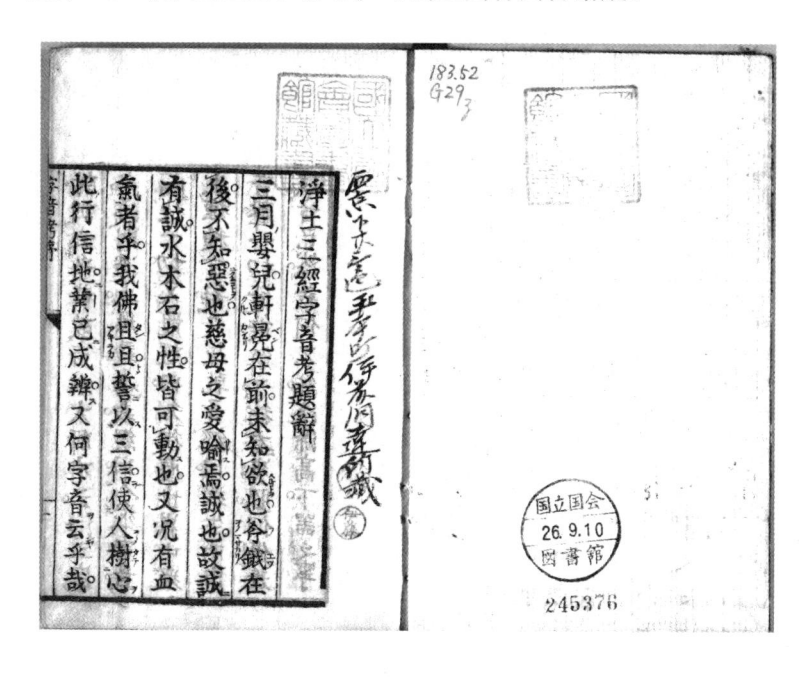

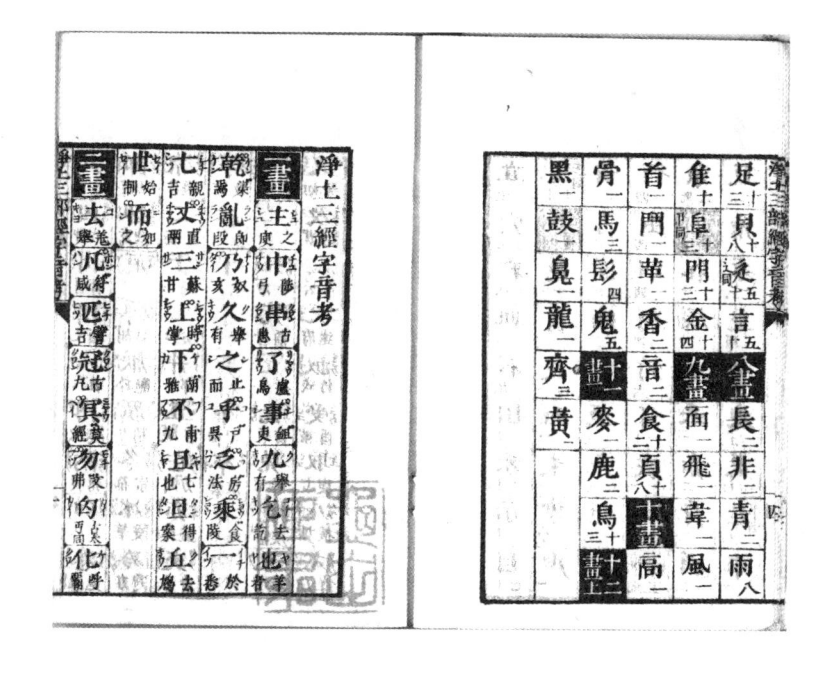

附錄三：珠光《淨土三部經音義》[1]

---

[1] 珠光編：《淨土三部經音義》（勉誠社文庫30），勉誠社昭和五十三年（1978）版。

第五章　淨土部音義

附錄四：乘恩撰《淨土三部經音義》[①]

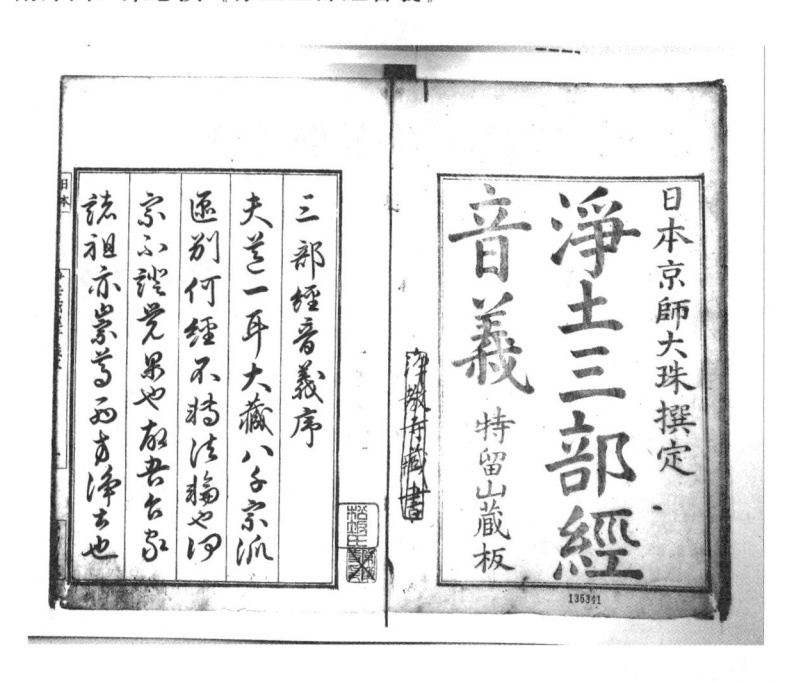

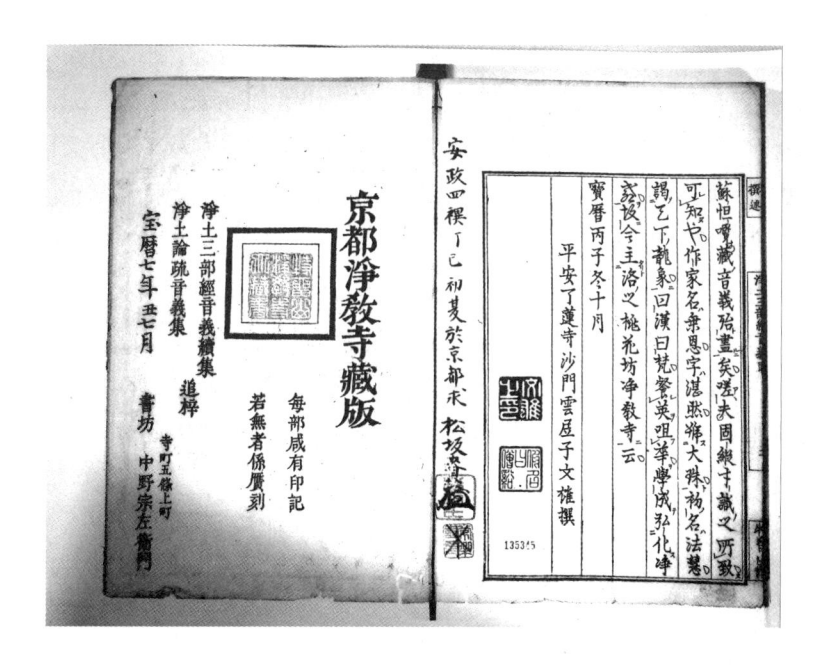

---

① 此爲筆者於佛教大學圖書館所複印的寶曆年刊本。

第六章　密教部音義

第一節　密教經典與密教部音義在日本

一、密教經典在日本

（一）密宗與密教經典

所謂"密教"與"顯教"相對，又稱"密宗""秘密乘""真言宗""瑜伽宗""金剛頂宗""毗盧遮那宗""開元宗"等，原是7世紀以後印度大乘佛教部分派別與印度佛教相結合的產物。密教以其教義、修法及傳承秘密深奥，故用以爲名。

唐開元年間（713—741）在長安從事譯經、傳教活動的印度僧人善無畏（637—735）、金剛智（669—741）和不空（705—774）三人翻譯了大批密教經典，積極傳揚密教教義學說，從而將密教傳入漢地。又由於他們的大力宣揚和努力活動，使之逐漸形成宗派，三人也就成爲密宗的創始人，也被稱作"開元三大士"。

作爲"開元盛世"之主的唐玄宗對佛教先是以嚴加限制爲主，後則改爲擇而用之。他禮遇佛教高僧，尤其是密宗。故作爲"開元三大士"的善無畏、金剛智和不空皆深受唐玄宗崇信，先後奉召入宮，在宮中按照密教儀軌建立傳法道場，不空甚至還爲唐玄宗施行過灌頂儀式，使其皈依佛門，成了"菩薩戒弟子"。

第六章　密教部音義

密宗以《大日經》①《金剛頂經》②《蘇悉地經》③《孔雀經》④爲主要經典，以高度組織化的咒術、儀禮、民俗信仰爲特徵，自稱受法身佛大日如來深奧秘密教旨傳授。密宗儀軌複雜，對設壇、供養、灌頂皆有嚴格規定，需請阿闍黎（軌範師）秘密傳授，不經灌頂，不經傳授，不得任意傳授及顯示他人。因爲此宗具有濃厚的神秘色彩，又有唐玄宗的庇蔭扶持，所以頗爲唐朝王公貴族所信奉，故在唐代曾盛極一時，并東傳至日本。

儘管密宗的幾大"宗經"皆出自"開元三大士"之筆，但實際上，密教經典的漢譯，歷史卻頗爲悠久。印度密教的思想和實踐傳入中國，始於三國時代。當時有竺律炎譯出《摩登伽經》，支謙譯出《華積陀羅尼神咒經》《無量門微密持經》以及《金光明最勝王經》。自2世紀中開始一直到"開元三大士"出現之前，爲數衆多的密教經典被陸續翻譯成漢文。其中有東晉帛尸梨蜜多的《大灌頂經》十二卷、《佛説大金色孔雀咒王經》一卷、南朝梁僧伽婆羅譯的《孔雀王咒經》二卷、初唐阿地瞿多譯的《陀羅尼集經》十二卷等，屬於陀羅尼和真言的匯編性質。一些印度、西域來華的高僧和譯師大多精通咒術和密儀，如西晉永嘉四年（310）到洛陽的佛圖澄就"善誦神咒，能役使鬼物"⑤，掌握許多神奇的法術，深得石勒父子的崇信。而約於北涼玄始十年（421）至河隴一帶傳教的曇無讖，則"明解咒術，所向皆驗，西域號爲大咒師"。⑥他雖然在河西地區活動，卻名揚中原。北魏永平初到洛陽的菩提流支也"兼工咒術"。⑦他們所譯佛籍，基本上屬於"雜密"。而與其相應的還有所謂"純密"，即指以"開元三大士"傳入的胎藏界《大日經》，與金剛界《金剛頂經》合稱

---

①　凡七卷，唐代善無畏、一行、寶月等譯。全名爲《大毗盧遮那成佛變加持經》，略稱《毗盧遮那成佛經》《大毗盧那經》等。

②　共有三種譯本：①唐代不空所譯《金剛頂一切如來真實攝大乘現證大教王經》，三卷，乃三種譯本中最爲通行者；②唐代金剛智所譯《金剛頂瑜伽中略出念誦經》，又稱《略出經》，四卷；③北宋施護所譯《一切如來真實攝大乘現證三昧教王經》，凡三十卷。

③　梵名Susiddhikara -mahātantra-sādhanopāyika-patala，三卷，唐開元十四年（726），中天竺三藏輸波迦羅（即善無畏三藏）譯。又作《蘇悉地羯羅經》《蘇悉地羯囉經》《蘇悉帝羯羅經》《妙成就法》《妙成就作業經》。

④　亦稱《佛母大孔雀明王經》，三卷，唐不空譯，於諸譯中此經最爲流通。

⑤　梁釋慧皎撰：《高僧傳》卷九《佛圖澄傳》，CBETA/T50/383。

⑥　梁釋慧皎撰：《高僧傳》卷二《曇無讖傳》，CBETA/T50/335。

⑦　唐釋道宣撰：《續高僧傳》卷一《菩提流支傳》，CBETA/T50/428。

"二部大法",因其弘傳純粹密教,并正式形成宗派。

唐開元四年(716),中印度摩竭陀國那爛陀寺"三藏阿闍黎"善無畏到達長安,受到唐玄宗及皇室的極大崇信。先入宮內傳法,後至興福寺、西明寺等處弘揚密教。開元十四年(726),隨駕到洛陽,與其弟子,唐代著名天文學家釋一行(673—727)譯出《大日經》等密教經典。不僅如此,善無畏還曾講述《大日經》要義,由弟子一行撰成《大日經疏》二十卷,成爲密宗的重要經典之一。開元八年(720),南印度金剛乘高僧金剛智携弟子不空來到洛陽,也同時受到唐玄宗的禮遇,隨駕"兩京",先後在慈恩寺、薦福寺、資聖寺、大薦福寺等處,建場設壇,譯經傳法。先後譯出《金剛頂經》《瑜伽念誦法》《觀自在瑜伽法第》等密教經典八部十一卷。而"開元三大士"中的另一位不空和尚本是金剛智的弟子,獅子國(現斯里蘭卡)人。據《貞元釋教錄》卷十五,他十四歲遇見金剛智,隨其來中國。開元八年到洛陽時,應該祇有十五歲。金剛智卒後,奉師遺命,前往印度求法,從普賢阿闍梨(一說龍智阿闍梨)受十八會金剛頂瑜伽及大毗盧遮那大悲胎藏各十萬頌、五部灌頂、真言秘典、經論梵夾五百餘部,並蒙指授諸尊密印、文義性相等。後又遍遊五印度,於天寶五載(746)還京師,爲玄宗灌頂,並被玄宗爲大唐國師,得以積極從事密教經典的翻譯,並傳授密法。譯有《金剛頂經》《瑜伽念誦法》《觀自在瑜伽法》等八部十一卷。不空之後,有諸弟子各處法嗣,弘揚密教。其中特別是不空高足惠果(746—805),因住長安青龍寺,世稱"青龍阿闍黎"。他受不空器重,成爲傳法弟子,後來從善無畏的弟子玄超受胎藏及蘇悉地諸法,並融會二法,倡立"金(金剛界)、胎(胎藏界)不二"的密教體系。特別重要的是,惠果還收受了海外弟子,其中有訶陵國①的辨弘、新羅的惠日和悟真以及日本的空海,而後者則是本章的重點。

(二)密教經典在日本

平安時代,有很多日本求法僧絡繹不絕地入唐求法。其中"入唐八家"最爲有名。他們是最澄、空海、常曉、圓行、圓仁、惠雲、圓珍和宗叡。由於這八位的精進努力,才有了日本"平安二宗"——"天臺""真言"二宗的開創。而這兩大宗派的創建,實際就是中國密宗在日本的傳承

---

① 古南海國名。

和發展，而且代表和體現了平安時代佛教的特色。

真言宗由"弘法大師"空海（774—835）創建。空海於延曆二十三年（804）與最澄法師隨遣唐使入唐學法，於長安拜在青龍寺惠果法師門下，受到惠果法師的傾囊相授，成爲得其最极秘密灌頂之唯一外国弟子，并被立爲嗣法人，繼第八代祖位，號爲"遍照金剛"。惠果是"開元三大士"不空之弟子，故空海實爲不空之法孫。惠果贈空海《金剛頂經》等密教典籍及密教圖像曼荼羅、各種法器等，要空海"早歸鄉國，以奉國家，流佈天下，增蒼生福……"[①]惠果法師示寂後，空海又曾四處參學。元和元年（806）三月，空海携帶大量從大唐求得的經籍文書及道法器道具返回日本。其所帶經籍文書中，經論疏章達二百一十六部、四百六十一卷之多，且大多爲唐密經典，對日本佛教，特別是日後創建真言宗產生了極大影響。空海歸國後，初住高雄山寺，傳法灌頂，弘揚密宗。後又開高野山，號金剛峰寺，以此爲入定之地，并寫下了《十住心論》《辯顯密二教論》等重要著作，確立了真言宗教義。空海得到平城天皇、嵯峨天皇的支持，823年，詔賜平安東寺（即教王護國寺）爲密教的永久根本道場。故其所創立的真言宗又被稱爲"東密"。空海又奏請朝廷以高野山金剛峰寺作爲真言宗的傳法、修禪道場，得以敕準。從此日本真言宗就以這兩處作爲傳教的根本道場。

空海所創的真言宗，是中國密宗進一步發展的成果。空海在向日本介紹中國漢譯密教經典的基礎上，對密教教義作了有創新的概括，加強了條理化，并提出了密教的判教理論。這不僅對日本密教，即使對中國密宗的發展，也是重要的貢獻。

日本密宗除了由空海所創的"東密"外，尚有"臺密"一支，由"入唐八家"中與空海齊名的最澄大師以及圓仁和圓珍所創。所謂"臺密"，即指"天臺密教"之意。

最澄、圓仁、圓珍三位大師曾先後赴唐學習天臺宗和密宗教義，他們回國後在比叡山等地進行弘傳，以傳天臺宗胎藏界密法爲主，故被稱爲"臺密"。其中又以最澄最爲有名。804年，最澄隨遣唐使入唐，他先到天臺山隨道邃和尚學習天臺宗教法，受菩薩大戒，并得《摩訶止觀》等天臺書籍抄本。後又在天臺山從行滿受法。道邃、行滿都是天臺宗六祖湛然

---

① 見空海《御請來目錄》卷一，CBETA/T55/1065。

的弟子，於是最澄成爲第一位正式傳授天臺教法的日本人。在天臺山，最澄還從禪林寺的翛然學習牛頭宗禪要。離開天臺山後，他又到越州（今浙江紹興）龍興寺從密宗創建者之一的善無畏的再傳弟子——沙門曉順受密教灌頂，并抄錄了許多經疏。

805年，最澄在唐接受了天臺、密宗、禪及大乘戒法的四種傳授後，携帶經籍文書二百三十部四百六十卷滿載而歸。在天皇的支持下，最澄開始在日本弘揚天臺宗法門，又在高雄山寺設灌頂壇爲道證、修圓、勤操、正能等人授灌頂，是爲日本有灌頂之始。延曆二十五年（806），最澄奏請朝廷在原有的南都六宗之外新增加天臺宗這一宗派，并要求獲准設天臺宗"年分度者"（按年限定出家人數），正式創立日本天臺宗。

最澄所傳的天臺宗，體現了他在大唐學法的歷程，其特點是"圓密一致"，主張四宗一致（天臺、密、禪、大乘戒法）合一。這對日本以後佛教的發展，如以後的禪宗和日蓮宗等都有一定的影響。

日本密教儘管分有兩大派，但無論臺密還是東密，皆尊唐密大師善無畏、金剛智、一行、不空及其弟子爲宗祖。而日本密教的經典皆得唐密真傳，非常豐富，而且擁有大量古本經典，對於唐密的學習和研究具有較高的價值。除了空海和最澄兩位所携歸的大量經典外，據日本典籍記載，入唐八大家中的圓行有六十九部一百二十三卷，常曉二十一部六十三卷，圓仁五百八十四部八百零二卷，慧運一百七十卷，圓珍四百四十一部、一千卷，宗叡一百三十四部一百四十三卷。[1]其中大部分爲密教經典。

除了由"入唐八家"所携帶而回的大量漢文密教經典，日本密宗的高僧大德也著述頗豐，其數量之多居各國密宗之首。其内容包括漢文論疏、抄記等，名目甚多，是總結、闡述和發揮唐密教義、儀軌、修法的最佳記錄。對於恢復唐密修持、接續傳承具有非常重要的參考價值。[2]筆者希望能再添加一句，其中還應包括大量爲密教信徒讀解密宗經典的音義書。

二、密教部音義在日本

如上述及，日本密教兩派的高僧大德著述頗豐，其中自然包括字詞音義的内容。水谷真成《佛典音義書目》專設"第九 秘密部"，共收錄以

---

[1] 參考鳳凰網/佛教/中國書店《日本密宗大典》内容簡介，http://fo.ifeng.com/foxueshudian/tushu/dianji/detail_2008_11/18/244932_0.shtml。

[2] 同上。

第六章 密教部音義

下十部音義：

> 001 大日經音義一帖 高野山寶龜院藏天正二年（1574）寫本
> 002 金剛頂一字頂輪王儀軌音義一卷 空海撰
> 003 一字頂輪王秘音義一卷 空海撰
> 004 孔雀經音義三卷 東寺長著寬靜天曆十年作（延喜元年（901）至天元二年（979）撰？
> 005 孔雀經單字音義上卷 小川睦之助氏藏寫本
> 006 孔雀經音義三卷 法三宮真寂（遍明和尚、延長五年（927）寂）撰
> 007 仁王般若經音義一卷
> 008 仁王經音義一卷
> 009 宿曜經音義 法三宮真寂撰
> 010 灌頂經音義二卷

以上十種音義，皆爲日僧所撰，由此可以從一個側面反映出幾部重要密宗經典在日本曾極爲流行，因爲這些音義的撰著正是適應讀者研讀密教經典所需而成。以下我們在此基礎上加以簡單論述，并添加相關成果。

1.《大日經音義》一帖，高野山寶龜院藏天正二年（1574）寫本

上記001《大日經音義》一帖，水谷先生《書目》記其有"高野山寶龜院藏天正二年（1574）寫本"。但筆者遍查，不見有任何其他信息，有待進一步考探。

2. 空海撰《金剛頂一字頂輪王儀軌音義》一卷，現存

《金剛頂一字頂輪王儀軌音義》一卷，其著者一般認爲是弘法大師空海，然學界意見并不統一。《大正藏》此音義下標其著者名爲不空譯，而平安後半期多種目錄類著作，如濟暹（1025—1115）《弘法大師作成目錄》、覺鑁（1095—1143）《高祖製作目錄》以及心覺（1117—1180）《大師製作目錄》等，皆標註爲空海撰。另外，東寺觀智院所藏由杲寶（1306—1361）於文和三年（1353）書寫的《金剛頂一字頂輪王儀軌音義》的封面背裏，其底本爲寬信（1084—1153）書寫本，有寬信親筆所書"大師御作"。而且撰於11世紀末之際的《類聚名義抄》有引用此音義的內容，與《篆隸萬象名醫》相同用"弘云"表示，故此音義蓋可認爲是空

海所撰。①但是，也有學者認爲此結論並無確鑿的證據，故難以肯定，但此音義爲平安時代初期（或9世紀中葉）日本僧人所撰，應該沒有問題。

　　《金剛頂一字頂輪王儀軌音義》是爲"開元三大士"之一的不空和尚所譯《金剛頂經一字頂輪王儀軌》（一卷）所編撰的音義。《金剛頂經一字頂輪王儀軌》，全稱《金剛頂經一字頂輪王瑜伽一切時處念誦成佛儀軌》，亦稱《一字頂輪王瑜伽一切時處念誦成佛儀軌》《金輪時處軌》《時處軌》等。此經有關大日金輪之儀軌，內容説示"即身成佛"之深義。"一字頂輪王"即一字金輪王，乃諸佛之最頂尊，且爲諸輪中之最勝。諸佛菩薩之功德悉歸此尊，故稱"頂輪王"。此經并不長，祇有千字左右，現收於《大正新修大藏經》第十九册。根據高橋宏幸研究，不空所譯此經并非由空海及其傳法系統所請來，而是被天臺宗系統的圓仁、圓珍携至日本。但是，在《録外經等目録》的"（海）請來録外（并所學外）"記有此經名，而且空海所著《即身成佛義》也有引用《金剛頂經》，所以屬"録外請來"。②

　　此音義屬卷音義。從《金剛頂經一字頂輪王儀軌》本文中按照順序摘出61個字句爲辭目，對其加以標音釋義，并有萬葉假名的"和訓"。這些和訓的內容被認爲能夠顯示平安時期日本國語的語型特徵，對後世辭書有一定的影響。而且平安時代後半期真言宗的《金剛頂經一字頂輪王瑜伽一切時處念誦成佛儀軌》的訓讀，實際就是利用了該音義。③

　　關於《金剛頂一字頂輪王儀軌音義》寫本，被認爲可分爲兩大系統。其一，有仁和寺藏院政期寫點本、高山寺藏承元二年（1208）寫點本、東寺觀智院藏文和三年（1354）寫本等諸本。其二有高山寺藏鎌倉時代初期寫本（兩種）、東寺觀智院藏貞治三年（1364）寫本等諸本。④刊本則有：《大日本校訂大藏經》（縮藏經，余帙三、明治十三至十八年刊）、《弘法大師全集》第六卷（第二輯）、明治四十三年刊、《大正新修大藏經》第十九卷、No.958、昭和四十二年刊。⑤

---

　　① 以上參考高橋宏幸《〈金剛頂一字頂輪王儀軌音義〉攷（上）》，都留文科大學國文學會《國學論考》26，1990年3月。
　　② 高橋宏幸：《〈金剛頂一字頂輪王儀軌音義〉攷（上）》。
　　③ 《日本辭書辭典》，第109頁。
　　④ 同上書，第111頁。
　　⑤ 築島裕：《高山寺藏本一字頂輪王儀軌音義について》，國語學會《國語學》71集，昭和四十二年（1967）12月版。

3. 空海撰《一字頂輪王秘音義》一卷，或同上

上記003記載此音義名。水谷《書目》還標出其出處，見於《諸師製作目錄》及《釋教諸師製作目錄》。筆者經過查檢，發現《諸師製作目錄》在"弘法大師"條下記有"金輪儀軌音義一卷"，其下有"一字頂輪王秘音義一卷"，看似爲兩種不同音義，但現存空海著作中，僅有上記《金剛頂一字頂輪王儀軌音義》，并無此音義，故筆者認爲或許上記002與003同爲一種，因爲水谷《書目》出處：《諸師製作目錄》與《釋教諸師製作目錄》的著者爲同一人"法三親王"。關於"法三親王"，請看筆者下述。

4. 寬静撰《孔雀經音義》三卷，現存

上記004即爲此音義。《孔雀經音義》三卷，著者爲東寺長者寬静，撰著時間蓋爲天曆十年（956）。此音義不僅現存，且有多種寫本，是日本密教部音義中之名篇，留待下節專考。

5.《孔雀經單字音義》上卷，現存

上記005即爲此音義。《孔雀經單字》乃專爲《佛母大孔雀明王經》三卷所編撰的單字音義，撰者不詳，現存，約成書於鎌倉初期。此亦爲日僧所撰密教部音義的重要著作，留待下節加以專論。

6. 法三宫真寂撰《孔雀經音義》三卷或《孔雀經音義序》，不詳

上記006即爲此音義。法三宫真寂即以上我們提到的《諸師製作目錄》與《釋教諸師製作目錄》的著者法三親王（886—927），是日本平安時代中期的皇族及入道親王，生父母是堀河天皇及橘義子，出家前名齊世親王，三品兵部卿。真寂是平安中期真言宗學僧。他十六歲就出家，二十三歲時受山城神護寺寂照受明灌頂，并於東寺從宇多法皇之傳法灌頂。真寂多有撰著，除以上兩部"製作目錄"，相關的還有《三家撰集目錄》一卷。[1]其他還有多種，多與密教相關。特別值得注意的是，真寂有《梵漢相對集》二十卷和《梵漢語説集》一百卷，雖皆早已亡逸，卻是古代日本僧人研習梵漢文字的重要著作。

水谷《書目》所記之根據是《諸宗章疏録》卷三與《釋教諸師製作目錄》卷二。前者記作"孔雀經音義三卷"，[2]後者寫爲"孔雀經音義

---

[1] 收録於《大日本佛教全書・佛教書籍目錄第二》，第309—311頁。
[2] 《大日本佛教全書・佛教書籍目錄第一》，第164頁。

序"。①筆者認爲，或許後者所記比較正確，因《釋教諸師製作目録》的作者就是法三宫真寂自己，準確性相對高一些，但并無實證，還有待於進一步考察。

  7.《仁王般若經音義》一卷，不存

  上記007即爲此音義。此僅見於《東域傳燈目録》卷上，且在音義名下，有小注"倭"一字。這是特意强調此音義爲日僧所撰。可惜其他一概不詳。

  8.《仁王經音義》一卷，不存

  上記008即爲此音義。但此與上或爲同一種。其他不詳。

  《仁王經》又稱《仁王般若經》，全稱《仁王護國般若波羅蜜多經》，分二卷八品，由不空所譯。該經講述了"仁王護國"的道理，所以還稱《仁王護國經》。

  9.法三宫真寂撰《宿曜經音義》，不存

  上記009即爲此音義。以上我們提到"006法三宫真寂撰《孔雀經音義》三卷或《孔雀經音義序》，不詳"，水谷《書目》此條的出處是《本朝台祖撰述密部書目》和《三家撰集目録》。其實前者有注"以下一紙半爲釋教目録之摘抄"，也就是包括《宿曜經音義》在内一頁半書目抄自法三宫真寂的《釋教諸師製作目録》。經筆者查檢，卷二確實有"文殊所説宿曜經音義一卷"②的記録。而前已述及，《三家撰集目録》的撰者正是法三宫真寂本人，經查檢，確記有"文殊師利所説宿曜經音義一卷"。③由此，可以確認，法三宫真寂確實爲《文殊師利所説宿曜經》做過音義。

  《宿曜經》全名爲《文殊師利菩薩及諸仙所説吉凶時日善惡宿曜經》，亦稱《文殊所説宿曜經》等，上下兩卷，由不空譯出。此經實際是唐代印度占星術的入門書籍，主要内容是根據七曜、二十七宿和十二宫等星體的運行位置解讀吉凶以及方法説明。空海將《宿曜經》的曜日引入日本，日本在此基礎上發展出了宿曜道和宿曜占星術。

  10.《灌頂經音義》二卷，不詳

  上記010即爲此音義。此亦僅見於《東域傳燈目録》卷上，④其他皆

---

① 《大日本佛教全書·佛教書籍目録第二》，第359頁。
② 同上書，第360頁。
③ 同上書，第310頁。
④ 《大日本佛教全書·佛教書籍目録第一》，第52頁。

不詳。

　　11. 醍醐寺藏《孔雀經音義》，平安中期寫本

　　上記水谷《書目》未記此本。古典研究會整理出版的《古辭書音義集成》第11冊複印了此本，築島裕先生《解題》指出，雖然書名與寬静的《孔雀經音義》相同，卻是内容不同的"別本"。此本屬標準的"單字音義"，故留待下節詳考。

　　12. 唐招提寺藏《孔雀經音義》

　　上記水谷《書目》亦未記此本。有關此本，最初登載於由奈良國立文化財研究所編《唐招提寺總合調查目錄 御影堂藏古寫經古文書之部（森本長老寄進分）》，後又於《唐招提寺古寫經選》[①]刊出部分照片，并附有解題。石塚晴通先生對此本多有研究，經其努力，此本全部影印公刊於北海道大學文學部國語講座所編《北大國語學講座二十周年記念論輯 辭書・音義》。[②]石塚先生對其有專門考論，[③]而且還專門編纂了辭目字的反切索引。[④]筆者簡介，主要參考此文。

　　根據石塚先生所考，唐招提寺本《孔雀經音義》，缺少内題，祇是在封面左上角記有"孔雀經音義"，但根據内容來看，應該是稱"孔雀經音"較爲妥當。此本被認爲書寫於院政時期（1086—1192），屬於"天下孤本"。因既無内題，亦無撰者之名，故對其所成祇能説未詳。[⑤]

　　該音義從《孔雀經》中摘取單字，於其下用小字標出反切。也有的還爲辭目字和反切字標出聲點。而此本反切與以下我們要考論的《孔雀經單字》之反切幾乎依據《廣韻》不同，石塚先生的研究結論是，根據其反切和聲點的考察，其讀誦音是參照了基於秦音系的韻書而編纂而成的，而這一特點，作爲院政時期的材料，頗爲貴重。[⑥]

　　築島裕先生在《醍醐寺藏〈孔雀經音義〉二種解題》中指出現在世傳《孔雀經音義》至少存在三種：第一類是《孔雀經音義》三卷，傳觀静撰；第二類是《孔雀經音義》一卷，撰者未詳；第三類是《孔雀經單字》

---

　　① 堀池春峰、田中稔、山本信吉編，中央公論美術昭和五十年（1975）版。
　　② 汲古書院昭和六十三年（1988）版，第443—508頁。
　　③ 同上書，第411—423頁。
　　④ 同上書，第424—442頁。
　　⑤ 石塚晴通：《唐招提寺本孔雀經音義》，北海道大學文學部國語講座所編《北大國語學講座二十周年記念論輯 辭書・音義》，第411—423頁。
　　⑥ 同上。

一卷，撰者未詳。①而石塚先生《唐招提寺本孔雀經音義》考證，《唐招提寺本孔雀經音義》可視爲第四類，實際是《孔雀經音》。

第二節　日僧撰密教部音義考論
——醍醐寺藏《孔雀經音義》（觀靜撰）

因爲以下所要重點考論的"密教部音義"名篇，實際皆爲《佛母大孔雀明王經》之音義書，故在此筆者首先對此經名加以詮釋。

孔雀明王，梵名"Mahāmayūrī-vidyārājñī"，音譯"摩訶摩瑜利羅闍"，又作"孔雀王""佛母孔雀大明王"等。此尊相傳爲毗盧遮那佛或釋迦牟尼佛的等流身。密號爲佛母金剛、護世金剛。在密教修法中，以孔雀明王爲本尊而修者，稱爲孔雀明王經法，又稱孔雀經法。

《佛母大孔雀明王經》凡三卷，全名《佛母大金耀孔雀明王經》，略作《孔雀經》，爲密宗重要經典。上述密教修法中之孔雀明王經法，即依據此經而來。此經之譯者一般被認爲是被尊爲"四大譯經家"之一和"開元三大士"之一的不空和尚②。此經同本異譯有梁代僧伽婆羅譯《孔雀王咒經》二卷、唐代義淨譯《大孔雀咒王經》三卷。然根據築島裕《醍醐寺藏〈孔雀經音義〉二種解題》，日本所傳的數本《孔雀經音義》，其音義對象《孔雀經》三卷，或詳稱《佛母孔雀明王經》，乃秦之跂陀闍羅所譯。③據此，則可認爲除不空所譯之《孔雀經》之外，應還有不同的古譯本傳到日本，但筆者至今尚未能得見此本，無法查證。在此謹尊築島先生說。

日本平安時代，"平安二宗"（天臺、眞言）開創并流行，尤受皇室、貴族之崇信，故以"鎮護國家""積福消災"爲目的的祈禱、讀誦及

---

①　築島裕：《醍醐寺藏〈孔雀經音義〉二種解題》，古典研究會編《古辭書音義集成》第十一卷，汲古書院昭和五十八年（1983）版，第715—742頁。

②　按"鳩摩羅什、真諦、玄奘、不空"之"四大譯經家"之說。唐代開元年間三位來自印度的高僧：善無畏、金剛智、不空先後於長安大興善寺譯出密宗經典多部，成爲中國密宗的創始人，被稱爲"開元三大士"。

③　參考築島裕《醍醐寺藏〈孔雀經音義〉二種解題》，古典研究會編《古辭書音義集成》第十一卷，汲古書院昭和五十八年（1983）版。

第六章　密教部音義

秘密修法等活動得到高度重視。而這一切的基礎就是"開元三大士"所譯密教經典的廣爲流傳，其中就有不空所譯《佛母大金耀孔雀明王經》（三卷，以下簡稱《孔雀經》）。爲能使僧俗正確誦讀此經，日本學問僧亦積極爲其撰述音義書，《孔雀經》音義多有問世，據築島裕研究現存就有以下三類藏本。①

第一類：《孔雀經音義》三卷　傳觀靜撰
第二類：《孔雀經音義》一卷　撰者未詳
第三類：《孔雀經單字》一卷　撰者未詳

三類音義現存各種寫本也有十三種。另據石塚晴通《唐招提寺本孔雀經音義》②考證，還有《唐招提寺本孔雀經音義》還可視爲第四類（實際是《孔雀經音》）。由此不難看出日本歷史上《孔雀經音義》類著作曾頗爲流行的史況。

以下筆者主要對此三類《孔雀經》音義書加以考論。首先是第一類，即被認爲是觀静撰的《孔雀經音義》。

一、時代與作者

《大正新修大藏經》第六十一册收録有觀静的《孔雀經音義》三卷。此音義有諸多寫本現存。而諸寫本之間，體裁與字句或多少有異，但可以考慮爲原是同一書。現存最古的寫本爲醍醐寺藏本，寫於天永二年（1111），我們的考論，也主要根據此本。

此音義上卷有"日本東山坐禪沙門"所撰之序。序文末尾所記爲：

……仍乘坐禪餘閑，聊撰此經音義，勒成三卷。於時天曆第十丙辰年報沙月也。

"天曆十年"乃956年，而"報沙月"則指十一月。"報沙月"乃梵文音譯詞，意譯爲"鬼宿月""仲冬月""鬼月"，指印度曆之第十月。

---

① 築島裕：《醍醐寺藏〈孔雀經音義〉二種解題》。
② 《北大國語學講座二十周年記念論輯》，汲古書院昭和六十三年（1988）版。

此月之太陰（月亮）由圓月開始，直到逢值鬼宿之時節，則又見滿月，即相當於唐曆之十月十六日至十一月十五日，前後共一個月，故稱之爲"鬼月"。《可洪音義》卷十九："此是東方星名，唐言鬼宿言鬼宿。《西域記》云當此十月十六日至十一月十五日爲報沙月。"[1]由此，學界認爲此音義原本撰著時間當爲平安中期，應屬於較早的日僧所撰音義。

　　至於此音義的撰者觀静，是因爲大覺寺藏本（1137）寫在其卷上、卷中和卷下内題之下皆記有"日本東山坐禪沙門觀静記"字樣。另外，《密宗學報》第八十四號（大正九年六月一日發行）作爲附録而被收録的《孔雀經音義序》之卷首，也有同樣記載。但是其他古寫本，包括此音義的最古寫本的醍醐寺藏本（1111年寫）在卷上、卷中和卷下内題之下所記卻爲"日本東山坐禪沙門　　記"，本應寫人名之處卻有二字程度的空白，故築島裕先生認爲似難以確定撰者一定就是觀静。[2]另外，日本僧傳中，也不見有"東山坐禪沙門觀静"，但有漢字發音相同[3]的"寛静"。寛静（901—979）是平安中期真言宗僧人。出家後拜宇多法皇爲師，又受其同母兄長寛空僧正的灌頂，并從寛空處得到傳法之職，後任權少僧都，又任有"教王護国寺"之稱的東寺長者[4]十七世以及高野山座主十一世，最後任僧正并兼任法務，因住仁和寺西院，故被稱爲"西院僧正"。但是寛静的傳記中并無其有撰述《孔雀經音義》的記録。而"東山坐禪沙門"，應屬禪林寺僧人，然禪林寺法系中也不知是否記有寛静之名？但是築島裕先生也指出，寛静之師寛空僧正曾在禪林寺暫住過一段時間，因師之緣，寛静也或許在禪林寺住過。[5]總之，關於此音義的撰者尚無定論，我們權且認爲是"觀静"，即"寛静"。

二、體例與内容[6]

　　《孔雀經音義》分上、中、下三卷，是對唐代"開元三大士"之一的

---

[1]　CBETA/K35/245
[2]　築島裕：《醍醐寺藏〈孔雀經音義〉二種解題》。
[3]　日語"觀静"和"寛静"的漢字發音相同，皆爲"かんじょう"。
[4]　所謂"東寺長者"指管理東寺之僧官，因東寺是真言宗總本山，作爲"教王護國寺"，地位極高，故"東寺長者"也兼具真言宗的最高職位。第一代長者爲空海大師。
[5]　築島裕：《醍醐寺藏〈孔雀經音義〉二種解題》。
[6]　此處以醍醐寺本爲例介紹。

第六章　密教部音義　　　　　　　　　　　　　511

不空所譯《佛母大孔雀明王經》三卷①所編纂的音義，而且與原經文卷次對應，逐卷摘出字句，并對其施以注解的卷音義。經之卷上所撰即爲音義卷上，卷中與卷下相同，即對照經卷對應編纂。全卷用漢文記録，萬葉假名之注，卷上僅有一個而已。書寫格式與其他音義多在辭目字下用雙行小字的行間注的形式不同，而是辭目與注文用大小相同的字形表示。

上卷有前述"日本東山坐禪沙門"之序文，可以説是《孔雀經》的解説，先是總説，初述以大意，其次解釋題目，後記入文判釋。本文則從經題文字開始，辭目爲：

讀誦 佛母 大孔雀 明王 經 前 啓 請 法

其下爲音注和義注。如：

讀誦：讀，同谷反。目對文而自②唱。又抽也。誦，松用反。諷也。背文曰誦。
前：昨先在田二反。導也。先也。進也。又音子輦反。梵云阿誐囉也。

以上爲經題中的兩個辭目。而正文辭目則有詞，也有字。而從整體來看，所摘取的辭目不僅有單字，還有二字、三字的詞組或短語。而且還有如"之處""如是""未久""新受""爲衆"之類的辭目，還有如"如是我聞""爲衆破薪營澡浴事"一類的文句作爲辭目出現。所以築島裕先生認爲與其説辭目是以"字"爲單位，不如説是以"語"爲單位。③

此音義辭目并未網羅《孔雀經》中的所有漢字，而是摘出其中必要的部分。這與中國傳統佛經音義以及日本古代的《新譯華嚴經音義私記》以及信行的《大般若經音義》相同。而辭目順序，因爲是卷音義，所以基本按照經文順序，但也有一二前後不一致的地方。

辭目的詮釋方法也同於漢語傳統音義，用反切爲漢字注音釋義。辭目

---

① 但是築島裕在《醍醐寺藏〈孔雀經音義〉二種解題》指出是爲後秦跋陀闍羅所譯《佛母孔雀明王經》三卷所撰音義。
② 下半部有殘，或爲"白"字。
③ 築島裕：《醍醐寺藏〈孔雀經音義〉二種解題》。

字若是多音節者，則分釋各字字音和字義，有時還有與其語詞相關聯的一些事項的記敘。其中還有多有多處引用古典爲書證。如：

> 咸起：起，墟紀反。興也，作也，立也，發也。咸，音洽**㟱**反。皆也。又胡讒反，皆也。借音函。周礼：尹耆氏掌國之大祭礼，共其**扠**①咸。咸讀函也。老臣雖杖於朝，事鬼神尚敞②，去之，有司以此函藏之也。（上卷/158③）

以上關於"咸"借用通作"函"，出自《周禮·秋官·尹耆氏》。又如：

> 施設：施，音舒移反。施猶賦也，行也，尸也。式豉反。廣邪：施，与也，布施也，恩惠也。易曰：雲行雨施也。餘豉反。毛詩：葛之覃兮，施于中谷。施，移也。切韻：以豉反。延也。設，識列反。陳也，含也。（上卷/163）

以上釋義頗爲詳密，引用"廣邪（雅）""易""毛詩""切韻"等古籍爲證。

作爲密教"雜密"的重要經典，《孔雀經》中有大量的音譯佛家名詞術語，所以此音義的辭目，除了漢文字、詞外，還有相當的音譯詞部分。如正文起首就有"南謨""佛陁野""僧伽野""菩薩摩訶薩"等。而這些內容的詮釋，長短不一。長者，大多大段引用經文以釋。

> 南謨：南，奴舍反，火方也。謨，莫胡反，謀也。又作暮。又云曩莫、南无，此云稽首、歸命、歸依、礼拜、恭敬、渴仰，皆是歸向三寶也。下同。（上卷/67）
>
> 僧伽野：唐略云：僧又云和合衆。僧音蘇曾反，西域音也。伽，去迦反，西域音也④。是僧寶也。是有三種：一者第一義僧，所謂諸佛聖僧，如法而住，不可覩見，不可捉持，不可破壞，无能燒害、不

---

① 此應爲"杖"之訛。
② 此應爲"敬"之訛。
③ 此爲汲古書院刊印時頁數。
④ 此句用小字寫於右下側，似爲後所添加。

第六章　密教部音義　　　513

可思議。一切眾生良祐福田。雖為福田，无所受取，諸功德法常不變易。如是名為第一義僧。第二聖僧，所謂須陀洹向、須陀洹果，斯陀含向、斯陀含果，阿那含向、阿那含果，阿羅漢向、阿羅漢果，辟支佛向[①]、辟支佛果，八大人覺三賢十聖也。第三福田僧，所謂苾芻、苾芻尼等。受持禁戒多聞智慧，猶天意樹能蔭眾生。又如曠野磧中渴乏須水，遇天甘雨霈然洪霔應時充足。又如大海，一切眾寶皆出其中。福田僧寶亦復如是，能與有情安隱快樂。又此僧寶清淨无染，能滅眾生貪瞋癡闇，如十五日夜滿月光明，一切有情无不瞻仰；亦如摩尼寶珠，能滿有情一切善願。如是名為第三僧寶。具如六波羅密經說。仁王經陀羅尼釋云歸依僧伽者，即得色究竟天、五淨居天等并諸眷屬皆來加護也。（上卷/76—79）

以上"南謨"較短，與一般意義上的音義詮釋相仿，而"僧伽野"則屬於較長者，除了開始的音義部分，後面關於三種"僧寶"的部分在音義中已經指出"具如六波羅密經説"，出自唐般若所譯《大乘理趣六波羅密多經》卷一。而其後的部分則出自唐不空所譯《仁王護國般若波羅蜜多經陀羅尼念誦儀軌》卷一。這些條目的內容，使此音義更多地呈現出佛教辭典的特性。

除了這些音譯術語外，作爲密教經典的音義，當然也少不了密教的真言咒語。如：

> 迦麼攞：攞音羅可洛二反。（上卷/175）
> 攬迷：攬，盧敢反。迷，莫奚反。（上卷/176）
> 颰跛哩：颰音蘸和反，跛音波可反。（上卷/178）

以上僅標注發音，也有糾正發音以及字形的內容。如：

> 捨羅腩：腩音女感反，不合梵字，借音南。（上卷/179）
> 補澁哞：補音甫浦反，澁音借須，奔音本，音博昆反，借音逋悶反。俗作犇，正作大犇。（上卷/177）

[①] 此四字用小字寫於"辟支佛果"右旁，似爲後所添加。

另外，還包含詮釋真言譯字讀法的内容。如：

乞史：二合。乞音丘餞反，史音踈士反。不動舌根，引氣外呼之。（上卷/176）
冰誐黎：冰音卑孕飯，在經以脣氣内引聲也。誐音我何反，牙聲也。黎音力奚反。（同上）

值得注意的是，還有辭目爲漢語詞，但用梵文音譯詞進行詮釋的。如築島裕先生所指出的：

大善現：梵云摩修陀里沙那。（中卷/468）
王怖：囉惹婆耶，此王難也。（中卷/475）
帝釋大仙：梵因陀羅。（下卷/608）[①]

一般來説，音義書多用漢語詮釋梵語音譯辭目，但此音義卻用梵語音譯詞詮釋漢語詞或語，築島裕先生指出其理由未詳。
　此音義的注文形式則是長短不一，長的很長，占幾頁紙，而短的則祇有幾個字。而書寫方法則與一般多在辭目字下用行間小注標出的形式不同，辭目字與詮釋文字大小相同，其間祇是空出一字。大多爲單行書寫，但也有雙行書寫，并不統一。還有一些僅有辭目卻没有注釋的地方。也有内容重複之處。看起來似乎還祇是草稿階段，尚未謄清。
　此音義卷上僅在卷首的序文中有用朱書標注的句讀點，其年代雖不明確，但大凡可認爲是天永年間[②]之筆，除此，不見有訓點部分。

三、版本流傳

此音義屬築島裕先生所指出的"第一類"。而這一類的《孔雀經音義》的版本最多，光寫本就有以下十種。[③]

[①] 以上例參考築島裕《醍醐寺藏〈孔雀經音義〉二種解題》，但筆者重新核對調查過。
[②] 天永是日本12世紀前期，平安時代之元號，自1110年7月31日至1113年8月25日，共4年。彼時天皇爲鳥羽天皇。
[③] 參考築島裕《醍醐寺藏〈孔雀經音義〉二種解題》。

① 醍醐寺藏本 三帖 天永二年（1111）寫
② 大覺寺藏本 三帖 保延三年（1137）寫
③ 石山寺藏本 三帖 久安四年（1149）寫
④ 高山寺藏本 三帖 建久二年（1191）寫
⑤ 仁和寺藏本 古寫
⑥ 高野山釋迦文院藏本 享保八年（1723）寫
⑦ 高野山正智院藏本 天保九年（1838）寫
⑧ 金剛三昧院藏本 德川中期寫
⑨ 東寺金剛藏 杲寶所持本 四帖
⑩ 石山寺藏本（僅序）一卷 明和七年（1770）寫

以下筆者主要參考築島裕先生《醍醐寺藏〈孔雀經音義〉二種解題》，對十種寫本加以簡單介紹。

第一種醍醐寺藏本，也稱醍醐三寶院本，爲現存最古之寫本，已於大正十一年（1922）被指定爲"舊國寶"，即現在的"重要文化財"（重要文物）。此本書寫者是觀惠。而觀惠則是平安後期真言宗僧人，三寶院權僧正勝覺的弟子，有"持寶院阿闍梨"之稱。根據醍醐寺藏本跋語，此本之祖本爲承曆三年（1076）寫本，其元本實際是草稿本。有關醍醐寺本以上已有述及，不贅。

第二種大覺寺藏本，已於昭和十四年（1939）被指定爲"舊國寶"，即現在的"重要文化財"（重要文物）。此本跋語書寫地點"高野奧院"，有書寫者名"願西"。築島裕先生指出：高野山奧院於保延前的三四十年間，曾有仁和寺的僧觀音院僧都寬意在此隱棲，此處傳授的古點本現多存於仁和寺，所以可以認爲是寬意的觀音院流派，但難以確認。

第三種石山寺藏本，曾作爲刊本《大正新修大藏經》的校本而使用過，也見載於《佛説解説大辭典》，但現今所在不明。築島裕先生認爲有久安四年的年號，但大正藏也沒有引用，所以不明。石山寺"深密藏"第五二函蓋背面的貼紙上記有"一孔雀經音義三帖"，但此箱函中不見此寫本，"石山寺一切藏"以及"校倉聖教"中也不見。

第四種高山寺藏本，卷上和卷下有跋語，上有書寫時間和書寫者之名：釋性我。性我是高山寺興然之弟子，被稱爲"惠眼房阿闍梨"。高山寺經藏中性我所書寫的經典多有傳存。《高山寺經聖教內真言書目錄》之"真第十一"函之項款上有"孔雀經音義三"之字樣，可與性我所寫相呼應。

高山寺本被認爲與醍醐寺本是同系之寫本。這兩個寫本共同存在著與他本不同的異文，所以通過考察應該可以找到兩本的共通祖本。

第五種仁和寺藏本，築島裕先生言未見，故不知具體書寫時間。但既然標明"古寫"，蓋可認爲是平安或鎌倉時代書寫。《佛說解說大辭典》記有"上卷古寫本"。《大正新修大藏經》校異時以"仁和寺藏古寫本"而使用。

第六種高野山釋迦文院藏本，築島裕先生亦言未見。此本是《大正新修大藏經》的底本。這是從高山寺本的轉寫本。其末有書寫跋語：

<blockquote>
右以栂尾藏庫之書本書寫畢。文字落脫，寫誤盡損，雖文義不貫通多，而至所引餘處之文，則他日可對校之而已。此書作者古來未決所也。雖然先德間撮此義多矣，末流誰可忽之乎。伏請明天本，誓照察弟子微志，命法久住，利益人天。

時享保八癸卯南呂初七日金鋼峯寺沙門靜澄於洛陽京都極密寺誌
</blockquote>

第七種高野山正智院藏本，作爲《大正新修大藏經》的校本而使用。其末有書寫跋語：

<blockquote>
享保十巳年十月十一日河洲天野山金剛寺金剛峯寺日光院英仙天保九年冬十二月以南院藏本令傭筆謄寫之粗校雠訖正智院道猷誌
</blockquote>

第八種金剛三昧院藏本，《佛說解說大辭典》有記載。此本寫於德川中期，被認爲是與醍醐寺所藏的天永本爲同一系統。

第九種東寺金剛藏　杲寶所持本，見於東寺金剛藏的"賢賀手控[①]目錄"，上記的《孔雀經音義》有四帖，上中下，但"上"包括"本末"兩帖。築島裕先生推測，此音義應爲江戶時代中期賢賀僧正所見。而"杲寶所持本"，蓋爲南北朝以前所書寫。上中下三卷齊全，應該屬於《孔雀經音義》的第一類，但未親眼見到。另外，《東寺觀智院聖教目錄》《東寺寶菩提院經藏諸儀軌目錄》亦未見。

---

① "手控"是日語詞，有"備忘錄""筆記本"的意思。

第六章　密教部音義

第十種石山寺藏本，爲一卷本。此本寫於江戶時代明和七年，爲卷子本。全卷有墨書假名的訓點，并有"石山寺密藏院"朱印。其末有好幾處跋語，這對了解此音義以及石山寺本有一定的參考價值。

　　　文龜二年（1502）壬戌八月日依二位公所望附此點定而/可多謬并①後質②之輩恕之又直之可也/金剛心蓮院法印信嚴③（八十三歲④）
　　　文龜二年八月寫之了 仁瑜廿一歲⑤
　　　明和四亥年二月傳法院方傳受前行中於仁和寺/南勝院模寫畢　金剛佛子
　　　明和七寅年七月日書寫了/求法澄盛五十歲⑥

而在"文龜二年"的上方寫有"自文龜三年至明和四年二百六十五年也"。又作爲"序文"，寫有：

　　　弘法大師滅後一百十二年此書成矣
　　　此書世皆云法三之宮作彼宮者寬平法皇第三子也

這是言其著者爲"法三之宮"，但此書扉頁標題卻有"孔雀經音義上卷　日本東山坐禪沙門觀靜記"字樣。

此本於大正三年（1914）由長谷寶秀轉寫刊載於《密宗學報》第八十四號（大正九年六月）。

以上十種寫本中，從一至四，也可以說至五，寫於平安時代，不難看出此音義當時曾頗爲流行。從此側面，亦可映證當時《孔雀經》的流傳，當然也就證明密宗的盛行。

刊本則有《大正新修大藏經》，第六十一卷，No.2244（1933）。刊本以上述⑥高野山釋迦文院藏本爲底本，并與⑦高野山正智院藏本、①醍醐寺藏本、⑤仁和寺藏本以及③石山寺藏本加以對照勘核。

---

①　築島裕先生用括號注"爲其之誤？"。
②　築島裕先生用括號注"爲覽之誤？"。
③　此用行間小注置於"金剛"下。
④　此用行間小注置於"信嚴"下。
⑤　此用行間小注置於"仁瑜"下。
⑥　此用行間小注置於"澄盛"下。

以上諸寫本之間，從書寫體裁到字句方面來看存有若干同異，但從內容來看，原本爲同一書。

四、學術價值
——以漢字研究爲中心

如上所述，《孔雀經音義》不僅撰著於平安時代，而且至今還存有多種平安時代古寫本，這是日本佛經音義中存有最多寫本者，而其中尤以醍醐寺藏《孔雀經音義》爲最古，具有很高的學術價值。不僅因其卷末附有最古的五十音圖，在日本國語學研究上具有重要地位，而且其中所引用文獻達百種以上，特別是有相當一部分屬珍稀古籍，中日皆已失佚，故作爲資料尤爲珍貴。

《孔雀經音義》中的引書，除了佛典的經論章疏之類以外，還廣泛涉及外典文獻。其中既有中國本土已失傳之逸書，也有日僧所撰之古書，且多亦已失逸。特別是其中的字書音義類也多見，而且尤爲可貴。築島裕在爲此經"解題"中略引若干，①我們據此簡述。

《孔雀經音義》中的"內典"佛書類，有如《大日經》《花嚴經》《大般若經》《大寶積經》《最勝王經》《灌頂經》《真言尊勝陀羅尼注》《報恩經》《提婆論》等共88種。其中還不包括不同譯本，如《花嚴經》就有"古花嚴"和"新花嚴"之不同。既有翻譯佛經，也有詮釋注疏。另外，還有的祇是舉出人名，以人名代替作品，這是平安時代日本僧人引證據典所常用的方法，第四章我們重點考論的仲算的《法華經釋文》中這種現象也多見。此音義中則有"慈恩""罽賓三藏""曾諮三藏""義淨三藏""真諦三藏""菀師""大廣智三藏和尚""玄應"等。

除了內典著作外，此書也多引外典文獻，如《尚書》《周禮》《毛詩》《左傳》《漢書》《史記》《淮南子》《游仙窟》《神仙傳》等24種。

《古辭書音義集成》第十一册《孔雀經音義（下）》有白藤禮幸與沖森卓也編的索引。共分四種：漢語索引；梵語索引；音注索引；引書索

---

① 築島裕：《醍醐寺藏〈孔雀經音義〉二種解題》。

引。筆者查閲過"引書索引"，共有二百餘種。其引書之豐富，可與同撰於平安時代的《法華經釋文》相媲美。從此側面，也可以看出平安時代佛經音義撰述的特徵。

此音義豐富的引證典籍中，有一個重要特色應該引起漢語史，特別是漢字學研究者的注意，那就是此音義多引古代字書和音義類著作。築島裕在爲此經"解題"中略引若干，其中個別以著者名代書名，轉引如下，以窺一斑：《尒雅》《廣雅》《釋名》《方言》《説文》《玉篇》《篆隸萬象名義》《韻圃》《切韻》《音譜》《字書》《兼名苑》《法門名義》《梵語集》《慈恩》《玄應》《一切經類音》《文選音決》、玄應《涅槃經音義》及"野王案"等。①

沖森卓也指出：《孔雀經音義》的音注與義注，與平安時期法相宗學僧中算所著《法華經釋文》同屬漢音系音義。而其字音注與日本早期信行所撰《大般若經音義》以及撰者不詳的《新譯華嚴經音義私記》一樣，并非撰者自身所施，而被認爲是參考了當時的辭書、韻書以及音義書等。②

其中尤其值得注意的是，因爲此音義原本撰著時間是"天曆十年"，爲956年，所以其引書皆爲唐代或唐以前古籍，作爲資料極爲珍貴。如作爲字書的《玉篇》。

《玉篇》爲南朝梁顧野王所撰專門訓詁學字書，共三十卷。每字下先注反切，再引群書訓詁，解説頗爲詳細。其引證説解，具有極高的訓詁價值。《玉篇》在唐宋間多次修訂、增補，流傳至今的《大廣益會玉篇》已遠失其"本來面目"。野王原本今只存殘卷，皮藏日本。自清末年間，黎庶昌、羅振玉在日本先後發現部分《玉篇》殘卷，日本所存相關《玉篇》資料，就愈來愈爲學界所關注。值得注意的是：奈良時代日僧所撰佛經音義中尚有原本《玉篇》之蹤迹，通過爬梳抉剔，可成爲原本《玉篇》研究的新資料。此音義中所引用《玉篇》皆爲《原本玉篇》，因爲此書撰著之時，所謂《宋本玉篇》，《大廣益會玉篇》尚未出現。

另外，還有《一切經類音》也值得我們注意。唐太原處士郭迻所撰《一切經類音》，與玄應《衆經音義》、慧琳《一切經音義》、可洪《新

---

① 築島裕：《醍醐寺藏〈孔雀經音義〉二種解題》，古典研究會編《古辭書音義集成》第十一卷，汲古書院昭和五十八年（1983）版。
② 參考沖森卓也《孔雀經音義について》，高山寺典籍文書綜合調查團《高山寺典籍文書の研究》（高山寺資料叢書 別卷），東京大學出版社1980年版，第434頁。

集藏經音義隨函録》等一樣都屬於佛經音義書，專爲幫助僧俗閲讀佛經中的疑難字而編撰，然早已亡佚。此書名以及卷數之根據是日僧圓珍《智證大師將來目録》。然而，此音義與仲算的《法華經釋文》中有《一切經類音》書名之引用，可證此書確實傳到了日本。在中國古籍中有《經音類決》（《義楚六帖》）、《衆經音》（《紹興重雕大藏音》）、《郭迻音決》（《通志藝文略》第五釋家一）等書名，以及以"郭迻""郭氏"（《龍龕手鑒》等）作者名代替者，高田時雄認爲應該根據最古之典據將《新定一切經類音》作爲書名。① 《義楚六帖》成書於後周顯德元年（954），其中也只是提及《經音類決》序文。《孔雀經音義》原本成於956年，只晚其兩年，其中已經完整地出現了"一切經類音"的書名，而仲算的《法華經釋文》也只相差不過二十年，其中也是用完整的"一切經類音"的書名。高田時雄在《可洪〈隨函録〉與行瑫〈隨函音疏〉》一文中指出：從《龍龕手鑒》序文之中"郭迻但顯於人名，香嚴唯標於寺號"的敍述來看，正式的書名似乎没有流傳下來。② 而我們根據醍醐寺本《孔雀經音義》和《法華經釋文》可以知道，此書"正式的書名"雖未在中國流傳下來，但因很早就傳至東瀛，故在日本卻流傳下來了。鄭賢章有《〈郭迻經音〉研究》一書，③ 日本佛經音義是其重要材料之一。

第三節　日僧撰密教部音義考論
——醍醐寺藏《孔雀經音義》（平安中期寫本）

一、時代與作者

　　位於京都市伏見區的醍醐寺，是日本真言宗醍醐派的總本山，相傳由真言宗開宗祖師空海的徒孫聖寶於874年創建。1994年醍醐寺已作爲"古

---

① 參考高田時雄《可洪〈隨函録〉與行瑫〈隨函音疏〉》，《敦煌·民族·語言》（世界漢學論叢），中華書局2005年版，第389—390頁。
② 同上書，第443頁。
③ 湖南師範大學出版社2010年版。

都京都文物"被列爲世界文化遺產,除了寺中的金堂、五重塔等許多建築物外,還有雕刻、書畫、典籍和古文書等還有不少被列爲"重要文化財"(重要文物),前所述第一類《孔雀經音義》中的"天永二年(1111)"寫本即爲"國寶"。

醍醐寺還藏有另一種《孔雀經音義》,這是築島裕先生所分析的第二類。此音義儘管不是"國寶",但與第一類《孔雀經音義》有十餘種藏本相比確,此本實乃天下唯一的"孤本"。此音義與第一類相同,也是專爲《孔雀經》所撰音義。此本用的是斐紙,屬粘葉裝枡型本。築島裕先生根據寫本的紙質和字體考察,認爲可以考慮其書寫時代是平安中期(10世紀),因其能顯示出10世紀寫本常見的特徵。此本卷尾也記有古寫的五十音圖,但被認爲與本文不同筆跡。

此音義著者不詳,封面"孔雀經音義"下有"理性房之本",所以被認爲這是"賢覺"之本。"理性房"是平安後期真言宗僧人賢覺之號,而賢覺被稱爲"理性院流"之祖。京都醍醐寺三寶院東北有"理性院"。賢覺曾於醍醐寺三寶院接受勝覺之灌頂。1115年將父親的住房改爲"理性院",從而開"理性院流",成爲當時"小野六流(三寶院流、理性院流、金剛院流、勸修寺流、隨心院流、安祥寺流)"之一"流",以及"醍醐三流(三寶院流、金剛王院流、理性院流)"之一"流"。

賢覺(1080—1156)作爲11世紀至12世紀之人,與本書的書寫年代有百年上下之差。所以築島裕指出,所謂"理性房之本",不應指書寫者,而是指持有此本者。築島裕先梳理了賢覺所創"理性院流"之法流傳承,從而指出此書的撰述者,應從賢覺之"流",即"理性院流"所在的真言宗小野流中尋求,這樣的話,可能性才比較大。

二、體例與內容

此音義與第一類相比照,儘管同爲《孔雀經》所撰音義,但體例與內容卻有相當大的不同。此音義的最大特色就是它是標準的"單經單字音義"。從形式上看,此音義也屬卷音義,然卻是從不空所譯《佛母大孔雀明王經》中按卷次順序摘出單字,以行間小注的形式先標出平上去入"四聲",再記以反切,其後有簡單釋義,不標出典。如:

讀：同谷反。目對文而口唱。又抽也。（上卷/665①）
頌：去。松用反。（同上）
佛：入。符弗反。（同上）
母：上。謨部反。所母也。從子也。（同上）
大：去。徒蓋反。（同上）
孔：上。空松反。し，請子之馬竅也。（同上）
雀：入。即略反。（同上）
明：平。武丘反。皎淨也。（同上）
王：平。雨方反。君也。又去。于放反。借音勝也。（同上）
經：平。古靈反。常也。巡也。又去。古定反。經縷也。（同上）

以上是經題的逐字音義。而音義正文中的例子，如：

腩：上。又𦝢感反。五味和煮也。（上卷/668）
鈿：平。徒賢反。釜華也。婦人首錦也。（同上）
囚：平。似由反。繫禁罪人也。（同上）
戹：入。焉革反。災。正作厄。（同上）
會：去。乎外反。對也。取也。集也。又古外，又胡佩反。（同上）

以上是筆者在668頁摘取的五例，五字相連，特色極爲明顯，與第一類《孔雀經音義》相比較，標音釋義，簡明節要，更具有字書的性質。而其音切被認爲多數與《切韻》《篆隸萬象名義》（古本《玉篇》）相一致。

但是，此音義辭目也并不是全是單字，也有一部分雙音辭目，有的是雙音節詞，如：

毯針：平。之正反。所以縫衣物名者也。（上卷/680）
葱幻：去。胡辨反。惑眩亂目也。化也。相詐。（下卷/700）
蝦蟆：平。陌巴反。蝦蟆虎也。（同上）

---

① 此爲古典研究會編《古辭書音義集成》第十一冊頁數。

第六章　密教部音義　　　　　　　　　　　　　　　　　　523

安隱：上。殷謹反。不□[①]也。翳也。藏也。（下卷/706）

但這樣的例子極少，全部也衹有以上四例。另外，我們發現以上四例音義對象還衹是其中一字，且皆爲下字。不知是巧合，還是撰者有意，但至少能説明撰者的着眼點，還是以字爲單位的。

除此，還有就是辭目并收異體字。如：

底庭：上。伍礼反。下也。止也。滯也。止居也。（上卷/670）
駐驅：平。去娛反。又去。區遇反。逐遣之也。驟馬也。馳奔也。（上卷/670-671）

辭目字并收異體，是此音義的特色之一。

根據沖森卓也考證，此音義應是在以上第一類《孔雀經音義》基礎上加以取捨而另外編撰而成的。此音義共有辭目三百九十四個，其中有二百十個與第一類的高山寺相同。[②]可以認爲其編撰者重新編纂的目的，就是爲了詮釋漢字。所以此書作爲專爲詮釋《孔雀經》中漢字而編撰的音義，可謂《孔雀經》的"專門字書"。

三、學術價值

　　——以漢字研究爲中心

《孔雀經音義》作爲"單經單字字書"，其學術價值自然應該從漢字研究的角度展開考察。

日本歷史上以單字爲中心的單經音義，古有空海的《金剛頂經一字頂輪王儀軌音義》可覓其蹤迹，平安中期仲算的《妙法蓮華經釋文》中亦多有其例。特别是藤原公任的《大般若經字抄》出現後，單字音義更是占據日本佛經音義的主要位置，承曆本《金光明最勝王經音義》、《法華經單字》、無窮會本系《大般若經音義》、小川氏本《孔雀經單字》等相繼問世，就是明證。這些音義書皆摘録其所釋佛經中的難字、俗字、異體字等

---

① 此處有脱漏。
② 沖森卓也：《孔雀經音義について》，《高山寺典籍文書の研究》，東京大學出版會1980年版。

爲辭目字，不僅標音釋義，有的還標出異體，并有簡單字形辨析。另外還有一突出特色就是多有和訓伴參其中，而且有隨著時代遞進而和訓增加的趨向。這些音義多已爲學界所矚目，相繼有研究，且多有成果，但此音義卻尚尚未被學界關注，研究成果甚少。

筆者認爲，此音義是《孔雀經》諸音義書中唯一的以單字爲辭目的音義，完全可以説是《孔雀經》的"單經字書"。而且從其體例與內容來看，標音釋義，辨析字形，在漢字方面的具有較高的價值，不僅可以考察平安時代《孔雀經》及其他古寫本佛經（包括唐寫本）的漢字使用實況，探索漢字在海外流傳的史迹，也可從日本佛經音義史的角度考察單經單字音義的早期狀貌。筆者尚未對此音義展開全面深入探討，但認爲可從以下幾個方面進行。

（一）收釋平安時代古寫本《孔雀經》中的字形，能呈現當時寫本用字的實況

我們仔細考察其辭目字字形，就可以發現大多皆爲當時的常見字形。如"明"作"眀（上卷/665）"、"經"作"経（上卷/665）"、"血"作"血"（上卷/670）、"瘧"作"瘧"（上卷/671）、"跳"作"跳"（上卷/671）、"脣"作"脣"（上卷/672）等，諸如此類，不勝枚舉。這些字形，皆當源自唐寫本，但有些卻更多見於當時日本寫本文獻。

如："眀"作爲"明"之俗，漢代隸書已見。《漢隸字源・平聲・庚韻》"明"字引《西嶽華山亭碑》《干禄字書・平聲》皆見此形。"眀"字見《説文》，而"眀"則是一個後起分別字，《玉篇・目部》："眀，視也。"《集韻・庚韻》："眀，視瞭也。"但《正字通・目部》於"眀"字下引田藝衡語曰："古皆从日月作明，漢乃从目作眀。《廣韻》《禮部韻略》俱不收眀字。《正韻》沿《玉篇》《集韻》之誤，分明眀爲二。非。"意即認定"眀"是"明"之俗形。

這種俗用，寫經中多見。以上"眀"字雖爲單字，但是根據辭目字順序，可知是"佛母大孔雀明王經"中一字，經題如此作，可見當時寫經皆作此形。

不僅如此，早期寫經也應多見此形。我們調查過《新譯華嚴經音義私記》，發現凡"明"皆作"眀"，甚至以"明"爲構件之字亦作此形，如

"萌"作"萌"等。① "明"的這種俗用在日本寫經似乎更爲多見。

又：如"經"字，即以上"佛母大孔雀明王經"最後之字。這也應是當時寫本中的實際字形。而這種寫法與《新譯華嚴經音義私記》中完全相同：

妓樂：（妓）經本作從扌、支者，此乃技藝字也。或從立人者，音章傷反。害也，非此經意也。（經第十一卷）

貝鍱：上，北盖反。下，徒頰反。貝謂貝多樹葉，意取梵本經。鍱謂簡牒，即經書之通稱也。（經序）

《私記》中凡"經"字，皆如此作。《同文通考·省文》："至，巠也。凡從巠字，如經輕莖等從至，並非。"②《省文纂攷·十畫—十六畫》："經，經。古作經。"③《正楷錄》上也指出："至，同上，音經。巠，省。"④江户時代的幾位學者都是將其認爲是"經"之省略而成。《日本難字異體字大字典·解讀編》收有"經"字，注爲"経經"之"俗"。現在日本常用漢字中從"經"字，皆定"圣"，可見其發展綫索。

此類例，在此本《孔雀經音義》數不勝數。有很多字形與稍早一些的《私記》一樣。因此本被認爲寫於平安中期，雖稍晚於《私記》，但從大的時代來看可算是同一時期。

我們甚至還可以發現一些不常見的字形。如：

菊：平。測俱反。（上卷/668）

案："菊"爲"蒭"，并不爲難字，《漢語大字典》《中華字海》《中華大字典》《康熙字典》皆有收錄，然出處皆爲《龍龕手鏡》。經筆者查找，確實也祇見《龍龕手鏡》。但《孔雀經音義》中出現的"菊"，説明日本當時曾流傳此形。

---

① 請參考本書附錄一《〈新譯華嚴經音義私記〉俗字總表》。
② 《異體字研究資料集成》第一期，第一冊，第299頁。
③ 《異體字研究資料集成》第一期，第五冊，第160頁。
④ 《異體字研究資料集成》第一期，第七冊，第237頁。

氣：去。古󠄀[字][字]月者□反。浮虛息也。（中卷/691）

案："[氣]"爲"氣"，但此字形筆者尚未見他例。上部稍有殘脫，但可看出是"尓"，下部是"未"。雖然此形未見，但是我們查檢臺灣的網絡版《異體字字典》"氣"，發現有"[氣]"（見《碑別字新編・十畫》"氣字"引《隋・朱敞墓誌》），上部正作"尓"，而"[氣]"（見《偏類碑別字・气部》"氣字"引《魏王偃墓誌銘》等），其下部正是"未"。所以此音義中的"[氣]"應是"氣"的又一俗形。《碑別字新編・十畫》"氣字"引《魏元楨墓誌》中有"[氣]"字，與"[氣]"已較爲接近。

（二）重視收釋異體字

此音義有一大特色，就是重視收釋異體字。體現在以下兩方面。

①與辭目字一起標出，異體，共有以下十一例：

001 底庭：上，佞礼反。下也。止也。滯也。止居也。（上卷/670）

002 駈驅：平，去娛反。又去①區遇反。逐遣之也。驟馬也。馳奔也。（同上）

003 箾稍：平。所交反。木末也。（上卷/675）

004 脇脅：入。虛業反。（上卷/678）

005 胃腰：平。胃霄反。[字]下跨上。跨上[字]身之中也。（同上）

006 骻髁：上。蘸米反。股外也。俗作膀，非。（上卷/678—679）

007 牂牂：平。側羊反。（中卷/696）

008 髆膊：入。補谷反。[字]肘後肩也。□□□□②切肉□補婁反。[字]膊二又□□□□（中卷/697）

009 靴靰：入。□□反。成也。菓食[字]也。（中卷/699）

010 舞亢：平。口昂切。星名也。又瓦父□。又音航，頸也。又吉苦□□□也。（下卷/702）

011 穩上億：二字同音。（下卷/706）

---

① 此字有塗改迹象，或衍。
② 此後有缺脫。

第六章 密教部音義

②在釋文中標出異體字并加以解釋。如：

001 啓：又启[字]啟開。上。溪礼反，發也，下通書於尊者。启同音。（上卷/666）

002 冒：去毛報反。[字]也，蒙也，貪也，交也，覆干也。又作[字]，莫北反。（上卷/671）

003 訶：平。大何反。大言怒也。亦作呵。（上卷/674）

004 雪：入。宣悅反。亦雪字也，雨寒作。（上卷/682）

005 哥：平。古何反。歌字也。（中卷/688）

006 [字]：平。苦間反。悋也。又作[字]①草。（中卷/688）

007 [字]：去。扵貢反。大覓也。又作[字]，翁貢反。（中卷/690）

008 瘡：平。楚良反。傷也。又創字也。（中卷/693）

009 瘦：去。所投反。又損瘠曜也。又作[字]②。（中卷/693）

010 胎：平。湯來反。又治。婦盈一月爲肧，二月爲胎也。（中卷/695）

011 盃：平。佩回反。又作杯[字][字]。（下卷/701）

012 皃：去。蕭教反。儀形也。形狀也。又作[字]，古[字]。（下卷/701）

（三）辨別俗字

001 厄：入。焉革反。災。正作[字]。（上卷/668）

002 [字]：入。竹厄反。指採取物也。是俗。又[字]③。（上卷/675）

003 咽：平。一莖反。喉嚨也。俗作[字]之。（上卷/678）

004 䏽[字]：上。蘸米反。股外也。俗作[字]，非。（上卷/678—679）

005 冤：平。扵衣反。煩反。枉也。屈也。從冖兔不得走。正

---

① 此字下半部無。後有約一字空間。
② 此字下半部有損殘。
③ 此字模糊不清，似有塗改痕迹。

作寬。今俗作冤。（上卷/684）

　　006 臘：入。來盍反。蜡祭，獵取禽獸以祭先祖。俗䐗。（中卷/686）

　　007 侉：平。劦加反。儕失志皃。俗跨。（中卷/688）

　　008 涎：平。叙連反。液也。俗漾。（中卷/692）

　　009 殄：上田典反。𠙇俗作。正作殄。絶也。盡也。威也。（中卷/694）

　　010 㺞：□□向反。施□於道取獸。又其兩反。俗撻。（中卷/698）

　　011 𩐎：上卿兩反。虛谷聲餘。俗響者，非。（中卷/698）

　　012 譴：入。竹厄反。罪譴責也。俗儞。（下卷/700）

　　013 晴：平。七精反。腥洼雨止天露而明。又徐盈反。俗窒。（下卷/706）

（四）指出同音字，有以下十二例

　　001 浴：入。余蜀反。欲同音。（上卷/669）

　　002 吐：上。他吉反。弃也。寫也。又去聲，同音。歐。（上卷/669）

　　003 廕：去。音陰也。（上卷/672）

　　004 敁：當對也。齊也。返也。𣪍同音。（上卷/674）

　　005 池：平。直知反。停水也。音移。（上卷/676）

　　006 盜：去。徒到反。導蹈同音。（上卷/680）

　　007 媃：上。倉牢反。女也。採采彩同音。（上卷/682）

　　008 翅：去。式智反。又居智反。翼也。抵嗣皷同音。（中卷/685）

　　009 壙：去。苦黃反。墓穴也。曠同音。（中卷/686）

　　010 鴇：入。虔列反。渴盡也。楬同音。（中卷/687）

　　011 擾：上。饒少反。乱必煩也。繞同音。（中卷/691）

　　012 穩上億：二字同音。（下卷/706）

作爲10世紀的寫本，此音義篇幅并不長，卻有如此豐富的漢字研究資料，值得引起重視。筆者尚未對此本展開較爲全面的研究，僅以舉例形式舉出。筆者今後將對此本從漢字研究的角度展開研究。

第四節　日僧撰密教部音義考論
——《孔雀經單字》

一、時代與作者

　　本節的研究對象就是以上築島裕所歸納的日本歷史上所出現的三類《孔雀經》音義書中的第三類《孔雀經單字》（以下簡稱《單字》）。其現傳本有小川廣巳氏[①]藏本一卷（上卷）[②]與大東急記念文庫藏本一卷（中下卷）。根據考證，兩藏本均應出自高山寺，且本爲一卷。兩寫本皆爲鎌倉初期所寫，且無其他傳本，亦即天下唯一孤本也。

　　根據石塚晴通先生考證，[③]小川本（上卷）的背面寫有"文治六年（亦即"建久元年"，1190）"的"具注曆"[④]。用較薄的楮交斐紙寫成，上有鎌倉初期的淡朱聲點、片假名、補注，以及鎌倉中期墨書聲點、片假名、補注。卷首有"高山寺"的朱印。而且建長三年（1251）長真的《高山寺經藏聖教內真言書目錄》之"真第十一"箱條記有"孔雀經單字"，即應指此本。[⑤]大東急記念文庫本（中下）也是用楮交斐紙寫成。此本有與小川本相同的鎌倉初期的淡朱聲點、鎌倉中期墨書聲點、片假名、補注。從筆跡來看，與上卷不很像，所以書寫時期被判斷或許稍稍往後一些。[⑥]此本封面的襯頁有：

---

　　① 與第二章我們考論的《新譯華嚴經音義私記》的收藏者爲同一人。
　　② 此本也已被定爲日本"重要文化財"（重要文物）。
　　③ 石塚晴通：《小川廣巳氏藏 大東急記念文庫藏〈孔雀經單字〉解題》，古典研究會編《古辭書音義集成》第十七卷，汲古書院昭和五十八年（1983）版。
　　④ 這是日本奈良平安時代用的一種曆書。
　　⑤ 參考石塚晴通《小川廣巳氏藏 大東急記念文庫藏〈孔雀經單字〉解題》與築島裕《醍醐寺藏〈孔雀經音義〉二種解題》。
　　⑥ 石塚晴通：《小川廣巳氏藏 大東急記念文庫藏〈孔雀經單字〉解題》。

　　　　天保十二年辛丑十一月奉修補之了
　　　　　　沙門慧友護記之

　"天保十二年"是1841年，"慧友"是江户後期住高山寺的僧人。石塚晴通先生認爲應該是"天保十二年"以後，分開成上卷一卷，中下卷一卷。原來兩卷曾同爲一卷。

　石塚晴通先生經過詳密考證指出，小川本和大東急記念文庫本應該是撰者的稿本。《單字》雖然作者未詳，但被認爲其撰著者應是與高山寺有關係者。鎌倉初期，高山寺之學問之一是以華嚴學爲中心而展開，其中有以喜海爲中心而編纂的《新譯華嚴經音義》、《貞元華嚴經音義》以及道璿的《華嚴傳音義》等；而另一方面與真言有關係的研究亦頗具實力，其中《孔雀經》和《孔雀經》的作法資料，還有《孔雀經音義》等也得以被研習。《單字》應是草創時期的高山寺學僧研習《孔雀經》的成果之一。

二、體例與内容

　本書專爲《孔雀經》編纂，故屬"單經音義"，且因辭目皆爲單字，也應屬"單字音義"。作爲"單經單字音義"，本書與其他種類的《孔雀經音義》或同時期其他佛經音義相比較，具有較爲明顯的特色：其編撰並非基於《孔雀經》本文的實際誦讀，作者的撰述思想更接近於字書的觀點，而且因與經文之關係並不密切，故更能體現一般字書的特性。[①]

　本書的體例與内容，與一般意義上的佛經音義較大不同，主要體現於以下兩方面。

　（一）按照經文順次摘出單字爲辭目，反切、聲調韻目和釋義用行間小注的形式置於辭目字。而聲調韻目又作小字以行間小注的形式置於反切下。音注與義注基本依據《廣韻》。

　　　僧：蘇增切，平登[②]。沙門也。梵音云僧伽。（4/10[③]）
　　　伽：求迦切，平戈。伽藍。（4/10）
　　　薩：桑富切，入曷，釋典云：菩薩。菩，普；薩，濟也。普能濟

[①] 參考石塚晴通《小川廣已氏藏　大東急記念文庫藏〈孔雀經單字〉解題》。
[②] 二字以行間小注的形式置於反切"蘇增切"下。下同，不另注。
[③] 前之數字表示《孔雀經單字》影印本頁數，後之數字爲影印本行數。下同，不另注。

衆生也。（4/14）

案：以上三例在同一頁，皆爲常見佛經音譯名詞，聲注與義注皆參考《廣韻》。除此，音譯辭目還包括陀羅尼的內容，但也是以單個漢字的形式出現。如：

嚩（8/42）

案："嚩"爲譯經咒語用字，《單字》無釋。《康熙字典·口部》："《海篇》音縛，呪語。《正字通》：嚩字見梵書者非一。金剛經呪語有嚩字；雨寶陀尼心眞言云唵嚩素馱嚛娑嚩賀；延命陀羅尼呪云吽吽尸棄薩嚩賀；皆有字無音。《孔雀明王經》五大部直音云嚩有文何無可肥麼無鉢文，賀五切。"此專爲譯經所造字，《廣韵》與《玉篇》無。根據石塚先生考訂，原寫本"嚩"字下有"私云字紀①云房下反音近房可反"淡朱文字作的補記。②

𩏲（14/92）

案：此亦爲譯經用字，不見於《廣韻》，故衹有辭目字，卻無音義內容。

嚂（15/99）

案："嚂"亦爲譯經專字，《廣韵》不收，故《單字》無釋。同上。
由此可知，《單字》收釋音譯陀羅尼字時，若不見《廣韻》或《玉篇》，則多不釋，但皆留白，應似待後補入說解。何以知其留空白爲俟補入說解？以上"**𩏲**"字可作明證。"**𩏲**"字據本行末字，下無空白。而93行開頭空出一段，因知作者之意。

---

① "字紀"即爲"悉曇字紀"。
② 又以下關於此音義訂正部分內容，皆參考石塚晴通先生考訂（《解題》之二"淡朱·濃朱及び不鮮明箇所"），不再另行注出。

囉：魯何切，平歌。囉，歌詞。又嘍囉也。又小兒語也。
（8/43）

案：與上不同，"囉"字《廣韵》中有，作"亦小兒語也"。然"囉"經中也用爲譯音字，與《廣韻》義並不合。故原寫本於辭目字右旁淡朱補記"字紀云曷力下三合卷舌呼囉"。

天：他前切，先平。上玄也。説文曰：顚也。至高無上。从一大也。（6/29）
祇：章移切，平支。適也。又巨支切，平支。地祇，神也。（6/30）
或：胡國切，入職。不定也。疑也。（6/30）

以上三例都是一般漢語詞，并非難字，亦不屬難詞，之所以收釋，可見作者編纂字書的目的性很强。

以上例儘管并沒有注明出典，但音注與義注皆參考《廣韻》，而且引用《廣韻》不注出典。但是，《廣韻》并不是《單字》的唯一依據。根據宮澤俊雅所編"出典索引"[①]，《單字》除引用《廣韻》外，還有《大廣益會玉篇》、《小切韻》、《切韻》、"宋韻"、"場字音"、"字紀"、"經"、"或書"、"或抄"等，并有七例"所出未詳"者。但這些明示出典者，大部分是因爲辭目字不見於《廣韻》，故而其音義内容引用自其他典籍，以《玉篇》爲最。

原本上還有用淡朱色寫的鎌倉初期的聲點、假名、注釋和濃朱色寫的鎌倉中期的聲點，以及用墨書寫的鎌倉中期的聲點、假名、注釋。這些都是日本古代訓點研究中的重要資料，日本學者已有專門論述，[②]毋庸贅述。

（二）以經文中所需釋字爲第一字頭，其後出《廣韻》中該字，大部分可視爲作爲正字出現的，然後羅列《廣韻》該字下的所有音切、釋

---

① 古典研究會編：《古辭書音義集成》第十七卷，汲古書院昭和五十八年（1983）版，第141—152頁。
② 石塚晴通：《小川廣巳氏藏　大東急記念文庫藏〈孔雀經單字〉解題》。

文。如：

　　蘇：蘇，聯姑切，平模。紫蘇草也。蘇木也。滿也。俁也。（7/39）

　　案："蘇"爲經中俗字，置端。故知《單字》爲釋經字而作，次以《廣韵》正字"蘇"釋之。《説文·艸部》："蘇，桂荏也。从艸穌聲。素孤切。"依照篆文，此字應左"魚"右"禾"，然漢字形構多有偏旁左右改易猶爲同者，故"蘇"與"蘇"成爲異體關係。

　　颯：颯，蘇合切，入合。風聲。（15/98）

　　案：《説文·風部》："颯，翔風也。从風立聲。穌合切。"漢字構件左右常可互換位置而字義不變，故俗字可作"颯"。《龍龕手鑒》與《紹興重雕大藏音》皆收此俗形，可見寫經中常見，《單字》此例亦是明證。

　　不僅如此，連《廣韻》中所列出的異體和俗字，《單字》也全部收入。如：

　　澁：澀，色立切，入緝。說文曰：不滑。澀，上同。澁，俗。（14/93）

　　案："澁"爲經中俗字，但實際正是《廣韻》所指出的"俗"體"澁"。由此例可以看出《單字》的釋文體例。由"澀"以下全是《廣韵》原文，而被釋字"澁"冠於首，並且後邊不避重複地錄下《廣韵》的"澁（俗）"以求完整。同時也看出，當時所傳《孔雀經》應用俗"澁"。

　　蜂：蠭，薄紅切，平東。蟲名。出蒼頡篇。又敷容切，平鍾。說文曰：螫人飛蟲也。孝經援神契曰：蠭蠆垂芒，為其毒在後。蜂，上同。蠢，古文。（92/525）

　　案：《説文·䖵部》："蠭，飛蟲螫人者。从䖵逄聲。蠢，古文省。""蠭"爲《説文》古文的隸定字。《廣韻》以"蠭"爲正體,故係説解於其後,蓋承襲《説文》之故。古文"蠢"同出自《説文》。"蜂"乃後出俗字,至《廣韻》,已通行爲正字。

罽,居例切,去祭。氍毹,織毛爲之。説文曰:西胡毵布也。罽,上同。説文曰:魚网也。玉篇云:罽,魚罔也。亦作䍙。（93/536）

案:《廣韻》無"罽"字,該條字頭作"綱"。"綱"字又可作"綱"。"罽"當從"綱"省。"罽"字引《説文》曰:"魚网也。"《單字》"网"字當爲書寫形譌。《玉篇》:"罽:居厲切,魚罔也。亦作䍙。""䍙"字僅見《玉篇》"罽"字注語。

當然,我們也發現《單字》雖然大多抄自《廣韻》,但仍有些許差異,這種差異也許是作者所據《廣韻》與我們所依據的宋刻本《廣韻》不完全相同,抑或作者在轉抄中還有所發揮或有所遺漏,這已不得而知。雖然我們前已指出《單字》特色"其編撰並非基於《孔雀經》本文的實際誦讀","與經文之關係並不密切",但我們還是可以看出作者編寫此音義的宗旨仍是爲了能盡可能詮釋《孔雀經》中的俗字,或者說作者深受當時經本文用字的影響,這種影響也體現在其編寫或抄寫《單字》上。

另外,需要強調的是此音義的辭目字不取特殊的人名、地名等專名。而且,所列出的辭目單字沒有重復。實際上,很多佛經音義,包括玄應、慧琳等中國僧人的音義書,因體式爲"卷音義",逐卷摘取辭目,故多有重複,有的甚至一卷之内亦見。由此更可以看出《單字》所具有的字書的特性。

三、學術價值

——以漢字研究爲中心

作爲"單經單字字書"的《孔雀經單字》,我們要考察其學術價值,當然要從漢字的角度展開。但是因爲《單字》的體式與其他音義有所不同,如上述及,與《廣韻》有密切關係,故筆者曾就《單字》中172例所揭字形,以宋本《廣韻》和宋本《玉篇》作爲參照,加以對勘,主要從俗

第六章　密教部音義　　535

字字形的角度進行過梳理，并得出了四點結論。[①]以下，筆者想就其中有些內容再加以強調。

（一）著者尊崇《廣韻》，收存了《廣韻》中大量的漢字資料。

如前述及，《單字》體式在日本音義中可謂別具一格，頗有特色。其最突出的一點就是基本抄撮《廣韻》。《廣韻》作爲韻書，屬於音韻學材料的範圍，但同時因爲它有字義的解釋和字體的記載，也能起辭書、字典的作用，當然也是漢字研究的重要材料。周祖謨先生曾經指出：

> 它（韻書）不僅是我們研究六朝以迄隋唐古音的重要憑據，而且也是研究文字、詞彙以及詞義的重要資料。因爲從隋代陸法言編定《切韻》以後，到唐代，就《切韻》進一步刊正字體和增字加訓的書很多，這些書在字形方面記載了很多異體字和簡體字，我們可以從中看到不少文字在表音、表義和書寫方面發展的情況和規律。[②]

儘管周先生所論述的主要是唐代韻書，但《廣韻》作爲北宋時代官修韻書，在前代韻書的基礎上編修而成，爲宋以前韻書的集大成者，所以作爲漢字研究資料，十分重要。張民權與田迪合作的論文《宋代韻書中的俗字標識與文字觀念研究》一文[③]就指出：在唐本韻書中就有大量的俗寫字，除韻頭字外，更多的是在注釋中使用俗字。除此之外，還有一些是以附注形式出現的俗字。這些都是我們研究唐代漢字學的重要歷史文獻。

《單字》大部分內容直接抄錄《廣韻》，其中當然包括俗字內容，有韻頭字，也有詮釋中所用俗字，以上所舉數例，應該已經能說明問題。筆者還想特別以"避諱字"加以強調。

敬：居慶切，去映。恭也。肅也。慎也。（5/22）

案：此"敬"字缺末筆作"敬"，即因《廣韵》避宋諱之故。宋太祖趙匡胤立國大宋，有宋一代敬避趙氏始祖玄朗、曾祖珽、祖敬、父弘殷等

[①] 見筆者《日本古寫本單經音義與漢字研究》，第427—459頁。
[②] 周祖謨《唐五代韻書集存·序》，中華書局2005年版。
[③] 《南昌大學學報》（人文社會科學版）第44卷第3期，2013年5月，第128—135頁。

名諱，以及太祖匡胤太宗光義以下列宗之名諱。宋本《廣韵》、宋本《玉篇》多遵守避諱之條。而此處"敬"乃趙匡胤祖追尊翼祖簡恭皇帝名敬。故而《廣韻·映韻》中不僅字頭作"敬"，其下釋文中所有"敬"皆缺筆。甚至以"敬"爲聲符的"擎""儆""瞦"①"憼"②等字，"敬"末筆亦缺。而《單字》直接取音義於《廣韵》，因承襲之。我們甚至發現在"迎"字條的釋語中，"敬"也如《廣韻》而缺筆。

上條影印本原文"敬"字上添有一小"敬"字，在書寫範圍外，當爲後補，蓋以注字頭"敬"字之構形不明。此或因《孔雀經》本文應並不避諱，此後補之"敬"字當由經文本如此；或因後人不識避諱字，以爲錯而補之。

　　穆：莫六切，入屋。和也。美也。敬也。厚也。清也。（32/237）

　　案：以上是釋語中"敬"字缺末畫，避宋諱。此亦直接抄自《廣韵》，而非作者有意避諱。

　　鏡：居愛切，去映。拾遺錄曰：穆王時，渠國貢大齊鏡廣三尺六寸，暗中視如畫。人向鏡語，則鏡中響應之。（90/507—508）

　　案：以上辭目字"鏡"缺末筆，因《廣韻》避宋諱。宋太祖匡胤祖敬，因避嫌名。翼祖正諱"敬"，而"鏡"亦多避。《廣韻·映韻》"鏡"與"竟"等字作"鏡""竟"，亦缺末筆以避諱。甚至以"竟"爲聲符的"獍"，雖是獸名，但也作"獍"。遼釋行均《龍龕手鑒》傳入宋地，易名《龍龕手鑒》與之同例。不僅辭目字同《廣韻》，而且釋義中出現"鏡"字時也一如《廣韻》，用缺筆字。

　　朗：朗，盧儻切。上蕩。明也。朖誏，並上同。玉篇云：朗，力黨切，明也。又作朖。（97/570）

---

① 同在《映韻》。
② 《養韻》。

案：以上辭目字"朗"并非難以識讀之字，但作者卻在其後用一個缺筆的"朗"字，正是《廣韻》避宋諱，因宋真宗大中祥符五年，附會趙氏始祖名"玄朗"（尊號曰"聖祖"）①，故凡"朗"字均缺筆作"朗"。

從以上四例避諱字，我們可以看出《單字》著者對《廣韻》的尊崇。《孔雀經》本文應並不避諱，但是此本中"敬""鏡""朗"等，卻皆作缺筆避諱字，正是直接受《廣韻》的影響。這當然是因爲在當時韻書中的地位所造成的，另外因爲《廣韻》之產生年代與《單字》相近。所以其所用的《廣韻》版本應該是接近原本的珍貴資料。根據石塚晴通先生考察，高山寺本第一部2444號"高山寺聖教目錄"《建長目錄》之第101函之項就有"《廣韻》一部二帖"。這說明《廣韻》在當時是十分重要的參考工具書。以上《單字》所抄撮《廣韻》中的避諱字可以說明此問題。

（二）收釋《孔雀經》經本文中的俗字、訛誤字等，保存了大量日本中世的漢字字形，成爲中古漢字研究的重要資料。

《單字》雖然基本抄錄《廣韻》，但是正如我們在前所舉例中已經辨析的那樣，作爲經文中所需釋字常作爲第一字頭，其後《廣韻》作爲正字出現。而置前的第一字頭多爲《孔雀經》經本文中的俗字、訛俗字、訛誤字等。可以看出，著者撰此音義的目的是讓讀者辨別"俗正"和"誤正"。所以其中記錄了大量當時所流傳的《孔雀經》經本文中的俗字、訛誤字等，保存了大量日本中世的漢字字形。此類例舉不勝舉。如：

嬌：嬌，舉喬切，平喬。女字，亦態。又居夭切，上小。女字。又巨嬌切，平宵。廣雅曰：禹妃之名。（96/565）

案：《廣韻》字頭爲"嬌"，《單字》以"嬌"爲字頭，從俗字。藏經多用之。從"喬"之字俗往往從"高"。《干祿字書》平聲："高喬：竝上俗下正。"

帀：帀，子荅切，入合。遍也。周也。帀，上同。（98/581）

案：《說文》作"帀"，《廣韻》以"帀"爲正字字頭，尊《說文》

---

① 王彥坤編著：《歷代避諱字彙典》，中華書局2009年版，第165頁。

之意。"匝""迊"皆當時俗字。"匝"從乚從帀，俗又往往書"乚"與書"辶"雷同相淆，遂以"辶"代"乚"成"迊"。藏經中多有之。又今以"匝"爲印刷規範用字。承中古俗字之變，以從"乚"從"帀"譌作從"匚"從"巾"。又"砸"字亦從俗"匝"字得聲。可見"匝"字流行之廣和深入人心。

勸：勸，去願切，去願。獎勸也。勉也。助也。教也。（98/582）

案：《單字》字頭作"勸"，左旁從"雚"。《廣韻》字頭作"勸"。左旁從"堇"。《廣韻》與《説文》同。《單字》從俗。俗從"堇"之字往往從"雚"作。如"權、歡、鸛"等，不贅。

完：肉，如六切，入屋。骨肉。俗作宍。（86/474）

案：依《單字》體例，"完"當爲被釋字，《廣韻》"肉"爲正字。但明顯的是"完"非"肉"字，其字形有誤。蓋字本作"宍"。"宍"爲傳世"肉"字古文。《古詩紀·彈歌》："斷竹，續竹；飛土，逐宍。"馮惟訥注："宍，古'肉'字。今《吳越春秋》作'害'，非。"案：俗"害"字作"宭"，如《可洪音義》有作"宭""宍"[①]等，與"宍"形近而譌。俗又以"兒"字書作"皃"，此處"肉"作"宍"，又譌書其下部"八"爲"儿"，遂成"完"。

蒴：梢，所交切，平肴。船舵尾也。又枝梢也。（43/328）

案："蒴"字文獻中甚爲罕見，《重訂直音篇·艸部》："蒴，音朔。蕭疏貌。蒴，同上。"而"蒴"與"梢"可通，蓋此因造成此誤，然《可洪音義》中"梢"也有作"蒴"者，[②]可見此誤並不少見。

僅從以上例，不難看出：《單字》所揭録俗字，大部分與中國中古的

---

① 韓小荊：《〈可洪音義〉研究——以文字爲中心》，第469頁。
② 同上書，第667頁。

第六章　密教部音義　539

碑刻別字、敦煌俗字，藏經俗字（如《可洪音義》）等基本一致，可以分析出其共同特色，所以我們可將其視爲中古漢字研究的材料之一。

（三）收釋《孔雀經》經本文中的俗字、訛誤字等，保存了大量日本中世的漢字字形，成爲"日本俗字"研究的重要資料。

《單字》所揭録俗字，大部分與中古俗字完全一樣，但我們發現其中已經出現"倭俗字"内容，一部分字已具有"日本漢字"特色。如：

勢：勢，舒制切，去祭。形勢。（14/89）

案：《廣韻·祭韻》僅有"勢"。《單字》首字雖不甚清晰，但應爲"勢"字。此字筆者已多次論述過。這是標準的在日本產生的俗字。無窮會本《大般若經音義》中有"勢"①，字形頗爲清晰。無窮會本《大般若經音義》被認爲寫於鎌倉初期。②《佛教難字大字典·力部》"勢"字下收有"勢"字，其字下有記號⑥。根據有賀要延所注"凡例"，注有⑥之字皆收自《春日版法華經》。此書無刊記，爲鎌倉時期寫本。由此可見，鎌倉時期"勢"字在寫經中並不少見。日本江戶中後期入儒學家近藤西涯（1723—1807）所著《正楷録》"凡例"指出："倭俗訛字者，作俑者如杉作枊，勢作勢，甚多。所無於華人也。收此以使好古君子知文字有爲倭俗所訛者焉。"③"勢"被認爲是"勢"在日本因爲訛用而成的俗字。"勢"俗體很多，但筆者確實僅在日本資料中見到此形。《單字》作爲被釋字，説明當時所傳《孔雀經》用此形，加之與《春日版法華經》同屬鎌倉時期，所以至少説明，"勢"這個"倭俗字"在當時已頗爲常見。

靈：靈，郎丁切，平青。神也。善也。巫也。寵也。福也。（6/29）

案：《單字》字頭作"靈"，經俗字。《廣韻·青韻》以"靈"爲字頭，與《説文》同。蓋"靈"字本爲"靈"的草書楷化字。今日本常用

---

① 築島裕：《大般若經音義の研究　本文篇》，勉誠社1977年版，第126頁。
② 請參考本書第三章。
③ 杉本つとむ編：《異體字研究資料集成》第一期，第七卷，雄山閣1975年版，第182頁。

漢字"靈"字作"霊"，蓋由"霊"字沿襲而來。何華珍指出"霊"爲"靈"的簡俗字。《王二·青韻》："靈，郎丁反，神。亦作霊。"敦煌寫本伯2482《張懷慶邈真贊并序》："公乃天資霊異，神授宏才。"元《三國志評話》《太平樂府》等，"靈"亦作"霊"①。儘管此形確實不是"日式省文"，②但是"霊"這一簡俗字卻在日本更爲通行，如奈良時代日僧所撰《私記》中"靈"就作"霊"③"霊"④，可見自古一直傳承此寫法，故新井白石會將其認作是"日式省文"。近藤西涯《正楷錄》上"靈霊灵霊"四字下注曰："灵霊二字共倭俗訛字。"⑤可見日本學者多認其爲產生於日本的俗字。

豊：豐，敷空切，平東。大也。多也。茂也。盛也。（33/251）

案：《說文·豐部》："豐，豆之豐滿者也。从豆象形。一曰鄉飲酒有豐侯者。"《豊部》："豊，行禮之器也。从豆象形。"二字形音義俱不同。漢末刻石隸書多有以"豊"代"豐"者。據說，此書法起於蔡邕。《佩觿》云："蔡中郎以豊同豐。李少監陽冰説。"清代翟雲昇說："後人讀《佩觿》者乃以劉熊華山夏承三碑有豊字，皆目爲蔡中郎書，不知蔡書石經而外，惟劉熊一碑，有圖經及王建詩證之爲可信。餘則無徵。漢末諸碑有豊字者多矣，豈盡出中郎手中乎？中郎隸法冠絕當時，一字開先，轉相放效耳。"可見漢代隸書中流行"豊"字，蓋二字形近而"豊"字在結體上容易爲人接受故也。日本書手自古就似好用"豊"，如《私記》就用"豊"作"豐"字用⑥。《同文通考·誤用》指出："豊，俗豐字"，認其爲日本誤用俗字。因"豊，禮古字"。⑦儘管實際上"豊""豐"二字，漢語早就多混用。

此類內容儘管不多，卻是值得關注的現象。《單字》是鐮倉初期寫

---

① 何華珍：《日本漢字和漢字詞研究》，中國社會科學出版社2004年版，第141頁。
② 《同文通考》認爲"霊"是日式省文，何華珍指出"非"。何華珍：《日本漢字和漢字詞研究》，中國社會科學出版社2004年版，第142頁。
③ 《私記·經卷第二》"精爽"條釋語"明也，昭也，精靈也"。
④ 《私記·經卷第十四》"示謁"條釋語"……言示現祈請天神靈廟也"。
⑤ 杉本つとむ編：《異體字研究資料集成》第一期，第七卷，雄山閣1975年版，第236頁。
⑥ 請參考梁曉虹、陳五雲、苗昱《新譯華嚴經音義私記俗字研究》，第377頁。
⑦ 《異體字研究資料集成》第一期，第一冊，第285頁。

本，而這個時代是日本漢字發展較爲迅速的時期。與古奈良時期寫經生十分尊崇唐寫本的心態、單純忠實地臨摹抄寫底本的行爲相比較，平安時代中期以降，寫經生在抄經時，應該説已經形成了自己的一些漢字書寫習慣和特色，我們通過對平安末期鎌倉初中期佛經音義的考察，已經可以得出這一結論。故而這個時期漢字在日本的發展，已有某些規律可循。《單字》的重要特色之一，是多與宋本《廣韻》相連，我們可以通過與宋本《廣韻》的比較勘核，追溯"日本俗字"產生的印迹。儘管是點滴"個案"性的，但規律正是在此基礎形成的。所以"個案"研究是尋求規律的基礎。

簡短的結論

日本平安時代的佛教可以天台、真言兩宗的創立和發展爲代表。"入唐八家"的兩位傑出代表空海和最澄爲兩宗開山祖師。天台之"東密"與真言之"臺密"成爲日本密教的基礎。"入唐八家"從中國泛海攜來的佛教典籍中有不少密教經典，其中也包括音義内容。隨著密教的興盛，天台、真言兩宗學僧也撰寫了多部密教部音義，又多爲《孔雀經》之音義書。現存的幾部《孔雀經》之音義，雖同爲《孔雀經》之音義，但各有不同特色，學術價值也體現在不同方面。但是有一點卻是共同的，即作爲漢字研究資料，都非常重要。筆者主要考察了《孔雀經單字》，但是，實際上，醍醐寺所藏的兩部《孔雀經音義》也都很有價值。筆者將在今後展開研究。

本章附録：密教部音義名篇書影

附録一：醍醐寺藏《孔雀經音義》（觀靜撰）上卷①

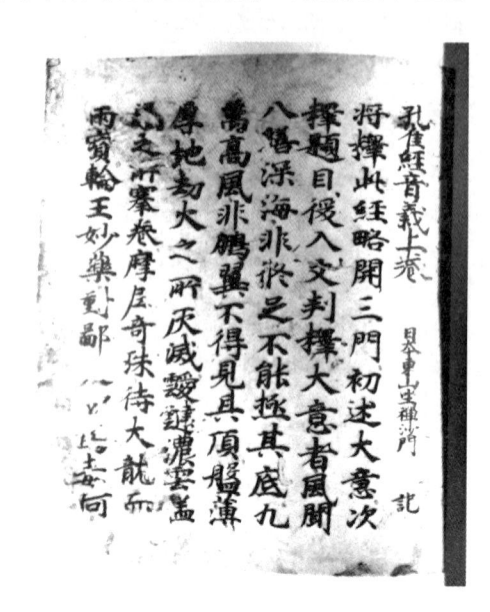

附録二：醍醐寺藏《孔雀經音義》（觀靜撰）中卷②

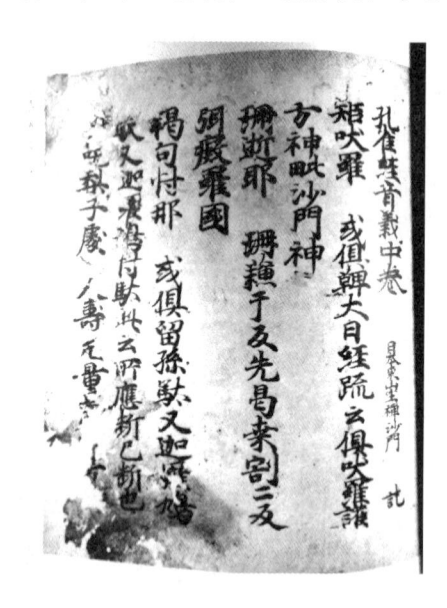

---

① 古典研究會編：《古辭書音義集成》第十卷《孔雀經音義》，汲古書院昭和五十六年（1981）版。

② 同上。

第六章　密教部音義　　543

附録三：醍醐寺藏《孔雀經音義》（觀静撰）下卷[1]

附録四：醍醐寺藏《孔雀經音義》（平安中期寫本）[2]

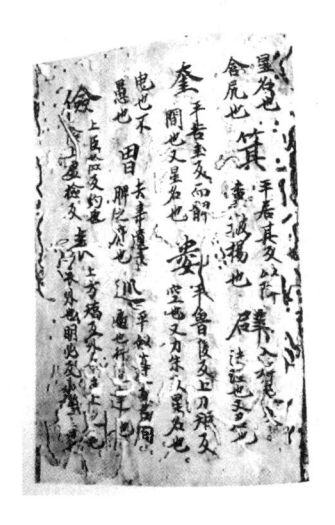

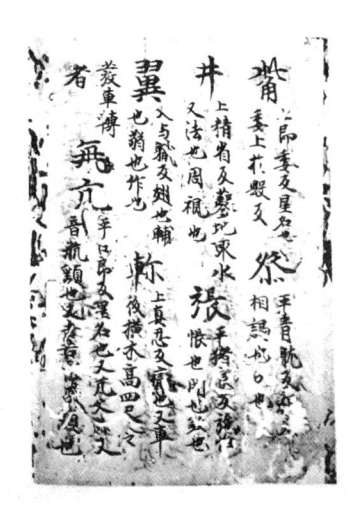

---

[1] 古典研究會編：《古辭書音義集成》第十一卷《孔雀經音義》，汲古書院昭和五十八年（1983）版。
[2] 同上。

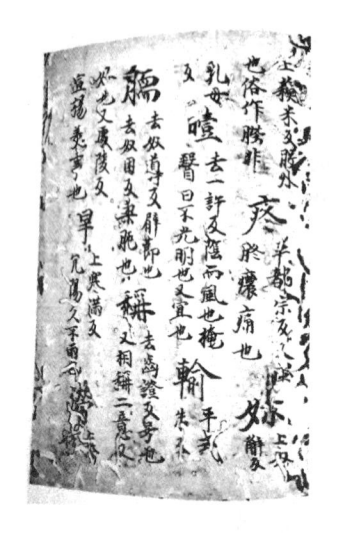

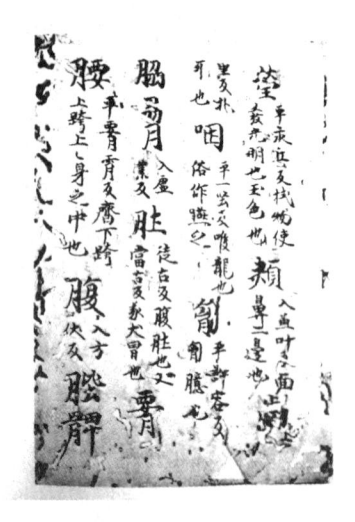

附録五：《孔雀經單字》上卷①

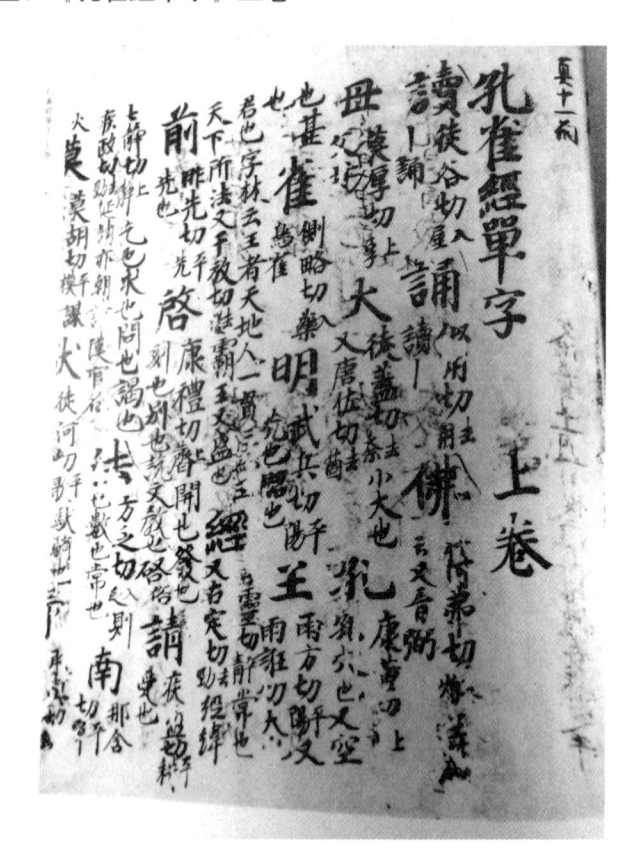

---

① 古典研究會編：《古辭書音義集成》第十七卷《孔雀經單字》，汲古書院昭和五十八年（1983）版。

附錄六《孔雀經單字》中下卷[①]

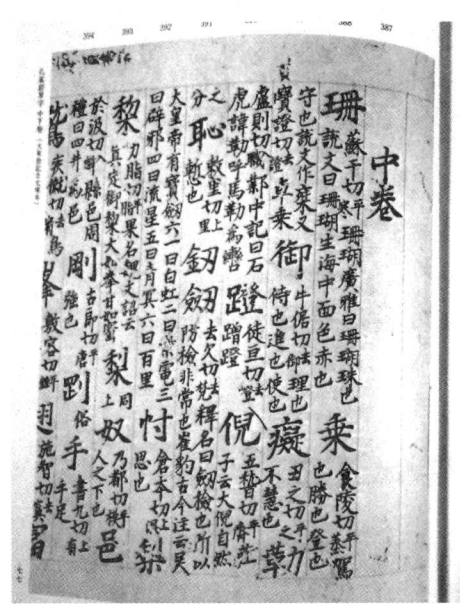

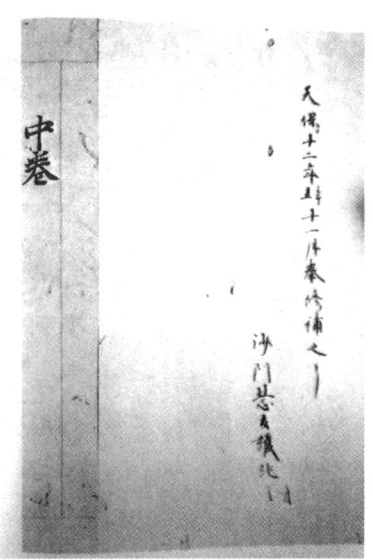

---

① 古典研究會編：《古辭書音義集成》第十七卷《孔雀經單字》，汲古書院昭和五十八年（1983）版。

第七章　律部、論部佛經音義

第一節　律部音義
——以《四分律音義》爲中心

一、《四分律》與《四分律音義》在日本

（一）《四分律》在日本

1. 律藏與律部經典

衆所周知，佛家有"三藏"：經藏、律藏、論藏。所謂"律藏"，即指匯聚釋迦牟尼關於戒律的論述。據説佛陀入滅后，五百弟子舉行了第一次結集，由釋尊十大弟子中有"多聞第一"的阿難陀誦出《長阿含經》等多部佛教經典，是爲經藏。又有十大弟子中有"持律第一"之稱的優婆離分八十次誦出根本律法，此後由迦葉、阿難陀、末田地、商那和修、優婆多等五師相承，後經優婆多門下五位弟子再從八十誦律中各執所持自成一部，就是所謂的"五部律"：《四分律》《十誦律》《摩訶僧祇律》《五分律》和《解脱律》。①除了最後的《解脱律》以外，其他四部皆有漢文譯文。其中《四分律》（六十卷），姚秦佛陀耶舍與竺佛念共譯；《十誦律》（六十一卷），後秦弗若多羅等譯；《摩訶僧祇律》（四十卷），東晉佛陀跋陀羅等譯；《五分律》（三十卷），劉宋佛陀什等譯。

除了"四律"以外，律宗基本經典還有"五論"：《毗尼母論》（八卷），失譯；《薩婆多部毗尼摩得勒伽論》（十卷），南朝宋伽跋摩譯；《善見律毗婆沙論》（十八卷），南朝齊伽跋陀羅譯；《薩婆多毗尼毗婆沙論》（九卷），失譯；《律二十二明了論》（一卷），南朝陳真諦譯。

---

① 參考郜林濤《律藏的來由及在漢地的流傳與研究》，佛緣網站，http://www.foyuan.net/article-560190-1.html。

律藏中關於戒律的經典還有不少，但重要的就是以上所述及的"四律五論"。它們既是漢譯律藏，也是中國律宗的基本典籍。"四律"譯出後，佛教界起初普遍以弘揚《十誦律》爲主，直到北魏孝文帝年間（471—499），《四分律》才逐漸受到重視，并推行於北方。而關中僧衆原來基本崇奉《摩訶僧祇律》，直至生平歷經東魏、北齊、北周和隋代的著名律宗僧人洪遵（530—608）入關，於崇敬寺等處大講《四分律》，受"講律衆主"之封號，《四分律》由此逐漸興盛，《摩訶僧祇律》逐漸式微。而至有唐一代，《四分律》遂發展臻於鼎盛。

2.《四分律》與律宗

《四分律》爲佛教戒律書，梵名"Dharmagupta-vinaya"，凡六十卷，又稱"曇無德律""四分律藏"，原爲印度上座部系統曇無德部（法藏部①）所傳戒律，後由姚秦佛陀耶舍與竺佛念共譯於長安（410—412），現收於《大正藏》第二十二册。因其內容由四部分組成，故稱"四分"。①初分，包括比丘250條戒律條目，共二十卷。②二分，包括比丘尼348條戒律條目及受戒、説戒、安居、自恣（上）等四犍度，共十五卷。③三分，包括自恣（下）、皮革、衣、藥、迦絺那衣、拘睒彌、瞻波、呵責、人、覆藏、遮、破僧、滅諍、比丘尼、法等十五犍度，共十四卷。④四分，包括房舍犍度、雜犍度及五百集法、七百集法、調部毘尼、毘尼增一，共十一卷。②

《四分律》譯出後，如前述及，開始並未得以普遍弘揚。直到北魏孝文帝時，有北台法聰律師於平城（今山西大同）宣講法藏部的《四分律》，并口授弟子道覆作《四分律疏》六卷，被尊爲"四分律師"。北魏末年又有慧光僧統（468—537）博聽律部，師承道覆研究《四分律》，造《四分律疏》百二十紙，並删定《羯磨戒本》，此律乃得整飾弘揚，光大盛行。此後又經道雲、道洪、智首等歷代高僧作律疏或律鈔相承弘傳，"四分律"漸次取代各部，一枝獨秀地弘揚開來，成爲主流，盛行於南北各地，以致而成中國古代最有影響的佛教戒律。至有唐一代，智首高足道宣（596—667）更是專心鑽研律部，並入終南山潛心述作，於武德九年（626）撰成《四分律删繁補闕行事鈔》三卷（今作十二卷），對《四

---

① "曇無德"是"法藏部"的梵文音譯。
② 參考《佛光大辭典》（第三版；《佛光山電子大藏經》）"四分律"條。

分律》進行了劃時代的歸納整理，闡發了他爲律學開宗的見解。漢傳佛教教派之一的律宗由此成立。律宗因以《四分律》爲理論根據，故也稱"四分律宗"，又因道宣最後在終南山修行，故也稱"南山律宗"或"南山宗"。

　　律宗作爲中國佛教八大宗派之一，以弘傳戒律，主要是《四分律》而得名。但其中除道宣爲代表的"南山宗"以外，還有其他兩派。（1）相部宗，由隋唐之間的法礪（569—635）創立。法礪撰有《四分律疏》十卷（後來分爲二十卷，現存）、《羯磨疏》三卷以及《舍懺儀輕重序》等。法礪前後講律四十餘遍。因其長期住相州（今河南安陽），故稱其派爲"相部宗"。（2）東塔宗，由懷素（624—697）創立。懷素曾受學於玄奘法師，專學經論，後又依道成律師學《四分律》。而道成則是法礪的重要門人。此後，懷素還親拜法礪爲師，但後因對其律學不滿而離開。懷素撰有《四分律開宗記》十卷，批評法礪的律學。另外還著有《新疏拾遺鈔》（《開四分律宗拾遺鈔》）二十卷、《四分僧尼羯磨文》兩卷、《四分僧羯磨》一卷或三卷、《四分尼羯磨》一卷或三卷等。因其住長安崇福寺（又稱西太原寺）東塔，故其所開流派被稱爲"東塔宗"。而與其針鋒相對的則是法礪弟子滿意和定賓，他們實際是懷素的師兄弟。二人極力維護法礪之學，因住崇福寺西塔，故又稱"西塔宗"。

　　由此不難看出，中國律宗儘管分有三派，但同尊《四分律》爲宗旨。唐中宗時又明令禁用《十誦律》，故《四分律》在南北各地盛行，成爲中國古代最有影響的佛教戒律。五代以後，相部、東塔兩宗衰微不傳，唯南山一宗盛行，一花獨秀，所以道宣的南山宗事實上也就成爲律宗的正統傳承，亦可作爲律宗之代稱。

3. 日本律宗與《四分律》

　　律宗在日本是較早成立的宗派之一，其開山祖師即唐代歷盡艱險東渡傳律的鑒真大師。

　　鑒真（688—763）14歲即出家，18歲在家鄉廣陵江陽（今揚州）從道岸受菩薩戒，後又在長安實際寺從弘景受具足戒。道岸與弘景皆爲南山宗開祖道宣之再傳弟子，是著名律宗學者。此後，鑒真曾歷訪洛陽長安叢林，潛心專研經典，尤重律典。他先從濟融律師習《南山律鈔》、《業疏》（授戒法的解釋）、《輕重儀》（修行的規矩儀式），又隨長安禪定寺義威律師，聽講法礪律師的《四分律疏》，從西明寺遠智律師聽講《律疏》一遍。在洛陽又再聽授記寺金修律師、慧策律師各講《律疏》一遍。然後在長安聽觀音寺大亮律師再講"礪疏"（即法礪的《四分律疏》）五遍。①故而，等到鑒真27歲回揚州時，已是造詣頗高的律學大師了。回到揚州後，鑒真宣講律藏，教授戒律，四十餘年間，爲俗人剃度，傳授戒律，先後達四萬餘人，江淮間尊其爲"授戒大師"。

唐天寶元年（742），鑒真55歲時，來中國留學已達十載的日僧榮睿與普照聽聞鑒真大師高名，專程到揚州邀請鑒真赴日傳律。鑒真應允，率弟子祥彥、思托、道航、如海等21人東渡扶桑。然而，途中歷盡艱險，受盡挫折。因五次東渡赴日皆未果不成，乃至苦心焦慮，最後導致雙目失明。然而，鑒真大師并不氣餒，壯志不消，終於第六次東渡成功。而此時已值天寶十二年（753），此距其首次東渡已整整十二年。鑒真抵達東瀛，受到天皇遣使慰問，並詔賜"傳燈大法師"之號。

鑒真東渡，對中日佛教文化的交流貢獻巨大。除了所攜唐代先進的建築、雕塑、繪畫和醫藥以外，鑒真的最大功績就是將中國律宗傳到了日本。作爲在中國本就名望很高的律學大師，鑒真抵達日本不久，遂依律宗之祖——道宣之戒壇圖經，於奈良東大寺毘盧遮那佛前營建戒壇，並親自爲天皇、皇后及皇太子等朝野上下四百餘人傳授菩薩戒，又爲日僧重授戒法，此爲日本登壇授戒之嚆矢。鑒真此後還在關東的藥師寺、築紫的觀音寺建戒壇，爲各地前來受戒的僧尼使用。此二戒壇與東大寺戒壇被合稱天下三大戒壇，規定所有的沙彌、沙彌尼都要經過在此受戒後才能獲得正式戒牒。②中國乾元二年·日天平寶字三年（759），鑒真率弟子普照、思托等在奈良建成唐招提寺，並由東大寺移居於此。唐招提寺也建有戒壇，用以爲僧尼講授戒律，爲僧尼受戒。因爲鑒真東來，日本佛教律儀才漸漸嚴整，師資相傳，可見鑒真在日傳戒的意義重大。因此，鑒真大師也被尊爲日本律宗之開祖。而唐招提寺，也因其特殊地位，且經營既久，遂成日本律宗之祖庭。

《四分律》不僅在中國各地得以廣爲流傳，還隨著佛教東漸，很

---

① 以上參考《顯密文庫·律學大師鑒真和尚》，http://read.goodweb.cn/news/news_view.asp?newsid=81510。

② 王頌：《世界佛教通史》第九卷《日本佛教（從佛教傳入至公元20世紀）》（中國社會科學文庫·哲學宗教研究系列），中國社會科學出版社2015年版，第146頁。

早就傳到日本。根據石田茂作《奈良朝現在一切經疏目錄》，天平九年（737）四月十一日高屋赤麻律寫經請本注文有"四分律三十卷 余十卷"①的記錄。另外，根據此目錄，可知中國唐代律宗三派："南山宗""相部宗"和"東塔宗"的各派祖師道宣、法礪和懷素的著作皆曾傳到日本。如法礪的《四分律疏》，古文書記載年份是勝寶三年（751）。而懷素的《四分律開宗記》《四分律抄記》《四分律疏》以及《戒本疏》等著作，古文書記載年份亦皆在天平勝寶②年間。當然，道宣律師的著作最多，流傳也最廣，如有《四分律含注戒本》《四分律刪繁補闕行事鈔》等九種，共三十四卷，而且皆傳承至今，古文書記載年份，除了《四分律行事鈔》年代不詳外，其他亦皆在天平勝寶年間。

（二）《四分律音義》在日本

因爲《四分律》一枝獨秀地弘傳，又加以道宣以此律爲宗旨，開宗立派，對於《四分律》的研究也就逐漸展開，中國歷代單爲其所作的注疏就有將近二十家。現存重要的唐代注疏就有法礪《四分律疏》十卷（一作二十卷）、道宣《四分律刪繁補闕行事鈔》十二卷（或三卷、六卷）、《四分律含注戒本疏》四卷、懷素《四分律開宗記》十卷（一作二十卷）、定賓《四分律戒本疏》二卷、《四分律疏飾宗義記》十卷（一作二十卷）等。如果説這些注疏是對佛教戒律本身所展開的研究，主要適用於"四分律宗"的僧侶們學習實踐，那麼，初唐僧人釋玄應早在貞觀（627—650）之末專爲此律所撰著的《四分律音義》，則不僅對叢林出家之人，即使對在家居士或者一般讀者研讀《四分律》也大有幫助，故而流傳頗廣。玄應將此音義編入其所撰《一切經音義》卷第十四。後西域疏勒國（今新疆喀什一帶）僧人釋慧琳於建中之末（780—784）至元和二年（807）之間撰著《一切經音義》一百卷時，轉錄《玄應音義》，又將《四分律音義》收入卷第五十九。故而，一般意義上的《四分律音義》有玄應本和慧琳本。當然，後者基於前者，作者實際都應是玄應。

除了《玄應音義》中的《四分律音義》以外，根據水谷真成《佛典音

---

① 石田茂作：《奈良朝現在一切經疏目錄》，東洋書林1982年新裝版（復刻原本/東洋文庫1930年刊），第1075頁。
② 日本年號之一，指自749年至757年之間，天皇爲孝謙天皇。

義書目》，日本歷史上有關戒律的音義有以下五種：①

001《梵網音義》一卷
002《四分律音義》一軸
003《四分律東塔疏音訓》一卷
004《四分律鈔音訓》一卷
005《四分律鈔音義旨歸》三卷　宋贊寧述

以下我們據此簡作論述：

1.撰者不詳《梵網音義》一卷，不存

上記水谷《書目》001即此音義。水谷先生的根據是《東域傳燈目錄》卷下。而筆者認為，實際這應是《梵網經疏音義》。《東域傳燈目錄》卷下《傳律錄二》開始部分皆為《梵網經》的注疏與抄記等，在"同經②疏二卷，懷道律師撰"之後，有"同秘抄二卷"及"同音義二卷"，③故而此音義即為《梵網經疏音義》。又福士慈稔《日本の三論宗と法相宗の海東仏教認識について》④一文，在"引用海東諸師名以及海東諸師章疏的日本法相宗諸師章疏"部分指出藏俊（1104—1180）⑤的《大乘法相宗名目》中引用"義寂"名五處，"散佚《梵網經疏音義》"九處。義寂（681—？）是新羅僧人，專研法相與華嚴，曾著有《梵網經菩薩戒本疏》，故"同音義二卷"或許即為其所撰，惜已散佚。

《梵網經》上下二卷，全稱《梵網經盧舍那佛說菩薩心地戒品第十》，是佛教大乘戒律書，由後秦鳩摩羅什譯。此書很早就東傳，日本有空海、善珠、法進，新羅有元曉、義寂、智周、法銑等人的注疏著作多種。

2.《四分律音義》一軸，存

水谷《書目》002"《四分律音義》一軸"後有注：

---

① 參考水谷真成《佛典音義書目》，第36頁。
② 即指同《梵網經》。
③ 《大日本佛教全書》之《佛教書籍目錄第一》，佛書刊行會大正二年（1913）版，第58頁。
④ 日本印度學佛教學會：《印度學佛教學研究》第61卷第2號，平成二十五年（2013）3月版。
⑤ 平安時代後期法相宗學僧。

> 奈良朝時代鈔卷子本。音義間注倭訓可珍。紙背有悉曇書，或爲係石山寺僧淳祐手筆，闕尾不完。

此根據《圖書寮漢籍善本書目》卷三。而這就是我們以下要重點考述的一卷本《四分律音義》，故待後詳考。

3.《四分律東塔疏音訓》一卷，不存

水谷《書目》003即指此音義，確如水谷先生所注，見於《東域傳燈録》卷下[①]以及《智證大師請來目録》，[②]但皆無更爲詳細的説明。所謂《四分律東塔疏》實際就是《四分律開宗記》（十卷，也有稱二十卷）。此書一稱"律疏"。因爲《四分律》的傳譯較遲，建宗在後，直到法礪著《四分律疏》，才注重於開宗之説，懷素即在法礪著書的基礎上，發揮了自己的新意而寫成了這部新的《四分律疏》，即以"開宗"爲題。由此可知《四分律東塔疏音訓》應該就是《四分律開宗記》的音義著作。其他不詳，有待進一步研究。

"《四分律東塔疏音訓》一卷"還見於智證大師圓珍的另一部著作《日本比丘圓珍入唐求法目録》。圓珍在列舉了多種典籍目録後，記曰："已上竝於福温台越等州求得。其録零碎，經論部帙不具。又延曆寺藏闕本開元貞元經論等，抄寫未畢，不載此中，在後收拾隨身。"[③]可見，這應是當時唐代律宗東塔宗僧人所寫，但具體不詳。

4.《四分律鈔音訓》一卷，不存

上記水谷《書目》004即指此音義，根據水谷先生《書目》，見於《傳教大師將來越州録》、《東域傳燈録》卷下、《智證大師請來目録》，但後者作"四分律音訓一本"。[④]而圓珍在《開元寺求得經疏記等目録》卷首言及："於福府開元寺，求得經論疏記等，總計一百五十六卷。"其中就包括"四分律音訓一卷"。而圓珍在《福州温州台州求得經律論疏記外書等目録》中也記曰："經過福州温州台州求得經律論疏記外書等都計四百五十八卷"，其中也有"四分律音訓一卷"。[⑤]可知此音義

---

① 《大日本佛教全書》之《佛教書籍目録第一》，第60頁。
② 《大日本佛教全書》之《佛教書籍目録第二》，佛書刊行會大正三年（1914）版，第92頁。
③ CBETA/T55/1101。
④ CBETA/T55/1092。
⑤ 同上。

應來自福州開元寺。

福州開元寺，始建於梁太清三年，距今已有近1500年的歷史，是福州現存最古名刹。日本真言宗祖師空海大師、天臺宗祖師圓珍大師、印度密宗高僧般若怛羅大師等入唐後皆曾於此修學。而始刻於北宋徽宗政和二年（1112），完成於南宋高宗紹興二十一年（1151），歷經40年刊刻而成的《毗盧大藏經》（也稱"開元寺大藏經""福州藏"等）更使該寺早就名揚海內外。來訪日僧從該寺帶回的經律論疏中包括《四分律鈔音訓》一卷，應該可信。

5.贊寧撰《四分律鈔音義旨歸》三卷，不存

上記水谷《書目》005，即指此音義。水谷注明爲"宋贊寧述"，見於《新編諸宗教藏總錄》第二。

案：查檢高麗義天錄《新編諸宗教藏總錄》第二，是爲"律鈔音義指歸三卷，贊寧述"。[1]宋從義《法華經三大補注》卷十三："又寧僧錄撰南山律鈔音義指歸。"[2]《南山律鈔》即道安所撰《四分律行事鈔》，故此當是贊寧爲道安《南山律鈔》所撰音義，但其他不詳。

二、一卷本《四分律音義》考論[3]

——以漢字研究爲中心

（一）時代與作者

宮內廳書陵部藏有《四分律音義》一軸一卷，作者不詳。學界認爲其成於奈良末期，寫於平安初期，屬日本早期珍貴古寫本音義。

前已述及，玄應曾專爲姚秦佛陀耶舍、竺佛念共譯的佛門重要戒律書六十卷本《四分律》撰著《四分律音義》，編入其所撰《一切經音義》卷第十四。後慧琳撰著《一切經音義》一百卷時，轉錄《玄應音義》，又將《四分律音義》收入卷第五十九。

《玄應音義》作爲現存最早的佛經音義書，流傳甚廣，影響巨大，中國現有多種刻本流傳。然而，刻本之前的古寫本則所存不多。自《玄

---

[1] CBETA/T55/1173。

[2] CBETA/X28/0384。

[3] 筆者在《日本古寫本單經音義與漢字研究》第二章對此音義做過研究，故其中有部分內容與其有重複，敬請諒解。

應音義》成書至開寶藏刊印之三百餘年間，雖多有傳抄，然多已亡佚不存，唯敦煌遺書殘卷中尚有數種傳抄的寫本。而至於《四分律音義》，根據學界考證，敦煌吐魯番遺書所存唐寫本《玄應音義》殘卷中，唯伯希和二九〇一尚存卷十四，有《四分律音義》的內容，然卻僅存三條。[①]故而，完整的《四分律音義》除了保留在後來各種刊印的《玄應音義》[②]中，唐代寫本至今尚未在中國大陸發現。

《玄應音義》早在奈良時代就傳到日本，且屢被抄寫誦讀，廣爲流傳，甚至還留存至今。所以，寫本《玄應音義》，除敦煌殘卷外，唯日本尚有珍存，有些甚至頗爲完整齊全。如正倉院聖語藏還有天平年間[③]書寫的卷第六之殘簡。[④]而寫於平安末期大治三年（1128）的"法隆寺一切經"中的《玄應音義》一般被認爲是較早，且相對較全的古寫本（缺卷三至卷八，共十九卷），其中就含有卷十四《四分律音義》。[⑤]而隨著研究的深入，新的研究資料又不斷出現。2006年三月由國際佛教大學院大學學術フロンティア實行委員會複製刊行的"日本古寫經善本叢刊第一輯"中"金剛寺本"和"七寺本"玄應撰《一切經音義》中均有卷十四，有《四分律音義》的存在。然而，金剛寺本爲鎌倉中期寫本，且被認爲屬於大治本系統，而七寺本雖爲平安後期（安元三年，1177）書寫，但仍稍晚於大治本書寫年代。所以，至今大治本《玄應音義》中的《四分律音義》仍可認爲是較早的寫本。

學界一般認爲《四分律音義》一直是《玄應音義》中的一卷，並無單獨一卷的抄本流傳。但是，後來卻發現日本宮內廳書陵部藏有單獨的一卷本《四分律音義》，而且經學界考證，認爲其時代甚至早於現存的大治本《玄應音義》。

儘管一卷本《四分律音義》并未標明書寫年代，但橋本進吉、[⑥]川瀬

---

① 張金泉、許建平：《敦煌音義滙考》，杭州大學出版社1996年版，第913頁。又徐時儀《玄應〈衆經音義〉研究》，中華書局2005年版，第39—42頁。
② 當然，還應包括如高麗藏的《慧琳音義》。
③ 自729年至749年。
④ 小林芳規：《〈一切經音義〉解題》，古典研究會編《古辭書音義集成》第九卷，汲古書院昭和五十六年（1981）版。
⑤ 由古典研究會整理，收錄於古典研究會編《古辭書音義集成》第八卷，汲古書院昭和五十五年（1980）初版。
⑥ 橋本進吉：《南京遺文拾遺解説・第十一古鈔本四分律音義》，《南京遺文附卷・南京遺芳附卷》，宮内廳正倉院事務所、八木書店昭和六十二年（1987）版。

一馬[1]及築島裕[2]等名家經過考證，認爲應寫於平安時代（794—1192）初期。其主要證據有二。其一，收放本書的外箱（桐箱）有用墨書所題簽"四部律音義[3]/裡面沙門淳祐書"字樣，而箱蓋同樣也有墨書背簽"祐者右中辨淳茂之子/菅丞相之孫也"字迹，這些皆與石山寺經藏中由平安朝中期真言宗學僧淳祐[4]親筆所寫經文的筆迹相同。其乍見奔放，卻又内蘊柔和之筆致，頗爲獨特，不見他處。其二，橋本進吉認爲此書之紙背曾被淳祐用作雜記簿或備忘録，故而此書於淳祐時代即已存在一事，毋庸置疑。川瀨一馬也指出此書紙背是石山寺淳祐内供的雜記，其筆迹與石山寺經藏的多數殘存者相比照，可明瞭爲淳祐之筆。估計蓋原爲從石山寺經藏中流傳出去的一卷，卷首之下部數行缺損的部分應有石山寺經藏之印章。[5]而其祖本之成立時代，川瀨一馬根據其中有用真假名（萬葉假名）標明和訓的部分，指出可視爲出自日本人之手，爲現存的最古之音義書。《日本辭書辭典》也歸其爲奈良時代所成之音義書。[6]

此本卷首有若干損傷，大題之下，撰者姓名之處僅殘存"沙□"，推定應爲"沙門玄應撰"，因大治本外題下即爲"沙門玄應撰"。另外，因爲卷末殘缺，故不知是否有尾題。而根據内容判斷，缺失部分並不算多。本書與《玄應音義》《慧琳音義》中所收録的《四分律音義》相比較，本體部分大致相同，[7]故可以認爲是玄應所撰《一切經音義》中《四分律音義》的部分。

中國大陸除了敦煌遺書所存殘卷以外，現存《玄應音義》的較早版本即爲約開雕於南宋理宗寶慶（1225—1227）或紹定年間（1228—1233）至元英宗至治二年（1322）年方才完成的宋磧砂藏本。[8]而宫内廳書陵部

---

[1] 川瀨一馬：《增訂古辭書の研究》，雄松堂昭和六十一年（1986）再版，第14—15頁。
[2] 築島裕：《四分律音義解題》。
[3] 築島裕認爲"四部律音義"蓋爲"四分律音義"之誤寫。參見其《解題》。
[4] 淳祐（890—953）爲平安時代中期真言宗之僧人，又稱"石山寺内供""普賢院内供"等。其父爲平安時期公卿、学者、漢詩人菅原道真之子菅原淳茂。淳祐曾師從般若寺之觀賢僧正，後任石山寺座主。
[5] 川瀨一馬：《增訂古辞書の研究》，第14—15頁。
[6] 沖森卓也等編：《日本辭書辭典》，おうふう出版社1996年版，第122頁。
[7] 築島裕在《四分律音義解題》中又將其與大治本相比較，指出兩書各有相當誤寫存在。而此爲本篇研究内容，當於後集中論述。
[8] 參考徐時儀《〈一切經音義〉的流傳與版本考探》，國際佛教大學院大學《公開シンポジュウム、仏教古写経の意義をめぐって——奈良平安寫經と敦煌寫經——》，2006年2月版。

所藏的這一卷本《四分律音義》甚至早於大治本《玄應音義》，故而，無論是將其判定爲日本人所寫之佛經音義之濫觴，還是看作平安朝初期日本人所傳抄之古本，此本應爲現今所存《四分律音義》最古寫本這一點應無異議。

（二）體例與內容

宮內廳書陵部藏一卷本《四分律音義》前半部與後半部書寫格式有所不同。前半於一豎行界綫內，辭目下用雙行小字，即用行間小注的形式書寫注文。而後半則辭目字變大，占兩豎行，其下雙行書寫釋文，各占一豎行。

儘管此本被認爲是《玄應音義》中的一卷，作者自然應是唐僧玄應，但學界經過考察研究後指出其並非一般意義上的玄應《四分律音義》的另一不同寫本，而是在傳抄的過程中已經融入了日僧的注解，故屬於早期"和風化"類佛經音義，[1]在日本佛經音義發展史上具有一定的歷史價值。其中最突出的一點當然就是其中有和訓內容。川瀨一馬就認爲《四分律音義》奈良時期即已傳來，經過日僧之手改寫，因其中有用真假名（萬葉假名）標明和訓的部分。[2]橋本進吉也指出單詞用萬葉假名書寫之現象，散見於奈良朝古文書，而此書卷末訓釋語中所見真假名，即與此相當。[3]所以《四分律音義》被認爲是平安以前，奈良時代的古音義書。

此本與《玄應音義》中《四分律音義》另一個不同之處爲：第六十卷之"值蹶"釋文終了之後，緊接有"遣羯磨"等辭目及其註釋，至卷尾共三十五大行，六十六個辭目[4]及其釋文。這些內容不僅大治本沒有，連《慧琳音義》第五十九卷的《四分律音義》亦無，本書乃孤例。而這部分與本文筆迹相同。因爲末尾有缺，故可認爲或許本還有若干部分存在。而且，經過查核《四分律》經本文，發現這些辭目只在卷六十的末尾出現一部分，大部分被推測出現於他卷，大概是從全體經本文中摘抄出的同類詞語。[5]所以仍是爲《四分律》中的梵語釋義，其中有幾個條目是用

---

[1] 參見梁曉虹《日本現存佛經音義及其史料價值》，徐時儀、陳五雲、梁曉虹《佛經音義研究——首屆佛經音義研究國際學術研討會》，上海古籍出版社2006年版，第191頁。
[2] 川瀨一馬：《增訂古辭書の研究》，第14頁。
[3] 橋本進吉：《南京遺文拾遺解説·第十一古鈔本四分律音義》。
[4] 川瀨一馬言其爲"八行十六語"。蓋川瀨先生所言爲緊接"亦有種種"之後的一頁。
[5] 同上。

第七章　律部、論部佛經音義　　557

真假名來記録的國語（日語），其量雖少，但可視爲日本人所編撰的一種《四分律音義》，故川瀨一馬指出：日本人佛經音義撰述之萌芽即由此開始。①

一卷本還有一個與玄應的《四分律音義》不同之處在於，多個釋文末尾有多用或重複"也""矣""之"等助字的現象。築島裕在《四分律音義解題》中比較一卷本與大治本時舉出十例，主要是"之""也""矣"等，指出兩本中所用助字互有出入之處多見，未作詳析，"留待將來詳查"。筆者發現築島先生所舉例尚屬簡單，實際還有更爲複雜之例，難解其意。以下舉數例與徐時儀校注的《玄應音義》②卷十四加以對照比較：

　　飢饉：……說文：飢，餓也。（徐本/294頁）

案：大治本、金剛寺本、七寺本皆同此。一卷本作：

　　飢饉：……說文：餓之之③矣也。（第一卷）

以上最後筆者底下畫綫的"之矣也"，僅見一卷本。

　　劫貝：……罽賓以南，大者成樹；以北，形小，狀如土葵。有殻，剖以出花，如柳絮，可紉以爲布，用之爲衣也。紉音女珍反。（徐本/295頁）

案：大治本、金剛寺本、七寺本皆同此。一卷本作：

　　劫貝：……罽賓以南，大者成樹；以北，形小，狀如土葵，有殻，剖以出花，如柳絮，可紉以為布，用之為衣也。紉音女珎反者之也。（第二卷）

---

① 川瀨一馬：《增訂古辭書の研究》，第14頁。
② 徐時儀校注：《一切經音義三種校本合刊》（修訂本），上海古籍出版社2012年版。
③ 此原本用重複號書寫，下文例中重複字亦同，不再另注。

以上最後筆者底下劃綫的"者之也",僅見一卷本。更有甚者,如:

　　栅欄:……律文作枏橭,非體也。枏音南,橭音矩。(徐本/295頁)

　案:大治本、金剛寺本、七寺本皆同此。但一卷本作:

　　栅欄:……律文作枏橭,非體也。枏音南,橭音矩矩<u>之乎乎矣之之乎也</u>。(第一卷)

以上筆者底下畫綫的部分,有用重文符號表示,但仍難以辨析故未加句讀。如此之類,一卷本中甚夥。此蓋爲經生抄寫時所留印迹。然是經生錯寫,抑或爲有特定含義,確實有待於今後進一步探討。但由此倒也可看出,此確實已經日僧之手,已與玄應所撰有所區別。所謂"和風化",這也應是較好的例證。

築島裕曾將此書與《玄應音義》《慧琳音義》中所收錄的《四分律音義》從內容上加以比較後指出:本體部分兩者近似,應爲同一書,只是相互之間有相當程度的誤寫存在。而且他曾將其與大治本中的《四分律音義》從"脫文""重文""注文本應爲小字之處誤爲大字""辭目位置顛倒"以及"辭目誤寫"五大方面進行比勘,辨析兩本之正誤,並指出此本尚有大治本等所無之處,此更爲有價值。如:第六十卷之"值蹶"釋文終了之後,緊接有"遣羯磨"之條目及其註釋。而且至卷尾共三十五大行,六十六個辭目[①]及其釋文,不僅大治本沒有,連《慧琳音義》第五十九卷的《四分律音義》亦無,本書乃孤例。因爲末尾有缺,故可認爲或許本還有若干分量存在。[②]而卷末與本文同筆"亦有種種"(雙注略)爲題,列出八行十六語,並對其進行解釋,其中有幾個條目用真假名來記錄的國語(日語),這是原來音義所沒有的部分。筆者認爲這段歸納頗中肯綮,故最後引其以作此段總結。

---

① 川瀨一馬言其爲"八行十六語"。蓋川瀨先生所言爲緊接"亦有種種"之後的一頁。
② 同上。

（三）版本流傳

本由漢土而來，唐代音義大家玄應所撰的《四分律音義》，不僅作爲現存最古寫本，而且作爲一卷本，僅見於此。築島裕由此提出一個問題，因現有單獨存在的一卷本《四分律音義》，所以可考慮玄應的《一切經音義》，最初是作爲《一切經音義》之一部而撰著的，抑或是單獨作爲一書[①]而寫的？而如本書單獨一卷作爲古抄本而現存，可證明有後者的可能性。[②]筆者也認爲此說不無可能。如陸德明的《經典釋文》，一名《衆經音義》，[③]本來也是各自獨立成書，宋人刻九經三傳，把陸書拆開，逐條附在經文之下。《玄應音義》也有可能如此。

一卷本《四分律音義》於昭和二十三年（1948）曾由宮内府圖書寮（現宮内廳書陵部）刊行クロタイプ版。後由古典研究會整理正式影印出版，收錄於《古辭書音義集成》第二卷。[④]附有築島裕《四分律音義解題》和《索引》，又分"部首索引、漢字索引、和訓索引"三部分。

（四）學術價值——以漢字研究爲中心

作爲現存經日本人之手而成的最古寫本音義書，[⑤]其學術價值體現於以下兩方面。

①此音義本由漢土而來，作爲單獨一卷，爲現存最古寫本。而且，注文中還能見到一些萬葉假名和訓，此蓋爲平安初期日本僧侶抄寫過程中所附加者，屬於帶有"和風化"類的佛經音義，[⑥]故作爲研究資料，尤爲珍貴。正如築島裕、川瀨一馬所指出，其中存在大治本《玄應音義》卷十四，《慧琳音義》第五十九卷中也沒有的內容，特別是有平安初期日本僧侶抄寫過程中所附加的萬葉假名和訓，這就較爲真實地呈現出佛經音義傳到東瀛後又得以發展的實貌。儘管只有四例，但作爲研究資料，尤爲珍貴。四例和訓爲：

絁衣　　　　　　　波太衣又云憍奢耶云

[①] 也就是作爲單經音義而單獨撰寫。
[②] 築島裕：《四分律音義解題》。
[③] 《經典釋文》爲十四種經典釋義注音，分開稱"音義"，合起來叫作"釋文"。
[④] 汲古書院昭和五十四年（1979）初版；平成八年（1996）第二版。
[⑤] 川瀨一馬：《增訂古辭書の研究》，第14頁。
[⑥] 參考築島裕《四分律音義解題》。

蓋麻衣　　　　　加良牟斯衣
諴摩衣古流牟斯衣
麻衣阿佐衣

雖然只有四例和訓，但是在這些辭目的前後之間，有如：

欽婆羅衣　　　　鹿毛衣謂以髮[①]
　　　　　　　　織為衣索毛為衣
扇那衣　　白羊毛衣
翅夷羅衣　　　　鳥毛衣脅前細毛作
諴羅婆尼衣　　　尨色羊毛
婆利迦羅衣　　　雜細衣
拘睒草衣　　　　細茅衣
憍施耶衣　　　　國名又云繭蠶衣

以上，類此衣物名稱，皆僅用漢文注文並列，應該引起注意。築島裕認爲"鹿毛衣""鳥毛衣"等或許就是"カゲノコロモ"[②]"トリゲノコロモ"[③]等的訓釋。而在四例和訓中，最後的"阿佐衣"就與《萬葉集》中的"麻衣"同語。"加良牟斯衣"與"古流牟斯衣"皆爲和訓的最古用例。"加良牟斯"尚能在《和名類聚抄》中找到：

麻苧……周禮注云苧直呂反上聲之重和名加良無之[④]麻屬白而細者也。

而"波太衣""古流牟斯衣"等，至今尚未見其他用例。故雖僅有四例，但應視爲平安初期珍貴的國語資料。雖然與《新譯華嚴經音義私記》等奈良末期音義著作相較而言，《四分律音義》的和訓時代稍後，然而其内容體裁看起來卻呈現出更早的樣式。這已經引起日本國語史研究學者的

---

① 此處根據原本換行。
② 筆者案：日語"カゲ"可訓爲"鹿毛"；"コロモ"爲"衣"。
③ 筆者案：日語"トリゲ"可訓爲"鳥毛"。
④ 此句關於"苧"之注文，本用雙行小字，此不變。

第七章　律部、論部佛經音義　　　　　　　　　　561

高度重視。

②一卷本《四分律音義》作爲現存最古寫本，具有重要的史料價值。此本書風既呈詰屈之氣，亦有柔軟之面，展現出平安時代日本寫經用字實貌。而其重要特色之一，就是多有訛誤。如前所述，築島裕曾將此本與大治本《玄應音義》中的卷十四從五大方面進行比勘，指出其中誤寫之處，此本多於大治本。而大治本訛誤，此本正確之處卻極少。筆者也曾將此本與大治本及磧沙藏本，並參以高麗藏本以及《慧琳音義》之第五十九卷加以對照比勘，發現其中訛誤現象確實非常明顯。這當然是因爲刻本在刊印時，經過了校正等工序。但也正因爲如此，才體現出《私記》作爲史料的可貴。正如落合俊典與方廣錩在他們合作的《寫本一切經的資料價值》[①]一文中所指出：寫本一切經的"部分文字與刻本不同，保留了該經典更古老的形態，是編纂刻本時刪除或改竄前的原本。只要認真閱讀寫本一切經，則古寫本保存的重要研究信息隨處可見。……縱然寫本一切經有許多錯字，但它們是一批體現了唐代佛教的資料。"筆者贊同這種觀點，落實到一卷本《四分律音義》，筆者認爲，至少可以從以下三方面來考察其價值。

（1）對探尋漢字傳播中訛變軌迹具有一定的價值。

因爲此本中大部分的訛誤體現於漢字書寫上，故而應從寫本文獻與漢字研究的角度展開。如果從寫本文獻漢字研究的角度考察，其資料越古，自然越接近原本，也就越具價值。陳五雲指出：

　　俗文字學注重"本文"，因而特別強調原始材料。所謂"原始材料"，最好是人們的稿本，或按稿本印刷的影印本。由於各種本子之間的差異，有時倒提供了可供解釋的綫索，因而，從廣義來說，稿本、定本和後人的校勘本都具有同等的研究價值。然而，我們還是得指出，稿本出於個人；可以體現出作者或書寫者的個人風格；而刊本，或經雕版，或經排印，或經校，多少都摻入了別人的成分，它們之間的解釋應是不同的。因而，盡可能地收集原始材料，從中來觀察文字的使用和演變，這是俗文字學的特點。[②]

---

① 《世界宗教研究》2000年第二期。
② 陳五雲：《從新角度看漢字——俗文字學》，河南人民出版社2000年版，第59頁。

一卷本《四分律音義》雖然不是"原始材料"，因不是唐寫本，但在"原始材料"不存的情況下，作爲現存最古寫本，我們也可將其視爲"原始材料"。其史料價值，尤其體現在漢字研究方面，應該引起學界注意。其中重要的方面就是對俗訛字的研究。通過對其訛誤字形的攷辨，不但能窺見唐寫本用字之一貌，考探其經本原文的古老形態，還可以考察漢字在日本傳播過程中所呈現的變化軌迹。筆者在《日本古寫本單經音義與漢字研究》一書第二章《〈四分律音義〉漢字研究篇》[①]中就以"訛字、訛俗字"爲中心，例舉一卷本中漢字訛誤現象，分析一卷本中産生訛誤之因，并據此對一卷本中的訛字與訛俗字結合加以考述，全部共有91例，重點提出"訛俗字"的概念，認爲這是指因爲漢字訛用所成俗字，或者説某些正在譌變中的"訛字"，因爲"錯字"是俗字的肇因之一。[②]而日本俗字中的大部分是訛誤所成俗字。何華珍在其《日本漢字和漢字詞研究》[③]一書中指出日本俗字大體上可分爲借用俗字、誤用俗字、訛俗字等類。這是根據新井白石[④]所舉而作的歸納。但我們確實認爲可以歸納出一種俗字的類型，即因訛誤而産生的俗字。而此類漢字也確實在日本古代寫本文獻中多見。江户時代多有學者指出此點。一卷本《四分律音義》作爲早期古寫本，訛誤現象比比皆是，既有純粹的"訛字"，也有因訛而成的"訛俗字"，所以此本應是研究"倭訛俗字"的較古的原始資料，對探尋漢字傳播中訛變軌迹具有一定的價值。筆者簡舉以下例以作説明：

例一，"釋"譌作"粮"

此本多處將"釋"字寫作"粮"或"粮"。如第12卷"黑縹"條下引《釋名》，即作《粮名》。[⑤]又第40卷"紺色"條下亦如此。不勝枚舉。"釋"還俗作"粮"如第37卷"毾䫀"條："《粮名》云：施之大牀前小榻上，所以登上床，因以爲名焉。"

---

① 中華書局2015年版，第127—182頁。
② 蔡忠霖：《敦煌漢文寫卷俗字及其現象》，第58頁。
③ 中國社會科學出版社2004年版。
④ 見新井白石《同文通考》，杉本つとむ編《異體字研究資料集成》第一期，第一册，雄山閣出版昭和四十八年（1973）版。
⑤ 原文自然無書名號。此爲筆者所加，以下皆同。

案：漢字中從"釆"（"釋"字左旁，音"辨"，義與"辨"同，是"辨"的古文）的字不多，《說文·釆部》只有"釆、番、宷（審的古文）、悉、釋"五字，這些字在隸書中均有從"米"作之寫法。因而可以斷定，這是由于隸變而使從"釆"之字的偏旁與從"米"的偏旁相混。而且，又由于"米"字在使用頻率上高於"釆"，從"釆"偏旁的字遂混入"米"字旁字，而沒有倒轉過來的例子。因而，雖然從造字的角度來說，"釋""悉"等字從"釆"更有理據，但隸變從書寫方便的角度，舍棄這種"理據"而轉入書寫方便，也是一種合理的需求。不妨把"隸變"看作"隸便"，①只要能尋出其中的演變（貶義則稱"訛變"）軌迹，我們認爲，這也應該看成是漢字結構上的理據，而且是使用中出現的理據，它對現代漢字的形成，顯得尤爲重要。《釋名》寫作《粳名》，顯然跟草書相關。以下是與"釋"字右旁"睪"相關的一些字的草書：

釋	澤	擇	懌	譯
釋（居延漢簡174.12）	澤（章草）	擇（賀知章）	懌（孫過庭）	譯（趙孟頫）
釋（歐陽詢）	澤（皇象）	擇（趙孟頫）		
釋（懷素）				
釋（趙構）				
釋（鮮于樞）				
釋（祝允明）				
釋（空海）				

由此可見"釋"俗寫爲"粳"或"粳""粳"，有可能是"草書楷化"形成的。但在楷化的過程中，右旁訛成與"報"的右旁"𠬝"或與"艮"相似的形體。這一草書楷化的字形"粳"，是不是由早期日本書手創造的，還有待探討。而現代漢字簡化字的相同偏旁"睪"作"圣"，也是由草書楷化而成。從中可以看到中日兩國不同的簡化方式。這個字形的出現，是一種訛誤。然而我們可以從中找到訛誤的心理軌迹，由此反觀漢字的結構與書寫之間的矛盾。正是這種矛盾的不斷交替出現，並不斷打破漢字在結構上理據的"合理性"，從而造成了漢字演變的逐漸趨於簡

---

① 模仿日語中的"音便"說法。

化，用新的理據代替舊的理據，在新的基礎上達到新的平衡和諧。

例二，偏旁"寸"與"刂"相譌

第49卷"不剌"條："奴代反。三蒼；刵，忍。字本從刀，杜林改從寸。"

案：大治本、七寺本、金剛寺本、磧砂藏本與高麗藏本以及《慧琳音義》卷五十九字頭均作"不耐"，可見已據釋義而改。唯有此本作"不刵"。"刵"爲"耐"之俗字。古籍俗字中"刂（刀）"與"寸"常常相混。此類相混而譌的現象，此本多見。又如第7卷"細剉"條寫成"細尌"，但釋文中卻作"剉"。第19卷"鏢鑽"條，其釋文最後曰："律文作鑽"。大治本與此本同。磧沙藏作"鑽"。

又第18卷"罸譴"條下釋文曰："……《廣雅》：罸，折伏也。字從刀從罥。"可見玄應已作辨識。大治本、金剛寺本均同，作"罸"。但磧沙藏本、高麗藏本以及《慧琳音義》卷五十九均作"罰"。很明顯，後之刻本均已作過改訂。

案："罰"字小篆作"𠛬"，因隸定將"刂（刀）"移到"罒（网）"之下，使小篆的左右結構變成了隸書的上下結構。這種結構的變化造成了視覺上的統一感，也是對某些部件的視覺面積的調整。再因草書中一些部件趨同的作用，遂產生了異構，變成異體字"罸"。

從以上例看出，從"刀"之字常與從"寸"之字相譌。後之刻本多改正字以與釋文相呼應，但此本以及大治本等寫本卻多作俗書，尤其是此本，明顯字形與釋文有不符之處。這可以看作或許抄寫者實際不明就裏而寫成俗字，但也正説明其原本很可能即有此譌之故。

例三，"敝"或偏旁"敝"作"𣧑"

第6卷"弊露"。"弊"，大治本與磧砂藏本與高麗藏本字頭均作"𣧑"，故築島裕特意將其作爲字頭誤寫而列出，並據大治本改正。

"弊"字這種寫法，在俗文字中很多，黄征《敦煌俗字典》[①]19頁就

[①] 上海教育出版社2005年版。

第七章　律部、論部佛經音義

有。李圭甲的《高麗大藏經異體字典》[①]中也有用例，作"弊弊"，但都是作爲"弊"字解。此字下反切爲"齒常反"[②]，當爲"敞"字。這是受"敞"字俗作"弊"又俗作"弊"的影響而成的一個反用的例子。此本第52卷"相根"條下釋文中"根，觸也。又嫽弊，乙觸，亦作敞，音丈衡反。""乙"爲重文符號，即重複前一字"弊"。故"弊"字在此爲"敞"字之譌。《玄應音義》第一卷《大集月藏分經音義》"根觸"條釋文："《説文》作樘柱也。隱音尌庚反。《字統》作根，丈庚反。根，觸也。嫽敞觸亦作敞，音丈衡反。"《玄應音義》第十卷《大莊嚴經論音義》卷十一"樘觸"條釋文："丈庚反。《説文》：'樘，柱也。'又作根。根觸，又嫽敞、敞觸亦作敞。""敞"字與"敝"字形近是容易相誤的。因"弊"字以"敝"爲聲符而又訛作"弊"，這也容易理解。再因"弊"字上作"敞"而誤認爲是"敞"的又一體，從而造成"弊"字的"敞"字用法。

例四，偏旁"木"和"扌"旁不分

第20卷"桃耳"：此條大治本與磧砂藏本與高麗藏本"挑取"。築島裕特意將其作爲字頭誤寫而列出，並據大治本改正。但這裡除了"取"字因爲漏掉半邊而成"耳"，此本和大治本還均將"扌"旁寫作"桃"。包括釋文中也同樣如此。俗字"木"旁"扌"旁不分。而俗書從"又"之字往往可以寫成從"く"，如耴（取），敦煌文獻中S4473《第六表》："頃者皇帝陛下初及洛都，方開晉祚，慎求良輔，誤耴庸材。"此處"挑取"漏作"挑耳"，可能正是原底本"取"作"耴"，厼（非今所取）抄録人因以漏其右旁之"く"所致。而第21卷"抨挑"，大治本作"抨桃"，磧砂藏本作"椑（少右上的短撇）桃"，俗書"木"旁與"扌"旁每每混淆，故當正作"椑桃"。亦可証上之"桃耳"乃"挑耳"。"挑耳"則爲"挑取"也。

此本中因"木"和"扌"旁不分而產生的俗字還有很多，不煩舉。

[①] 高麗大藏經研究所2000年版。
[②] "常"是"掌"之譌。諸本《玄應音義》此處釋文俱作"齒掌反"。

例五，"邑"旁與"阜"旁相混

此本第5卷"聚落"條釋文"古文󰀀󰀀二形同才句反"，大治本作󰀀、󰀀，檢獅谷白蓮社本《正續一切經音義》所引該處作鄹𨜪二形。則󰀀爲󰀀即"鄹𨜪"，󰀀爲󰀀即"聊"是也。小篆"鄹"字作󰀀、󰀀，聊爲古邑名，因孔子而名滿天下；𨜪本義爲隅。隸變以後，俗書往往混"邑"旁"阝"與"阜"旁"阝"字，如"鄰"俗作"隣"之類。故二字通用。又俗書又以"鄹"爲"聊"，"鄹"字《廣韻》同"鄒"。原是"聊"字作姓通"鄒"，又因俗書而通。同樣，"鄹"字可有從"邑"與從省的"阝"旁兩種楷書。遂有"𨜪"訛爲"󰀀"，再訛爲"󰀀"。而"聊"字可隸定爲從"邑"之字，再訛爲"󰀀"，省去"又"，繼訛作"󰀀"。此處以"鄹"爲"聚"，是受偏旁類推影響所致。

（2）作爲《四分律音義》現存最古寫本，其諸種書寫訛誤現象，除了能用以考察漢字從訛至俗的訛變軌跡，還可用以考察古寫本的一些樣貌。一卷本《四分律音義》中因豎行書寫而出現的訛誤現象非常明顯，其中特別是因爲豎行書寫的緣故，所以常會將二字合併爲一字，或相反將一字分寫成二字。

"二字合併爲一字"我們舉"人民"訛作"食"。

第1卷"羅閱"條："以拙反。十[①]遊經云：此言王舍城，應言羅閣，義是料理，以王伐之，謂能料理食。"

案："食"乃"人民"二字，因豎行連寫而成一字。"民"字草書跟"艮"字相近，"艮"字常訛爲"良"字。故而"人民"在上下組合時緊湊一點，就訛爲"食"字。而大治本此處作"料理民"。[②]"料理"爲中古常用口語，用作動詞，有營護、照顧之義。《世說新語·德行》："韓康伯時爲丹陽尹，母殷在郡，每聞二吳之哭，輒爲悽惻。語康伯曰：汝若爲選官，當好料理此人。"余嘉錫《世說新語箋疏》卷上："元李治敬

[①] 根據諸本，此處應爲十二遊經。《佛說十二遊經》（東晉西域沙門迦留陀伽譯）曰："羅閱祇者，晉言王舍城。"

[②] 大治本"民"字末筆空缺，顯爲避唐人諱，可見底本是避諱的。

《齋古今黈》十曰：料理之語，見于《世説》者三：韓康伯母聞吴隱之兄弟居喪孝，語康伯曰：汝若爲選官，當好料理此人。……料理者，蓋營護之意，猶今俚俗所謂照顧，當耳。……嘉錫案：李以營護照顧釋料理，似也。……考釋玄應《一切經音義》十四：撩理，音力條反。通俗文云：理亂謂之撩理。又《説文》云：撩，理也。謂撩捋整理也。今多作料量之料字也。釋慧琳《一切經音義》三十七曰：撩理，上了雕反，顧野王云：撩謂整理也。此兩音義所引，乃料理之本義。蓋撩通作料，訓爲整理，故凡營護其人，與整治其事物，皆可謂之料理也。"劉宋求那跋陀羅譯《佛説樹提伽經》："大臣白王：國計事大事，須還歸料理人民。"這是大臣勸説國王之語，要他回國照顧百姓，管理國家。有意思的是，此條抄録人寫作"料理食"。"食"字的出現，可以認爲抄録人用的底本至少"民"字不缺畫，或者"民"上有"人"字，而兩字相連較近。另外，或許這位抄經者當時已經把"料理"跟"飲食"連在一起理解。故有此誤。假如這個説法不誤，那麼，"料理"的食品義，當在抄經人所處的時代已經成爲日本人的常用義了。正巧又有"人民"合寫作"食"之訛。這是由兩個因素促成的訛誤。

至於"一字分成二字"，我們舉"覆"分成"西復"爲例：

　　第18卷"奄地：又作弇揜三形[①]，同淹儼反。廣雅弇，西復也。"

案：釋文中引《廣雅》："弇，西復也"，文不成義。磧砂藏本與高麗藏本作"廣雅：弇，覆也。"這是最明顯的數行書寫之時，將一字分成兩字之例。同樣的例子其實也見於儒家經傳。錢大昕《十駕齋養新録》卷十四"風俗通義"條云："盧學士召弓，嘗寓書問《愆禮篇》載'徐孺子負笿幵涉齋一盤酢。'笿幵'二字何義？予答云：此必'算'字之譌。《史記·鄭當時傳》：'其餽遺人，不過算器食。'徐廣云：'算，竹器也。'算與匴同。《説文》：'匴，淥米籔也。'《士冠禮》：'爵弁、皮弁、緇布冠，各一匴。'注：'匴，竹器名。'本算字，誤分爲兩，遂

------

① 此本與大治本均如此作，但言"三形"，蓋有脱落。磧砂藏本與高麗藏本作"弇揜掩三形"。

不可識矣。"《禮記·祭義》："見以蕭光……見間以俠甒。"鄭玄注："見及見間皆當爲覸字之誤也。"嘉興江辛眉先生指出："'見間'二字殊不可解。鄭注云：'見間當爲覸。'一字而誤爲二，苟非讀書精熟，何能至此？"足見傳抄文中，文字訛裂，是常見的。

除此，此本還存在"三字辭目誤作二字""四字辭目誤作二字"的現象。"三字辭目誤作二字"者，如：

第1卷"阿闍：梨經中或作阿祇利，皆訛也。應言阿遮利夜。此云正行……"

案：此條誤將三字條目"阿闍梨"中"梨"寫成小字而誤成釋文。大治本亦同此。而磧砂藏本與高麗藏本，以及慧琳本均作"阿闍梨"。"梨"字當從他本屬上，大字。

第1卷"瓶沙：王此言訛也。正言頻婆[①]羅。此云形牢。是摩伽陀國王。"

案：大治本同此，爲雙音節條目，而磧砂藏本與高麗藏本，以及慧琳本均爲"瓶沙王"。根據釋義，蓋後者是。

第2卷"頭乙：衣，或言頭求羅衣。亦云頭鳩羅衣。此云細布也。"

案：大治本同此。磧砂藏本與高麗藏本作"頭頭衣"。"頭乙"中之"乙"蓋爲抄書者書寫時的重文符號，今日仍有這一習慣。根據釋文，此條本應爲三音節，但此本與大治本誤將"衣"小寫，以成釋文只有首字。檢《慧琳音義》卷五十九轉錄的《四分律音義》卻無此條目，在上條"嵐婆"釋文中將此"頭頭衣"之釋文匯入其中："力含反。或作鉢耽婆婆，此是國，從國名，衣也。<u>衣，或言頭求羅衣亦云頭鳩羅衣此云細布也。</u>"畫綫處蓋爲混入的部分。

[①] 大治本、磧砂藏本、慧琳本作"頻婆娑羅"。高麗藏本同此本。

第七章　律部、論部佛經音義

《四分律》卷五十二："佛言：不應以故器盛如來髮。應用新器，若新衣、若繒綵、若鉢肆酖嵐婆衣、若頭頭羅衣裹盛。時有王子瞿婆離將軍，欲往西方，有所征討。來索世尊鬚髮。諸比丘白佛。佛言：聽與。彼得已，不知云何安處。佛言：聽安金塔中，若銀塔、若寶塔、若雜寶塔繒綵、若鉢肆酖嵐婆衣、頭頭羅衣裹。"

案：此處的"鉢肆酖嵐婆衣"蓋爲以上條目"嵐婆"的全文。而"頭頭羅衣"蓋或爲文中的"頭頭衣"，本爲四音節之省。

至於"四字辭目誤作二字"，如：

第2卷"差羅：波尼，或作叉羅波臓，或云讖羅半尼。此譯云灰水也。"

案：大治本同此，爲雙音節條目，而磧砂藏本與高麗藏本，以及慧琳本均爲四音節"差羅波尼"。"羅波尼"爲梵語"Sara-parni"音譯詞，義爲灰水。故正確詞條應爲"差羅波尼"。"差"爲"差"之譌體。

案：此本與大治本每有將辭目中兩字之後的部分寫成小字之例，故而造成訛誤。這可說明：一、此本與大治本可能較接近原本；二、抄錄人或其底本中似乎隱約有漢語雙音節的概念，因而有以雙音節爲辭目的意思，或使全本有統一體例的意思。但這種絕對化的結果與玄應的初衷不同。另外，此蓋或與抄本的書寫格式有關。

其他三條均爲詮釋音譯詞的内容，大治本與此本同。有意思的是，從體例和意思上看，這種錯誤是明顯的。之所以如此，蓋與當時日本寫本的格式有一定關係。我們調查了《玄應音義》的幾個寫本，發現有些寫本並無辭目字與釋文大小字的區别。字體一樣大，又豎行抄寫，故在傳抄過程中，辭目字與釋文字體不分大小的時候，就會出現了如此錯誤。檢七寺本《玄應音義》可發現其中大部分正是如此，包括卷十四。[1]不僅辭目字與釋文字體不分大小，而且没有特意空出以示區别，只是在换行後空出約兩字間隙。由此可證明，當時日本早期抄本，已經有此現象，而且相當不統

---

[1] 七寺本《玄應音義》二十五卷，現存二十卷。其中字頭與釋義分大小字的是卷十二、十六、十七、十八、二十一、二十三、二十四、二十五。共八卷。不僅字分大小，而且字頭與釋義之間約有一字空隙，一目了然。

一，情況頗爲複雜。①但一卷本《四分律音義》與大治本卻採取辭目用大字標出，其下釋文用行間小注的格式，此與敦煌殘卷相同，伯希和2901尚存卷十四所殘存的三條，正是辭目用大字，釋語用雙行小字。故若所傳抄之底本如七寺本卷十四，出現以上所述之訛誤就不足爲奇。

對一卷本《四分律音義》所展開的研究，并不多見。筆者認爲除了從漢字訛俗字現象以外，實際上還可以從其他方面展開。例如，《玄應音義》研究現在是勢頭正旺的佛經音義研究中的重心，無論是日本還是中國。但是至今似乎尚無將此本與《玄應音義》卷十四中的《四分律音義》進行過比較勘核的研究。另外，如前所指出，其中所出現的大量無用"助詞"，也應是研究日本平安時期古寫本，或者說是日本古語的重要資料。

筆者對一卷本《四分律音義》中的部分訛誤現象，基本從譌俗字研究的角度，在與大治本《四分律音義》相比勘的基礎上，進一步與磧砂藏本《玄應音義》卷十四《四分律音義》以及《慧琳音義》卷五十九的轉錄部分相對照，進行辨析描述，儘管均屬"個案"考釋，但還是可以得出一些結論，歸結如下。

結論一，此本中之俗字，相當一部分，均可與敦煌俗字相連。或完全相同，或可從那裏找到理據，②這足以說明兩點：其一，此本之母本很可能是來自中國唐寫本；其二，可以證明唐代俗字四處流通的史實，甚至隨著漢文佛經輸入日本、朝鮮等國，敦煌俗字甚至就成爲跨越國際的俗字現象。

結論二，可以明顯地看出，此本，當然也可能是其母本的抄寫者，漢文水平並不是很高。有些漢語常識並不了解，抄寫也頗有些依樣畫瓢的感覺，對其中字義和詞義，乃至句義，似並未加以串解。

---

① 我們從七寺本所書寫的體例看，卷十四前爲字頭換行並抬頭兩格。但字頭與音釋連寫，字體無大小。七寺本缺卷十五，卷十六之後則是字頭爲大字換頭，其下雙行小字音釋。從書寫字體風格看，卷十四與其前之卷十二卷十三風格不同，卷一至卷十亦與之不同。故知抄寫非僅一人一手。所據底本或亦有不同之可能。金剛寺本卷六爲字頭換行並抬頭一格。但字頭與音釋連寫，字體無大小。卷九、卷十字頭換行抬頭兩格。但字頭與音釋空一格，字體無大小。卷十一、卷十四字頭換行並抬頭兩格。但字頭與音釋間空一格，音釋字體或與字頭同大，或作雙行小字。卷十五字頭換行並抬頭。但字頭與音釋空格，音釋爲雙行小字。可見當時日本僧人所用底本來源或非同一；亦有可能會因抄經人的習慣而體例不同。若據刻本爲底本，則可能會有意思識地遵循底本之例，成雙行小字音釋，此與我們所見宋刻《廣韻》和宋本《玉篇》相同。蓋刻本非倉卒而就，有嚴格的體例則更受歡迎。抄本或稿本却容易自定體例，而出現異本。

② 黃征《敦煌俗字字典》之前言之第九部分，有"敦煌俗字種類分析"，其中一些內容就在我們的分析中出現過。

結論三，我們的主要比勘本是大治本，也參照七寺本和金剛寺本。正如築島裕所指出，此本之訛寫多於大治本。但若與磧沙藏等本對照校正，可以發現，也有一部分字大治本與此本訛誤相同。那麼也就至少可以證明，大治本寫經也應屬於較早寫經系統。

　　結論四，通過將此本、大治本，包括七寺本等寫本與磧沙藏本等刊本對照比勘，發現寫本明顯訛誤較多。這當然是因為刻本在刊印時，經過了校正等工序。但正因為如此，才能使我們可窺見唐寫本之一貌。正如落合俊典與方廣錩在他們合作的《寫本一切經的資料價值》[①]一文中所指出：寫本一切經的"部分文字與刻本不同，保留了該經典更古老的形態，是編纂刻本時刪除或改竄前的原本。只要認真閱讀寫本一切經，則古寫本保存的重要研究信息隨處可見。……縱然寫本一切經有許多錯字，但它們是一批體現了唐代佛教的資料"。我們只是對"寫本一切經"中的一部單經音義，或者説是《玄應音義》中的一卷進行了考察，就應該能證明此點。

　　結論五，作為現存最古的寫本，儘管一卷本《四分律音義》篇幅並不長，但有其獨特的價值。筆者雖然多為對一些俗字"個案"的描寫和分析，但筆者認為這些"個案"對探尋漢字在傳播中的一些訛變軌跡、研究俗字的發展應該有一定的參考意義，故自有其歷史的價值所在，不容忽視。

第二節　論部音義
——以《俱舍論音義》為中心

一、論部音義在日本

（一）關於論藏

　　佛教三藏中的論藏，梵文"Abhidhamma Pitaka"，音譯作"阿毗達磨藏""阿毗曇藏"，意譯"對法"，也可翻作"無比法"，意思是對佛典或經義加以議論，化精簡為詳明，以決擇諸法性相。後來廣至對經、律

---

① 《世界宗教研究》2000年第二期。

二藏的論述，乃至以論解論者，都稱爲阿毗達磨。如果説經藏與律藏中的核心部分是由佛祖釋迦牟尼所説或所定，①那麽論藏則被認爲是由佛門弟子或各派的論師所著。學界一般認爲，三藏中"經""律"二藏成立較早，其原型應在原始佛教時代就已成立，而論藏則相對較晚，其確立應在部派佛教之後。但原始佛教結集的經藏中，實際上也有一些能歸入論藏的經典，所以也可以認爲是佛祖所作。

　　論藏的成立經過了漫長的歷史階段。内容非常豐富，既有南傳與北傳之不同，也有原始語言之差異。漢譯大藏經中論藏也是卷帙浩繁，漢譯著名論藏有如《百論》《中論》《十二門論》《大智度論》《瑜伽師地論》《唯識二十論》《大乘起信論》《成實論》《阿毗達磨俱舍論》等。《佛教大詞典》②作爲辭目收録的"論藏"經典就有近250種。

　　論藏在中國佛教中占有重要地位，在中國佛教宗派中，就有三論宗、唯識宗、俱舍宗的成立直接與論藏有關。其中如隋朝吉藏所創三論宗就是根據印度龍樹《中論》、《十二門論》和提婆的《百論》這三部"論"典而得名。又如由唐代玄奘法師及其高足窺基大師所創的唯識宗，其所據經典除了《大方廣佛華嚴經》《楞伽經》《解深密經》等六部經外，還有《瑜伽師地論》《大乘莊嚴論》《唯識二十論》等十一部論典爲所依據，又特以《解深密經》及《成唯識論》爲法據，成一宗之旨。而俱舍宗的宗經自然就是《俱舍論》。而且俱舍宗與《俱舍論》自奈良時代就傳到日本，并展開了以《俱舍論》爲基礎的研學傳統，甚至延續至現代。而這正是本節的主要内容。

（二）論部音義在日本

　　日本佛經音義中，與經藏音義相比較，論部音義的數量并不多。除了中國僧人玄應、慧琳、希麟與可洪等人爲"一切經""衆經"所撰音義中所包含的部分以外，根據水谷《書目·印度論部》，作爲"單論"的音義有以下六種：

001《瑜伽音義》四卷，信行撰
002《大智度論音義》二卷，飛鳥寺信行撰

---

① 實際上釋迦牟尼只是口述，而最後形成是由其弟子"集結"而成。
② 任繼愈主編，江蘇古籍出版社2002年版。

003《大智度論音義》一卷
004《智度論音》一卷
005《成唯識論音義》一冊
006《俱舍論音義》一冊，玄應撰

以下，我們就根據水谷《書目》加以簡述。

1. 信行撰《瑜伽音義》四卷，不存

前已述及，信行爲著名法相宗學僧，著有多種佛經音義，在日本佛經音義史上具有重要的歷史地位。現在我們即使從"論部音義"來看，根據書籍記載，也有《大智度論音義》《瑜伽論音義》《法華玄贊音義》等多部。

根據《諸宗章疏錄》第二、《注進法相宗章疏》及《東域傳燈錄》卷下，前在"瑜伽論略纂十六卷"下有標注："同論音義四卷（云相應論音義）元興寺信行"，後則於"瑜伽論略纂十六卷"下標注："同論音義四卷（元興寺信行亦云相應論音義）"。"瑜伽"爲梵語"yoga"之音譯，巴利語同。意譯作"相應"。依調息（調呼吸）等方法，集中心念於一點，修止觀爲主之觀行，而與正理相應冥合一致。故"相應論音義"爲其又稱。因現不存，難以知其本貌。松本光隆在《日本辭書辭典》"瑜伽論音義"條下指出，祇有在信覺的《鷲珠抄》中存有五條佚文，是"以瑜伽師地論的漢文音義注爲主體的卷音義"，但作者最後用了疑問詞"か"，表示不確定。[①]

《瑜伽師地論》，也簡稱《瑜伽論》《十七地論》等，是大乘佛教瑜伽行派及中國法相宗所依據的根本論書，也是玄奘西行所取的重要經典。所謂"瑜伽師地"，指瑜伽師修行所要經歷的境界（十七地），所以稱《十七地論》。據說此論由古印度彌勒口述，無著記錄，由唐三藏法師玄奘譯成漢文。

2. 信行撰《大智度論音義》三卷，不存

《東域傳燈錄》卷上在"大智度論疏二十四卷"下記有"同論音義三卷（飛鳥寺信行撰下卷末有經音義）。因現不存，故難以知其原貌。松本光隆在《日本辭書辭典》"大智度論音義"條下也祇有"以大智度論的漢

---

① 《日本辭書辭典》，第261頁。

文音義注爲主體的卷音義"一句，而且作者最後也用了疑問詞"か"，①表示不確定。

《大智度論》，也稱《智度論》《智論》等，是論釋《大品般若經》的重要論書。由古印度龍樹菩薩（約3世紀）撰述，後秦鳩摩羅什譯，共一百卷。此論對佛教全部關鍵名詞給出了詳細而又深入淺出的解釋，是佛經入門必讀之書，故影響很大，爲歷代大藏經所收。

3. 無名氏《大智度論音》一卷，不存

《東域傳燈目錄》卷上在"大智度論疏二十四卷"下記有"大智度論音"一卷，緊接其下，即爲上條。但上條明確記有"飛鳥寺信行"的作者名，而"大智度論音"卻無任何有關作者的信息。

4. 無名氏《智度論音》一卷，不詳

《傳教大師將來越州錄》卷一有"《智度論音》一卷"的記錄，然僅此一條，再無其他信息。

5. 大屋德成氏藏《成唯識論音義》一册，存

水谷《書目》記有"大屋德城氏藏"，并標記其"奧書（末尾識語）"爲"寬政一〇戊午年七月二十七日新調之五大院中務卿專算自筆寫之"。"寬政一〇年"爲1798年，所以應是時代較晚，屬於近代的寫本。關於此音義，除了以上水谷《書目》所記以外，吉田金彥有《成唯識論音義について》②一文，對其有較爲詳細的考證。因筆者未曾親眼見到此音義，以下內容主要參考"吉田論文"。

《成唯識論音義》的著者是興福寺明憲僧都。明憲（941—1021）是平安中期法相宗僧人、興福寺喜多院空晴弟子。明憲曾擔任過維摩會講師、法相講師，並在僧團內當任過權律師③和少僧都等職。④關於明憲撰著《成唯識論音義》一事，雖並無明確記載，但吉田先生經過考證，發現成於1448年的《太子傳玉林抄》（作者：訓海）中有"唯識論音義云興福寺僧明憲述"字樣，而在圖書寮本《類聚名義抄》中也有"明憲云""憲

---

① 《日本辭書辭典》，第183頁。
② 原刊登於京都大學文學部國語學国文學研究室編《國語國文》二四卷一二號，1955年12月。後被收入吉田金彥《古辞書と国語》第Ⅱ部《仏典音義と反切》第三章，臨川書店2013年版，第171—185頁。
③ 日本律令制中僧官職位之一，爲律師中最低之職。律師則是僅次於僧都之僧官。
④ 僧團內僅次於僧正的僧官，又分爲大僧都、權大僧都、少僧都、權少僧都。

第七章　律部、論部佛經音義

云"等四十餘條逸文，因此可以認爲此書確爲明憲所撰。[①]

此音義應屬篇立音義。篇目如下：

日、月、木、火、土、金、氵、冫、工、風、雨、石、山、田、瓦、舟、車、申、冂、口、門、人、身、心、忄、言、目、耳、囗、手、足、骨、母、女、王、食、米、禾、示、衣、糸、馬、牛、犬、犭、虫、貝、頁、羊、隹、酉、角、辵、走、彳、竹、 ⺁ 、艹、寸、廾、卩、阝、阝[②]、刂、巾、臣、刀、力、夕、歹、勹、一、 冂 、亠、冖、冂、宀、穴、 ⺆ 、乂、夂、文、欠、斤、支、殳、白、自、肎、大、小、立、十、广、疒、尸、戶、虍、羊、乚、皿、矢、四、皿、皿[③]、見、弋、戈、 羊 、奉、厶、凡、 囲 、艮、尤、舍、番、镸、音、予、爫、 广 、水、雜篇[④]

吉田先生指出：其部首分類與《法華經》諸音義、《三大部難字音義》、"三部經音義"以及《字鏡》類的順序不合。儘管其中有一部分在例如高野山寶壽院藏本《法華經音義》中也能見到，但完全相合的至今尚未見到。[⑤]筆者在轉錄過程中也發現有一些問題，如"羊"與"口"分別出現兩次，還有如" ⺁ "" 广 "等也似與篇立難合。但必須指出的是，這些可能與當時的寫本用字有關。很多篇立音義其實都有這個問題。因爲純粹是爲"專經"所撰音義，如《法華經》《大般若經》及"淨土三部經"等。而此音義則是爲《成唯識論》所撰，其閱讀者是非常固定的群體，而且所用寫本也應該就是當時流行於這些信衆中的，所以很可能是根據這些寫本用字實況而編排，由此才會有很多字形不見於其他音義的情形，但是對這個特定的讀者群來說，一定是不陌生的。

該音義的正文就是根據以上所列126個篇目，將《成唯識論》中的漢字分別類聚其下，用片假名標音。所標字音隨處可見混雜有漢音，但大體上屬吳音系統。此音義所標漢字辭目共有1077個，其中大約有1830條和

---

① 可參考《成唯識論音義について》。
② 吉田文中所引此與上"阝"寫法相同，祇是上在偏左，此偏右。
③ 吉田文中所引此與前相同，筆者照錄。
④ 吉田金彦：《古辞書と国語》，第171—172頁。
⑤ 同上書，第172頁。

訓，大體上與《類聚名義抄》的和訓相吻合，但也有一部分和訓釋義不見觀智院本《類聚名義抄》。①吉田先生認爲好像本書的和訓原本並沒有受到《名義抄》的直接影響。同樣，此音義中有一部分《名義抄》中沒有的和訓，簡單易懂，可以認爲是到了近代才添加上去的讀音。但是從總體來看，該書呈現了《成唯識論》的解釋傳統，適用於法相宗名目。而且從日本國語史研究的角度來看，若經過詳細考證，此本中之和訓作爲廣範圍漢字對譯的語彙資料，具有一定的作用。②

以上是"大屋本"《成唯識論音義》的內容，基本內容就是用假名爲漢字標音釋義，屬於標準的日式佛經音義。因此寫本年代較後，故吉田先生還考證了"大屋本原本"以前的祖本，并指出其應屬於較古形式的佛經音義。根據圖書寮本《類聚名義抄》中的引文，我們可以轉引兩條，以明其狀貌：

灌漑：……下明憲云貫音，洗汲。又注也。……
懶惰：憲云落旱反，惰也。有作嬾，懈怠也。下……憲云懈也。避業也。不敬也。……③

吉田先生據此考察其體例與內容：第一，辭目也有合成詞，音注用反切，釋義用漢字；第二，多引用各種漢語韻書和辭書，還引用了慈恩大師等有關法相教學的注釋書。大概不是部首分類的"篇立音義"，而是按照文順的卷音義，是具有專業的學術性的音義。而其撰述時代卻不詳。④據此，我們可以認爲，《成唯識論音義》的原本更接近漢傳佛經音義，而隨著時代變遷，變成了純日式的音義。

《成唯識論》也簡稱《唯識論》，共十卷，是法相宗所依據的重要論著之一。唐代玄奘大師糅譯印度親勝、護法等十大論師分別對《唯識三十頌》所作注釋而成。作爲唯識宗建宗的基本理論，最能體現法相唯識學派的基本思想，故歷代注釋疏抄很多。而爲其作音義的有慧琳，收於其

---

① 《類聚名義抄》諸本中有觀智院本，爲京都古刹東寺（教王護國寺）中的觀智院舊藏本。該本是鎌倉時代（1185—1333）初、中期的寫本，也是目前發現的唯一足本。
② 吉田金彥：《成唯識論音義について》，《古辞書と国語》，第173頁。
③ 以上兩例轉引自吉田金彥《成唯識論音義について》，《古辞書と国語》，第174頁。
④ 《古辞書と国語》，第174—175頁。

第七章　律部、論部佛經音義

《一切經音義》卷五十一，共收釋辭目18個。實際上僅有卷一到卷四的内容。卷七至卷十，慧琳指出："已上四卷並文易不要音訓。"而日本爲其作音義者，可以確認的也僅有以上明憲之音義。[①]但吉田先生也指出：若查看《東寺經藏一切經目録》，可發現各經卷幾乎都有"附音釋一帖"。而幾乎與其相同的《上醍醐寺藏經一切目録》也至少在所收納各箱中有音義一卷。并由此感慨，自古以來音義書所存數量龐大，但我們現在能見到的僅是很少的一點。若能進一步發掘，將一定會在國語學研究中發揮其作用。[②]

二、《俱舍論音義》考論
——以漢字研究爲中心

（一）《俱舍論》與日本俱舍宗

梵名"Abhidharmakośaśā-stra"，譯作"阿毗達磨俱舍論"，略稱"俱舍論"。意譯爲"對法藏論""總明論"。此論由古印度世親撰著，是由小乘向大乘有宗（瑜伽行派）過渡的重要論著之一，爲世親新有部思想的集中體現。此論漢譯本有兩種。一是南朝陳真諦所譯《阿毘達磨俱舍釋論》，二十二卷。此本時譯出後，即被作爲研習的重要論書，世稱"舊俱舍"。另一譯本即爲唐玄奘法師所譯《阿毗達磨俱舍論》三十卷，世稱"新俱舍"。玄奘重譯之後，其門下形成一批專門研習《俱舍論》的學僧，從而形成俱舍宗。所以儘管漢傳佛教佛教宗派"十宗"[③]中有"俱舍"一宗之名，但嚴格地説，俱舍宗與一般意義上的佛教宗派的意義有所不同，它是以研習《俱舍論》而得名的中國佛教學派之一。因爲新舊《俱舍》都有很多學僧師承相傳，對其進行學術研究，所以這些學者也就被稱爲"俱舍師"。研習"舊俱舍"的"俱舍師"，著名的有法泰（生卒年不詳）、智愷（518—568）、智敷（？—601）、靖嵩（537—614）、道岳

---

① 《古辞書と国語》，第175頁。
② 同上。
③ 即：成實宗、俱舍宗、律宗、三論宗、天臺宗、淨土宗、禪宗、法相宗、華嚴宗、密宗。關於漢傳佛教宗派，學界並不統一。"十宗"之説，始於清末楊仁山居士整理日僧凝然（1240—1321）《八宗綱要鈔》（成實宗、俱舍宗、律宗、三論宗、天臺宗、法相宗、華嚴宗、真言宗）的説法，補入禪宗、淨土二宗，形成十大宗派。一般公認的是八大宗派，即：唯識宗、三論宗、天臺宗、華嚴宗、淨土宗、禪宗、律宗、密宗。

（568—636）等人。而研習"新俱舍"的"俱舍師"，著名的有神泰（生卒年不詳）、普光（生卒年不詳）和法寶（生卒年不詳）等。其中神泰撰《俱舍論疏》（簡稱"泰疏"）三十卷，普光作《俱舍論記》（簡稱"光記"）三十卷，法寶著《俱舍論疏》（簡稱"寶疏"）三十卷。此三書合稱"俱舍三大部"。但後來《泰疏》殘缺不傳，唯有《光記》《寶疏》並行，世稱"俱舍二大疏"。因爲《俱舍論》是小乘佛教論書，所以在中國，俱舍宗祇是作爲佛教學派而依附於玄奘法師所創的法相宗內部。

法相宗很早就傳到日本，第一傳是日僧道昭（629—700）。道昭於孝德天皇白雉死年（653）奉敕入唐，到長安拜玄奘爲師，學習法相宗，還從慧滿研習禪學。齊明天皇七年（661）學成返日，在奈良飛鳥寺[①]弘傳法相宗教義。第二傳也是日僧。658年，智通（生卒年不詳）、智達（生卒年不詳）二人同乘新羅船入唐，到長安，也拜玄奘爲師，學習法相宗。二人回日本後，智通在飛鳥寺，智達在奈良觀音寺弘傳法相宗教義。因道昭、智通、智達三人同爲玄奘弟子，回國後又主要以飛鳥寺爲中心傳播法相宗，故被稱爲"飛鳥傳"（"元興寺傳"）或"南寺傳"。703年，在日本的新羅僧智鳳（生卒年不詳）、智鸞（生卒年不詳）、智雄（生卒年不詳）三人入唐，跟隨慈恩大師的三傳弟子智周（668—723）學習法相宗教義，後又回到日本，在奈良興福寺弘傳法相宗，被認爲是第三傳。而第四傳則是日僧玄昉。玄昉（？—746）出家後曾從龍門寺（奈良）的義淵僧正學法相宗。靈龜二年（716）玄昉奉敕入唐，也從智周學習法相宗教義。玄昉在中國留學時間很長，有20年[②]之久。據說其曾得唐玄宗賞識，位準三品，受賜紫袈裟。玄昉於天平七年（735）歸國，帶回經論5000餘卷及佛像等，以興福寺爲弘法中心，傳揚法相宗。後受任僧正，入宮中內道場，與橘諸兄、吉備真備一起活躍於當時政界，被尊爲法相宗"第四傳"。玄昉與在日的三位新羅僧人皆從智周學習法相宗，回到日本後又都在興福寺弘法傳教，故被稱爲"興福寺傳""北寺傳"。俱舍宗正是在以上法相宗一至四傳的過程中，作爲法相宗的附宗被同時傳入日本，而且

[①] 飛鳥寺位於奈良縣高市郡明日香村，爲日本最古老的正式寺院，相傳由蘇我馬子創建於崇峻元年（588），現屬真言宗豊山派寺庙，也稱"元興寺""法興寺"等。

[②] 說法不統一，也有說18年的。

"傳承世系與法相宗相同，也分'元興寺傳'（'南寺傳'①）和'興福寺傳'（'北寺傳'）"。②

俱舍宗屬小乘説一切有部，因爲"舊俱舍"與"新俱舍"的相繼翻譯，曾引起研習熱潮，特別是玄奘大師重譯《俱舍論》，整理説一切有部各論書，并傳承弟子，有唐一代俱舍之研習，曾頗爲興盛。但唐代之後，因爲輕視小乘，俱舍宗的傳承日漸式微，也很少有僧侶對《俱舍論》進行研究。但是在日本，儘管一直也是依附於法相宗之下，但作爲日本古代就有的佛教學派，因爲"元興寺傳（南寺傳）"和"興福寺傳（北寺傳）"兩大派的弘揚，研習之風一直延綿不斷。此外，"華嚴""三論"的學者也自古就對俱舍宗有研究。楊曾文先生指出"研究《俱舍論》的學僧還研究《發智論》《大毗婆沙論》等説一切有部的論書。因爲《俱舍論》介紹了佛教的基本知識和概念，即使一般僧人也把它當作佛學入門書來學習"。③這應該是日本俱舍研習風氣不衰，能持續至今的主要原因。

（二）《俱舍論音義》考論

上記"006《俱舍論音義》一卷"，水谷《書目》所記爲玄應撰，并有高野山大學藏鎌倉時代寫本。玄應的確曾爲"新舊《俱舍》"作過音義。《衆經音義》卷十七《小乘論》中有《俱舍論音義》（"舊《俱舍》"），《衆經音義》卷二十四《大唐新譯》則有專爲玄奘法師所譯《阿毗達磨俱舍論》三十卷所撰音義。因前者在《玄應音義》中不足一卷（僅有八十八條），同卷尚有《阿毗曇毗婆沙論》《迦旃延阿毗曇論》《舍利弗阿毗曇論》《出曜論》等"小乘論"，故筆者認爲高野山所藏或是玄應爲"新《俱舍》"所撰之音義。但是實際上，日本所存《俱舍論音義》的古寫本，除了有玄應所撰一卷本外，尚有日僧所撰三卷本。此不見水谷《書目》，爲本節主要内容。

《俱舍論音義》三卷，日本人所撰，但作者不詳。現有京都大學國文研究室所藏轉寫本（此後簡稱"京大轉寫本"）、高野山大學藏本（金剛三昧院委託保管，此後簡稱"高野山本"）、金澤文庫藏本（金澤文庫

---

① 這是因爲"飛鳥寺"在今奈良耳成山南，故稱"南寺"。相對於"南寺"，興福寺被稱爲"北寺"。
② 楊曾文：《日本佛教史》（新版），人民出版社2008年版，第67頁。
③ 同上。

古書目録記爲"俱舍論音義抄",此後簡稱"金澤文庫本")等傳存。西崎亨集"京大轉寫本"(影印)、"高野山本"(影印)以及"金澤文庫本"(模寫)三種,并配以其對此音義的研究成果[1]以及索引,[2]以《俱舍論音義の研究》之書名出版。[3]這也是日本有關此音義最爲全面的研究成果。

1. 體例與内容

《俱舍論音義》是將唐代玄奘所譯《俱舍論》(三十卷)與唐代普光所撰《俱舍論光記》(三十卷),從第一卷開始相互配置,一般是《俱舍論》(簡稱"論",如"論第一")在前,《俱舍論光記》(簡稱"光記",如"光記第一")在後,從其中選録難解之漢字以及合成詞爲辭目,對其加以音訓并詮釋,屬於"卷音義"。訓注主要參考《廣韻》、玄應《一切經音義》,并附以《玉篇》《和名類聚抄》、唐慧苑所撰《大方廣佛華嚴經音義》以及《新譯華嚴經音義私記》《大般若經音訓》《小切韻》《玉篇抄》、唐湛然所撰《法華文句記》、唐慧暉所撰《俱舍頌義鈔》、唐遁麟所撰《俱舍論頌疏記》等文獻。辭目下用片假名標出音注和訓注,其和訓多附有聲點,對研究鎌倉初期日本國語史是極爲有用的資料。[4]因所存三種寫本篇幅容量,體例内容有較大區别,以下我們對三本作簡單描述,以觀其概貌:

京大轉寫本

京都大學國文研究室所藏《俱舍論音義》轉寫本[5]僅有上卷一册。原本被委託保管於古梓堂文庫。根據轉寫本書末識語所記,知原本爲日式綫裝本,共五十九張。古梓堂文庫本之底本爲如意輪寺[6]舊藏本,由最勝院

---

[1] 共收録作者五篇研究文章:《高野山大学蔵本俱舍論音義について》《金沢文庫蔵本俱舍論音義について》《京大転写蔵本俱舍論音義のオ・ヲの仮名遣について》《俱舍論音義の引用について(一)—玄応〈一切経音義〉・〈廣韻〉の場合—》《俱舍論音義の引用について(二)》。

[2] 共收録作者所編三種索引:"和訓索引""京大轉寫本所引小切韻索引""引用書一覽"。

[3] 思文閣出版2010年版。

[4] 沖森卓也等編:《日本辭書辭典》"俱舍論音義"條,おうふう出版1996年版,第80頁。

[5] 以下簡稱"京大轉寫本"。

[6] 位於奈良縣吉野郡吉野町,是創建於平安時代的淨土宗古刹。

沙門寬盛所抄寫，書寫年代可能是鎌倉初期，原本作者現難以確定。但如意輪寺本現在不明，而古梓堂文庫本①現也不見藏於大東急記念文庫。②

京大轉寫本開頭題名下有"多依宋韻，玄應音義所載合點"之字樣，共收釋《俱舍論》（三十卷）、《俱舍論光記》（三十卷）中十卷單字與合成詞辭目660餘條。書寫樣式是先於辭目字右上用小字標出平上去入四聲之別，若有涉及二聲以上者，則於辭目字左右，或以"去入"，或以"平上去"等字樣標出。音訓和義訓以"音○○"，"訓○○"的形式，用一行或雙行行間小注的形式書寫，皆用片假名明確標示。若有關於字體之判別，則用"俗""正""籀文""古文""俗今通用"等加以説明。其下用漢文書寫音注和義注。漢文音注用反切表示，義注以"○○云"的形式表示，并標記出典。③我們以具體例簡作説明。

（上）狗：音ク、訓イヌ。古厚反。犬也。（論第二/36④）

案：括號中的"上"本爲小字，寫於辭目字"狗"右上，用以標示四聲。"ク"爲日語"狗"字吳音。"イヌ"是日語和訓。其後爲漢語音訓和義訓。

（去）豹：音ヘウ、訓ナカツカミ。北教反。玉云似虎。狐死首丘，豹死首山（論第二/36）

案："豹"即"豹"字。"ヘウ"爲日语"豹"字吳音。"ナカツカミ"是日語和訓，漢字可寫作"中津神"，爲日語中"豹"之古名。據説是因爲在陰陽道上，八將神中的豹尾神位居其中央之故。這也是受中國道教的影響。其後同樣是漢文詮釋，并引《玉篇》釋義。

---

① 大東急記念文庫前曾名爲"古梓堂文庫"。
② 吉田金彥：《古辞書と国語》第四章"俱舍論音義について"，第176頁；西崎亨：《俱舍論音義の研究》，第252頁。
③ 參考吉田金彥《古辞書と国語》，第176—177頁；西崎亨《俱舍論音義の研究》，第218頁。
④ 此爲西崎亨《俱舍論音義の研究》中頁數，下同。

（平）狸：音リ、タタケ。訓タヌキ。貍：正。里之反。野貓。
（論第二/36）

案：以上"貍"字後"正"，用於説明字體。《説文・豸部》："貍，伏獸似貓，從豸里聲。里之切。"《干禄字書・平聲》："狸貍，上通下正。"《廣韻・平聲・之韻》："貍，野貓。狸，俗。"可見其説，頗合古訓。

（平）（去）洟：音イ。又音テイ。訓スノハナ、ハナカム、ナムタ。𩕄，古文。从脂反。平①。涕洟。又他計反。去。𭣄洟涕洟，音同上。（論第二/37）

案：上例標出"平""去"二聲，在辭目字左上與右上。字形辨析方面，除了明確標出"涕"字古文外，還列出了"涕"的多個俗體字形。
以上漢文音注與義釋，看似簡單，實際大多是有所本的，祇是省略了出典名。但有時也標出，如上"豹"字條引《玉篇》。又如：

（平）胞：音ハラ、訓エナ。布交反，胞胎。小切韻云胎衣也。玄應云兒生裹也。（論第二/37）

案：以上義訓後又引《小切韻》和《玄應音義》。

鬘：音マン。訓カツラ。鬘，正。莫還反。衣，宋韻云出釋典。玄應云：梵言摩羅，此譯云鬘。西國結鬘師多用蘇摩那花行列結之，以爲條貫，無問男女貴賤，皆此莊嚴首或身，以爲飾好。已上②（論第二/42—43）

案：以上字頭"鬘"爲"鬘"字俗形。而所謂"正"的"鬘"也仍是手寫俗字。所引書證例出自"宋韻"，即《廣韻》。查檢《廣韻・平

---

① "平""去"等標聲小字寫於反切右下。
② 二字爲小字。

聲·刪韻》，有"鬘：衣，出釋典"之訓，正與其相合。《玄應音義》卷二十四《阿毗達磨俱舍論音義》"冠花鬘"條釋"鬘"字正與此同。

合成詞或音譯詞之詮釋則多引《玄應音義》，如：

野干：カン。玄應云：梵言悉伽羅，形色青黃，如狗群行，夜鳴聲如狼也。字又作射干。似狐而小，能緣木。射音夜。廣志：巢於危巖高木也。干谷寒反乎①。求也，犯也，觸。于，羽俱反乎。宜作丂，曰也，於也。雨字之別，可知之也。（論第二/35—36）

案：雙音詞辭目右上無四聲標示。"カン"爲"干"字音讀。《玄應音義》共三次收釋"野干"一詞，分別在卷六、卷十四和卷二十四，内容大體相同。但以上應引自卷二十四，而這正是《俱舍論音義》。根據此條，可知引用《玄應音義》時，有時省略了其中的出典之名。如"似狐而小，能緣木"一句，本是玄應引司馬彪、郭璞等注《子虛賦》之語。然其後關於"干"與"于"之辨，卻應是此書作者自寫内容。

頗胝迦：テイ。②玄應云：胝字陟尸反。西國寶名也。舊云頗梨者，訛略也。此云水玉，或言白珠。大論云：出山石窟中，過千年氷化爲頗梨珠。但西國極饒此，此物彼乃无氷，從何爲化，但石之類耳。已上③（論第二/39）

案：《玄應音義》中收釋"頗梨"、"頗胝"與"頗胝迦"。以上内容正出自卷二十四《俱舍論音義》"頗胝迦"條。

根據吉田金彥統計，京大轉寫本共有單字及合成詞辭目六百六十餘條。此本祇是卷上，約占全書的二分之一。④不難看出，上中下全本的《俱舍論音義》應是一本内容頗爲豐富的單經音義，其篇幅遠超《玄應音義》卷十七《小乘論》的《俱舍論音義》和卷二十四《大唐新譯》中的

---

① 置於右下。以下"乎"字同。
② 小字，在"胝"字右旁。
③ 小字，在引文右下方，表示引文結束。
④ 按照卷數，應該是三分之一。但後面要述及的高野山本，中下兩卷的辭目數與京大轉寫本上卷約同，故約占二分之一。

《阿毗達磨俱舍論音義》。而且根據學界對現存卷上的體例與內容的調查，可知是這應是日本中世佛經音義史上較爲重要的一部音義。

高野山大學圖書館本

受高野山金剛三昧院委托保管，高野山大學圖書館藏有《俱舍論音義》一帖，上中下三卷共五十一張紙，其中上卷二十七紙半，中下卷二十四紙半，還有兩頁有破損爲蝴蝶裝小册子本。此本第二十八丁內有内題"俱舍論音義中下帖"字樣。此本是現在所知唯一的《俱舍論音義》全本。與京大轉寫本相比較，上卷辭目完全相同，祇是抽取了京大轉寫本的假名音訓和義訓。另外，省略了表示辭目字四聲的"平（平聲）上去入"的注記，也省略了字體辨別的內容以及反切形式的註記和假名和訓聲點的注記，比京大轉寫本簡略得多。因爲訓注文字較短，故采取一行書寫兩條的形式。如：

狗：音ク、訓イヌ。（論第二/138）
豹：ヘウ、訓ナカツカミ。（論第二/138）

案：以上兩條本寫於一行之內。

狸：音リ、タタケ。訓タヌキ。（同上）

案：以上也僅取前半，而缺少了正字的內容。
類此，與京大轉寫本相比較，相互之間的同異極爲明了。但是固有名詞以及特別的合成詞大部分卻原樣抄寫。如：

野干：カン[①]。玄應云：梵言悉伽羅，形色青黄，如狗群行，夜鳴聲如狼也。字亦作射干。似狐而小，能緣木。射音夜。廣志：巢於巖高木也。（論第二/138）

[①] 小字，寫於"干"字右下方。

案：以上保留了《玄應音義》的内容。又如：

> 俱胝：テイ。陟遲反。或言俱致，此當億，謂千萬也。或十萬爲億，或万万爲億。西國俱胝或千万，或十億，或百億，不同故存本名耳。（論第九/151）

此條與京大轉寫本完全相同。

吉田金彦指出：中下卷共有辭目736條，由此可以推定京大轉寫本的原本大概也是一册。很可惜高野山本卷末有兩頁欠缺，故不見有關此本書寫時間的跋語。雖然不知何時所成，但若根據其書法風格以及體裁等，被認爲應該是鎌倉中期以後之物。[①]西崎亨也對高野山本有詳密考察，指出作爲《俱舍論音義》三本中唯一上卷與中下卷三卷合册的全本，在辭書史上具有重要價值。而此本所記載的和訓儘管還有進一步詳密探討的必要，但有關訓點應是鎌倉時代初期的國語資料，特別是還有京大轉寫本、金澤文庫本所無，僅見於高野山本的和訓。雖然上卷辭目字完全没有加注四聲的内容，但中下卷辭目字有圈點的情況。此本爲辭目字標音釋義所引用的典籍，與京大轉寫本相比較，顯得較爲任意。另外，關於辭目的釋義和字體辨析，與京大轉寫本相比較的話，被詮釋的辭目也顯得頗爲任意。[②]無論如何，高野山本作爲上中下皆具的完本，是能了解《俱舍論音義》整體唯一的孤本，故無論是對《俱舍論音義》本身抑或是日本佛經音義史的研究都具有重要意義。

金澤文庫本

金澤文庫藏有《俱舍論音義》一帖，主要是用"奉書紙"即和紙書寫，是用"大和綴"裝訂的小册子本。因爲保存狀態極差，所以西崎亨《俱舍論音義の研究》中用的是摹寫本。在金澤文庫古書目録中標爲"俱舍論音義抄（仮題[③]）一卷一册"。其卷末有"貞應二年五月廿六日"的

[①] 吉田金彦：《古辞書と国語》第四章"俱舍論音義について"，第182頁。
[②] 西崎亨先生原文共有十個要點，筆者以上所引有整合。
[③] 此爲日語詞，漢譯義爲"臨時的題目"或"非正式的題目"。

識語。"貞應二年"是1223年，值鎌倉中期。此本從"論十一"開始到"光記第三十"結束，正好與高野山本的中下卷相當，故知缺失上卷。

吉田金彥指出：金澤文庫本的內容與高野山本大致相同。辭目相同，注釋要領也大致相同，但字體顯得雜亂無章。和訓方面，此本顯得略微簡略。而在漢文釋義方面，則高野山本稍顯簡略。①這是一般情況，有時也不盡然。如：

洲：音シウ。訓ス。クニ。（論第十二/161/高野山本）

洲：音シウ。訓ス。職流反，洲渚反。尒雅：水可居曰洲。少切云云。水濱音ハマ、訓ホトリ。玄广②云水中有平地可居者也。釋名曰洲，聚也。人及鳥獸所聚息處也。宋韻云洲ク③，音同上。洲郡。周礼曰五黨爲州（論第十二/191/金澤文庫本）

案：兩本相比較，差異頗爲明顯，確實如同吉田先生所述，高野山本沒有漢文詮釋，而金澤文庫本則不但引《玄應音義》，還引"宋韻"標注讀音，用於詮釋詞義。這一特色與京大轉寫本同。但是我們發現此本所引的"宋韻"內容，并非其"州"字本義，水中陸地，即《説文》中的"水中可居曰州"，而已是後人爲區別州縣之義，在"州"字旁加水後成"洲"後，"州"字表示古代戶籍單位之義，即《周禮》所謂"五黨爲州"。不難看出其中有訛誤。另外，金澤文庫本在釋義時也用了"水濱音ハマ、訓ホトリ"這樣的和訓內容，這些對研究其原本都有一定的價值。

迋：音シャウ。訓タクミ。鬱：音ウツ。訓サカリナリ、イキトアル④。

喬苔摩：玄應云：此有三義：一云日種，二云牛糞種，三塗種。（論第十二/162/高野山本）

迋：音シャウ。訓タクミ。喬苔摩：光云刹帝利中一姓也。玄广云：此有三義：一云日種，二云牛糞種，三塗種。

---

① 吉田金彥：《古辭書と国語》，第182頁。
② 此應爲"應"字之略。
③ 此字不明。
④ 此與前"サカリナリ"用雙行小字標於"訓"字下。

第七章　律部、論部佛經音義

鬱：音ウツ。訓サカリナリ、イキトアル。欝，俗。鬱，正。（論第十二/192/金澤文庫本）

案：以上兩個用圖像標出的辭目字，是"匠"的俗字。兩本音訓與義訓相同。但高野山本"匠"條後是"鬱"字條。高野山本一行書寫兩條，故符合其書寫格式。"鬱"字條是"喬荅摩"條。但金澤文庫的辭目順序與此不同，而且有誤將"喬荅摩"作爲"匠"字釋義内容之嫌。查檢《玄應音義》卷二十四"喬荅摩"後爲"鬱馥"條。所以從順序上看，金澤文庫本準確，高野山本則有錯簡。還有一個問題就是兩本皆引用《玄應音義》，其中的"塗種"似有誤。查檢《玄應音義》，應作"泥種"、"埿種"或"泥土種"，"泥"與"埿"爲異體字，所以實際相同。金剛寺《玄應音義》卷二十四此條作"泥土種"。而七寺本則作"埿土種"。筆者認爲"泥土種"確。希麟《續一切經音義》卷六釋"喬荅摩"："舊云瞿曇。案：慈恩法師引釋迦譜云，釋迦帝王歷代相承……兒從父誨乃共交通遺體既流墮染泥土。仙人收取牛糞裏之置甘蔗園中。日暖光炙時滿十月變成一男。仙人還養後得爲王。自此釋迦重得繼位。故喬荅摩者。此云甘蔗種，或曰日炙種。若毀之曰牛糞種，泥土種也。"[①]另外，金澤文庫本還有字體正俗之辨析，而此不見高野山本。

西崎亨在其《金沢文庫蔵本俱舍論音義について》一文中，將此本與京大轉寫本、高野山本（特別是後者）詳加比較，指出金澤文庫本具有較强的書寫者筆記本的性質。三本中，京大轉寫本與金澤文庫本相合并，與高野山本在所標出的辭目上相符合。三本中，金澤文庫本屬於最爲簡略化的抄録本，而其抄録方法，特別是注文中明確標記出典，反切注和義注等，在對於了解京大轉寫本的原本形態方面是重要的一本。筆者以上所舉三例，也呈現這一特色。

我們以吉田金彥的一段話作爲三本的總結：京大轉寫本的原本應該是明確表示出典文獻，且大致忠實於原文的編纂。與此詳密的學術性相比較，此後兩種（高野山本和金澤文庫本）則應該具有簡易、通俗、實用的參考書性質。但皆各爲一種學習《俱舍論》的佛典辭書。[②]

---

① CBETA/T54/0958。
② 吉田金彥：《古辞書と国語》第四章"俱舍論音義について"。

2. 學術價值之一——從所引文獻考察作爲漢字研究資料
　　——以京大轉寫本爲中心

　　作爲日僧專爲《俱舍論》所撰音義，《俱舍論音義》有三種寫本被保存至今。毋庸置疑，這是非常寶貴的資料，無論在日本辭書音義、國語史、古籍整理以及漢字研究等方面皆具有一定的價值。因爲其中有很豐富的和訓內容，故而日本學者對此頗爲關注，研究成果不少。其中奧村三雄撰有《俱舍論音義和訓のアクセント》，[①]吉田金彥有《俱舍論音義について》，[②]而西崎亨則撰有《高野山大学蔵本俱舍論音義について》、《金沢文庫蔵本俱舍論音義について》、《京大転写蔵本俱舍論音義のオ・ヲの仮名遣について》以及《俱舍論音義続貂　京大国文研究室（転写）本・高野山大本・金沢文庫本の和訓》[③]等論文。這些研究成果都直接或間接地對《俱舍論音義》中的和訓內容有詳密論考，對日本國語史研究具有一定的參考價值。

　　因本書主要從漢字研究資料的角度展開，所以在此我們也以漢字研究爲中心來對此音義進行考察，而資料則選擇了京大轉寫本。這是因爲：①儘管是轉寫本，但根據學界考察，京大轉寫本的原本書寫年代可能是鎌倉初期。作爲現存較早的古寫本，其漢字書寫具有較爲明顯的時代特色，能呈現當時《俱舍論》以及寫本佛經的用字狀況。②京大轉寫本雖僅有上册一卷，但因其他二種屬簡寫本性質，故從學術研究的角度考察，此本價值最高。③此本中包含不少漢字考釋辨析的内容，而大量的引用文獻中，如《廣韻》《玄應音義》《玉篇》等，也包含大量的文字訓詁方面的内容，所以從漢字研究的角度展開考察，具有相當的意義，可從一個側面考察漢字在日本的傳播及其發展。

　　與一般日僧所撰音義書相同，《俱舍論音義》引書頗豐。而這正是我們應該注意的重點。正如吉田金彥所指出：較之於假名音注與和訓，更爲重要的是此書中的漢文音注釋義，[④]即大量引用文獻書證來注音并釋義，其中有很多與漢字有關，特別體現於以下兩點。

―――――――――

① 《岐阜大學學藝學部研究報告（人文科學）》第八號，1959年版。
② 吉田金彥：《古辞書と国語》第四章 "俱舍論音義について"。
③ 武庫川女子大學國文學會：《武庫川國文》第60號，200年11月版。
④ 吉田金彥：《古辞書と国語》，第178頁。

第七章　律部、論部佛經音義

（1）廣引《玄應音義》與"宋韻"等中國傳統文字音韻訓詁著作，釋字析形。

正如京大轉寫本内題下所記，此書引用最多的是《玄應音義》和"宋韻"。根據吉田金彦與西崎亨等學者考證，京大轉寫本上卷所引皆出自《玄應音義》卷二十四《大唐新譯·阿毗達磨俱舍論》。如前述及，此音義引用《玄應音義》，主要是用於詮釋固有名詞，梵語等複合詞，前已有舉例，不贅。但也有用於詮釋單字的。如：

諂：……玄應云：諂亦佞也。（論第四/68）
誑：……玄應云：惑也。（同上）
矯：……玄應云：矯，擅也。字體從手，今皆作矯。（同上）

案：以上三條相連，爲單字辭目。《玄應音義》卷二十四《大唐新譯·阿毗達磨俱舍論》第三卷有"諂誑"與"矯亂"兩條合成詞相連，可見此音義作者是擇取《玄應音義》而用以解釋單字。有時也作辨析字形之用，如上舉的"矯"字條。

另外，還有一些并未冠以"玄應云"的内容實際也是引用的玄應音義，京大轉寫本有時用"舊云"。西崎亨指出：京大轉寫本上卷中注有"玄應云"共七十八條，加之"舊云"的引用，共近九十條。[1]高野山大學本上卷因爲删略漢文注釋部分，故引用不超過十五條，用"玄應云""玄應音義"，十五條中有十二條是用於固有名詞和梵語等的複合詞。《俱舍論音義》的中下卷（高野山本與金澤文庫本）則有五十五條。

《玄應音義》作爲現存最早的佛經專書詞典，其中有大量漢字考釋的内容，從字音到字義，乃至到字形。而這些對我們研究漢字以及《玄應音義》本身都有一定的價值。

除《玄應音義》以外，《俱舍論音義》引用較多的是"宋韻"。所謂"宋韻"，根據吉田金彦考察，認爲是與現存《廣韻》大同小異的一種異本。[2]京大轉寫本中共有以"宋韻云""宋一云""宋韻"形式的引用二十例，主要用以標音釋義以及異體字的辨析。如：

---

[1] 西崎亨：《俱舍論音義の研究》，第271、27頁。
[2] 吉田金彦：《古辞書と国語》，第179頁。

指轄：……宋韻云：鐠，他令反，器物。鐠頭。（論第二/43）

案：《廣韻》："鐠，器物，鐠頭。他合切。"（入聲二十七合韻）以上引用中的"他令反"中之"令"應是"合"之誤字。此條引用《廣韻》，主要用於標音釋義。也有字體辨析辨析的內容。如：

滴：……𣳫上同。都歷反，水滴也。已上。宋韻渧滴二字各別。玉云商音，訓同宋韻，𣿴，力滴也。渧字不載之。滴渧同欤？玄應云：一渧，案此猶滴字，音丁歷反。通俗文：霊滴謂之瀝渧。音丁計反。渧，水下也。已上（光計第一/31）

案：以上共有四個異體字：滴、𣳫、滴、渧。《廣韻·入聲·錫韻》："滴，都歷切。水滴也。亦作𣳫。"故可知此本最初析"滴""𣳫"字，雖未標出"宋韻"之名，但實際上完全參考"宋韻"。作者又指出"宋韻渧滴二字各別"，而且指出《玉篇》也同"宋韻"，不載"渧"字，從而提出"滴渧同欤"的問題。在其問題中已將"滴"改作"滴"，可見已習慣將此二字視爲一字之異體。"滴"本爲水名，音"商"，因與"商"字形相近，故訛與"滴"同，實際使用中，"滴"與"滴"也就成爲異體字。作者還引《玄應音義》卷六詮釋"一渧"之內容，以證"滴渧"可同。確實，《廣韻》中，"滴渧"二字音義皆別，"渧"字在"去聲·霽韻"，"都計切，《埤蒼》云：渧瀝，漉也"，表示水慢慢地滲下。佛經中"滴渧"作爲異體字使用頻頻出現。如"一滴"也多作"一渧"，《慧琳音義》多有考釋。如：

一滴：丁力反。或從適，作𣳫，從帝者。非也。（卷十三）

一渧：丁歷反。說文滴謂水樂注也。從水啇聲。或作𣳫。經文從帝，作渧，音丁計反。渧水流下也。非經義，恐書寫人悮也。（卷十九）

一渧：丁歷反。說文云水注也。從水啇聲。或作𣳫，論作渧，俗字也。（卷六十八）

一滴：下丁歷反。顧野王云商謂滴瀝也。說文滴猶水樂注也。從

第七章　律部、論部佛經音義

水滴聲，商音同上。傳文從帝，作渧，俗字也。（卷八十九）

可見，慧琳開始是將"渧"作爲"非經義"的"誤"字看待的，但是後來就將其認作"俗字"了。

許錟輝考證"渧"①指出："渧"爲"滴"之異體。渧字，見《集韻·去聲·霽韻》，有二義：泣貌；滴水。而在《龍龕手鑒·水部》中，"渧"爲俗字，正字有"滴"與"𣳚"。而後者則見於《説文解字·水部》："水注也，從水啻聲。"《佩觿》卷中云："滴從商，商古啻字。"而《説文解字·口部》云："啻，語時不啻也。從口帝聲。"據此則"渧"爲"𣳚"之俗省，而"𣳚"也就成爲爲"滴"之異體。由此，《俱舍論音義》所指出的"宋韻渧滴二字各別"，可以提供我們進一步研究的材料。

除此以外，《玉篇》也是此音義的重要參考資料，據吉田金彦統計，有約五十餘例，甚至多於"宋韻"，但此并非"原本玉篇"，而是《大廣益會玉篇》。此音義還多見如《通俗文》《白虎通》《博物志》《漢書》以及《爾雅》等漢文古籍名。這些書實際是《玄應音義》和《廣韻》中的引用，西崎亨在其論文中皆分別標出。其中《通俗文》《釋名》《倉頡篇》《方言》等引自《玄應音義》，而《説文》《春秋説題》《埤蒼》《爾雅》《博物志》《周禮》《白虎通》《聲類》《晉書》《周書》《漢書》《小爾雅》等則引自《廣韻》。②筆者認爲這些應該是"間接引用"，或稱"二次引用"，這也是日本佛經音義多用的形式之一。③

（2）廣引《小切韻》《倭名類聚抄》等日本字書與韻書，有助於考察漢字在日本的發展。

此書除了引用中國傳統文字音韻訓詁著作外，另外一個突出的特點是還多引用日本人撰述的字書、韻書和音義著作。這是極爲貴重的資料。西崎亨在其《俱舍論音義の引用について（二）》中專門考察此音義京大轉寫本中除《玄應音義》和"宋韻"以外的引書共以下十二種：

---

① 參考臺灣"教育部"《異體字字典》"渧"條下"研訂説明"。
② 西崎亨：《俱舍論音義の研究》，第296頁。
③ 敬請參考本書第五章中有關考論信瑞《淨土三部經音義集》的内容。

① 《小切韻》，共89條。
② 《華嚴經音義》，共8條。
③ 《新譯華嚴經音義私記》，1條。
④ 《法華疏記》，1條。
⑤ 《俱舍論疏義鈔》，1條。
⑥ 《大般若經音訓》，1條。
⑦ 《倭名類聚抄》，4條。
⑧ 《麟記》，1條。
⑨ 《玉篇》，50餘條。
⑩ 《玉篇抄》3條。
⑪ 《字林》，1條。
⑫ "慧運僧都"，1條。

　　以上《字林》之引用，實際也是間接引用，引自希麟的《續一切經音義》。其他皆爲直接引用，有漢文典籍，也有日本文獻。而後者，尤其值得引起注意。以上十二種文獻中，《小切韻》《新譯華嚴經音義私記》《大般若經音訓》《倭名類聚抄》與"慧運僧都"屬於日本資料。其中《新譯華嚴經音義私記》與《大般若經音訓》是日本僧人早期所撰音義中之名篇。本書第二章已經指出：《新譯華嚴經音義私記》雖有現存，但僅有小川家藏本這唯一的孤本。根據西崎亨的調查，此音義所引僅有一條，與小川本相比較，"機關"的和訓，有"可"與"加"在文字上的差異，但和訓相符，①故認爲當時還有小川本以外寫本的可能。又如在《論第三》，辨析"己""已""巳"三字時，引用了《大般若經音訓》的内容，用"大般若音訓私云"和"真興僧都云"的形式引出。因爲《大般若經音訓》現已不存，故所有的逸文資料，都具有其應有的價值。而此本中所引用的《類聚名義抄》也有51條。其中最爲值得矚目的是此音義引用了89條《小切韻》的内容，這祇是京大轉寫本上卷的内容，而高野山本和金澤文庫本，共有96條。西崎亨先生在其論文中全部摘出并加以整理。

　　《小切韻》是日本人撰述的研究《切韻》的書，現不存，爲佚書。

---

　　① 如第二章述及，《新譯華嚴經音義私記》之和訓用萬葉假名表示，"加"與"可"漢音皆讀作"カ"。

《日本辭書辭典》中有此條目，釋曰："韻書。或爲五卷，著者未詳。成立於平安時代。"[1]而關於其内容，因爲是佚書，詳細内容難明，根據吉田金彦考證，屬於"日本人撰述的一種漢和字書"，是"切韻書"的一種。[2]既然屬於"漢和字書"，一定會呈現出漢字在日語中發展的樣貌。我們簡舉以下例：

関：俗。……[3]關，正。古還反。从横以横木持門戶也。声[4]類云関所以閇也。小切韻云：閇也。又閇塞之間涉。又関関[5]和聲。作閞者非也。開皮變反。門枅櫨。又音飯。（光第四/74）

案：以上《小切韻》前的内容實際上引自《廣韻》。《廣韻·平聲·删韻》："關，説文曰，以木横持門户也。聲類云関所以閇也。"但"从横"似爲衍文。另外，現通行的大徐本《説文》皆釋"關"字爲"以木横持門户也"。但是此本卻作"以横木持門户也"，與《廣韻》所引《説文》稍有不同。但此説也見他處，如《續一切經音義》卷三："關鑰：上古還反。説文曰以横木持門曰關。從門絲聲也。"又卷五："關鍵：上古還反。説文曰以横木持門曰關。聲類曰關所以閇也。"哪個更接近於原本《説文》，有待進一步探討。我們把焦點置於所引《小切韻》上。首先發現其中所出現的字形，"關"作"関"，"閉"作"閇"。這與當時寫本佛經中字形吻合。至於"作閞者非也。開皮變反。門枅櫨。又音飯"，這是辨别"関"與"閞"之不同。所謂"枅櫨"，指柱上承托棟梁的方形短木，即斗拱。這當然與"關"義不合。但是我們發現在寫經中"關"字除可同"関"外，還常寫作"開"。《續一切經音義》卷五："（關），説文從門絲聲也。經文作開，音弁。"《金光明最勝王經音義》中就有"𨳿又作𨵿"之釋。"𨵿"爲"開"的簡體俗寫。《金光明最勝王經音義》寫於承曆三年（1079），比《俱舍論音義》時代更早，有多釋異體字的特色，這説明在日本寫本佛經中"關"字訛作"開"的用法

---

[1] 《日本辭書辭典》，第148頁。
[2] 吉田金彦：《古辭書と国語》，臨川書店2013年版，第83頁。
[3] 此處省略日文音注與義訓。
[4] 應該是"聲"字。
[5] 原本用重文符號。

曾頗爲流行。

　　海外古寫本，特別是音義書，因其本身就扮演著"單經字書"的角色，故作爲漢字研究的資料，一直受到學界的矚目。而根據其引書來考察漢字，也是近年來漢字研究的一個趨向。此本儘管是轉寫本，但根據學界考察，其原本的書寫年代或爲鎌倉初期。作爲現存較早的古寫本，其漢字書寫具有較爲明顯的時代特色，能呈現當時《俱舍論》以及寫本佛經的用字狀況。另外，此音義中還包含不少漢字辨析的內容，而大量的引用文獻中，如《廣韻》《玄應音義》《玉篇》等，自然也有大量的文字訓詁內容，所以從漢字研究的角度展開考察，具有一定的價值。當然，《俱舍論音義》中多量的引用，對佚書的研究整理，也是極爲貴重的資料。

　　3. 學術價值之二——多標出或辨析異體字，呈現出當時的用字實貌
　　　　——以京大轉寫本爲中心

　　京大轉寫本特色之一，是多在辭目字下標出異體字，有的還有對異體字詮釋辨析。這些有的是參考了《玄應音義》"宋韻"以及《玉篇》等漢語文字音韻訓詁之書，但也有的是作者自己的判斷。如：

　　　　（平）鵄：俗。𱉊，上同。音シ，訓トヒ。鴟，正。雎，同上。處脂反。（論第一/13）

　　案：以上爲單字辭目"鵄"，作者在其下指出"俗"，又標出異體"𱉊"。"𱉊"應是"鴟"字的草寫。作者在釋文中還指出"鴟，正"，"雎，同上"。後者即"雎"字。這才是本字。按照《說文·隹部》，本字作"雎：雎也。从隹氏聲。鴟，籀文，雎从鳥。處脂切。"但後來"鴟"字通行，以致此書作者將其視爲"正"字。《慧琳音義》卷十五："鴟鳥：上叱支反，鳶鳥也。或作鵄、鴟、雎……訓用互通。"又卷七十二："鴟等：上齒之反，字書云鴟，鳶屬也。字林字統並云鴟鳥也。鴟謂鵂鴟也。古今正字從鳥氏聲……氏音底泥反。字書又從至作鵄，音義皆同。"又卷八十四："鴟鴞：上齒之反。下尤驕反。毛詩傳云鴟鴞惡聲之鳥也。郭注爾雅云似鳩而青毛。顧野王云楚人謂之服鳥。賈誼所爲賦也。説文二字並從鳥，氏號並聲也。論文從至作鵄，俗字也。"又《續一切經音義》卷八："惡鴟：下處脂反。爾雅云怪鴟也。郭注云即鴟鵂也。今江東通呼怪鳥。又曰梟鴟注云即土梟也，或作鵄，俗字也。律文作

第七章　律部、論部佛經音義　　595

鵄，非也。"而此本作者則很簡明地舉出"鵄"的四個異體。

　　　（平）醫：音イ。訓クスシ。瑿，俗。毉，同上。於其反。醫，
　　療也。玄應云：治病工也。醫之性得酒而使藥，非酒不致，故字從酉
　　（酉）。殹（殹），病人音也。殹，於奚反。（論第一/33）

　　案：以上共指出三個異體字，"醫"、"瑿"和"毉"。這實際是
參考《玄應音義》卷二十四〈大唐新譯・阿毗達磨俱舍論〉的内容："醫
者：於其反。説文：治病工也。醫之性得酒而使藥，非酒不致，故字從
酉。殹，病人聲也。殹，於奚反。或作瑿、毉二形，並俗字也。"

　　　（平去）研：音ケン。訓ミカク。䂖研㧔盌並上同。五堅反，
　　平[1]。吾旬反，去（光記第一/20）

　　案：此本舉出了"研"字的四個俗形。其中釋文中的"研"應為
"研"，書寫者將其寫得與字頭"研"沒有區別。另外三個字形，除了
"㧔"見於《玉篇・手部》外，"䂖"與"盌"難找出處。但是如果參
考《原本玉篇》，則可有答案。《玉篇零卷・石部》："研，午堅反。説
文研礦也。廣雅研郭也。或為㧔字，在手部。或為砵字，在米部。或為
盌字，在皿部。或以為筆硯硯[2]硯字也。"《玉篇・米部》有"粱"字：
"午堅切。粱細米也。""䂖"字有可能是"粱"誤寫。而"盌"則
是"盌"字，實際應寫作"盌"。《玉篇・皿部》："盌，五田切，椀
也。"《集韻・平聲・先韻》："盌，五堅切。椀也。"

　　以上，我們祇是舉了三個例子。此類例在京大轉寫本中很多。可以看
得出來，原本在參考了《玄應音義》《廣韻》《玉篇》等文字音韻訓詁的
基礎上，盡可能地在此音義中舉出并辨析了異體字，有的是直接參考他人
説，有的是作者自己的詮釋與辨析。這既呈現出當時漢字的使用實況，也
能表達當時僧人對漢字認識與理解。

---

[1]　此為標四聲之字，寫於右下角。下"去"亦同。
[2]　原本用重文符號。

簡短的結論

　　與"華嚴部""般若部""法華部"以及"淨土部"等佛經音義相比較來看，"律部"音義與"論部"音義數量要少得多。這與經律論"三藏"的內容，也與日本佛教的發展有著密切的關係。前已述及，日本佛經音義的創作，實用性很強。所以如以上可作爲建宗立派，或者有護國之用的重要佛經，自然多有學僧爲之編纂音義。但即使如此，我們也發現，日本學僧爲律部與論部也編纂了多部音義，可惜的是大多已散佚不存。我們主要對現存的一卷本《四分律音義》和《俱舍論》進行了考論。前者屬於"和風化"音義，而後者卻是日本人的"新作"，但是我們從漢字研究資料來考察，筆者認爲皆具有較高的學術價值。特別是後者，若進一步深入考察，還會發現更多的漢字研究方面的資料。

第七章　律部、論部佛經音義　　　　　　　　　　　　　　597

本章附錄：律部、論部音義名篇書影

附錄一：一卷本《四分律音義》[①]

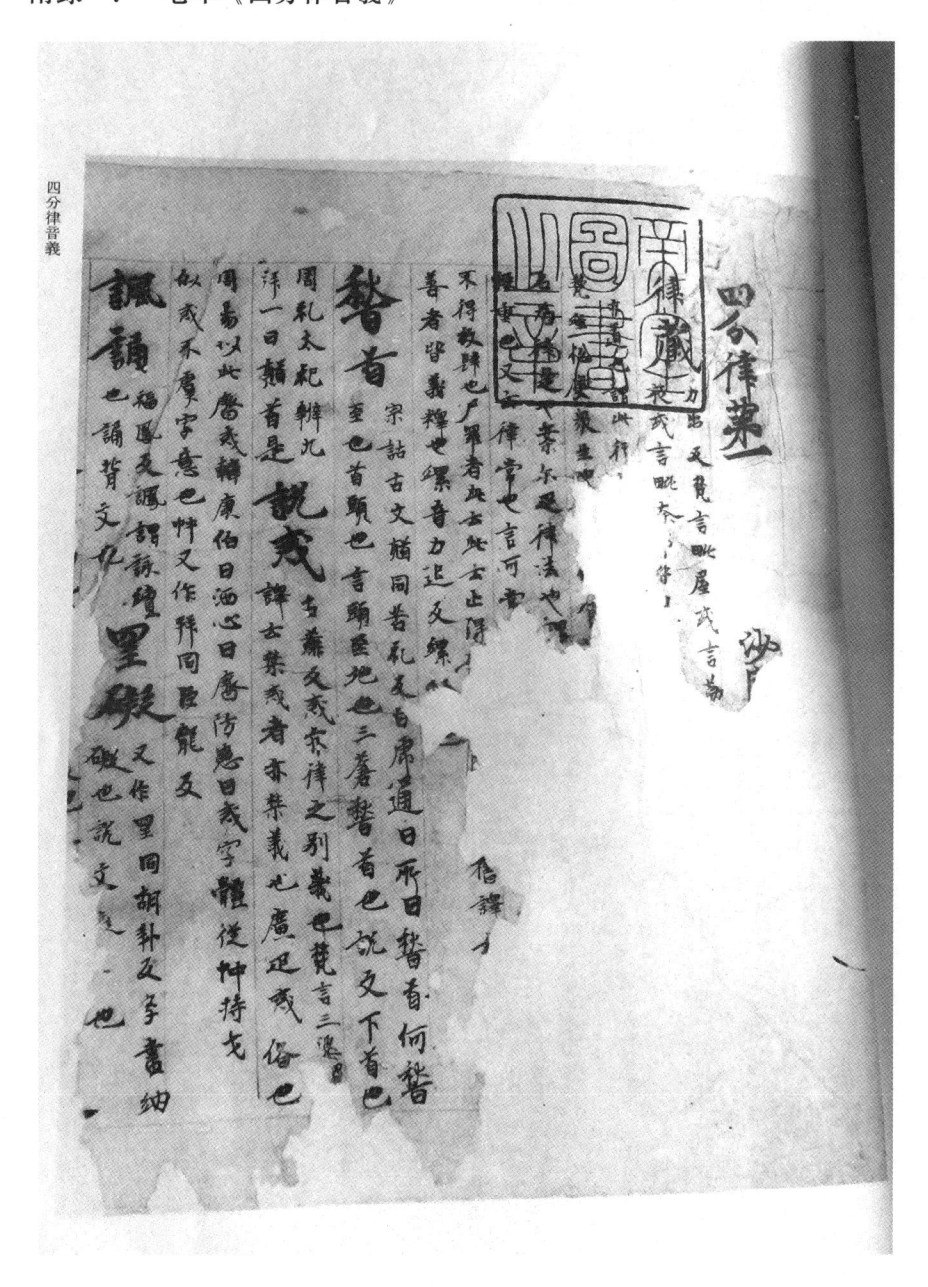

① 古典研究會編：《古辭書音義集成》第二卷《四分律音義》，汲古書院昭和五十四年（1979）版。

附録二：一卷本《四分律音義》[①]

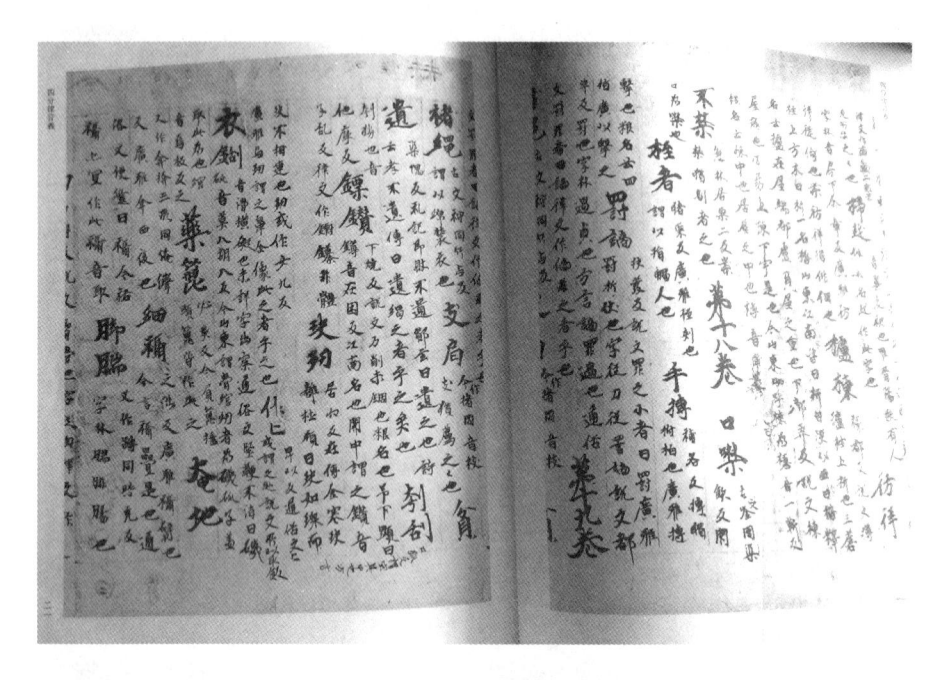

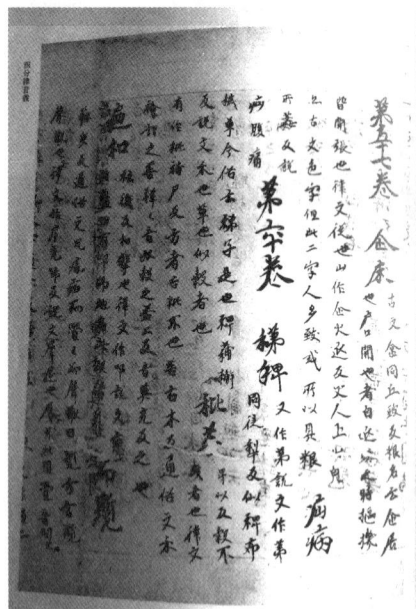

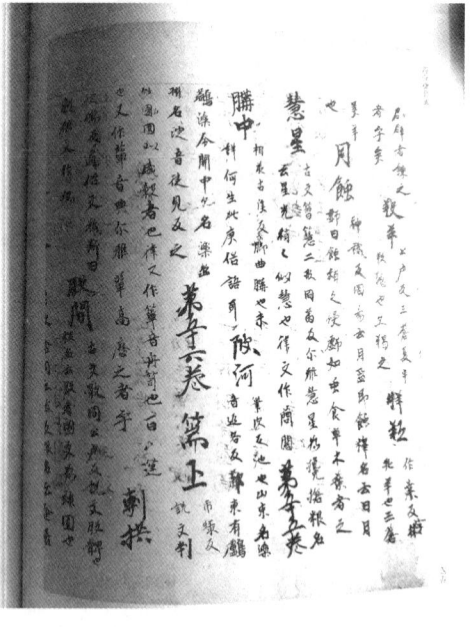

---

① 古典研究會編：《古辭書音義集成》第二卷《四分律音義》，汲古書院昭和五十四年（1979）版。

第七章　律部、論部佛經音義　　599

附錄三：京大轉寫本《俱舍論音義》[①]

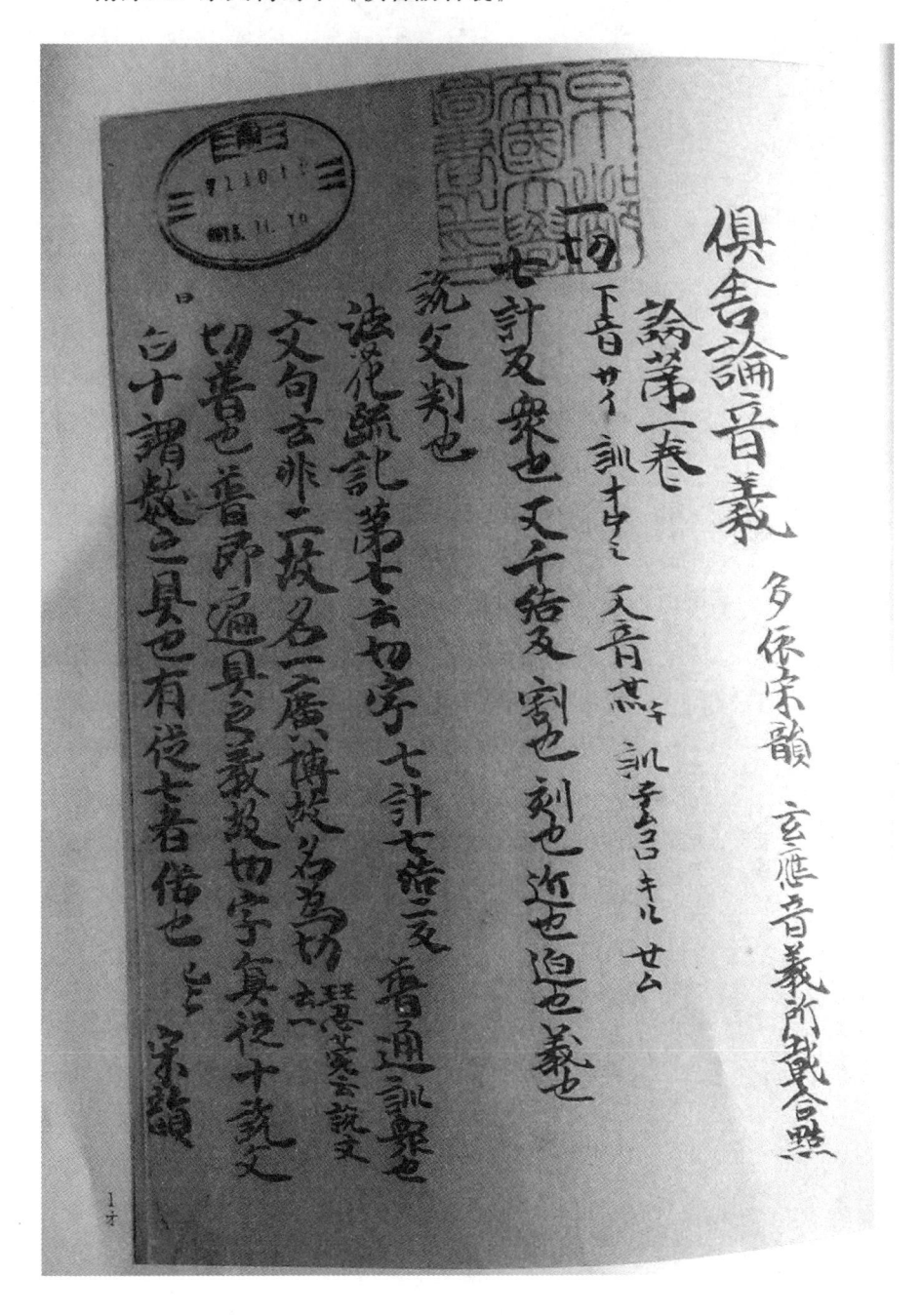

---

① 西崎亨：《俱舎論音義の研究》，斯文閣出版2010年版。

附錄四：京大轉寫本《俱舍論音義》[1]

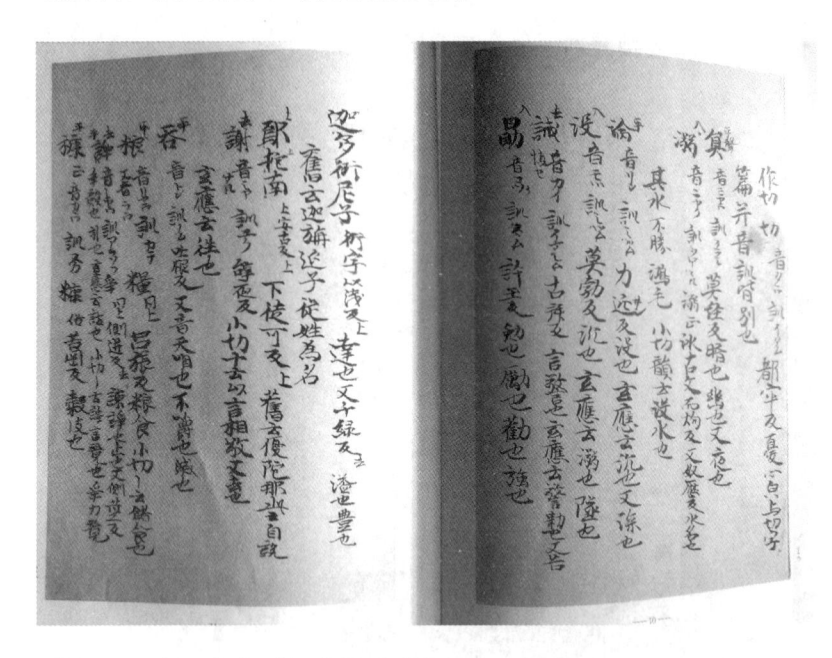

附錄五：高野山本《俱舍論音義》

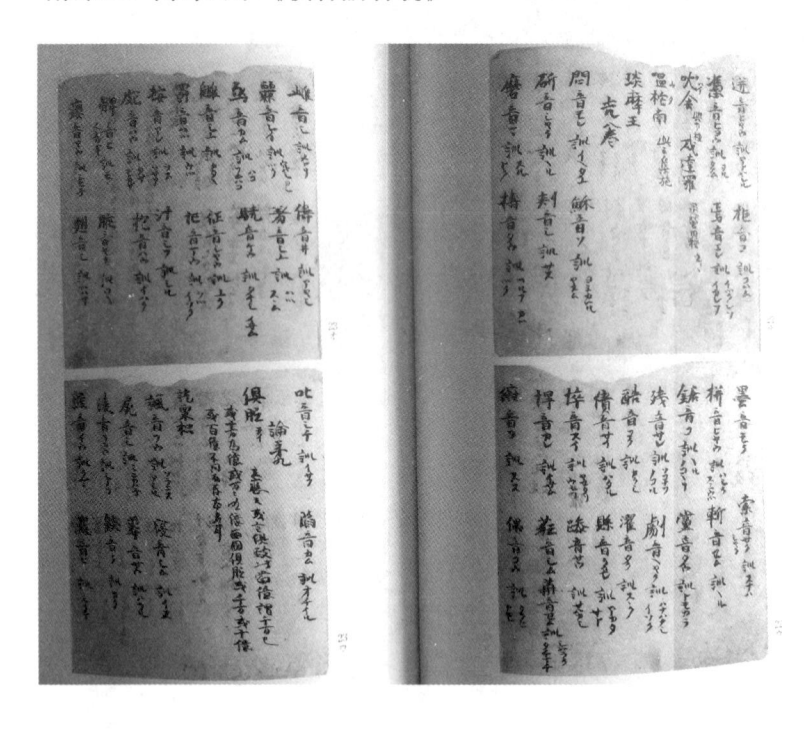

---

[1] 西崎亨：《俱舍論音義の研究》，斯文閣出版2010年。

第七章　律部、論部佛經音義　　　　　　　　　　　601

附錄六：高野山本《俱舍論音義》[1]

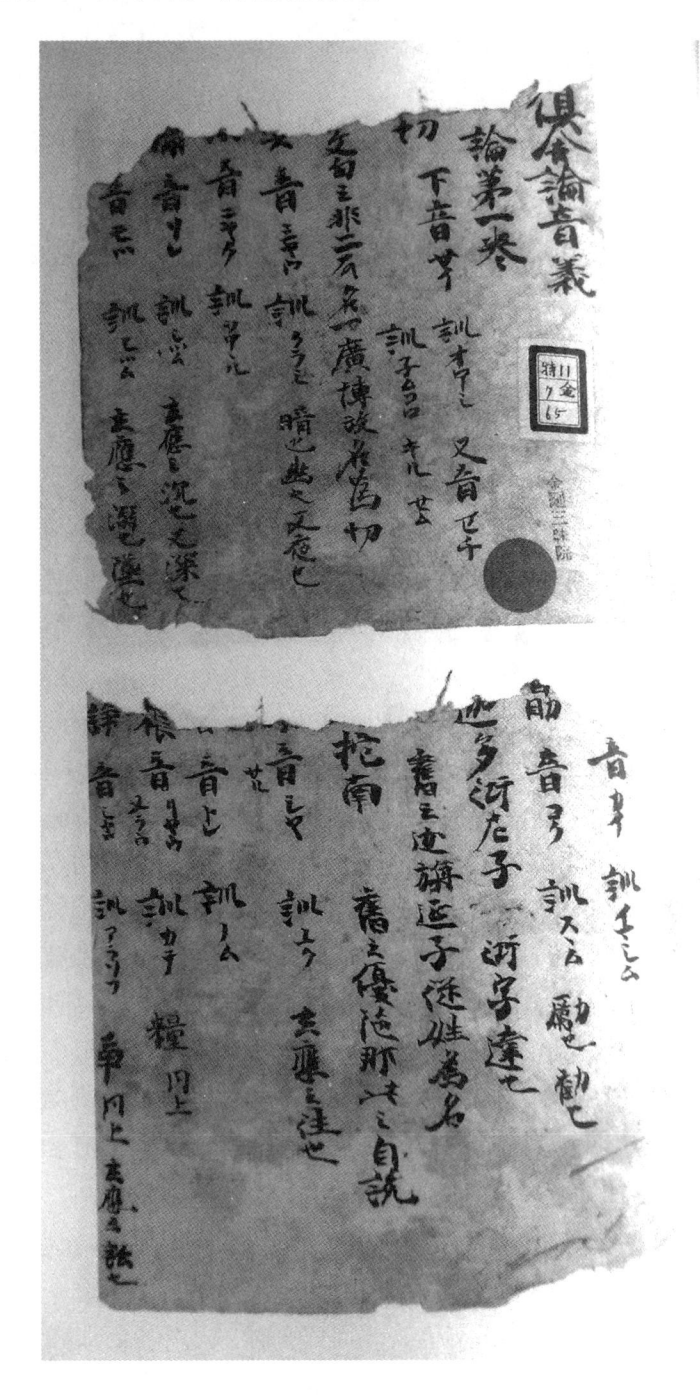

---

[1] 西崎亨：《俱舍論音義の研究》，斯文閣出版2010年。

第八章　他部佛經音義

所謂"他部"佛經音義，主要指第二章至第七章所考述的各部佛經音義以外，數量相對較少，不足成一章的一些音義。

第一節　《金光明經》與《金光明經音義》在日本

一、《金光明經》在日本

（一）關於《金光明經》

"Suvarṇaprabhāsottama-sūtra"，漢譯《金光明最勝王經》，簡稱《金光明經》或《最勝王經》，被認爲是"衆經之王"。此經論述涅槃的真義以及三身佛之妙諦，然後又詳述衆生懺悔的必要與懺悔的方法等。因此經中言及誦持本經能開闡如來秘密心髓、懺悔業障、積聚福德資糧并帶來弘揚佛法、護國利民等無比殊勝之功德，故在佛教流行的地區歷代被視爲護國祐祚、滅罪積福之聖典，流傳甚廣。古代西域諸國對四天王之崇拜，以及中國金光明懺法之流行，均因信仰本經所致。加之經中又有"金鼓懺悔法"、"流水長者子治病護生"以及"薩埵王子捨身飼虎"等著名佛典故事，故而使得這部經典更是成爲得以最爲廣泛持誦、有著重要影響力的大乘經典之一。

《金光明經》的漢文譯本共有五種：①《金光明經》，四卷，北涼曇無讖譯；②《金光明帝王經》，七卷（或六卷），陳真諦譯；③《金光明更廣大辯才陀羅尼經》，五卷，北周耶舍崛多（一説闍那崛多）譯；④《合部金光明經》，八卷，隋代寶貴等糅編；⑤《金光明最勝王經》

（略稱《最勝王經》），十卷，唐義淨譯。①但實際上，在此經整部被譯出前，西晉竺法護就譯有《菩薩十地經》，還有後秦鳩摩羅什的異譯《莊嚴菩提心經》與《金光明經》中的《最淨地陀羅尼品》。由此可以說明，此經很早就傳入漢地。

以上五種譯本中，武周長安三年（703），義淨所譯《金光明最勝王經》（凡十卷三十一品），是最後譯出且最完備者。此譯本不僅品目義理最爲完備，譯文亦華質得中，故成爲流傳最廣之本。此經爲歷代大藏經所收，敦煌遺書亦有收藏。爲此譯本作疏施解的著作很多，較爲重要的有如隋吉藏之《金光明經疏》一卷、隋智顗之《金光明經文句》六卷與《金光明經玄義》二卷、唐代慈恩宗慧沼之《金光明最勝王經疏》十卷等。另外，活躍於8—9世紀前半期（時值西藏統治敦煌後半期至敦煌復歸唐朝時期）的法成，曾以"大校閱翻譯僧""大蕃國都統三藏法師"之名義，參與漢譯佛典之藏譯，就曾依義淨此漢譯本重翻爲西藏文本，此外，還有回鶻文重譯義淨譯本及西夏文譯本。由此也可證明義淨譯本流傳之廣。

另外，以上五種譯本，①④⑤現收於《大正新修大藏經》第十六册，而②③之譯本，於諸藏中除日本聖語藏存有真諦譯之《金光明經序》及第一卷外，其餘皆不傳。

（二）《金光明經》在日本

因爲《金光明經》是爲勸説以四天王爲首的諸天善神來鎮護國家的經典，作爲一部具有安邦鎮國，保王祐民的護國經典，早在推古朝（593—628）時期，義淨前的幾種譯本實際上就已經傳入日本，故而日本對《金光明經》的信仰實際很早就已經流行。

飛鳥時代末期至奈良時代，日本國內政治巨變，天災疾病流行，原有的中國儒教文化和律令已經不能完全滿足統治者的要求，一種新的統治權術呼之欲出，具有消殄停障，差除疫疾功效的《金光明經》因而備受天皇尊崇，被欽定爲護國經典。天武天皇、持統天皇、文武天皇、聖武天皇等均曾下令於諸國内講誦《金光明經》。持統天皇八年（694）還曾向諸國頒佈《金光明經》一百部流通供養。神龜二年（725）旅唐僧道慈帶回

---

① 參考《佛光大辭典》之"金光明最勝王經"條，佛光叢書・佛光大辭典綫上查詢系統，https：//www.fgs.org.tw/fgs_book/fgs_drser.aspx。

義淨十卷本《金光明經》，聖武天皇下令以新譯本替代《金光明經》頒佈天下，并於天平年間多次下令繕寫《金光明最聖王經》。[①]聖武天皇神龜五年（728）向諸國頒發《金光明經》各十卷，令各地僧尼誦讀以祈禱國家平安。天平六年（734）又把背誦《法華經》或《最聖王經》作爲得度出家的條件。天平九年（737），因疫病流行，聖武天命諸國僧尼每月誦《最聖王經》二三遍，又在宮中召集700名僧人讀《大般若經》和《最聖王經》。[②]

正因爲古代皇室對《金光明經》的倡導，故當時上至天皇，下至普通百姓，皆極爲崇信《金光明經》，相信其所具有的消殄疫疾，護國佑民的功能，因此《金光明經》在古代日本被奉爲"護國經典"之一，流傳頗廣。此經在奈良朝律令制度下，因其所具有的鎮護國家的效果，故被認爲是最重要的的經典之一。

天平十三年（741），聖武天皇依照《華嚴經》與《金光明最勝王經》之思想下詔於日本全國建立國分寺和國分尼寺，並規定各國國分寺的塔中要安置用金字寫成的《金光明最勝王經》，且每月八日必定要轉讀此經。國分寺的全名應作"金光明四天王護國之寺"，即是以《金光明最勝王經》信仰爲基礎，祈求四天王鎮護國家的國家寺院。金字《金光明最勝王經》可以說是作爲佛教鎮護國家的象徵而製作的至高無上的經卷。現藏於奈良國立博物館的《紫紙金字金光明最勝王經》卷第二，即本爲備後國國分寺（今廣島縣尾道市西國寺）所藏。另外，和歌山龍光院所傳也有一套，其附屬經卷帙織出"天下諸国每塔安置金字金光明最勝王経、依天平十四年歳在壬午春二月十四日勅"字樣。

《金光明經》與《妙法蓮華經》、《仁王般若經》是奈良、平安時代的三大"護國經典"，故而在日本有著極爲重要的地位。

二、《金光明經音義》在日本

如上述及，因皇室朝廷之推崇，《金光明經》成爲從飛鳥時代到奈良時代最爲流行的經典之一。奈良朝時期的佛教，不僅有"南都六宗"創

[①] 趙青山：《〈金光明經懺悔滅罪傳〉相關問題考——從日本金剛寺本談起》，《敦煌學輯刊》2014年第1期。

[②] 楊曾文：《日本佛教史》（新版），人民出版社2008年版，第47頁。

建之興，還呈現出濃厚的學問研究氣氛。以僧侶爲代表的知識階層，大規模、全方位地接受來自隋唐的文化。而朝廷對僧尼進行佛學研究則采取鼓勵和支持的政策，故而如《金光明經》類的"護國經典"自然因崇尚而廣被抄寫，多爲疏解。根據藤谷厚生的研究，[①]奈良時代，對《金光明經》的研習，不僅是抄寫、轉讀經典，還體現於教學和研究方面，有很多學僧對《金光明經》進行注釋，而其成果就有如以下。

興福寺僧人善珠（724—797）撰有《最聖王經遊心決》（三卷）、《最聖題記》（一卷）。善珠是奈良至平安朝初期法相宗著名學僧，爲興福寺玄昉高足，精通唯識與因明，是奈良佛教史上著名的著述家，主要有《唯識義燈增明記》《因明入正理論疏明燈鈔》等二十余部著作留存，其中就包括有關《金光明經》的研究。

東大寺學僧明一撰有《金光明最勝王經注釋》十卷。出身於仁和寺的明一（728—798），後成爲東大寺學僧。東大寺就是當時大和國金光明寺，占有當時總轄國分寺的位置。天平之際，東大寺也設有寫經所，《最勝王經》也被抄寫，故東大寺被認爲是《金光明經》研究的中心。明一作爲東大寺的學僧，撰有《金光明最勝王經注釋》十卷。此書主要以唐西明寺慧沼的《金光明經疏》爲底本，多引用唐大薦福寺勝莊法師、新羅國憬興法師對《金光明經》的注疏編集而成。

常騰（740—815）撰有《注金光明最勝王經》十卷。此書主要以慧沼《金光明經疏》爲底本，并參考引用勝莊、利貞、元曉、憬興、志德、真諦、安國、薦福等唐代學僧以及新羅僧人注釋《金光明經》的著作，這些資料大多現已不存，但通過常騰此書得以保存，實乃寶貴資料。

護命（750—830）撰有《最勝王經解節記》六卷。

三論宗學僧願曉（835—871）撰有《金光明最勝王經玄樞》十卷。

元興寺學僧平備（9—10世紀之際）撰有《最勝王經羽足》一卷、《最勝王經調度》四卷。《最勝王經羽足》多引用慧沼《金光明經疏》，另外還引用參考真諦、寶師、備師等學僧的著作。平備也是平安前期的法相宗學僧，除了關於《金光明經》的研究外，我們在第四章已經述及，平備還撰有《法華經音義》二卷，而且可能存在和訓。

[①] 藤谷厚生：《金光明経の教学史的展開について》，四天王寺國際佛教大學紀要大學院第4號、人文社會學部第39號、短期大學部第47號，2005年版。

真言宗開祖空海（774—835）撰有多種著述。真言宗强調佛教鎭護國家的作用，將《金光明經》奉爲第一護國經典，故而空海對《金光明經》也頗有研究。其所撰相關著作即有：《金光明最勝王經解題》一卷、《最勝王經伽陀》一卷、《最勝王經略釋》一卷等多種，皆爲從真言密教的立場出發對《金光明經》的解釋著述。

　天台宗開祖最澄（767—882）亦撰有多種著述。最澄撰述弘富，而有關《金光明經》的著述就有：《金光明經開發》一卷、《金光明經注釋》五卷、《金光明經雜義》一卷、《金光明文句》三卷、《金光明經科簡》一卷、《金光明長講會式》一卷等多種。這些著作，大多是以天台大師智顗所著《金光明經玄義》《金光明經文句》等爲底本參考而成。

　入唐八大家之一的圓珍（814—891）有多種撰述。圓珍在唐先學天台、密教，後爲第五代天台座主，并爲寺門派之宗祖。其撰有《金光明經開題》二卷、《最勝王經疏》五卷、《最勝王經文句》十卷等。值得注意的是，中國天台學僧以及最澄等，主要以曇無讖所譯的《金光明經》爲中心而展開注釋，而圓珍則是對義淨所譯《金光明最聖王經》加以注釋。

　僅從以上所列諸家，不難看出早期很多日本學僧，儘管宗派不一，但皆曾極爲熱誠地研究過《金光明經》，且成果豐碩。但是，我們也應指出：這些大都是對經典本身所作的疏解，或是從各宗派不同的角度，對此經所展開的研究。而本書的研究對象是日本佛經音義，實際上，日本僧人研究《金光明經》而撰的音義書也不少。根據水谷《書目》，有關《金光明經》的音義就有以下：

　　　001最勝王經音義 一卷 行信撰
　　　002最勝王經音義 三卷
　　　003金光明最勝王經音義 佐佐木信綱氏藏
　　　004金光明最勝王經音注 山田孝雄氏藏影寫本
　　　005金光明最勝王經音義考證 木村正辭撰
　　　006金鼓經音義 一卷

　以下我們根據水谷《書目》并參考其他學者的研究成果，對日本的《金光明經》音義加以梳理。

第八章　他部佛經音義

1. 行信撰《最勝王經音義》一卷，不存

行信（？—750？）是奈良時代法相宗僧人，曾住元興寺與法隆寺，爲法隆寺東院伽藍之復興而盡力，法隆寺傳存有其《僧都發願經》。但是關於行信還撰有《最勝王經音義》一卷，即上記001所標，水谷《書目》是出自《東域傳燈目錄》卷上和《諸宗章疏錄》第二。但是三保忠夫在考察元興寺信行所撰音義時指出，作爲著名的音義學者，信行很有可能爲《最勝王經》編撰過音義。以上《東域傳燈目錄》等所記"行信"也有可能是"信行"之誤。①

2.《最勝王經音義》三卷，不存

根據水谷《書目》，亦出自《東域傳燈目錄》卷上。經筆者查檢勘核，發現此與上條相連，但前條明確標出"行信撰"。其下"同經音義三卷"卻無撰者任何信息。三保忠夫則認爲此三卷本有可能是唐大僧都法進所撰。法進是鑒真高足，隨鑒真一起東渡扶桑，傳播佛教，并曾升至大僧都。三保忠夫是根據"大乘法相宗明目"中有"唐大僧都法進最勝音義中卷云……"這樣的逸文而作的推測，②更多的結論還有待於新資料被發現後進一步的研究。

3. 承曆三年本《金光明最勝王經音義》，存

上記003即爲此音義。此乃日本唯一現存《金光明經音義》。其收藏者佐佐木信綱爲日本近代著名和歌詩人和日本文學學者。此音義深受日本學界所矚目，爲日僧所撰《金光明最勝王經》音義之代表。筆者將於以下專加考論，故此簡略。

4.《金光明最勝王經音注》，同前"承曆三年本"

水谷《書目》在此音義後標明"山田孝雄氏藏影寫本"，但又標注"與前者或爲同一物，祇是書名有異"。筆者認爲，確應與前者爲同一音義。因承曆三年本《金光明最勝王經音義》江户末期在學界中流傳開來的時候，其原本書名之處，已不見有書名，故黑河春村標其名爲"金光明最勝王經音注"。

---

①　三保忠夫：《元興寺信行撰述の音義》，東京大學國語國文學會《國語と國文學》（月刊）1974年第六期，至文堂。

②　同上。

5. 木村正辭撰《金光明最勝王經音義攷証》，存

木村正辭（1827—1913）是近代日本著名國學者和國文學者。曾師從伊能穎則學習國學，岡本保孝學習音韻學，漢學功底深厚，著作豐碩，曾任東京大學教授。除此，木村正辭還以藏書家而聞名。他特別注意收集在中國散佚的書籍，其中的一部分現在被架藏於日本專門收藏東方學圖書資料的研究圖書館——東洋文庫。

大沼晴暉有《浜野文庫善本略解題（三）》[①]一文，對浜野文庫善本中的二十四種，從形態學的事項爲主加以介紹，但不涉及內容。其中即有《金光明最勝王經音義攷証》（以下簡稱《攷証》）。

《解題》中《攷証》在"名家手抄本"第二種。其下有：

　　金光明最勝王經音義攷証　木村欟斎（正辞）　文久三年三月寫（森枳園等）　　大一冊　　薄樣紙　　森枳園書入本[②]

據此可知，此書由森枳園[③]抄寫。而森枳園不僅是江戶時代醫學館最後的考證學家，還是著名的書法家。此書有森枳園所寫跋語：

　　金光明最勝王經音義攷証，欟斎木邨所著。其一葉至八葉第五行半，二十四葉至二十八葉，吉田市之進所寫。其他余自鈔也。蓋此書，體攷古今，音証彼我，精覈可從矣。但有與余說少有異其意者，則標記于欄外，以備他日遺忘耳。

由此可知，此本多有森枳園所寫"案語"。另外，此書還有木村正辭的"自序"，據此可探討其寫作目的：

　　一日友人横山由清袖古鈔佛經音義一冊訪予茅屋。取而閱之，其卷尾題云承曆三年已未四月十六日抄了。其去今也幾八百年。然今之所見者，摸本而非原本也。原本也者，舊源真清所藏。今伝在某侯

---

① 慶應義塾大學學術情報リポジドリ、《斯道文庫論集》，1990年版，第25頁。
② 同上書，第213頁。
③ 森枳園（1807—1885）是江戶後期的醫師、考証學家。"枳園"爲其號，本名"立之"，醫號爲"養竹"。

第八章　他部佛經音義　　609

云，惜乎卷首一行係白魚灾，失于題名，不知其爲何經音義。然每卷存品目，因探索諸閲藏知津，而始知爲金光明最勝王經音義也。其字音則不依西土之反切，直用仮字，而明某字爲某音，至如其三内音撥仮字，以レ一二二体，而別宇牟二字，……義門……顯昭……太田全齋……本居氏……慧琳……按慧琳音義卷二十九。有此經音義，今採校讎于此，而如其所引用之書，有間不与今之伝本合者，然慧琳所見者，即皆隋唐舊籍，故並從本書之所引，不敢妄改。若其漏脱訛謬，以竢來哲。

據此，可知此書内容實際是木村對承曆三年本《金光明最勝王經音義》所進行的對校。而"慧琳音義卷二十九"是其對校所用重要資料，而慧琳所引，皆"隋唐舊籍"，故作者尊以爲從。

6.《金鼓經音義》，一卷，不詳

"金鼓經"爲"金光明經"的舊譯。唐遇榮《仁王護國般若經疏法衡抄卷第六》："金鼓經者，此是舊譯新名金光明經。"[①]《東域傳燈目錄》卷上記載新羅僧人元曉的《金光明經疏》八卷，"外題云金光明經疏内題云金鼓經疏"。

"金鼓經音義一卷"見載於《奈良朝現在一切經疏目錄》No.2009，作者不詳。古文書記載年份爲"天平二十年（748）"。[②]筆者認爲應該注意到的是：這部分屬於"支那撰述釋經"，作者或爲中國僧人，或爲新羅僧人，應該不是日本僧人。但具體不詳。

三、承曆三年本《金光明最勝王經音義》考論
——以漢字研究爲中心

（一）時代與作者

承曆三年本《金光明最勝王經音義》是專爲唐代僧人義淨所譯《金光明最勝王經》（十卷）所作的卷音義。撰者不詳。此音義原本由江戶時代國文學者山川眞清所藏，一直不爲人知，後由橫山由清[③]借抄，從而在

---

① CBETA/X26/0515。
② 石田茂作：《寫經より見た奈良佛教の研究》，第104頁。
③ 江戶後期、明治時代國學者。

江户末期才在學者之間傳開。明治以後，多有轉抄本出現，除有横山由清寫本外，還有黑川春村、①大槻文彦②等人的轉寫本。原本一度不知所在，直至戰後才重新出現，由大東急記念文庫收藏。③古典研究會於昭和五十六年（1981）將大東急記念文庫所藏本影印出版，書名爲《古辭書音義集成》第十二册，④共有兩册，一册是原彩色影印，别册是黑白影印，并配有築島裕先生的《解題》和"索引"。"索引"有兩種："和訓索引"和"字音索引"。

此本卷末有書寫跋語：

承曆三年巳未⑤四月十六日抄了
音訓等用字大抵付之，仍只今
無清書歟，追追引勘書字書可一定之
　　　　所入之紙十二枚

"承曆三年"爲1079年，尚屬平安時代。全卷有本文筆迹與比本文字小的别筆，蓋爲後人所寫，但川瀨一馬經過考證認爲是平安末期之筆迹。這是書寫時間。川瀨一馬推斷，撰著時間抑或爲同一時期⑥。

（二）體例與内容

本書書名，因原本書寫部分已不見，黑河春村抄本標其名爲"金光明最勝王經音注"，然學界一般仍稱其爲"金光明最勝王經音義"。

此音義根據《金光明最勝王經》（十卷）卷次順序摘出漢字爲辭目加以詮釋，屬單經單字⑦音義。本書可以分成兩部分：本體音義部分和附屬部分。

本體音義部分的内容爲：大部分單字辭目加施四聲點，其下用雙行的行間小注的形式表示讀音和字義。通常右側所標爲漢字音，左側所記表示

---

① 江户末期國學者。
② 明治時期的史地學家、國語學者。
③ 參考川瀨一馬《承曆鈔本金光明最勝王經音義について》，大東急記念文庫編《かがみ》（年刊）1959年3月版。
④ 汲古書院。
⑤ 二字爲雙行小字。
⑥ 川瀨一馬：《承曆鈔本金光明最勝王經音義について》。
⑦ 因大部分辭目是單字。

第八章　他部佛經音義　　611

和訓。漢字音的標記有如"侵志牟反"等以及在萬葉假名上加"反"的形式，也有如"舶白音"等用同音字表示的。其使用很難明確區分。如：

　　背：ハイ反。勢那加。（第二卷）

　　案：以上"八以反"在辭目字的右下方，是萬葉假名加"反"的標注法。用片假名表示即爲"ハイ"。"勢那加"寫在辭目字的左下方，是用萬葉假名標示的和訓，用片假名表示，即爲"セナか"。

　　霧：武音①。加須美。（第二卷）

　　案：以上"武"是用同音字標音。"武"與"霧"日語中吳音讀"ム"。"加須美"，片假名可作"カスミ"，漢字作"霞"。日語中"霞"有"烟霧"之義。

　　晡：符音。申時也。（第一卷）

　　案：以上"符音"表示用同音字標音。而"申時也"則直接用漢語釋義。

　　闡：仙音。開也。（第一卷）

　　案：以上"仙音"也是用同音字標音。"闡"字與"仙"字吳音同爲"セン"。而"開也"也直接用漢語釋義。
　　值得注意的是，此本注重標出異體字。而一般異體字的表示是直接在辭目字之下，而不用行間小注的形式。如：

　　逾：又作踰。喻音，越也。（第一卷）

---

　　① 此音義用直音注標音時，除用"○音"外，還有"○ㇳ"的形式。"ㇳ"則爲"音"字略寫。此條即用"○ㇳ"的形式，筆者已統一改作"○音"，下同，不另注參考築島裕《大東急記念文庫藏　金光明最勝王經音義　解題》，古典研究會編《古辭書音義集成》第十二卷（別冊），汲古書院昭和五十六年（1981），第8頁。

案：以上"又作踰"，指出是辭目字"逾"之異體，直接在"逾"之後。而"喻音，越也"則采用一般行間小注的形式。

寤：又作悟。後。佐卜留。（第五卷）

案：以上"又作悟"，指出是辭目字"寤"之異體，直接在其之後。"後"爲直音注。"佐卜留"爲和訓，假名作"サトル"。

也有一些字僅有音注，如譯音字和一些物名等。

揭：迦音。（第一卷）
鵤：照。鶺：了。（第一卷）

有時撰者還將合成詞分開注音後，再標出其義訓。如：

鬪：等。戰：仙。二字共訓太太加布。（第六卷）

案：以上"等"與"仙"皆爲直音注。"二字共訓太太加布"，表示二字同義，"太太加布"用假名表示爲"タタカフ"。"タタカウ（タタカフ）"用漢字表示爲"戰う・鬪う"。

附錄部分又分前後兩部分。

前部分有：①從第一頁開始的"序言"；②"先可知所付借字"，其下揭示"以呂波"四十七字及其異體字；③"次可知濁音借字"，"次可知レフ二種借字"等四種，表示"雖如此字多不能出盡之以一知二者也"；④次可知聲（四聲圖）和音上聲去聲隨便相通。

後部分於"承曆三年"時間識語後有十三個字詞的詮釋，被認爲與本文音義部分爲同一筆迹，或爲後補入的部分。其後爲"五音又樣"、"五音"以及用小字寫的"イロハ"片假名共十行。築島裕先生指出很難判斷這些是否與前爲同一筆迹，或許是同一人的追筆，或許若干時期以後所加。①封底的右部有三行"□②天竺留馱國優填王以牛頭栴檀作如來像"

---

① 古典研究會編：《古辭書音義集成》第十二冊（別冊），第5頁。
② 字迹殘缺。

的記事，其左下方則有"五師大法師"。

築島裕先生在論述此本體裁後指出：并不一定要認爲承曆三年本是經過最終整合而成之書。因爲此本既無内題，也無外題，而且没有記載撰者之名，末尾又有若干類似"追記"的記事。所以很有可能是某人在解讀《金光明最勝王經》的時候，將經文中的難字摘出加以詮釋爲中心，又補充添加有必要的諸事項，最後形成如此之書形。音義本文自身也有一些追加的補充，所以或者可以將其看作草稿本。但無論怎樣，這并非謄清之本的傳承，而是經過一段時間之後（大概一代或者兩代之後），又加注了更多而流傳至今。①

（三）學術價值

——以漢字研究爲中心

關於此書的學術價值，日本學者非常關注的是其作爲日本國語史資料研究的價值。如川瀨一馬先生有研究，②認爲應該注意到的是對平聲點具有區别輕重的事實。這和圖書寮本《類聚名義抄》（此書的原型本）所見有共同之處，作爲極爲稀有之例，在日本語的聲調研究史上，是極爲寶貴的資料。而其他如關於萬葉假名的使用，則有如金田一春彦《金光明最勝王經音義みえる一種の万葉假名遣について》③的研究成果。本書所用的漢字音，除了少數例外，基本是根據吴音。小倉肇有《金光明最勝王經音義字音攷（Ⅰ）（Ⅱ）（Ⅲ）—資料篇（上）（中）（下）》三篇文章連載，④是研究平安時代漢字音的重要資料，具有重要的參考作用。另外還有清水史有《承曆三年本金光明最勝王經音義音注攷—意譯漢字の場合·聲母篇—》⑤的論文。而作爲附録出現的音圖和以吕波等，也有近藤泰弘的研究文章《承曆三年本金光明最勝王經音義の以吕波歌について—音圖と色葉歌との交涉—》。⑥還有一些學者在研究古辭書史、日本音韻

---

① 古典研究會編：《古辭書音義集成》第十二册（别册），第6頁。
② 川瀨一馬：《承曆鈔本金光明最勝王經音義について》。
③ 東京大學國語國文學會編集《國語と過文學》24之11，昭和二十二年（1947）版，後收入《金田一春彦著作集》第9卷，玉川大學出版部2003—2006年版。
④ 《弘前大學教育學部紀要》四一、四二、四三號，昭和五十三年（1978）9月、昭和五十四年（1979）2月、9月。
⑤ 國學院大學栃木短期大學國文學會《野州國文學》第二十七號，昭和五十六年（1981）3月。
⑥ 日本訓點語學會編《訓點語と訓點資料》第六六輯，昭和五十六年（1981）12月。

學史等領域時，也曾以此書爲例。總之，此書儘管篇幅并不長，但具有相當重要的學術價值。正如川瀨一馬先生所指出：承曆三年本《金光明最勝王經音義》，應該是在《金光明最勝王經》長期盛行的歷史背景下，應讀經和講釋兩方面之需而產生的。應該是具有語言學方面見解的學僧在進行辭書體裁整理的同時，也考慮到對通俗信衆也有用，從而加以編纂的內容。作爲國語史研究的資料，在種種方面，可以說是頗爲重要的文獻。[①]

筆者則主要從漢字研究的角度論述其學術價值，并以其中的28組異體字爲中心。正如前所述及築島裕先生認爲此音義產生的緣由：有人在解讀《金光明最勝王經》的時候，將經文中的難字摘出加以詮釋，從而有此音義。不管是正式本還是草稿本，其所摘出的漢字都代表了平安中期《金光明最勝王經》的用字實貌，是研究寫本《金光明最勝王經》用字實況的重要資料。在前的"體例與內容"中，我們也指出，此本有一特色，就是有時會在辭目字後直接標出異體字，而且大多數情況下并不是一般用的行間小注的形式。這說明，筆者認爲其很重要，下筆首先想到的是揭示辭目字之異體，然後再對辭目字進行標音釋義。所以我們就以這一部分爲資料，考察其漢字特色。

1.《金光明最勝王經音義》中的異體字

001 淫：又作 㸒 又作 㴽。[②]（第一卷《序品》）
002 逾：又作 踰。（第一卷）
003 荼 陁音。又作 茶。[③]（同上）。
004 罄[④]：又作 罄。（第一卷）
005 鋒：又作 鏠。（第一卷）
006 胥：又作 胥。（第一卷）
007 憶：又作 憶 又作 憶 又作 憶。（第一卷）
008 擊：又作 殻。（第二卷）
009 鏁：又作 鎖。（第二卷）
010 怛：又作 怚。（第四卷）

---

① 川瀨一馬：《承曆鈔本金光明最勝王經音義について》。
② 因此處祇是考察異體字，故省略其他標音釋義的內容。下同，不另注。
③ 此處書寫方法與其他不同，"又作 茶"是後添加的。
④ 此條應該是後添加的，因爲沒有寫在行間，而是在旁邊。

第八章 他部佛經音義

011 [字]：或本[字]。（第五卷）
012 奕：又作奕。（第五卷）
013 [字]：又作閙。（第五卷）
014 閒：又作閑。（第五卷）
015 寤：又作悟。（第五卷）
016 [字]：又作弊。（第六卷）
017 [字]：又作篲。（第六卷）
018 版：又作板。（第七卷）
019 [字]：又作滋。（第八卷）
020 [字]：勝，又作也。①（第八卷）
021 [字]：又作[字]。（第九卷）
022 敏：又作[字]。（第九卷）
023 餌：又作鉺。（第九卷）
024 [字]：又作[字]。（第十卷）
025 [字]：又作[字]。（第十卷）
026 舟：又作[字]。（第十卷）
027 [字]：又作[字]。（第十卷）
028 顧：又作顧。（第十卷）

以上一共28條，其中27條以"又作"的形式標出，1條以"或本"標出，此條撰者主要揭示因寫本不同而出現的用字之異。

2.《金光明最勝王經音義》異體字考察

因此音義篇幅不長，故異體字數量并不多。但作爲寫於平安時期的一本頗爲重要的佛經音義書，我們卻可據此而考察當時漢字使用特色，包括此本最初撰者對異體字的一些理解和認識。②

（1）所揭示"異體"與辭目字關係，大部分爲"正字"與"俗字"的關係。如：

淫：又作[字]又作[字]。

---

① 這也是後補的。
② 以上28條，大部分爲原本部分，祇有二條爲以後所添加。

案：此爲上舉001條。《五經文字》卷下："瀑濕，他帀反。上《説文》。下經典相承隷省。兗州水名。經典相承以爲燥濕之濕。"又："溼溼，工入反。上《説文》。下隷省。經典皆以濕爲溼。唯《爾雅》用之。"

以上很清楚地説明了作爲異體的"濕"與"溼"本爲二字。"濕"爲水名，"溼"爲低濕之義。俗二字混用，往往以"濕"代"溼"。《金光明最勝王經音義》則將其作爲異體看待。溼右下部之"土"，俗作加點而爲"圡"而成。辭目字"溼"則應爲"溼"的進一步隷省。

荼陏音。又作荼（同上）。

案：此爲上舉003條。"荼"應爲抄寫"茶"字時，下部"亐"出頭所致。而"茶"字在敦煌俗字中有作"荼"者，[①]此字艸字頭下非"人"而爲"大"字，這與《金光明最勝王經音義》中的"荼"同。但"荼"字與敦煌俗字中"茶"的俗字"荼"同。實際上，"荼"爲"茶"的古字。《説文·艸部》："荼，苦荼也。從艸，余聲。"徐鉉曰："此即今之茶字。"隋陸德明《經典釋文·爾雅音義下·釋木第十四》："荼，音徒，下同。《埤蒼》作搽。按：今蜀人以作飲，音直加反，茗之類。"隋陸法言《廣韻·下平聲·九麻》收有"荼""搽""茶"三形，其中"茶，俗"。此"茶"字由"荼"字減去一畫，仍從草，不合造字法，但它比"荼"書寫簡單，故爲"荼"的俗字，首先使用於民間。唐陸羽《茶經》注云："從草，當作'茶'，其字出《開元文字音義》。"《開元文字音義》系唐玄宗李隆基禦撰的一部分，已失傳。南宋魏了翁《邛州先茶記》則曰："茶之始，其字爲荼。如《春秋》書齊荼，《漢志》書荼陵之類，陸、顔諸人雖已轉入茶音，而未敢輒易字文也。若《爾雅》，若《本草》，猶從艸從余，而徐鼎臣訓荼猶曰：'即今之茶也。'惟自陸羽《茶經》、盧仝《茶歌》、趙贊《茶禁》以後，則遂易荼爲茶"。清代訓詁學家郝懿行在《爾雅·義疏》中也認爲："今茶字古作荼……至唐朝陸羽著《茶經》始減一畫作茶。"如此，書手寫經時自然會將二字混淆。《金光明最勝王經音義》正反映了這種情況。

[①] 黃征：《敦煌俗字典》，第409頁。

第八章 他部佛經音義

鏁又作鎖

案：此爲上舉009條。此同敦煌遺書中"鎖"之俗體。

開：又作閞（同上，第五卷）
閉：又作閇（同上）

案：以上兩例爲上舉013與014條。《干祿字書》："開，關，上俗下正。"又："閇，閉，上俗下正。"敦煌俗字"門"多簡化俗作"门、冂、打、门、冫、门"，故類化而作"閞"與"閇"，也是有理據可循。

不難看出，將俗寫字看作異體字，是撰者（包括後加注者）者的理解。這也是日本漢字學界自古以來的看法。日本學者異體字的概念較爲寬泛，既包括顏元孫所指"俗體字""通體字"，也包括了"假名""省文""訛字""借字""國字"等，與中國漢字學界所稱"俗字"範圍大致相當①。

（2）增加了"新異體"内容。

憊：又作悑又作憊又作僃。

案：此爲上舉007條。這是"疲憊"之"憊"的四個異體。一般字書只指出同"悑"，如《廣韻·怪部》。或同"憊"，如《群經正字》：今經典作"憊"。還可簡化做"惫"，《漢語大字典》收錄。但實際上，在藏經文字中，"憊"之異體很多。《高麗大藏經異體字典》中就收錄"憊"的異體字共十三個。其中就有與《金光明最勝王經音義》所列相同者，如"僃"。但"憊、悑、憊"三形尚欠，故還可補充。又七寺本《玄應音義》第七卷釋《正法華經》第四卷"羸僃"，即與此本之"僃"同。其釋文曰："又作憊、悑二形同，蒲戒反。《通俗文》：疲極曰僃。僃，疲劣也。"僅此一條，就出現了"憊"的四個異體，故而可見

---

① 參考何華珍《俗字在日本的傳播研究》，《寧波大學學報》（人文科學版）2011年第6期。

此字異體字研究的內容還可增加。

⿰月: 又作⿰月月。

案：此爲上舉006條。這是"⿰月"的兩個異體字。前者《敦煌俗字典》中收錄，而後者一般不見。但根據漢字書寫行款結果，漢字上下結構之字，往往可以作左右結構，如"羣"作"群"、"棊"作"棋"等。此處亦同理。

（3）可考當時日本寫本佛經的漢字用字特色。

獘：又作敲。ヘ以反。（第二卷）
蔽：又作獘。ヘ以反。加久須。（第六卷）

案：上二條分別是008條和016條，祇是辭目字與所舉異體字正好對調。"獘"是"弊"字，"敲"是"蔽"字。"ヘ以反"爲二字的漢音反切，"加久須"爲"蔽"字和訓，用片假名表示是"カクス（隠す）"。我們在這裏并不討論二字的異體關係，而是當時"敝"字，以及"敝"作聲旁之字皆訛俗作"敲"。這是因爲"敲"字與"敝"字形近而易誤之故。我們在此音義的第七卷還發現有"幣"，下注"ヘ以反"，這應是"幣"之訛俗字。這種現象在日本古寫本佛經音義中多見，如《新譯華嚴經音義私記》中"蔽"可作"獘""蔽""薜""蔽"等。[1]《大般若經字抄》中凡"敝"作聲旁之字皆訛俗作"敲"。如"鼈"作"鼈"，"獘"是"脾"的注音字，[2]"獘"爲"吠"的注音字[3]等。大柴清圓指出《篆隸萬象名義》中從"敝"之字，如"擎、蔽、弊、憋、幣、螫、獘、鷩、鼈、蘪"，皆從"敲"。[4]由此，可以考察漢字在日本流傳發展的印迹。

---

① 見本書附錄一《〈新譯華嚴經音義私記〉俗字總表》。
② 汲古書院影印本，第3頁。
③ 同上書，第17頁。
④ 大柴清圓：《〈篆隸萬象名義〉における俗字の研究（3）——付錄・〈篆隸萬象名義〉俗字表一》，《高野山大学密教文化研究所紀要》第24號，2011年2月。

第八章　他部佛經音義　　　619

忙：又作忹。望。（第四卷）

案：辭目字爲"忙"。注音字是"望"。這是因爲"忙"與"望"皆有表聲的"亡"。《説文》"亡"字篆作"𠃊"，釋曰逃也。從入從乚。凡亡之屬皆從亡"。"亡"隸定作"亾"，隸變而相承作"亡"。而"亡"在草書中多作"亡""亡""亡"[①]等諸形，所以"亡"字或從"亡"之字多有此俗寫。以上"又作忹"之"忹"，其右半實際也是如此，祇是中間一橫稍長而已，類似日語片假名"モ"。我們發現此音義的第七卷又一次收有"忙"字，寫作"忹"，即同此。而其字下注音"忹"。這是用同音注。"忙"與"亡"吳音相同。又如《新譯華嚴經音義私記》中"妄"作"委"，"忘"作"忎"亦同此理。以上例無論是辭目字，還是所舉異體，甚至是標音字，其"亡"字寫法皆因草書而俗，可見如此寫法已經非常流行，連標音字都信手寫出。《佛教難字大字典》"忙"字下有"忰"字，與"忙"字同。這種寫法在敦煌俗字中多見，如"亡"作"亡""亡""亡""亡"，[②]而"妄"則作"委"，"忘"作"忎""忎"，"望"作"望"等，[③]"忙"作"忰""忹"，"茫"作"茫"，"盲"作"盲""盲"，等等，[④]例不煩舉。但可見，這種因書法之故而有的俗寫在日本也極爲流行，甚至還有"忹"，其聲旁類似"モ"的寫法。

（4）可考察唐寫本用字蹤跡。

虎：又作虎。（第十卷）

以上辭目字"虎"，明顯是"虎"字少左邊的一撇，這是避諱字。唐朝人避諱説"虎"，這是因爲唐高祖李淵，祖追尊太祖景皇帝名"虎"，故有各種避"虎"之方法。王彥坤在《歷代避諱字彙典》指出"避諸虎旁字"之法中有"缺筆"一法，引《金石文字記》卷五云："唐國子學石經，今在西安府儒學。凡經中'虎'字皆缺末筆作'虎'，'虖'

[①]　參考吳澄淵主編《新編中國書法大字典》，世界圖書出版公司2001年版，第34頁。
[②]　黃征：《敦煌俗字典》，第418頁。
[③]　同上書，第420頁。
[④]　同上書，第265頁。

'號''虤''饕''澎''篪''襦'字皆同，避太祖諱。"①《敦煌俗字典》中"虎"字下也收有"㕙"字。黃征先生按："此字缺末筆，爲避諱字。"②但這些都是缺"虎"字末筆。而以上"㐫"字卻是缺"虎"字左撇，而且筆者已查證過此本的彩色版，確認此處清晰無誤，既不是殘缺，也沒有脫落，而確是特意未寫這一筆。實際上，唐代在帝王名諱的規避上，方法多樣，有缺筆，有改形。而所謂缺筆，是將諱字的某一筆或幾筆故意不書，"爲字不成"，以達到規避的目的。③所以《金光明最勝王經音義》中的"㐫"字應該是其中一種。避諱是中國古代封建社會制度特色之一，這種特色在唐代更顯突出。既是避唐高祖李淵之諱，那麼此字的寫法一定來自唐寫本，所以我們從此音義還可追溯唐寫本的某些遺迹。儘管祇有一例，但正因爲罕見，才顯得珍貴。

3. 從承曆本《金光明最勝王經音義》考察古代日僧對異體字的研究

無論是在漢字起源地中國，還是在古代漢字文化圈，異體字一直是漢字研究的重要課題。隨著探討的深入，異體字的整理與分類愈加受到重視。許多問題尚在爭論，如關於異體字的定義，又如與俗字的界定等，學界意見尚未統一。特別是中日韓漢字學界對異體字的概念也并不相同。但無論如何，學界對異體字研究的重視，卻是有目共睹。而從不同的角度對古代字書中所收集的異體字進行分析探討，整理歸納，則是近年來研究的重點。這些古代字書，自然也應該包括古代漢字文化圈，如朝鮮半島、東瀛日本的材料。而在日本中世那些本就具有異體字字書性質的"佛經音義"則更應值得重視。以上筆者對承曆本《金光明最勝王經音義》異體字的研究，是筆者近年來研究日本寫本佛經音義與漢字的內容之一。

日本人自古代接受漢字起，也同步開始了對漢字的整理和研究，有很多成果，特別是在異體字方面。日本江户時代當爲異體字研究的最盛時期，成果也最爲豐碩，出現了許多異體字書，如《異字篇》④、《異體字辨》⑤等。特別是後者，撰者中根元珪首次明確提出了"異體字"這一概

---

① 中華書局2009年版，第115頁。
② 黃征：《敦煌俗字典》，第238頁。
③ 竇懷永：《唐代俗字避諱試論》，《浙江大學學報》（人文社會科學版）2009年5月第39卷第3期。
④ 作者雲石堂寂本，江户元禄三年（1690）刊出。
⑤ 作者中根元珪，江户元禄五年（1692）刊出。

念，而且其編排體式在當時也頗爲科學，使用也甚爲方便，故《異體字辨》被認爲是日本最早以科學方法編成的字書，也是研究日本中世和近世漢字使用的最好參考資料之一①。

值得注意的是：在《異體字辨》等著作出現之前，古代日本僧人爲僧衆解讀某部佛經而撰述了數量不少的單經音義字書，如《金光明最勝王經音義》《法華經音訓》及無窮會本系統《大般若經音義》等。這些音義書皆包含大量異體字内容，特別無窮會本系統《大般若經音義》，被認爲是《大般若經》的"專經異體字書"。歷史上這些音義書的出現，爲江戶時期異體字研究奠定了堅實的基礎。所以對這些具有"專經異體字書"性質的音義書展開研究，是日本早期異體字研究的重要一步，對探討漢字在海外傳播發展具有一定的意義。

當然，以上"專經異體字書"中，承曆本《金光明最勝王經音義》中關於異體字的内容并不能算很多，特別是與其後的無窮會本系統《大般若經音義》中的異體字内容相比，無論是從異體字的標注體例還是所用術語來看，都不如後者内容豐富。這當然與兩本音義内容和音義體例有關。《大般若經》是長達六百卷的皇皇巨作，而《最勝王經》卻祇有十卷。無窮會本系統《大般若經音義》中儘管已多見假名文字，但漢文詮釋還是占多數，而承曆本《最勝王經音義》則基本屬日式佛經音義，假名文字占多數，且釋義甚爲簡略。另外，無窮會本系統《大般若經音義》特別重視異體字，此已爲其重要特色，而承曆本祇是用"又作"標出異體字，并無更多詮釋内容。但即使如此，因承曆本《最勝王經音義》屬於平安時期佛經音義，時代更早，儘管異體字内容不算多，但代表了古代日本僧人對漢字基本理解與樸素認識。這些很具體的材料，值得我們在異體字研究中參考使用。

以上我們祇是對此本異體字中一部分加以考察而得出的結論。實際上，此音義的辭目字取自當時寫本《金光明最勝王經》，所以即使從俗字的角度，内容也極爲豐富，可以進行範圍更廣的研究。因此，我們認爲承曆本《金光明最勝王經音義》儘管篇幅不長，但也是研究平安時代漢字使用的重要資料之一。

---

① 杉本つとむ：《日本文字史の研究》，日本八坂書房1998年版，第202頁。

第二節　涅槃部音義

一、《涅槃經》在日本

（一）關於《涅槃經》

　　大乘經典之分類，有"五大部"之説：（1）般若部、（2）寶積部、（3）大集部、（4）華嚴部、（5）涅槃部。作爲大乘佛經五大部中之第五部的"涅槃部"佛經，在中國佛教發展史上具有重要地位。

　　"涅槃部"佛經的代表是《大般涅槃經》（Mahāparinirirvāna-sūtra），四十卷，北涼曇無讖譯，亦稱《北本涅槃經》，簡稱《涅槃經》，是大乘佛法的根本經典之一。曇無讖是中印度人，他初學小乘，後見《涅槃經》，自感慚恨，從而改習大乘。到二十歲，曇無讖就已熟習大小乘經典六萬餘頌。而他又善咒術，據説能役神使鬼，呼風喚雨，深受國王敬重，在西域有"大神咒師"之稱。後因事得罪國王，携《大般涅槃經》、《菩薩戒經》及《菩薩戒本》等逃往龜兹。但因當地流行小乘佛教，不信大乘經典，故又東經鄯善（今新疆若羌東北）來到敦煌。河西王沮渠蒙遜問其大名，禮之甚厚，請其譯經。北涼玄始十年（421），在沙門慧嵩和道朗的幫助下，曇無讖《大般涅槃經》前分十卷，接著又譯出《大集經》《大雲經》《悲華經》《菩薩地持經》《優婆塞戒》《金光明經》《海龍王經》《菩薩戒本》《佛所行贊》等。因他覺得所譯的《大般涅槃經》經本品數不全，所以又回國訪求。後終于在于闐獲得，於是返回繼續翻譯，又得中分、後分三十卷，與前分相合，即成四十卷本《大般涅槃經》。

　　曇無讖因受《涅槃經》的啓發而由小乘改宗大乘，故其所弘傳即以《涅槃經》爲主。《北本涅槃經》的譯出，對當時的佛學界産生了重大影響。此經認爲一切衆生悉有佛性，人人皆能成佛，連斷了善根的"一闡提"①也不例外。此説引起了當時佛教界的激烈爭論，并從而開創了義學上"涅槃師"一派。此經傳到南方，與有"涅槃聖"之稱的道生所提倡的"闡提皆得成佛説"相吻合，終于使道生得以翻案平反。②後道生在廬山大講《涅槃經》，主張頓悟，聽者甚衆，由此成爲中國最早的"涅槃師"。其同學慧觀則依《涅槃經》而主張漸悟，從此道生與慧觀就成爲涅槃學派中的兩大系。此後南北方又陸續出現不少涅槃師，盛行講習，競作注疏。這對唐代以慧能所創的禪宗南宗禪和以神秀所創造的北宗禪有著極爲深刻的影響。

相傳在曇無讖譯出《涅槃經》前，東漢支婁迦讖譯有《梵般泥洹經》（二卷）；三國魏安法賢譯有《大般涅槃經》（二卷）；吳支謙譯有《大般泥洹經》（二卷）等"涅槃部"經典，但皆已早佚。現存異譯本有：東晉法顯與佛陀跋陀羅譯《大般泥洹經》（六卷）；南朝宋慧嚴、慧觀與謝靈運等以曇無讖譯本爲主，對照法顯等譯本，增加品數，潤文改卷而成的《大般涅槃經》（三十六卷），世亦稱《南本涅槃經》。

（二）《涅槃經》和《涅槃經》音義在日本

"北南"《涅槃經》的譯出，促進了"涅槃學"的興盛。以研習《涅槃經》及其所陳"佛性"思想，即成佛的依據和可能性問題，是南北朝時期佛教義學的中心問題。"北本"和"南本"《涅槃經》以及"涅槃學"早在奈良時代就傳到日本。當時的大安寺、元興寺、弘福寺以及東大寺就有"常修多羅宗"，就是講習研究《涅槃經》的學派，儘管没有成爲像"南都六宗"那樣獨立的宗派，但是對日本佛教各宗派的影響很大。

《續日本紀》之"養老六年（722）十一月十九日"條記載元明天皇一周忌之際，爲祈冥福而書寫功德，下詔"書寫華嚴經八十卷、大集經六十卷、涅槃經四十卷、大菩薩藏經二十卷、觀世音經二百卷"。而歷盡千難萬險，東渡扶桑傳播佛教的鑒真和尚所攜來的佛經中也有《南本涅槃經》。現在高野山還藏有梵文《大涅槃經》的殘片，有傳説是"弘法大

---

① 梵語"icchantika"或"ecchantika"之音譯。又作"一闡底迦""一顛迦""一闡提柯""闡提"。另有"阿顛底迦""阿闡提"或"阿闡底迦"等詞，當爲"一闡提"同類語之訛音。此語原意爲"正有欲求之人"，故譯爲"斷善根""信不具足""極欲""大貪""無種性""燒種"，即指斷絶一切善根、無法成佛者。

② 道生（355—434）又稱竺道生。東晉時期涅槃經學者。

师"空海所抄。①《奈良朝现在一切经目录》之"印度撰述·大乘经·涅槃部"②就收录有以《北本涅槃经》為中心的各种译本的《涅槃经》十一种。而在同"目录"的"支那③撰述·释经"中，有关《涅槃经》的注疏近四十种，其中就有《涅槃经音义》。

二、日本曾傳涅槃部音義

水谷《書目》第六是"涅槃部"音義。共收錄以下：

001 涅槃經音義同異二卷 天平二十年寫
002 涅槃經音義二卷 勝寶四年寫
003 涅槃音義一卷二十紙 南嶽慧思禪師撰
004 大涅槃經音義一卷 唐法宣撰
005 涅槃經音經一卷 唐法宣撰
006 涅槃經音義一卷 法憲撰
007 涅槃經音義一卷 法空撰
008 涅槃經音義一卷 唐行滿撰
009 大涅槃文字一卷
010 大涅槃經音一卷二十八紙
011 涅槃經音義一卷
012 涅槃經音義七卷
013 涅槃經音義六卷 信行撰
014 涅槃經音義七卷 圓仁撰
015 涅槃經十四音義一卷
016 涅槃經十四音義秘訣一卷 會徵撰

以上所記十六種音義名，其中有重複，但不得不承認在日本佛經音義史上，"涅槃經音義"也應該佔有其應有的位置。遺憾的是，以上十六種

---

① 王邦維：《略論大乘〈大般涅槃經〉的傳譯》，中華佛學研究所《中華佛學學報》1993年第六期。
② 石田茂作《寫經より見たる奈良佛教の研究》（《東洋文庫論叢》第十一），東洋文庫刊行1930年版，第33頁。
③ 實際也包含新羅僧人的注疏。

第八章　他部佛經音義　625

並無留存至今者，所以我們將其歸入"雜部"也是這個道理。儘管没有留存至今者，但是我們還是盡可能加以梳理如下。

1.《涅槃經音義同異》二卷，天平二十年寫，不存

上記水谷《書目》記載源於《大日本古文書》三卷以及《奈良朝現在一切經疏目錄》No.2184。經筆者查檢，此在"支那撰述釋經"部分，其作者不詳，或爲中國僧人，或爲新羅僧人。根據日本古文書記載，曾有天平二十年寫本，但不見有其他記載。

2.《涅槃經音義》二卷，勝寶四年寫，不存

上記水谷《書目》記載源於《大日本古文書》十二卷以及《奈良朝現在一切經疏目錄》No.2183。經筆者查檢，此也在"支那撰述釋經"部分，與上條相連，其作者不詳，抑或爲中國僧人，或爲新羅僧人。根據日本古文書記載，曾有勝寶四年寫本，但不見有其他記載。

3. 南嶽慧思禪師撰《涅槃音義》一卷二十紙，不存

南嶽慧思爲天台宗三祖。據記載他十五歲信仰佛教出家，二十歲受具足戒後嚴守戒律，平時不常和人來往，每天讀誦《法華》等經，數年之間便滿千遍。又因閲讀《妙勝定經》，開始修習禪觀。外出參訪，尋問禪法，常于林野間經行修禪。上記水谷《書目》記載源於《大唐國法華宗章疏目錄》。經筆者查檢《大唐國法華宗章疏目錄》"南嶽慧思禪師章疏"條下有"止觀音義一卷八紙""止觀略音一卷十五紙""涅槃音義一卷二十紙"。[1]由此也可見慧思禪師在音義方面也用功甚勤，成果頗多，然不見流傳，甚憾。

4. 唐代法宣撰《大涅槃經音義》(《涅槃經音義》)一卷，不詳

上記水谷《書目》004、005所記爲此音義。記載源於《傳教大師將來台州錄》和《大唐國法華宗章疏目錄》。經筆者查檢，最澄撰《傳教大師將來台州錄》"涅槃部"中有"大涅槃經音義一卷法宣撰　三十七紙"，[2]而《大唐國法華宗章疏目錄》則有"涅槃經音義一卷　三十七丁　法宣沙門撰"[3]的記載。

關於法宣，我們所能查到的是唐代詩僧法宣。他是常州弘業寺沙門，

---

[1]　《大日本佛教全書·佛教書籍目錄第一》，第257頁。
[2]　《大日本佛教全書·佛教書籍目錄第二》，第4頁。
[3]　《大日本佛教全書·佛教書籍目錄第一》，第260頁。

隋末唐初人，活躍於隋末至唐初，曾被召東都至洛陽。作爲弘業寺沙門，文采橫溢，文名遠馳，曾在弘業寺兼學詩學佛。貞觀十一年與法恭一起被唐太宗召至洛陽。然而并不見有其爲《涅槃經》撰著音義的記錄。有可能是以下"法憲"之音義。見下條。

5. 法憲撰《涅槃經音義》一卷，不詳

水谷《書目》005記載"唐法宣撰涅槃經音經一卷"源於《東域傳燈目録》卷上，經查撿，"音經"之"經"字右旁有小字注"恐義歟"，而在"法宣"之"宣"字旁也有小字注"恐憲字歟"。而《東域傳燈目録》卷上此條後爲"同經音義 法憲撰"，下有注"私若是重出"。即指與前條有可能是"重出"。除此，佐賀東周在《松室釋文と信瑞音義》①中引《永超録》，有"《涅槃經音義》一卷，法憲撰"的記録。關於法憲，除了《涅槃經音義》，橋本進吉《石山寺藏〈古鈔本大般若經音義〉中卷解説》中指出："在支那，有行滿之音義，法憲之音義，……"這是指其所撰《大般若經音義》。

6. 法空撰《涅槃經音義》一卷，不詳

水谷《書目》007記載源出《釋教諸師製作目録》卷三，②但水谷先生用括號添加標注，認爲"法空"或爲"法宣"之誤。"空"與"宣"字相誤的可能性很大。經筆者查檢，確實有如此記録，但明確記爲"法空"。

7. 唐行滿撰《涅槃經音義》一卷，不存。

記載此音義的章疏目録頗多，有《東域傳燈目録》卷上、《諸宗章疏録》第一、《諸師製作目録》、《大唐國法華宗章疏目録》及《釋教諸師製作目録》卷三等。

行滿③乃唐代天台宗僧人。二十歲出家，二十五歲受具足戒。大曆三年（768），師從天台宗中興之祖湛然（711－782），研習天台教典。湛然示寂后，住天台山佛隴寺，傳持法門。804年日僧最澄作爲"入唐請益天台法華宗還學生"，率弟子義真入唐，就曾從行滿受天台教義，習天台教籍。據載，行滿著有《涅槃經疏私記》十二卷、《涅槃經音義》一卷、《學天台宗法門大意》一卷等多種著述。音義著作除《涅槃經音義》一卷

---

① 真宗大谷大學佛教研究會編：《佛教研究》，1920年10月第一卷第叁號。
② 《大日本佛教全書·佛教書籍目録第二》，第376頁。
③ 關於其生卒年，學界未有統一意見，根據任林豪《〈宋高僧传·行满传〉辨误》一文，應爲"738－822"（佛教導航，http://www.fjdh.cn/wumin/2009/04/06443046025.html）。

以外，根據橋本進吉的研究，他還應爲《大般若經》也做過音義。橋本曾指出："在支那，有行滿之音義，法憲之音義，慧琳《一切經音義》中的《大般若經音義》等。"①

8.《大涅槃文字》一卷，不詳

水谷《書目》009記載源出《智證大師將來目錄》。經筆者查證，發現確有此記錄，不過圓珍在所記後標注"已上二十六本二十卷，并雜碎部，部帙不全，或舊來有本，故編雜碎，不入前頭"。②

9.《大涅槃經音》一卷二十八紙，不詳

水谷《書目》010記載源出《傳教大師將來台州錄》。經筆者查檢，發現在法宣的《大涅槃經音義》後隔一條有"大涅槃經音一卷 二十八紙"，不記撰者。

10.《涅槃經音義》一卷，不詳

水谷《書目》011記載源出《東域傳燈目錄》卷下。經筆者查檢，在"涅槃經四十二問答義"條後有"音義一卷"③記錄。

11.《涅槃經音義》七卷，或爲圓仁撰，不存

水谷《書目》012記載源出《東域傳燈目錄》卷上。值得注意的是其前共記錄五種《涅槃經》的音義，前四種上已述及。而其前的"同經音義六卷飛鳥寺信行述"，是日本僧人所撰。七卷本《涅槃經音義》於其後，亦當爲日僧所撰歟？另外，經筆者考察，《諸宗章疏錄》卷二也有記載"涅槃經音義七卷"④，此條在"延曆寺慈覺大師"後，故當爲圓仁所撰。又此音義有小字注"在前唐院"⑤也值得注意。所謂"唐院"指平安時代入唐僧住房的通稱。如南都大安寺道璿的唐院、藥師寺戒明的唐院都很有名。而當時東大寺、興福寺諸名刹也都建有唐院。但"前唐院"卻特指比叡山延曆寺慈覺大師円仁（794—864）所住之地。另一位入唐八僧中的一位円珍的唐院稱"後唐院"。即使後來，円珍的"後唐院"遷往園城寺，此地也仍按舊稱作"前唐院"。"圓仁"，日本漢字多作"円仁"，由此判斷，這很有可能爲圓仁所撰。

---

① 橋本進吉：《石山寺藏〈古鈔本大般若經音義〉中卷解說》。
② 《大日本佛教全書·佛教書籍目錄第二》，第96頁。
③ 《大日本佛教全書·佛教書籍目錄第一》，第93頁。
④ 同上書，第140頁。
⑤ 同上書，第57頁。

12. 信行撰《涅槃經音義》六卷，不存

信行是日本古奈良時代法相宗著名學僧，精通漢學與佛書，在日本音義史、學問史上影響很大。根據日本典籍記載，信行撰有多部音義書，我們在第三章《般若部音義》中有專門介紹。信行所撰音義，除《大般若經音義》現有石山寺藏本（中卷殘卷）外，其他實際皆僅見書目，散佚不存，其中就包括《大涅槃經音義》六卷。湯用彤先生早就注意到了這一點：

> 書中引用了日本僧人善珠僧正數人的話。可注意的是信行《涅槃經音義》，引文中有"倭"字，當是日本人，非中國之三階教祖也。又：書中引有《新羅順憬師音義》（亦應是《法華音義》）。據此，在佛教傳入"高麗"、日本以後，此兩國的僧人，就著有音義這一類的書了。①

《東域傳燈目錄》卷上於在"涅槃經音義七卷"條前記錄此音義，下有小字注"飛鳥寺信行述"。②而在《諸宗章疏錄》卷二③也有同樣的記載。

13. 圓仁撰《涅槃經音義》七卷，不存

水谷《書目》將其與012分開，實際就是一種。《本朝台祖撰述密部書目》有"涅槃經音義七卷"，未記撰者名，而在《山家祖德撰述篇目集》卷上"山家四祖慈覺大師圓仁撰"下有"涅槃經音義七卷"。④而《釋教諸師製作目錄》卷三"慈覺"條下記有"涅槃經音義七"。⑤

14. 《涅槃經十四音義》一卷，不存

水谷《書目》015記此音義，出於《東域傳燈目錄》卷上。⑥經筆者考證，發現圓仁撰《入唐新求聖教目錄》有"大般涅槃經如來性品十四音義二卷。⑦並是同本。然一卷着朱脈爲別也，羅什譯出"的記錄。另外，在《諸阿闍梨真言密教部類總類》卷下也有相似記錄"大涅槃經如來性品

---

① 湯用彤：《談一點佛書的〈音義〉——讀書札記》。
② 《大日本佛教全書·佛教書籍目錄第一》，第57頁。
③ 同上書，第124頁。
④ 《大日本佛教全書·佛教書籍目錄第二》，第264頁。
⑤ 同上書，第382頁。
⑥ 《大日本佛教全書·佛教書籍目錄第一》，第56頁。
⑦ 此下爲行間小注標出。《大日本佛教全書·佛教書籍目錄第二》，第68頁。

十四音義二卷，[①]羅什、仁叡是兩本。然一卷着朱脈爲別也"。同樣記載還見《諸阿闍梨真言密教部類總錄》卷下。

根據以上所記，可知這不是我們一般意義上的"音義"，而是由羅什與仁叡翻譯的"悉曇"書。《諸阿闍梨真言密教部類總錄》卷下此條記於"悉曇解釋三"下。前所列兩種也是與"梵字"等内容置於一起。

15. 會徵撰《涅槃經十四音義秘訣》一卷，不詳

水谷《書目》016記此音義，出自《書寫請來法門等目錄》"涅槃經十四音義秘訣一卷。[②]沙門會微迦紙七張"。但此書"微"字後有括號注"考微一作敱，一作徵"，"迦"字後有括號注"迦，一作述"。其他不詳。因與"悉曇"等放在一起，有可能是爲羅什和仁叡所譯的"大般涅槃經如來性品十四音義"作的考述。

第三節　天台三大部音義

一、"天台三大部"在日本

（一）關於"天台三大部"

天台三大部，又稱"法華三大部"，是《法華玄義》《法華文句》與《摩訶止觀》三書的合稱，因卷帙較多，故稱"三大部"。三書皆由中國天台宗實際創始人，世稱"天台大師""智者大師"的智顗（538—597）講述，並由其弟子灌頂筆錄而成，是天台宗的基本經典。其中《法華玄義》，又稱《法華經玄義》，全稱作《妙法蓮華經玄義》，凡十卷（一作二十卷）。開皇十三年（593），智顗大師在荆州玉泉寺講説《妙法蓮華經》要旨，總數可達三十卷，然講説未盡，灌頂筆錄其中最重要的部分而成此書。此書主要内容是以五重玄義（釋名、辨體、明宗、論用、判教）解釋《妙法蓮華經》標題，開説《法華經》要旨，是天台宗對於整個佛教的概論。《法華文句》的全稱是《妙法蓮華經文句》，簡稱《文句》或

---

① 此下爲行間小注標出。《大日本佛教全書・佛教書籍目錄第二》，第149頁。
② 此下爲行間小注標出。《大日本佛教全書・佛教書籍目錄第二》，第104頁。

《妙句》，凡十卷（一作二十卷）。灌頂於陳禎明元年（587）於金陵光宅寺聽智顗大師講説《法華經》，遂録成此書。唐貞觀三年（6129），灌頂又對此書加以删補。其主要内容是對於《法華經》經文作逐句注釋。書中多運用天台宗獨創之釋經方法以解釋經文。《摩訶止觀》凡十卷（一作二十卷），智顗大師於594年（隋文帝開皇十四年）四月二十六日起，在荆州玉泉寺，一夏九旬間朝暮二時講出，由灌頂筆録成此書。原名《圓頓止觀》，後改爲《摩訶止觀》。全書分作"序分""正説"兩部分。"序分"實際爲灌頂之"序"，略説本書之緣起。"正説"則是智顗講説圓頓止觀法門的記録。

智顗作爲天台宗的實際創始人，著述弘富，而最重要的就是"天台三大部"，尤其是《摩訶止觀》，代表了智顗的成熟思想，也奠定了天台宗的理論基礎。"三大部"的筆録者灌頂在協助智顗創立天台宗方面出力很多，思想上也主要發揮智顗的學説，因而被奉爲天台宗五祖。而"三大部"的注疏書主要有天台宗九祖，唐代高僧湛然大師（711—782）的《法華玄義釋籤》二十卷、《法華文句記》三十卷、《摩訶止觀輔行傳弘決》四十卷，對"三大部"做了注解，闡明智顗教觀的深旨。

（二）"天台三大部"在日本

"天台三大部"是天台宗的根本典籍。我們在第四章已經述及，平安時代"入唐八大家"中的最澄曾從湛然大師弟子道邃、行滿學習，回國後以京都東北比叡山爲傳法中心，創立了日本天台宗。但是，"天台三大部"卻早在奈良時代就已經由鑒真和尚帶到日本，并進行傳播。據鎌倉時代學僧凝然（1240—1321）在其《三國佛法傳通緣起》卷三所記載：

> 鑒真和尚齎天台宗章疏而來，謂《摩訶止觀》、《法華玄義》、《法華文句》、《小止觀》、《六妙門》等也。和尚門人法進、曇靜、思託、如寶等，竝天台宗學者也。[①]

而根據江户時代臨濟宗關山派學僧師蠻（1626—1720）所著《本朝高僧傳》卷五十七，鑒真弟子法進曾向日僧講"天台三大部"，很受歡

---

① CBETA/B32/0672。

迎。①這就説明早期鑒真及其弟子曾積極傳播過"天台三大部"。

　　作爲日本天台宗的創始人，最澄在唐求法時，不僅巡禮國清寺，還至佛隴寺從行滿求學，於此同時，他還親手抄寫了大量的天台宗典籍，其中就有"三大部"的内容。在他所撰的《傳教大師將來台州録》②中就多有記載。回到日本後，他從收藏天台典籍的寺院借來智顗的"三大部"以及其他經典，熱情抄寫研讀，還積極講解，促進其流傳。延歷二十一年（802），最澄與奈良高僧十餘人被請至高雄山宣講"天台三大部"。這不僅進一步擴大了"三大部"的傳播，也提高了最澄在佛教界的地位。而其他入唐求法的僧人也多熱情宣傳"三大部"。如"入唐八大家"中的圓仁（794—864）曾在五台山從當時天台宗高僧志遠、文鑒等人學習《摩訶止觀》《法華玄義》等，并書寫天台著述27卷。據其《入唐求法巡禮行記》卷二、三，當時五台山大華嚴寺是天台宗重要道場之一。③日本天台宗傳自中國，在教義方面自然奉《法華經》以及智顗大師所著的"三大部"爲基本教典，所以"三大部"在日本自然也廣爲傳播。

二、"法華三大部"音義在日本

　　《法華三大部》應該屬於佛教"經律論"三藏中之"論書"，因其内容主要由《妙法蓮華經》研究而來，援引上百本佛經，以證其義。所以"三大部音義"本應置於第七章"律部與論部音義"，但因"論部"音義大部分不存，而且實際上大部分爲中國僧人所撰，祇是在日本存在過，有過記録，所以未收，而置於最後。

　　水谷《書目》第十是"諸宗部"音義，收録以下音義名：

001 止觀音義一卷八紙　南嶽慧思禪師撰
002 摩訶止觀音一卷八紙
003 止觀略音一卷十五紙　南嶽慧思禪師撰
004 止觀音一卷
005 摩訶止觀略音一卷　妙樂大師湛然撰

---

① 參考楊曾文《日本佛教史》（新版），第100頁。
② 《大日本佛教全書·佛教書籍目録第二》，第1—8頁。
③ 參考楊曾文《日本佛教史》（新版），第114—115頁。

006 摩訶止觀音義一卷
007 摩訶止觀音義一卷
008 摩訶止觀難字音義十卷 心寶撰
009 天台三大部音義四卷（又名：難字記 天台六十卷音義）

以上"天台三大部"之音義，并非皆爲日僧所撰，也有中國僧人的撰述，其中又以《摩訶止觀》之音義爲最。以下我們簡作考論。

1. 南嶽慧思禪師撰《止觀音義》一卷八紙，不詳

《大唐國法華宗章疏目錄》"南嶽慧思禪師章疏"條下有"止觀音義一卷八紙"[①]的記錄。

慧思被天台宗尊爲三祖，著述不少，但多由門徒筆記整理而成，如《法華經安樂行義》一卷、《諸法無諍三昧法門》二卷、《大乘止觀法門》四卷、《四十二字門》二卷、《受菩薩戒儀》一卷等，自撰者有《南嶽思大禪師立誓願文》一卷。其中《大乘止觀法門》一書頗受宋、明以來台宗學者的重視。有關慧思的傳記中并未見其有爲《摩訶止觀》撰著音義的記錄。

2. 《摩訶止觀音》一卷八紙，不詳

《傳教大師將來台州錄》有"摩訶止觀音一卷八紙"的記錄。既然是"台州錄"，應該是天台山天台宗學僧所撰。但具體不詳。

3. 南嶽慧思禪師撰《止觀略音》一卷十五紙，不詳

《大唐國法華宗章疏目錄》"南嶽慧思禪師章疏"條下有"止觀略音一卷十五紙"[②]的記錄。又《傳教大師將來台州錄》中有"摩訶止觀略音一卷一十五紙"，[③]但并不見有撰者撰者之名。

4. 《止觀音》一卷，不詳

《東域傳燈目錄》卷下有"止觀略音一卷"和"止觀音一卷"[④]的記錄，不記撰者。

5. 妙樂大師湛然撰《摩訶止觀略音》一卷，不詳

《諸師製作目錄》在"妙樂大師諱湛然"條下記錄有"摩訶止觀略音

---

① 《大日本佛教全書·佛教書籍目錄第一》，第257頁。
② 同上書，第257頁。
③ 《大日本佛教全書·佛教書籍目錄第二》，第2頁。
④ 《大日本佛教全書·佛教書籍目錄第一》，第76頁。

一卷"。①

湛然（711—782）是天臺宗的第九代祖。玄宗開元十五年（727），十七歲時，遊浙東，尋師訪道。至十八年（730），於東陽遇金華方岩，示以天臺教門並授以《摩訶止觀》等書，於是求學於台宗八祖左溪玄朗（673—754）門下。玄朗知爲道器，誨以所傳天臺教觀宗旨，其後十餘年間專究此學。湛然被尊爲天臺宗中興之祖，世稱"荆溪尊者""妙樂大師"，又稱"記主法師"。《諸師製作目錄》在"妙樂大師諱湛然"條下共記湛然的著作共三十種，可見其對天台宗多有研究。

6.《摩訶止觀音義》一卷，不詳

《釋教諸師製作目錄》卷三記錄有"摩訶止觀音義一卷"，②其他不詳。

7.《摩訶止觀音義》一卷，未詳

《諸宗章疏錄》卷一有"摩訶止觀音義一卷"，其下有小字按語"東域亦亡名"。③

以上七種《摩訶止觀》之"音義"，或"音"，或"略音"，標注撰者之名的祇有三祖南嶽慧思和九祖湛然大師。筆者推測，九祖湛然大師所撰可能性較大。未標撰者名的，或爲不同寫本。在最澄的《傳教大師將來台州錄》中，不記撰者名的《摩訶止觀音》與《摩訶止觀略音》等前後皆爲"荆溪和尚"所撰關於《摩訶止觀》的研究著作，故"音義"或也應是其所撰部分。但皆因不存，故祇能標以"未詳"

8.心寶撰《摩訶止觀難字音義》十卷（也有作"十二卷"），存

根據水谷所記，此音義現存正教藏寫本和大谷大學藏享和三年（1803）寫本。而根據川瀨一馬考證，④近江坂本西教寺⑤藏有《摩訶止觀難字音義》（十二卷），是正保三年（1646）江州盧浦⑥觀音寺之舜興用成菩提院之古本書寫的本子。其卷三之末有如下記載：

---

① 《大日本佛教全書・佛教書籍目錄第二》，第337頁。
② 同上書，第375頁。
③ 《大日本佛教全書・佛教書籍目錄第一》，第100頁。
④ 川瀨一馬：《增訂 古辭書の研究》，第568—569頁。
⑤ 位於滋賀縣大津市坂本，爲天台真盛宗總本山。
⑥ 現滋賀縣草津市。

本云：右天台三大部疏（本末六十卷[①]）難字音義者，二匹[②]寫玉篇廣韻之切注，兼採有嚴從義之鈔記焉，且爲驗傳書之訛字，且爲證訓點之本據矣。唯恐愚見定有錯謬，賢察必添削而已
　　　應永十四年（丁亥[③]）二月日 沙門心寶五十六歲[④]

　　據此，我們可以判斷，此音義也叫"天台三大部疏難字音義"，應永十四年（1407），由心寶所撰。根據以上識語，可知此本參考《玉篇》《廣韻》的音注，且采用"嚴從義之鈔記"，并檢驗所傳寫的錯訛字，考證訓點之本來的根據。筆者尚未見到此本，祇是在網上見到一頁舊書店作廣告[⑤]的"摩訶止觀第一卷難字音義"以及上所述及卷三之末的識語。但據此，我們可以了解其體例。此音義辭目有合成詞也有字，還有一些專有名詞，如"大隋""開皇""荊州"等。用假名或者反切（有的二者皆用）標注其音訓，用漢文詮釋字義或詞義。假名用小字置於辭目字右旁，反切音注和釋義則用行間小注的形式置於辭目之下。

　　本書室町末期就已經存在，而且對後世有所影響，這是因弘治二年本《節用集》中引用了《難字記》而得以確定的。[⑥]西教寺的藏本是殘本，應該保存了刊本"難字記"的古形。應永十四年的心寶原撰本，屬卷音義，但後來改成了"篇立音義"，但有可能是三大部各自分別編纂的。

　　《日本辭書辭典》有"天台三大部疏難字音義"一條，指出這是爲《法華玄義》（十卷）、《法華文句》（十卷）、《摩訶止觀》（十卷）編纂的篇立音義。別名《三大部音義》是專爲天台三大部《法華玄義》（十卷）、《法華文句》（十卷）、《摩訶止觀》（十卷）所撰述的"篇立音義"。又稱"三大部音義""天台六十卷音義""法華經三大部難字記""難字記"等。將"天台三大部"中的漢字根據漢字部首加以編排，用假名或者反切標注其音訓。也有關於漢字字體的記載。[⑦]但筆者卻認爲這與以上筆者所見一頁內容不符，心寶原本是卷音義，川瀬一馬先生已經

---

① 原爲雙行行間小字。
② 這是根據川瀬一馬所引。筆者根據山門圓教院藏本，網上有一頁照片，此處應爲"正"字。
③ 原爲小字。
④ "五十六歲"寫於"心寶"右下。
⑤ 筆者至今尚未見到此書全部資料，有待於今後進一步資料調查。
⑥ 川瀬一馬：《增訂 古辭書の研究》，第568—569頁。
⑦ 《日本辭書辭典》，第196頁。

指出這一點。①

9.《天台三大部音義》四卷，存

上所述及應永十四年的心寶原撰本，原是"卷音義"，後改成篇立音義，但還應該是三大部各自分別的。後來又將三大部混合在一起，按部首編纂，進行了較大的改編，這就是承應二年（1652）刊本《天台三大部音義》。

承應本共四卷。各卷首有"難字記"，各卷末有"天台六拾卷音義"，原題簽爲"三大部音義"。卷四末有刊記"承應貳曆癸巳②正月吉日 林和泉 板行③"，在下半部右旁有小字標明出版之處"洛陽今出川書堂"。洛陽是京都的古稱，也稱"京洛"。④現存的不少日本古典文學書都出自"洛陽今出川書堂"。除了承應刊本以外，幾乎不見其他傳本。另外，雖然是承應之際刊行之物，但實際是原封不動地根據室町時代之內容印行的，所用片假名的異體等留有古風。⑤

承應刊本屬於篇立型，即根據部首而編排。如上述及，應永本原爲卷音義，後改編成篇立音義之際，將三大部拆開進行了整合。

此書用片假名注音，也夾雜一些漢文注，反切和略注。川瀨一馬先生認爲：總體來看，基本屬於"倭玉篇"的一種，⑥也就是當時的一種漢和辭典，祇是所收錄漢字僅限於"三大部"，因是爲了僧俗閱讀"三大部"而特地編纂的。

此本最大的特色就是收錄"難字"，其中有些字被認爲是"不可思議"之字，其中包含日製漢字，即所謂日本"國字"，還有相當部分是既不見於《康熙字典》，也不見於日本辭書的字。其中有些是與佛教諸派和"修驗道"⑦秘傳的祈禱法有關，類似道教咒符之類，被認爲是"幽靈漢

---

① 川瀨一馬：《增訂 古辭書の研究》，第568—569頁。
② 二字爲小字，用行間小注的形式標出。
③ 同上。
④ 這當是受唐人影響。平安京在建設時仿照唐都長安和東都洛陽建設，城北爲皇城和宮城，城南爲外郭城。外郭城又分爲東西兩部分：西側稱長安（右京），東側稱洛陽（左京），後被廢棄。因右京低窪潮濕，左京漸漸發展壯大，人們也習慣住在左京，故日本京都又別稱"洛陽"。
⑤ 川瀨一馬：《增訂 古辭書の研究》，第568頁。
⑥ 同上書，第569頁。
⑦ 這是日本獨特的宗教修行者，指通過進山實行嚴格修行而獲得覺悟爲目的的日本自古以來的山嶽信仰吸收了佛教的日本獨特的宗教者。也稱"修驗宗"。

字"。①有些字甚至已不成字形。

作爲專爲解決"難字"而編纂的《三大部音義》，可能是不可思議的漢字過多，至今對其進行研究的學者并不多，川瀨一馬先生指出有必要進行詳細的研究。筆者也剛獲得此音義，尚不及進行詳密考察，因其屬"篇立音義"，故擬從"篇目"入手，加以簡單考述。

《天台三大部音義》四卷共有部首字一百七十四個，如下：

卷一共有三十五個部首字：

日、乃、受、月、骨、其、草、火、色、毌、肩、水、木、金、冨、土、人、户、少、鳥、广、工、豸、馬、青、牛、羽、鼠、乞、酱、炏、犬、来、龜、壹②

卷二共有三十九個部首字：

瓜、足、瓦、衣、彳、草、雨、宂、襄、示、竹、田、糸、白、尸、圣、是、學、山、刀、酉、孝、末、車、坴、子、卧、石、禾、頁、疒、玉、毛、亍、囧、欠、旻、冫、里

卷三共有二十個部首字：

忄、谷、貝、禹、君、天、鬼、目、耳、自、口、身、心、魚、見、言、女、勹、手、雜③

卷四共有八十個部首字：

网、米、阝、那、多、力、亦、食、夂、皿、即、反、戈、方、長、西、入、囗、門、弓、厂、走、麀、麦、舟、風、大、甬、幽、卓、寸、气、久、冠、支、立、齓、羇、睾、皮、户、首、禽、攵

---

① 在日本指JIS基本漢字所收，但出典不明的漢字的總稱。英語"ghost characters"。
② 卷一部首字後附有從"一"至"十"之數目字。
③ 目次中有"雜"，但本文中并不存在。

上、一、尤、先、鬲、宅、必、叕、尺、条、欲、申、堂、反、
司、安、面、燊、舌、杧、比、丸、聲、几、小、養、醫、聿、
犬、巾、失、鼻、興、韋、黑、雜

筆者認爲從部首考察有以下特色。

（1）各卷部首字之選用以及目次編排規則不清楚，頗爲混亂。既不是像早期《法華經》的"篇立音義"那樣，或以"女水草糸"起首，即根據《法華經》卷首漢字所出現的順序而排定，也不是按照"五行・天地・谷物・裝束・人倫"等，從意義上加以類聚，也沒有像《新撰字鏡》那樣遵循了漢字分類的原則，即所謂的類書（意義分類）、字書（部首排列）、韻書（音韻排列）的三種方式。我們從以上四卷部首，確實難以理清其中綫索。

（2）部首字之寫法大部分能識可辨，儘管有些爲俗寫，如卷一的"草"是"革"，"毌"是"母"，"唐"是"唐"；卷三的"禹"與"鬼"等，皆已爲流行寫法。但是也有一些字，作爲部首就難以辨認，屬於"難字"，如卷一的"冖"。祇看部首卷次，不知是何部，經查本文，才知是"宀"。又如卷二的"竹"，筆者乍看也不知何部，查檢本文，知爲"竹"，祇是左半少一短橫而成"亻"。還有一些部首字不僅筆畫繁多，難辨不識，實際所用祇是其中一部分。如卷二的"褱"，出現在卷二"目次"中，應屬"難字"，有學者認爲是"裏"，即"裏"字的俗譌。認爲是如果用其作爲部首，肯定不合適，經查檢，筆者發現此字下所收錄的字皆爲"宀"。這裏就出現兩個問題，其一，"褱"是何字？如果是"裏"的俗譌，是可以理解的，但如果是那樣，不應有"宀"，現在偏偏此字下所收皆爲"宀"部。第二個問題是，爲什麼不直接用"宀"作爲部首字，反而要將一個人皆不識的"難"字作爲部首字？

又如卷四的"𦥑"字，也應是"難"字。作爲部首字極爲不妥，而且實際上本文此字下所收錄的字都是"廾"。

很明顯的是：這種部首字的選定和中國傳統的部首的概念有較大的差異。漢語字典的部首一般有兩種：一種是根據文字學原則選用的部首，它嚴格依照六書體系，只有同一意符的字才可隸屬同一部首；另一種是檢字法原則的部首，它按字形結構，取其相同部位，作爲查字依據，分部排列，其相同部位稱部首。

川瀬一馬先生認爲此音義屬於"倭玉篇"的一種，但是從部首目錄上來看，也并非如此。因爲現存的《倭玉篇》，諸本基本是根據意義進行的分類。

至於此音義的部首規定，筆者認爲大概當時的難字相當多，編者希望盡可能地將這些難字收羅其下，而用一般的部首實在難以相吻合，所以祇能選用這些難字和怪字。

此音義有將傳統音義的一些部首合并的現象。如："日"和"曰"本應爲不同部，但在此音義中，皆在"日"下。

其次就是所收釋的字的問題。確如其題目所表，此音義收的都是"難字"。如以下三字爲卷一首部"日"部的最開頭的三個字：

曠：ヤウ。
曒：フク。
曝：タク。サラス。[①]ヒル。

以上三字，首字"曠"雖有音訓假名"ヤウ"，但筆者尚不識。第二字"曒"，因有假名音訓"フク"，再根據字形判斷，有可能是"覆"字。但其左邊有部首"日"，此不見傳統字書。到底是不是"覆"字，還有待於進一步考察。最後的"曝"字，從假名音訓"タク"看，有焚燒之義。而根據其後的假名和訓"サラス"，可認爲是"曝"字，有"曝晒"。

這祇是四卷一百七十二部中首部的最初三個字，確實不容易。而彼此還難認的字不計其數。故名其曰"難字"，可謂名副其實。筆者尚未對此音義展開任何研究，祇是作爲資料介紹給學界，冀期漢字學界有志於難字研究者今後對其加以關注，進行深入探討，將一定有益於漢字研究，特別是域外漢字研究的深入。

10.《法華文句難字書》一冊，存

此音義不見以上水谷《書目》。木村晟所編《古辭書研究資料叢刊》第七卷[②]收錄此音義，有简單的解題、本文影印、本文翻寫以及索引部分。

---

① 此與後假名注用行間小注形式置於辭目字下。
② 東京：太空社1995年版。

第八章　他部佛經音義

根據木村晟和西琦亨的"解題",[①]《法華文句難字書》一册,原藏於"近江湖東三山"[②]之一的天台宗金剛輪寺。此音義共有辭目2003個,應該摘録自"天台三大部"之一的《法華文句》。其體例既不能歸入"卷音義",也不能認爲屬於"篇立音義"類,祇能説是一種廣義上的《法華文句》的辭書。

此音義辭目大多爲單字,但也有合成詞。而基本體例是在辭目旁或下多用假名標音釋義。但是也有反切標音的部分。根據"解題",2003個辭目中,有319個注有反切。而反切的出典主要是《大廣益會玉篇》和《廣韻》,所以被認爲是參考了數種"字書"和"韻書"而成立的。而此音義的字體,則多有誤寫和譌字存在。根據其中所出現的假名用法,漢字標音等,此本被認爲有可能寫於室町末期。

有關此音義的研究,除了以上《古辭書研究資料叢刊》第七卷的内容以外,其他似未見。而木村晟和西琦亨兩位先生在"解題"中也述及會有進一步研究。我們期待著。筆者也尚未展開探討,今後會從漢字的角度,對其中的誤寫和譌字加以考察。

第四節　雜部音義

實際上,這才是真正的"雜部音義"。收録水谷《書目》第十一"雜部"以及第十二"音義書目部",共記有以下音義書目:

001 西域記私記音義
002 西域傳音義一卷
003 大覺律師音訓一卷
004 金教音義一卷
005 禪林類聚音義　半雲撰

---

① 《古辭書研究資料叢刊》第七卷,第3—22頁。
② "近江湖東"指滋賀縣琵琶湖東一帶,"三山"則是建於鈴鹿山麓的三座天台宗古刹"西明寺""金剛輪寺"和"百済寺"的總稱。

我們根據此書目加以簡述。

1.《西域記私記音義》，不詳

案：根據水谷《書目》，此出自《東域傳燈錄》卷下。筆者經過查檢，發現僅有此此出處，其他不詳。

"私記"一詞，漢語和日語皆有，但古代日本使用更爲多見。據小林芳規考證，古代日本（至平安時代）的學問形態（學習以古典經書爲中心的漢籍，提高漢字能力）是以大學寮[①]爲中心而展開的。讀解漢籍，有"師説"和"私記"的形式。所謂"私記"，是指在讀解漢文典籍之時，對於"師説"的個人記録。[②]所以有很多此類筆記性著作皆冠以"私記"，如我們在第二章述及的《新譯華嚴經音義私記》，還有《日本書紀私記》《聖德太子傳私記》等。因此，筆者認爲，這有可能是日本僧人的著作。但還有待於進一步研究。

2.《西域傳音義》一卷，不詳

案：此出處亦同上，僅見於《東域傳燈錄》卷下，其他皆不詳。但是筆者認爲此《西域傳》是否有可能是《漢書》中的《西域傳》。而《漢書》有《漢書音義》，故有待於進一步考探。

3.《大覺律師音訓》，不詳

案：水谷《書目》記此書"撰者不詳"，但用括號標出爲"唐大覺撰"，而出典是《東征傳》和《奈良朝現在一切經疏目録》No.2288。筆者查檢，後者是根據前者，即《奈良朝現在一切經疏目録》出自《東征傳》，而後者確有"唐大覺"之記録，但其他皆不明或不詳。關於"大覺律師"，生平并不詳，但有《四分律行事鈔批》十四卷留存，而根據記載此書的《游方記抄》《東域傳燈錄》等，可知當爲唐代華嚴寺僧人。如

[①] 大學寮是日本古代教育中的重要環節，是培養律令制國家官吏不可或缺的重要因素。大學寮主要模仿唐朝教育機構的設置特點，按照學令規定，統一六學，在首都建立大學寮，主要負責學生的教育與考試，以培養官吏爲目的。根據《大寶律令》等，大學寮屬式部省管轄，設大學頭以下四等官及史生，教官有博士一名，助博士（助教）、音博士、書博士、算博士各兩名。學生一般400人，其他還有算生30人，書學生若干人。學生原則上是秦任官（三等以下的高官）的子弟以及知識家族的子弟。教科書有《周易》《尚書》《周禮》《儀禮》《禮記》《毛詩》《左傳》《孝經》和《論語》等經書及其註釋書。而算生則學習《孫子》《五曹》等九種漢籍。書學生則注重筆跡巧秀。其體制一仿唐法，由此培養出來的人才，構成奈良時代知識階層的主要成分。（參考小林芳規《図説日本の漢字》，大修館書店1998年版，第30頁。

[②] 參考小林芳規《小川廣巳氏藏〈新譯華嚴經音義私記〉解題》，古典研究會編《古辭書音義集成》第一卷，汲古書院昭和六十三年（1988）第二版。

此，此音訓有可能是爲《四分律》所撰。有待於進一步考證。

4.《金教音義》一卷，不詳

5.半雲撰《禪林類聚音義》

《禪林類聚》由元代揚州路天寧萬壽禪寺善俊及門人智境、道泰編纂。全書共二十卷5272事項，效仿當時類書及典籍，内容系自諸祖語錄、傳燈錄等書中，採集佛祖及禪家諸祖之機緣語要而成，元大德八年（1307）刊行。《禪林類聚》不僅在中國有巨大的影響，很早就流傳至日本。儘管具體時間不詳，但室町時代，貞治六十七年（1367），已有複刻版本《貞治本》問世。由此可知，該著在中國梓行不久即流入東瀛。不僅很早刊行，還數度開版，根據岡田希雄考證，[1]共有十五種，可見其重要性。

由此可見，在日本，《禪林類聚》是禪僧的必讀書。但因畢竟是全用漢語所撰寫，所以也就需要相應的解釋書。《禪林類聚音義》就是這些解釋書中的一種。根據岡田先生考證，此書現有無窮會神習文庫本，用極爲粗薄之紙寫成，寫於江户末期，不能算善本。其底本爲何，一概不記，且存有少量蟲損模樣。按春夏秋冬分成四册五卷，美濃版，書名直接寫於封面，如"四喜管蒼集 春"。各册起頭，卷第一、卷第六、卷第十一、卷第十六皆有"禪林類聚卷第一 音義 半雲編"字樣。因筆者未見此音義，以下主要參考岡田先生考證。

此書前有"四喜管蒼集序"，可以了解此音義的編纂目的和宗旨，也可窺知其大概題例。

  余至于六十六歲丙辰之春，有客從容謂余曰：禪林類聚二十卷之内，畧纂其難字解之。余曰：我從幼年以來，守不立文字之旨，不知閱肆之術及老年者，稀而前後忘失，不獲考字書，何以解之乎哉？雖然如是，以吾昔之惑，測子今懇，子暫待有日矣。客退而考諸部之字書以粗記之。誠足以管見測於蒼蒼而已。縮類聚二十卷作兹書四卷，而象四喜古人云：久旱逢初雨，他鄉遇舊知。洞房花燭夜，金鎊題名時。是則古人之四喜也。因名兹書於"四喜管蒼集"，不可備他見。

---

[1] 岡田希雄：《禪林類聚音義四喜管蒼集解説》，《立命館文學》昭和十三年（1938）版，第五卷，第一號，第78—99頁。

子竊披見之，而改易刁刀之疑，穿鑿魚魯之誤，予爲幸者也。
　　　　　　　見龍山主紫陽之信及前豚老禿半雲序

　　信及前豚是室町時代曹洞宗僧人，一般佛教人名辭典，皆言及生卒年不詳。但岡田先生考證，指出雖生地不詳，但應生於延德三年（1491），八十歲入寂。其序中所注"見龍山"位於現茨城縣結城郡内，原名"福嚴寺"，後改稱"乘國寺"，創建於室町時代。信及前豚禪師爲乘國寺四世。

　　《禪林類聚音義》爲卷音義，按照卷次收釋《禪林類聚》的字詞，但也有未按順序之例。其辭目有單字，也有合成詞，還有固有名詞甚至短文。字音用片假名表示，但也有用反切注音之例。釋義基本用片假名表示，但也有僅用注解之例。詮釋較爲簡單，基本爲一字一訓，但對固有名詞和故事的詮釋多引用長漢文。有些辭目不厭其煩地重複詮釋。如"奈何"四次，"爭奈"八次，"爲復"九次，"匣"六次，"蔣山"七次，"直饒"十次，"肯"十次。體現了著者小心謹慎的懇切之心。不難看出，多次重複收釋的是近代漢語中的副詞和人名等。

　　此音義中的片假名字體并無罕見之處，而誤字卻多見，從筆致上來看好像并不認真。但作爲禪宗典籍的音義書，與古代以漢字爲中心古音義書會有所不同。筆者今後若有機會，會調查相應資料，做進一步考察。

　　以上，筆者主要是根據水谷《書目》所記而做的簡單考述。實際上，還有很多遺漏。其一是因爲筆者的孤陋寡聞，有些學者的研究還沒有完全調查清楚。其二也因爲一些資料難以觸及，特別是一些珍惜善本。不過，筆者今後會在此基礎上，進一步努力，力求更全面、更詳盡。希望能把曾經在日本歷史上出現過的佛經音義盡可能地向學界，特別是中國學術界加以展示，冀期更多的學者利用這些珍貴資料，以惠學術。

第八章　他部佛經音義

本章附錄：他部音義名篇書影

附錄一：承曆三年《金光明勝王經音義》[①]

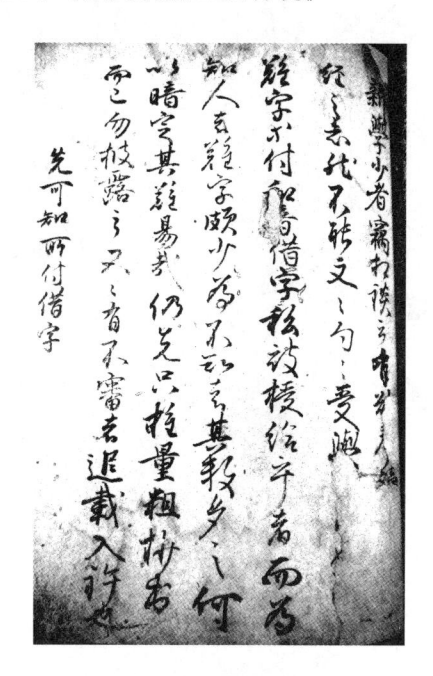

附錄二：承曆三年《金光明勝王經音義》

[①] 古典研究會編：《古辭書音義集成》第十二卷《金光明最勝王經音義》，汲古書院昭和五十六年（1981）版。

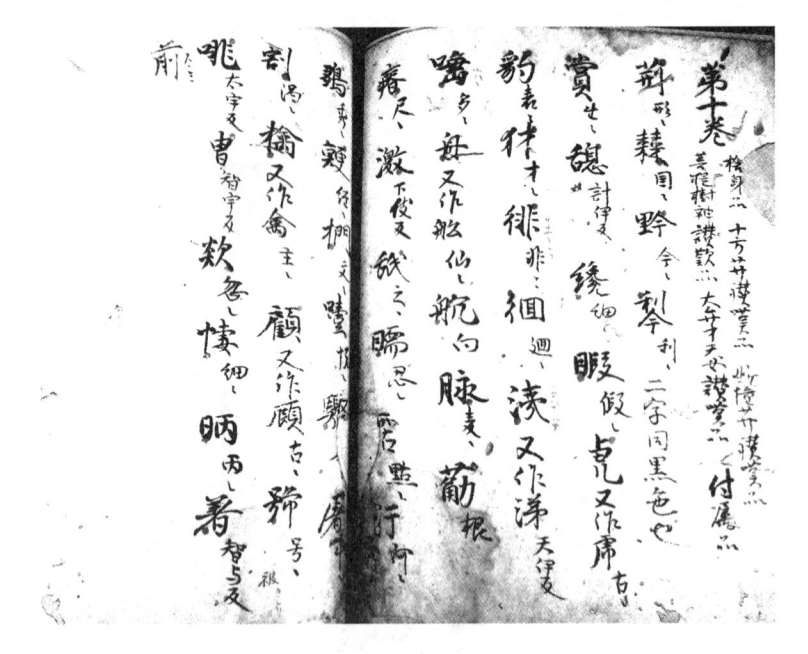

附錄三：《天台法華三部疏難字音義》[1]

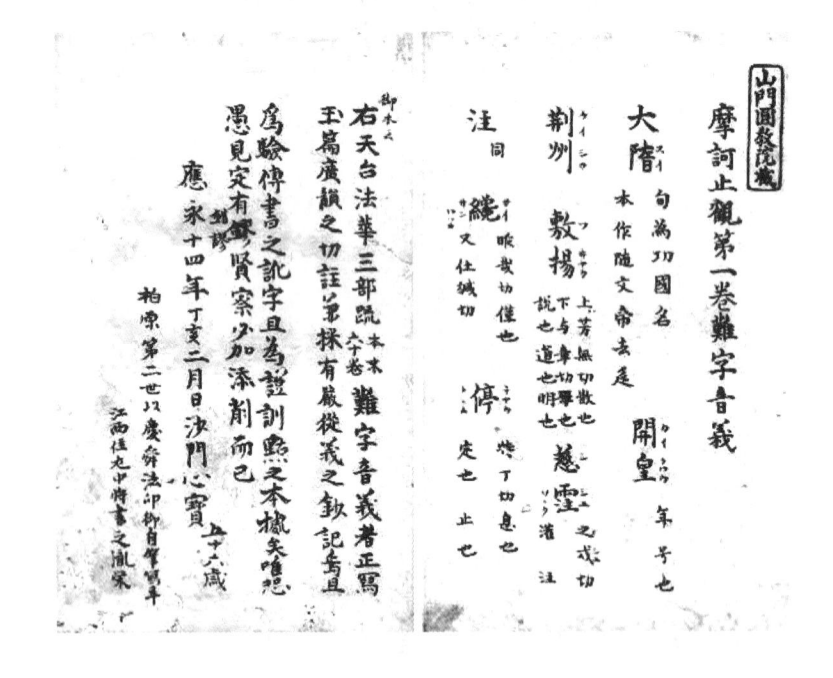

---

[1] 此照片出自"小林書房"之網頁。小林書房位於東京神田神保町，是專門經營佛書的古書店。http：//kobayashi.jimbou.net/catalog/popup_image.php/pID＝28496。照片注：著者名：心寶。刊行年：文政九年宥海寫。山門圓教院藏印。

第八章 他部佛經音義

附錄四：《天台三大部音義》（難字記）[1]

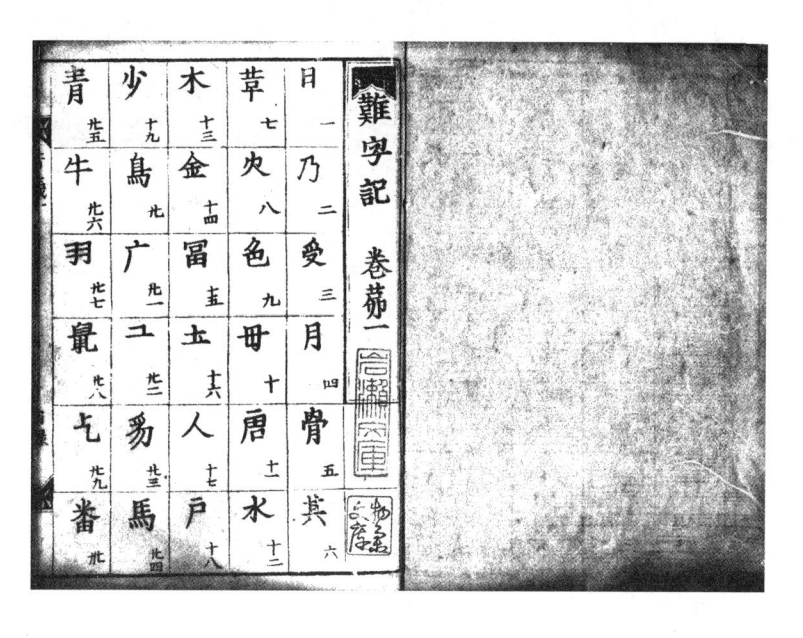

---

① 此照片取自西尾市岩瀬文庫公開的《三大部音義》，http://base1.nijl.ac.jp/iview/Frame.jsp?DB_ID=G0003917KTM&C_CODE=0214-26502。

附錄一：《新譯華嚴經音義私記》俗字總表*

幾點說明

一、本表分三欄，第一欄爲正字或釋字。第二欄爲影印件原字。第三欄爲該字出處，引原文前後若干文字，以定出處，字形采用正字釋文，個別字加（　）以注。

二、本表第三欄中有數字，是爲該字形所出之影印本[①]頁碼，頁碼後有英文字母a或b，a表明該字在原影印件中爲單行大字，b表明該字在原影印件中爲雙行小字。

三、本表第三欄所引文字，不作標點，凡原影印件中作重文者均以文字出示，不再作重文符號。

四、本表所摘俗字，係字形與傳統習稱"正字"者有不同者，雖有細微差異亦爲摘出，其中包括部分借字。

五、影印件原文中有個別字誤將一字析爲而二，如"鬻"字作"粥鬲"；或二字合而爲一，如"練今"二字"合書爲一，均摘出，作爲俗字。

六、因影印原文字形有大小，本表摘出後雖作過統一處理，但無法完全大小一致，因而有損於劃一美觀，望能見諒。另外，因是寫本，且爲手工作業，而此本中俗字甚夥，定多有漏收，難以爲"全"，亦請諒解。

---

* 此表原爲《〈新譯華嚴經音義私記〉俗字研究》（梁曉虹、陳五雲、苗昱，花木蘭文化出版社2014年版）之附錄，但因花木蘭所出書籍，一般不在書店流通，大多學者不見此書。故此次將此"俗字總表"轉引至本書，以使讀者能一窺《私記》俗字概貌，因《私記》是本書重要內容之一。又此表原由陳五雲先生所作，現已徵得陳先生同意，於此借用，誠表謝意。

① 《新譯華嚴經音義私記》（《古辭書音義集成》第一卷），汲古書院昭和五十三年（1978）第一版；昭和六十三年（1988）第二版。

（續表）

哀	㝩	上利尓反哀也下068b
隘	陰	迫隘025a
岸	岸	岸岸牛割二反也高也026b1
岸	岸	岸026a
案	桉	案帝王甲子記云003b
鰲	鼇	謂即此方臣（巨）鰲魚也187b
傲	傲	醉傲188a
拔	拔	去也出也拔也015b
	拔	達卓反拔也出也去也098b
跋	跋	寶跋陁樹098a
	跋	醫羅跋那035a
稗	稗	避稗豉反060b
鞁	鞁	令案諸書裝鞁爲駕085b
般	般	般若041a
瘢	瘢	瘢痕138a
邦	邦	萬邦遵奉086a
棒	棒	打棒屠割134a
棓	棓	今經以爲棒字乃是棒杖之棒非打棓掊字134b
桙桙	桙	棒正作棓字或亦爲桙134b
蜯	蜯	海蜯030a
蚌	蚌	蚌也又作蠹067b
胞	胞	今爲胞字024b
	胞	胎胞069a
抱	抱	抱持166a

（續表）

報	報	暴蒲報反105B
	報	言苦報盡處方顯滅諦036b
暴	暴	案暴字正爲105B
	暴	暴蒲報反105B
	暴	正爲暴字若曬物爲暴也105b
	暴	知恩临危受命誨無愠暴105a
卑	卑	尊卑上下003b
被	彼	威德廣彼079a
備	俗	俗體015a
	俗	又无財俗礼曰寠也068a
輩	輩	輩也068b
本	夲	混胡本反008b
	夲	令修復軸表紙付本190
俾	敧	或敧悅030b
	俾	俾016a
	俾	俾倪030a
	俾	俾知077a
	頾	或作俾倪或敧悅030b
筆	筆	筆削011a
鄙	鄙	鄙賤036a
陛	陛	階陛027a
閉	閉	閉也塞也005b
弼	弼	輔弼189a
蔽	弊	上音亞川弊也059b
	蔽	無能暎蔽090a

附錄一：《新譯華嚴經音義私記》俗字總表　　649

（續表）

蔽	薜	蔽也依也065b
	藂	蔽膝也033b
薜	薜	薜120a
避	避	不避075a
臂	辟	修臂035a
	臂	修臂1臂162a
	臂	修臂臂162a
稗	䅈	稗此云種種也103b
	䅈	稗陁梨山103a
邊	邊	舊經云往詣无量无邊不可説064a
稨	稨	瑜稨反060b
閞	閞	環胡閞反016b
變	變	以察時變003b
別	莂	記莂089a
繽	繽	繽紛109a
臍	臍	臍割174a
禀	禀	禀047a
禀	禀	言並從命承禀也087b
鉢	鉢	城名墮羅鉢底167a
浡	浡	孟子曰天油然興雲沛然下雨則苗浡然而長也173b
博	愽	廣博025a
搏	搏	搏撮146a
簙	簙	簙謂局戲141b
	簙	博廣也字從十或從巾字者簙弄之博也157b

（續表）

補	補	亦爲包補毂反005b
	捕	溥潘補反080b
	補	補特伽羅063a
步部	步	步012a
	步	超步086a
		在肉部098b
財	財	財貝104a
纔	纔	纔010a
	纔	纔058a
餐	餐	貪也餐也009b
參	參	上他勞反參也009b
殘	殘	殘缺069a
曹	曹	我曹024a
	曹	曹又爲曹a068b
茶	茶	畔茶120a
察	察	重審察也012b
差	差	蹉差也060b
勑	勑	下勑林反009b
鋋	鋋	戈鋋劍戟049a
廛	廛	音義作廛字除連反163b
	廛	市廛166a
纏	纏	家纏五盖003a
	纏	纏除連反与纏字028b
	纏	繞也纏也028b
	纏	嬰於征反繞也謂常爲疾苦之所纏繞也134b

附錄一：《新譯華嚴經音義私記》俗字總表　　　651

（續表）

懺	懺	懺除079a
腸	腸	腸腎肝脯090a
暢	暢	遝暢015a
超	超	上超繞反010b
	超	超四大005a
潮	淖	海水去来朝夕爲淖字016b
徹	徹	徹徹026a1
	徹	徹徹026a2
	徹	暎徹072a
臣	惡	大臣012a
	惡	臣032a
	惡	臣佐証169a
辰	辰	言日月星辰陰陽變化003b
晨	晨	晨晡163a
塵	塵	出離故物云塵累也039b
	塵	塵累038a
稱	稱	无嫡稱也003b
再	再	古稱爲再104b
丞	丞	尚書大傳曰天子必有四隣前儀後丞189b
承	承	下仕眷反承也食也049b
	承	叨承009a
	承	承佛神力而演說法070b
	承	何承纂要113b
	承	承接151a
城	城	瑩徹心城180a

（續表）

乘	乗	又狐諼獸鬼所乘091b
	乗	救助也音乘049b
	乗	衍那云乘也045b
懲	懲	久輙難懲改也068b
騁	騁	奔騁丑領反103b
持	持	挃持也103b
遲	遅	遲迴106a
馳	馳	馳直知反103b
跂	跂	伎支跂反094b
	跂	避稗跂反060b
齒	遬	即於面門衆齒之間021b
崇	崇	崇030a
	崇	繼韶夏崇號003b
蟲	虫	穀變爲飛虫也106b
仇	仇	仇對036a
酬	酬	酬對065a
儔	儔	所儔065a
	儔	儔匹139a
	儔	儔伴137a
疇	疇	四人爲疇是也065b
醜	醜	醜陋030a
	醜	無譏醜178a
初	初	初012a1
	初	初012a2
除	除	守境以除惑008a
	除	懺除079a

（續表）

鋤	鋤	正爲私字鋤也鋤043b
楚	楚	其訓楚爵也103b
	楚	同楚江反078b
	楚	酸楚030a
	楚	下楚革反167b
	楚	摑打楚撞135a
處	豪	以上四念處008a
	豪	上又爲俎字壞也音處026b
	豪	念處正勤005a
揣	揣	圈揣076a
	揣	揣量也092b
川	川	綺如川鶩019a
穿	穿	上得郎反曰穿耳施珠077b
	穿	穿鑿132a
船	舩	舩筏048a
傳	傳	類取四方譯傳003b
篅	篅	佉勒迦者謂著穀麦篅也篅028b
舛	舛	舛謬060a
牕	牕	窓牕012b2
瘡	瘡	無有瘡疣138a
窓	窓	窓牕012b1
	窓	窓012a
	窓	窓牗078b
	窓	麗窓019a
牀	牀	牀蓐095a
	牀	牀（牀）蓐095a

（續表）

夰	夰	亦爲脊字在夰部020b
搥	搥	扇動搥也039b
椎	椎	下如椎反016b
脣	脣	脣頸126a
蹉	蹉	蹉差也060b
辵	辵	在辵部024b
疵	疵	匿疵037a
辝	辝	下辝夜反014b
雌	雌	雄者曰虹雌者曰蜺也139b
辤	辤	是質問之辤也058b
刺	刺	其莖有刺色亦赤白031b
從	從	囊也從木005b
熜	熜	熜責公反040b
聡	聡	六世智弁聡137b
聰	聰	聰敏064a
聦	聦	上聡字古字也078b
聰	聰	聰哲078b
鏦	鏦	鏦市連反鏦也049b
麁	麁	麁澁044a
猝	猝	謂天澍猝大雨山水洪流忽尒至者048b
酢	酢	上素丸反酢也087b
	酢	上蘇官反酢也030b
蹙	蹙	嚬蹙上（旁注字）139a
	蹙	嚬蹙上139a
	蹙	或曰嚬近也蹙促也言人有憂愁則皺撮眉額鼻目皆相促近也139b

附錄一：《新譯華嚴經音義私記》俗字總表　　655

（續表）

鼠	鼠	鼠匿049a
脆	脆	危脆069a
	脆	危脆（脆）069b
	脆	堅脆164a
悴	悴	悴050a
萃	萃	來萃止095a
	萃	萃影014a
	萃	十方東萃止032a
頷	頷	字又爲頷050b
撮	撮	言人有天伦之乐愁則皺撮眉頷鼻目皆相促近也139b
撮	撮	搏撮146a
剉	剉	斫剉之机地也088b
措	措	刑獄皆止措173a
錯	錯	誤錯064a
怛	怛	六十怛刹那爲臘溥049b
代	戈	欤克戈（代）反081b
逮	逮	逮得086a
	逮	逮成048a
	逮	逮唐槩反及也123b
	逮	逮十力地123a
戴	戴	主土咸戴仰041a
黛	黛	其藥色似青黛可以和合藥然令所明據別注也187
耽	耽	耳垂爲耽也059b
眈	眈	眈昧059a
酖	酖	嗜酒爲酖059b

(續表)

媅	娪	嗜色爲媅059B
	媱	聲類媅字作妡今媅媱下或經爲眈字時俗共行未詳059b
擔	擔	擔036a
但	但	但勤修006a
荅	荅	字書作菡荅記文作苔荅也142b
誕	誕	誕生096a
	誕	示誕124a
彈	彈	正言旃彈那026b
蕩	蕩	漱蕩也078b
島	島	海島186a
蹈	蹈	下尼獵反蹈也041b
	蹈	蹈彼門閫166a
盜	盜	盜入官闈174a
稻	稻	不籍耕耘而生稻粱170a
翿	翿	又作翿字同到反065b
德	德	信爲道無功德母045a
的	的	苦的184a
等	等	以上四念處等法008a
	等	城吧宰官等032a
	寸	正寸（等）持008a
低	低	低頭也009b
	低	埤蒼曰低佪謂姍遊也106b
滴	滴	數其滴051a
	滴	雨滴040a
荻	荻	其形似荻041b
滌	滌	滌除017a

（續表）

嫡	嫡	不知其名无嫡稱也003b
敵	敵	下音敵川水粒也040b
	敵	名为却敵031b
底	底	計都末底山110a
	底	寶悉底迦071a
	底	夜神名婆珊婆演底168a
弧	弧	對謂弧對也173b
地	墬	坔坔012a1
	墬	坔坔012a2
弟	弟	親兄弟也005b
第	第	以上第六會尉峙110a
	第	経卷第六如来現相品第二021a
	第	經卷第三017a
遞	遞	遞發020a
	遞	遞接030a
駒	駒	下胡駒反020b
點	點	瑕點101a
電	電	如雩色相電亦然052a
彫	彫	徒彫反014b
堞	堞	下又爲堞堞029a
	堞	下又爲堞堞029b
	堞	堞也女墻也018b
	堞	寶堞029a
牒	牒	倭云石牒023b
	牒	倭云石牒0287b
	牒	貝牒009a

（續表）

定	定	十定品第廿七之一110a
	定	威盡定107a
都	都	下都扈反041b
兜	兜	五地多作兜率陁天王099b
	兜	半兜率天074b
	兜	廣雅曰曹兜鍪也044b
	兜	昇兜率天宮品070a
堵	堵	基堵041a
覩	覩	音終也。覩是（覩見）也112b
杜	杜	杜預曰以麻約髮也015b
度	度	脩短合度177a
渡	渡	濟渡也108b
端	端	此乃車端鐵非經所用也185b
段	段	段徒玩反069b
斷	斷	一已生惡方便令斷006
	斷	勿令斷義名不相違爲善知識100b
	斷	阿閦如來聽訟斷獄189a
塠	塠	坑坎塠阜176a
對	對	仇對036b
	對	酬對065a
	對	公對反056b
蹲	蹲	蹲踞047a
鈍	鈍	上侯鰥反鈍也064b
頓	頓	煢獨羸頓067a
哆	哆	婆哆181a

(續表)

奪	奪	奪奪b073B
	奪	裒景奪曜169a
	奪	裒景奪曜170a
鐸	鐸	鈴鐸020a
惰	惰	懈惰093a
	惰	惰 此云不懶惰也154b
額額	額	額顙也089b
惡	惡	一已生惡方便今斷006a
	惡	下波惡反025b
咢	咢	口咢反093b
	咢	咢 如來口上咢126a
軛	軛	罪軛042a
腭	腭	腭 与腭同五各反126b
齶	齶	咢舊經作斷齶与腭同五各反126b
兒	兒	上虚元所云小兒不能正語也107b
	兒	兒 老邁兒子護178b
迥	迥	迥雅曰迥遠也015b
發	發	因定發慧008a
	發	遞發020a
	發	香氣發越071a
檝	檝	又爲檝[艥]字048b
筏	筏	大曰筏小曰桴072a
法	法	法012a
幡	幡	幡干072a
翻	翻	其花黃金色然非末利之言即翻爲黃也053b

（續表）

翻	翻	新翻華嚴經卷第一014a
	翻	翻 此義翻之名相鬪諍時也164b
繁	繁	繁021a
礬	礬	礬104a
坊	坊	僧坊080a
肥	肥	肥074a
肺	肺	心肺068a
分	分	區分025a
芬	芬	芬馥026a
	芬	或為芬苾020b
氛	氛	氛氲020a1
紛	紛	繽紛103a
焚	焚	焚香026a
坋	坋	謂六境汙心細塵坋人038b
峯	峯	今謂峻峯迴然峙立也110b
	峯	謂彼鷲峯亭亭煞止005b
豐	豐	豐溢035a
逢	逢	逢（逢）迎引納091a
敷	敷	榮瑩敷028a
	敷	即於殿上敷摩尼蔵師子一座070b
	敷	上敷雲反026b
	敷	下敷云反合盛兒也103b
膚	膚	連膚080a
	膚	膚 皮膚156a
妋	妋	妋 上妋禹反慰也安也恤也160b
拂	拂	扇拂071a
柫	柫	拂 流入波斯柫林便入北海也115b

（續表）

服	服	四海之外率服截尔003b
逮	逯	苰逮 又与逯逮字同092b
	逮	苰逮 又与逯逮字同092b
桴	捊	大曰筏小曰桴072a
福	福	下扶福反026b
	福	罪行福行106a
拊	拊	正宜拊擊也072b
脯	脯	脯助也在肉部098b
	助	修脯之修从肉035b
	脯	膓腎肝脯090a
	脯	修脯之修从肉035b
輔	輔	輔086a
	輔	輔補077b
	輔	輔 輔弼189a
撫	撫	摸謀各反撫也103b
阜	阜	下又爲阜九反103b
	阜	又阜盛也103b
副	副	副 輔助也佐副也言於君有副助也171b
富	冨	下芳冨反021b
	冨	冨 振又爲辰抵字同又本作賑之忍反富也146b
腹	膨	舊經云如來膓（腹）不現相091b
縛	縛	上拘縛反036b
覆	覆	言如天覆如地生也082b
	覆	弥覆021a
	覆	覆育082a
	覆	下覆也011b

（續表）

馥	馥	芬馥026a
垓	垓	垓 十百千万亿京兆垓市壤溝澗正載矣119b
晐	晐	兼侅之該爲晐字在日部018b
	晐	兼侅之該爲晐字在日部161b
該	該	該覽018a
改	改	日久輙難懲改也068b
盖	盖	家纏五盖004a
干	于	若干107a
	于	音干訓希也010b
肝	肝	心腎肝脯080a
	肝	腸腎肝脯090a
竿	竿	爲竿087a
感	感	咸字唐音義作感字041b
幹	幹	下爲幹098b
	幹	其樹幹枝條葉皆红赤色085b
	幹	本也幹也014b
	榦	寶榦098a
剛	剛	航何剛反009b
	剛	金剛齊019a
割	割	屠割088a
鬲	鬲	鬲 謂陳貨粥鬲物也鬻150b
蛤	蛤	蛤也之士美030b
虼	虼	虼蚤之大腹者也的104b
根	根	論根五力云007a
耕	耕	又耕治田也065b
	耕	徑牛耕牛燕二反050b

（續表）

耕	秄	音耕薤反048b
	耕	耕 不籍耕耘而生稻梁170a
功	功	功德045a
恭	恭	恭恪093a
躬	躬	曲躬073a
共	共	共美025a
	共	力无畏不共法108b
溝	溝	上等者溝也031b
	溝	十百千万亿兆垓市壤溝澗正載矣119b
鉤	鉤	鉤戟也049b
狗	狗	五熱随日轉牛狗鹿戒047a
枸	枸	枸物頭031a
垢	垢	二離垢地099b
構	構	莫構反014b
孤	孤	貧窮孤露085a
	孤	弧户孤反140b
鼓	鼓	鼓鼓039a2
	鼓	鼓鼓039b1
穀	穀	謂一時雨潤生百穀者也081b
穀	穀	癡穀137a
瞽	瞽	盲瞽019a
蠱	蠱	所以器受蟲害人爲蠱也106b
	蠱	蠱毒105a
故	故	此反云持邊以彼山是七重金山中最外邊故然131b
顧	顧	顧戀064a
	顧	上又爲顧視也077b

（續表）

顧	顧	顧復077a
	顡	顧野王曰俗謂豫早爲之也179a
苁	蒜	摘陟苁反135b
寡	寡	胡寡力果二反125b
罣	罣	罣礙098a
關	關	關防094a
	開	機關164a
觀	覩	循身觀104a
	觀	易曰觀乎天文003b
	覩	樓觀閣028a
鰻	鰻	上侯鰻反064b
管	管	管子曰昔者封太山禪梁从者003b
裸	裸	上又爲裸躶048b
盥	盥	盥古滿反078b
	盥	盥掌043a
灌	灌	享灌087a
龜	龜	古者貨貝而寶龜也104b
	龜	龜龍003a
歸	歸	實不捨願歸寂滅者065a
	歸	此乃緩歸之名106b
	歸	超沙漠来歸歟也009b
軌	軌	軌度029a
鬼	鬼	古經云鬼神邊地語佐比豆利047b
跪	跪	跽其几反跪也130b
袞	袞	袞袞097a
郭	郭	城郭028a

（續表）

國	囯	于闐國010a
	囻	囻012a
	囶	國国012b1
	囼	國国012b2
	國	賈注國語曰臨治也175b
果	果	果衣也005b
裹	裹	裹又褁同005b
	褁	裹又褁同005b
過	過	今言佛出過止005b
	過	求過038a
孩	孩	孩稚041a
害	害	言由造業損害真實036b
駭	駭	驚駭037a
含	含	含 說文曰悟覺也或曰解也言說化含令覺也146b
函	函	函 帝愶反鄭注礼記曰戒物函曰篋也184b
韓	韓	魚韓反026b
扞	扞	扞 禦扞179a
菡	菡	菡 記文作菡萏也142b
航	航	駕險航深009a
嗥	嗥	嗥叫030a
	嗥	又爲嗥獋字030b
	獋	又爲嗥獋字030b
豪	豪	强曲毛曰豪016b
号	号	号海佛022b如来名号品033a
恃	恃	又爲恃悟字107b

(續表)

號	號	繼韶夏崇號003b
禾	示	戈古示（禾）反049b
闔	闔	又爲臘字来闔反049b
壑	壑	又可爲壑a壑b二字076a
	壑	又可爲壑a壑b二字076b
	壑	可求衆苦大壑076a
黑	里	棘音黑川宇未良047b
橫	橫	下古橫反荒也036b
	橫	災橫088a
虹	虹	虹 雄者曰虹雌者曰蜺也138b
侯	侯	樓力侯反014b
	侯	洽侯夾反009b
喉	喉	喉吻057a
厚	厚	今別有厚氎衣095b
候	候	候 喜預在先待人来至却来迎候151b
弧	弧	弧矢049a
	弧	弧 弧140a
	弧	弧 經爲弧140b
狐	狐	狐狼091a
互	互	互循025a
扈	扈	下都扈反041b
護	護	護 然即院繞護持餘内六山故名持邊也131b
華	華	華012a
懷	懷	婦懷005b
	懷	心懷合云也092b
	懷	心懷殘忍092a

（續表）

壞	壞	敗沮俎壞086a
	壞	沮壞026a
歡	歡	一歡喜地099b
	歡	即十行名後列一歡喜行二饒益行三无違行062b
謹	謹	上又作謹字虛元反046b
環	環	旋環025a
	環	環髻016a
緩	緩	欸口緩反081b
幻	幻	工幻師130a
患	患	言苦諦隱藏煩惱過患也037b
換	換	下呼換反069b
煥	煥	煥明也069b
	煥	絢煥046a
	煥	綺煥069a
荒	荒	下古橫反荒也036b
黃	黃	舜感黃龍003b
堚	堚	壇堚030a
侗	侗	埤蒼曰低侗謂姍遊也106b
	侗	埤蒼曰低侗（侗）106b
洄	洄	又作洄澓016b
迴	迴	十迴向品070b
	迴	金剛幢菩薩迴向品070b
	迴	或本爲迴復又作洄澓016b
惠	惠	擬將廣惠090a
會	會	下二字相會也103b
	會	以上第三會六品了060a

（續表）

會	會	下二字相會也103b
毀	毀	毀呰048a
	毀	毀形降服175a
穢	穢	臭穢049a
惛	惛	惛沉睡眠盖003b
或	或	閱閱盛皃也或云堅端也010b
惑	惑	守境以除惑008a
	惑	惑也106b
基	基	基堵041a
	基	上許基反125b
機	機	機關039a
	械	機關164a
激	激	湍馳奔激103a
	激	激水爲湍激急也039b2
擊	擊	箠擊也134b
饑	饑	又爲饑也046b
羈	羈	上羈師反081b
	羈	羈繫108a
吉	吉	休吉也106b
急	急	急也050b
疾	疾	疾陵反謂帛之總名也095b
	疾	疾雨也048b
	疾	疾 長嬰疾苦（旁記字）134a
	疾	長嬰疾苦134a
棘	棘	翹棘047a

附錄一：《新譯華嚴經音義私記》俗字總表　　669

（續表）

極	极	極上居理反記也極盡也031b
	极	此最終極也073b
臘	臘	舟臘182a
籍	藉	不籍耕耘而生稻梁170a
脊	脊	放爲脊字020b
	脊	櫳於靳反脊也020b
戟	戟	鉤戟也049b
	戟	風俗記曰仗者刀戟之物名也016
伎	伎	音枝伎之敀反032b
妓	妓	妓樂032a
技	技	上音技訓見010b
	技	技藝105a
	技	（伎）技藝032a
既	既	既復命祖括髮015b
寂	宊	佛在摩竭提國寂滅道塲034b
	寂	宴寂056a
	寂	忍寂003b
	宊	隨順離欲寂静行051a
	寂	寂漠無言123a
跽	跽	右跽130a
冀	冀	上思也下冀也069b
	冀	冀望065a
	冀	望冀也010b
繫	繫	冐謂以繩惠鳥也051b
	繫	龜龍繫象003a

（續表）

繼	継	继属012b
	繼	繼属012a
	繼	繼属094a
	継	繼韶夏崇號論略003b
佳	往	下宜佳反046b
佳反	隹	上又爲厓字五佳反095b
頰	頰	下苦頰反046b
	頰	下徒類（頰）反009b
假	假	行非先王之法曰橋假也044b
姧	姧	又爲姧066b
堅	堅	閩行走堅反010b
賤	牋	箋 鄭箋詩曰令教令也171b
	賤	賤 鄭賤詩曰赫然怒皃也175b
	寐	賤時（詩）曰假寐永懃賤曰不脱衣而眠謂之假寐也178b
犍	犍	犍 上加邁反切韻稱犗犍牛也182
間	周	間 古爲周字謂中間也134b
撿	撿	撿繫087a
建	建	建057a
健	健	健 舊翻爲健疾鬼也174b
釟	釟	泛匹釟反浮也017b
劍	劍	戈柞劍戟049a
箭	箭	芒草箭041a
薦	薦	下如欲反薦也095b
鑒	鑒	光明鑒徹089a
檻	檻	圈檻遠反075B

（續表）

檻	擥	軒檻078a
	摧	入苦籠檻075a
壃	壃	凡物无乳者曰卵生也壃也壃界也境也040b
	壃	廓壃城011a
匠	近	工匠047a
降	降	相交而下也下降也052b
	降	降 謂上大金剛等不令降雨也125b
將	捋	時踰六代年將四百也010a
置	置	迦置駄反058b
憍	憍	在中天竺境憍薩國北090b
礁	雄	東海有大礁石076b
曒	曒	光踰曒日087a
矯	矯	不矯044a
	撟	行非先王之法曰撟假也044b
叫	叫	噑叫030a
噭	歔	下与噭字同030b
皆	皆	凡治故造新皆繕也011b
接	接	以道扶接也038b
	接	接影087a
嗟	嗟	涕泗咨嗟106a
揭	揭	揭婆也085b
	揭	阿揭陁藥040a
拮	拮	甲也拮也087b
健	健	釋名曰檝健也撥水使舟健疾也182b
捷	捷	飛則勁捷187a

（續表）

睫映	睫	睫177a
	映	前葉反又作睫177b
竭	竭	或云阿竭陁或阿迦陁矣040b
羯	羯	羯磨057a
解	解	意解047a
	解	海佛解脱022b
戒	戒	五十戒043b
	戒	五熱随日轉牛狗鹿戒047a
界	界	堺界048a
	界	壇界也011b
堺	堺	上又堺字048b
	堺	堺界048a
犗	犗	犗牛182a
誡	誡	古經云説法教誡046b
藉	藉	三念根藉守境以除惑故名念根也007a
今	今	今流俗共用稱字104b
筋	筋	筋186a
僅	僅	僅050a
	僅	在过火反不久也僅也010b
盡	盡	其文起盡可求見耳104a
	盡	起初盡十一卷013b
勁	勁	不堪勁用也041b
	勁	飛則勁捷187a
靳	靳	五靳反026b
	靳	檼於靳反脊也020
歎	歎	又爲歎座字050b

（續表）

覲	覲	瞻覲128a
京	京	王京都094a
莖	莖	其莖有刺色亦赤白031b
	莖	言蓮莖糸孔耳114b
	莖	莖業（葉）116a
經	經	經書之通稱009b
穽	穽	坑穽164a
阱	阱	案籀文作阱㪍古文作㘝184b
㘝	㘝	古文作㘝184b
頸	頸	脣頸126a
徑	徑	淪徑038a
	徑	生死徑050a
脛	脛	以杖扣其脛097b
境	境	境排108a
	境	謂六境汙心如塵坋人038B
静	静	此云静慮042b
競	競	競039a
迥	迥	迥曜015a
	迥	迩雅曰迥遠也015b
炯	炯	胡炯反015b
久	久	良久164a
酒	酒	嗜酒爲酖059b
咎	咎	咎惡也灾也105b
	咎	身相休咎105a
救	救	救助也音乘049b
就	就	如淩反就也086b

（續表）

舊	舊	舊經云014b
鷲	鷲	鷲巌005a
拘拘	拘	拘蘇摩花071a
	拘	尼拘律樹154a
裾	裾	下裾041a
鞠	鞠	女鞠反鼻出血也049b
局	局	桰束也局也087b
	局	簿謂局戲141b
咀	咀	咀嚼也081b
	咀	咽咀081a
沮	沮	敗沮也080b
	沮	沮壞024a
	沮	草積沮壞133a
舉	舉	稱舉056a
句	句	上音豆訓二合文句（司）也105b
巨	巨	謂即此方巨鱉魚也187b
拒	拒	所拒051a
距	距	巨作宜距086b
	距	正宜距距違也051b
炬	炬	炬018a
詎	詎	004a
聚	聚	上聚也又集也014b
	聚	斂聚也114b
劇	劇	三達謂劇旁032b
據	據	魚據反033b
捐	捐	川缺捐也048b
眷	眷	下仕眷反049b

附錄一：《新譯華嚴經音義私記》俗字總表 675

（續表）

罥	罥	珠蔽曰罥謂以繩繫取鳥也051b
	罥	罥索077a
	罥	罥網051a
罥	罥	又爲罥字051b
決	決	謂正慧決擇也041b
訣	訣	悉將永訣088a
爵	爵	其訓楚爵也103b
覺	覺	七覺支者008a
	寤	覺寤107a
	覺	非也已現覺亦非當覺123a
	覺	非也覺非現覺非當覺123b
攫	攫	攫噬036a
君	君	君君012a1
	君	君君012a2
均	均	均調085a
峻	峻	今謂峻峯迥然峙立也110b
捃	捃	捃拾183a
浚	浚	視湤浚而水深者爲岸也026b
駿	駿	駕以駿馬085a
開	開	爲方便故開四種008a
欬	欬	不欬不逆081a
坎	坎	坑坎塠阜176a
侃	侃	倭言侃可伎可多知080b
尻	尻	聲類曰尻也尻音苦勞反127b
咳	咳	上与咳字同胡来反小兒咲也041b

（續表）

殼	㪣	殼蔵167a
	㪣	上又爲殼殼2 167b
	㪣	下又爲殼1殼167b
克	克	克諧086a
悤恪	悤	古字爲悤字093b
	憽	恭悤（恪）093a
墾	墾	正作很何墾反戾也139b
恐	恐	恐是聚林之聚061b
叩	叩	欸口緩反叩也081b
扣	扣	扣擊097a
敂	敂	上又爲敂字097b
哭	㚎	同哭後反097b
苦	苦	可求衆苦大壑076a
酷	酷	酷也惡也094b
塊	塊	无塊曰壤也074b
寬	寬	上与寬同093b
	寬	寬宥174a
款	欵	欸服也081b
曠	曠	曠刧018a
虧	虧	虧減048a
匱	遺	不匱093a
	遺	无遺匱匱024a4
	遺	无遺匱匱024a
	遺	匱止116a
括	括	苞括005a
廓	廓	廓壇城011a

（續表）

臘	蔯	又爲臘字来闔反049b
	臈	史記始皇卅一年十二月更名臘也049b
	臈	周礼云臘以田獵所得禽而祭也049b
	臘	臘049a
來	耒	該古來反皆也咸也約也譜也161b
賴	頼	怙恃也賴也033b
瀨	瀬	瀬蕩也078b
藍	籃	造僧伽藍180a
瀾	瀾	波瀾011a
欄	闌	檻謂殿之闌也076b
嬾	嬾	此云不懶惰也154b
覽	覧	上怠通反記覽疾也064b
	覽	該覽018a
攬	攬	攬觸1189a
牢	牢	櫳牢也075b
	牢	此云堅牢122b
潦	潦	説文曰潦天雨也107b
	潦	謂聚雨水爲洿潦（潦）也107b
樂	樂	妓樂032a
	樂	必有安樂072b
羸	羸	煢獨羸頓067a
	羸	羸067a
	羸	飢羸088a
耒	耒	藕五句反字冝從耒言蓮莖糸孔耳114b
肋	肋	脯肋（助）也098b

（續表）

類	頮	云因潒然有三類（類）069b
	頪	直由反類也065b
	顡	族類也131b
	頪	聲類曰尻也尻音苦勞反127
楞	楞	八楞097a
唎	剌	具云阿鉢唎崔陁尼也038b
	剕	正云實羅或云實唎此云反爲身也125b
蠱	盅	蠱072a
	蠱	又作蠱067b
裡	裎	裡字又作躶裸二躰也125b
裏	裏	衣裏亦謂之襦095b
戾	戾	正作很何墾反戾也違也139b
	戾	以其國人性多獷戾故也122b
倈	倈	獷倈184a
慄	慄	上又爲柒且慄（慄）反081b
歷	歷	正爲歷在一部086b
	歷	歷086a
襦	襦	古經云四兵悉入襦糸孔049a
麗	麗	嚴麗014a
	麗	莊嚴巨麗086a
廉	廉	僉且廉反023b
奩	奩	奩又爲奩a字103b
	奩	花奩香篋103a
斂	斂	斂稅曰稽也114b
	斂	斂聚也114b
練	蠣	上又爲練今101b

（續表）

練	練	練金101a
練今	練今	上又爲棟練（練/今）字101b
戀	戀	顧戀064a
梁	梁	梁力將反橋也016b
	梁	禅梁父者003b
	梁	不籍耕耘而生稻梁170a
涼	涼	此云清涼也042b
兩	兩	下所兩反017b
	兩	謂要須兩重合成故043b
魍	魍	魍鬼也105b
亮	亮	仗直亮反016b
	亮	清亮098a
獵	獵	周礼云臘以田獵所得禽祭也049b
隣	隣	目真隣陁山131a
稟	稟	稟158a
懔	懔	渠懔反又渠鎮反050b
	懔	饉渠懔反046b
陵	陵	迦陵頻伽音046a
	陵	陵066a
凌	凌	凌犯也105b
鈴	鈴	鈴鐸020a
齡	齡	延齡藥187a
靈	靈	明也旼也精靈也017b
	靈	言示現祈請天神靈廟也047b
	靈	靈鷲山謂之也005b
櫺	櫺	楯間子謂之櫺也143b
流	流	流流026a2

(續表)

留	㗚	拘留孫175a
劉	劉	劉兆住（注）儀禮曰015b
柳	抑	肘張柳反云比地0157b
隆	隆	其甲隆起091a
龍	龍	舜感黄龍003b
龍	龍	龜龍繫象003a
櫳	櫳	櫳檻也075b
籠	籠	入苦籠檻075a
聾	聾	聾瞶耳090a
樓	樓	四方高曰臺狹而修曲曰樓028b
	樓	樓力侯反015b
	樓	樓閣014a
	樓	阿樓那香071a
嚕	魯	樓至具云嚕支此翻爲愛樂也180b
盧	盧	卵盧管反036b
	盧	那盧舍那者035b
嚧	盧	具殟怛羅句羅句囉也038b
陸	陸	高厚廣平曰陸103b
	陸	下所陸反直也止也礼也132b
	陸	下所陸反（旁記字）132b
鹿	鹿	五熱随日轉牛狗鹿戒047a
戮	戮	被戮080a
録	録	一切經目録076a
梱	梱	形如此方梭梱樹153b
	梱	似此方梭梱樹171b
侶	侣	下又爲旅力壆反衆也又侶伴也049b

（續表）

旅	振	徒旅049a
	捻	月旅011a
	猿	下又爲旅力舉反衆也又侶伴也049b
	捨	又爲旅字衆也011b
臍	播	亦背臍也020b
率	率	四海之外率服截尔003b
	卒	昇兜率天宮品070a
	卒	率土咸戴仰041a
慮	慮	此云静慮042b
	慮	迩雅曰猶獸名也其形似麂善登木性多疑慮151b
鷺	鷺	冠音古鷺反087b
卵	卵	卵040b
	卵	故滅諦爲破卵也036b
乱	乱	下乱同069b
	乱	謂乱聲也046b
亂	亂	嬈亂069a
倫	倫	詳倫反巡也104b
淪	淪	淪墜017a
	淪	淪侄038a
	淪	淪湑106a
綸	綸	弥綸019a
輪	輪	輪也026b
螺	螺	言螺属所出於海其白如雪也051b
羅	羅	牟陁羅者鼓中之別稱也072
	羅	斫迦羅山110a
欏	欏	欏120a

（續表）

裸躶	裸	裡字又作躶裸二躰也125b
	躶	上又爲裸躶048b
	躶	裡字也作躶裸二躰也125b
羸	羸	羸067a
贏	贏	贏禾十束也067a
攞	攞	正云鉢攞婆褐羅085b
絡	絡	纓絡014a
落	落	聚落於中國102b
邁	萬	邁 老萬兒子護178b
滿	滿	肒字胸滿也016b
	滿	雜也均也滿也103b
	滿	滿 此云悕望又云意樂又云滿願152b
慢	慢	傲慢037a
蔓	蔓	謂蔓延也011b
忙	忙	正云波特忙031b
盲	盲	盲冥062a
矛	矛	矜字正從矛今069b
跦	跦	於跦反巧也小也074b
皃	皃	下榮然照之皃言其光潤者也017b
	皃	合云亦進向將来皃也010b
	皃	窻者明皃也078b
茂	茂	上茂也又長也074b
	茂	光茂014a
冒	冒	上冒也冒（冒）090b
袤	袤	又爲袤097b
	袤	又爲袤字071

（續表）

衮	衮	樓閣延衮071a
	裹	衮097a
	衮	衮衮097a
貌	貋	謂容貌猥惡也043b
	貋	謂容貌瘦損字又爲頜也050b
	皃	謂除去陽未分共同一氣之貌也008b
没	没	没溺003a
	没	没溺076a
眉	眉	尒時世尊從眉間出清净光明者100b
座	壆	又爲歡座字050b
美	羙	云至極美也086b
	美	美盛也014b
	羙	采美也025b
	羮	美 訓古美豆142b
寐	寐	寐 暫時假寐178a
魅	魅	字又作魅俗105b
	鬽	鬼鬽（魅）105a
捫	捫	捫摸103a
虻	虻	蚊蚋虻蠅104a
萌	萌	羣萌078a
猛	猛	云爲迅猛風是也040b
	猛	猛 良臣猛將170a
蒙	蒙	又云章蒙也039b
	蒙	愚蒙074a
弥	弥	上弥演反010b

（續表）

弥	弥	弥011a
	弥	弥012a
	弥	弥011a
	頦	昇湏弥品第九053b
	弥	湏弥012b
	弥	須弥012a
彌	彌	湏弥彌彌012b2
	彌	須弥彌012b
密	密	天密047a
蜜	蜜	海佛波羅蜜022b
眠	眠	上眠也045b
	眠	下正眠眠168b
面	面	其東面私陀河115b
苗	苗	苗稼053a
鐃	鐃	沼之鐃反115b
滅	滅	實不捨願歸寂滅者065a
	滅	謂由破於生死殼卵顯得滅諦故也036B
民	民	尼民陁山110a
旼	旼	明也旼也精靈也017b
皿	皿	杜預注曰皿器也105b
明	明	下所兩反明也017b
冥	冥	盲冥062a
謬	謬	二字並謬014b
	謬	經本作別字者謬090a
	謬	舛謬060a

（續表）

摸	摸	捫摸103a
膜	膜	瞖膜059a
殁	殁	將殁者048a
墨	墨	花鬢頭墨也023b
繹	繹	徽繹146a
牟	牟	夜牟032b
	牟	天牟羅072a
	牟	酌音著訓久牟010b
鉾	鉾	鉾酷094a
鍪	鍪	兜鍪也075b
	鍪	廣雅曰曹兜鍪也044b
	鍪	胄兜鍪也044b
那	那	倭云于天那015b
	那	蘇摩那花186a
囊	囊	具云薩婆若囊076b
	囊	正云室羅懑囊043b
	囊	若囊云智也078b
	囊	問也囊也005b
曩	曩	曩009a
	曩	曩108a
	曩	曩世016a
	曩	曩於福城183a
	曩	尒雅曰曩舅也183b
撓	撓	撓012a
	撓	撓012b

（續表）

撓	撓	此乃撓擾之字062b
	撓	無屈撓行062a
謿	謿	謿謿也046b
惱	惱	有生故有生老死憂悲苦惱102b
腦	腦	髓腦068a
鬧	夬	鬧鬧012a1
	攴	鬧鬧012a2
	丙	鬧鬧012b1
	鬧	鬧鬧012b2
餒	餒	受餒041a
能	能	無能暎奪073a
	能	而言足者能与神足通008a
尼	尼	尼民陁山110a
泥	埿	澄埿其下026a
倪	倪	倪30a
	倪	堄或爲𤰞堄30b
	倪	倪或戟倪矣30b
擬	擬	擬将廣惠090a
逆	逆	不欤不逆081a
	逆	逆012a
	逆	逆012b
匿	匿	匿疵037a
溺	溺	又爲溺字003b
	溺	没溺003a

附錄一：《新譯華嚴經音義私記》俗字總表　　687

（續表）

休	休	休 休奴的反005b
年	秊	年012a
	秊	年032a
	秊	年方067a
	秊	季012b1
	秊	季年012b2
念	念	念處正勤005a
涅	涅	涅槃065b
齧	齧	下齧也036b
	齧	故此猶如師子搏齧也036b
嚙	齧	常制反嚙也043b
躡	躡	騰躡041a
鑷	鑷	鉗鑷185a
	研	經本有作鑷者此乃査軸端鐵非經所用也185b
寧	寍	亦爲寧字在穴部009b
凝	凝	凝者嚴整之皃也020b
	凝	凝停132a
濃	濃	濃074a
弄	弄	愽廣也字從十或從巾字者簿弄之愽也157b
耨	耨	謂香山阿耨池南有大樹者037b
麀	遷	麀 唯此中經竟摩（應云）遷摩112a
奴	奴	休奴的反005b
蚓	蚓	蚓049a
	蚓	脩羅退蚓114a

（續表）

虐	虐	毒虐094a
	虐	毒虐（虐）094a
	虐	謔鉾虐反094b
澳	澳	下又爲澳字湯也045b
耦	耦	玉篇耦對之耦從耒178b
藕	藕	入藕絲孔114a
排	排	境排108a
攀	攀	或爲攀字攣係也病也093b
	攀	攀緣036a
	攀	攀緣093a
	攀	謂攀緣事境心絶107b
槃	槃	多也廣也音槃021b
	槃	謂二乘所得涅槃猶有苦随非真涅槃137b
咆	咆	犲咆也咆下与嗷字同030b
濡	濡	濡澤018a
轡	轡	諸誑爲轡勒149a
坏	坏	坏037a
疲	疲	疲倦086a
埤	埤	埤蒼曰低個106b
𨽹	𨽹	又𨽹字爲埤字030b
匹	匹	上匹仁反103b
	匹	二人爲匹066b
	匹	泛匹鈘反浮也017b
	匹	儔匹140a
睥	睥	睥120a

（續表）

譬	辟	口況，譬也049b
偏	偏	偏袒130a
	偏	謂偏偏（偏）獨憂憐也。068b
篇	邁	案鄭注礼云諸侯之妃曰夫人玉篇呼婦人夫亦所发崇敬之稱也128b
漂	漂	四流漂汩者184a
頻	頻	迦陵頻伽音046a
	頻	頻婆帳070a
嚬	頻	嚬蹙上139a
屏	屏	曰屏風也009b
破	破	破印036a
抔	抔	抔扶留反072a
	抔	謂擊鼓之抔爲枹字072a
僕	僕	僮僕080a
	僕	卜音僕訓占也103b
溥	溥	溥蔭萬方080a
樸	樸	未燒瓦樸也037b
瀑	瀑	瀑流048a
漆柒	涞	又爲柒081b
岐	岐	又爲㟂岨字020b
	岐	又爲㟂岨字渠宜反020b
	枝	字書作枝字021b
	岐	樹岐020a
	岐	謂樹岐首也021b
齊	齊	等齊也列位也059b
臍	齊	金剛齊019a

（續表）

騎	騎	騎從169a
乞	乞	謂乞偏獨憂憐也068b
起	起	慳字爲起頼反081b
	起	起初盡十一卷013b
	起	起頼反046b
啓启	啓	肇啓010a
	啓	啓啓134a
	啓	啓啓134a
	啓	同開也古作啓字134b
綺	綺	绮如川鶩019a
泣	泣	涕泗悲泣151a
砌	砌	皆砌015a
氣	氣	香氣發越071a
棄	棄	十二種行皆能棄捨煩惱故043b
器	器	器仗016a
牽	牽	上牽愶反046b
	牽	牽御085a
僉	僉	且廉反023b
遷	遷	遷012b
	遷	遷102a
	遷	遷移167a
虔	虔	虔誠109a
乾	乾	乾肉薄折之曰脯也080b
	乾	乾陁山110a
	乾	具云乾馱羅110b

附錄一：《新譯華嚴經音義私記》俗字總表　　　691

（續表）

錢	錢	其花大小如錢071b
	錢	西域用貝爲錢104b
	錢	謂以牛買物如此洲用錢也038b
壍	壍	壍031a
強	強	強曲毛曰豪016b
	強	勉勤也又曰自勸強也135b
墙	墙	堞也女墙也018b
	墙	牆墙廧012b2
	墙	牆墙廧097b
廧	廧	廧音成028b
	廧	牆墙廧012b3
	廧	牆墙廧097b
	廧	疑文皆爲廧字今加土028b
檣	檣	檣墙廧012B1
	檣	檣012a
牆	牆	垣牆028a
	牆	牆字籀文028b
	牆	牆垣097a
	牆	牆墙廧097b
	牆	垣牆153a
橋	橋	梁力將食橋也016b
翹	翹	尵翹音交047b1
	翹	尵翹音交047b2
	翹	翹棘047a
切	切	一切014a

（續表）

切	切	一切026a2
且	且	僉且廉反023b
愜	悳	愜之爲愜081b
	愜	愜愜046a
	悳	上又爲愜字046b
	愜	愜愜046a
	愜	順愜081a
愜	愜	願一切衆生所見順愜心无動乱081a
篋	篋	花盒香篋0103a
	篋	函謂函篋011b
	篋	篋184a
竊	竊	又云竊愛爲私也131b
侵	侵	侵也066b
勤	勤	但勤修006a
懃	懃	二懃如意006a
	懃	因懃能以會理008a
寢寑	寢	寢瘇045a
	寢	寢146a
圊	圊	或圊（旁注溷）厠之厠也109
輕	輕	凡輕也庸庸故小也言其輕薄寒微眇小之人耳129b
頃	頃	云俄頃之間也049b
慶	慶	慶慶012a1
	慶	慶慶012a2
	慶	慶慶012b1
	慶	慶慶012b2

（續表）

罄	罄	又罄捨092a
	罄	罄弥094a
	罄	詞罄010a
煢	煢	煢獨羸頓067a
	傡	經文爲惸煢字並同067b
窮	窮	貧窮081a
囚	囚	獄囚080a
曲	曲	狹而修曲曰樓015b
	曲	孔安國注書曰海曲謂之島186b
坦	坦	貴坦蔡反忘也
驅馳	馳	馳012a
	馳	馳驅012b
	馳	或馳上高山161a
渠	渠	字渠宜反020b
	渠	楗渠焉反144b
取	取	上取也086b
趣	趣	菩薩發趣海022b
全	全	至寶王如来性起品金（全）十一品爲第六會098b
權	權	擁權090a
	權	權輿者始也003b
	權	造化權輿003a
勸	勸	勸諸菩薩説与人056a
缺	缺	又爲缺字049b
	缺	川缺捐也048b
	缺	殘缺069a
	缺	缺049a

（續表）

却	却	喜預在先待人来至却来迎候151b
闕	闕	謂闕緣不生所願理也066b
羣	羣	群萌078a
壤	壤	十百千万亿兆垓秭壤溝澗正載矣119b
	壤	從壤已去有三等數 119b
攘	攘	攘 上又爲攘字如羊反野王曰攘謂除去衣袂而出臂也 160b
嬈	嬈	嬈亂069a
	嬈	擾嬈也069b
擾	擾	擾嬈也069b
	擾	擾或云不安静也078b
	擾	擾濁026a
	擾	此乃撓擾之字062b
繞	繞	上超繞反010b
	繞	繞如小反028b
	繞	力鳥反弥也繞也纏也028b
熱	熱	上泠也暑熱也018b
	熱	熱 炎熱189a
人	人	人012a
	人	斯人023a
仞	仞	七仞092A
訒	訒	至上爲訒朷字086b
朷	朷	上爲訒朷字086b
日	日	日012a
日出	𣅳	𣅳032a

附錄一：《新譯華嚴經音義私記》俗字總表

（續表）

肉	肉	又爲胞字在肉部005b
茹	茹	茹 預餘茹反凡事相及曰預也136b
儒	儒	或云儒童也063b
濡	濡	濡 洽濡也濡沾潤也130b
辱	辱	辱 詀辱137a
蓐	蓐	狀蓐095a
褥	褥	亦謂之褥095b
蚋	蚋	蚊蚋1054a
蚋	蚋	蚋如銳反小蚊也104b
睿	睿	睿 上説也説書睿反146b
銳	銳	銳088a
閏	閏	舒閏反073b
潤	潤	又光潤也滋潤也023b
若	若	般若042a
弱	弱	正爲弱字076b
弱	弱	弱 護謂三護亦曰三監女人志弱故藉三護幼小父母護適人大聲護老萬（邁）兒子護178b
臇	臇	下出歲反危也臇也易斷也069b
灑	灑	灑046a
薩	薩	菩薩品第八045b
塞	塞	乃是填塞之填也019b
塞	塞	閟也塞也005B
傘	傘	傘蓋059a
傘	傘	傘 具云婆傘多婆演底也168b
散	散	揚也散也通也明也用也佖也019b

（續表）

散	散	散也諍寂也107b
	散	令一切衆生未曾散乱081a
繖	繖	上与繖同059b
顙	顙	領顙也089b
	顙	領顙（顙）也089b
喪	喪	喪喪012a1
	喪	喪喪012a2
	喪	喪喪012b1
	喪	喪喪012B2
	喪	少喪曰夭也067b
	喪	玩人喪德063b
	喪	注曰以人爲戲弄則喪德063b
澀澁	澁	麁澁044a
	澀	正宜爲澀字045b
僧	僧	僧伽梨043a
刹	刹	一刹那者017a
	刹	俱舍論云廿刹那爲一怛刹那049b
	刹	生死涅槃刹等業105B
煞	煞	正言塢波尼煞曇058b
	煞	謂彼鷲峰亭亭煞止005b
删	删	下音删也011b
善	善	古注云善覺知无二念034b
	善	此四皆以善法精進006a
贍	贍	以贍068a
傷	傷	或從立人者音章傷所以非此經義也032b

附錄一：《新譯華嚴經音義私記》俗字總表

（續表）

上	止	嚬蹙上139a
燒	烧	炎爲睍反燒也014b
奢	奢	怛刹奢云卅也051b
捨	捨	七捨覺支008a
涉	渉	涉險085
設	設	且設數之語也108b
攝	掆	一切文字皆初章所攝100b
欇	掆	欇 驚欇125a
攝	掆	欇 欇又与欇a字同止葉齒涉二反125b
深	涑	我等深知力无畏不共法108b
	溟	視渥浚而水深者爲岸也026b
審	審	諦者云審也095b
腎	腎	腸腎肝脯090a
滲	滲	滲 滲漏187a
升	升	鏦念許升重二反小矛也049b
昇	昇	昇兜率天宮品070a
	昇	昇湏弥品第九053b
牲	牲	上謂分割牲宍也088b
繩	繩	冐謂以繩繋取鳥也051b
勝	朕	能也勝也珍減也018b
	朕	勝 其毛色多黑腨形脯纖長短得所其鹿王最勝故取爲喻也127b
尸	户	矢尸反049b
師	師	文殊師利038a
淫濕	淫	正云摩醯淫伐羅者051b
	淫	淫入反040b

（續表）

淫濕	淫	淫伐羅云自在也051b
	淫	淫 變淫令燥131a
	濕	濕 淫字有作濕者誤也131b
拾	拾	拾 捃拾183a
史	史	史記始皇卅一年十二月更名臘也049b
氏	氏	人皇氏003b
㔫	㔫	衣㔫衣也倭云毛㔫042b
嗜	嗜	嗜色爲婬059b
誓	誓	菩薩誓願海022b
試	試	若云試羅此翻爲玉027b
飾	飾	以玉飾扆謂之玉扆009b
	飾	周礼曰背文曰諷以聲飾之曰誦也045b
	飾	填飾019a
適	適	汝今適得107a
餝	餝	既高曰餝坂031b
螫	螫	螫 此虵最毒螫人必死160b
釋	擇	二釋法覺支008a
	擇	言滅諦自待要須智力擇惑方顯也036b
收	収	五穀不收曰飢饉也046b
才	才	經本作從才支者此乃技藝字也032b
授	授	授記012a
	授	授記045a
壽	壽	菩薩壽量海022b
	壽	年壽之數也086b
	壽	一切衆生爲壽命門092a

（續表）

瘦	瘦	謂容貌瘦損字又爲顇也050b
獸	獸	古岳反獸頭上骨出外也028b
	獸	謂養禽獸之所也076b
書	吉	字書作敊字021b
舒	舒	舒閏反073b
蔬	蔬	蔬饑046b
輸	輸	具云輸達羅108b
	輸	此曰輸圍山也可110b
孰	孰	孰104a
熟	孰	是惟反熟也003b
贖	贖	救贖077a
	贖	曰出金而贖罪也077b
术	朮	淵朮047a
束	束	約束005b
庶	庶	庶衆也品類也095B
數	數	數其滴051a
	數	無央數026a
鑠鑠	鑠	鑠銜149a
帥	師	爲將爲師101a
雙	雙	此云雙也110b
爽	爽	精爽017a
稅	稅	稅094a
睡	睡	睡眠盖003b
楯	楯	楯 縱曰欄橫曰楯143b
	楯	楯 欄楯143a

（續表）

舜	舞	謂繫舜003b
瞚瞬	瞚	正作瞚字073b
	瞬	不瞬073a
説	説	如大迴向經所説076A
私	私	正爲私字鋤也鋤043b
飢	飢	飢 牧莫六反食也飢也146b
嗣	嗣	継嗣也042b
慫	慫	上古文竦慫慫同021b
聳	慫	上古文竦慫慫同021b
誦	誦	諷誦045a
藪	藪	此云斗藪044b
窣	窣	或曰偷波正曰窣堵波045b
	窣	窣 窣120a
蘇	蘇	飡蘇歇反009b
蘇	蘇	通名拘蘇摩071b
俗	俗	西域方俗以十六升爲一升058b
嗉	嗉	嗉 今時俗謂嗉項有約爲嬰節者是也127b
酸	酸	辛酸醎淡081a
	酸	酸劇088a
	酸	酸楚030a
歲	歲	萬八千歲003a
晬	晬	凝晬020a
燧	燧	燧正爲鐆字041b
邃	邃	崇巖邃谷075a
笋	笋	皮重若笋041b

（續表）

損	揁	損敗他形080a
	揁	言由造業損害真實036b
所	所	所以訶問其名也003b
索	素	胃索077a
剔	剔	郎剔反049b
塔	塔	佛塔045a
臺	臺	四方高曰臺狹而修曲曰樓028b
	堂	土臺031b
	薹	尔雅曰四立高曰臺015b
	臺	臺觀031a
泰	泰	泰 其心泰然169a
貪	貪	貪也餮也009b
罩	罩	罩011a
壇	壇	壇埠028a
	壇	壇埠030a
檀	檀	旃檀016a
坦	坦	夷坦020a
	坦	夷坦065a
袒	裎	袒衣也048b
	袒	音訓袒布011b
	裯	袒 偏袒130a
唐	唐	咸字唐音義作感字041b
	唐	唐 逮唐槩反及也123b
濤	濤	波濤040a
藤	藤	藤 藤招159a
	藤	藤 上達曾反如葛血虆爲藤也168b

（續表）

提	提	提婆云天因陁羅云主也惣曰能天主也050a
渧	渧	古經爲渧字051b
體	躰	四皆以善法精進爲躰但勤修006a
	體	體質柔弱041b
	躰	躰 裡字又作躶裸二躰也125b
涕	漃	涕泗咨嗟106a
	涕	涕 涕泗悲注151a
天	瓺	天012a
塡	塡	塡飾019a
殄	殄	克殄018a
	殄	摧殄016a
瑱	瑱	今可爲瑱圭019b
條	條	枝條014a
	條	條 舊經云五卷度爲枝條也140b
聽	聽	聽 阿閦如来聽訟斷獄189a
廷	廷	奴廷反009b
亭	亭	謂彼鷲峰亭亭煞止005b
庭	庭	庭院048a
停	停	暫停027a
	停	停 凝停132a
渟	渟	香水澄渟027a
統	統	統領068a
偸	偸	偸盗102a
徒	徒	徒旅049a
塗	塗	畏塗017a
圖	圖	圖書105a
	圖	圖 圖書印璽140a

（續表）

土	主	率土094a
吐	吐	下胎吐来反婦孕四日而胎又一月也066b
	吐	吐025a
剭	剭	又爲剭同徒官反080b
	剭	搏又爲剭076b
	剭	搏又爲剭078b
退	退	退 下正爲退字150a
	危	下正爲退字150b
臀髖	髖	髖 左髖127a
駄	駄	迦畺駄反058b
瓦	瓦	未燒瓦樸也037b
	瓦	胡瓦盧果二反087b
忨	忨	貪愛爲忨也063b
貦	貦	字又作貦妧兩體063b
頑	頑	頑毒075a
宛	宛	宛 右旋宛轉126a
万萬	万	万万字012a2
	万	万万字012a
	万	上万告反037b
	万	a 万a万b万c072a
	万	b 万a万b万c072b
	万	c 万a万b万c072b
	万	万 万字126a
	万	如万字之字万028a
茫	茫	芒正爲茫字041b
网網	冈	网均017a

（續表）

网網	網	罥網051a
妾	妾	川弥豆乃阿和下妾也050b
	妾	防浮妾訓布世久094b
忘	忘	上音忘无也1017b
望	望	冀望065a
	望	望冀也010b
	望	謂日实出處望此爲言毗勝也037b
	望	望 上音奇訓望也127b
危	危	危脆069a
微	微	下芥子又微也009b
	微	徽纆148a
魏	魏	魏牛威反高大也078b
唯	唯	此虵最毒螫人必死唯此旃檀能治故以爲名耳160b
圍	圍	圍苑103a
違	違	距違也鳥足著安後延051b
闈	闈	盜入官闈174a
偉	偉	偉哉055a
猥	猥	謂容貌猥惡也043b
慰	慰	慰安017a
謂	謂	謂繫舜003b
蚋	蚋	蚊蚋104a
倭	倭	倭云於乃067b
沃	沃	油沃088a
	沃	耨如沃反035b
	沃	良沃田074a

（續表）

洿	洿	謂聚雨水爲洿潦也107b
武	武	下居肇反武皀044b
塢	塢	正言塢波尼煞曇058b
机	机	瓦礫荆棘株机176a
物	物	拘物頭031a
務	務	念務107a
寤	寤	覺寤107a
	寤	寤寤038a
	寤	居交反寤也107b
霧	霧	霧煙075A
鶯	鶯	綺如川鶯019a
昔	昔	昔者封太山003b
	昔	猶往久古昔也016b
	昔	猶往久古昔也108b
悉	悉	寶悉底迦071a
	悉	悉將永訣088a
	悉	悉發026a
	悉	悉苦無味169a
惜	惜	惜悋069a
醯	醯	摩醯此云大也051b
	醯	正云摩醯溼伐羅者051b
	醯	魔醯首羅099b
	醯	摩醯顙羅051a
席廗	席	又廗也095b
習	習	川飾也補也習也長也025b

（續表）

隰	隰	或本爲隰字041b
徙	徙	徙置139a
	徙	徙仙紫反移也139b
喜	喜	一歡喜地099b
	喜	四喜覺支008a
璽	璽	印璽105a
	璽	圖書印璽140a
係	係	上作繫继字今作係094b
戲	戲	戲笑038a
	戲	嬉戲135a
狹	狹	狹閣154a
遐	遐	遐暢015a
瑕	瑕	瑕玷060a
	瑕	瑕點101a
夏	夏	此虞夏之制也163b
纖	纖	纖芥009a
醎	醎	辛酸醎淡081b
險	險	涉險085a
羨	羨	羨欲044a
獻	獻	上獻也066b
	獻	獻睬009a
香	香	香氣發越071a
祥	祥	上忠平反祥也009b
嚮響	嚮	七如嚮忍111b
	響	七如響忍117b

附錄一：《新譯華嚴經音義私記》俗字總表 707

（續表）

象	鳥	釋提桓因有象王050a
	象	龜龍繫象003a
	鸖	南面恒伽河從銀象口中流出其沙是金剛115b
	鳥	今此力士力如龍象故其名耳187b
	鳥	此云龍亦云象187b
宵	宵	宵174a
笑	笑	微笑098a
	笑	戲笑038a
	笑	熙哈微笑125a
楔	楔	楔187a
歇	歇	下於歇反047b
邪	耶	耶魔之道108a
愶	愶	上牽愶反046b
斜	斜	斜曲044a
邪	耶	又爲耶字同耶僻也044b
寫	寫	洪大也併急寫水爲曰霍也131b
械	械	杻械枷鎖087a
懈	懈	匪懈065a
	懈	懈惰093a
	懈	於懈反010b
薢	薢	音耕薢反048b
辛	辛	辛酸醎淡081a
欣	欣	十種大欣慰舊云十種大正悕望134b
豐	豐	求其罪豐139a
星	○	星012a

（續表）

興	興	興興覺學023a
形	形	倮形048a
匈	匈	又匈字胷膺也016b
胷胸	胷	又匈字胷膺也016b
	胷	肒字胸滿也016b
休	休	休吉也106b
	休	休善慶也106b
	休	身相休咎105a
修	修	但勤修006a
	修	净修大願之所026B
	修	狭而修曲曰樓015b
脩	脩	脩098a
	脩	阿脩羅手075a
袖	袖	又袖也042b
䑛	䑛	䑛098a
虛	虛	今謂花嚴法門量同大虛也008b
須	湏	湏弥012b
嘘	嘘	口嘘109a
歔	歔	超沙漠来歸歔也009b
鬚	鬚	花鬚頭墨也023b
	鬚	鬚髻023a
湑	湑	淪湑106a
岬	岬	振岬146a
恤	恤	上數禹反慰也安也恤也恤160b
洫	洫	洫許域反所以通水於川廣深各八尺也

（續表）

軒	軒	軒檻078a
旋	旋	右旋似之089a
袨	袨	袨服086a
血	血	女鞠反鼻出血也049b
烕	烕	忍寂烕003b
譃	譃	下魚譃反灾也094b
旬	旬	半由旬量113a
循	侑	上字正爲循字詳倫反巡也104b
	備	互循025a
	脩	循身觀104a
訓	爪	矜音興訓068a
	訊	矜音興訓慇也068a
	爪	音最川（訓）久太久016b
牙	牙	銛白牙齒090a
厓	涯	視潓浚而水深者爲岸也026b
	厓	畔蒲舘反厓也厓又田界也152b
崖	崖	又爲崖字046b
涯	涯	无涯046a
雅	雅	雅032a
	雅	雅領反089b
亞	亞	下邊亞反027b
煙	煙	霧煙075a
延	延	樓閣延袤071a
	延	訓延也011b
	延	音流雖反具布延072b
	延	那羅延122a

（續表）

言	言	正言旃彈那026b
鹽塩	塩	歛且廉反七塩反023b
	塩	塩 恬田塩反079b
閻	閻	天下閻浮提中054b
巘	巘	又作巘字魚偃反峯也163b
衍	衍	摩訶衍那045a
尭	尭	尭 瑜稠反060b
偃	偃	又作巘字魚偃反峯也謂山形如累重甑也甑163b
	偃	寢音針訓偃卧眠也162b
演	演	上弥演反010b
	演	演暢045a
䱇	䱇	下胡䱇反078b
瞰	瞰	櫳檻力東胡瞰反075B
宴	宴	恬然宴寂079a
晏	晏	海晏009a
猒	猒	猒019a
燄焰	燄	四燄慧地099b
	燄	燄099b眉批
	燄	令過尔燄海183a
	燄	下市燄反足也146b
燕	燕	徑牛耕牛燕二反050b
央	央	十地品第八無央107b
	央	央數也音映026b
	央	訓珠蕺曰斬首一名爲級也無央央盡也135b
仰	仰	率土咸戴仰041a

（續表）

養	養	謂養禽獸之所也076b
夭	夭	下居夭反044b
	夭	或爲夭字非旨067b
妖	妖	妖074a
祆	祆	灾怪者爲祆074b
堯	堯	堯有神龜負圖003b
搖	搖	搖又爲搖字154b
毃	毃	補毃反005b
藥	藥	二同藥師047b
	藥	阿揭陁藥040a
椰	椰	椰子186a
噎	噎	哽噎183a
葉	葉	迢葉弥羅122a
	葉	莖業（葉）116a
瑿翳	瑿	醫瑿047a
	翳	醫瑿047a
夷	夷	傳四夷之語也003b
	夷	又爲夷字与脂反020b
	夷	夷坦020a
宜	宜	下宜佳反046b
	宜	巨作宜距086b
痍	痍	上又薄蘭反痕也痍也138b
疑	疑	山疑然住110a
遺	遺	无遺匱匱024a1
嶷	嶷	嶷魚其反110b

（續表）

已	已	一已生惡方便令斷006a
亦	亦	亦爲包005b
役	役	睥役反044b
	役	童僕云役使也080b
抑	抑	抑縱057a
易	易	易曰乾003b
挹	挹	挹010a
益	益	祐益103a
	益	謂增益也011b
逸	逸	如阿逸多菩薩088a
義	義	音義爲騺无羽反乱也019b
	義	漢書音義曰都城也124b
裔	裔	採緣豆仙之苗裔也144b
瞳	瞳	雲瞳040a
翳	翳	翳膜059a
臆	臆	亦爲臆字在骨部016b
藝	藝	六藝也032b
	藝	技藝032a
	藝	技藝105a
譯	譯	譯003a
	譯	舊譯華嚴經013a
	譯	類取四方譯傳003b
因	因	因懃能以會理008a
	因	因謂心所不決爲猶預也151b
音	音	姓也普（音）盈067b

附錄一：《新譯華嚴經音義私記》俗字總表　　　　　713

（續表）

陰	陰	謂陰陽未分共同一氣之貌也008b
	陰	馬陰藏相092a
	陰	陰陽變化003b
蔭	蔭	溥蔭萬方080a
	蔭	蔭017a
婬	婬	耶婬102a
	婬	耶婬（婬）102（旁注字）
斷	斷	川如斷也会230a
引	引	逢迎引納091a
隱	隱	上居力反隱也037b
	隱	言苦諦隱藏煩惱過慮也037b
	隱	馬陰隱不見相092a
印	印	破印036a
胤	胤	下於胤反036b
垔	垔	垔026a
櫺	櫺	屋櫺也020b
嬰	嬰	身嬰067a
	嬰	長嬰疾苦134a
瓔	瓔	經本有作瓔珞二字014a
迎	迎	奉迎010a
	迎	謂逆迎之引入住處也091b
	迎	逢迎引納091a
	迎	迎接（旁注字）151a
	迎	迎接151a
盈	盈	音（普）盈067b

（續表）

盈	盈	自盈其手183a
熒	瑩	熒燭015a
瑩	瑩	廣雅曰瑩摩也015b
蠅	蠅	蚊蚋虻蠅104a
	蠅	蠅又爲蠅a字104b
	蠅	蠅又爲蠅字104b
影	影	接影087a
	影	萃影014a
映暎	暎	央音映訓數也書也107b
	映	暎映026a
	暎	暎徹072a
	暎	暎映026a
	暎	相庇暎021a
庸	庸	樂近凡庸129a
傭	膒	得傭091A
	傭	或本爲傭字非此所用耳091b
	傭	傭作182a
雍月	𧓱	蔡雍月令曰虹蠀蝀也138b（二字合文）
擁	擁	擁權089a
永	永	悉將永訣088a
勇	勇	或經爲從天者直也勇也正也044b
疣	疣	無有瘡疣138a
猶	猶	猶往久古昔也016b
友	𠬞	友友085a
	𠬞	善友116a

（續表）

牖	牖	戶牖015a
	牖	戶牖023a
	牖	窗牖078a
又	又	又爲溺字003b
幼	幼	童幼迷瞥也又癡也129b
	幼	童幼迷昏也又癡也蒙懞也云蒙昧幼b小之像也又昌也129b
迶	迶	斯乃流迶日久輒難懲改也068b
于	于	上于月反011b
臾	臾	須臾049a
魚	魚	嶷魚其反110b
瑜	瑜	云瑜乾者此云雙也110b
	瑜	具云瑜乾馱羅110b
虞	虞	刖具虞反141b
漁	漁	大篆字又作漁183b
	漁	聲類作漁漁二體183b
	漁	聲類作漁漁二體183b
覦	覦	窺覦010a
踰	踰	光踰曒日087a
輿	輿	造化權輿003a
与	与	能与神足通008a
宇	宇	棟宇143a
庾	庾	下庾俱反望異也010b
域	域	洫許域反所以通水於川廣深各八尺也168b
欲	欲	隨順離欲寂静行051a
喻	喻	此俞佛身也011b

（續表）

喻	爺	澍字之喻反霆灌也103b
	爺	踰，越也音喻019b
御	御	牽御085a
	御	臨御079a
	御	馭即古之御字085b
馭	馭	駕馭085a
愈	愈	病愈謂云蠋也019b
預	預	上獨也預憐也068b
	預	杜預曰以麻約髮也015b
豫	豫	悦豫073a
	豫	悦豫158a
禦	禦	禦扞179a
鬻	鬻	謂陳貨粥鬻物也鬻150b
	鬻	謂陳貨粥鬻物也（鬻字分寫）150b
爵	爵	爵單越038a
淵	淵	淵朮047a
原	原	川原156a
員	員	院音員川町也049b
園	園	園圃043a
圓	圓	或名圓滿月等033b
緣	緣	云因緣然有三類069b
苑	苑	兼名苑云039b
	苑	名花（苑）曰076b
	苑	園苑103a

（續表）

苑	苑	慧苑003b
	苑	似此方楸樹也然甚有香氣其花紫色也154b
怨	悉	上渠尤反雔也怨也036b
	悉	下音怨103b
院	院	具云僧伽羅摩言僧伽者此云眾也羅摩院也180b
願	頋	願詞也009b
曰	月	方言月（曰）謂逢逆迎也091b
約	約	約束005b
月	㐫	月012a
	㐫	月015a
膶	瞤	膶纖127a
悅	忧	悅豫073a
鑰	籥	又作鑰鑰035b1
	諭	又作鑰鑰035b2
	鑰	開鑰035a
越	越	欝單越038a
	越	香季發越071a
粵	粤	粵以011a
蒀	蒀	或作芬蒀020b
圓	因	方圓（圓）三万里076b
耘	私	不籍耕耘而生稻粱170a
氳	氳	氛氳020a 氤氳上符云反下於云反028a
雜	雜	古文為徒賢反雜也均也103b
	雜	廁側冀反雜也間也次也103b

（續表）

雜	雜	玉所雜飾也020b
	雜	相雜雨052a
哉	哉	偉哉055a
宰	宰	城邑宰官等032a
載	載	載012a1
	載	載載012a2
	載	載1載2 158a
	載	載1載2 158a
再	再	謂道高且堅都无際限再仰高再鑽益堅059b
	再	重再也109b
暫蹔	暫	无暫已025a暫尒095a
	蹔	暫又爲蹔字025b
讚	讚	删音讚訓波夫久011b
	讚	舊名兜率天宮菩薩雩集讚佛品070b
遭	遭	遭012b
	遭	遭遭012a1
	遭	遭遭012a2
	遭	遭168a
	遭	遭a遭b128a
	遭	遭遭b128a
鑿	鑿	穿鑿132a
早	早	顧野王曰俗謂豫早爲之也179b
擇	擇	擇滅涅槃066b
澤	澤	混胡本反字又作澤也008a
	澤	陂澤043a

（續表）

譖	譖	皆也咸也約也譖也018b
增	增	十力善根於中增長092a
	增	增長有力008a
甗	甗	甗
甗	甗	巖峯也，謂山形如累重甗也。甗163b
宅	宅	滴音宅川都飞摩酯天芋知丙（雨）數也051b
窄	窄	迫窄165a
旃	旃	旃檀026a
氈	氈	今別有厚氈衣095b
瞻	瞻	上移瞻反014b
	瞻	瞻120a
展	展	入住展轉次修習者100b
	展	頻急也申展也謂申展四躰之物急所以解於勞倦故曰頻申也143b
戰	戰	視戰反011b
張	張	夫驚之者皆心舉眼張耳竪口開故云起也037b
章	章	一切文字皆初章所攝100b
	章	或從立人者音章傷反害也非此經義也032b
彰	彰	彰施071a
仗	仗	風俗記曰仗者刀戟之物名也016b
帳	帳	頻婆帳070a
障	障	障出離故也036b
沼	沼	沼之鐃反115b
召	召	召召召032a2
	召	召召召032a3
兆	兆	若依下等當此兆也031b

（續表）

照	昭	照012a
肇肇	砕	肇硇010a
	肇	下居肇反044b
遮	遮	毗盧遮那品031a
	遮	謂遮止030b
珍	珎	珍饌049a
真	貞	真012a
禎	禎	殊禎009a
臻	臻	已臻038a
	臻	時臻而歲洽009a
	臻	臻至也009b
疹	疢	謂帶疹疾如物之纏繞人也067b
抲	抲	詠又爲辰抲字同本又作賑之忍反富也又隱賑也146b
振	振	普振022a 名振天下079a
	振	震振051a 振之刃反079b
	振	振岬146a
賑	賑	振又爲辰抲字同本又作賑之忍反富也146b
震	震	震振051a
拯	拯	拯049a
	拯	拯濟151a
整	整	毛诗傳曰有截整齊也003b
正	正	五正命008a
	正	有十心正直心柔耎心102b
	正	正012a
	正	正正012b1
	正	正正012b2

（續表）

鄭	鄭	鄭注周礼曰詛謂祝俠其敗露也181b
	鄥	鄭箋詩曰令教令也171b
證	䜷	證012a1
	䜸	證012a2
	䜸䜸	證證032a1
	䜷䜷	證證032a2
支	攴	七覺支者008a
枝	枝	枝條014a
祇	秖	具如下阿僧祇品處并也031b
胝	胝	正云僧揭胝043b
脂	晑	字与脂反020b
	晑	怡与脂反125b
直	直	仗直亮反016b
	直	直由反065b
	直	馳直知反103b
值	值	遭字遭值也128b
植	植	植堅060a
職	職	使也從也職也017b
止	止	古奪反止也005b
	止	止止032a2
旨	旨	非今旨050b
咫	咫	八寸曰咫113b
指	指	又曰撫指摸索之也103b
	指	得安布指092a
紙	紙	千三百十八紙013a
紙	紙	終六紙033b

（續表）

酯	酯	川都飞摩酯天051b
伎	伎	音枝伎之跂反伎也032b
制	制	不非先制066a
	制	又制也032b
陟	陟	磋字陟林反的088b
置	置	且置058a
	置	架謂置物在高懸虛之上也009b
	置	置著也謂安著於其藏中也054b
	置	徙置139a
製	製	製 003a
質	質	體質柔弱041b
	質	能見外一切諸質之影也071b
緻	緻	密緻髮089a
穉	穉	下与穉字同041b
終	終	古經第六卷終文045b
鐘	鐘	經有從皮者鐘鼓字也125b
衆	衆	度脱化衆生119a
	衆	舊經云若見衆生殘害不仁092b
州	州	幽州人謂頷爲鄂089b
舣	舣	又爲橃舣字048b
洲	洲	此云洲謂香山阿耨池南有大樹者037b
軸	軸	令修復軸表紙付本
肘	肘	肘張柳反云比地157b
咒	咒	邊咒語咒047a
胄	胄	甲胄075a
	鈾	与鈾軸字同044b1

（續表）

胄	軸	与鈾軸字同044b2
	冑	廣雅曰胄兜鍪也044b
晝	晝	卅須臾爲一晝夜也049b
皺	皺	言人有憂愁則皺撮眉領鼻目皆相促近也139b
牆	牆	牆字籀文028b
株	株	瓦礫荆棘株杌176a
属	属	繼属012a
煮	煮	煎煮030a
囑	囑	付囑077a
矚	矚	瞩019a
注	住	劉兆住（注）儀禮曰015b
	住	古住云善覺知无二念034b
貯	貯	貯（貯）185a
築	築	或云築土爲壇除地爲墠028b
	築	築廧之板也041b
霍	霍	所霍103a
轉	轉	不可轉法034a
篆	篆	大篆字又作漁聲183b
莊	莊	上莊也014b
	莊	莊嚴巨麗085a
	莊	莊瑩023a
幢幢	憧	半金剛幢菩薩迴向品074b
	憧	本名金剛幢菩薩迴向品070b
墜	墜	淪墜017a
綴	綴	亦連綴不絕也094b
贅	贅	疣有鳩反腫也贅也138b

（續表）

均	均	网均017a
酌	酌	因入反酌水也010b
攉	攉	聳攉098a
呰	呰	毀呰048a
秭	秭	中等者秭也031b
	秭	秭上等者溝也031b
	秭	兆京垓秭壤溝澗正載矣119b
紫	紫	有木白紫等外國香木也026b
蔆	蔆	其形似蔆櫚樹097b
梭	梭	形如此方梭櫚樹153b
	梭	多羅樹似此方梭櫚樹然西域者其高例十丈餘171b
摠	摠	上他宋反摠也理治也042b
縱	縱	抑縱057a
蔌	蔌	珠蔌曰深青之色038b
埤	埤	繞城往往別築迫埤土堂021b
足	足	而言足者008a
族	族	此云農業種族也108b
俎	俎	上又爲俎字026b
祖	祖	上音祖（租）102b
詛	詛	咒詛181a
鑽	鑽	鑽燧041a
纂	纂	纂在上曰帳在旁曰帷030b
	纂	何承纂要113b
最	最	十八天中此最終極也073b
罪	罪	衆罪由生092a
叢	叢	華叢（叢）022a

附錄一：《新譯華嚴經音義私記》俗字總表

（續表）

醉	醉	徐醉反041b
	醉	疾醉反傷也050b
	醉	萃徐醉反032b
鑷	鑷	玉篇曰鑷謂拔去睫髮也185b
尊	尊	尊卑上下003b
	尊	言光明者世尊所放兩足之光明034b
遵	遵	遵亦爲遵086b
佐	佐	古經云鬼神邊地語佐比豆利047b
坐	坐	儼然坐023a
座	座	此殿置普光明藏師子之座054b

附錄二：《法華經單字》辭目字俗字表

幾點說明

一、本表爲《保延二年本寫　法華經單字》的辭目字俗字表。所用版本爲古辭書刊行會昭和四十八年（1973）影印本。本表分三欄，第一欄爲正字或釋字。第二欄爲影印件原字。第三欄爲該字出處，根據《法華經單字》所標《法華經》之品目。另外，此表還收録《單字》正文末尾所附的《無量義經》音義中的俗字内容。出處以"無量義經"標出。只録辭目字，不出其他釋文。

二、本表所摘俗字，係字形與傳統習稱"正字"者有不同者，其中包括部分借字。但有些或因書手書寫風格，或由筆畫牽引等引起的細微差異者，未被收録。

三、因影印原文字形有大小，本表摘出後雖作過統一處理，但無法完全大小一致，因而有損於劃一美觀，望能見諒。另外，因是寫本，且爲手工作業，定有漏收，難以爲"全"，亦請諒解。

哀	衷	授記品
愛	愛	方便品
靉	靉	藥草品
礙礙	礙	方便品
	礙	弟子品
隘	隘	法師功德品
岸	岸	序品
嗥	皋	譬喻品
拔	拔	譬喻品

（續表）

跋	跋	序品
拜	拜	方便品
般	般	序品
雹	雹	觀音品
薄	薄	序品
飽	飽	譬喻品
報	報	序品
暴	暴	安樂行品
爆	爆	譬喻品
卑	卑	安樂品
備	備	方便品
輩	輩	方便品
本	本	序品
坌	坌	信解品
逼	逼	方便品
鼻	鼻	序品
俾	俾	序品
筆	筆	方便品
婢	婢	序品
必	必	序品
畢	畢	序品
閉	閉	安樂品
蔽	蔽	方便品
弊	弊	譬喻品

（續表）

壁	〔壁〕	譬喻品
陛	〔陛〕	譬喻品
臂	〔臂〕	藥王品
避	〔避〕	不輕品
躄	〔躄〕	譬喻品
	〔躃〕	信解品
鄙	〔鄙〕	信解品
鞞	〔鞞〕	譬喻品
邊	〔邊〕	序品
扁	〔扁〕	隨喜品
辦	〔辦〕	化城品
辯	〔辯〕	序品
變	〔變〕	序品
別	〔別〕	序品
賓	〔賓〕	序品
償	〔償〕	譬喻品
擯	〔擯〕	勸持品
稟	〔稟〕	藥草品
鉢	〔鉢〕	序品
餑	〔餑〕	譬喻品
搏	〔搏〕	譬喻品
簸	〔簸〕	陀羅尼品
殘	〔殘〕	譬喻品
曾	〔曾〕	序品

附錄二：《法華經單字》辭目字俗字表　　729

（續表）

叉	叉	序品
察	察	序品
差	差	方便品
刹	剎	方便品
纏	纏	藥王品
禪	禪	序品
闡	闡	提婆品
嘗	嘗	序品
塲	塲	序品
超	超	化城品
坼	坼	譬喻品
徹	徹	無量義經
塵	塵	信解品
沈	沉	方便品
稱	稱	序品
承	承	譬喻品
騁	騁	信解品
絺	絺	序品
癡	癡	序品
魑	魑	譬喻品
勅	勅	信解品
褫	褫	譬喻品
充	充	序品
蟲	蟲	譬喻品
	蟲	譬喻品

（續表）

杻	杻	觀音品
籌	籌	譬喻品
醜	醜	序品
臭	臭	譬喻品
初	初	序品
除	除	序品
處	處	序品
椽	椽	譬喻品
牀	牀	信解品
垂	垂	方便品
捶	捶	序品
搥	搥	提婆品
淳	淳	寶塔品
純	純	序品
脣	脣	隨喜品
膞	膞	無量義經
疵	疵	方便品
慈	慈	序品
辭	辭	方便品
此	此	序品
從	從	序品
聰	聰	化城品
叢	叢	藥草品
麁	麁	譬喻品
麤	麤	譬喻品

附錄二：《法華經單字》辭目字俗字表　　731

（續表）

悴	悴	信解品
撮	撮	譬喻品
蹉	蹉	序品
矬	矬	譬喻品
答	荅	序品
逮	逮	序品
靆	靆	藥草品
丹	丹	譬喻品
單	單	踊出品
亶	亶	陀羅尼品
旦	旦	信解品
但	佀	方便品
憺	憺	化城品
擔	擔	法師品
黮	黮	譬喻品
擣	擣	壽量品
蹈	蹈	人記品
稻	稻	方便品
等	等	序品
低	低	方便品
滴	滴	藥草品
敵	敵	藥王品
底	底	陀羅尼品
地	地	普賢品
弟	弟	序品

（續表）

第	第	序品
顛	顛	安樂品
點	點	序品
	點	化城品
殿	殿	序品
彫	彫	方便品
定	定	序品
動	動	序品
兜	兜	藥王品
度	度	序品
段	段	觀音品
斷	斷	序品
蹲	蹲	譬喻品
鈍	鈍	方便品
楯	楯	序品
頓	頓	譬喻品
奪	奪	陀羅尼品
埵	埵	譬喻品
惰	惰	安樂品
	惰	普賢品
墮	墮	序品
厄	厄	觀音品
惡	惡	序品
愕	愕	信解品
爾	尒	序品
兒	兒	信解品

（續表）

發	簽	序品
髮	髮	序品
幡	憣	序品
坊	坊	分別功德品
肥	肥	譬喻品
廢	瘲	序品
紛	紛	分別功德品
糞	糞	信解品
奮	奮	踊出品
峯	峯	觀音品
豐	豐	譬喻品
敷	敷	序品
膚	膚	譬喻品
	膚	無量義經
匐	匐	分別功德品
佛	佛	序品
弗	弗	序品
拂	拂	信解品
服	服	序品
颰	颰	序品
福	福	序品
輻	輻	無量義經
復	復	序品
縛	縛	方便品
覆	覆	譬喻品

（續表）

负	負	譬喻品
姟	姟	化城品
改	改	序品
蓋	蓋	序品
剛	剛	序品
高	高	序品
皐	皐	陀羅尼品
槁	槁	藥草品
祴	祴	譬喻品
功	功	方便品
躬	躬	信解品
恭	恭	序品
供	供	序品
溝	溝	弟子品
狗	狗	譬喻品
垢	垢	方便品
孤	孤	壽量品
罣	罣	法師品
鼓	鼓	序品
穀	穀	藥草品
寡	寡	安樂品
怪	怪	信解品
觀	觀	序品
關	關	寶塔品
灌	灌	人記品

（續表）

光	光	序品
瑰	瑰	方便品
龜	龜	嚴王品
歸	歸	序品
鬼	鬼	序品
桂	桂	法師功德品
跪	跪	壽量品
	跪	無量義經
郭	郭	化城品
過	過	序品
害	害	譬喻品
漢	漢	序品
毫	毫	序品
壑	壑	弟子品
恒	恒	序品
弘	弘	信解品
睺	睺	序品
篌	篌	方便品
後	後	序品
虎	虎	信解品
護	護	序品
花	花	序品
華	華	序品
懷	懷	序品
壞	壞	化城品

（續表）

歡	歡	序品
還	還	譬喻品
喚	喚	譬喻品
荒	荒	無量義經
迴	迴	序品
毀	毀	譬喻品
慧	慧	序品
會	會	序品
卉	卉	藥草品
穢	穢	譬喻品
或	或	序品
惑	惑	方便品
獲	獲	譬喻品
基	基	譬喻品
雞	雞	安樂品
擊	擊	序品
急	急	譬喻品
棘	棘	授記品
齎	齎	寶塔品
	齎	觀音品
籍	籍	譬喻品
幾	幾	提婆品
伎	伎	序品
嫉	嫉	方便品
記	記	序品

(續表)

紀	紀	壽量品
際	際	序品
濟	濟	序品
鱭	鱭	譬喻品
冀	冀	法師品
繼	継	序品
髻	髻	安樂品
佳	佳	方便品
假	假	方便品
堅	堅	序品
揵	揵	序品
兼	兼	分別功德品
艱	艱	弟子品
檢	检	妙音品
健	健	提婆品
將	將	方便品
講	講	序品
交	交	序品
絞	絞	譬喻品
憍	憍	序品
膠	膠	方便品
角	角	方便品
校	校	方便品
叫	叫	譬喻品
偈	偈	序品

（續表）

拮	㨗	序品
劫	刧	序品
潔	潔	譬喻品
竭	蝎	譬喻品
睞	睞	無量義經
解	解	序品
界	界	序品
戒	戒	序品
今	今	序品
矜	矜	方便品
筋	筋	譬喻品
筋	筋	無量義經
緊	緊	序品
禁	禁	分別功德品
盡	盡	序品
盡	盡	方便品
觀	觀	藥草品
莖	莖	藥草品
經	経	序品
逕	逕	提婆品
頸	頸	譬喻品
靜	靜	序品
就	就	方便品
舊	舊	神力品

（續表）

鷲	鷲	譬喻品
咀	咀	譬喻品
拘	拘	序品
舉	舉	方便品
聚	聚	方便品
劇	劇	譬喻品
捐	捐	提婆品
躅	躅	信解品
絕	絕	譬喻品
決	決	序品
覺	覺	序品
嚼	嚼	譬喻品
欬	欬	神力品
堪	堪	方便品
龕	龕	寶塔品
看	看	譬喻品
糠	糠	方便品
渴	渴	譬喻品
尅	尅	譬喻品
刻	刻	方便品
克	克	序品
坑	坑	方便品
空	空	序品
恐	恐	譬喻品
哭	哭	法師功德品
快	快	序品

（續表）

膾	膾	安樂品
魁	魁	安樂品
窺	窺	譬喻品
匱	匱	譬喻品
愧	愧	方便品
鑛	鑛	方便品
睞	睞	普賢品
藍	藍	陀羅尼品
嬾	嬾	安樂品
攬	攬	藥草品
牢	牢	隨喜品
老	老	序品
樂	樂	序品
勒	勒	序品
羸	羸	譬喻品
冷	冷	信解品
釐	釐	譬喻品
裏	裏	弟子品
戾	戾	隨喜品
隸	隸	陀羅尼品
礫	礫	授記品
憐	憐	譬喻品
練	練	勸持品
戀	戀	譬喻品
涼	涼	藥草品

附錄二：《法華經單字》辭目字俗字表　　741

（續表）

梁	梁	譬喻品
蜋	蜋	譬喻品
兩	兩	方便品
魎	魎	譬喻品
獵	獵	安樂品
隣	隣	寶塔品
臨	臨	信解品
恡	恡	信解品
陵	陵	序品
靈	靈	提婆品
流	流	序品
	流	信解品
留	㽞	弟子品
瑠	瑠	序品
龍	龍	序品
盧	盧	陀羅尼品
樓	樓	序品
鹿	鹿	譬喻品
爐	爐	分別功德品
露	露	序品
陸	陸	藥王品
螺	螺	序品
蔙	蔙	提婆品
戀	戀	譬喻品
卵	卵	隨喜品

（續表）

邏	邏	陀羅尼品
驢	驢	譬喻品
履	履	陀羅尼品
慮	慮	方便品
律	律	安樂品
馬	馬	序品
罵	罵	序品
滿	滿	序品
曼	曼	序品
慢	慢	序品
蔓	蔓	譬喻品
縵	縵	無量義經
盲	盲	方便品
蟒	蟒	譬喻品
蚕	蚕	無量義經
犛	犛	方便品
茂	茂	序品
貿	貿	弟子品
貌	貌	序品
	貌	序品
眉	眉	序品
美	美	序品
魅	魅	譬喻品
萌	萌	化城品

附錄二：《法華經單字》辭目字俗字表　　743

（續表）

彌	弥	序品
	弥	陀羅尼品
密	密	信解品
蜜	蜜	序品
榓	榓	方便品
眠	眠	序品
麪	麪	信解品
滅	滅	序品
蔑	蔑	安樂品
民	民	序品
	民	譬喻品
明	明	序品
冥	冥	方便品
謬	謬	壽量品
没	没	方便品
慕	慕	安樂品
默	默	序品
墨	墨	化城品
納	納	化城品
那	那	序品
男	男	序品
難	難	序品
蟯	蟯	方便品
腦	腦	提婆品
惱	惱	序品
磠	磠	序品

（續表）

鬧	閙	提婆品
能	能	序品
尼	尼	序品
泥	泥	方便品
	泥	譬喻品
	泥	陀羅尼品
抳	抳	陀羅尼品
逆	逆	譬喻品
膩	膩	信解品
念	念	序品
涅	涅	序品
齧	齧	譬喻品
寧	寧	方便品
凝	凝	無量義經
膿	膿	普賢品
耨	耨	序品
齉	齉	序品
暖	暖	信解品
漚	漚	陀羅尼品
槃	槃	序品
泡	泡	隨喜品
圮	圮	譬喻品
瓫	瓫	信解品
燂	燂	譬喻品
辟	辟	序品
譬	譬	方便品

附錄二：《法華經單字》辭目字俗字表　　745

（續表）

頻	頻	序品
瓶	瓶	藥王品
俾	俾	信解品
珀	魄	信解品
撲	撲	譬喻品
僕	僕	譬喻品
葡	葡	藥草品
奇	奇	譬喻品
岐	岐	方便品
齊	齊	嚴王品
耆	耆	序品
稽	稽	化城品
起	起	序品
乞	乞	安樂品
啓	啓	提婆品
泣	泣	序品
棄	棄	序品
器	器	信解品
牽	牽	信解品
鉛	鈆	方便品
慳	慳	方便品
謙	謙	功德品
騫	騫	序品
乾	乾	序品
淺	淺	譬喻品
蜕	蜕	譬喻品

（續表）

强	強	譬喻品
墻	墻	譬喻品
憔	憔	信解品
竊	竊	譬喻品
切	切	序品
勤	勤	序品
慇	慇	方便品
輕	輕	譬喻品
傾	傾	譬喻品
磬	磬	神力品
囚	囚	信解品
曲	曲	方便品
軀	軀	譬喻品
渠	渠	化城品
碌	碌	序品
權	權	化城品
勸	勸	信解品
缺	缺	序品
讓	讓	提婆品
嬈	嬈	譬喻品
饒	饒	序品
遶	遶	序品
熱	熱	譬喻品
容	容	寶塔品
柔	柔	序品
肉	肉	序品

附錄二:《法華經單字》辭目字俗字表　　747

（續表）

濡	濡	序品
辱	辱	序品
蓐	蓐	譬喻品
軟	輭	序品
	㠰	無量義經
銳	銳	譬喻品
若	若	序品
弱	弱	化城品
灑	灑	信解品
薩	薩	序品
塞	塞	序品
散	散	序品
桑	桑	陀羅尼品
喪	喪	壽量品
色	色	序品
瑟	瑟	法師功德品
澁澀	澀	隨喜品
僧	僧	序品
駛	駛	譬喻品
殺	殺	信解品
煞	煞	安樂品
羶	羶	陀羅尼品
珊	珊	序品
善	善	序品
饍	饍	序品

（續表）

賞	賞	安樂品
燒	燒	譬喻品
賒	賒	陀羅尼品
蛇	蛇	譬喻品
舍	舍	序品
捨	捨	序品
設	設	方便品
攝	攝	序品
深	深	序品
審	審	信解品
昇	昇	化城品
聲	聲	序品
繩	繩	譬喻品
勝	勝	序品
盛	盛	序品
失	失	序品
施	施	序品
師	師	序品
氏	氏	壽量品
飾	飾	譬喻品
適	適	序品
勢	勢	序品
誓	誓	方便品
釋	釋	序品
收	收	藥王品

附錄二:《法華經單字》辭目字俗字表 749

（續表）

壽	壽	譬喻品
獸	獸	譬喻品
輸	輸	序品
舒	舒	無量義經
疏	疏	信解品
蔬	蔬	無量義經
疎	疎	隨喜品
孰	孰	序品
熟	熟	信解品
鼠	鼠	譬喻品
數	數	序品
衰	衰	譬喻品
率	率	藥草品
睡	睡	序品
瞬	瞬	序品
説	説	序品
私	私	提婆品
死	死	序品
駟	駟	序品
肆	肆	信解品
誦	誦	序品
藪	藪	寶塔品
蕉	蕉	分別功德品
俗	俗	勸持品
算	算	譬喻品

（續表）

雖	雖	序品
髓	髓	提婆品
隨	隨	序品
歲	歲	序品
遂	遂	藥草品
孫	孫	序品
損	損	化城品
所	所	序品
鑠	鑠	觀音品
	鑠	無量義經
踢	踢	譬喻品
臺	臺	授記品
彈	彈	神力品
檀	檀	序品
坦	坦	信解品
歎	歎	序品
唐	唐	觀音品
堂	堂	譬喻品
逃	逃	信解品
萄	萄	藥草品
涕	涕	化城品
剃	剃	序品
朕	朕	隨喜品
鐵	鐵	方便品
聽	聽	序品

附錄二：《法華經單字》辭目字俗字表　751

（續表）

通	通	序品
荼	荼	譬喻品
土	圡	序品
頹	頹	譬喻品
脫	脫	序品
馱	馱	序品
陀	陀	序品
駝	駝	譬喻品
窊	窊	隨喜品
瓦	瓦	方便品
喎	喎	隨喜品
丸	丸	法師功德品
宛	宛	壽量品
蜿	蜿	譬喻品
網	網	方便品
魍	魍	譬喻品
往	往	序品
望	望	譬喻品
忘	忘	序品
望	望	序品
危	危	譬喻品
微	微	序品
巍	巍	觀音品
違	違	提婆品
瑋	瑋	陀羅尼品

（續表）

葦	葦	方便品
慰	慰	序品
爲	爲	序品
謂	謂	序品
穩	穩	方便品
臥	臥	序品
烏	烏	譬喻品
鳴	鳴	譬喻品
蜈	蜈	譬喻品
舞	舞	分別功德品
務	務	藥草品
希	希	序品
悕	悕	信解品
悉	悉	序品
膝	膝	信解品
齂	齂	譬喻品
谿	谿	藥草品
嬉	嬉	譬喻品
醯	醯	陀羅尼品
習	習	序品
箞	箞	壽量品
喜	喜	序品
	憙	信解品
戲	戲	序品

附錄二：《法華經單字》辭目字俗字表　　753

（續表）

狹	狭	譬喻品
纖	纖	無量義經
鮮	鮮	譬喻品
賢	賢	弟子品
嫌	嫌	安樂品
憾	憾	譬喻品
獻	獻	化城品
響	響	序品
巷	巷	隨喜品
象	象	信解品
像	像	序品
蕭	蕭	方便品
曉	曉	方便品
	曉	無量義經
笑	笑	序品
蝎	蝎	譬喻品
寫	寫	法師品
懈	懈	序品
辛	辛	信解品
形	形	方便品
	形	觀音品
幸	幸	信解品
醒	醒	信解品
興	興	方便品
凶	兇	譬喻品

（續表）

凶	凶	安樂品
曶	曶	安樂品
休	休	序品
修	修	序品
虛	虛	序品
鬚	鬚	序品
歘	歘	譬喻品
旋	旋	勸持品
癬	癬	信解品
穴	穴	譬喻品
血	血	譬喻品
熏	熏	寶塔品
尋	尋	序品
訊	訊	寶塔品
迅	迅	踊出品
訓	訓	隨喜品
壓	壓	陀羅尼品
咽	咽	譬喻品
烟	烟	譬喻品
延	延	序品
	延	譬喻品
綖	綖	譬喻品
蜒	蜒	譬喻品
言	言	序品
鹽	鹽	信解品

（續表）

閻	閻	授記品
嚴	嚴	序品
厭	厭	序品
燄	燄	譬喻品
焰	焰	隨喜品
仰	仰	序品
養	養	序品
遥	遥	信解品
搖	搖	妙音品
肴	肴	序品
藥	藥	序品
曜	曜	藥草品
葉	葉	序品
	葉	方便品
翳醫	翳	譬喻品
夷	夷	序品
宜	宜	方便品
疑	疑	序品
儀	儀	方便品
姨	姨	勸持品
易	易	信解品
益	益	序品
詣	詣	序品
義	義	序品
議	議	序品

（續表）

逸	逸	序品
裔	裹	陀羅尼品
剿	剿	無量義經
因	囙	序品
茵	茵	譬喻品
陰	陰	安樂品
纓	瓔	譬喻品
慇	慇	方便品
淫	婬	譬喻品
引	引	方便品
印	印	方便品
迎	迎	普賢品
盈	盈	信解品
擁	擁	陀羅尼品
傭	傭	信解品
勇	勇	序品
踊	踊	譬喻品
泳	詠	安樂品
憂	憂	序品
優	優	序品
幽	幽	藥草品
猶	猶	序品
遊	遊	序品
郵	郵	陀羅尼品

（續表）

牖	牖	譬喻品
涌	涌	寶塔品
友	友	譬喻品
幼	幼	譬喻品
於	於	序品
漁	漁	安樂品
餘	餘	序品
傴	傴	譬喻品
興	興	序品
與	與	序品
欲	欲	序品
喻	喻	序品
御	御	序品
豫	豫	譬喻品
鬱	鬱	無量義經
園	園	序品
圓	圓	隨喜品
緣	緣	序品
遠	遠	序品
怨	怨	譬喻品
願	願	序品
約	約	人記品
悅	悅	序品
躍	躍	譬喻品
匝	帀	譬喻品

（續表）

雜	雜	序品
哉	哉	方便品
宰	宰	妙音品
蹔	蹔	序品
	蹔	譬喻品
藏	藏	序品
遭	遭	序品
鑿	鑿	法師品
擇	擇	譬喻品
澤	澤	譬喻品
憎	憎	譬喻品
增	增	序品
繒	繒	譬喻品
攄	攄	譬喻品
吒	吒	序品
宅	宅	譬喻品
旃	旃	序品
栴	栴	序品
瞻	瞻	序品
戰	戰	安樂品
張	張	譬喻品
障	障	譬喻品
帳	帳	信解品
詔	詔	序品

附錄二：《法華經單字》辭目字俗字表　　　759

（續表）

遮	遮	序品
	遮	陀羅尼品
蔗	蔗	藥草品
珍	珎	序品
甄	甄	藥王品
胗	胗	隨喜品
振	振	序品
震	震	序品
爭	爭	譬喻品
諍	諍	譬喻品
整	整	信解品
正	正	序品
支	支	序品
枝	枝	方便品
祗	祗	序品
直	直	序品
殖	殖	序品
墌	墌	陀羅尼品
執	執	信解品
旨	旨	陀羅尼品
指	指	方便品
置	置	譬喻品
致	致	譬喻品
緻	緻	陀羅尼品
擲	擲	譬喻品

（續表）

裵	裵	陀羅尼品
鍾	鍾	提婆品
腫	腫	譬喻品
衆	衆	序品
晝	晝	譬喻品
皺	皺	踊出品
煮	煮	譬喻品
囑	囑	寶塔品
注	注	無量義經
著	著	序品
專	專	藥草品
甄	甄	方便品
壯	壯	譬喻品
莊	莊	序品
狀	狀	信解品
追	追	譬喻品
墜	墜	方便品
龇	龇	譬喻品
訾	訾	信解品
捻	捻	勸持品
摠	摠	勸持品
縱	縱	序品
族	族	序品

附錄二：《法華經單字》辭目字俗字表　　761

（續表）

卒	牢	安樂行品
祖	袒	化城品
詛	詛	觀音品
俎	俎	無量義經
最	冣	序品
醉	醉	弟子品
尊	尊	序品
左	左	信解品
佐	佐	信解品
坐	坐	序品
座	座	序品

附録三：無窮會本《大般若經音義》異體字表

幾點說明

一、本表爲無窮會圖書館所藏《大般若經音義》（卷上）的異體字表。所用版本爲《大般若經の音義 本文篇》（築島裕著，勉誠社1978年版）影印無窮會本，所標頁數即爲該書之頁。

二、本表根據無窮會本異體字標示術語而製。同一術語多次使用，則於後列出所見頁數。同類異體字標示術語中則根據漢字讀音而排列順序。

三、因原本爲寫本，故手書字形多爲俗體，亦見譌形，本表用括號標出相關正字。

四、因影印原文字形有大小，本表摘出後雖作過統一處理，但無法完全大小一致，因而有損於劃一美觀，望能見諒。又因原本有殘脱之字，其字形則采用著者的摹寫字。

五、因本表專爲表示異體字而作，故一般音注義釋內容省略不録。

同上

（巢）巢：巢：同上古作。窠㯚：同上。但巢者鳥在木也。窠者脈在穴也。（P28）

（關）闗：関：同上。関：同上，先德非之。（P18）
俚：鄆：同上音，同上訓，但別字也。（P94）

（綿）綿：緜：同上。（P82）

同上亦作

A

（傲）傲：慠：同上亦作。（P46/100/178）
（慠）慠：傲：同上亦作。（P116）

B

板：叞：同上亦作。（P82）

（疱）疱：肥皮：同上亦作。（P64/190）

（胜）胜：髀骨：同上亦作。（P10）

胜：髀髀：同上亦作。（P22/42/148/154/172）

（髀）臂：辟：同上亦作。（P10/154）

（辟）辟：臂：同上亦作。（P22/42/174）

（辟）辟：臂：同上亦作。（P148）

（蹩）蹙：瘥：同上亦作。（P72/88/104/196）

閉：問：同上亦作。（P18）

輩：輩：同上亦作。（P52/56）

陛：凳橙：同上亦作。蹬：同上，先作非之。（P142）

輩：輩：同上亦作。（P54/62）

標：標：同上亦作。（P26/34/162/166）

標：標：同上亦作。（P196）

（濱）瀕：瀨：同上亦作。（P144）

C

曹：曹：同上亦作。（P54）

（策）筞：萊：同上亦作。（P44/50/174）

（策）萊：筞：同上亦作。（P84/124/204）

（鄺）鄺：壓：同上亦作。（P138）

嘲：謿：同上亦作。（P116）

臭：臭：同上亦作。臭：同上，先德非之。（P120）

穿：穿：同上亦作。（P40/82/136/170）

（牀）牀：床：同上亦作。（P14/156）

（牀）牀：床：同上亦作。（P82）

瘡：創：同上亦作。（P50/64/104/182）

（辝）辞：辭辤辥：同上亦作。（P12-14）

刺：剌（剌）：同上亦作。（P48/66/110/178）

顇：悴：同上亦作。（P72/92/196）

藁：蒹蒹：同上亦作。（P56/184）
（脆）脆：臕：同上亦作。（P108）

D

（瞻）瞻：臁：同上亦作。（P36）
（膽）膽：臁：同上亦作。（P168）
（檐）檐：檐檐檐：同上亦作。檐：同上，先德非之。（P8）
䀢：䀢：同上亦作。（P38）
䀢：䀢：同上亦作。（P92/104）
憚：㦓：同上亦作。（P82）
淡：痰：同上亦作。（P190）
（擣）擣：搗：同上亦作。（P48）
（稻）稻：稻：同上亦作。（P38）
（稻）稻：稻：同上亦作。（P170）
（搋）搋：捒：同上亦作。（P88/206）
（褅）褅：褅：同上亦作。阺陊：同上或本。墑掃：同上，先德非之。（P130）
（癲）癲：瘨：同上亦作。（P70/88/104）
（堞）堞：堞：同上亦作。（P140）

E

（軛）軛：枙：同上亦作。（P8-10/24/152）

F

飯：飰飰：同上亦作。（P78）
範：軓：同上亦作。（P28）
泛：沉汜：同上亦作。（P82）
汎：泛汜：同上亦作。（P140）
（肺）肺：胇肺：同上亦作。（P36/168）
糞：糞：同上亦作。（P72/196）
跌：跗：同上亦作。（P10/152）
（膚）膚：肤：同上亦作。（P130）

附錄三：無窮會本《大般若經音義》異體字表

（阜）阜：阜：同上亦作。（P94）
（鳧）鳧：鳧鳧：同上亦作。（P140）

G

（丐）丐：丏：同上亦作。（P122）
（穀）穀：穀：同上亦作。（P14/110/156）
（顧）顧：顧：同上亦作。（P8/54/76/92/94/134/182-184）
顧：顧：同上亦作。（P46）
慣：串：同上亦作。（P72）
串：慣：同上亦作。（P196）

H

（斛）斛：斛斛：同上亦作。（P152）
（虎）虎：琥：同上亦作。（P148）
（虎）虎：琥：同上亦作。（P202）
（擐）擐：擐：同上亦作。（P30/32/72/84/86）
暉：煇煇：同上亦作。（P12）
（煇）煇：暉：同上亦作。（P140）

J

（雞）雞：雞：同上亦作。（P134/142）
（迹）跡：迹迹遺蹟：同上亦作。（P28）
（艱）艱：艱：同上亦作。（P78/202）
澗：磵磵澗：同上亦作。（P14）
（踐）踐：踐：同上亦作。（P102）
（燋）燋：焦：同上亦作。雧：同上亦作。（P92）
（燋）燋：焦：同上亦作。雧：同上正作。（P182）
（燋）燋：焦：同上亦作。（P194）
蕉：芔：同上亦作。（P110/122）
爌：素：同上亦作。（P34）
（羂）羂：胃：同上亦作。（P16/158）
（捷）捷：捷捷：同上亦作。（P14）

（睫）䀹：睉睞：同上亦作。（P128）
（觔）䈥：䉧：同上亦作。筋：同上或作。（P36/120）
（觔）䈥：䉧：同上亦作。筋：同上或作。（P168）
（脛）胜：𦙶：同上亦作。（P10/22/152-154）
（頸）頚：頸：同上亦作。（P150）

K

（看）𥍲：𥍲看：同上亦作。（P78）
（穄）䆧：䅽：同上亦作。（P16/158）
（穧）穧：䅽：同上亦作。（P16/158）
（髖）䯏：腕：同上亦作。（P42/174）
（虧）𧇾：𧇼、𧇽、𧇻、𧇿：同上亦作。（P34）
（虧）𧇾：𧇼𧇽𧇻𧇿：同上亦作。（P92）

L

欄：蘭𣐊：同上亦作。（P138）
（癩）㾌：瘌㾌：同上亦作。（P64/70/190）
（嬾）嬾：懶：同上亦作。（P94）
（淚）泪：淚：同上亦作。（P36/146/170）
（隸）𣫒：𣫡：同上亦作。（P200）
（魎）䰱：蛹：同上亦作。（P58）
（魎）䰱：蛹：同上亦作。（P186）
僚：寮：同上亦作。（P54/184）
（獵）獵：猎：同上亦作。（P194/202）
（陵）陵：䧙：同上亦作。凌：同上或作。（P18/94）
（陵）陵：凌䧙：同上亦作。（P50）
（凌）凌：陵䧙：同上亦作。（P56）
（凌）凌：陵：同上亦作。（P108/112/198-200）
（陵）陵：凌：同上亦作。（P116/138/160/184）
（癧）癧：瘰癧：同上亦作。（P70/88/104）
（戀）戀：㣣：同上亦作。（P196）

M

（貌）豹：貇：同上亦作。（P8/148/186）
（貌）豹：皃：同上亦作。（P72/84/96/104/160/196）
（貌）貇：豹：同上亦作。（P202）
（魅）魅：鬾鬽魅：同上亦作。（P58/186）
（歿）殁：沒（没）：同上亦作。（P20/60/186-188）
（綿）綿：緜：同上亦作。（P124）。

N

閙：㘇肉：同上亦作。（P100）
閙：肉：同上亦作。（P118）
（溺）溺：休：同上亦作。（P58/82）
尿：屁屎溺：同上亦作。（P36/168）
（暖）暖：煖烟：同上亦作。（P64）
（暖）暖：煖烟：同上亦作。（P190）

P

胮：胖：同上亦作。腔：同上，先德非之。（P14/28/38/90/164）
（PI）疈：癖：同上亦作。（P72/88/104）
（PI）疈：癖：同上亦作。（P196）
飄：颼：同上亦作。（P14/26/32/82/158/166/204）
（頻）頻：頻：同上亦作。（P8）
（頻）頻：顰：同上亦作。（P24）
（魄）魄：珀：同上亦作。（P148/202）
（曝）曝：暴：同上亦作。（P42/174）
（瀑）瀑：暴：同上亦作。（P108）
（暴）暴：瀑：同上亦作。（P160/174/184）

Q

感：感：同上亦作。（P46）
（感）感：感：同上亦作。（P178）

（傝）僗：䚯桱：同上亦作。（P148）

（遷）遷：遱：同上亦作。（P180）

欠：伙：同上亦作。（P24/26/32/76/146）

（牆）牆：墻墻：同上亦作。（P18/110）

（牆）牆：墻墻：同上亦作。（P138）

（牆）牆：墻墻：同上亦作。（P160）

槗：橋：同上亦作。（P30）

顑：惟：同上亦作。（P92）

誚：誰：同上亦作。（P116）

寢：寢：同上亦作。寢：同上，先德非之。（P34/62/190）

鶩鶩：鴔鵋：同上亦作。（P142）

驅：駈：同上亦作。（P30/74/98/198）

（蛆）蛆：胆：同上亦作。（P40）

（蛆）蛆：胆：同上亦作。（P172）

呿：欨：同上亦作。（P26/26/32/76/146）

R

（叡）叡：睿：同上亦作。（P82）

（褥）褥：蓐：同上亦作。（P144）

S

掃：埽：同上亦作。（P62/188）

（掃）掃：埽：同上亦作。（P150）

（紹）紹：紹：同上亦作。（P10/166）

射：躲：同上亦作。（P98/106）

（昇）昇外陞：同上亦作。（P104）

蝨：蝨：同上亦作。（P90）

屎：屎屎：同上亦作。（P36/168）

螫：蠚蟄：同上亦作。（P56）

（市）市：市：同上亦作。（P138）

（掣）掣：掣：同上亦作。瘁：同上，先德非之。（P40/172）

申：伸：同上亦作。（P24）

腎：䏿：同上亦作。（P36/168）

（昇）昇：外陞：同上亦作。（P20）

（師）師：帥：同上亦作。（P84）

（售）售：售：同上亦作。（P146）

腨：蹲：同上亦作。（P10）踹膊：同上，先德非之。（P10/22/42/126/154/172）

（肆）肆：肆：同上亦作。（P146）

（碎）碎：碎：同上亦作。（P14/42/66/158/174/190）

瞬：眴瞋：同上亦作。瞤：同上或作。瞚：同上，先德非之。（P26/32）

（瞬）瞬：眴瞋：同上亦作。（P162/166）

（鎖）鎖：鏁：同上亦作。瑣璅：同上，先德非之。（P40-42/172）

T

榻：搨：同上亦作。（P14/18/156）

（鵜）鵜：鵜：同上亦作。（P144）

（剔）剔：鬄：同上亦作。（P48/178）

（駝）駞：駝：同上亦作。（P134）

（唾）蜑：澓：同上亦作。（P36/170）

W

（窪）宨：窪：同上亦作。（P130）

（腕）腕：捥：同上亦作。（P154）

（魍）魍：蛧：同上亦作。（P58）

（魍）魍：蛧：同上亦作。（P186）

（胃）胃：膶：同上亦作。（P36/168）

喎：喎：同上亦作。（P20）

誤：悞：同上亦作。（P44/174）

（腕）腕：捥：同上亦作。（P10）

X

（爔）㸌：曝：同上亦作。（P50）
析：枅：同上亦作。（P14/104）
析：枅：同上亦作。析：同上俗作。先德非之。（P36/114）
析：枅：同上亦作。析：同上，先德非之。（P168）
析：枅：同上亦作。（P158）
（熙）煕：㶨：同上亦作。（P8/154）
（熙）㶨：煕：同上亦作。（P132）
（膝）䣛：膝：同上亦作。（P10/22/42/96/106/154/172）
（膝）䣛：同上亦作。（P126）
（隰）隰：隰：同上亦作。（P26/32）
癇：癇：同上亦作。（P70/88/104）
（鹹）醎：鹻：同上亦作。（P112）
（嫌）嫌：嫌：同上亦作。（P202）
（險）險：嶮：同上亦作。（P12/54/154）
險：嶮：同上亦作。（P26/70/74/76/96/114/184/194/202）
（涎）涎：㳄㳄次：同上亦作。（P36/170）
（陷）陷：陷：同上亦作。（P72）
誚：誚：同上亦作。（P196）
（蠍）蝎：蠍：同上亦作。（P64/80/98/190/204）
（脇）脇：脅：同上亦作。（P10/22/42/102/154/174）
（疊）疉：疊疊：同上亦作。（P20/160）
忻：欣：同上亦作。（P162）
幸：㚔：同上亦作。（P96）
醒：惺：同上亦作。（P156）
（胸）胸：㐫：同上亦作。（P10/132/138）
（胸）胸：匈：同上亦作。（P22）
（㑴）㑴：匃：同上亦作。（P42/174）
（㑴）㑴：胸（P154）
（齅）齅：齅：同上亦作。嗅皀：同上，先德非之。（P20）
嗅皀：同上亦作。齅齅：同上，先德非之。（P38）

附錄三：無窮會本《大般若經音義》異體字表

嗅：嗅：同上亦作。嗅：同上，先德非之。（P90）

嗅：嗅：同上亦作。嗅嗅同上，先德非之。（P96）

（嗅）嗅：嗅：同上亦作。嗅嗅同上，先德非之。（P106）

（嗅）嗅：嗅：同上亦作。嗅：同上，先德非之。（P116）

（嗅）嗅：嗅：同上亦作。（P160）

（鬚）鬚：鬚：同上亦作。（P48）

（鬚）鬚：鬚：同上亦作。（178）

誼：喧：同上亦作。（P12/26/32/80/100/156/202）

Y

瘂：啞：同上亦作。（P12/88/102/104/194）

（煙）煙：烟：同上亦作。（P18）

（煙）煙：烟：同上亦作。（P110）

煙：烟：同上亦作。（P160）

掩：揜：同上亦作。（P54）

厭：猒：同上亦作。（P58）

（鷖）鷖：鷖：同上亦作。（P140）

（頤）頤：頤：同上亦作。（P10/154）

殃：怏：同上亦作。（P56）

腰：腰：同上亦作。（P102）

（妖）妖：夭：同上亦作。（P60/74/186）

（瑿）瑿：瑿：同上亦作。（P126）

腋：掖：同上亦作。（P10/126/154/204）

掖：腋：同上亦作。（P84）

瑩：鎣：同上亦作。（P90/140）

（映）映：暎：同上亦作。（P12/140/156）

（癰）癰：癰：同上亦作。（P50/70/132/182/194）

（臃）臃：臃：同上亦作。（P126）

（漁）漁：敔敔：同上亦作。歔：同上正作（P60）

（漁）漁：敔敔：同上亦作。歔：同上正作（P188）

（漁）漁：敔敔：同上亦作。歔：同上正作（P70）

（瘀）瘀：㳱：同上亦作。（P14/30/38-40/90/156/164）

Z

齇：齇𪖏歔：同上亦作。（P40/172）

灾：災裁：同上亦作。（P54）

遭：遭：同上亦作。（P56）

（遭）遭：遭：同上亦作。（P70/82/184）

（沼）沼：沼：同上亦作。（P14/64/94）

躁：躁趮：同上亦作。（P200）

沾：霑：同上亦作。（P104）

（蔗）蔗：柘：同上亦作。（P158）

蜇：蟄蜇：同上亦作。（P184）

（拯）㨖：拯抍抨撜：同上亦作。（P30/P166）

（整）整：整：同上亦作。（P128）

（整）整：整：同上亦作。（P150）

（鴗）鴗：鴗鷗：同上亦作。（P40/172）

（塚）塚：冢：同上亦作。（P100）

（冑）冑：胄：同上亦作。（P84）

佇：竚：同上亦作。（P148）

（卒）卒：卆：同上亦作。（P44/86/88/98/124/138/174/198/204）

卒：卒卆：同上亦作。（P76）

渚：陼：同上亦作。（P30/84/100/106/122）

（啄）啄：噣：同上亦作。（P14/30/40/156）

同上或作（或本）或本

（哀）哀：褱娊：同上或作。（P44）

（哀）哀：褱娊：同上或本。（P176）

（瀑）瀑：暴：同上或作。（P24/88）

（瀑）瀑：暴：同上或作。（P102）

（暴）暴：瀑：同上或作。（P32/34/56）

（歠）歠：啜：同上或作。䜴：同上，先德非之。（P34）

瘡：創：同上或作。（P148）

附錄三：無窮會本《大般若經音義》異體字表　773

的：豹：同上或作。（P144）

（禘）褅：裯：同上亦作。阤陊：同上或本。墒楴：同上，先德非之。（P130）

（揥）捸：捭：同上或本。（P178）

堵：覩覢：同上或本。（P82）

堆：坥：同上或作。（P94）

（揥）捭：捭：同上或作。（P46）

伐：罰：同上或作。罸：同上，先德非之。（P60/188）

（溝）溝：圳：同上或作。（P94）

（鼓）皷：磬：上字或作也。（P106）

揆：覎：或本。（P200）

（嗟）嗟：蹉磋瑳：同上或作。（P46/P176-178）

（觔）觔：觔：同上亦作。筋：同上或作。（P36/120）

（觔）觔：觔：同上亦作。筋：同上或作。（P168）

倦：劵：同上或作。惓：同上，先德非之。（P16）

（看）看看看：覓：或本。（P200）

（陵）陵：赼：同上亦作。淩：同上或作。（P18/94）

（陵）陵：淩：同上或作。（P100）

（虹）蝨：虻：同上或作。蝐：同上，先德非之。（P80）

（虹）蝨：虻：同上或作。蝐：同上，先德非之。（P202-204）

（蔑）蔑：懱：同上或作。（P68/76/98/192）

拳：捲：同上或作。（P94）

（拕）扡：拖：同上或作。（P44）

（拕）扡：拖：同上或本。（P176）

瞬：眴瞚：同上亦作。瞤：同上或作。瞬：同上，先德非之。（P26/32）

勘：鮮：同上或作。（P92）

忻：欣：同上或作。（P116）

消：銷鑠：同上或本。（P20/56/64/110/150/184）

消：銷：同上或作。（P192）

玩：翫：同上或作。（P38）

瘂：啞：同上或作。（P156）

（蔗）蔗：柘：同上或作。（P54）

（蔗）蔗柘：同上或作。（P74/184/198）

（拯）㨾：㨾拯抍撜：同上亦作。赈：信或本。（P166）

阻：沮：同上或本。俎：同上，先德非之。（P76/106/112）

阻：沮：同上或本。俎：同上，先德非之。（P196/202）

同上古作（古文）

（巢）巢：巢：同上古作。窠㯰：同上。但巢者鳥在木也。窠者脈在穴也。（P28/32-34/162）

（巢）巢：巢：同上古作。（P166）

鵰：雕：同上古作。（P40/170）

（塊）塊：凷：同上古作。（P32）

殨：潰：同上古作。（P40）

筶：栝：同上古作。（P98）

茂：楙：同上古作。（P76）

（麋）麋：糜：同上古作。（P42/172）

盤：槃：同上古作。（P128）

（矯）矯：橋槗：同上古作。愫：同上，先德非之。（P8）

泰：太：同上古作。（P8）

（憶）憶：忓：同上古作。（P62/188）

侚：徇：同上古作。殉：同上，先德非之。（P90/136/178）

（循）循：佝：同上古文（古作）。（P34/124/166）

（調）調：同：同上古作。（P116）

同上正作

膓：腸：同上正作。（P36/168）

淡：痰：同上正作。（P38/64/82/170/204）

（甌）甌：欗：同上正作。（P40/172）

（翰）翰：翰：同上正作。（P96）

（燋）燋：焦：同上亦作。焦：同上正作。（P182）

（鸗）梨：梨：同上正作。（P196）

（膳）膳：饍：同上正作。（P62）

窜：窜：同上正作。愭：同上，先德非之。（P34/168）
（隙）𨻶：隟：同上正作。（P56）
（醒）醒：惺：同上正作。（P12）
（漁）漁：鮁敏：同上亦作。戯：同上正作（P60）
（漁）漁：鮁敏：同上亦作。戯：同上正作（P188）
（漁）漁：鮁敏：同上亦作。戯：同上正作（P70）

同上俗作

（獵）獵：猎，同上俗作。（P60/70/78/136/188）
統：統：同上俗作。（P34）
統：統：同上俗作。（P94）
（喜）憙：憘喜：同上俗作。（P72）
（壯）牡：壮：同上俗作。（P96）

同上今作

（寰）寏：圜：同上今作。（P140）

同上，先德非之

B

（髆）髆：膊：同上，先德非之（P10/22/42/126/154/174）
怕：泊：同上，先德非之。（P38/134/136/170）
陛：凳橙：同上亦作。蹬：同上，先作非之。（P144）

C

（瞠）瞠：膛胦：同上，先德非之。（P38/170）
臭：臰：同上亦作。齅：同上，先德非之。（P120）
（埵）埵：磞磞：同上，先德非之。（P130）
（歠）歠：啜：同上或作。嚘：同上，先德非之。（P34）
厝：措：同上，先德非之。（P188）

D

（檐）橝：擔橝襂：同上亦作。儋：同上，先德非之。（P8）
（憺）憺：淡怾：同上，先德非之。（38/132/170）
（憺）憺：淡：同上，先德非之。（136）
（締）裨：裨：同上亦作。阤陊：同上或本。墆埭：同上，先德非之。（P130）
（氎）氎：疊：同上，先德非之。（P144）

F

伐：罰：同上或作。罸：同上，先德非之。（P60/188）
（坋）坌：坋：同上，先德非之。（P152）

G

（鼓）皷：皱：同上，先德非之。（P104/144）
獷：礦：同上，先德非之。（P94）

H

虎：虍：同上，先德非之。（P40）
（虎）虎：虍：同上，先德非之。（P172）
（弘）弘：和：或本，先德非之。（P128）

J

（劍）：劍：劔：同上，先德非之。（P16/102）
（鵰）鵰：鵰：同上，先德非之。（P142）
倦：劵：同上或作。惓：同上，先德非之。（P16）

M

（虻）蝱：虻：同上或作。蝐：同上，先德非之。（P80）
（虻）蝱：虻：同上或作。蝐：同上，先德非之。（P202-204）

N

膶：膞：同上，先德非之。（P38/170）

P

脬：肨：同上亦作。脝：同上，先德非之。（P14/28/38/90/164）
脬：肥：同上，先德非之。（P36/168）
（脾）：䏹：髀：同上，先德非之。（P36/168）

Q

（矯）矯：橋橋：同上古作。愮：同上，先德非之。（P8）
寢：寢：同上亦作。寢：同上，先德非之。（P34/62/190）

S

腨：蹲：同上亦作。踹膊：同上，先德非之。（P10/42/126/154/172）
瞬：眴瞚：同上亦作。瞤：同上或作。瞯：同上，先德非之。（P26/32）
（鎖）鎖：鏁：同上亦作。瑣璅：同上，先德非之。（P40-42/172）

T

（涕）涕：洟：同上，先德非之。（P146）
（涕）洟：涕：同上，先德非之。（P168）
（筯）箸：筒：同上，先德非之。（P58/186）

W

寤：寤：同上正作。寤：同上，先德非之。（P34/168）

X

析：析：同上亦作。析：同上俗作。先德非之。（P36/114）
析：析：同上亦作。析：同上，先德非之。（P168）
屑：揖同上，先德非之。（P150）

兇（㒫）：兂：同上，先德非之。（P16/60/92/158）
（齅）鼻臭：臬：同上亦作。嗅臬：同上，先德非之。（P20）
嗅：臬：同上亦作。鼻臭鼻臭：同上，先德非之。（P38）
嗅：臬：同上亦作。臬：同上，先德非之。（P90）
嗅：臬：同上亦作。鼻臭鼻臭同上，先德非之。（P96/170）
（齅）鼻臭：臬：同上亦作。嗅臬同上，先德非之。（P106）
（齅）鼻臭：臬：同上亦作。嗅：同上，先德非之。（P116）
（詡）謝：謝：同上，先德非之。（P48）
（詡）謝：謝：同上，先德非之。（P50/92/122/148/178/180/200）
徇：徇：同上古作。殉：同上，先德非之。（P90/136）

Y

（翳）翳：瞖瞳憶：同上，先德并非之。（P26）
（翳）翳：瞖瞳憶：同上，先德非之。（P130）
（翳）翳：瞖瞳憶：同上，先德非之。（P32/162/166）
（瞖）瞖：翳：同上，先德非之。（P64/68/84/190/192）
（奕）奕：弈：同上，先德非之。（P182）
（洟）洟：涕：同上，先德非之。（P36）
（厭）猒：厭：同上，先德非之。（186）
（苑）苑：苑：同上，先德非之。（P140）

Z

（掣）掣：揤：同上亦作。瘳：同上，先德非之。（P40）
（秩）秩：袟：同上，先德非之。（P180）
鐘：鍾：同上，先德非之。（P104）
阻：沮：同上或本。俎：同上，先德非之。（P76/106/112）
阻：沮：同上或本。俎：同上，先德非之。（P196/202）

先德并用之等

捫：扪：經文或捫或扪，先德并用之。（P20/110/120/160）
綩：綩：迊，冠上覆也。先德云：今可作婉綩字。婉者，美文也。綩者，廗褥也。經本作綩綩，於義不相符，是借用字也。（P146）

附録四：佛經音義書名索引

説明

一、本索引所收基本爲日本佛經音義書名，但書中所述及中國僧人所撰音義亦被收入。

二、若同書名，則後用括弧或標出撰者，或標出所藏本等，以示區別。

三、後括弧内所標出人名（僧名）爲撰者。標有"××藏本"字樣者爲某處藏本，而"××本"則爲某時代寫本或刊本。因有些音義實在資訊不詳，故用"不詳"表示。

四、所出頁數爲對該音義主要考述之處，所見書名之處并未全部標出，亦或有遺漏，敬請諒解。

A

阿彌陀經音義（玄應）	477
阿彌陀經音義（慧琳）	395

C

禪林類聚音義	641
成唯識論音義	574

D

大般若經校異、并附録	284
大般若經要集抄	184
大般若經音訓	187
大般若經音義（定勝寺藏本）	195
大般若經音義（鵝珠鈔卷末所附載）	197

大般若經音義（法憲）	181
大般若經音義（佛乘院藏本）	196
大般若經音義（福田襄之介藏本/願成寺勢辰藏本/岡井藏本）	191
大般若經音義（高野山大學藏本）	194
大般若經音義（高野山大學高野山寶壽院藏本）	198
大般若經音義（古梓堂藏本）	207
大般若經音義（慧琳）	181
大般若經音義（康曆本）	198
大般若經音義（六地藏寺藏本）	193
大般若經音義（天理大學圖書館藏本）	243
大般若經音義（無窮會圖書館藏本）	236
大般若經音（西大寺藏本）	196
大般若經音義（信行/石山寺藏本）	203
大般若經音義（行滿）	181
大般若經音義（藥師寺藏本）	189
大般若經音義（永禄本）	197
大般若經音義(真福寺藏本)	243
大般若經字抄	223
大乘理趣六波羅蜜經釋文	199
大德經音	5
大華嚴經合論音義	80
大慧度音義	188
大覺律師音訓	640
大涅槃經音	627
大涅槃經音義	625
大涅槃文字	624
大日經音義	503
大唐衆經音義	5
大藏經音（桂輪）	5
大藏經音疏	11
大藏隨函廣釋經音	6
大藏直音	8

大智度論音	574
大智度論音義	573
讀經口傳明鏡集	327

F

法華讀音（不詳）	331
法華讀音（義源）	326
法華經遍音義	324
法華經單字	357
法華經觀音經音義	308
法華經觀音品音義	308
法華經略音訓	312
法華經陀羅尼品音訓	312
法華經釋文	318
法華經文字聲類音訓篇集	330
法華經義讀	351
法華經音	320
法華經音訓（窺基）	311
法華經音訓（山田忠雄藏本/山田本乙）	325
法華經音訓（曇捷）	310
法華經音訓（心空）	368
法華經音義（大東急文庫藏本/室町中期本）	327
法華經音義（大東急文庫藏本/元和三年本）	325
法華經音義（大谷大學藏本/大通寺舊藏本）	25
法華經音義（大永本）	332
法華經音義（道範/嘉吉本）	321
法華經音義（川瀨一馬藏本）	325
法華經音義（平備）	110
法華經音義（寬正本）	326
法華經音義（曇捷）	309
法華經音義（慶安二年本）	322
法華經音義（山田忠雄藏本）	325

法華經音義（天福本）	5
法華經音義（天正本）	321
法華經音義（心覺）	326
法華經音義（信行）	314
法華經音義（應永本）	325
法華經音義（永和本）	383
法華經音義（永和本一部分）	322
法華經音義（永正本）	321
法華經音義（元和本）	325
法華經音義（貞治本）	326
法華經音義零本（東北大學圖書館狩野文庫藏本）	322
法華經音義零本（東京大學國語研究室藏本）	321
法華經音義五音起清濁	322
法華經轉讀明鏡集	327
法華經字釋	309
法華玄贊音義	315
法華訓釋記	316
法華音義	327
法華音韻	316
梵網音義	551
佛典音義書目	180

G

古花嚴經音義	78
觀無量壽經音義（玄應）	478
灌頂經音義	507

H

華嚴經決疑論音義	80
華嚴經音義疏	82
華嚴傳音義（道璿）	151
華嚴傳音義（法藏）	151

慧苑音義 ……………………………………………… 73

J

金剛頂一字頂輪王儀軌音義 ………………………… 503
金鼓經音義 …………………………………………… 609
金光明最勝王經音義 ………………………………… 609
金光明最勝王經音義攷証 …………………………… 608
金光明最勝王音注 …………………………………… 607
金教音義 ……………………………………………… 641
經字引 ………………………………………………… 192
淨土論注捃貽書 ……………………………………… 411
淨土論注音釋 ………………………………………… 480
淨土論注字選 ………………………………………… 409
淨土三部經音義（乘恩）…………………………… 467
淨土三部經音義（龍谷大學寫字臺舊藏本）……… 399
淨土三部經音義（珠光）…………………………… 402
淨土三部經音義集（信瑞）………………………… 412
淨土三經字音考 ……………………………………… 403
俱舍論音義 …………………………………………… 571

K

可洪音義 ……………………………………………… 312
孔雀經單字 …………………………………………… 529
孔雀經音義（觀静）………………………………… 508
孔雀經音義（唐招提寺藏本）……………………… 507
孔雀經音義（醍醐寺藏本）………………………… 508
孔雀經音義（真寂）………………………………… 505
孔雀經音義序 ………………………………………… 505

L

兩卷經字釋 …………………………………………… 398
籠龕手鏡 ……………………………………………… 6

M

妙法蓮華經大成音義 …………………………………… 312

妙法蓮華經釋爲爲章 …………………………………… 312

妙法蓮華經音義（可洪）………………………………… 312

妙法蓮華經音義（玄應）………………………………… 310

摩訶止觀略音 …………………………………………… 633

摩訶止觀難字音義 ……………………………………… 633

摩訶止觀音 ……………………………………………… 632

摩訶止觀音義（不詳）…………………………………… 633

摩訶止觀音義（不詳）…………………………………… 633

N

內典隨函音疏 …………………………………………… 8

涅槃經十四音義 ………………………………………… 629

涅槃經十四音義秘訣 …………………………………… 629

涅槃經音義（不詳）……………………………………… 625

涅槃經音義（不詳）……………………………………… 625

涅槃經音義（法空）……………………………………… 626

涅槃經音義（法憲）……………………………………… 626

涅槃經音義（法宣）……………………………………… 624

涅槃經音義（信行）……………………………………… 628

涅槃經音義（行滿）……………………………………… 626

涅槃經音義（圓仁）……………………………………… 627

涅槃經音義（雲公）……………………………………… 22

涅槃經音義同異 ………………………………………… 625

涅槃音義 ………………………………………………… 625

Q

趣要讚經音義 …………………………………………… 14

R

仁王般若經音義 …… 506
仁王經音義 …… 506

S

三部經字引 …… 407
三經合注字音考 …… 406
三經字音正訛考 …… 406
紹興重雕大藏音 …… 50
順璟音義 …… 45
私記 …… 54
四分律鈔音訓 …… 552
四分律鈔音義旨歸 …… 553
四分律東塔疏音訓 …… 552
四分律音義（玄應）…… 553
四分律音義（一卷本）…… 553
宿曜經音義 …… 506
隨函音疏 …… 8

T

天台三大部音義 …… 629

W

無量壽經論音義 …… 396
無量壽經音義（玄應）…… 395
無量壽經註字釋 …… 398
無量壽經字記 …… 398
無量壽經字釋 …… 398
五大部直音 …… 8
五大部諸經直音 …… 8

X

西川厚大師經音 ………………………… 5
西域記私記音義 ………………………… 640
西域傳音義 ……………………………… 640
新編大藏經直音 ………………………… 8
新編大藏經直音部 ……………………… 8
新定一切經類音 ………………………… 8
新華嚴經音義 …………………………… 362
新集藏經音義隨函錄 …………………… 7
新集藏經音義隨函錄前序音義 ………… 7
新舊華嚴經音義 ………………………… 73
新譯大方廣佛華嚴經音義 ……………… 73
新譯華嚴經音義 ………………………… 82
新譯華嚴經音義私記 …………………… 82
新譯經音義 ……………………………… 8
新音義（大治本） ……………………… 19
行瑫音疏 ………………………………… 12
續一切經音義 …………………………… 7
玄應音義 ………………………………… 182

Y

一切經音 ………………………………… 313
一切經音義（慧琳） …………………… 368
一切經音義（玄應） …………………… 7
一字頂輪王秘音義 ……………………… 505
瑜伽音義 ………………………………… 573

Z

貞元華嚴經音義 ………………………… 161
正法華經音義 …………………………… 310

止觀輔行傳弘決	5
止觀略音	632
止觀音	632
止觀音義	633
最勝王經音義（不詳）	607
最勝王經音義（信行）	607

附錄五：主要參考文獻

説明

一、國外著者名按其本名發音以羅馬字爲序。

二、典籍名以其漢語漢字讀音爲序，著者或編者名用括號置其後。

三、一位著者有複數著作或論文，以出版時間爲順。

四、尚有部分文獻遺漏，但書中所參考或引用之處皆於當頁下有脚注，敬請參考。

一、典籍

《寶要抄》，大阪：武田科學振興財團、杏雨書屋編集并發行，2002年。
CBETA電子佛典2016，台北：中華電子佛典協會，2016年。
《大般若經校異、并附錄》，寬政四年（1792）刊。
《大廣益會玉篇》，北京：中華書局，1986年。
《大谷·淨土真宗教典志·宗侶章疏》，安永二年刊，西尾市"西尾市岩瀨文庫"掃描版。
《大乘理趣六波羅蜜經釋文》（"優鉢羅室叢書"之四），神田喜一郎刊，昭和四十七年（1972）。
《大日本全書·佛教書籍目錄第一》，東京：佛書刊行會，大正二年（1913）。
《大日本全書·佛教書籍目錄第二》，東京：佛書刊行會，大正三年（1914）。
《大日本佛教全書》第101册，東京：名著普及會，昭和六十二年（1987）
《大正新修大藏經》，新文豐版。
《法華經義讀》，《惠心僧都全集》第三卷，東京：思文閣出版，昭和五十九年（1984）。
《法華經音訓》，貴重圖書影本刊行會複製刊行，昭和六年（1931）。
《法華經音義》，岡田希雄影寫"天文十一年（1542）本"，國立國會圖書館藏。
《法華經音義》，承應二年（1653）崑山館道刊行，國立國會圖書館藏。
《法華經音義 付仁王經音義 室町中期寫》（原裝影印版 增補古辭書叢刊），雄松堂書店，昭和五十三年（1978）。

《法華篇立音義》，岡田希雄影寫"寬寶二年（1742）本"，國立國會圖書館藏。
《法華文句難字書·法華經文字聲韻音訓篇集》，木村晟編集《古辭書研究資料叢刊》7，東京：太空社，1995年，
《佛光大辭典》（第三版），《佛光山電子大藏經》。
《改訂增補日本大藏經》第19冊，東京：講談社，昭和四十九年（1974）
《高山寺典籍文書の研究》，東京：東京大學出版會，昭和五十五年（1980）。
《高山寺典籍文書綜合調查団研究報告論集》，札幌：高山寺典籍文書綜合調查団，2014年。
《高山寺古辭書資料第一》（高山寺典籍文書綜合調查團編《高山寺資料叢書第六冊》），東京：東京大學出版會，1977年。
《高山寺古辭書資料第二》（高山寺典籍文書綜合調查團編《高山寺資料叢書第十二冊》），東京：東京大學出版會，1983年。
《古辭書研究資料叢刊》（木村晟編）第七卷，東京：太空社，1995年。
《古辭書音義集成》第一卷《新譯華嚴經音義私記》（原本收藏：小川廣巳氏），東京：汲古書院，昭和六十三年（1988）年第二版。
《古辭書音義集成》第二卷《四分律音義》（原本收藏：宮內廳書陵部），東京：汲古書院，昭和五十四年（1979）。
《古辭書音義集成》第三卷《大般若經音義》（原本收藏：石山寺·來迎院）·《大般若經字抄》（原本收藏：石山寺本），東京：汲古書院，昭和五十三年（1978）。
《古辭書音義集成》第四卷《妙法蓮華經釋文》（原本收藏：醍醐寺），東京：汲古書院，昭和五十四年（1979）。
《古辭書音義集成》第七卷《一切經音義/新華嚴經音義》（原本收藏：宮內廳書陵部），東京：汲古書院，昭和五十五年（1980）。
《古辭書音義集成》第八卷《一切經音義》（原本收藏：宮內廳書陵部），東京：汲古書院，昭和五十五年（1980）。
《古辭書音義集成》第九卷《一切經音義》（原本收藏：廣島大學·天理圖書館·高麗），東京：汲古書院，昭和五十六年（1981）。
《古辭書音義集成》第十卷《孔雀經音義（上）》（原本收藏：醍醐寺），東京：汲古書院，昭和五十六年（1981）。
《古辭書音義集成》第十一卷《孔雀經音義（下）》（原本收藏：醍醐寺），東京：汲古書院，昭和五十八年（1983）。
《古辭書音義集成》第十二卷《金光明最勝王經音義》（原本收藏：大東急記念文庫），東京：汲古書院，昭和五十六年（1981）。
《古辭書音義集成》第十二冊（別冊），東京：汲古書院，昭和五十六年（1981）。
《古辭書音義集成》第十七卷《孔雀經單字》（原本收藏：上卷，小川廣巳氏·中下

卷，大東急記念文庫），東京：汲古書院，昭和五十八年（1983）。

《古今韻會舉要》（明刊本附校記索引），北京：中華書局，2000年。

《古寫本華嚴音義》，墨緣堂影印。

《古寫本華嚴音義》，University of Michigan Library 影印，2011年。

《国語史資料集—図録と解説》（国語学会編），東京：武蔵野書院，昭和五十一年（1976）。

《淨土三部經音義》五卷（乘恩），寶曆六年（1756）刊本。

《淨土三部經音義》（岡田希雄複寫寫字臺本，昭和九年（1934）8月24日）

《淨土三經字音考》（玄智），安永二年（1773）刊行本。

《淨土宗全書》続第四卷，東京：山喜房佛書林，昭和四十八年（1973）。

《淨土宗全書續》第五卷，東京：山喜房佛書林，昭和四十七年（1972）。

《六地藏寺善本叢刊》（松本隆信、築島裕、小林芳規編纂）第六卷，東京：汲古書院，昭和六十年（1985）

《龍龕手鑒》［遼］（釋行均 編），高麗藏本。

《妙法蓮華經考異》（宗淵），出版者不明，天保十一年（1840）刊本。

《難字記》（《天台六拾卷音義》《天台三大部音義》）四卷，承應二年（1653）林和泉板行。

《日本大藏經》第19册，日本大藏經編纂會，1920年。

《日本古寫經善本叢刊第一輯》，东京：國際佛教大學院大學學術フロンティア實行委員會，平成十八年（2006）年。

《日本佛教人名辭典》，京都：法藏館，1992年。

《三部經字引》，國立國會圖書館數字搜藏部，原本刊行明治十年（1877）5月。

《三經字音正訛考》，京都大學文學研究科圖書館藏，岡本保孝自筆本謄寫，明治四十四年七月二十四日。

《石山寺の研究・一切經篇》，京都：法藏館，昭和五十三年（1978）。

《説文解字注》（段玉裁），上海：上海古籍出版社，1981年。

《宋本廣韻・附韻鏡 七韻略》，南京：江蘇教育出版社，2008年。

《宋元以來俗字譜》（劉復共李家瑞編），臺北：臺灣商務印書館（"中央研究院"歷史語言研究所單刊之三），1992年。

《説文解字繫傳》，四部叢刊本。

《説文解字注》（段玉裁），上海：上海古籍出版社，1981年。

《醍醐寺大觀》第三卷，東京：岩波書店，2001年12月。

《圖書寮本類聚名義抄・本文編》，東京：勉誠社，昭和五十一年（1976）。

《圖書寮本類聚名義抄・解説索引編》，東京：勉誠社，昭和五十一年（1976）。

《卍續藏經》，新文豐版。

《倭點法華經》下（《日本古典全集之內》），古典研究會翻刻本，東京：日本古典全集刊行會，昭和九年（1934）。

《香要抄・藥種抄》（天理圖書館善本叢書和書之部），東京：八木書店，昭和五十二年（1977）。

《新集藏經音義隨函錄》［五代後晉・可洪著］，高麗藏本。

《新羅白紙墨書・大方廣佛花嚴經》，韓國文化財廳，2001年。

《新譯大方廣佛華嚴經》［唐・實叉難陀譯］，大正藏本。

《新譯大方廣佛華嚴經音義》［唐・慧苑著］，高麗藏本・磧砂藏本。

《新撰字鏡》（京都帝國大學文學部國語學國文學研究室編），大阪：全國書房，昭和十九年（1944）。

《一切經音義》［唐・玄應著］，高麗藏本・磧砂藏本。

《一切經音義》［唐・玄應著・山田孝雄編］，東京：西東書房，1932年。

《一切經音義》［唐・玄應著］，《日本古寫本善本叢刊第一輯・金剛寺一切經本・七寺一切經本・東京大學史料編輯所藏本・西方寺一切經本・京都大學文學部藏本》，國際佛教大學院大學學術フロンティア實行委員會，2006年。

《一切經音義》［唐・慧琳著］，獅古白蓮社本。

《異體字字典》（光碟版，"教育部"國語推行委員會編輯），台北，2012年。

《原本玉篇殘卷》［梁・顧野王編撰］，北京：中華書局，1984年。

《原裝影印版古辭書叢刊　別卷　法華經單字》（古辭書叢刊刊行會），東京：雄松堂書店，昭和四十八年（1973）

《原裝影印版增補古辭書叢刊・法華經音義》（古辭書叢刊刊行會），東京：雄松堂書店，昭和五十三年（1978））。

《增補改訂日本大藏經》第19卷《般若部章疏一》，東京：鈴木學術財團，1974年。

《浙藏敦煌文獻》，杭州：浙江教育出版社，2006年版。

《真言宗全書》第三十六卷，高野山大學續真言宗全書刊行會。

《珠光編淨土三部經音義》，東京：勉誠社，昭和五十三年（1978）。

《正字通》，東京：東豐書店，1996年影印。

《中國撰述經典（其之二）》（七寺古逸經典研究叢書第二卷）（牧田諦亮監・落合俊典編），東京：大東出版社，1996年。

《珠光編淨土三部經音義》（東京：勉誠社，昭和五十二年（1977））。

二、著作

Ariga Yōen 有賀要延（ありがようえん）

《仏教難字大字典》，東京：国書刊行會，昭和六十一年（1986）第二版。

《難字・異體字典》，東京：国書刊行會，平成十二年（2000）。

Cai Zhonglin 蔡忠霖

《敦煌漢文寫卷俗字及其現象》，臺北：文津出版社，2002年。

Chen Shiqiang 陳士強
　　《佛典精解》，上海：上海古籍出版社，1992年。

Chen Wuyun 陳五雲
　　《從新視角看漢字：俗文字學》，鄭州：河南人民出版社，2000年。
　　《佛經音義與漢字研究》，南京：鳳凰出版社，2010年。

Fang Guangchang 方廣錩
　　《佛教典籍概論》，中國邏輯與語言函授大學宗教系教材，1993年。

Gu Nanyuan 顧南原
　　《隸辨》，北京：中國書店，1982年3月。

Guo Zaiyi 郭在貽
　　《郭在貽語言文學論稿》，杭州：浙江古籍出版社，1992年。

Han Xiaojing 韓小荊
　　《〈可洪音義〉研究——以文字爲中心》，成都：巴蜀書社，2009年。

He Huazhen 何華珍
　　《日本漢字和漢字詞研究》，北京：中國社會科學出版社，2004年。

Hirakawa Minami 平川南（ひらかわ　みなみ）等
　　《古代日本の文字世界》，東京：大修館書店，2000年。

Huang Zheng 黃征
　　《敦煌俗字典》，上海：上海教育出版社，2005年。

I Gyugap 李奎甲
　　《高麗大藏經異體字字典》，Seoul（首爾）：高麗大藏經研究所，2000年。

Inoue Tatsuo 井上辰雄（いのうえ　たつお）
　　《日本難字異體字大字典》（文字編），東京：遊子館，2012年。
　　《日本難字異體字大字典》（解讀編），東京：遊子館，2012年。

Ishida Mosaku 石田茂作（いしだ　もさく）
　　《写経より見たる奈良仏教の研究》，東京：東洋書林，1982年新裝版（復刻原本／東洋文庫1930年刊）。

Ishizuka Harumichi 石塚晴通（いしづか　はるみち）
　　《漢字字體史研究》，東京：勉誠出版，2012年。

Jiang Lihong 蔣禮鴻
　　《蔣禮鴻集》，杭州：浙江教育出版社，2001年。

Kawase Kazuma 川瀬一馬（かわせ　かずま）
　　《日本書誌學概説》，東京：講談社，昭和四十七年（1972）。
　　《古辭書概説》，東京：雄松堂，昭和五十二年（1977）。
　　《增訂古辭書の研究》，東京：雄松堂，昭和六十一年（1986）再版。

Kawasumi Isao 川澄勳（かわすみ いさお）

　　《佛教古文書字典》，東京：山喜房佛書林，昭和五十七年（1982）。

Kobayashi Yoshinori 小林芳規（こばやし よしのり）

　　《図説日本の漢字》，東京：大修館書店，1998年。

Kong Zhongwen 孔仲温

　　《〈玉篇〉俗字研究》，臺北：學生書局，2000年。

Kuranaka Susumu 蔵中進（くらなか すすむ）

　　《則天文字の研究》，東京：翰林書房，1995年。

Liang Xiaohong 梁曉虹

　　《佛教詞語的構造與漢語詞匯的發展》，北京：北京語言學院出版社，1994年。

　　《華化佛教》，北京：北京語言學院出版社，1996年。

　　《日本禪》，杭州：浙江人民出版社，1997年。

　　《佛教與漢語史研究——以日本資料爲中心》，上海：上海古籍出版社，2008年。

　　《日本古寫本單經音義與漢字研究》，北京：中華書局，2015年。

Liang Xiaohong・Xu Shiyi・Chen Wuyun 梁曉虹、徐時儀、陳五雲

　　《佛經音義與漢語詞彙研究》，北京：商務印書館，2005年。

Liang Xiaohong・Chen Wuyun・Miaoyu 梁曉虹、陳五雲、苗昱

　　《〈新譯華嚴經音義私記〉俗字研究》，臺北：花木蘭文化出版社，2014年。

Lu Xixing 陸錫興

　　《漢字傳播史》，北京：語文出版社，2002年。

Lu Mingjun 陸明君

　　《魏晉南北朝碑別字研究》，北京：文化藝術出版社，2009年。

Lü Hao 吕浩

　　《篆隸萬象名義校釋》，上海：學林出版社，2007年。

　　《韓國漢文古文獻異形字研究—異形字典》，上海：上海大學出版社，2011年。

Makita Tairyō・Ochiai Toshinori 牧田諦亮監，落合俊典編（まきた たいりょう・おちあい としのり）

　　《中國撰述經典（其之二）》（七寺古逸經典研究叢書第二卷），東京：大東出版社，1996年。

Mao Yuanming 毛遠明

　　《漢魏六朝碑刻異體字研究》，北京：商務印書館，2012年。

　　《漢魏六朝碑刻異體字字典》，北京：中華書局，2014年。

Mizutani Shinjō 水谷真成（みずたに しんじょう）

　　《中國語史研究・中國語學とインド學との接點》，東京：三省堂，1994年。

Nishizaki Tōru 西崎亨（にしざき とおる）

《日本古辞書を学ぶ人のため》，京都：世界思想社，2001年第三版。

《倶舎論音義の研究》，東京：思文閣出版，2010年。

Okada Mareo 岡田希雄（おかだ まれお）

《類聚名義抄の研究》，京都：一條書房，昭和十九年（1944）。

Okai Shingo 岡井慎吾（おかい しんご）

《日本漢字學史》，東京：明治書院，昭和九年（1934）9月初版；昭和十年（1935）10月再版。

Okimori Takuya 沖森卓也等（おきもり たくや）

《日本辭書辭典》，東京：おうふう，1996年。

Ōtsubo Heiji 大坪併治（おおつぼ へいじ）

《大方廣佛華嚴經古點の國語學的研究》，東京：風間書房，平成四年（1993）。

Pan Chonggui 潘重規主編

《敦煌俗字譜》，臺北：石門圖書公司，1978年。

Pan Jun 潘鈞

《日本辭書研究》，上海：上海人民出版社，2008年。

Qing Gong 秦公

《碑別字新編》，北京：文物出版社，1985年。

Qing Gong・Liu Daxin 秦公、劉大新

《廣碑別字》，北京：國際文化出版公司，1995年。

Ren Jiyu 任繼愈主編

《佛教大詞典》，南京：江蘇古籍出版社，2002年。

Satō Kiyoji 佐藤喜代治（さとう きよじ）編

《漢字講座—1・漢字とは》，東京：明治書院，昭和六十三年（1988）。

《漢字講座—6・中世の漢字とことば》，東京：明治書院，昭和六十三年（1988）。

《漢字百科大事典》，東京：明治書院，平成八年（1996）。

Sugimoto Tsutomu 杉本つとむ（すぎもと つとむ）編

《異體字研究資料集成》第一期（全十二冊），東京：雄山閣，昭和五十年（1975）。

《異體字研究資料集成》第二期（全八冊），東京：雄山閣，平成七年（1995）。

《日本文字史の研究》（《杉本つとむ著作選集》5），東京：八坂書房，1998年。

Takahashi Tadahiko・Takahashi Hisako 高橋忠彦、高橋久子（たかはし ただひこ・たかはし ひさこ）

《日本の古辞書》，東京：大修館書店，2006年。
Takata Tokio 高田時雄（たかた ときお）
　　《中國語史の資料と方法》，京都：京都大學人文科學研究所，1994年。
　　《敦煌・民族・語言》（鍾翀等譯），北京：中華書局，2005年。
　　《漢字文化三千年》，京都：臨川書店，2009年。
Tan Cui 譚翠
　　《〈磧砂藏〉隨函音義研究》，北京：中國社會科學出版社，2013年。
Tanaka Kaidō 田中塊堂（たなか かいどう）
　　《古寫經綜鑑》，大阪：三明社，昭和二十八年（1953）。
Tang Lan 唐蘭
　　《中國文字學》，上海：開明書店，1949年。
Tsukishima Hiroshi 築島裕（つきしま ひろし）
　　《大般若經音義の研究　本文篇》，東京：勉誠社，1977年。
　　《築島裕著作集》第三卷《古辭書と音義》，東京：汲古書院，2016年。
Uemura Wadō 植村和堂（うえむら わどう）
　　《日本の写経》，東京：理工學社，1981年。
Wang Haigen 王海根
　　《古代漢語通假字大字典》，福州：福建人民出版社，2006年。
Wang Huaquan 王華權
　　《一切經音義刻本用字研究》，桂林：廣西師範大學出版社，2011年。
Wang Song 王頌
　　《世界佛教通史》第九卷《日本佛教（從佛教傳入至公元20世紀）》（中國社會科學文庫・哲學宗教研究系列），北京：中國社會科學出版社，2015年。
Wang Yankun 王彦坤
　　《歷代避諱字典》，北京：中華書局，2009年。
Wei Daoru 魏道儒
　　《中國華嚴宗通史》，南京：江蘇古籍出版社，1998年。
Wu Chengyuan 吳澄淵
　　《新編中國書法大字典》，北京：世界圖書出版公司，2001年。
Wu Gang・Wu Damin 吳鋼、吳大敏
　　《東方古文化遺存補編——唐碑俗字錄》，西安：三秦出版社，2004年。
Xu Shiyi 徐時儀
　　《慧琳音義研究》，上海：上海社會科學院出版社，1997年版。
　　《玄應〈衆經音義〉研究》，北京：中華書局，2005年。
　　《一切經音義——三種校本合刊》，上海：上海古籍出版社，2008年。

Xu Shiyi・Chen Wuyun・Liang Xiaohong 徐時儀、陳五雲、梁曉虹編
　　《佛經音義研究——首屆佛經音義研究國際學術研討會論文集》，上海：上海古籍出版社，2006年。
　　《佛經音義研究通論》，南京：鳳凰出版社，2009年。
　　《佛經音義研究——第二屆佛經音義研究國際學術研討會論文集》，南京：鳳凰出版社，2011年。
Xu Shiyi・Liang Xiaohong・Matsue Takashi 徐時儀・梁曉虹・松江崇編
　　《佛經音義研究——第三屆佛經音義研究國際學術研討會論文集》，北京：上海辭書出版社，2015年12月。
Yamada Katumi 山田勝美（やまだ かつみ）
　　《難字大鑑》，東京：柏書房，昭和五十一年（1976）第二版。
Yamada Tadao 山田忠雄（やまだ ただお）編
　　《山田孝雄追憶：本邦辭書史論叢》，東京：三省堂，昭和四十二年（1967）。
Yamada Yoshio 山田孝雄（やまだ よしお）
　　《國語學史》，東京：宝文館，昭和十八年（1943）初版，昭和四十六年（1971）復刻版（宝文館藏版）。
Yang Baozhong 楊寶忠
　　《疑難字考釋與研究》，北京：中華書局，2005年。
　　《疑難字續考》', 北京：中華書局，2011年。
Yang Zengwen 楊曾文
　　《日本佛教史》（新版），北京：人民出版社，2008年。
Yao Yongming 姚永銘
　　《慧琳〈一切經音義〉研究》，南京：江蘇古籍出版社，2003年。
Yoshida Kanehiko 吉田金彦（よしだ かねひこ）
　　《古辞書と国語》，京都：臨川書店，2013年。
Yu Naiyong 余迺永校注
　　《新校互註宋本廣韻定稿本》，上海：上海人民出版社，2008年。
Yu Ting 于亭
　　《〈玄應一切經音義〉研究》，北京：中國社會科學出版社，2009年。
Zang Kehe 臧克和編
　　《中國石刻叢書・漢魏六朝隋唐五代字形表》，廣州：南方日報出版社，2011年。
Zeng Liang 曾良
　　《俗字及古籍文字通例研究》，南昌：百花洲文藝出版社，2006年。
　　《敦煌佛經字詞與校勘研究》，廈門：廈門大學出版社，2010年。
Zhang Jinquan・Xu Jianping 張金泉、許建平
　　《敦煌音義滙考》，杭州：杭州大學出版社，1996年。

Zhang Yongquan 張湧泉

《敦煌俗字研究》，上海：上海教育出版社，1996年。

《敦煌俗字研究導論》，臺北：臺灣新文豐出版公司，1996年。

《漢語俗字研究》，北京：商務印書館，2010年。

Zheng Xianzhang 鄭賢章

《〈新集藏經音義隨函錄〉研究》，長沙：湖南師範大學出版社，2007年。

《〈郭迻經音〉研究》，長沙：湖南師範大學出版社，2010年。

Zhou Zumo 周祖謨

《唐五代韻書集存》，北京：中華書局，1983年。

三、論文

Cai Zhonglin 蔡忠霖

《寫本與版刻之俗字比較研究》，南華大學文學系《文學新鑰》第3期，2005年7月。

Chen Dingming 陳定民

《慧琳一切經音義中之異體字》（上·中·下），《中法大學月刊》1933年3卷1期、2—3期合刊、4—5期合刊；1934年4卷4期。

Chen Donghui 陳冬輝

《日本歷代語文辭書及和刻本中國古代辭書對漢語史暨敦煌語言文字學研究的重要價值》，《百年敦煌文獻整理研究國際學術討論會論文集》（上冊），2010年。

《日本歷代語文辭書對漢語史研究的重要價值》，《辭書研究》2102年第2期，2012年6月。

Chen Wuyun 陳五雲

《現代漢字形似字初探》，《語文建設》（北京：國家語言文字工作委員會，1989年12月）第4期。

Chen Wuyun · Liang Xiaohong 陳五雲、梁曉虹

《石山寺本〈大般若經音義〉（中卷）俗字研究》，《中國語言學集刊（Bulletin of Chinese Linguistics）》（紀念李方桂先生中國語言學研究會、香港科技大學中國語言學研究中心）第三卷第一期，2008年12月。

Chen Yuanyuan 陳源源

《〈妙法蓮華經釋文〉所引佛典"音義書"考——以慧苑〈華嚴經音義〉與行瑫〈大藏經音疏〉爲例》，徐時儀、陳五雲、梁曉虹編《佛經音義研究——首屆佛經音義研究國際學術研討會論文集》，2006年。

《〈妙法蓮華經釋文〉音韻研究價值初探》，《江南大學學報》（人文社會科學版）第7卷第4期，2008年8月。

《〈妙法蓮華經釋文〉與俗字研究》，徐時儀、陳五雲、梁曉虹編《佛經音義研究——第二屆佛經音義研究國際學術研討會論文集》，2011年。

《〈大正藏〉本〈妙法蓮華經釋文〉校勘十例》，《合肥師範學院學報》2012年第1期，2012年3月。

Ding Feng 丁鋒

《殘存最早佛經音義考——隋釋曇捷及其所著〈法華經字釋〉》，徐時儀、陳五雲、梁曉虹編《佛經音義研究——首屆佛經音義研究國際學術研討會論文集》，2006年。

《東渡唐僧道璿及其〈華嚴傳音義〉研究》，大東文化大學語學教育研究所《語學教育フォーラム》第32號，2017年3月。

Dong Zuobin・Wang Hengyu 董作賓、王恒餘

《唐武后改字考》，《中央研究院歷史語言研究所集刊》（第34本下冊）；臺北："中央"研究院歷史語言研究所，1963年。

Dou Huaiyong 竇懷永

《唐代俗字避諱試論》，《浙江大學學報》（人文社會科學版）第39卷第3期，2009年5月。

Enoki Hisashige 榎木久熏（えのき ひさしげ）

《高山寺藏寬喜元年識語本新訳華厳経をめぐって》，《鎌倉時代語研究》第23號，2000年10月。

Fang Guoping 方國平

《漢語俗字在日本的传播》，《漢字文化》2007年第5期。

《〈類聚名義抄〉俗字研究》，浙江財經學院人文學院碩士學位論文，2009年。

Fujitani Atsuo 藤谷厚生（ふじたに あつお）

《金光明經の教学史的展開について》，四天王寺國際佛教大學紀要大學院第4號，人文社會學部第39號，短期大學部第47號，2005年。

Fukuda Jōnosuke 福田襄之介（ふくだ しょうのすけ）整理

《家藏大般若経音義について》（岡井慎吾遺稿），岡山大學法文學部《學術紀要》第11號，昭和三十四年（1969）。

Fukushi Jinin 福士慈稔（ふくし じにん）

《日本の三論宗と法相宗の海東仏教認識について》，印度學佛教學會《印度學佛教學研究》第61卷第2號，平成二十五年（2013）3月。

Guo Wanqing 郭萬青

《〈妙法蓮華經釋文〉引〈國語〉例讀劄——兼及《釋文》的文獻學價值》，徐時儀、陳五雲、梁曉虹編《佛經音義研究——第二屆佛經音義研究國際學術研討會論文集》，2011年。

Hashimoto Shinkiti橋本進吉（はしもとしんきち）

《信瑞の淨土三部經音義集に就いて》，《佛書研究》第十二號，大正四年（1915）8月10日。

《石山寺藏〈古鈔本大般若經音義〉中卷解説》，《大般若經音義》（中卷），古典保存會發行，昭和十五年（1940）。

《南京遺文拾遺解説・第十一古鈔本四分律音義》，《南京遺文附卷・南京遺 芳附卷》（宮内廳正倉院事務所），八木書店，昭和六十二年（1987）。

Hatono Keisuke鳩野惠介（はとのけいすけ）

《無窮会本図書館蔵本〈大般若経恩義〉における異体字表示の述語について》（国語文字史研究会編）《国語文字史の研究十一》，大阪：和泉書院，2009年5月。

He Hannan 何漢南

《武則天改制新字考》，《文博》1987年第4期。

He Huazhen 何華珍

《俗字在日本的傳播研究》，《寧波大學學報》（人文科學版）第24卷第6期；2011年11月。

He Huazhen・Lin Xiang´e 何華珍、林香娥

《日本漢字研究的歷史與現狀》，語言文字網， http://www.yywzw.com/stw/stw5-09.htm。

Hirai Hidefumi平井秀文（ひらいひでふみ）

《大般若經音義古鈔本解説稿》，《九大國文學會誌》第12號，昭和十二年（1937）3月。

《天正本浄土三部経音義の和訓》，九州大學國語國文學會編《語文研究》第16號，1963年6月。

Huang Shouyong 黄壽永

《新羅白紙墨書華厳経について》，每日新聞社《佛教藝術》127，（昭和五十四年（1979）11月25日）。

I Gyugap李奎甲

《根據日本金剛寺本〈玄應音義〉的字形分析考察誤字與異體字的界限》，第七屆漢文佛典語言學會國際學術研討會（貴州：貴陽師範大學）發表論文，2013年8月。

Ikeda Shōju池田証寿（いけだしょうじゅ）

《上代佛典音義と玄應一切經音義—大治本新華嚴經音義と信行大般若經音義の場合—》，《國語國文研究》六四號，昭和五十五年（1980）9月。

《新譯華嚴經音義私記の性格》，《國語國文研究》第75號（北海道大學國文學會），昭和六十一年（1986）。

《新譯華嚴經音義私記成立の意義――慧苑音義を引用する方法の檢討を中心に――》,《訓點語と訓點資料》七, 昭和六十二年 (1987) 3月。

《〈新譯華嚴經音義私記〉について――先行音義との關係――》,《北大國語學講座二十周年記念――論緝・辭書・音義》, 汲古書院, 昭和六十三年 (1988)。

《図書寮本類聚名義抄所引玄応音義対照表》(上)(下),《人文科学論集》第25號, 26號, 信州大学人文学部, 1990年10月, 1991年3月。

《図書寮本類聚名義抄と玄応音義との関係について》,《國語國文研究》第88號, 北海道大學國語國文學會, 1991年3月。

《図書寮本類聚名義抄出典略注》,《古辞書とJIS漢字》第3號, 2000年3月。

《高山寺藏新譯華嚴經音義と宮内庁書陵部藏宋版華嚴經》,《日本學・敦煌學・漢文訓読の新展開――石塚晴通教授退職記念》, 東京: 汲古書院, 平成十七年 (2005)。

Inoguchi Takashi 井野口孝(いのぐちたかし)

《新譯華嚴經音義私記の訓詁――原本系〈玉篇〉の利用――》, 大阪市立大學《文學史研究》第15號, 昭和四十九年 (1974)。

《〈新譯華嚴經音義私記〉所引〈玉篇〉佚文(資料)》, 愛知大學《國文學》24・25號, 昭和六十年 (1985)。

《大治本〈新華厳経音義〉所引〈玉篇〉佚文(資料)・其一》, 愛知大學《國文學》32號, 1991年11月。

《大治本〈新華厳経音義〉所引〈玉篇〉佚文(資料)・其二》, 愛知大學《國文學》33號, 1993年12月。

Ishizuka Harumichi 石塚晴通(いしづか はるみち)

《小川廣巳藏・大東急記念文庫藏〈孔雀經單字〉解題》,《古辭書音義集成》第十七卷, 昭和五十八年 (1983)。

《〈新譯華嚴經音義私記〉索引》,《古辭書音義集成》第一卷, 昭和六十三年 (1988) 年第二版。

《唐招提寺本孔雀經音義》, 北海道大學文學部國語講座所編《北大國語學講座二十周年記念論輯 辭書・音義》, 東京: 汲古書院, 1988年。

Jia Zhi 賈智

《字体からみた〈新訳華厳経音義私記〉の撰述手法》, 九州大学文学部国語学・国文学研究室《語文研究》第112號, 2011年12月。

《〈新訳華厳経音義私記〉所引の字様について(一)――用例の採集と考察――》, 訓点語学会《訓点語と訓点資料》第128輯, 2013年3月。

《〈新訳華厳経音義私記〉所引の字様について(二)――用例の考察と考分析――》, 訓点語学会《訓点語と訓点資料》第129輯, 2013年10月。

《〈新訳華厳経音義私記〉における字様の利用について》, 石塚晴通編《漢字

字體史研究》，東京：勉誠出版，2012年。

《〈新訳華厳経音義私記〉と〈新華厳経音義〉との関係について》訓点語学会，《訓点語と訓点資料》第130輯，2013年10月。

Jiang Lihong 蔣禮鴻

《中國俗文字學研究導言》，《杭州大學學報》，1959年第3期。

Jiang Shuzhuo 蔣述卓

《慧叡未著〈十四音訓〉》，《讀書》1988年01期。

Kataoka Osamu 片岡了（かたおか　おさむ）

《〈大乘理趣六波羅蜜經釋文〉〔神田喜一郎刊〕》，大谷學會編《大谷學報》52卷1號，1972年6月。

Kawase Kazuma 川瀨一馬（かわせ かずま）

《承曆鈔本金光明最勝王經音義について》，大東急記念文庫編《かがみ》（年刊），1959年3月。

《保延二年寫法華經單字 解説》，古辭書刊行會《原裝影印版古辭書叢刊 別卷 法華經單字》，雄松堂書店，昭和四十八年（1973）。

Kindaichi Haruhiko 金田一春彦（きんだいち はるひこ）

《金光明最勝王經音義みえる一種の万葉假名遣について》，東京大學國語國文學會編集《國語と國文學》24之11，昭和二十二年（1947）。

Kobayashi Yoshinori 小林芳規（こばやし よしのり）

《〈一切經音義〉解題》，《古辭書音義集成》第九卷，昭和五十六年（1981）。

《〈新譯華嚴經音義私記〉解題》，《古辭書音義集成》第一卷，昭和六十三年（1988）第二版。

Kondo Yasuhiro 近藤泰弘（こんどう やすひろ）

《承曆三年本金光明最勝王經音義の以呂波歌について—音圖と色葉歌との交渉—》，訓點語學會編《訓點語と訓點資料》第六六輯，昭和五十六年（1981）12月。

Li Hong 李紅

《〈韻詮〉與早期韻圖模式演進之關係》，《吉林大學社會科學學報》，2011年，第2期。

Li Jingjie 李静傑

《關於武則天"新字"的幾點認識》，《故宮博物院院刊》1997年第4期。

Li Xu 李旭

《漢字與日本文化之淵源略考》，《電子科技大學學報》（社科版）2010年（第23卷）第6期。

Li Wuwei 李無未

《日本傳統漢語音韻學研究的特點》，《廈門大學學報》第6期，2007年11月。

Li Wuwei・Yu Dongmei 李無未、于冬梅

《日本學者的梵漢對譯音研究》,《延邊大學學報》(社會科學版),第39卷第3期,2006年9月。

Li Yuan 李媛

《關於利用日本資料的〈篆隸萬象名義〉的文本研究——以《大乘理趣六波羅蜜經釋文》爲例》,徐時儀、梁曉虹、松江崇編《佛經音義研究——第三屆佛經音義研究國際學術研討會論文集》,上海辭書出版社,2015年。

Liang Xiaohong 梁曉虹

《〈新譯大方廣佛華嚴經音義〉與〈新譯華嚴經音義私記〉之詞彙比較研究》,南山大学《アカデミア・文学語学編》第七九號,2006年1月。

《日本現存佛經音義及其史料價値》,徐時儀、陳五雲、梁曉虹《佛經音義研究——首屆佛經音義研究國際學術研討會》,2006年。

《清淨法行經語詞考辨》,梁曉虹《佛教與漢語史研究——以日本資料爲中心》,上海古籍出版社,2008年。

《日本所存八十卷〈華嚴經〉音義綜述》,徐時儀、陳五雲、梁曉虹《佛經音義研究——第二屆佛經音義研究國際學術研討會論文集》,鳳凰出版社,2011年。

《奈良時代日僧所撰"華嚴音義"與則天文字研究》,中國社會科學院語言研究所歷史語言研究編輯部編《歷史語言研究》第四輯(商務印書館),2011年11月。

《日僧所撰〈大般若經〉音義綜述》,韓國交通大學東亞研究所/上海師範大學人文與傳播學院主編《東亞文獻》第12期,2013年12月。

《無窮會圖書館藏本〈大般若經音義〉與異體字研究》,《漢語研究的新貌:方言、語法與文獻》,香港中文大學中國文化研究吳多泰中國語文研究中心,2016年。

《日僧湛奕著〈淨土論注音釋〉考論》,《文獻語言學》(北京語言大學漢語史與古文獻研究所編)第三輯,中華書局,2017年4月。

Liang Xiaohong・Chen Wuyun 梁曉虹、陳五雲

《〈孔雀經單字〉漢字研究》,南山大学《アカデミア・文学語学編》第81號,2007年1月。

《〈四分律音義〉俗字拾碎》,南山大学《アカデミア・文学語学編》第83號,2008年1月。

《新譯華嚴經音義私記俗字研究・上》,韓國忠州大學《東亞文獻研究》第四輯,2009年6月。

《新譯華嚴經音義私記俗字研究・中》,韓國忠州大學《東亞文獻研究》第五輯,2009年12月。

《新譯華嚴經音義私記俗字研究・下》,韓國忠州大學《東亞文獻研究》第六

輯，2010年8月。

Liang Xiaohong・Chen Wuyun・Xu Shiyi 梁曉虹、陳五雲、徐時儀
《新華嚴經音義與新譯華嚴經音義私記之俗字比較研究》，南山大学《アカデミア・文学語学編》第88號，2010年6月。

Lin Zhongpeng 林忠鵬
《〈新撰字鏡〉的成書過程及其語言史意義》，《日本學論壇》（東北師範大學），2005年第1期，2005年1月。

Liu Chunsheng 劉春生
《慧苑及〈華嚴經音義〉的幾點考證》，《貴州大學學報》1992年第二期。

Lu Xixing 陸錫興
《論武則天制字的幾個問題》，《中國文字研究》第十四輯，鄭州：大象出版社，2011年。

Mabuchi Kazuo 馬渕和夫（まぶち かずお）
《醍醐寺三寶院藏法華經釋文の字音について》，《國語と國文學》四九卷五號，昭和四十七年（1972）5月。

Miao Yu 苗昱
《〈華嚴音義〉研究》，蘇州大學博士學位論文，2005年。
《〈華嚴音義〉版本考》，徐時儀、陳五雲、梁曉虹編《佛經音義研究——首屆佛經音義研究國際學術研討會論文集》，2006年。
《〈新譯華嚴經音義私記〉注音研究》，徐時儀、陳五雲、梁曉虹編《佛經音義研究——第二屆佛經音義研究國際學術研討會論文集》，2011年。

Miho Tadao 三保忠夫（みほ ただお）
《大治本新華嚴經音義の撰述と背景》，《南都佛教》第33號，昭和四十九年（1974）。
《元興寺信行撰述の音義》，東京大學國語國文學會《國語と國文学》第6期，1974年。

Minoura Naomi 箕浦尚美（みのうら なおみ）
《玄應撰〈一切經音義〉書誌—金剛寺．七寺．東京大學史料編纂所．西方寺藏玄應撰〈一切經音義〉について》，國際佛教學大學院大學學術フロンティア實行委員會編《日本古寫經善本叢刊第一輯・玄應撰〈一切經音義〉二十五卷》，2006年3月。

Miyazawa Toshimasa 宮澤俊雅（みやざわ としまさ）
《妙法蓮華経釈文の初稿と改訂について》，東京大學國語國文學會《國語と國文學》昭和五十年（1975）6月號。
《図書寮本類聚名義抄と妙法蓮華経釈文》，松村明教授還曆記念會編《松村明教授還曆記念国語学と国語史》，明治書院，昭和五十二年（1977）。

《図書寮本類聚名義抄と法華音訓》，《北大国語学講座二十周年記念論輯辞書・音義》，汲古書院，1988年。

Mizuno Masayoshi水野正好（みずの まさよし）

《日本人と文字との出会い・則天文字の広まり》，平川南《古代日本の文字世界》；東京：大修舘書店，2000年。

Mizutani Sinjō 水谷真成（みずたに しんじょう）

《佛典音義書目》，《大谷學報》第二十八卷第二號，昭和二十四年（1949）3月。

Mochizuki Shinkō望月信亨（もちづき しんこう）

《敬西房信瑞の著書》，《佛書研究》第五號，大正四年（1915）1月10日。

Nakada Norio中田祝夫（なかだ のりお）

《珠光編淨土三部經音義・解説》，東京：勉誠社，昭和五十二年（1977）。

Nam Pung Hyun南豊鉉（남풍현）

《新羅僧 順憬과 憬興의 法華經 註釋書에 대하여（Remarks on the Silla monks Sungyeong（順憬）・Gyeongheung（憬興） and their annotations of Saddharma-pundarika sutra（法華經）》，《口訣研究》第10輯，2003年2月。

Nishizaki Tōru西崎亨（にしざき とおる）

《西大寺蔵本〈大般若経音義〉について—研究と訓纂—》，武庫川女子大學國文學會編《武庫川國文》，37號，1991年3月。

《古梓堂文庫蔵本大般若経音義の声点》，武庫川女子大學大學院文學研究科日本語日本文學専攻編《日本語日本文學論叢》（2），2007年3月。

《高野山大学蔵本倶舎論音義について》，《倶舎論音義の研究》；東京：思文閣出版，2010年。

《金沢文庫蔵本倶舎論音義について》，《倶舎論音義の研究》；東京：思文閣出版，2010年。

《京大転写蔵本倶舎論音義のオ・ヲの仮名遣について》，《倶舎論音義の研究》，東京：思文閣出版，2010年。

《倶舎論音義続貂 京大国文研究室（転写）本・高野山大本・金沢文庫本の和訓》，《倶舎論音義の研究》；東京：思文閣出版，2010年。

Numoto Katsuaki沼本克明（ぬもと かつあき）

《石山寺藏の辞書・音義について》，《石山寺の研究——一切經篇》，法藏館，昭和五十三年（1978）。

《石山寺一切經藏本・大般若經字抄解題》，《古辭書音義集成》第三卷《大般若經音義・大般若經字抄》，東京：汲古書院，昭和五十三年（1978）。

《高山寺藏資料について》，《高山寺典籍文書の研究》，東京大學出版會，昭和五十五年（1980）。

《無窮會本大般若經音義の音注について》,《築島裕博士傘壽記念 國語學論集》,東京:汲古書院,平成十七年(2005)。

Ochiai Toshinori 落合俊典(おちあい としのり)・Fang Guangchang 方廣錩

《寫本一切經的資料價值》,中國社會科學院世界宗教研究所《世界宗教研究》2000年第2期,2000年4月。

《敦煌の佛典と奈良平安寫經—分類學的考察—》,高田時雄編《漢字文化三千年》,2009年。

Ohnuma Haruki 大沼晴暉(おおぬま はるき)

《浜野文庫善本略解題(三)》,慶應義塾大學學術情報リポジドリ《斯道文庫論集》,第25,1990年。

Okada Mareo 岡田希雄(おかだ まれお)

《至德三年版心空〈法華經音訓〉解説》,貴重圖書影本刊行會,昭和六年(1931)5月。

《仁和寺所藏の法華經音訓異版に就いて》,真言宗聯合京都大學而真會編《密宗學報》218號,1931年12月。

《至德三年版心空法華經音訓續考》,《龍谷大學論叢》第300號,1931年12月。

《心空上人の三著書に就いて》,《倭點法華經》下(《日本古典全集之内》),東京:日本古典全集刊行會,昭和九年(1934)。

《禪林類聚音義四喜管蒼集解説》,《立命館文學》第五卷,第一號,昭和十三年(1938)。

《新譯華嚴經音義私記解説》,日本貴重圖書影本刊行會復製本付載,昭和十四年(1939)。

《淨土三經音義攷》,《龍谷學報》第324號,昭和十四年(1939)。

《新譯華嚴經音義私記倭訓攷》,《國語國文》第十一卷三號,昭和十六年(1941)3月;昭和三十七年(1962)8月再刊。

Okai Shingo 岡井慎吾(おかい しんご)

《大般若經字抄について》,京都帝國大學國文學會《國語・國文》第七卷第二號,昭和十二年(1937)。

Ogura Hajime 小倉肇(おぐら はじめ)

《金光明最勝王經音義字音攷(Ⅰ)(Ⅱ)(Ⅲ)—資料篇(上)(中)(下)》,《弘前大學教育學部紀要》四一・四二・四三號,昭和五十三年(1978)9月、昭和五十四年(1979)2月、9月。

Okumura Mitsuo 奧村三雄(おくむら みつお)

《俱舍論音義和訓のアクセント》,《岐阜大學學藝學部研究報告(人文科學)》,第八號,1959年。

Ōshiba Seien 大柴清圓（おおしば せいえん）

《〈篆隸萬象名義〉における俗字の研究（1）—後漢の隸変字から魏晋の草書の楷書化まで—》，《高野山大學密教文化研究所紀要》第21號，2008年2月。

《〈篆隸萬象名義〉における俗字の研究（2）—魏晋から隋唐までの楷書の俗字—》，《高野山大學密教文化研究所紀要》第22號，2009年2月。

《〈篆隸萬象名義〉における俗字の研究（3）—付録・〈篆隸萬象名義〉俗字表—》，《高野山大学密教文化研究所紀要》第24號，2011年2月。

Okimori Takuya 沖森卓也（おきもり たくや）

《孔雀經音義について》，高山寺典籍文書綜合調查團《高山寺典籍文書の研究》（高山寺資料叢書 別卷），東京大學出版社，1980年。

Park Sangguk 朴相國

《新羅白紙墨書・大方廣佛華嚴經・解題》，Seoul（首爾）：韓國文化財廳，2001年出版。

Qi Yuantao 齊元濤

《武周新字的構形學考察》，《陝西師範大學學報》第34卷第6期，2005年11月。

Saga Tousyu 佐賀東周（さが とうしゅう）

《松室釋文と信瑞音義》，佛教研究會編《佛教研究》第一卷第叁號，1920年10月。

Shi Anchang 施安昌

《唐代正字學考》，《故宮博物院院刊》1982年第3期。

《從院藏拓本探討武則天造字》，《故宮博物院院刊》1983年第4期。

《關於武則天造字的誤識與結構》，《故宮博物院院刊》1984年第4期。

《武則天造字之訛變——兼談含"新字"文物的鑒別》，《故宮博物院院刊》1992年第4期。

Shi Guanghui 史光輝

《信瑞〈淨土三部經音義集〉在語言研究方面的價值》，《中國社會科學院研究生院學報》2012年第4期，2012年12月。

Shimizu Fumito 清水史（しみず ふみと）

《小川本新譯華嚴經音義私記音注攷——その資料的分析と整理（一）》，國學院大學栃木短期大學國文學會《野州國文學》21號，昭和五十三年（1978）3月。

《承曆三年本金光明最勝王經音義音注攷—意譯漢字の場合・聲母篇—》，國學院大學栃木短期大學國文學會《野州國文學》第27號，昭和五十六年（1981）3月。

Shirafuji Noriyuki 白藤禮幸（しらふじ のりゆき）

《上代文獻に見える字音注について（三）—信行〈大般若經音義〉の場合—》，《茨城大學人文學部紀要》第4號，昭和四十五年（1970）12月。

《上代文献に見える字音注について（四）—〈新譯華嚴經音義私記〉の場合—》，《茨城大學人文學部紀要・文學科論集・通號4號》1970年12月。

《国語史資料集—図録と解説—》NO.10《新譯華嚴經音義私記》（國語學會編），東京：武藏野書院，昭和五十一年（1976）。

《高山寺古辭書資料第二・解説》，《高山寺典籍文書綜合調查團編高山寺資料叢書》第十二冊，東京大學出版會，1983年。

Suzuki Makio 鈴木真喜男（すずき まきお）

《新譯華嚴經音義私記の直音音注》，《文藝と思想》第十八號，昭和三十四年（1959）11月。

Takahashi Hiroyuki 高橋宏幸（たかはし ひろゆき）

《〈金剛頂一字頂輪王儀軌音義〉攷（上）》，都留文科大學國文學會《國學論考》26，1990年3月。

Takamatsu Masao 高松政雄（たかまつ まさお）

《法華釈文反切考》，訓点語学会《訓点語と訓点資料》第55號，1974年11月。

《吳音・漢音—珠光〈淨土三部經音義〉より—》，岐阜大學《教育學部研究報告・人文科學》22號，1974年。

Takata Tokio 高田時雄（たかた ときお）

《可洪隨函錄と行瑫隨函音疏》，高田時雄編《中國語史の資料と方法》，京都大學人文科學研究所，1994年。

《玄應音義について》，國際佛教大學院大學學術フロンティア實行委員會《日本古寫經善本叢刊第一輯》，2006年。

Tang Yongtong 湯用彤

《談一點佛書的《音義》——讀書札記》，《光明日報》，1961年10月19日。

Tokiwa Daijō 常盤大定（ときわ だいじょう）

《武周新字の一研究》，《東方學報》第6卷，1936年。

Todo Kyosyu 藤堂恭俊（とうどう きょうしゅん）

《德川時代後期の往生論注末書 解説—特に浄全続五卷所收本について》，《浄土宗全書》続第五卷，東京：山喜房佛書林，昭和四十七年（1972）。

Tsukishima Hiroshi 築島裕（つきしま ひろし）

《大般若經音義諸本小考》，東京大學教養部《人文科學科紀要》第21輯。昭和三十五年（1960）3月。

《法華經音義について》，山田忠雄編《山田孝雄追憶：本邦辭書史論叢》，昭和四十二年（1967）。

《高山寺藏本一字頂輪王儀軌音義について》，國語學會《國語學》71集，昭和四十二年（1967）12月。

《真興撰大般若經音義について》，長澤先生古稀記念圖書學論集刊行会編《圖

書學論集：長澤先生古稀記念》，東京：三省堂，1973年。

《無窮會本系大般若經音義附載の篇立音義について》，《村松明教授還曆記念・國語學と國語史》，東京：明治書院，1977年。

《石山寺一切經藏本・大般若經音義・解題》，《古辭書音義集成》第三卷；昭和五十三年（1978）年第二版。

《石山寺經藏の古訓點本について》，石山寺文化財綜合調査團《石山寺經の研究——切經篇—》，东京：法藏館，昭和五十三年（1978）。

《來迎院如來藏本・大般若經音義・解題》，《古辭書音義集成》第三卷，昭和五十三年（1978）年第二版。

《〈四分律音義〉解題》，《古辭書音義集成》第二卷，東京：汲古書院，昭和五十四年（1979）。

《孔雀經音義 二種 解題》（醍醐寺藏），《古辭書音義集成》第十一卷，昭和五十八年（1983）。

Wang Bangwei 王邦維

《略論大乘〈大般涅槃經〉的傳譯》，中華佛學研究所《中華佛學學報》第六期，1993年。

Wang Sanqing 王三慶

《敦煌寫卷中武后新字之調查研究》，《漢學研究》第4卷第2期，1986年12月。

Wang Xiaoping 王曉平

《日本漢籍古寫本俗字研究與敦煌俗字研究的一致性—以日本國寶〈毛詩鄭箋殘卷〉爲中心》，《藝術百家》2010年第1期。

《敦煌俗字研究方法對日本漢字研究的啓示—〈今昔物語集〉訛別字考》，《天津師範大學學報》（社會科學版）2011年第五期。

Watanabe Osamu 渡辺修（わたなべ おさむ）

《図書寮蔵本類聚名義抄石山寺蔵本大般若経とについて》，國語學會編輯《國語學》第十三・十四輯，東京：武藏野書院刊行，昭和二十八年（1953）10月。

《類聚名義抄の吳音の体系》；東京大学国語国文学会 編《国語と国文学》第47卷第10號，1970年10月。

Wei Le・Wei Yixin 韋樂、韋一心

《〈海篇直音〉新考》，《辭書研究》2015年第1期。

Xiong Jiaquan 熊加全

《〈正字通〉俗訛字考》，《河北大學學報》（哲學社會科學版）第36卷第4期。2011年8月。

Xu Chaodong 徐朝東

《〈妙法蓮華經釋文〉三種例外音切之考察》，《山西大學學報》（哲學社會科學版）第33卷第4期，2010年7月。

Xu Shiyi 徐時儀

《〈一切經音義〉與古籍整理研究》,《古籍整理研究學刊》, 2009年第1期。

《〈一切經音義〉的流傳與版本考探》, 國際佛教大學院大學 "公開シンポジュウム、仏教古写経の意義をめぐって——奈良平安寫經と敦煌寫經——》, 2006年2月。

Xu Shiyi・Li Fengyuan 徐時儀、李豐園

《唐代新興韻書〈韻詮〉考探》,《辭書研究》第3期, 2007年。

Yamada Yoshio 山田孝雄（やまだ よしお）

《一切經音義刊行の顛末》, 昭和七年（1932）。

Yamada Kenzo 山田健三（やまだ けんぞう）

《木曽定勝寺蔵大般若経音義にういて》, 信州大學人文學部《内陸文化研究》(4), 2005年2月。

《福州版一切経附載音釈の形成過程》, 信州大學人文學部《人文科学論集文化コミュニケーション学科編》, 43卷, 2009年3月。

Yamamoto Hideto 山本秀人（やまもと ひでと）

《図書寮本類聚名義抄における真興大般若経音訓の引用法について—叡山文庫蔵息心抄所引の真興大般若経音訓との比較より—》,《訓点語と訓点資料》85號, 訓点語学会, 平成二年（1990）。

《高野山大学蔵経写本について》, 高知大學國語國文學會《高知大國文》39號, 2008年。

Yan Beiming 嚴北溟

《談談一部古佛教辭典——〈一切經音義〉》, 上海:《辭書研究》1980年第3期, 1980年9月。

Yasui Kōzan 安居 香山（やすい こうざん）

《淨土三部經音義集における緯書》, 佐藤密雄博士古稀記念論文集刊行會編《佐藤博士古稀記念仏教思想論叢》, 東京: 山喜房佛書林, 1972年

Yoshida Kanehiko 吉田金彦（よしだ かねひこ）

《法華經釋文について》, 京都大學文學部《京都大學國文學會》第21卷, 昭和二十七年（1952）。

《図書寮本類聚名義抄出典攷（中）》, 訓点語学会《訓点語と訓点資料》3, 1954年。

《俱舎論音義について》,《國語國文》二三卷六號, 1954年6月。

《国語学における古辞書研究の立場—音義と辞書史—》, 國語學會編輯《國語學》第23號。1955年9月。

《成唯識論音義について》, 京都大學文學部國語學國文學研究室編《國語國文》二四卷一二號, 1955年12月。

《法華經音義二點》，《國語國文》二六卷三號，1957年1月。

《醍醐寺藏妙法蓮華經釋文解題》，《古辭書音義集成》第四卷，東京：汲古書院，昭和六十二年（1987）第二版。

Yu Lixian 俞莉嫻

《慧苑音義研究》，上海師範大學碩士學位論文，2009年5月。

Yu Wanli 虞萬里

《〈倭名類聚抄〉引〈方言〉參證》，《東亞文化交流與經典注譯》，2008年12月。

Zeng Ruohan 曾若涵

《字書化的佛經音義——珠光〈淨土三部經音義〉對〈玉篇〉的接受》，三重大學《人文論叢》第32號，2015年。

Zhang Hui 張煇

《試論唐代字樣之學》，《延邊教育學院學報》第22卷第2期，2008年4月。

Zhang Jinquan 張金泉

《敦煌佛經音義寫經述要》，《敦煌研究》1997年第2期。

Zhang Minquan・Tian Di 張民權、田迪

《宋代韻書中的俗字標識與文字觀念研究》，《南昌大學學報》（人文社會科學版）第44卷第3期，2013年5月。

Zhang Qiong 章瓊

《漢字異體字論》，中國國學網（http://www.confucianism.com.cn/html/hanyu/1267385.html）。

Zhang Yongquan 張湧泉

《韓、日漢字探源二題》，《中國語文》2003年第4期（總第295期）。

Zhao Qingshan 趙青山

《〈金光明經懺悔滅罪傳〉相關問題考——從日本金剛寺本談起》，《敦煌學輯刊》2014年第1期。

Zhou Chenye 周晨嘩

《〈倭楷正訛〉俗字研究》，上海師範大學碩士學位論文，2012年。

Zhou Yamin 周亞民

《日本江戶初期漢字異體字知識庫的建立》，《臺北大學中文學報》第11期，2012年3月。

Zhou Zumo 周祖謨

《日本的一種古字書〈新撰字鏡〉》，《文獻》（中國國家圖書館），1990年第2期，1990年6月。

後　　記

　　記得書稿正文是去年八月在蘭州出差時結束的。那天上午我去甘肅博物館看了展覽，傍晚又去有"天下黃河第一橋"之稱的中山橋觀賞了夜景。在博物館看展覽時，駐足時間最長的當然是妙相莊嚴的佛教文物展。魏晉南北朝時期，敦煌和涼州曾是佛經翻譯中心，也曾是到洛陽和江南傳佛高僧的輸出地。展出的多件藝術珍品，皆令人流連忘返，而最令我興奮的自然是寫經，有北魏的《觀佛三昧海經》、北涼的《法句經》，還有西夏文和藏文的寫經。直觀具有如此悠久歷史的寫經，我還是第一次。就是那天的下午回到酒店後，很順利地就把最後的文字寫完了……

　　寫這本書的初衷是想將日本佛經音義較爲全面地介紹給中國學者。

　　我研究日本佛經音義近十年了。在資料的收集過程中，我發現日本不僅有大量豐富的中國傳統佛經音義的珍貴寫本，還有古代日本僧人所撰著的大量的單經音義。這部分內容在日本國內深受學界重視，已多有研究，且成果豐碩。然而多不被中國國內學者所知，對其研究自也較少。即使有一些學者開始關注到這些資料，但又或因難以見到古寫本之"本來面目"，或因未能參考日本學者的研究成果，故對其研究與論述，往往難以做到全面和深入。特別是有些年輕學者，僅用一兩部音義就概括"日本佛經音義"的特色，或探討"日本佛經音義"的價值。之所以會出現這種"以偏概全"的現象，最主要的原因當然是對日本佛經音義沒有較爲全面的認識。2015年我在中華書局出版了《日本古寫本單經音義與漢字研究》一書，其中精選了十部音義，從漢字的角度展開研究。儘管這十部音義可謂日本佛經音義之精品，堪爲日本佛經音義之代表，但隨著研究的深入、資料收集範圍的擴展，我認爲這還不夠，愈加迫切地認爲有必要將日本佛經音義加以整理，較爲全面地把這部分資料介紹給國內的學者，以便能有更多的學者使用這部分資料，促進學術研究的深入。

　　對日本佛經音義進行研究，可從不同角度展開。而近幾年來，我的研究主要是從漢字，特別是漢字在海外傳播的角度進行的。2016年9月，我應邀參加了"鄭州大學漢字文明研究中心成立儀式暨漢字文明學科建設國際專家座談會",更有幸被聘爲該中心客座教授。在會議上,與研究中心主任李運富教授暢談甚快。話題中就有較爲全面地整理日本佛經音義的想法,受到運富教授的肯定,并應允成果可納入鄭州大學漢字文明研究中心"漢字文明研究"成果系列來出版,幫我解決了出版經費這個頗爲尷尬的難題,使我添加動力,增强信心。有如此機緣,這本書就定位於從"日本漢字資料研究"的角度來整理研究日本佛經音義。

我在《日本古寫本單經音義與漢字研究》的"後記"曾解釋爲何要從漢字的角度研究日本佛經音義。這既是因爲日本學者對佛經音義的研究主要是在國語學、訓點資料、漢字音等領域,對漢字的關注度相對還不夠,也是因爲近年來中國國内漢字俗字研究、漢字的域外傳播研究等在學界衆賢的努力下,呈興旺之勢,而日本佛經音義正可從資料上爲其填補空白。當然,還有一個很重要的原因是在於佛經音義本身。佛經音義專門解釋佛經中難字、難詞,而日本佛經音義的特點之一就是以"字"爲主,有些音義就可被認爲是某部佛經的"單經字書"。而且,日本佛經音義大多是古寫本,其中值得研究的内容實在是太豐富了!如此鮮明特色,自然就決定了日本佛經音義作爲漢字研究的資料,十分寶貴。《日本古寫本單經音義與漢字研究》一書就是基於這樣的出發點完成的。

本書與前者宗旨相同,但形式有異。如前述及,筆者初衷是對日本佛經音義進行較爲全面的整理研究,所以主要章節根據音義内容而分,如第二章"華嚴部音義",第三章"般若部音義",第四章"法華部音義"等。而漢字研究的内容主要置於"學術價值"部分。日本佛經音義的學術價值體現於多個方面,本書則主要從"日本漢字資料研究"這個角度展開論述。所以各章節中第一節基本是盡可能全面地對該部佛經音義進行考察,而其後之"節"重點考察該部佛經音義中之"名篇",而漢字研究的内容則包括在内。

書稿雖然完成了,但仍覺得有很多遺憾。首先當然是肯定不夠"全"。因爲時間關係,也因爲某些資料實在難以入手,一定還有不少"遺珍"。其次是有些音義中的漢字資料,尚未能展開進行較爲深入研究,有待於今後的努力。

從2015年到2017年,我申請獲得了日本學術振興會(JSPS)"基盤研究(C,課題號碼爲15K02580)"的科研費,當時的課題是"日本古寫本单経音義における異体字研究—『大般若経音義』三種を中心として"，這是本書内容的重要内容之一。儘管此書付梓之時，課題已經結項，但是我仍要表示由衷的感謝。另外，也要感謝2015年度、2016年度、2017年度南山大學パッヘ研究獎勵金。因爲有了這些，我才得以有機會拜訪時賢學友，參加各種學術會議和學術交流活動，甚至有機會到敦煌、蘭州實地考察中國古寫本，也能到大阪杏雨書屋、東京國立國會圖書館等地收集日本寫本資料。

本書能在中國社會科學出版社出版，要特別感謝鄭州大學漢字文明研究中心。儘管我獲得了日本學術振興會的科研費和南山大學パッヘ研究的獎勵金，但這些經費不能用於出版。所以在研究的過程中，一直有出版經費的困擾。鄭州大學漢字文明研究中爲本書的出版提供了贊助，作爲該中心的客座教授，我有一種自己就是該中心大家庭中一員的感覺，特別溫暖。另外，還要感謝三位欣然應允爲本書撰寫序言的學術大家：日本北海道大學池田証壽教授、上海師範大學徐時儀教授、鄭州大學漢字文明研究中心主任李運富教授。

池田教授是日本著名學者，在佛經音義研究和漢字研究方面造詣高深，成果豐碩。我很早以前就景仰先生大名，2015年在北海道大學舉辦"第九屆漢文佛典語言學研究國際學術研討會暨第三屆佛經音義研究國際學術研討會"時，終於有機會向池田先生當面請教。2017年陽春三月在揚州大學舉辦的"第四屆東亞文獻研究國際學術研討會"上，又有緣與池田先生再聚。其時冒昧"求序"，而先生欣然應允，讓我很是感動。

時儀先生是我多年的好友。正如我多次所提及，我研究佛經音義，實際是受時儀的影響。我們合作了很長時間，非常愉快。從2005年起，我們一起已經合作舉辦了三屆佛經音義研究的國際學術研討會，并出版了三本會議論文集。這當然全靠時儀及其團隊的力量，能參與其中，做一點事，是我的榮幸。

運富先生也是相識多年的朋友，特別是他曾在湖南師範大學和北京師範大學求學并工作過，更讓我有一種特別的親切感。因爲這是兩所對我來說雖不是母校，但在心中卻有著特別位置的學校。自從去年有幸成爲鄭州大學漢字文明研究中心客座教授以來，與運福先生的聯繫越來越多，他學問好、能力強，讓我很是欽佩。

最後還要特別感謝中國社會科學出版社的任明主任。我與他既是相識多年的朋友，某種意義上還是同門。很早就説好要在他那兒出一本書，這次機緣相契，願望實現，真的非常高興。

寫到此，還想强調一下：日本佛經音義值得研究的内容實在太豐富了！這本書的出版，若能對國内漢語史、辭書史、文獻學等學者的研究有一點參考價值的話，作爲作者，會深感欣慰。我還會在這條路上繼續前行。

梁曉虹
2018年1月寫於日進五色園